KB143434

셰일 혁명과 미국 없는 세계

■ ■ ■ ■ ■ ■ ■

세상이 급격하게 소용돌이 속으로 빨려 들어갈 여건은 조성되었다. 세계 경제가 긴축 기조에 돌입하면서 동시에 세계 에너지 운송 경로가 위험해지고, 세계 인구구조가 급격히 역전되면서 세계 소비가 줄고, 미국이 세계에 관여해야 할 필요가 절실해지는, 하필이면 바로 그런 때에 미국은 세계에서 자리를 비우게 된다.

■ ■ ■ ■ ■ ■ ■

피터 자이한

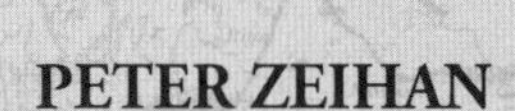

셰일 혁명과 미국 없는 세계

The Absent Superpower

피터 자이한 지음 | 홍지수 옮김

셰일 혁명과 미국 없는 세계

세계 질서의 붕괴와 다가올 3개의 전쟁

초판 1쇄 발행 2019년 1월 25일

7쇄 발행 2022년 4월 25일

지은이 피터 자이한

옮긴이 홍지수

펴낸이 김건수

디자인 이재호 디자인

펴낸곳 김앤김북스

출판등록 2001년 2월 9일(제12-302호)

주소 서울시 마포구 월드컵로42길 40, 326호

전화 (02) 773-5133 | 팩스 (02) 773-5134

E-mail apprro@naver.com

ISBN 978-89-89566-75-5 (03340)

차례

2부 무질서

13 | 중남미에서의 달러 외교

| 한국어판 저자 서문 |

비무장지대. 첨단기술 대도시 서울. 스탈린주의 폐쇄적 도시 평양. 인천상륙작전. 기아에 허덕이는 북한과 세계적인 대기업 삼성을 보유한 남한이 공존하는 땅. 대부분의 사람들은 한반도와 한국인 하면 "분단"이라는 단어를 떠올린다. 1945년 이후로 처음에는 초강대국들의 각축전이 벌어졌고, 뒤이어 부상한 미국과 중국의 경쟁으로 한반도는 두 개로 갈라진 채 오늘에 이르렀다.

이러한 생각은 한국인들에 대한 야박한 평가이다. 한국을 분단에 비추어 보지 말고 한국인들이 달성한, 헤아리기조차 불가능한 눈부신 성과를 인정해야 한다. 60년이라는 짧은 기간 만에 한국은 세계에서 50번째로 가난한, 기아에 허덕이고 낙후된 독재국가에서 11번째로 부유한, 활력 넘치고 민주적인 무역 중심지로 탈바꿈했다. 북한은 전체주의 디스토피아일지 모르지만 끊임없이 세계 최강대국들을 요리하는 데 발군의 실력을 보여왔다.

운명을 수동적으로 받아들이는 국민이라면 이런 결과를 낳을 리가 없다. 자기 터전을 지키고 더 나은 곳으로 만들기 위해 용맹스럽게, 부단히 투쟁해온 국민이었기에 가능했다. 물론 이따금 그런 투쟁이 헛된 경우도 있긴 했지만.

한국이 앞으로 겪게 될 난관을 극복하려면 이러한 결연한 의지와 두둑한 배짱이 절실히 필요하다. 한국전쟁 이후로 한국의 성공을 가능케 한 모든 여건들이 곧 완전히 뒤바뀌게 된다.

한국전쟁 후 분단, 한국의 경제적 성공, 북한의 군사력과 외교술은 한반도와는 거의 상관없는 정책 덕분에 가능했다.

유럽에서 제 2차 세계대전이 마무리 단계에 접어들면서 전쟁에 지친 미국은 소련에 맞서 새롭게 큰 전투를 치러야 한다는 달갑지 않은 미래에 직면하게 되었다. 그래서 미국은 과거 동맹국들과 티격태격하기보다 폭넓은 연대를 구축해서 소련에 맞서고 소련을 봉쇄하는 방법을 택했다. 서유럽도 미국 못지않게 전쟁에 지쳐 있었으므로, 미국은 유럽 대륙에서의 미국의 전략적 이익을 위해 서유럽에게 싸워달라고 하기보다는 훨씬 솔깃한 제안을 할 필요가 있었다.

해결책은 미국의 뒤에 줄을 서는 동맹국을 매수하는 정책이었다. 어느 지역을 향하는 수출입 상품이든 안전하게 목적지까지 도착하도록 미국이 바닷길을 순찰하는 정책이었다. 그리고 전쟁의 참화를 겪지 않은 거대한 미국 시장을 모두에게 개방한다고 했다.

그 결과 역사상 전례 없는 세계 질서가 구축되었다. 유럽 국가들이 보유하던 제국들은 와해되었고 식민지는 해방되었다. 역사상 가장 막강했던 제국 안에서보다 훨씬 활발한 무역이 전개되었고 시장에 쉽게 접근하게 되었다.

그러나 이러한 세계 질서로 인해 지정학적인 한계에서 해방되었다고 봐야 하는 나라는 한국이라고 하기보다는 그 이웃나라들이라고 보는 게 타당하다. 제 2차 세계대전 이전만 해도 중국은 툭하면 내전에 휘말렸고 제국주의의 만만한 먹잇감이었다. 일본은 편협하고 내부로 시선을 돌리는 자기도취적인 행태와 미친 듯이 바깥으로 팽창하는 폭력적인 행태 사이에서 오락가락했다. 두 나라 모두 끊임없이 한국을 괴롭혔다.

미국이 구축한 세계 질서가 이러한 현상을 종식시켰다. 말끔히. 처음으로 중국은 모택동의 지도 하에서 이렇다 할 통일을 달성하고, 등소평 아래서 경제 성장을 할 기회를 얻었다. 한국이 속했던 일본 제국은 해체되었고 기업체와 같은 나라로 탈바꿈했다.

이러한 역사의 물결에 휩쓸려, 분단된 한국은 (북한의 경우) 제멋대로 독자 노선을 걷거나 (남한의 경우) 경제적으로 대대적인 변신을 하게 되었다. 두 나라는 체제를 정당화하는 이념이 다르다. 처한 상황도 다르다. 결과도 다르다. 그러나 남북을 막론하고 한국인들은 전후 세계 질서 덕분에 황금시대를 구가했다.

그런데 이제 그 질서가 무너지고 있다.

미국의 전후 계획에서 한국은 중요한 고려 사항이 아니었다. 미국이 한국에 신경을 쓴 이유는 단 한 가지, 바로 소련을 무너뜨리기 위해서였다. 그러나 이제 소련은 역사의 뒤안길로 사라졌다.

미국은 이제 세계 질서를 유지하는 데 신물이 났고, 따라서 적극적으로 그 질서를 허물고 있다. 동반구와 서반구를 오가는 무역과 성장하는 시장과 자본주도 투자라는 세계화된 질서—한국을 세계 5대 무역국가로 만든 바로 그 체제—는 역사적으로 볼 때 훨씬 정상적인 상태로 되돌아가려 하고 있다.

한국은 한국이 그토록 두려워하는 과거로 돌아가고 있다. 그리고 두려워하는 게 당연하다. 미국이 손을 떼게 되면 한국의 끔찍한 지리적 여건—미국의 보호 하에서는 그다지 문제되지 않았던 지리적 여건—은 다시 진가를 제대로 발휘하게 된다. 한국은 뭍에서 한 번도 이겨본 적이 없는 상대인 중국과 바다에서 한국보다 월등히 뛰어난 상대인 일본 사이에 끼어 있다.

그러나 한국이 중국과 일본, 두 열강 사이에 끼어 있다는 사실 말고도 문제는 더 있다. 한국은 해외 시장으로의 수출과 원자재 수입에 크게 의존한다. 세계 질서가 무너지면 한국 전역이 혼란에 휩싸이게 되는데, 이로 인한 충격과 불운은 그 어느 부문보다도 에너지 부문이 갑자기 참혹하게 겪게 된다.

한국은 세계 5대 석유 수입국이자 세계 7대 천연가스 수입국이라는 대가를 치르고 경제적 성공을 달성했다. 세계 에너지 시장을 혼돈에 빠뜨리는 일이 발생하면 전기가 끊기고 자동차가 다니지 못하게 된다. 설상가상으로 한국이 동북아 지역 맹주들 가운데 어느 나라의 편을 들든 그 나라는 한국이 필요한 원자재와 똑같은 원자재가 필요하다.

나는 이 책에서 한국이 이러한 진퇴양난에서 벗어날 해법은 고사하고, 한국에게 헛된 희망도 제시하지 않는다.

다만, 다가오는 무질서가 어떤 모습을 띠게 될지 그 윤곽을 그려보고 크고 작은 여러 나라들에 어떤 영향을 미치게 될지 제시할 뿐이다. 세계 대부분의 나라들을 휩쓸게 될 이슈들을 파악하는 데 요긴하게 쓰일 만한 도구들을 이 책에서 제시하고 있다. 그리고 미국이 세계 질서를 유지하는 역할을 계속할지도 모른다는 헛된 생각을 떨쳐버리도록 하는 게 이 책의 목적이다.

미국은 분명히 세계에서 손을 떼게 된다. 그리고 한국을 비롯해 모두가 새로 살길을 찾아야 한다.

| 이춘근 추천 서문 |

피터 자이한이라는 젊은 국제전략 분석가는 이제 한국인들에게 낯설지 않은 이름이 되었다. 그의 첫 번째 책인 *The Accidental Superpower*가 2014년 11월 미국에서 출판되었고, 2018년 7월 『21세기 미국의 패권과 지정학』이라는 제목으로 번역판이 출간되어 많은 독자들에게 읽혀졌기 때문이다. 『21세기 미국의 패권과 지정학』은 국제정치에 관한 한국인들의 잘못된 일반 상식을 타파하고 수정하는 데 혁혁한 공을 세웠다고 감히 말할 수 있는 책이 되었다.

1990년대 말 이후부터 지금까지 국제정치에 관한 한국인의 일반 상식은 '이제 곧 미국의 시대는 끝나고 중국의 시대가 온다.' 라는 근거가 척박하고 이념적이기조차 한 것이었다. 앞으로 머지않아 중국이 미국을 대체할 세계의 패권국이 될 것이라고 기대한, 일부 이념에 경도된 사람들의 소망이 담긴 주장이었기에 이념적이라고 할 수 있다. 그들은 미국이 미웠고 공산당이 통치하는 중국이 세계의 패권국이 되기를 원했는지도 모른다. 피터 자이한의 『21세기 미국의 패권과 지정학』은 우리 국민들 사이에 널리 퍼져 있었던, 잘못된 국제정치적 관점인 '미국 쇠퇴—중국 부상론'을 반박하기 힘든 확실한 증거들과 논리로써 여지없이 무너뜨려 버렸다.

이번에 『셰일 혁명과 미국 없는 세계』라는 제목으로 한국에서 출간되는 *The Absent Superpower*는 자이한의 두 번째 책으로, 첫 번째 책이 개론(槪論)적이라고 한다면, 이 책은 각론(各論)적이라 할 수 있다. 미국에서

2017년 1월 1일 출간된 이 책은 『21세기 미국의 패권과 지정학』과 함께 읽어야 할 후속편이라고 할 수 있다.

영문 제목 *The Absent Superpower*가 말해주듯, 자이한은 이 책에서 미국은 이제 국제정치 무대에서 결석해도 될, 즉 빠져나와도 될 정도의 막강한 국력을 갖춘 나라가 되었다고 주장하며, 그렇게 될 수 있게 된 본질적인 요인 중 하나인 셰일 유정 개발과, 이로 인해 초래된 에너지 혁명에 대해 자세히 설명한다. 자이한은 이 책 제 1부에서 셰일 혁명에 관한 경제적, 정치적 설명은 물론 기술적 부분까지도 쉽고 자세하게 묘사해준다. 제 2부에서 자이한은 에너지를 자급한 미국이 국제무대에서 빠질 경우 초래될 세계적 대혼란이 어떻게 진행될 것인가? 어느 나라 혹은 지역이 패자(敗者)가 되거나, 승자가 될 것인가에 대한 국가별, 지역별 시나리오를 제시하고 있다. 그의 시나리오는 깔끔하고, 분석적이며, 단호하다. 엄연한 사실들(facts)을 제시하고 명확한 국제정치 이론으로 설명하고 있기에 누구도 부정하기 어려운 시나리오가 아닐 수 없다. 이 책의 제 3부는 다가오는 무질서의 세계에서 여전히 막강한 국가로 남아 있을 미국의 무역, 달러, 석유 정책에 관해 알기 쉽게 설명하고 있다.

필자는 『21세기 미국의 패권과 지정학』을 읽었을 때와 마찬가지로, 이 책에서도 자이한의 단호한 주장들에 대해 고개를 끄덕이지 않을 수 없었다. 이 책은 가히 미국과 중국 사이의 패권 경쟁에 관한 지루한 논란에 종지부를 찍을 수 있는 책이라고 생각한다. 독자들은 이 책을 통해 국력의 제반 요소들 중에서 중국이 미국과 대등한 수준에서 경쟁할 수 있는 부분이 거의 없음을 알게 될 것이다.

이 책 원서의 뒤표지에 의미심장한 그림이 실려 있다. 7개의 국기 게양대가 있고, 미국이 국제정치에서 빠져나갔음을 상징하기 위해 맨 왼쪽 국기 게양대는 비어 있다. 성조기가 비어 있는 자리 옆에 영국, 캐나다, 일본, 프랑스, 독일, 이탈리아 등 6개 강대국의 깃발이 펄럭이고 있다. 놀라운 사실은 이 그림 속에 중국 국기인 오성홍기(五星紅旗)는 없다는 사실이다. 오성홍기를 강대국들의 국기 게양대에서 제외시킨 이유는 이 책에서 자이한이 제시한 중국 관련 분석들을 읽어보신 분들은 누구라도 쉽게 그 이유를 알 수 있을 것이다. 자이한은 중국을 강대국이 될 수 있는 필요 충분조건들인 지정학, 정치학, 경제학, 인구통계학적 여건을 갖추고 있는 나라로 보지 않는 것이다.

자이한의 『셰일 혁명과 미국 없는 세계』는 최근 미국에서 급속히 그 수가 늘어나고 있는, '미국은 국제정치 무대에서 점차 고립적인 입장을 취하게 될 것인가?' 라는 주제를 다루는 여러 책들 중 하나이며, 미국이 앞으로 국제무대에서 손을 떼고 고립주의로 갈 가능성이 대단히 높다고 주장하는 각종 논문과 저서들에 기초 자료를 제공하는 책이라고 볼 수 있다. 자이한은 중립적인 입장에서 미국은 국제무대에서 빠져나가도 되는 나라가 되었다고 말하고 있지만, 다른 학자들은 미국이 고립정책, 즉 국제무대에서 아예 빠져나가는 정책을 추진해야 하느냐, 하지 말아야 하느냐를 놓고 논쟁을 벌이기 시작했다.

에너지 자급을 이룩한 결과 국제정치에 지속적으로 개입하는 데 흥미를 잃게 되었지만, 그럼에도 불구하고 미국은 국제무대에서 지도국가의 역할을 지속적으로 담당해야 한다는 주장이 아직은 대세이다. 하지만 적지 않은 수의 학자들이 미국은 국제무대에 더 이상 개입할 필요가 없다고 주장하는 상황이다.

자이한은 이 책에서 미국이 국제무대에서 빠져나가는 것이 옳은가 혹은 그른가의 여부를 판단하려 하지는 않지만, 미국이 빠진 세계의 암울한 국제정치 상황을 묘사함으로써 약간의 정책 제안적 내용을 가미하고 있다. 자이한은 미국 정치는 대중영합주의 방향으로 완전히 선회했다고 주장한다. 도널드 트럼프 대통령뿐만 아니라 민주당을 주도하는 세력 또한 보호주의로 돌아섰는데, 그 이유는 미국이 세계 질서 유지에 흥미를 잃었기 때문이라고 주장한다. 이제 남은 문제는 미국이 과연 의도적으로 세계에서 손을 뗄지, 아니면 어쩌다 보니 손을 떼게 될지 여부라고 한다.

자이한은 셰일을 통한 에너지 혁명이 미국으로 하여금 국제정치와 경제에서 손을 떼도록 유도하는 주요한 요인이긴 하지만 그 자체가 시발점은 아니라고 본다. 자이한은 베를린 장벽이 무너지는 날을 미국이 세계 문제에 대해 관심을 잃기 시작한 시발점으로 보는데, 다수의 학자들도 이 같은 주장을 펼치고 있다. 자이한은 미국 정부가 무질서로 인한 혼돈과 역기능이 자국의 이익을 지나치게 해친다고 판단할 때까지는 미국은 세계로 돌아가지 않을 것이라고 본다.

1945년 이후부터 미국은 세계무대에 직접 개입하고 세계의 정치와 경제를 주도해온 나라인데, 미국이 그렇게 한 이유는 첫째, 미국의 자유주의와 민주주의, 자본주의를 수호하기 위한 것이고 둘째, 미국인들의 생존과 직결되는 에너지를 확보하기 위한 것이었다. 특히 1973년 미국의 에너지 수급에 경고등이 켜진 이후, 미국은 석유의 원천인 중동 지역을 미국의 생존에 사활적인 지역으로 규정했다. 당시 카터 대통령은 "미국에 대한 에너지 차단은 미국의 생존 문제이며, 이를 위협하는 세력을 막기 위해 미국은 군사력을 사용할 것"이라는 '카터 독트린'을 제시했고, 카터의 후임 대통령들은 카터 독트린을 충실하게 이행했다. 41대 조지 부시 대통령과 그의 아들인 43대 부시 대통령은 사실상 석유 확보를 위한 전쟁으로 볼 수 있는 걸프 전쟁(1991년), 아프가니스탄 전쟁(2001년), 이라크 전쟁(2003년)을 치르기를 별로 주저하지 않았다.

그런데 2000년대 초반 이후, 좀더 구체적으로는 2014년 여름 이후 미국 사회를 뒤흔들어 놓을 에너지 혁명(셰일 혁명)이 일어났고, 그 결과 자이한이 말한 대로, "미국이 에너지 의존—미국이 넓은 세계에 개입하도록 만드는 가장 확고한 국익 추구적 요인—에서 벗어나게 만듦으로써 역설적으로 세계 질서의 붕괴를 가속화하고, 그 붕괴를 확실한 것으로 만드는" 상황을 초래하게 되었다.

이 책은 학술적으로 탁월한 저서이면서 동시에 흥미진진하게 읽을 수 있는 스릴러 소설 같다. 독자들은 이 책을 읽으면서 놀라기도 하고 탄식하기도 할 것이다. 그래서 필자는 이 서문에서 책 내용을 구체적으로 말하지 않으려 한다. 언제라도 격랑의 바다를 헤쳐가야 하지만 상대적으로 그다지 크지 않은 배인 한국호를 타고 가는 우리들은 앞으로 파도의 높이가 훨씬 높아질 바다를 항해하지 않으면 안 될 운명에 놓여 있다.

자이한은 한국 독자들을 향해 "나는 이 책에서 한국이 이러한 진퇴양난에서 벗어날 해법은 고사하고 한국에게 헛된 희망도 제시하지 않는다. 다만, 다가오는 무질서가 어떤 모습을 띠게 될지 그 윤곽을 그려보고, 크고 작은 여러 나라들에 어떤 영향을 미치게 될지 제시할 뿐이다.…미국이 세계 질서를 유지하는 역할을 계속할지도 모른다는 헛된 생각을 떨쳐버리도록 하는 게 이 책의 목적이다.…한국을 비롯해 모두가 새로 살길을 찾아야 한다."고 충고한다. 이 책은 우리가 헤쳐 나가야 할, 파도가 높은 바다의 모습을 자이한이 우리에게 미리 보여주고 있는 것이라고 생각하며 읽자. 그리고 격랑에 처한 한국호가 난파당하지 않고 항해를 지속하고, 궁극적으로 평화롭고 번영하는 나라로 갈 수 있는 방법을 강구해보자.

최근 10-20년 동안 한국의 출판계는 친중, 반미적인 서적들이 양적으로 압도적인 주류가 되어왔고, 독자들은 시장에 나와 있는 책들을 구해 읽는 수밖에 없었다. 그래서 수많은 한국인들이 이제 곧 미국의 시대는 저물고 중국의 시대가 다가온다고 생각했다. 당연히 저무는 태양인 미국과는 거리를 두고, 뜨는 태양인 중국과 가깝게 지내야 한다는 생각도 풍미했다. 한국의 현실을 통째로 무시한 '균형자론'도 나왔고, '안보는 미국과, 경제는 중국과'라는 어처구니없는 주장도 있었다. 하지만 이제 이 같은 현실을 개선하려는 노력들이 점차 영향력을 발휘하고 있다. 미국과 중국의 실제 상황을 가감없이 적나라하게 묘사한, 피터 자이한의 첫 번째 책 『21세기 미국의 패권과 지정학』은 한국사회에 만연해 있는, 국제환경에 대한 잘못된 인식을 올바르게 정리해주는 데 혁혁한 공을 세웠다. 독자들이 지금 읽고 있는 이 책은 미중 패권 논쟁에 결정적 판단을 내릴 수 있게 해줄 것이다.

이 책도 역시 홍지수 선생이 번역했다. 어떤 어려운 영문 원서도 통쾌하고 쉬운 한국어로 바꾸어 놓는 데 탁월한 능력을 가진 홍지수 선생은 연세대 영문과 출신이며 컬럼비아 대학과 하버드 대학 정치학 석사이기도 하다. 이 책을 번역하는 동안 홍지수 선생은 필자에게 자이한의 두 번째 책 역시 상쾌, 통쾌한 책이라서 번역이 즐겁다고 말해주었다.

국제정치학 분야의 양서들을 선정해서 꾸준히 번역 출간하는 김앤김북스가 국제정치학의 대표 출판사가 되기를 기대하며, 『21세기 미국의 패권과 지정학』에 이어 자이한의 두 번째 책 『셰일 혁명과 미국 없는 세계』의 추천사를 쓰는 영광을 주신 데 감사드린다. 대한민국 국민들 모두가 심각한 마음으로 음미하며 읽어야 할 책이라고 강력하게 추천하는 바이다.

이춘근(한국국가전략포럼 연구위원)

| 들어가는 말 |

완전히 난장판이다!

TV, 라디오, 컴퓨터, 스마트폰을 켤 때마다 그렇게 느껴진다.

유럽연합은 와해되고, 시리아는 몰락하고, 사이버 범죄는 한 시간이 멀다하고 발생하고 있고, 중국의 경제는 소용돌이 속에 휩쓸리고 있고, 러시아는 진군하고 있으며, 도널드 트럼프가 당선되면서 정치 성향을 불문하고 모든 미국인들은 앞으로 어떻게 될지 설왕설래하고 있고, 리얼리티 TV로 유명 인사가 된 커대시언 가족이 미국 의회보다 훨씬 더 언론의 주목을 받는다. 이 정도 되면 누구라도 덜컥 겁이 나게 된다.

나는 빼고. 보통 사람과 달리 이런 총체적인 난장판을 보면 나는 신이 난다. 대부분의 사람들은 세상이 위아래가 바뀌고 안팎이 뒤집히고 있다고 생각하지만, 나는 세상에서 이미 오래전에 일어났어야 할 일이 이제야 일어나고 있다고 생각한다. 새로운 추세가 등장한다. 새로운 가능성이 열린다. 내게 변화는 사업이 번창할 절호의 기회다.

왜냐하면, 내가 하는 일은 여느 일과는 약간 다르기 때문이다. 그게 말이다, 나는 지정학 전략가다. 쉽게 말해서 앞으로 전 세계적으로 조직들이 어떤 난관과 기회에 직면하게 될지 이해하도록 도와주는 일이다. 말하자면 일종의 전문적 견습생이라고나 할까. 특정한 전문 직종의 달인은 아니지만 제조업, 운송, 의료산업, 금융, 농업, 금속, 전력, 교육, 국방 등등 다양한 분야에 관해 자기 주장을 펼칠 수 있는 역량을 갖추어야 하는 일을 한다. 제조업, 운송, 의료산업, 금융, 농업, 금속, 전력, 교육, 국방 등등으로 벌어먹고 사는 사람을 열 받게 하지 않고 대화를 할 능력이 있으면 금상첨화다.

여러 가지 면에서 바로 그러한 대화가 내가 하는 일이다. 공군에서부터 병조림 저장식품 제조업자에 이르기까지 누구와 대화를 하든지 내가 세상을 제대로 바라보는 데 도움이 된다. 그러나 이들이 세상을 보는 시각은 저마다 천양지차다. 이들이 서로 다른 각도에서 세상을 보는 시각과 그들과 나눈 대화와 그들이 제공한 독특한 정보를 내가 축적한 정보능력과 결합하면—세상을 구성하는 수많은 파편들이 서로 어떻게 맞물리는지—거의 완벽하게 입체적으로 세상을 보는 특권을 누리게 되고 미래를 일별할 역량이 생긴다. 내가 파는 상품은 맥락이다.

그러한 입체적인 시각과 미래에 대한 일별과 맥락이 2014년 11월에 출간된 나의 첫 책 『21세기 미국의 패권과 지정학』의 뼈대를 형성한다. 이 책에서 나는 우리가 알고 있는 세계가 변할 때가 되었다고 주장했다. 제 2차 세계대전 후의 세계 질서를 창조하고 가능케 하고 유지하고 보호해온 미국이 세계에 대한 관심이 시들해지고 있다. 미국이 세계에서 발을 빼면서 우리가 알고 있는 세계가 산산조각나기 직전이다.

역사를 통틀어 어느 시기라도 그러한 변화가 일어났다면 기념비적인 결과를 초래했을지 모른다. 그러나 미국이 세계에서 발을 빼려는 추세는 세계 질서에서 일어나고 있는 세 가지 대대적인 변화 가운데 하나에 불과하다. 두 번째 변화는 전 세계 인구가 급속도로 고령화되고 있다는 사실이다. 근로 연령 인구가 줄어들면 경제의 활력이 떨어지게 되고, 미국이 세계 무역을 더 이상 보장해주지 않는 바로 그 시점과 맞물려 세계 무역도 지지부진해진다. 마지막으로 세 번째는 미국에서 셰일 혁명이 일어나면서 미국이 에너지 부문에 임하는 태도와 정서가 바뀌었다는 사실이다.

알래스카와 하와이를 제외하고 서로 인접한 미국 48개 주에서 석유 산출량이 급증하면서 북미 지역은 완전히 석유를 자급자족하는 단계에 근접하고 있다. 지난 10여 년 동안 북미 대륙의 석유 수요를 충족시키는 데 필요한 공급 부족량은 하루 1,000만 배럴에서 200만 배럴로 줄었다.

『21세기 미국의 패권과 지정학』이 출간된 후 2년 동안, 나는 충분한 시간을 두고 책에 담긴 내용을 일일이 다시 검토한 결과—내 책을 비판한 사람들이 두 팔 걷어붙이고 도와주었다—내 예상이 한두 가지 정도 빗나갔을지 모른다는 생각을 하게 되었다.

첫째, 미국의 셰일 부문은 내 예상보다 훨씬 빠른 속도로, 훨씬 총체적으로 성숙했다. 석유시장에서 유가가 폭락했는데도, 미국 전체 인구 가운데 한 줌도 안 되는 이들이 셰일 개발을 계속 반대하고 있는데도, 셰일의 진면목을 제대로 아는 이가 거의 없는데도, 미국의 에너지 부문은 이미 셰일로 천지개벽을 했다.

2006년 미국의 석유 총생산은 8.3mbpd로 뚝 떨어졌는데, 수요는 20.7mbpd를 상회하는 바람에 미국은 석유 12.4mbpd를 수입해야 했다. 일본과 중국과 독일의 수입량을 합한 것보다 많은 양이다. 2016년 무렵, 미국의 석유생산량은 15mbpd를 돌파했다. 캐나다와 멕시코로부터 수입한 석유를 제외하면, 미국이 북미 외의 지역으로부터 수입한 석유의 양은 2mbpd로 폭락했다. 더군다나 유가전쟁이 임박한 때에 말이다. 석유만 그런 게 아니다. 벙커연료에서 프로판까지 모든 제품을 아울러 넓게 보면 북미 대륙은 0.8mbpd만큼만 덜 수입하면 에너지 순 수출국이 된다.

미국이 북미 대륙 외의 지역으로부터 더 이상 에너지를 수입하지 않게 되면, 미국의 운명과 세계의 운명을 이어주는, 그나마 남은 가장 중요한 연결고리가 끊어지는 데서 그치지 않는다. 틀림없이 온갖 사태가 연달아 일어난다. 미국에서 다시 산업화가 일어나고, 세계 질서가 붕괴되는 데 가속도가 붙게 되며, 일련의 광범위한 군사적 갈등이 발생하게 된다. 이러한 사태들이 향후 20년 동안 세계의 모습을 만들어가게 된다.

이 책 도입부에서는 셰일이 만들어갈 신세계의 모습을 일목요연하게 소개하고, 셰일은 1970년 이후 미국의 산업계에서 가장 대대적인 변화를 야기하고 있다는 사실을 보여주겠다. 금융전문가와 회계사와 정책수립 전문가들이여, 이 책은 여러분의 고리타분한 사고를 염두에 두고 썼다는 점을 알아주기 바란다.

둘째, 미국 정치계에서는 오래전부터 고립주의 정서가 감지되어왔다. 과거에 낙숫물 정도에 불과했던 그러한 정서는 이제는 깊고 넓어져 물살이 격렬한 강처럼 요동치고 있다. 2016년 미국 대통령 선거전에 뛰어든 20여 명의 인물들 가운데 미국이 1945년부터 구축하고 유지해온 세계 안보와 무역 질서를 유지하는 역할을 미국이 계속해야 한다고 주장한 인물은 단 한 명—오하이오 주 주지사 존 케이식—뿐이었다. 우파 진영에서는 현재의 무역질서에 대해 가장 반감을 지닌 인물이 당 대선후보에 지명되었고, 좌파 진영에서는 가장 무역에 반감을 지닌 후보가 민주당 예비선거에서 클린턴의 막강한 정치세력에 밀려 2위에 그쳤다. 어젯밤 뉴욕에서 열린 대선후보 토론에서 (이제는 대통령이 된) 도널드 트럼프와 힐러리 클린턴이 경제 정책을 놓고 설전을 벌였다. 토론을 지켜보면서 나는 어깨가 으쓱해지는 동시에 공포의 전율을 느꼈다. 무역과 관련해 두 사람이 첨예하게 대립한 핵심적인 문제는 무역이 미국에게 이로운지, 해로운지 여부가 아니었다. 두 사람은 무역을 얼마나 줄이는 게 바람직하며, 어떤 이유를 내세워서 줄인다고 해야 유권자들로부터 가장 큰 호응을 얻을지에 대해 갑론을박했다. (물론 두 사람은—다른 사안들에 대해서는—말을 아끼지 않고 노골적인 표현을 써가며 격렬하게 맞붙었다.)

지난 70년 동안 미국은 모두에게 경제적으로 이득이 되는 체제를 유지하느라 궂은일을 도맡아 했고 세계는 그런 세상에 점점 익숙해졌다. 지난 30년 동안 미국은 궂은일을 하면서 이렇다 할 아무런 보상도 기대하지 않았고 세계는 그런 세상에 점점 익숙해졌다. 미국이 이런 세상에서 손을 떼려는 움직임을 보이고 있는데, 시장이 개방적이지도 않고 운송 경로가 안전하지도 않고 에너지를 쉽게 확보하지도 못하게 될 세상이 어떤 식으로 작동할지 어렴풋이 감이라도 잡는 나라가 거의 없다.

세상이 급격하게 소용돌이 속으로 빨려 들어갈 여건은 조성되었다. 세계 경제가 긴축 기조에 돌입하면서 동시에 세계 에너지 운송 경로가 위험해지고, 세계 인구구조가 급격히 역전되면서 세계 소비가 줄고, 미국이 세계에 관여해야 할 필요가 절실해지는, 하필이면 바로 그런 때에 미국은 세계에서 자리를 비우게 된다. 세계는 질서와 무질서를 가르는 담장 위를 걷고 있다.

무질서를 규정하는 가장 두드러진 특징은 말 그대로 질서의 부재(不在)다. 세계에서 오지랖을 휘날리며 오만가지 일을 다 처리해주는 미국이 빠져버리면 나머지 나라들은 각자도생해야 한다. 수많은 나라들의 서로 다른 이해관계가 충돌하면서 세계는 뒷걸음질치게 되니 그 여파를 세계는 뼈저리게 경험하게 된다. 이 책의 2부는 세계가 어떻게 와해되는지 그 과정을 단계별로 자세히 분석해본다. 앞서 출간한 『21세기 미국의 패권과 지정학』에서 소개했던 암울한 예측 가운데 일부는 벌써 현실화되고 있다는 사실을 알리게 되어 두려우면서도 내가 제대로 짚었다는 생각에 으쓱해지기도 한다. 입만 살아 있는 투사든 아니든 몸 풀기 건너뛰고 곧바로 싸움에 돌입하고 싶은 분들에게는 2부가 제격이다.

이 책 말미에서는 원점으로 되돌아가서 미국을 다시 한 번 면밀히 살펴본다. 에너지 자립을 달성하고 경제적으로 활력이 넘치고 안보가 확보되고—그리고 무엇보다도—전략적으로 걸리적거리는 장애물이 없는 미국은 세상일에서 거의 손을 떼게 된다.

그러나 "거의" 손을 뗀다는 게 세상만사에서 완전히 손을 뗀다는 뜻은 아니다. 미국은 여전히 시간과 노력을 들이고 금전과 무기를 동원할 가치가 있는 일을 찾아내게 된다. 3부에서는 미국이 활약할 분야를 탐색해본다. 앞으로 미국이 어디에 무슨 이유로 관여하게 되고, 어떻게 행동하며, 꿍꿍이속은 무엇인지 알아보겠다.

조금 위안이 될지 모르겠지만, 미국의 정치가 포퓰리즘 정서로 전환되고 셰일 혁명이 가속화되면서 미래의 모습이 훨씬 선명하게 보이게 되었다. 『21세기 미국의 패권과 지정학』에서 일별했던 다양한 모습들이 하나로 융합되면서 이제 미래에 대한 로드맵을 보여주는 단계에 이르렀다.

그 로드맵이 바로 이 책의 핵심이다.

약어(略語)

나도 이러기는 정말 싫지만, 이 책에는 숫자가 많이 등장한다. 에너지 부문은 군사 부문에 이어 둘째가라면 서러울 만큼 약자를 많이 만들어낸다. 많이 쓰이는 약자 몇 가지 소개하겠다.

mbpd = **m**illions of **b**arrels **p**er **d**ay(하루 ~백만 배럴)

석유 생산량 그리고(또는) 운송 능력 그리고(또는) 정유 능력 그리고(또는) 정유 산출량을 측정하는 간단한 척도다. 단위가 (백만으로) 큰 척도이므로 규모가 큰 나라, 특정 지역 전체, 세계적인 유통량 등과 관련해서 자주 쓰이는 약어다. mbpd라는 용어는 산업계 표준은 아니다. MMbd라는 약어가 훨씬 흔히 쓰인다. 그런데 내가 이 일을 하면서 깨달은 게 있다. 대부분의 사람들은 특정 분야 전문가들끼리 쓰는 전문용어들을 그대로 갖다 쓰지 않는다는 사실을. 그리고 풀어서 쓴 표현의 첫 글자를 그대로 딴 약어가 기억하기 훨씬 쉬우므로 mbpd로 쓰겠다.

kbpd = thousands (**k**) of **b**arrels **p**er **d**ay(하루 ~천 배럴)

위와 똑같은 개념이지만, 위의 단위의 1000분의 1 단위로 훨씬 작다. 정유 부문이나 규모가 작은 나라와 관련해서는 이 약어가 훨씬 자주 등장한다.

natgas = **nat**ural **gas**(천연가스)

'natural gas'라는 두 단어로 구성된 표현을 긴 문장에서 사용하다 보면 혼동을 야기하는 경우가 종종 있다. 따라서 의미를 분명히 전달하기 위해서 'natgas'로 쓰겠다. 이 책을 쓰면서 키보드로 'natural gas'를 주야장천 두들기다 보니 꾀가 나서 줄여서 쓰고 싶어진 이유도 있다.

mboed = **m**illions of **b**arrels of **o**il **e**quivalent **p**er **d**ay
(하루 석유 ~백만 배럴에 상응하는 양)

탄화수소의 종류는 수없이 많다. 석유와 천연가스는 가장 흔한 탄화수소의 일종일 뿐이다. 이 용어는 여러 가지 다양한 "에너지" 상품을 생산하는 수많은 각종 생산자들의 생산량을 동일한 측정 단위로써 쉽게 비교하기 위해서 쓰인다. 천연가스 5,800세제곱 피트가 1boed에 해당한다.

bcf/d = **b**illions of **c**ubic **f**eet of natural gas **p**er **d**ay
(하루 ~십억 세제곱 피트의 천연가스)

천연가스 생산량과 운송 능력을 일컫는 표준 척도.

SHALE NEW WORLD

이제는 셰일이 미국 에너지 산업의 핵심이 될지(이미 되었다) 여부가 관건이 아니라 미국이 더 이상 세계 에너지 시장과 엮여 있지 않은 상황에서 세계는 어떤 모습일지가 관건이다.

1부

세일이 창조하는 신세계

01

제 1차 셰일 혁명

The First Shale Revolution

기본부터 짚고 넘어가자. 석유(petroleum)란 정확히 무엇일까? 석유는 원유에서부터 프로판, 천연가스를 망라하는 총칭이다. 석유는 근대를 밝힌 연료다. 석유는 단순히 전깃불을 밝히고 자동차가 굴러가게 하는 연료가 아니다. 지금까지 여러분이 사용하거나 구매한 거의 모든 물건을 만드는 데 재료로 쓰인다. 석유가 없다면 인터넷도 없다—그리고 당연히 휴대전화도 없다. 석유가 없다면 크리스마스트리 장식물도 없고(인조 트리를 쓰는 많은 사람들에게는 트리조차도 없다), 아이들 장난감도, 옷도, 부엌칼도, 사냥엽총도, 전자레인지에 데워먹는 식품도, 종이도, 소화기도, 빵 봉지도, 향수도, 창문도, 컴퓨터도, 콘돔도, 씹는 껌도, 단열재도, 페인트도 없다.[1]

석유가 없다면 이렇다 할 농업도 존재하지 못한다. 작물 재배에서부터 수확, 농장에서 각 가정의 식탁으로 식품을 운송하기까지 모든 과정이 불가능하다는 뜻이다. 유기농 식품은 석유를 쓰지 않고 생산된다고 생각하는가? 그렇다면 착각이다. 유기농이란 작물심기-비료주기-수확-수집-저장-운송-포장-유통-소매-각 가정의 식품 저장고에 이르는 과정에서 아주 사소한 한 단계에서 석유를 쓰지 않은 식품을 말한다. 석유 없이 전기 생산이 가능한가? 대부분의 지역에서 전기가 가장 절실하게 필요한 때는 겨울이고 밤이라는 사실을 명심하라(해가 밝게 빛나지 않을 때란 말이다).[2]

언젠가는 석유를 뒤로할 날이 올까? 그럴지도 모른다. 진심으로 그렇게 되기를 바란다. 그러나 가까운 장래에 그렇게 될 리는 없다. 당장은 석유를 쓰는 수밖에 없다. 그러니 석유의 미래를 이해하는 게 지금 우리가 할 수 있는 최선이다.

그 미래는 바로 셰일이다.

셰일 암석

셰일은 석유를 함유하고 있는 암석의 일종이다. 그렇다고 해서 그런 암석이 하나같이 모조리 석유를 함유하고 있다는 뜻은 아니다. 석유는 대부분 오래전에 죽은 플랑크톤과 조류(藻類)의 사체다. 이 조그만 녀석들이 죽으면 이 녀석들이 헤엄치던 바다 밑바닥에 가라앉아 진흙에 파묻히게 된다. 기나긴 세월에 걸쳐 미생물 사체가 차곡차곡 쌓이면서 해저나 호수의 밑바닥 층부터 연성 암석으로 변한다. 이 과정이 지긋지긋하도록 되풀이되면 층과 층 사이에 무수히 많은 꼬마 녀석들이 갇힌 여러 층으로 구성된 퇴적암이 형성된다. 이러한 새로운 암석층 사이에 갇힌 유기체는 굳어서 케로겐(kerogen)이라는 밀랍 같은 물질이 된다. 지리적 특성에 따라 압력으로 암석에 열이 가해지는 지역도 있고, 암석에 가해지는 압력과 열이 적절히 균형을 이루면서 케로겐이 석유로 변하는 최적의 환경을 제공하는 지역도 있다.

지리적인 특성상 이러한 석유가 매장된 지점까지 도달하기가 거의 악몽에 가까운 지역도 있다.

에너지 부문에서 전통적인 석유 매장지라고 일컫는 지역에 있는, 플랑크톤을 비롯한 미생물들을 푹 익힌 암석은 투과성(透過性) 암석이다. 수천 년의 세월이 수만 년으로 이어지면서 석유 일부가 투과성 암석층의 기공을 통해 스며 나오다가 기공이 없는 암석층에 도달하면 오도가도 못하게 된다. 이와 같이 석유광상(石油鑛床)을 덮고 있는 불투과성 암석을, 상상력의 빈곤을 보여주는 명칭이긴 하나, 덮개암(cap rock)이라고 일컫는다. 덮개암 밑에 석유가 점점 많이 고이게 되면 압력이 높아진다. 덮개암을 뚫으면 압력이 해소되고 석유가 분출하는데, 이를 분출 유정(gusher)이라고 한다.

전통적인 에너지원을 시추하려면 여러 가지가 완벽하게 맞아떨어져야 한다. 전(前)물질(precursor material)을 추출하기에 적합한 근원암(source rock)과 석유를 생산하는 데 적합한 유형의 케로겐을 찾아내고 암석층을 투과해 석유가 고일 중간층의 암석이 존재해야 하고, 시추할 만한 양의 석유가 고이게끔 든든한 덮개암이 존재해야 한다.

셰일은 위의 조건들 가운데 단 하나도 필요하지 않다. 우리가 매장되었다고 알고 있는 석유 가운데 투과성 암석이나 자연의 실수 덕분에 형성된 장소에서 벗어나 다른 장소로 이동하는 석유는 겨우 5분의 1에 불과하고, 이 가운데 여러 조건이 완벽하게 맞아떨어져서 자연스럽게 흘러나오는 양은 절반에 못 미친다. 따라서 나머지 5분의 4(이 비율이 10분의 9 이상이라고 보는 지질학자도 있다)는 근원암 안에 갇혀 빠져나오지 못하는데, 이 근원암의 대부분이 바로 셰일이다. 완벽한 추출 조건을 갖추지 못한 석유에 접근할 기술을 개발하는 게 바로 셰일 산업의 핵심이다.

물론 "가능"하다고 해서 "쉽다"는 뜻은 아니다.

셰일은 투과성이 높은 암석층이 압력을 받으면서 흘러나와 대량으로 고여 있는 석유를 추출해내는 게 아니다. 셰일 암석은 투과성이 없다. 셰일에 갇힌 석유는 이동하지 못한다. 직경이 몇 미크론(micron, 100만분의 1미터)에 불과한, 암석 내부의 아주 작은 광혈(鑛穴)들 안에 갇혀 있다. 셰일 층을 뚫고 들어가서 압력을 해소한다고 해도 소량의 석유밖에 생산하지 못한다. 그나마 생산 가능한 기간은 며칠에 불과하고 대부분은 그 정도에도 못 미친다.

셰일 암석에서 이렇다 할 양의 석유를 추출하려면 전통적인 시추 기법을 삐딱하게 이용하는 방법밖에 없다. 말 그대로 완전히 옆으로 삐딱하게. 암석층을 수직으로 관통하는 시추 기법이 아니라 암석층을 따라서 수평으로 시추를 해야 한다. 총 매장지에서 유정 갱도와 셰일 층이 접촉하는 면적은 수직 시추의 경우 유정 한 개당 수십 피트에 불과하지만, 수평으로 시추하면 접촉면이 2마일이 넘어가게 된다.

전통적인 시추 기법과 셰일 시추 기법은 라비올리(이탈리아식 만두—옮긴이)와 라자냐(넓적한 파스타 반죽과 소스를 번갈아가며 시루떡처럼 켜켜이 쌓은 음식—옮긴이)에 비유하면 쉽게 이해된다. 전통적인 시추 기법으로 대량으로 매장된 석유를 추출하려면 덮개암을 뚫기만 하면 된다. 셰일의 경우, 지질학적으로 성격이 다른 여러 암석층 사이를 파고들어 석유가 고여 있는 작은 광혈들에 접근해야 한다. 전통적인 유정에서 대량으로 매장되어 있는 석유를 뽑아내는 기법과는 천양지차다.

일단 석유가 고인 광혈에 도달하면 몇 주 동안 석유를 추출할 만반의 준비를 갖춘 셈이 된다. 그래도 석유가 콸콸 쏟아지지는 않는다. 그 다음에는 셰일 암석을 어르고 달래서 석유를 뽑아내는 묘책이 필요하다. 어쩌면 "어르고 달랜다"라는 표현은 적합하지 않을지도 모른다. 으름장을 놓고 협박한다는 표현이 더 적절하겠다. 바로 이 시점에서 수압파쇄 공법(hydraulic fracking)이 등장한다. 여러 가지 수단들을 이용해 유정 수평갱도의 마지막 몇십 피트 지점에 여러 개의 구멍을 뚫어야 한다. 그런 다음 모래가 섞인 수백만 갤런의 물을 유정 갱도에 주입하고 강력한 펌프로 수평 갱도의 가장 안쪽 끝까지 밀어낸다.[3] 갱도가 물로 가득 차면, 펌프가 증속 구동을 하면서 파이프의 구멍을 통해 모든 압력이 전달되어 암석이 부서지게 된다.

파쇄 공법의 핵심은 바로 수압을 이용한다는 데 있다. 기체에 압력을 가하면 압축한다. 그러나 액체는 절대로 압축하지 않는다. 펌프로 충분한 압력을 가하면 암석 자체에 거미줄처럼 자잘하게 금이 가면서 모래 섞인 파쇄액이 파이프에서 가장 가까운 곳에 위치한 틈새로 파고든다.[4] 여기서 구멍을 낸 구역의 시작 지점을 임시로 틀어막는다. 이러한 과정을 그 다음 수십 피트 길이의 파이프에 되풀이해서 적용하면 마침내 수평 갱도의 가장 안쪽 끝에 도달하게 된다. 그런 다음 펌프를 꺼버린다. 그러면 유정 내부의 압력으로 파쇄액이 갱도로 밀려나와 시추혈로 솟아오른다. 그러나 암석이 파쇄되면서 생긴 균열에 갇혀서 빠져나오지 못하게 된 모래는 계속 균열을 벌려놓는다.

모래로 벌려놓은 균열들을 통해 서로 고립되어 있는 수많은 자잘한 광혈에 도달하게 된다. 그리고 이제 갇힌 상태에서 풀려난 석유가 수평 갱도를 통해 흘러나와 수직 갱도까지 도달한 다음 유정의 표면으로 솟구치면 이를 담아낸다.

간단히 설명하면 그렇다.

무지하게 간단하게 설명하면 그렇다. 그런데 실제로는 셰일의 세상에 존재하는 시추 여건은 유정마다 천양지차다.

셰일 유정은 저마다 다 다르다. 노스다코타 주에 있는 바켄(Bakken)은 거의 순수한 석유가 매장되어 있다. 루이지애나 주와 텍사스 주 경계에 위치한 헤인즈빌(Haynseville)은 거의 전부가 천연가스다. 펜실베이니아 주의 마셀러스(Marcellus)에는 천연가스와 경유, 리스 초경질유(lease condensate)뿐만 아니라 프로판과 부탄 같은 석유 가스들도 섞여 있다. 텍사스 주 서부의 퍼미언(Permian)과 캘리포니아 주의 몬트레이(Monterrey)에 있는 셰일은 서로 침투 가능한 여러 층이 아무렇게나 겹겹이 쌓여 있다. 오클라호마 주의 우드퍼드(Woodford)는 층을 이루고 있지만 층과 층 사이에는 반 결정(結晶)체인 수암(燧岩) 판이 놓여 있어 시추할 때 지진의 진동에 버금가는 파장을 야기하고 시추 장비를 마모시킨다. 콜로라도 주의 니오브라라(Niobrara)는 진흙이 가득하고, 미시건 주의 앤트림(Antrim)은 부서질 듯이 푸석푸석하다. 석유를 품고 있는 셰일 층 가운데는 지표면에서 1마일 깊이 내에 있는 것도 있고, 3마일 넘는 깊이에 있

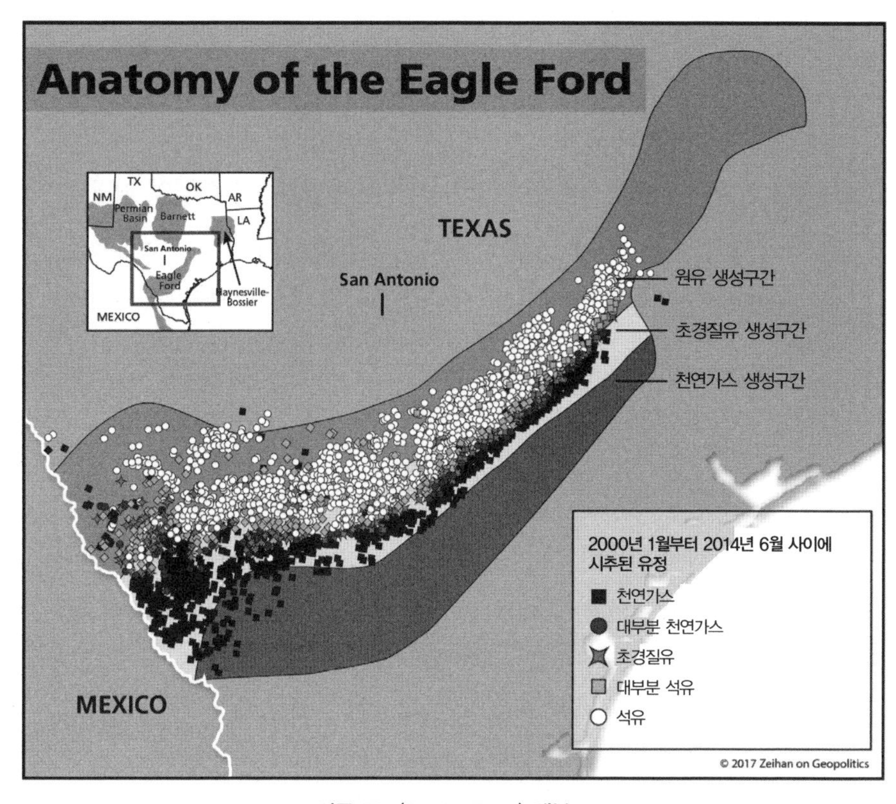

이글 포드(Eagle Ford) 해부도

는 것도 있다. 유티카(Utica)에 있는 셰일은 앨러게니 고원(Allegheny Plateau) 바로 밑이 아니라 수천 피트에 달하는 마셀러스라고 하는 또 다른 층 아래에 있다. 앨라배마 주와 테네시 주의 코너소가(Conasauga) 같이 두꺼운 층도 있고, 바로 옆에 있는 닐(Neal)처럼 얇은 층도 있다. 켄터키 주에서 뉴욕 주까지 펼쳐져 있는 차터누가(Chattanooga)처럼, 80피트 아래부터 1,000피트 넘는 것까지 두께가 다양한 층이 혼재되어 있는 곳도 있다. 마셀러스는 오리건 주보다 넓은 지역에 펼쳐져 있는 반면 오클라호마에 있는 스쿱(SCOOP—South Central Oklahoma Oil Province 오클라호마 남중부 석유 매장 지역)은 코네티컷 주보다 작다.

셰일은 생소한 에너지원이므로 이에 대한 우리의 지식이 계속해서 진화한다는 사실을 절대로 잊어서는 안 된다. 2013년만 해도 미국 지질 조사에서 퍼미언 전체를 통틀어 매장된 석유와 천연가스가 몇십억 배럴밖에 되지 않는다는 결과가 나왔다. 지금은 퍼미언 층의 일부인 울프캠프(Wolfcamp)만도 매장량이 200억 배럴이 넘는다. 전 세계적으로 셰일이 매장되어 있다고 알려진 지역들의 매장량은 사우디아라비아와 러시아의 전통적인 에너지원 매장량을 합한 양을 이미 넘어섰다.

각 유정마다 나름대로 특징이 있기 때문에 석유를 추출하는 데 필요한 도구들을 유정의 특징에 적합하게 약간 손보는 데 그쳐서는 안 된다. 상상력을 동원해서 완전히 다른 방식으로 도구들을 이용해야 한다. 물의 양, 모래의 양, 압력의 강도, 화학물질 혼합비율, 시추 장비도 달라야 하고, 산출량과 흘러나오는 속도도 제각각이다.

각 유전마다 특징이 다를 뿐만 아니라 같은 유전 내에 있는 유정들도 특징이 제각각이다. 앞서 언급한 유티카는 매장지가 아주 깊은 곳에 위치해 있다고 했지만, 거의 지표면 가까이 있는 곳도 일부 있다.

텍사스 남부의 이글 포드(Eagle Ford)도 그렇다. 여느 셰일 유전과 마찬가지로 이글 포드 내에도 특징이 서로 다른 구역들이 존재하는데, 크게 세 구역으로 구분된다. 북부의 원유 생성구간(케로겐에 가해지는 열의 온도가 비교적 낮은 구역), 남부의 천연가스 생성구간(온도가 비교적 높은 구역), 그리고 온도가 중간 정도 되는 초경질유 생성구간이 있다. 설상가상으로 같은 시추작업대(drilling pad, 채굴설비를 이동시켜 주변의 셰일가스를 생산하는 공법을 사용) 내에서도, 심지어 같은 유정에서도 시추하는 각 단(stage)마다 특징이 달라지기도 하므로 상황이 훨씬 복잡해진다.

셰일 산업에서 변함없는 특징은 (법적 요인과 규제 요인은 물론이고) 지리적 요인, 물과 관련된 요인, 기술적 요인은 끊임없이 변할 뿐만 아니라 지역마다 다르고, 2014년 미국 내에서 시추한 수만 개의 유정이 보이는 공통점은 없다는 사실을 받아들여야 한다는 점이다. 유정 길이, 생산율, 파쇄기법 등에 대해 누가 언제 자료를 들이대든 그 자료에는 수없이 많은 단서조항이 달려 있다고 생각하면 된다. 셰일 산업을 분석하는 관점에서 보면 최신 정보에 뒤떨어지지 않으려는 노력은 마치 한꺼번에 몰려오는 동물 모양의 풍선들을 다 잡으려고 허둥대는 일과 같다.

(나로서는) 다행히도 이 책은 셰일에 관한 책이라기보다는 셰일에 착안해 쓰게 된 책이다. 이 책에서 나는 가능한 한 최선을 다해 셰일 산업에서 어떤 변화가 일어나고 있고, 그런 변화가 일어나는 이유는 무엇인지 자세히 설명하겠다. 그리고 이 책의 상당한 부분이 '초보자를 위한 셰일 설명서(Shale For Dummies)'[5] 같은 느낌을 준다. 그러나 이 책의 핵심은 셰일 석유의 생산 방식을 설명하려는 게 아니다. 새로운 생산 기술이 미국의 에너지 정치와 에너지 경제를 어떻게 변모시키고 있으며, 이는 다시 세계 체제를 어떻게 변모시키고 있는지를 제시하려는 것이다. 기술적 측면을 이용해 미래를 예측하려 한다. 따라서 이 책의 초점을 감안하고 독자의 시간과 종이를 아끼는 의미에서, 정확한 표현은 아니지만 "평균"이나 "표준"이나 "전형적인"과 같은 단어들을 사용하겠다. 그런 단어들이 셰일 산업에서 수집한 가장 최신 정보를 바탕으로 얻은 가장 설득력 있는 예측치를 나타내기 때문이다.

앞으로 다가올 셰일 혁명

그러나 셰일 산업에서 단서조항을 붙일 필요가 전혀 없는 한마디가 있다. 이 책을 쓰는 현재, 셰일 산업은 출혈하고 있다. 2016년 초, 유가는 배럴당 30달러로 바닥을 쳤고 연평균 유가가 50달러를 밑돌았다. 그 몇 해 전까지만 해도 손익분기점에 도달하기 위한 생산 비용이 90달러를 웃돌았다는 사실을 바탕으로 셰일 혁명은 끝났다는 진단이 난무했다.[6] 셰일 산업이 세상을 어떻게 바꿀지에 대해 조사하고 연구하고 생각하는 데 몇 년을 바친 나 같은 사람에게는 좀 골치 아픈 문제였다.

(셰일 산업을 위해서도, 나를 위해서도) 다행스럽게도 셰일 산업에 대한 사망 선고는 과장된 측면이 있다. 지난 2년 동안 셰일 부문은 여러 가지 면에서 진화했다. 특히 현재 에너지 가격이 저조한 상황에서 살아남기 위해 절박한 심정으로 노력한 결과다. 그러한 노력이 낳은 변화로 미국의 셰일 매장지는 미국 에너지 체계의 핵심에서 세계를 바꾸는 혁명으로 변모했다. 이러한 변화들을 이해하면 셰일이 앞으로 얼마나 세상을 변모시킬지 이해하게 된다.

에너지에 대해 알아보자

석유는—주로 탄소와 수소 원자로 구성된 물질인—탄화수소라고 불린다. 탄화수소를 이해하려면 우선 탄화수소들은 저마다 특성이 제각각이라는 점을 명심해야 한다.

첫째, 우리가 보통 원유(crude oil)라고 부르는 가장 무거운 탄화수소가 있다. "oil" 부분은 탄소와 수소 원자들이 결합한 다소 긴 사슬(chains)이고, "crude" 부분은 순수한 수소와 탄소 외에 수은과 황 같은 다양한 불순물을 함유한 탄소 사슬과 관련된 성분들을 일컫는다. 수소-탄소 사슬이 길수록—불순물 함유량이 높을 뿐만 아니라—유질이 걸쭉하다. 전 세계적으로 원유는 질감이 기름기 많은 땅콩버터 같다. 캐나다의 타르 샌드(tar sand)는 품질이 너무 낮아서 상온에서 고체일 뿐만 아니라 적어도 화씨 300도로 열을 가해야 녹는다.

품질이 낮은 석유는 보통 무겁고(밀도와 점성이 높다는 뜻이다), 시큼하고(sour, 황의 함유량이 높다는 뜻이다), 온갖 불순물이 함유되어 있다. 중질원유를 정제하기란 매우 어렵다. 보통 세계에서 가장 발달한 산업시설을 갖추어야 그나마 시도라도 해볼 역량이 된다. 세계적으로—메이플 시럽 정도의 점성을 보이는—"양질"의 원유는 이미 소진되었기 때문에 지난 수십 년에 걸쳐 원유는 평균적으로 점점 무겁고 시큼해졌으며, 따라서 1980년대에 미국은 점성이 높은 원유를 처리하기 위해 각 지역의 정유시설을 개조했다. 미국에서 가장 기술력이 뛰어난 정유시설은 텍사스 주와 루이지애나 주의 멕시코 만 연안에 있다. 다른 나라들에서는 무겁고 시큼한 원유를 정제하는 기술이 부족해서 원유를 타르나 아스팔트로 만들어 쓰지만, 미국의 정유시설은 최고의 기술력을 갖추고 있기 때문에 가장 무거운 원유까지도 휘발유로 변모시킨다.

둘째, 중간 수준의 탄소가 있다. 점성이 거의 물 정도로 묽다. 불순물은 거의 함유되어 있지 않다. 이와 같은 가볍고 달콤한 원유는 황금 액체나 마찬가지다. 묽고 처리하기 쉽고 휘발유(미국의 원유 수요의 40퍼센트를 차지) 같은 고급 정제유를 만드는 데 제격이다. 과거에 원유는 보통 가볍고 달콤한 특성을 보였지만, 양질의 원유는 이미 고갈된 지 오래다. 적어도 셰일 혁명이 일어나기 전까지는 그랬다.

전통적인 석유 매장지에서 공통적으로 발견되는 암석층과는 달리 셰일 암석은 독특한 지질학적 특성을 지니고 있다. 보통 석유가 형성될 때 탄소는 암석을 통과해 이동한다. 그 덕분에 한 곳에 집중적으로 고여서 채굴하기 쉬워지지만, 이동하는 과정에서 (앞서 언급한 황이나 수은 같은) 불순물도 함유하게 된다. 그러나 셰일 석유는 형성된 바로 그 위치에서 채굴된다. 셰일을 채굴하려면 셰일이 탄생한 요람을 깨부숴야 한다.

셰일 원유 가운데 정말 가볍고 달콤한 특성을 보이는 종류는 따로 리스 초경질유라고 불린다. 순도가 아주 높아서 점성이 네일리무버(nail polish remover) 같고 정제하기도 식은 죽 먹기다. 미국에 있는 셰일 매장지에서 생산되는 가볍고 달콤한 원유와 초경질유까지 감안하면 미국은 이제 세계에서 프리미엄 오일을 가장 많이 생산하는 나라가 되었다.

넷째, 훨씬 짧은 탄소 사슬을 가진 훨씬 가벼운 탄화수소가 원유와 섞여 있는 경우가 흔하다. 이런 물질은 높은 압력에서만 액체 상태가 된다. 많이 들어본 이름들이 여기 속한다. 프로판, 부탄, 펜탄 등이다. 이러한 제품들은 일단 다른 탄화수소와 분리되면 저장하기 쉽고 용도도 다양하다. 미국인들은 담배에 불을 붙이거나 뒷마당에서 바비큐를 할 때 가장 많이 쓴다. 이러한 천연가스 액체(natural gas liquids, NGLs)는 부동액에서부터

Anatomy of Hydrocarbons

통상적인 명칭 화학식	비등점 (섭씨)	용도	화학 구조
메탄 C_1H_4	−164	• 전력 생산 • 가정용 난방 • 기계용 원료유 • 연료 첨가제	
에탄 C_2H_6	−89	• 에틸렌 생산 • 수소 생산 • 기계용 원료유 • 안료	
프로판 C_3H_8	−42	• (전기를 사용하지 않는) 가정과 산업용 난방, 건조 및 동력 • 추진제 • 접착제	
부탄 C_4H_{10}	−1	• 소규모 휴대용 화기와 난방연료 • 냉각제 • 용매	
옥탄 C_8H_{16}	125	• 연료 첨가제 • 페인트 첨가제 • 용매	
헥사데칸 $C_{16}H_{34}$	287	• 연료 첨가제 • 흡착제	

탄화수소 해부도

세제, 화장품, 페인트, 포장용 스티로폼, 타이어에 이르기까지 전천후로 쓰이는 재료다. 2007년까지만 해도 미국은 세계에서 이러한 제품들을 가장 많이 수입하는 나라였다. 그런데 이들 모두 셰일 매장지에서 흔히 발견되는 물질들이다. 따라서 셰일 산업 덕분에 2015년을 기해 미국은 이 제품들을 가장 많이 수출하는 나라가 되었다.

마지막으로 탄소 사슬이 한두 고리 정도 짧아지면 천연가스라고 불리는 메탄과 에탄이 된다. 소가 뀌는 방귀도 이 종류다. 방귀는 기체 물질이긴 하지만 방귀가 잦으면 고체로 변신을 하는 극단적인 경우가 있기는 하다. 천연가스는 화학 분야에서 아주 독특한 존재다. 장점은 팔방미인이라는 점이다. 산업에서 빠지지 않는 약방의 감초다. 가장 대표적인 세 가지만 든다면 페인트, 플라스틱, 전력 생산이다. 많은 지역에서 가정용 난방연료로 쓴다. 프로판이 부족한 상황이라면 기초적인 화학작용을 이용해 액체 천연가스로 바꿀 수도 있다. 정말로 물량이 빠듯할 때는—그리고 돈이 엄청 많다면—전통적인 석유에서 파생된 상품인 휘발유나 제트 연료로 만들 수도 있다.

단점은 담아두기가 장난이 아니라는 점이다. 기체이기 때문에. 액체 형태인 석유는 운송하기가 쉽다. 트럭, 바지선, 기차, 양동이 뭐든 가능하다. 그러나 천연가스는 기체이므로 반드시 천연가스만 다루는 기간시설이 필요하다. 천연가스는 셰일 산업에서 생산되는 1차적인 상품일 뿐만 아니라 셰일 석유를 생산할 때 만들어지는 부산물이기도 하다. 그래서 미국 시장은 천연가스 공급과잉이다. 천연가스 공급과잉이 발생하는 이유와 의미는 3장에서 짚어보도록 하겠다.

02

제 2차 셰일 혁명

The Second Shale Revolution

2014년 6월, 미국의 셰일 산업은 산업의 전 과정에 걸쳐 모든 측면을 훼손시키는 근본적인 난관에 직면했다. 바로 유가 폭락이다. 유가는 배럴당 연중 최고치 114달러를 찍더니 11월 28일 석유수출국기구(OPEC)가 정상회담을 열 무렵이 되자 70달러로 폭락했다. 정상회담에서는 지난 15년 동안 사우디가 늘 그래왔듯이 생산량을 억제해 유가 하락을 막으리라고 기대한 사람들이 많았다.

그런데 정반대의 일이 벌어졌다. 사우디 대표는 다른 생산국들이 생산량을 줄이지 않는다면 사우디아라비아는 유가전쟁에 돌입할 만반의 준비를 끝냈다고 못박았다.[1]

얼핏 사우디가 이기기는 따 놓은 당상처럼 보였다. 그것도 아주 쉽게. 사우디아라비아를 비롯해 페르시아 만의 다른 아랍 국가들은 세계에서 가장 원유 생산 비용이 낮다. 구체적인 수치를 들기는 어렵다. 많은 나라들이 자국의 에너지 산업에 대한 구체적인 사항들을 국가 기밀로 간주하기 때문이다. 그러나 페르시아 만 지역의 아랍 국가들의 전 주기 비용(full-cycle costs)은 배럴당 30달러이고, 사우디아라비아의 경우 대략 25달러 수준이라는 게 중론이다. 2014년 말 현재 셰일 매장지에서 전 주기 손익분기 비용은 75달러 정도였다. 사우디아라비아가 생산량을 감축하지 않고 오히려 늘린다면 미국의 셰일 산업은 와해될 듯이 보였다. 내기를 건다면 셰일 산업의 와해 쪽에 거는 사람들이 대부분이었을 것이다.

2015년 내내 그리고 이 책을 출간할 때까지도 셰일 산업에는 사망선고가 내려졌다는 인식이 팽배했다. 미국이 석유 수입국 지위에서 벗어나는 데 실패했다는 통상적인 인식과 더불어. 텍사스 서부, 펜실베이니아 중부, 노스다코타 서부에서 경제가 팽창하고 있다는 신바람 나는 이야기들은 이 지역 마을들은 이제 완전히 망했다며 안절부절못하는 종말론적 주장에 묻혀버렸다. 에너지정보국(Energy Information Administration, EIA)

조차도 마지못해 이러한 주장에 편승해 2015년 내내 미국의 석유 생산량이 꾸준히 하락하리라고 예측했다. 이런 잘못된 통상적인 인식을 절대로 그냥 지나치는 법이 없는 언론매체들은 이러한 예측을 확대 재생산했다.

그런데 한 가지 문제가 있었다. 예측은 실현되지 않았다.

2015년 내내 미국에서 석유와 초경질유 생산량은 안정적으로 유지되었을 뿐만 아니라 연초보다 연말에 생산량이 오히려 더 늘어나면서—12.7mbpd—한 해가 마무리되었다. 유가 폭락이 시작되고 족히 2년이 지난 2016년 5월에 가서야 생산량이 마침내 흔들리기 시작했다. 이 책을 쓰는 현재(2016년 11월), 미국 석유 생산량은 유가 하락이 시작된 때의 수준 아래로 떨어지지도 않았을 뿐만 아니라, 저유가 기조가 지속되는 데도 불구하고 몇 달 안에 기록적인 수준에 도달하게 된다.

왜 이렇게 되었을까?

뭔가 근본적인 변화가 일어났다는 사실을 거의 모두가 간과했다.

미국은 다름 아닌 제 2차 셰일 혁명을 겪고 있다. 이 혁명은 "그저" 미국의 산업 기반을 변모시키는 데 그치지 않는다. 세계의 지정학적 여건까지도 바꾸어놓게 된다. 적어도 향후 30년 동안 지속적으로. 미국의 셰일 부문은 이미 유가 50달러 이하인 상황에 적응했다는 사실이 중요하다.

유가 폭락 환경에서의 생존 전략

우선 셰일 산업 종사자들은 유가 하락에 매우 민감하고 큰 영향을 받는다는 사실을 명심해야 한다. 수 년 동안 셰일 석유 판매가격이 90달러를 웃돌면서 셰일 기업들은 비용절감에 별로 신경 쓰지 않는 환경에 익숙해졌다. 온 사방에서 셰일이 생산되었고, 융자받기도 쉬워졌다. 가장 큰 문제는 파쇄 공법을 가능케 하는 온갖 투입재를 확보하는 일이었다. 파이프, 펌프, 탱크, 트럭, 모래, 케이블, 엔지니어, 운전수, 숙박시설, 도로 등등. 거의 모든 경우 투입재 가격의 인상이 최대의 적이었다. 그러나 유가가 고공행진을 하면 소득과 융자를 적절히 이용해 그런 문제는 어느 정도 관리하게 되었다.

가격이 폭락하면 효율성을 높여야 한다. 효율성을 높이는 방법은 다섯 가지다.

1. **계약서에 내재된 창의성.** 변호사를 써라. "불가피한 상황", "천재지변", "최선의 노력" 같은 용어들은 셰일 부문에서 체결하는 대부분의 임대계약서에 등장한다. 석유 시추와 관련된 로열티 지급을 우회하거나 지연하거나 단순히 보류할 구실은 수없이 많다. 수많은 주체들이 유정에 손을 대고 많은 이들이 그 유정에서 나오는 소득으로부터 직접 보상을 받는다. 이 주체들 가운데 어느 하나라도 자금이 쪼들리게 되면 이들은—장비임대인/지주에 대한 소득지불을 비롯해—채무 이행을 못 할 위험에 처하게 된다. 이러한 종류의 자금 관련 꼼수는 임대인/지주의 소득에는 영향을 미치지만 실제로 시추나 파쇄 작업을 하는 기업의 운영에 딱히 영향을 미치지는 않는다. 운영자, 공급자, 임대인, 재정적 문제 등은—심지어 파산도— 이미 시추를 하고 파쇄 작업을 하고 있는 유정에서 셰일을 생산하는 데 아무런 영향을 미치지 못한다. 셰일 유정에서 흘러나오는 석유는 펌프질이 필요 없다. 일단 유정에서 생산할 여건이 갖추어지면 추가로 계속 투입해야 하는 재료들은 아주 미미하다. 따라서 재정적으로 쪼들릴 때도 생산을 중단할 아무런 이유가 없다.

2. **이윤폭 삭감.** 셰일 공급사슬에는 수없이 많은 단계가 있다. 모래 채굴, 철

도, 주물공장, 특수금속제조, 기계조작, 파이프 깔기, 임대장비 물색, 트럭과 펌프와 탱크 제조업체 등등 끝도 한도 없다. 평균적인 유정 하나에서 생산 설비를 갖추려면 시작부터 완성 단계까지 100여 개 이상의 기업들이 필요하다. 가격이 침체되면 관련 기업 모두가 어떻게든 낭비를 줄일 방법을 찾는다. 그렇게 되면 작업 속도가 더디어지고, 재고를 줄이고, 결국은 서비스 비용을 줄이게 된다. 유가가 100달러 이상인 여건에서 여러모로 부풀려졌던 비용은 무자비하게 삭감된다. 미국의 4대 주요 유전 서비스 기업들—핼리버튼(Halliburton), 슐럼버거(Schlumberger), 베이커 휴즈(Baker Hughes), 웨더포드(Weatherford)—은 미국에서 시추되는 거의 모든 유정에 손을 대고 있다. 이 4대 주요 기업은 셰일 부문에서 얻은 소득을 비축해두고 산업계 전반이 와해될 위험을 감수하기보다는 전체적인 서비스 대금을 최소한 5분의 1 삭감해야 하는 처지에 몰리게 되었다. 셰일 산업 전반에 걸쳐 다른 기업들도 4대 주요 기업의 선례를 따라야 하는 처지에 몰리게 되었다. 이 한 가지 요인만으로도 2015년 후반기에 에너지 부문뿐만 아니라 광산업 전체에서 기술적인 침체가 촉발되었다. 그러나 시추 속도가 줄기는 했지만 멈추지는 않았다. 이윤폭이 줄었지만 생산량은 놀라울 만큼 안정적으로 유지되었다.

3. **지리적 합병.** 모든 셰일 매장지가 똑같지는 않다. 그러나 유가가 100달러 근처를 맴돌면 여러 곳에서 많은 기업들이 온갖 시도를 하게 된다. 거의 모든 셰일 매장지는 지질학적 구조상 여러 층으로 되어 있다. 그리고 각 층이 그 나름의 매장지이다. 미국에는 30여 개 남짓한 셰일 매장지가 있다기보다는 100여 개의 개별적인 셰일 매장지가 있다고 봐야 한다. 유가가 100달러일 때는 기업이 손을 대지 않는 매장지가 없다. 많은 기업들이—유가가 100달러인데도—수익을 내지 못하지만 융자받기가 쉬우면

너도나도 새로운 기술과 새로운 접근방법을 시도해보게 된다. 손익분기점에 도달하지 못해도 다른 유정에 판매할 원천기술과 기법을 개발하게 된다. 유가가 하락하면 이와 같이 이윤에 접근하는 독특한 방식은 보다 실용적으로 바뀐다. 채굴비용이 많이 드는 셰일 프로젝트는 중단되고, 온갖 종류의 기업들은 최고의 기간시설과 최저 생산비를 자랑하는 굵직한 매장지로 모여든다. 바켄, 퍼미언, 이글 포드, 마셀러스가 바로 그런 곳이다. 그러면 새로운 기술을 시도하는 엔지니어들도 일제히 따라간다. 셰일 산업 역사상 처음으로, 채굴할 땅을 찾아내고 새로운 기술을 시도해보는 게 묘수가 아니라 자기가 알고 있는 지식을 같은 프로젝트에 관여하는 다른 사람들이 아는 지식과 융합하는 게 묘수가 되었다. 자발적으로 이런 일이 일어나기도 한다. 기업들이 억지로 중지를 모으게 되는 경우도 있다. 공동작업자들이 기술을 공유하고 곧바로 시추에 착수하든가, 완전히 손을 떼고 유정에서 자기 지분을 다른 작업자에게 넘겨준다. 100여 개 매장지에서 8년 동안 원천기술로 실험을 한 끝에 4대 주요 기업에게 집약된 기술들은 거의 공동재산이 되었다. 2014년 6월에만 해도 금시초문이던 실험적 기술 몇십 가지가 2016년 6월 무렵 흔한 기술이 되었고, 생산량이 무자비하게 늘어나는 한편 생산 비용은 더 낮아졌다.

4. **선택적 지연.** 셰일을 생산할 때는 각 단계에 따라 드는 비용이 차이가 있다. 파쇄 공정에서 전체 비용의 절반이 소비되고 시추에 비용의 4분의 1이 들어간다. 셰일 유정은 시추를 시작하고 첫 몇 달 동안 가장 생산량이 많기 때문에, 유정을 가동하기 시작하는 시기는 매우 중요하다. 유가가 30달러일 때 수백만 달러를 들여 파쇄하고 작업을 완료하기보다는 일단 시추만 해놓고, 앞으로 50달러로 유가가 인상될지 모르니 파쇄와 작업 완료는 6개월 후로 미루는 방법이 있다. 기업들은 유정의 소유권을 확보

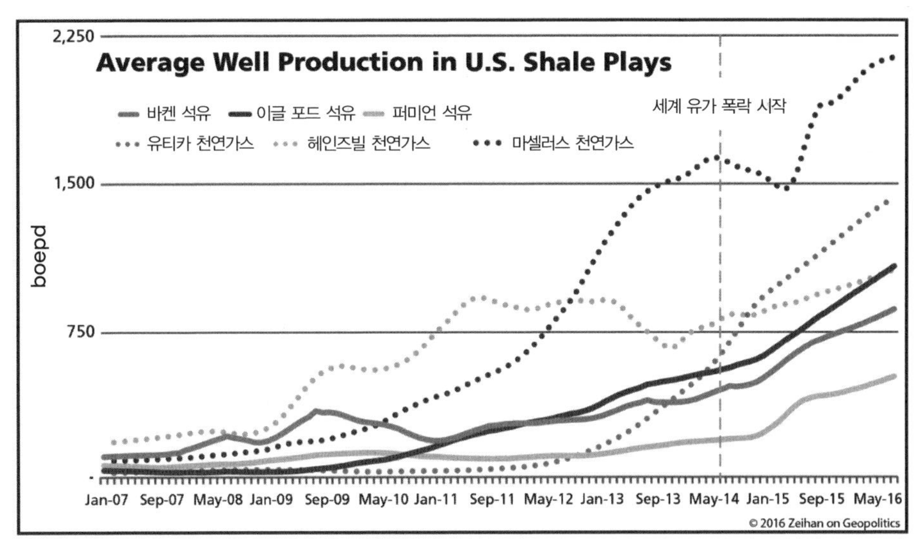

미국 셰일 매장지에서 한 유정당 평균 생산량[2]

할 방법을 찾아내지만 실제로 서둘러 유정을 가동하지는 않는다. 2015년에는 시간이 흐르면서 많은 생산자들이 이러한 조치를 한 단계 더 발전시켰다. 시추 단(stage)이 20개 이하인 수평갱도는 드물고—대부분이 50개를 넘는다— 현재 최고 기록은 124개이다. 시추 단마다 개별적으로 파쇄 작업이 진행되기 때문에 머리를 쓸 줄 아는 기업은 첫 단만 파쇄 작업을 해놓고 파이프라인 망(pipeline network)을 석유로 채워둔 채 유가가 적정수준에 도달했다고 생각될 때까지 파쇄 작업을 미룬다. 시추는 계속 진행되지만 실제 생산은 시장의 움직임을 봐가면서 가장 적절한 시기에 하게 된다. 얼마나 많은 유정들이 이러한 "파쇄 지연" 목록에 등재되어 있는지를 정확히 보여주는 자료는 없지만, 이 모든 유정에서 파쇄 작업이 완성되면 미국의 석유 생산량은 500kbpd 늘어난다는 게 업계의 일반적인 예측이다.

5. **기술 적합도.** 계약서의 창의적인 운용, 낮은 투입재 비용, 서비스 기업들의 할인, 기법 공유 등으로 배럴당 생산 비용이 30달러나 줄었다고 해도 아직 갈 길이 멀다. 사우디아라비아가 가격 전쟁을 선포하면서 뜻하지 않게 미국에서는 혁신이라는 꿈의 시나리오가 창조되었다. 현재 사용되는 기술들은 훨씬 비용이 덜 들고, 발달되었고, 친환경적이어서 셰일 산업을 못마땅하게 여기는 사람들이 셰일 산업의 가장 큰 약점으로 여기는 문제를 해소해준다. 바로 생산에 앞서 투입해야 하는 비용이 매우 높다는 점 말이다. 셰일이 최근에 가격경쟁력에서 우위를 점하게 된 데는 이러한 기술 발전이 큰 몫을 했다. 이제 그러한 기술들에 대해서 알아보자.

줄이고, 재사용하고, 재활용하다

각 유정은 유정을 구축하는 전 과정에 걸쳐서 파쇄용 모래와 화학물질들을 필요한 위치에 도달하게 하려면 수백만 갤런의 물이 필요하다. 미국은 세계에서 세 번째로 물이 풍부한 나라이므로 유정 운영자들이 바보 같은 짓을 하지 않는 한 특별히 민감한 문제는 아니다—게다가 거시적인 관점에서 볼 때 셰일 부문은 사실 그렇게 물을 많이 쓰지도 않는다. 총 사용량으로 따져보면 셰일 산업은 미국에 있는 골프장들보다 물을 덜 쓴다. 그러나 기후가 건조한 지역에서는 쓸 물이 있는지 여부는 단순히 물 문제가 아니라 환경, 경제, 수자원, 정치적 문제이기도 하다. 셰일이 경제 부문에서 지배적인 위치를 차지하는 부문—따라서 물을 가장 많이 사용하는 부문—으로 부상한 건조기후 지역에서는 훨씬 더 그러하다. (노스다코타 서부 지역처럼) 생계를 위해서 관개시설을 갖춘 농업에 의존해온 지역에 셰일 산업이 등장하면 가장 막강하고 성깔이 있는 두 이해집단—에너지 생산자와 농부—이 정면으로 맞붙게 된다. 이런 다툼이 일어나면 환경보호주의자들은 물 만난 고기가 된다.

그러나 기본적인 경제적 논리가 셰일 산업 전반에서 변화를 견인하고 있다. 물은 투입재이고 투입재를 확보하려면 비용을 지불해야 하는데, 유가가 낮은 여건에서 돈은 공급이 딸린다. 물이 풍부한 펜실베이니아에서조차도 셰일 산업계에 종사하는 사람들 가운데 꼭 필요한 양 이상으로 물을 쓰겠다고 생각하며 입맛을 다시는 사람은 없다. 공교롭게도 환경보호에 그다지 민감하지 않은 텍사스 주가 물 사용을 제한하는 데 앞장서왔다. 물을 절약하는 방식은 크게 세 가지가 있다.

첫째, 물을 재활용 가능한 경우 반드시 재활용한다. 재활용 과정의 첫 단계는 사실 파쇄 공정에 내재되어 있다. 파쇄 작업이 완료되면 유정에서 지표면으로 물을 펌프로 뽑아낸다. 이렇게 회수한 물은 그냥 버리지 않는다. 8년에 걸쳐 수자원 관리와 관련된 규제가 다듬어져서 여기까지 이르렀다. 물은 처리되고 재처리되고 가능한 한 재사용된다. 물을 재활용하면 그만큼 물을 재구매할 필요가 줄어든다.

셰일 산업에서는 으레 그러하듯이 편차는 흔히 발견된다. 이글 포드에 있는 유정의 암석층은 물 흡수력이 강해서 회수율이 3퍼센트로 매우 낮고, 따라서 회수한 물을 100퍼센트 재활용한다고 해도 전체적인 물 사용량은 줄어들지 않는다. 물 흡수력이 좀 덜한 마셀러스 암석층은 물의 재활용을 통해 지표수 사용량을 3분의 1 정도 줄였다. 가장 고무적인 사례인 퍼미언의 경우 회수율이 80퍼센트나 된다—텍사스 서부 지역이 얼마나 건조한지 감안한다면 그야말로 횡재인 셈이다.

둘째, 셰일 시추 현장에서 물을 공급하는 기간시설이 변하고 있다. 과거에는 미리 처리한 물을 외부에서 시추 현장으로 트럭에 실어날랐고, 시추 현장에서 화학물질을 물에 혼합한 다음 그 파쇄액을 유정에 펌프로 주입했다. 회수한 물은 유정 가동을 마무리할 때까지 시추 현장에 있는, 안쪽에 플라스틱을 댄 구덩이에 저장해둔다. 그런 다음 구덩이는 저장된 물을 빼고 복구되고 메워진다.

이제는 액체를 저장해둘 구덩이 자체가 필요 없는 경우가 늘고 있다.

재활용 방법이 더욱 흔해지고 타당해지면서 액체는 펌프 시설 내에서 끊임없이 움직인다. 폐기하거나 저장할 구덩이를 만드는 대신 거대한 탱크에 액체를 저장해두는 새로운 방법이 흔히 사용된다—같은 채굴지에 있는 다른 유정과 연결된 파이프를 통해 물을 공급하거나 탱크 자체를 한 채굴지에서 다른 채굴지로 트럭에 실어나르기도 한다. 이런 방법을 사용하면 재처리해야 하는 액체의 양이 현저히 줄어들고 시추 현장 구축과 가동, 시추에 필요한 투입재들을 조달하는 물류체계가 단순해지며, 동일한 시추 작업대에 있는 각 단들뿐만 아니라 여러 시추 작업대에 걸쳐 물을 재활용하게 된다. 하나의 체계에 하나의 물 공급원만 있으면 되고 그 물은 반복해서 재사용된다.

셋째, 셰일 산업계는 지표수보다 심층수가 더 적합하다는 사실을 깨닫게 되었다. 여기서 말하는 심층수란 많은 도시에서 식수를 공급하기 위해 지하수면에서 확보하는 물을 말하는 게 아니라 보통 0.5마일 이상의 깊이에 있는 심층 담해수(淡海水)를 말한다.

이러한 담해수로 대체해야 할 이유는 여러 가지다.

- 약간 소금기가 있다. 염화나트륨—식탁용 소금—은 대부분의 파쇄액에 단골로 쓰이는 첨가제다. 여러 가지 첨가제들 가운데 적어도 한 가지 첨가제가 본래 함유되어 있는 물을 확보할 수 있는데, 굳이 나중에 염화나트륨을 첨가할 이유가 있겠는가?
- 유정 작업자들은 셰일 층에 도달하려면 어차피 시추하는 과정에서 담해

수 층을 통과해야 한다. 따라서 필요한 물이 어느 위치에 있는지를 정확히 파악하게 되므로, 담해수를 얻을 두 번째 얕은 유정은 착오 없이 쉽게 팔 수 있다.

- 이 지하수에는 유기체가 없다. 박테리아나 조류가 서식하지 않는 물이기 때문에 파쇄액으로 쓰기에 지표수보다 훨씬 적합하다. 지표수는 지하수와 달리 여과하고 처리하고 정화해서 사용해야 하기 때문이다.
- 이러한 담해수는 관개용뿐만 아니라 식용으로도 사용하지 못하므로, 대부분의 지역에서 이 물을 확보하기 위한 경쟁이 일어나지 않는다.
- 셰일 매장지 지역 주민들도 눈치를 챘다. 2015년 말 이후로 텍사스 서부 지역의 목장 경영자들은 이 담해수를 시추하고 지표면에 파이프 시설을 구축해 셰일 작업장에 안정적으로 물을 공급하기 시작했다.[3]

종합해보면, 이러한 변화로 이론상으로는 배럴당 물 사용량을 많게는 80퍼센트까지 줄이게 된다. 파쇄 작업 현장에 오가는 트럭 통행량의 4분의 3 정도가 물을 실어나른다는 점을 감안할 때, 셰일 공급사슬에서 물 공급이라는 아주 부분적인 과정이 조금만 개선되어도 비용을 절감하고 환경에 미치는 영향을 줄이고 현장 주변에 사는 주민들의 화를 돋우는 소음과 도로 교통량도 줄이게 된다.

결합하고, 통합하고, 확장하다

시추 현장 하나에, 유정 하나에, 파이프 하나. 1859년 펜실베이니아에서 에너지 산업이 시작될 초창기부터 이런 사고가 지배해왔다. 분리 시추는 필수였다. 서로 가까이 있는 여러 개의 유정을 수직으로 파 내려가면 비슷한 여러 장소에서 덮개암을 뚫게 되고, 그러면 동일한 매장지에서 놀라운 속도로 석유를 채취하게 된다. 두 개의 빨대로 몰트를 빨아올린다고 생각하면 된다. 미국 멕시코 만에서 최초로 개발된 유정인 스핀들톱(Spindletop)에서는 이러한 과도한 시추로 인해 이 유전—유정이 아니라 유전이다—의 산출량이 3년이 채 안 돼 80퍼센트 줄어들었다.

그러나 셰일 산업계에서는 수직으로 시추하는 전통적인 기존의 유정을 논하지 않는다. 셰일 시추공은 석유가 풍부한 층에 도달하면 수평으로 급히 꺾인다. 여러 유정을 통해 채취하는 전통적인 매장지와는 달리 셰일 석유는 한 곳에서 다른 곳으로 이동하지 못한다. 석유가 형성된 장소에 갇혀 있다. 파쇄 공법으로 균열이 간다고 해도 균열의 길이가 수백 피트라면 바람직하지 않다. 모래가 그렇게 멀리까지 도달하지 못하기 때문이다. 모래는—설계상—유정에서 몇십 피트 이상은 나아가지 못한다. 유정 시추공 바로 주변에 균열이 생기게 하되 그 너머까지는 확산되지 않는 게 바람직한 파쇄다.

석유 지질학에 적용되는 이러한 기법 덕택에 작업자들은 시추 현장에서 작업하는 방식을 조절하고, 각 작업 지점마다 제 2의 수직 유정 갱도를 추가하고, 지하에서 이에 수반되는 수평 갱도를 뚫는다. 이러한 작업대 시추(pad drilling)로 유정 하나가 두 개가 되고, 두 개가 세 개가 되고, 계속 늘어난다. 이 책을 쓰는 지금, 대부분의 작업대마다 네 개에서 여섯 개의 유정들이 시추되지만 유정이 20개 이상인 작업대도 심심치 않게 있다.

시추 현장의 수를 절반 정도 줄이면 현장을 구축하고 철거하고 정리하는 비용을 비슷한 비율만큼 줄일 수 있다. "이동식 시추 장비(Walking rigs)"는 장비를 분해하지 않고 작업대의 한 지점에서 다른 지점으로 옮길 수 있도록 설계되었기 때문에, 한 유정에서 시추를 끝내고 다른 유정에서 시추를 하기까지 지체되는 시간이 며칠에서 몇 시간으로 줄었다. 시추 장비는 작업 인력을 포함해서 하루에 15,000달러에서 30,000달러가 든다는 점을 고려할 때, 이러한 점이 개선되면 배럴당 생산 비용이 몇 달러 줄어들게 된다. 동시 작업(Simultaneous Operations)은 여기서 한 발 더 진전된 방법이다. 요즘은 작업대 전체가 시추될 때까지 기다리는 대신, 작업대에 첫 유정의 시추가 완료되자마자 파쇄 작업에 착수할 수 있다.

한편 필요한 투입재가 줄어든 속도만큼이나 빠른 속도로 시추 범위도 확장되었다. 2005년 셰일 시대가 동틀 무렵, "구식" 셰일 유정에서는 하나의 수직 갱도가 대략 600피트 길이의 수평 갱도 하나와 연결되었다. 작업자들은 수평 갱도를 점점 길게 만드는 방법을 터득했다. 현재 "통상적인" 수평 갱도의 길이는 일주일이 멀다 하고 길어지고 있는데, 2016년에 평균 길이가 7,500피트 정도 되었다. 현재 최장 기록은 18,544피트다.

그러나 이렇게 긴 수평 갱도는 장단점이 있다. 지표면에 구축된 시설과 점점 길어지는 유정 지하 수평 갱도가 복합적으로 작용해서 물류 작업이 단순화되고, 매장지와의 접촉면이 증가하고, 규모의 경제가 달성된다는 장점이 있다. 그러나 수평 갱도가 길어질수록 파이프가 다양한 지질과 만나게 된다. 유정의 가장 안쪽 지질에는 안성맞춤인 파쇄액과 수압이 거기서 조금 떨어진 지점에서는 먹혀들지 않을지도 모른다.

맥동(脈動, Micro-Seismic) 혁명[4]

(특정한 셰일 매장지는 물론이거니와) 특정한 셰일 유정에서 가장 매장량이 풍부한 부분에서도 석유 밀도는 천양지차다. 셰일 업계에서는 20/80 법칙이라는 게 있다. 파쇄한 단(stage) 20퍼센트에서 총 석유 산출량의 80퍼센트가 생산된다. 이 20/80 법칙에 따르면 파쇄한 단의 절반 이상이 석

유를 한 방울도 생산하지 못한다는 결론에 도달하게 된다. 그러나 작업자들은 어느 구름에서 비가 내릴지 모르기 때문에 단을 있는 대로 몽땅 파쇄해 봐야 하고, 그 과정에서 엄청난 양의 물과 인력을 낭비하게 된다. 셰일 산업이 찾고자 하는 성배(聖杯) 가운데 하나가 바로 시추와 파쇄 작업을 하는 이들이 가장 석유 생산성이 높은 지질에 집중하도록 해주는 기술, 특히 지층의 어느 부분에서 어떤 도구를 사용하면 가장 적합한지 알려주는 기술이다.

그 해결책이 바로 맥동 이미징이라는 새로운 도구인데, 더 정확히 말하자면, 에너지 산업계에서 그동안 사용해온 진동 이미징(seismic imaging)을 개선한 기술이다.

기존의 이미징 기술에서는 음파(音波)를 지층에 직접 내려보낸다. 초기에는 잘 조절된 폭발로써 음파를 발생시켰지만, 최근에는 음파 방출기(sonic emitter, 고급 스테레오 스피커를 떠올리면 된다)가 흔히 쓰인다. 음파는 암석의 밀도에 따라 통과하는 속도가 다르다. 진행 경로가 바뀌는 음파도 있고, 지표면으로 반사되어서 음파탐지기(고급 마이크로폰인 셈이다)에 잡히는 음파도 있다. 이렇게 수집한 데이터를 컴퓨터에 입력하면 해당 암석층의 2차원적 형태가 화면에 나타나는데, 화면 입자가 매우 거칠다. 이러한 데이터를 가지고 석유 엔지니어들은 시추작업대를 어디에 설치하고 수평 스퍼(spur)를 어디로 뻗게 할지 대충 짐작하게 된다. 진동 기술이 이용되기 전에는 그야말로 말 그대로 어느 부분을 시추할지 어림짐작해야 했고, 대부분의 시추 작업은 마른 우물을 파는 헛수고로 끝났다. 진동 기술을 이용해 시추하면 (재수 좋은 날은) 석유가 그득 고여 있는 웅덩이들이 서로 만나는 지점을 포착하고 정확히 어느 지점으로 강철 빨대를 수평으로 꼽아야 하는지 알아낼 수 있다.

맥동 기술은 에너지 부문보다 셰일 부문에서 훨씬 중요하다. 대부분의 셰일 층은 두께가 겨우 몇십 피트에 불과하고 진동 기술의 도움 없이는 어디를 시추해야 하는지 짐작하기도 불가능할 뿐만 아니라, 유정의 수직갱도 어느 지점에서 수평으로 방향을 틀어야 하는지 파악하기도 불가능하다. 그러나 진동 기술은 셰일 산업에 맞춤형으로 만들어진 기술이 아니다. 퇴적층이 완벽하게 수평이라는 보장이 없다. 오랜 세월에 걸쳐 일어난 융기와 지각변동으로 지층은 기울고 뒤틀리고 단층이 형성된다. 하얀 인쇄지를 차곡차곡 쌓아놓은 사이사이로 붉은 판지 몇 장이 끼워져 있는 정돈된 형태가 아니라, 아주 어설프게 만든 11단 케이크가 바닥에 떨어져 있는 모양이다. 진동 기술을 이용해도 부분적인 2차원의 모습만 보여주기 때문에 이 기술을 통해 얻는 정보는 기껏해야 석유가 풍부하게 매장되어 있는 구역으로 시추할 확률을 높여줄 뿐이다.

그런데 2014년 이후로 급격한 변화가 일어났다. 진동 기술과 정보화 시대의 경제가 의기투합해서 진동의 작동방식을 완전히 뜯어고치고 셰일 부문의 요구를 특별히 고려해 설계를 다시 했다. 구식 진동 기술을 이용해 음파를 발생시키면 하나의 유정에 관한 거친 화면의 데이터를 얻을 수 있었다. 개선된 새로운 맥동 기술을 이용하면 음파를 생성할 필요가 없다. 작업자들이 시추와 파쇄 작업을 하면서 내는 미세한 음을 정교한 마이크로폰이 포착해낸다. 이러한 데이터가 끊임없이 컴퓨터에 입력되는데, 2013년까지만 해도 존재하지 않았던 데이터 처리능력을 지닌 이 컴퓨터는 풍부하고 심층적인 정보를 제공해주므로 석유생산 작업을 하는 과정에서 더 이상 어림짐작을 할 필요가 없게 되었다.

맥동 기술을 이용해 시추 작업을 하면 작업대를 어느 지점에 설치해야 최상의 결과를 얻을 수 있고, 어느 지점에서 수평으로 방향을 틀어야 하는지, 그리고 정확히 어느 각도에서 시추를 하고 수평 시추 작업을 하는 동안에도 정확히 언제—필요하다면 여러 차례—각도를 재조정해야 할지 알 수 있다. 이는 마치 인간의 팔과 같은 암석층을 어깨에서 출발해 새끼 손가락 끝까지 시추를 하는 셈이다. 팔꿈치에서 꺾이고 손가락이 오그라들어도 말이다. 시추 작업자들은 국지적인 부분의 지질에 대해서도 해박하기 때문에 채취하는 석유의 양을 극대화하고 투입재 사용은 최소화하기 위해서 파쇄하는 단의 길이를 짧게 혹은 길게 조정할 수 있다. 게다가 데이터가 실시간으로 전송되므로 작업자들은 시추를 하는 동안 어느 시점에서라도 실시간으로 작업—시추에서부터 파쇄액 성분 혼합 비율에 이르기까지—을 특정 작업대와 특정 유정의 특성뿐만 아니라 시추 단의 특성에 맞게 조정해 최고의 결과를 얻을 수 있다.

맥동 기술의 화룡점정은 작업자들이 석유가 매장되지 않은 절반의 단을 시추하는 헛수고를 덜어준다는 점이다. 이로써 시추에 필요한 파쇄 펌프와 파쇄액, 파쇄 모래의 양이 절반으로 줄어들고, 작업자들이 각 유정에서 가장 생산성이 높은 단을 파쇄하는 데 집중할 수 있다. 거꾸로 생각해보면 시추에 필요한 시설을 당장 확보하기 어렵거나 석유/천연가스의 전반적인 가격이 흡족할 만한 수준이 아닐 경우에는 가장 석유 매장 밀도가 높은 단을 당장 파쇄하지 않고 나중에 작업을 진행할 수도 있다.

그러나 이 새로운 기술이라고 해서 장점만 있는 것은 아니다. 맥동 기술은 새롭기 때문에 이를 취급하는 업자들이 매우 적고, 이들 대부분은 셰일 산업 종사자가 아니다. 맥동 기술은 부가 서비스이기 때문이다. 게다가 저렴하지도 않다. 맥동 기술을 이용하려면 보통 시추공 아래까지 광섬유를 깔고 지중수진기(地中受振器, geophone)를 갖춰야 한다. 게다가 그 시추공은 시추나 파쇄나 석유생산을 하는 데 이용하지 못한다. 따라서 이 기술은 마셀러스 같은 처녀지보다는 이미 고갈되었지만 진동 탐사라는 신기술로 다시 석유생산이 가능한 퍼미언 같은 지역에 훨씬 적합하다.

맥동 기술이 호응을 얻고 있다는 사실을 부인하는 사람은 거의 없지만,

그 기술이 확산되는 속도에 대해서는 갑론을박이 있다. 타이밍이 문제다. 비용을 절감하기 위해 고군분투하는 시대에 제 3자가 제공하는 신기술을 쓰자고 현금을 내놓는 일은 듣기에도 문제가 있을 뿐만 아니라 실제로도 그렇다. 2016년 중반 현재, 맥동 기술을 이용한 셰일 유정은 미국 전체 셰일 유정의 1퍼센트(맥동 기술을 사용하지 않는 기업이 제시하는 수치)에서 8퍼센트(맥동 기술을 사용하는 기업이 제시하는 수치) 사이이다.

가지 뻗기

맥동 기술의 성능이 급속도로 개선되면서 시추 기술도 마찬가지로 급속도로 발전하고 있다. 대대적인 발상의 전환을 일으킬 잠재력을 지닌 기술은 다각수평 시추(multilateral drilling)라는 기술이다. 작동 방법은 이렇다. 시추하고자 하는 지층 가장 깊은 곳까지 수직으로 유정을 시추한 다음, 보통 하듯이 수평으로 스퍼(spur)를 뻗게 한다. 그러나 여기서 시추 장비를 지표면까지 회수한 다음 새로 수직으로 구멍을 시추하지 않고, 이미 시추한 수직 갱도 끝부분까지만 시추 장비를 회수하고 그 위치에서 두 번째 수평 스퍼를 시추하는 식이다. 이 과정을 계속 되풀이해서 하나의 수직 갱도에서 여러 각도로 여러 개의 수평 시추를 하는 공법이다. 지층에 더 이상 수평으로 시추를 할 부분이 없게 되었을 때 비로소 시추 장비를 시추공 위로 끌어올리는데, 이때도 지표까지 완전히 끌어올리지는 않고 아직 시추하지 않은 또 다른 셰일 층과 만나면 그 층에서 다시 다각도로 수평 시추를 하고, 이러한 과정을 계속 반복해서 이미 시추한 수직 시추공과 만나는 모든 수평 셰일 층을 모두 탐색하고서야 지표로 시추 장비를 회수한다.

다각수평 시추 장비는 위치를 이동할 필요가 없다. 넓은 지역에 하나의 수직 갱도만 시추하면 된다. 다각수평 시추 장비 하나만 있으면 기존의 시추 장비를 이용했을 때보다 시간과 파이프 장비를 절반만 들이고도 모든 매장지와 접촉면을 구축할 수 있다. 그것도 이 모든 작업을 하나의 작업대에서 다 하게 된다.

한 셰일 층에서 다각도로 수평 시추를 하고 셰일 층마다 다각도로 수평 시추를 한 후에야 비로소 파쇄 작업자들이 각 수평 시추공의 개별적인 단을 파쇄하기 시작한다. 2004년에는 하나의 작업대에서 매장지 접촉 길이가 600피트였다. 2016년 중반 현재, 다각수평 시추 유정에서 매장지와 접촉하는 총 길이는 6마일은 너끈히 되며 30마일까지도 가능하다고 한다. 총 길이가 단 하나의 수직 유정 갱도와 연결된다.

셰일 개발 시 다각수평 시추 기술을 이용하면 예외 없이 배럴당 생산 비용이 급격히 줄고, 작업대당 생산량이 급격히 증가하는데, 지질이 가장 복잡한 셰일 매장지가 이 기술의 덕을 가장 많이 본다. 간단히 비교해보자.

- 바켄과 이글 포드는 특히 석유 밀도가 높은 셰일 층으로 잘 알려져 있다. 그러나 그러한 셰일 층이 두 겹 이상인 경우는 드물다. 따라서 맥동 기술을 이용한 작업이 간단하지만 다각수평 시추 기술이 놀라운 진가를 발휘하지는 못한다. 작업자들은 셰일 한 층 또는 두 층으로 스퍼를 뻗게 하면 보통 하나의 갱도에서 얻는 채취량의 네 배에서 열 배의 석유를 생산할 수 있다. 좋다. 대단하기까지 하다. 하지만 딱히 기절초풍할 정도로 놀랍지는 않다.
- 이와 비교하면 퍼미언에는 석유를 품고 있는 층이 10개까지 되는 지역들이 있다. 이 모든 지층과 단층면과 여러 각도 때문에 진동 기술의 효과가 떨어진다. 그런데 최근에 달라졌다(맥동 기술 덕분에). 하나의 수직

갱도를 통해 모든 층, 모든 각도로 수평 갱도를 뚫을 수 있고, 각 층마다 다각수평 시추 장비를 박아 넣을 수 있다. 이러한 다각수평 시추 유정에서 수평으로 40개의 스퍼를 박아 넣는다고 해도 평균 이하의 수치로 간주된다. 최근에 가장 시추 작업이 집중적으로 진행되었을 뿐만 아니라 2015-2016년 유가 폭락에도 불구하고 생산량이 증가하기까지 한 지역이 퍼미언이라는 사실은 놀랄 일이 아니다.

언론매체가 '셰일 산업은 죽었다' 라는 주장에 집착하는 가장 큰 이유는 2014년 11월 이후로 실제로 가동 중인 시추 장비의 수가 80퍼센트나 급감했기 때문이다. 가동 중인 시추 장비의 수가 줄었으니 셰일 산업이 붕괴되고 있다는 주장이다.

미안하지만 틀렸다. 시추 장비 수를 헤아리는 방식은 자전거와 자동차를 동등하게 취급하는 셈이다.

셰일 산업에서 누구나 추구하는 목표는 효율성 제고다. 다각수평 시추 같은 셰일 기술이 성숙하고 진화하면서 1배럴 생산하는 데 드는 투입재 양을 줄이고도 더 많은 작업을 해내게 된다. 시추 장비도 투입재다. 2014년까지만 해도 셰일 산업에서 흔히 사용된 수평 시추 장비(horizontal rig)가 효용성을 잃은 이유는 다각수평 시추를 할 수 없기 때문이었다. 지정학 분석가로서 감히 말하지만, 언론매체는 이제야 새로운 셰일 붐 시대에 시추 활동을 가늠할 새로운 방법을 찾느라 호들갑을 떨고 있다.

이와 같이 생산 효율성이 급격히 개선된 덕분에 지표면으로 빨아올린 석유를 채집하고 운송하는 방법도 바뀌고 있다. 처음에 유정에서 하루에 겨우 몇십 배럴 생산하고 작업대 하나당 유정이 하나뿐일 때는, 시추에 필요한 기간시설을 확보하려면 도로를 깔고 매장지에 종횡으로 작은 파이프를 거미줄처럼 깔아야 했다. 이제는 유정당 생산량이 급증했을 뿐만

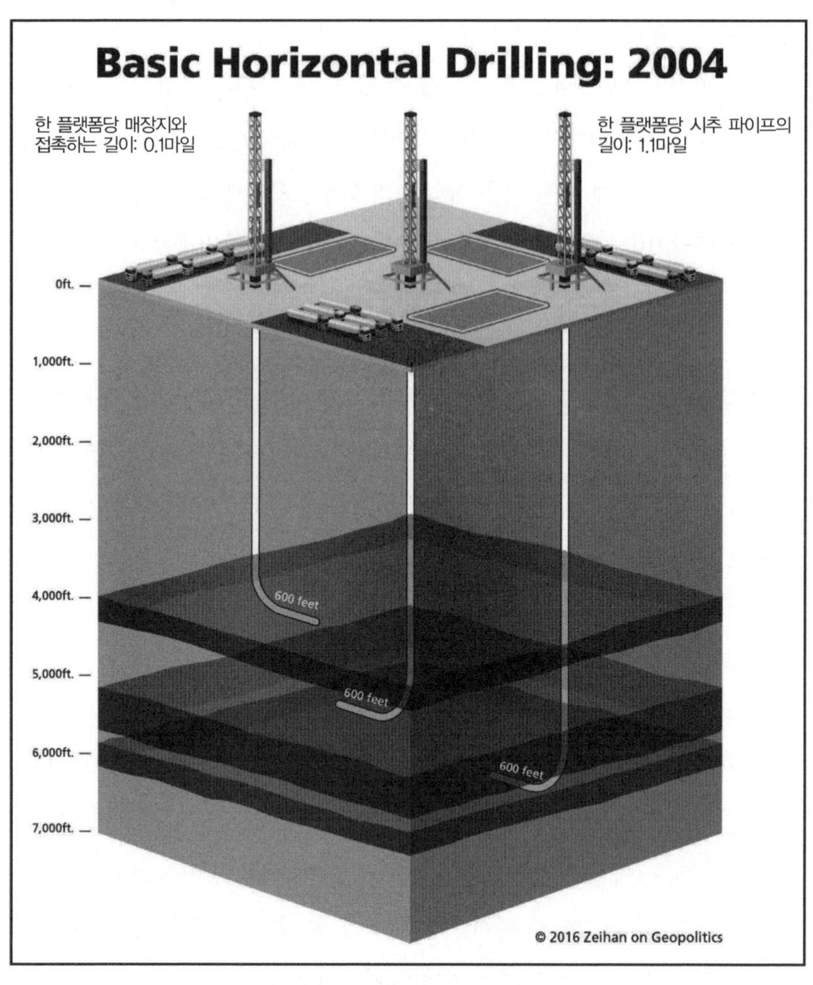

기본적인 수평 시추: 2004년

아니라 하나의 작업대에서 여러 개의 유정을 시추하게 되었다. 작업대당 생산량—유정당 생산량과 비교해볼 때—은 이미 하루 수천 boepd에 달하는데(그 이상인 경우도 있다), 십 년 전에 이 정도 생산량을 달성하는 데 필요했던 면적의 10분의 1이 채 되지 않는 면적에서 나오는 수치다. 생산

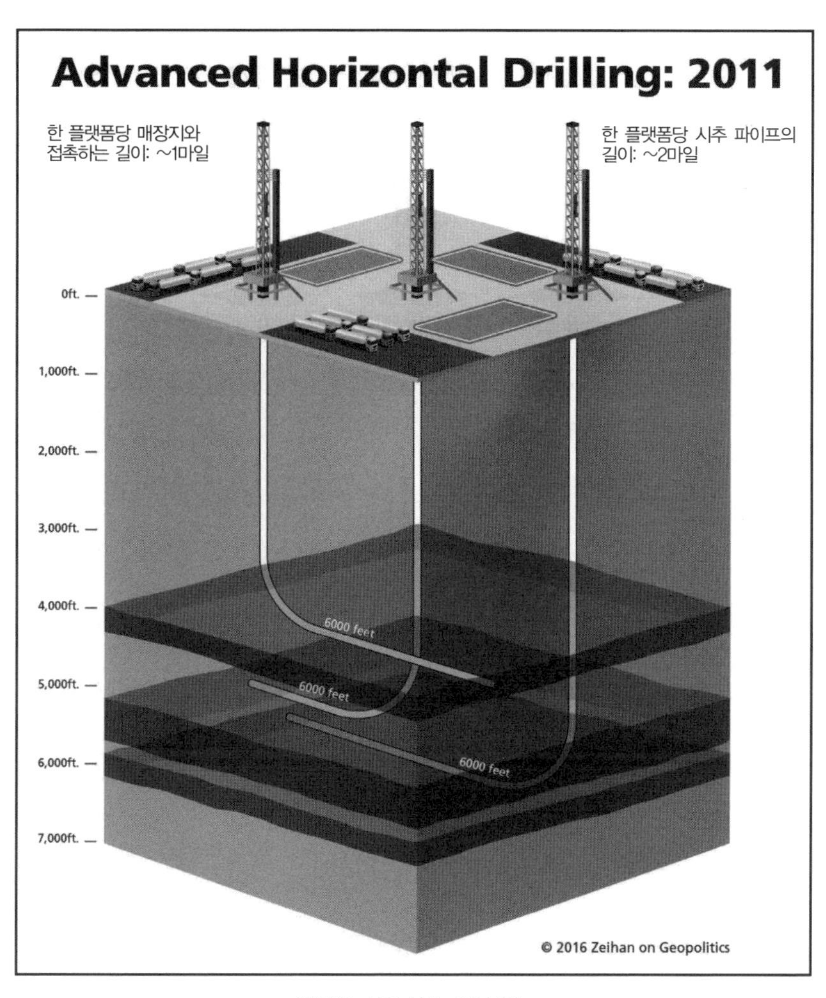

발전한 수평 시추: 2011년

지점의 수는 줄고 생산량은 늘어나면서 필요한 파이프의 수는 줄지만 파이프의 굵기는 커진다. 필요한 파이프 길이가 줄고, 도로통행권 확보와 장비 설치 작업이 단순해지면서 지표면에 기간시설을 구축하는 과정에 드는 비용이 줄어든다.

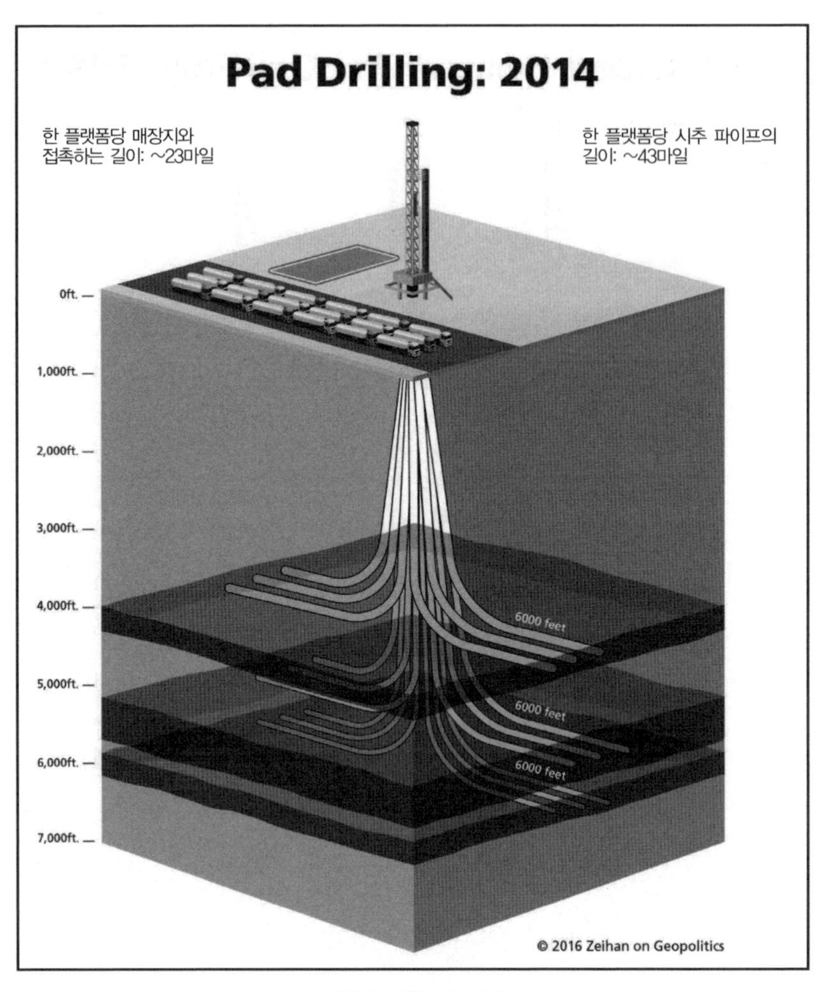

작업대 시추: 2014년

이만하면 자극이 됐는가?

다 좋은데 이런 변화는 정작 셰일 산업이 끊임없이 직면하는 문제를 해결해주지는 못한다. 바로 생산량의 감소이다. 셰일 유정 내에 존재하는

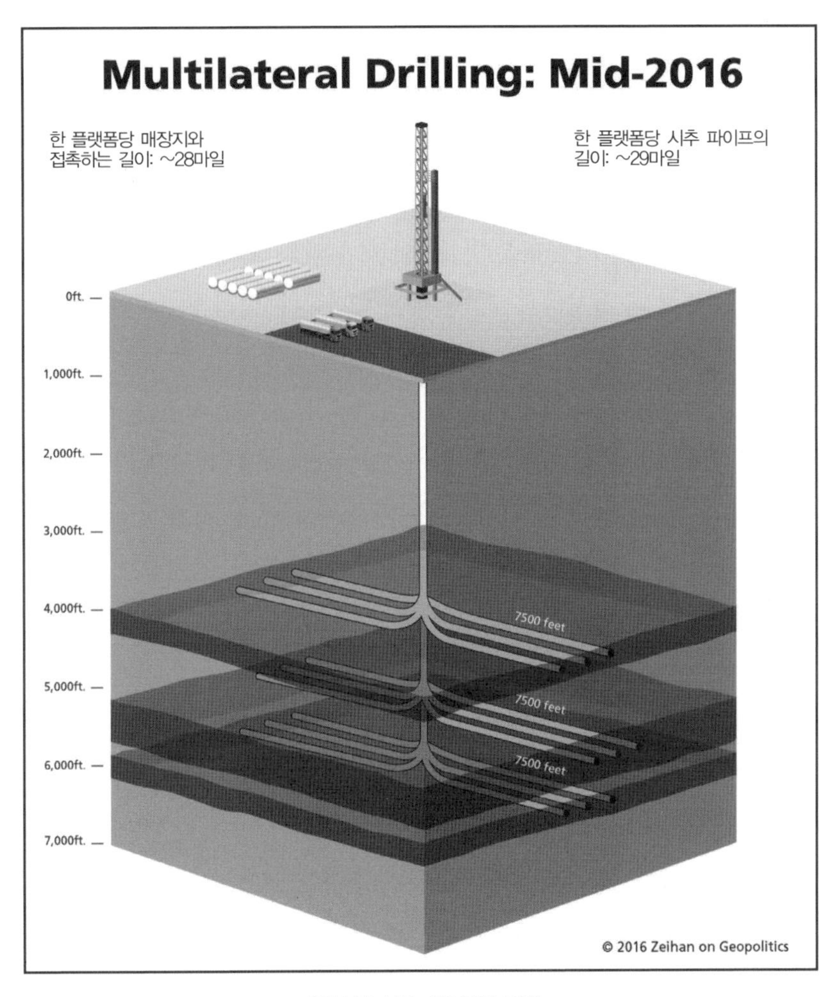

다각수평 시추: 2016년 중반

압력은 파쇄 지역 내에 있는, 석유를 머금고 있는 자잘한 공간들 내부에 존재하는 압력뿐이기 때문에 일단 그 압력이 고갈되면 유정은 급속도로 생산성이 감소한다. 유정은 시추를 시작한 첫 해 안에 20년 동안 생산할 총 산출량의 30퍼센트에서 50퍼센트를 토해낸다. 이 수치는 두 번째 해에

50퍼센트에서 85퍼센트로 증가한다. 이 시점부터 생산량은 거의 고갈된다. 그리고 시추와 파쇄 작업에 비용이 많이 들게 되고, 이 모든 노력과 비용을 들인 작업이 3년 만에 시들해지니 그야말로 김새는 일이다.

유정이 좀 더 오랜 기간 동안 초기의 생산량에 가까운 정도의 생산성을 유지하게 만들 최선의 전략은 파쇄액과 모래 양을 늘리고 더 높은 압력을 가해 암석층에 더 철저하게 균열을 내는 방법이다. 이러한 무지막지한 파쇄 공법을 쓰면 더 많은 양의 석유가 시추공을 향해 이동한다. 그런데 시추공의 직경은 변하지 않기 때문에 병목현상이 생긴다. 석유가 파이프를 통과하는 속도가 느려지기 때문에 생산량이 하락하는 속도가 더 완만해질 뿐이다. 이런 효과는 인위적으로 야기할 수도 있다. 목 조르기(choke)라는 기법인데, 말하자면 유정에 강철을 삽입해 시추공 직경을 일부러 좁히는 방법이다.

이러한 방법을 이용하면 더 오랜 기간 동안 훨씬 안정적으로 생산을 하게 된다. 그러나 정말로 필요한 방법은 유정을 높은 생산성을 보이던 초기 상태로 되돌려서 이미 설치해놓은 기간시설을 최대한 가동하는 방법이다.

새롭게 등장한 전략은 기존의 유정 작업대에 새로 유정을 추가하는 방법이다. 기존의 작업대에 그동안 발전한 진동 기법과 파쇄와 시추 기법을 적용해 생산 수준을 예전보다 끌어올리는 방법이다. 말하자면 기존의 하나의 유정에 설치된 작업대를 여러 개의 유정을 대상으로 작업하는 작업대로 바꾸는 방법이다. 새로 구축한 유정은 생산성이 높을 테니 말이다. 맥동 기술을 쓰면 기존의 수직 갱도와 수평 스퍼 사이 어느 지점에 새로운 갱도를 파야 하는지 파악할 수 있고, 신설 갱도를 통해 얻은 석유는 기존의 채집 파이프로 흐르도록 유도하게 된다. 이러한 충전(infilling) 기법을 이용하면 장비임대나 파이프 통행권을 갱신하거나 새로운 도로를 깔

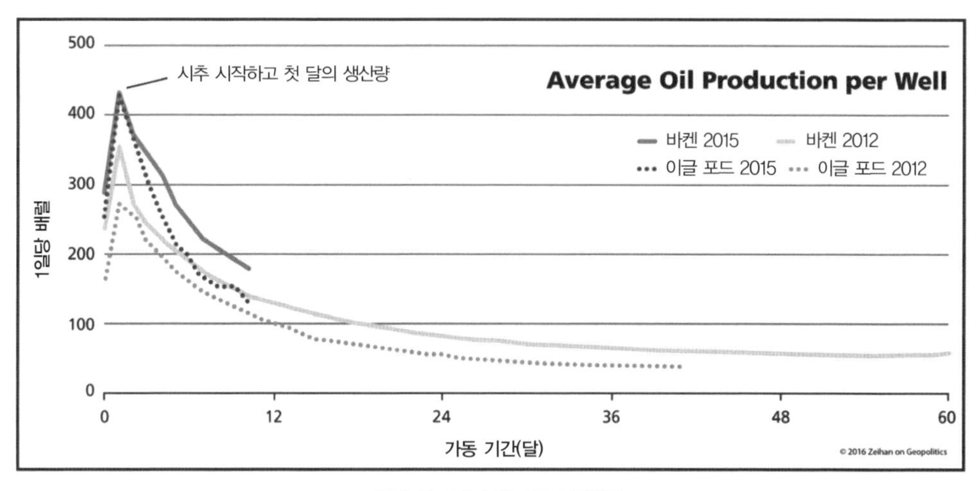

유정 하나당 석유 평균 생산량

지 않고도 전성기 수준으로 생산량을 끌어올릴 수 있다.

(기존의 작업대에서 새로 시추를 하는 대신) 기존의 유정 자체를 되살리는 방법도 있다.

재파쇄(Refracking)는 말 그대로 파쇄를 다시 하는 방법이다. 기존의 유정에 오늘날의 기술을 동원해 파쇄 작업을 다시 하는 방법이다. 보기보다 해야 할 일이 많은 방법이다. 빅 데이터는 2013년 이후에 가서야 유정 작업에 적용되기 시작했고, 맥동 기술은 2016년 초에 가서야 사용되기 시작했다. 최초로 셰일 붐이 일었던 2007-2011년에는 유정이 가동되는 동안 진동 기법이 적용된 유정이 하나도 없다는 뜻이다. 따라서 기존의 유정 전체에 진동 기법을 적용해 파쇄 작업을 다시 하면 된다. 최초로 작업을 할 때 들인 비용의 25퍼센트에서 75퍼센트만 들이고도 시추 단의 생산량이 최초로 생산했을 때의 수준으로 회복된다.

가장 큰 소득을 얻게 되는 경우는 처음 시추를 했을 때 별다른 성과를 거두지 못한 유정들이다. 이런 유정들이야말로 두 번째 시추 과정에서 더 나은 데이터를 적용해 더 나은 결과를 얻을 수 있기 때문이다. 또한 처음 셰일 붐이 일었을 때와 달리 예전보다 훨씬 친환경적인 작업 관행으로 기존의 유정을 가동할 기회도 된다.

수공(水攻, waterflooding) 기법도 있다. 명칭 그대로다. 유정 갱도에 물을 채워서 석유를 뽑아내는 방법이다. 수공 기법은 기존의 에너지 산업계에서 수십 년 동안 사용해온 2차적 자극기법으로, 사우디아라비아의 대규모 유전 가와르를 비롯해 대부분의 내륙유전에서 집중적으로 사용해온 방법이다. 요컨대, 물을 암석층으로 주입하면 잔존 석유와 약간 섞이게 되는데, 이 석유가 섞인 물을 다시 펌프로 끌어올리면 된다. 여기서 물 위에 뜬 석유를 걷어내고 나머지 물을 다시 암석층으로 주입해 석유를 찾아내는 방법이다.

수공 기법이 과연 셰일이라는 지질에도 적용 가능한지가 문제다. 보통 전통적인 지질층에 물을 주입해서 덮개암 밑에 남아 있는 석유를 긁어내는 방식인데, 셰일 층의 경우 그런 매장 웅덩이가 없다. 그러나 이 기법을 집중적으로 시도해볼 만하다는 주장이 설득력이 있는 두 가지 이유가 있다. 첫째, 수십 년 동안 가장 흔하게 이용된 2차 자극제이므로 셰일에 맞게 기존의 수공 기법에 약간 변화를 주는 시도를 할 만한 역량이 있는 엔지니어들이 많이 있다. 둘째, 저렴하다. 이론상으로는 기존의 유정을 가동하는 데 든 비용의 2-5퍼센트만으로도 유정의 산출량을 최초 산출량의 25퍼센트 정도 높일 수 있다.

이보다 훨씬 독특한 기법도 널리 시도되고 있다. 기존의 유정에 물을 주입해 생산량을 높이듯이 이산화탄소나 메탄을 주입할 수도 있다. 이 두 기체는 석유에 용해되기 때문에 석유의 점도를 떨어뜨려 석유가 시추공으로 더 쉽게 흐르도록 해준다. 이러한 가스 주입(gas injection) 기법에 쓰는 이산화탄소는 시멘트 공장이나 발전소에서 확보 가능하고, 메탄은 지역에서 생산되는 천연가스로부터 확보 가능하며, 해당 지역의 온실가스 배출을 급격히 줄이는 동시에 석유 생산량을 높이는 일석이조의 효과를 낳는다. 이 기법을 이용하기 위해 극복해야 할 가장 큰 장애물은 근접성이다. 유전이 인구밀집 지역이나 산업 중심지와 가깝지 않으면 시추에 앞서 먼저 이산화탄소를 운송할 긴 파이프를 설치해야 할지도 모른다. 그리고 물론 유가 수준에 따라 다르겠지만, 그러한 기간시설 설치 비용을 먼저 지불해도 될 만큼 많은 석유가 생산되지 않을지도 모른다.

추가로 시추를 가능케 하는 이 모든 기법이 시사하는 바는, 몇 년이 아니라 몇십 년에 걸쳐 생산량을 관리하겠다는 의도를 갖고 유정 전체를 다시 설계해야 한다는 점이다. 이와 같이 미래의 시추를 위한 방해받지 않는 통행로의 확보, 장기적인 진동 데이터 모니터링, 채취하는 석유의 양을 늘리기 위한 기간시설 구축 등 유정을 재설계하는 방법은 모두 잘 진행되고 있고, 앞으로 2-3년이면 셰일 산업계의 핵심적인 기법으로 자리잡을 가능성이 높다. 이 모든 기법 덕분에 장기적으로 볼 때 셰일 석유 생산량이 증가하게 된다.

그러나 기존의 유정에서 생산량을 극대화하기 위해서는 이보다 훨씬 간단한 돌파구가 존재할지도 모른다.

일단 유정의 수명이 다하면 여러 시추 단은 영원히 폐쇄된다. 이는 재파쇄 공법을 적용하는 데 문제가 된다. 인접한 시추 단에서 생긴 파쇄 균열이 서로 만나는 경우가 많기 때문에 특정한 구역에만 파쇄 압력이 가해지도록 격리하기가 어렵다. 이와 같이 특정 구역을 격리하기가 불가능하기 때문에 재파쇄 기법을 적용하는 데 한계가 있다. 여기서 유정 시추공을 오르내리며 파이프의 어느 특정 지점에서든 그 지점에 적합한 맞춤형 (재)파쇄 작업을 하는 장비인 슬라이딩 슬리브(sliding sleeve)가 등장한다. 시추 단 자체도 필요하면 여러 부분으로 나누어 격리할 수도 있다. 그 결과—적어도 이론상으로는—재료 효율성이 비약적으로 개선되고, 유정의 지질이나, 이전에 누가 어떤 작업을 했고, 기간시설의 잔존물이 있는지 여부를 걱정할 필요 없이 언제든 슬라이딩 슬리브를 펼쳐서 재파쇄 작업을 할 수 있다. 슬라이딩 슬리브는 분명히—적어도 그 효과가 증명된 기법들 가운데서는—가장 최신 기법이지만, 이 또한 이미 논의 단계를 벗어나 실제로 사용되기 시작했다.

셰일 산업의 다음 단계

이 모든 변화는 아직 시작 단계이므로 셰일 시추 현장에 널리 확산되지는 않은 상태다. 특히 슬라이딩 슬리브와 맥동 기법은 살짝 장난스러운 느낌마저 난다.

이러한 새로운 기술의 조합이 셰일 산업에서 새로운 기술 표준의 뼈대를 구축하게 된다기보다는 이러한 기술들이 이와 유사한 수십 가지의 기술들을 대표한다는 게 중요하다—이 모든 기술들은 계속 다듬어지고 있다. 이 모든 기술들이 셰일 시추 작업자들의 도구함에 담겨져서 2년 전은 물론이거니와 오늘날의 가격보다 훨씬 경쟁력 있는 가격으로 최상의 시추 방법을 형성하는 데 기여하고 있다. 무엇보다도 사우디아라비아가 가격 전쟁을 선포한 시기에 맞춰 이러한 기술들은 대부분 이미 탁상공론의 단계를 탈피해 제한적이나마 실제로 사용되고 있고, 이 기술을 습득하고 채택하는 사례가 가파르게 증가하고 있다. 처음부터 바퀴를 발명할 필요가 없다는 뜻이다.

요컨대, 파쇄 산업에 완전히 새로운 하위 산업 부문이 더해지면서 처음 유정을 구축할 때 쏟아야 하는 노력(지질 탐사, 임대, 허가 취득, 시추, 도로 건설)뿐만 아니라 후속 작업(모니터링, 기간시설 확보)에 드는 노력도 줄어들게 된다. 그러면서도 상당히 미미한 추가 비용을 들이고도 기존의 유정 생산량 못지않은—또는 그 이상의—양을 생산한다. 2016년 중반 현재 존재하는 기술을 사용한다면 각 유정에서 생산되는 장기적인 생산량은 2014년의 표준치와 비교해볼 때 적어도 세 배는 증가할 가능성이 있다. 반면 비용 증가율은 평균적으로 50퍼센트 이하에 그치고, 지표면의 기간시설은 훨씬 축소된다. 이러한 기술 개선으로 향후 30년에 걸쳐 추가로 생산되는 원유는 하루에 수백만 배럴에 달하게 되고, 이로써 미국은 기준 생산량을 절반 가까이 더 늘릴 역량을 갖추게 된다.[5]

이 모든 기술이 시사하는 바는 유정 하나당 투입재에 드는 비용은 (급격히) 증가할지 모르지만, 유정당 생산량은 그보다 훨씬 더 급격히 증가하기 때문에 배럴당 생산 비용은 급락한다는 소리다.

2012년, 이러한 기술들 가운데 어느 하나도 사용되지 않았을 당시에 전 주기 비용은 배럴당 90달러였다. 2014년 11월, 사우디아라비아가 가격 전쟁에 돌입했을 당시에 전 주기 손익분기 비용은 75달러였다. 통합이 이루어지고 효율성이 제고되고, 특히 신기술이 개발되고 응용되면서 2015년 8월 무렵, 이 수치는 4대 주요 기업의 경우 50달러로 급락했다. 시추 전문가들이 생산 전 주기를 염두에 두고 유정의 설계를 바꾸기 시작하자(예컨대, 충전과 재파쇄 계획을 설계에 포함시켰다), 이 책을 쓰는 2016년 11월 현재, 새 유정에서 배럴당 생산비는 40달러 언저리로 하락했는데, 여기에는 이미 파쇄한 시추공을 재파쇄한 경우는 포함되지 않았다. 2012년에는 세계에서 생산비가 가장 비싼 석유로 간주되던 셰일이 이미 세계 평균 생산비보다 낮은 비용에 생산이 가능해졌고 경쟁력에서 우위를 점하게 되었다. 이러한 기술들이 성숙하고 서로 부족한 점을 보완하면서

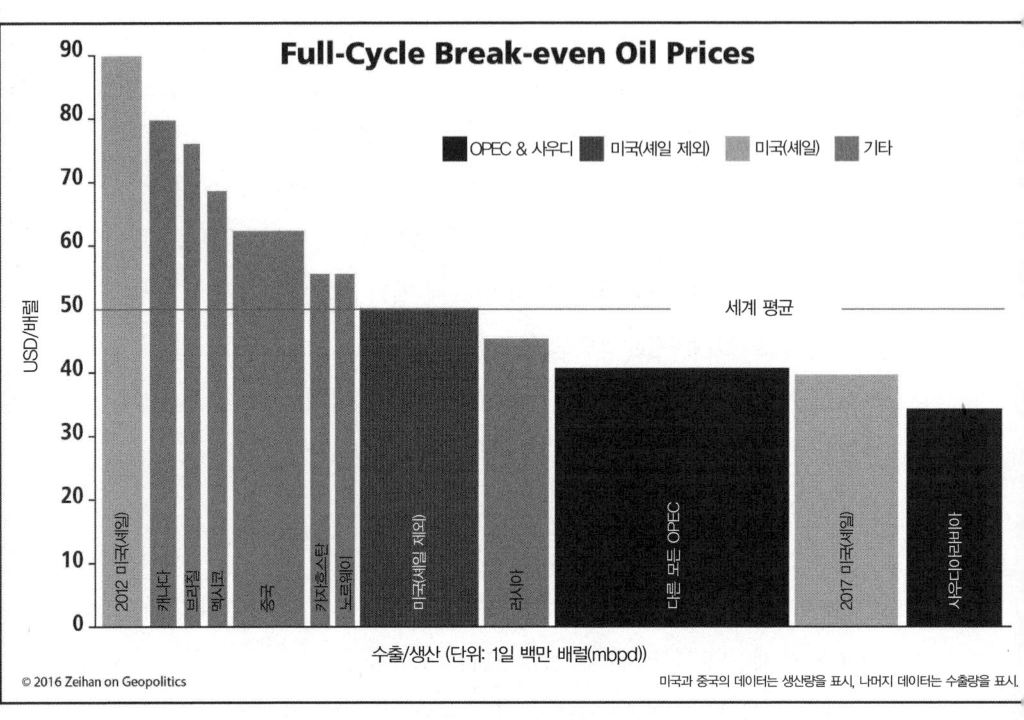

전 주기 손익분기점 유가

2019년 어느 시점에 가면 25달러 목표도 도달 가능해 보인다.

미국의 셰일 산업이 사우디아라비아의 석유 해일에 휩쓸리는 일은 일어나지 않는다. 오히려 미국의 셰일 산업은 사우디 석유와 맞붙을 만한 비용 경쟁력을 갖추는 시점에 도달했다.

셰일의 또 다른 면

희소식만 있는 것은 아니다. 특정한 경제 부문이 진화할 때마다 늘 승자와 패자가 생긴다. 셰일 산업도 예외가 아니다. 여기서 염두에 두어야 할 사항은 크게 세 가지다.

첫째, 셰일 산업에서 효율성이 제고되면 한쪽만 이득을 본다. 셰일 부문이 유가 하락의 압박을 받으면 시추 담당자들은 배럴당 최저 비용으로 최대한의 석유를 뽑아내는 목표를 세운다. 셰일 산업에서 연달아 비용의 효율성을 높이는 데 계속 성공하면서 파이프 1피트당, 물 1갤런당, 모래 1파운드당, 화학약품 1온스당, 노동력 1시간당 훨씬 많은 석유를 생산하게 된다. 셰일 시추를 하는 당사자라면 신나는 일이겠지만, 파이프를 제조하고 물을 공급하고 모래를 캐고 화학약품을 제조하고 어떤 식으로든 시추 담당자의 지시를 받아 일하는 작업자라면 별로 신날 일이 아니다.

다각수평 시추 공법을 쓰면, 필요한 파이프의 길이만 절반으로 줄어드는 게 아니라 용접공 수요가 절반으로 준다. 물웅덩이에서 물탱크로 바꾸면, 필요한 물의 총량이 3분의 2 정도 줄어들 뿐만 아니라 유정을 완성하는 데 필요한 트럭 왕복 횟수가 절반 이상 줄어들고, 이와 더불어 트럭 운전수 수요도 급격히 줄어든다. 맥동 기법은 석유가 없는 시추 단을 파쇄하지 않게 되므로 파쇄 총량이 줄어들 뿐만 아니라, 필요한 모래의 양도 줄면서 셰일 산업에 필요한 모래를 대부분 공급해주는 위스콘신 주 서부 지역의 경제도 타격을 입게 된다.

그러나 이 모든 변화가 일어나는 동안에도 석유 생산량은 크게 줄지 않았다. 2015년과 2016년에 발생한 침체는 에너지 생산 부문에서의 침체라기보다는 에너지 생산에 필요한 투입재를 생산하는 부문에서의 침체였다. 이 모든 기술들이 계속 진화하면서 효율성도 끊임없이 제고될 것으로 예상된다. 그렇다면 이 모든 투입재에 대한 수요가 2013년 수준을 회복할 가능성은 희박하다.

둘째, 셰일 붐이 일어난 이유는 이전까지는 존재하지 않았던 것들을 건설하게 되었기 때문이다. 그런 형태의 붐은 대체로 끝났다. 그 이유는 유가가 하락했기 때문은 아니다.

여러분이 거주하는 지역을 생각해보라. 누군가가(여러분 자신일 수도 있다) 집을 짓기로 마음먹으면 여러 가지 활동이 뒤따르게 된다. 목재상은 벌목을 해야 하고, 이는 목재소에 일감을 만들어주고, 목재소는 건물 골격에서부터 합판, 가구에 이르기까지 모든 것을 만드는 데 쓸 판자를 생산하게 된다. 채석장과 석공은 암석을 깎아 건물의 전면과 타일의 재료를 만든다. 광산업자는 지하에서 석회암을 채굴해 쇄석 전문가에게 넘기면 쇄석 전문가는 석회암을 분쇄해서 시멘트를 제조하는 기본 재료들을 생산한다. 여러 광산업자들이 보크사이트, 구리, 철광석 등 각기 다른 광물을 채굴해서 제련소에 보내면 제련소에서는 광물을 가공해 전선이나 경첩, 못, 나사 등으로 만든다. 또 다른 광산업자들은 채굴한 고품질 모래에 열을 가해 유리판을 만든다. 이 과정의 각 단계마다 운송업이 관여하게 된다. 목재, 광석, 금속, 유리, 암석, 판자, 카펫, 창틀 등등을 운반해야 한다. 이 모든 투입재들을 건축 현장으로 운반해 그곳에서 섞고 쌓고 망치질하고 붙이고 바르고 고정시켜 구조물을 만들게 된다. 구조물 하나를 완성하는 데 100가지 이상의 산업이 관여하고 수천 명의 생계에 영향을 준다. 건설에 참여하는 사람들에게 여러분의 집이나 아파트를 건축하는 일은 그야말로 행운이다. 여러분이 집을 지으면—동네, 지역, 국가, 심지어 세계의—경제가 활성화된다.

두 번째 집을 짓기까지 얼마나 걸릴까? 여러분은 이미 두 번째로 집을 지었는가? 집은 보통 한 번 지으면 그걸로 끝이다. 게다가 여러 채의 집을 소유한 운 좋은 사람이 아닌 한, 두 번째 집을 지었다고 해도 여러분이 비운 첫 번째 집에 누군가가 입주하게 되므로 경제 활성화에 크게 도움이 되지는 않는다. 물론 새로 입주한 사람이 나중에 집을 고친다든가 방을 하나 더 추가했을 경우도 있고 그럴 경우 분명히 경제 활동에 자극이 되기는 한다. 그러나 처음 집을 건축할 때와 같은 횡재는 아니다.

어떤 경제 부문에서도 마찬가지다. 기본적인 토대는 딱 한 번만 구축한다. 마을에 필요한 도로, 보도, 전력공급선은 한정되어 있다. 제조업체들에게 필요한 제조시설도 한정되어 있다. 바로 이 투자주도 성장 패턴이 일본이 1950년대부터 1970년대까지 눈부신 경제 성장을 보였지만 1998년 이후로 답보상태인 이유다. 마찬가지로 중국이 1980년부터 2015년까지 급속히 성장했지만 현재 침체를 겪고 있는 부분적인 이유다. 마찬가지로 셰일 산업에서 필요한 도로와 파이프와 모래와 화학약품도 한정되어 있다. 산업화는 딱 한 번밖에 필요하지 않다.

요컨대, 셰일 관련 업계들은 이중으로 타격을 입었다. 셰일 산업을 뒷받침하는 기간시설은 한 번만 구축하면 그만이다—그리고 그 작업은 이미 끝났다—새로운 유정에서는 처음 셰일 붐이 일었을 때만큼 많은 투입재가 필요하지 않다. 앞으로 셰일 산업이 확장된다고 해도 예전과 비교해보면 지지부진하게 느껴질 것이다. 다소 비용이 많이 드는 셰일 매장지 주변에 있는 마을들—2014년 말에 대체로 버려진 마을들—은 유정이 재가동되면 새롭게 경기 붐이 일게 되겠지만, 4대 주요 기업이 활동하는 지역에서 2007-2014년에 일었던 건축 붐과는 비교가 되지 않는다.

셋째, 셰일의 손익분기 비용이 점점 하락하면서 많은 전통적인 에너지 생산자들이 사업을 접고 있다.

셰일 천연가스의 판매 가격은 북미 지역 대부분의 전통적인 천연가스 매장지에서 드는 생산 비용의 3분의 1에 불과하다. 이로 인해 특히 큰 타격을 입은 사람들은 캐나다 앨버타 주의 천연가스 생산자들이다. 앨버타 주의 천연가스 생산 현장은 온타리오 주에 있는 대부분의 핵심적인 판매 시장으로부터 1,500마일 이상 떨어져 있다. 그런데 온타리오 주는 미국

고개를 끄덕이는 당나귀(Nodding Donkey)

마셀러스 셰일 매장지로부터 300마일이 채 안 되는 거리에 있는 시장이다. 그리고 마셀러스는 미국 천연가스 총생산량의 3분의 1을 생산하는 지역이다. 셰일 천연가스는 해상 천연가스 생산자들에게도 타격을 주었다. 특히 멕시코 만 지역 생산자들의 피해가 크다. 이 지역은 생산 비용이 높고 시추하는 데 오랜 시간이 걸리며, 허리케인이 한 번 불어닥치면 생산을 몇 달이고 중단해야 한다. 셰일 생산에는 이런 제약이 뒤따르지 않는다.[6] 따라서 멕시코 만의 천연가스 산업은 사실상 속수무책으로 사양길에 접어들었고 2010년 이후로 생산량이 절반이나 줄었다.

가장 큰 피해자는 아마도 고개를 끄덕이는 당나귀(nodding donkey, 스트리퍼라고도 불리는 펌프의 일종)를 사용하는 유정일지 모른다. 이 모두가 구식의 관행적인 석유 생산 방법과 새로운 생산 방식을 사용하는 셰일의 차이에서 비롯되는 일이다.

파쇄 과정은 단순히 석유와 천연가스가 시추공으로 흘러나오는 길을 만드는 데 그치지 않고 파쇄하는 구역 전체에 걸쳐 작은 압력 주머니들을 터뜨리기도 한다. 이 압력으로 석유가 분출되는데, 이 과정에는 그 어떤 추가적인 투입재도 필요하지 않다.

스트리퍼를 사용하는 유정은 그렇지 않다. 스트리퍼 장비는 이미 전성기가 한참 지난 유전에서 사용한다. 기존의 공기 압력은 모두 빠져나간 지 오래다. 이런 지역에서 원유를 생산하려면 일부러 압력을 만들어야 한다. 고개를 끄덕이는 당나귀는 거의 고갈된 석유층에서 물을 펌프질해 끌어올리는데, 이 물에 약간의 석유가 섞여 있다. 석유는 물에 녹지 않기 때문에—그리고 석유의 밀도는 물보다 낮기 때문에—수면 위에 뜬 석유를 걷어내면 된다. 이런 식으로 석유를 생산하면 보통 기껏해야 하루에 1배럴의 기름을 얻는다. 따라서 석유를 어느 정도라도 생산하려면 고개를 끄덕이는 당나귀 여러 마리가 필요하다. 그러기 위해서는 대대적인 기간시설을 구축해 끊임없이 펌프질을 해야 하고, 따라서 지속적으로 전기가 공급되어야 한다.

스트리퍼 유정을 찾기란 어렵지 않다. 50년 이상 가동되어온 내륙 석유 매장지라면 거의 어디든 있고, 텍사스, 오클라호마, 펜실베이니아, 캘리포니아(로스앤젤레스의 도심 중심가인 윌셔 불르바드에도 있다)에서 가장 흔히 발견된다. 미국 전역에서 스트리퍼 유정에서 생산되는 석유 총량은 1mbpd 정도 되지만, 전기와 물을 많이 소모하고 기간시설 투자도 상당하기 때문에 대부분 손익분기 비용이 배럴당 70달러가 넘는다. 셰일 산업은 저유가 시대에 살아남을 방법을 찾아냈지만 고개를 끄덕이는 당나귀들은 출혈을 하고 있다.

효율성 제고의 마지막 피해자는 셰일 사업자들 자신이다. 2013년 유가

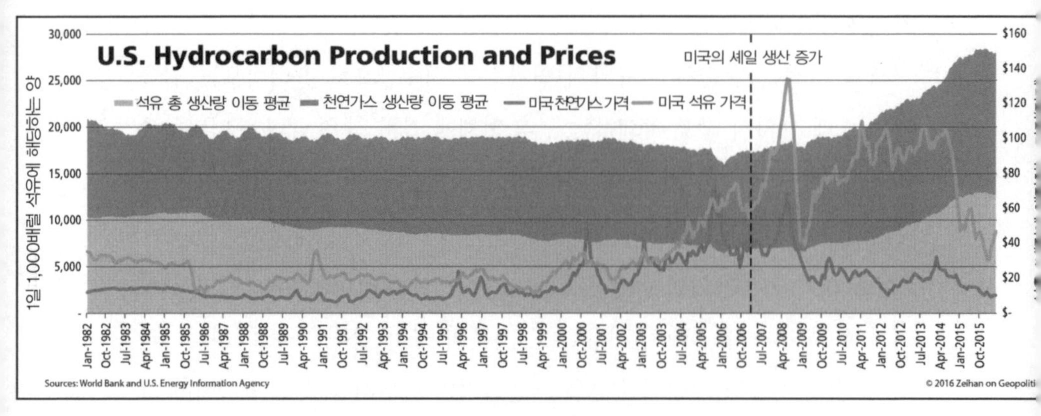

미국 탄화수소 생산과 가격

가 높았을 때 셰일 사업자들은 돈을 긁어모았다. 2016년 저유가 기조가 이어지자 기업들의 합병이 유행했고, 대부분의 사업자들은 가까스로 연명했다. 여러 가지 면에서 오늘날의 셰일 산업은 성공의 희생양이 된 셈이다. 셰일 산업계는 생산량을 늘리면서 유가 폭락에 기여했고 사업을 위태롭게 만들고 업계 전반에서 합병이 이루어질 수밖에 없는 여건을 조성했다. 혁명이 일어나면 패자가 생기기 마련이고, 셰일 혁명도 예외가 아니다.

그러나 미국의 셰일 산업은 크게 보면 눈부신 승자다.

셰일의 상업성이 인정된 10년 동안 미국의 석유와 천연가스 생산량은 기록적으로 낮은 수준에서 기록적으로 높은 수준으로 치솟았다. 게다가 가격 구조가 급락하면서 셰일은 미국의 산업 기반을 개조하고 있다. 그리고 그 이야기의 주인공은 석유가 아니라 천연가스다.

03

제 3차 셰일 혁명

The Third Shale Revolution

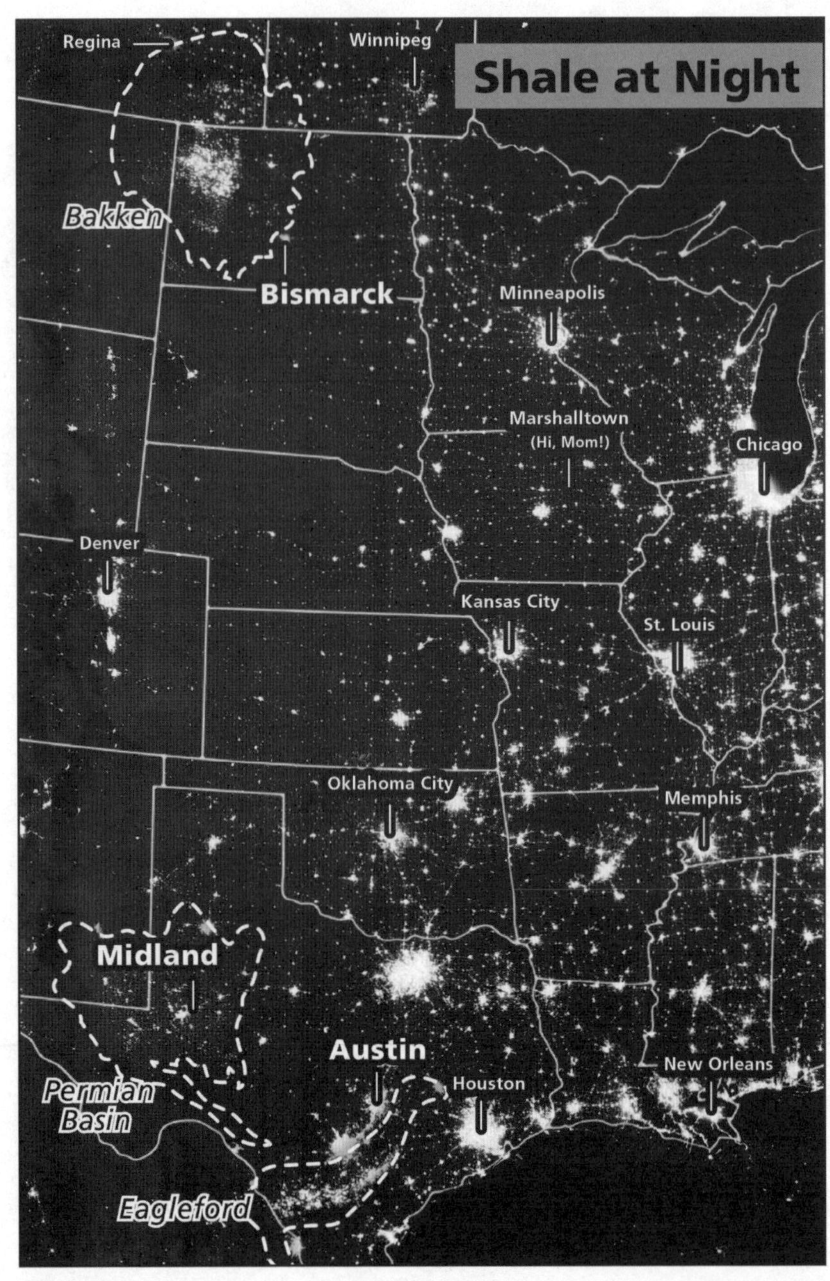
Shale at Night
Regina
Winnipeg
Bakken
Bismarck
Minneapolis
Marshalltown
(Hi, Mom!)
Chicago
Denver
Kansas City
St. Louis
Oklahoma City
Memphis
Midland
Austin
Houston
New Orleans
Permian Basin
Eagleford

밤에 본 셰일 매장지

이따금 정말로 백문이 불여일견일 때도 있다.

나는 이 사진을 수표책[1] 지도라고 부른다. 점 하나하나가 수표책으로 전기료를 낼 수 있는 사람을 나타내기 때문이다. 인구가 밀집되어 있는 세 지역을 주목하기 바란다. 최북단에는 노스다코타 주의 비스마크가 있다. 중간에는 문화의 중심지인, 텍사스 주의 미들랜드가 있다. 남쪽에는 나른하고 낙후된 오스틴-샌앤토니오 지역이 있는데, 여기가 내가 사는 곳이다.[2] 여기도 사람이 산다. 주민들은 수표책도 있다. 전깃불도 들어온다. 위성궤도에서도 불빛이 보인다. 복잡할 것 없다.

자, 이제 이 세 도시 주변 지역을 살펴보자. 비스마크의 북서쪽, 미들랜드의 서쪽, 샌앤토니오의 남쪽을 보라. 불빛이 밀집해 있는 모습이 보인다. 이 지역들은 알래스카와 하와이를 제외한 48개 주에서 가장 인구가 희박한 지역으로 손꼽히는데도 불빛이 환하다. 노스다코타 서부와 텍사스 남부의 경우 대부분의 대도시 지역보다 더 환하게 빛난다.

이 지역들이 바로 미국의 셰일 유전이다. 최북단은 바켄 셰일 층이다. 텍사스 서부에는 퍼미언 만이 있다. 내가 사는 오스틴 남쪽에는 이글포드가 있다. 불이 환하게 밝혀져 있는 까닭은 공과금 꼬박꼬박 내는 사람들이 옹기종기 모여 살기 때문이 아니라 유전에서 천연가스가 불타고 있기 때문이다.

운송이 문제다. 석유는 액체다. 운송하거나 저장하기가 쉽다. 기차든 탱커 트럭이든 양동이든 어디든 담을 수 있고, 심지어 뚜껑 없는 큰 통에 담아서 내버려둬도 된다. 아주 기본적인 신경만 쓰면 석유는 어디에 담아두든 그대로 있다. 바로 이처럼 저장하고 운송하기가 간단하기 때문에—그리고 쓰임새가 광범위하므로—석유는 현대 사회의 중추를 형성한다. 셰일 시추업자들이 찾는 게 석유인 게 당연하다.

천연가스는 다르다. 기체다. 흩어진다. 표준기압에서 필요한 천연가스 양은 엄청나다. 추수감사절 음식을 요리할 오븐에 연료로 쓸 천연가스 분량은 벽장 크기만 한 용기에 담을 정도의 양이다. 그 정도 양의 휘발유면 뉴욕 시에서 로스앤젤레스까지 자동차를 몰 수 있다. 그것도 왕복으로.

스무 번씩이나.[3]

부피로 인한 제약을 어느 정도 극복하려면 천연가스에 200배 이상의 압력을 가해 압축해야 한다.[4] 천연가스를 압축하려면 특화된 장비, 특화된 운송체계, 특화된 저장용기가 필요하기 때문에 천연가스를 다루기는 그야말로 골치 아픈 일이다.

따라서 천연가스 산업의 성공 여부는 석유의 경우처럼 저장이 아니라 처리량에 달렸다. 기존의 압축된 공급량을 이에 상응하는 기존의 압축된 운송망을 통해서 이에 상응하는 기존의 압축된 수요량을 충족시키고, 천연가스를 공급받는 측은 공급된 가스가 도착하는 속도와 거의 같은 속도로 사용한다. 이와 같이 흠잡을 데 없이 완벽하게 상호 연결된 기간시설이 없으면 천연가스 산업은 존재하지 못한다. 미국은 세계 최대의 천연가스 생산국이자 최대 소비국이며, 세계에서 가장 상황변화에 융통성 있게 대응 가능한 최대의 천연가스 공급망을 보유하고 있다. 그런데도 셰일 유전에서 생산되는 천연가스를 몽땅 채집하지는 못하고 있다. 바켄, 퍼미언, 이글포드에서는 엄청난 양의 남아도는 천연가스를 태워버려야 하기 때문에 우주공간에서도 그 불길이 보일 정도다. 2015년 미국이 소비한 천연가스 가운데 적어도 20퍼센트는 액체 석유를 생산하는 과정에서 부산물로 생산되었는데, 천연가스를 공급하는 송유관 건설이 셰일 생산량을 따라잡지 못한다는 사실을 감안할 때 실제로 부산물로 생산되는 천연가스는 이보다 더 많을 가능성이 높다.

요즘 요리할 때 쓰는 연료는…

앞에서 언급한 내용의 의미를 잠시 곱씹어보기 바란다. 미국에서 산업용 투입재로 가장 쓰임새가 다양하고 현대 사회를 이루는 기본적인 요소인 천연가스가 폐기물이라는 사실을. 2016년 1월 현재, 미국에서 천연가스 가격은 1,000세제곱 피트당 가까스로 2달러를 넘는다. 다른 주요 경제주체들에게는 거의 거저인 셈이다. 셰일 산업이 생산하는 천연가스 대부분은 처치곤란이라서 천연가스를 운송하는 기간시설을 통해 폐기 처분하는 셈이다.

장기적으로 보면 미국의 천연가스 가격이 현재처럼 바닥에 계속 머물러 있을 가능성은 낮지만, 현재의 가격 구조는 상당 기간 지속되리라고 본다.

가장 생산성이 높은 셰일 석유 매장지는 석유에 천연가스가 섞여 있는—업계의 전문용어로 "연관(associated)" 천연가스라고 한다—지역이다. 천연가스는 기체이므로 압력을 가해서 암석에 갇혀 있는 석유를 개방된 공간(예컨대, 시추공)으로 밀어내는 역할을 한다. 효율성을 제고하려고 혈안이 되어 있는 석유 생산업체라면 이와 같이 연관 천연가스가 있는 유전을 선호한다. 석유보다는 천연가스로 더 잘 알려져 있고, 따라서 주요 셰일 석유 매장지의 후광 효과를 얻기 힘든 마셀러스 같은 매장지에서조차도 사업자들은 천연가스보다 고가에 팔리는 천연가스액체(프로판이나 부탄 같은 물질)가 천연가스와 섞여 있는 "습성(濕性)" 가스 구역을 훨씬 선호한다. 4대 주요 기업의 셰일 매장지에는 연관 천연가스가 차고 넘치기 때문에 현재의 가격 구조는 앞으로 수 년 동안 지속되리라고 보는 게 타당하다.

따라서 니오브라라, 앤트림, 우드포드 같은 여러 셰일 유전들은 비축용으로 저장되리라고 본다. 연관 셰일 천연가스가 다 소진되어야 비로소 생

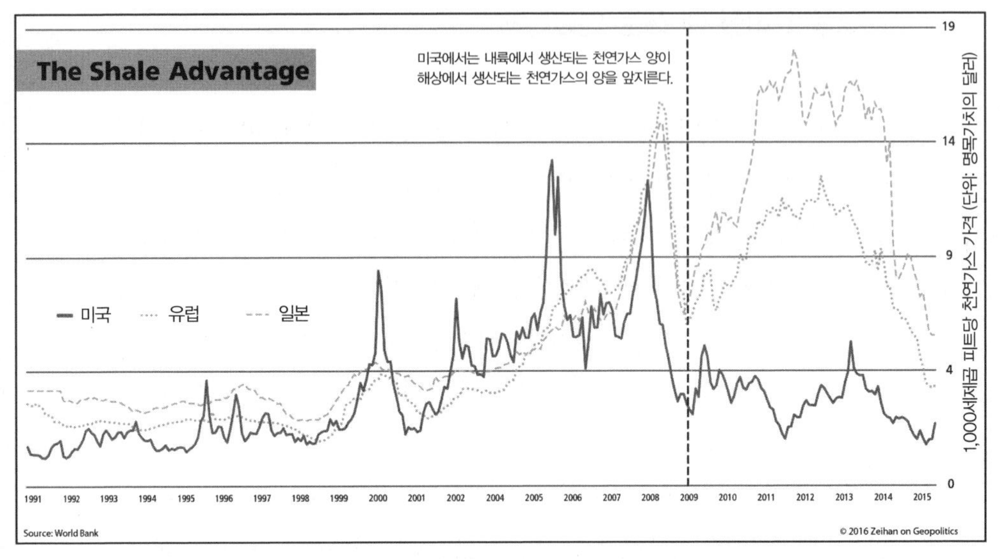

셰일의 장점

산자들이 대거 아칸소 주의 파예트빌과 텍사스 주의 바넷 유전 같이 저비용으로 생산 가능한 "건성(乾性)" 가스 구역으로 몰려들게 된다. 그리고 이마저도 소진되어야 비로소 2차 셰일 유전들이 제구실을 하게 된다.[5] 2차 유전마저도 다 소진되어야 비로소 멕시코 만 같은 전통적인 생산 지역이 다시 제 역할을 하게 된다. 이를 모두 종합해보면, 미국은 향후 30년 동안 천연가스 가격이 1,000세제곱 피트당 4달러를 밑돌 가능성이 매우 높다. 셰일을 생산하고 있는 구역에서 새로 탐사가 이루어지지 않고, 새로운 기술 발전도 없고, 셰일 매장지로 알려져 있지만 생산은 하지 않는 지역에서 새로운 탐사작업이 진행되지 않고, 최근에 발달한 기술들이 기존의 전통적인 천연가스 유전에 적용되지 않고, 캐나다, 멕시코, 멕시코 만, 알래스카로부터의 공급이 없다고 가정할 때 그렇다는 얘기다. 좀 더 현실적인 시나리오를 상정해보면, 미국은 앞으로 60년(그 이상이 될 가능

성도 있다) 동안 가격 걱정 없이 천연가스를 쓰게 된다.[6]

게다가 천연가스 가격이 유달리 불안정하지는 않을 것이다.

천연가스 산업이 직면하고 있는 큰 어려움을 손꼽으라면 가격 변동이다. 현재 천연가스 가격을 낮게 유지하는 데 기여하는 요인들—운송 기간 시설은 크게 변하지 않는다—은 거꾸로도 작용한다. 천연가스 공급이 딸리면, 가격은 매우 급격히 상승한다. 친환경적인 대체재가 없기 때문이다. 가격을 끌어내리려면 탐사와 생산을 확장해야 할 뿐만 아니라 천연가스 공급지로부터 최종 소비자에게 전달할 새로운 채집 시설과 송유관을 건설해야 한다. 그게 유일한 방법이다. 전통적인 유전의 경우, 이러한 탐사-시추-생산 주기는 내륙 유전에서는 수 년이 걸리고, 해상 유전에서는 적어도 10년은 걸린다. 이와는 대조적으로, 아무리 복잡한 셰일 유정이라도 완성하는 데 6주 정도 걸린다. 생산량이 모자라 가격이 오른다는 적신호가 들어오면 사업자들은 며칠 안에 작업에 착수해 한두 달이면 가격을 다시 끌어내릴 수 있다. 비교적 규모가 크고 주로 천연가스가 집중되어 있는 셰일 유전들—주로 마셀러스, 파예트빌, 바넷—에서 손익분기 가격은 이미 4달러 이하라는 점은 말할 것도 없거니와 유티카의 일부 구역에서는 1달러에 가깝다.

무엇보다도 대부분의 셰일 유전은—순전히 우연히도—수요 중심지와 인접해 있다. 바넷은 댈러스-포트워스 아래에 있다. 헤인즈빌은 휴스턴 바로 위쪽에 있다. 마셀러스는 워싱턴 D.C., 시카고, 뉴욕을 잇는 삼각지대에 걸쳐 있다. 니오브라라는 덴버 외곽에 있다. 북미 지역에 있는 전통적인 유전은 그 정도로 소비지와 가깝지는 않다. 앨버타 유전은 잠재적인 시장으로부터 적어도 몇백 마일 떨어져 있고, 휴스턴 주변에 있는 미국의 정유시설 중심축으로부터 족히 2,000마일 떨어져 있다. 뉴멕시코 북부에 있는 유전은 산에 구멍을 뚫어야 하고, 길고 굵은 송유관을 깔아야 한다.

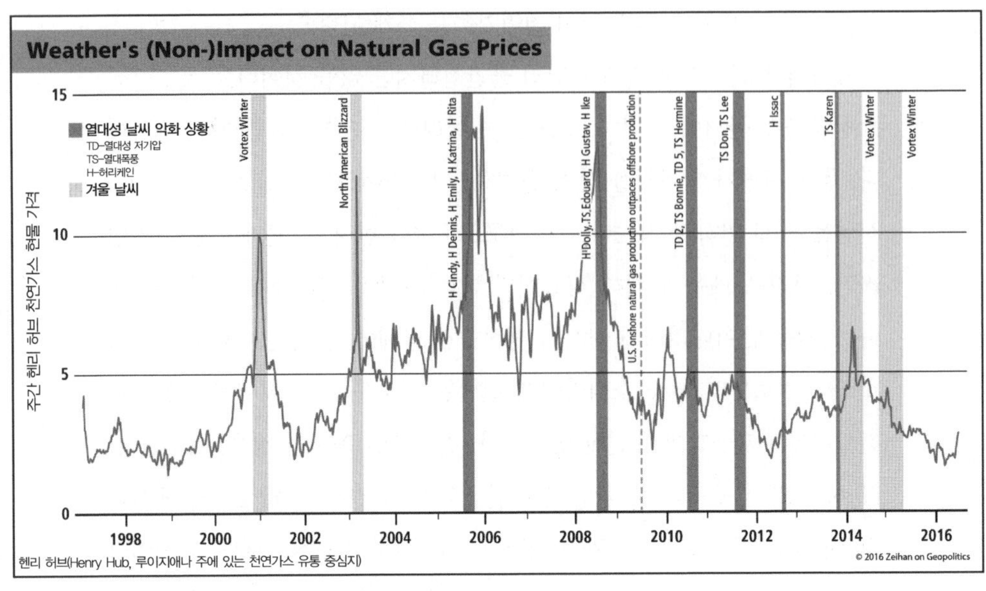

날씨가 천연가스 가격에 미치는 영향

알래스카의 노스 슬로프 유전은 말 그대로 북미 대륙의 엉뚱한 곳에 위치해 있다. 셰일은 전통적인 석유보다 운송 물류시스템이 단순하다는 점도 가격의 큰 변동 없이 더 낮은 가격으로 신속하게 대응할 수 있게 한다.

그 영향을 생각해보자. 셰일이 등장하기 전, 미국에서 두 번째로 큰 규모의 천연가스 생산지는 멕시코 만 해상 유전이었다.[7] 이따금 허리케인이 이 지역을 휩쓸고 지나가면 시추와 생산 플랫폼을 폐쇄하고 인부들도 철수하는 일이 생긴다. 그렇게 되면 허리케인이 근접해 있는 며칠 동안 생산에 차질이 생기는 데서 그치지 않는다. 바람, 파도, 해저의 해류 등으로 수면 위아래에서 기간시설이 손상된다. 이 때문에 오랜 시간 동안 비싼 돈을 들여 시설을 보수해야 하므로 이 비용은 결국 소비자에게 전가되고, 공급량이 부족해지면서 몇 달 동안 가격이 치솟는다. 미국인들은 천연가스 가격이 "겨우" 두 배밖에 오르지 않았다며 다행으로 여길지 모른다.

셰일이라는 선택지가 생기면서 상황은 상당히 바뀌었다.

우선 가장 명백한 사실은, 공짜 셰일 천연가스와는 경쟁할 도리가 없다. 셰일 천연가스 생산이 급격히 늘면서 멕시코 만에서의 총생산량은 반토막이 났고, 멕시코 만은 미국에서 일곱 번째 천연가스 생산 구역으로 전락했다.

둘째, 셰일은 해상이 아니라 오직 내륙에서 생산된다. 허리케인은 해마다 찾아온다—2012년 8월엔 허리케인 아이작이, 2013년 10월엔 열대폭풍 캐런이 멕시코 만의 생산 구역 한가운데를 휩쓸고 지나갔다. 그러나 멕시코 만에서의 생산량은 절대적으로도, 상대적으로도 그다지 중요하지 않다. 멕시코 만에서의 생산에 크게 차질이 생겨도 미국 천연가스 시장에는 거의 영향을 미치지 못한다. 셰일 산업에 미치는 영향이 미미하기 때문이다.

셰일은 외부 요인의 영향을 거의 받지 않기 때문에 대단한 기상 이변이 전국을 강타해도 끄떡도 하지 않는다. 2013-2014년 겨울과 2014-2015년 겨울 동안 극심한 한파로 전국 대부분 지역이 꽁꽁 얼어붙으면서 전기와 천연가스 공급량이 빠듯해졌고 따라서 천연가스 가격이 올랐다. 그러나 가격 인상은 딱 한 번—2014년 2월—밖에 없었고 그나마도 겨우 11일 동안 지속됐다. 내륙에서 생산되므로 셰일 생산 구역이 외적 요인의 영향을 받지 않는다는 특성과 새로운 셰일 유정이 가동되는 데는 오랜 시간이 걸리지 않는다는 점을 고려할 때 생산에 심각한 차질이 생길—게다가 지속적으로 가격이 상승할—확률은 매우 낮다.

따라서 천연가스는 저렴하고 가격변동이 크지 않으며, 이 상태는 앞으로 수십 년 동안 지속된다. 그렇다면 이렇게 싼 천연가스로 뭘 할 것인지가 풀어야 할 유일한 숙제다.

간단히 답한다면, 여러모로 쓰임새가 많다.

규모의 경제

오래전부터 발전(發電) 부문은 천연가스의 주요 고객이었다. 2007년 셰일 시대가 개막될 당시, 발전은 미국 천연가스 수요의 30퍼센트를 차지했다. 발전 업계 종사자들은 급격한 변화를 달가워하지 않는데, 이러한 조심스러운 태도를 보이는 이유가 있다. 발전소의 수명은 수십 년 단위로 측정하기 때문에 발전 부문 종사자들은 장기적인 안목을 지녀야 한다. 천연가스(그리고 석탄, 우라늄, 수력 등등)의 가격, 공급 안정성, 규제가 어떻게 될지에 대해 향후 몇 년이 아니라 다음 세대를 내다보는 안목이 있어야 한다.

발전 연료로 천연가스가 각광을 받게 된 가장 최근의 시기는 1990년대 말이었다. 그러다가 2000년대 초에 천연가스 가격이 폭등하면서 경제성이 없어졌다. 휘발유 먹는 하마인 자동차 허머(Hummer)를 샀는데, 휘발유 가격이 세 배로 뛴 셈이다. 발전 부문은 2000년대 말 천연가스 가격이 폭락하고 있다는 사실을 눈치챘지만 아무도 또다시 천연가스를 사들여 십여 년 전에 겪었던 고통을 되풀이할 엄두를 내지 못했다.

그러나 발전 업계는 2014년 2월에 일어난 유가 폭등을 도저히 무시하고 지나칠 수가 없었고, 셰일 혁명이 상당 기간 지속되리라는 확신을 얻게 되었다. 2014년, 대부분의 발전업자들은 천연가스를 대량으로 사용하기 시작했고 천연가스를 연료로 쓰는 발전소를 발전 포트폴리오의 핵심으로 전환하는 장기적인 노력을 기울이기 시작했다. 그 결과 역사상 가장 빠른 속도로 천연가스를 사용하는 발전시설이 늘어나기 시작했고, 새로운 발전소가 건설되었을 뿐만 아니라 천연가스가 아닌 다른 연료를 사용하는 기존의 발전시설도 천연가스를 이용하는 시설로 대체되었다.

이러한 변화는 지금도 여전히 탄력을 얻고 있다. 발전에 사용되는 천연가스는 2007년부터 2016년 사이의 기간 동안 40퍼센트 이상 증가하면서 미국에서 발전용 연료로 가장 많이 쓰이는 에너지의 지위를 차지했으며, 이제는 수력, 태양광, 풍력, 원자력을 다 합친 것만큼의 전력을 생산하는 에너지가 되었다. 지난 5년 동안 미국에서 천연가스를 이용한 발전 증가분은 세계 제 7위의 전기 소비국인 프랑스의 총 전기 소비량보다 많다. 빠르면 2020년 무렵이면 천연가스는 다른 에너지원을 이용한 발전량보다 훨씬 많은 전기를 생산하게 될 가능성이 높다. 투입재가 저렴하면 산출물도 저렴하므로 미국의 평균 전력 가격은 셰일 혁명이 시작된 이후로 조금도 오르지 않았다.

전기료가 저렴하면 뭐든지 저렴해진다. 천연가스가 산업 전반에 사용되는 주요 투입재이듯이 전기는 현대인의 삶에서 필요한 거의 모든 것에 쓰이는 주요 투입재이다.

최근 몇십 년 동안 전력을 집약적으로 사용하는 산업들이 해외로 이전했다. 대량의 에너지가 생산되거나 정부에서 전기료에 대해 보조금을 대폭 지원하는 지역으로 말이다. 정유 산업은 베네수엘라, 화학 산업은 사우디아라비아, 판지 산업은 캐나다, 고무 제조업은 말레이시아, 플라스틱 제조업은 중국, 알루미늄 제련 산업은 러시아, 메탄올 합성 산업은 카타르로 이전했다. 셰일 천연가스 덕분에 미국에서는 전기 값이 저렴해졌고 그 기조가 안정적으로 유지되고 있다. 정부 보조금 없이 말이다. 따라서 해외로 이전했던 이 산업들이 대부분 미국으로 되돌아오고 있다. 마찬가지로 전력을 집중적으로 사용하는 산업들, 특히 식품가공업, 식수 처리와 유통과 같이 인간이 사는 데 없어서는 안 될 산업들도 가장 중요한 투입재로 손꼽히는 에너지 비용이 저렴한 수준에서 요지부동이라는 사실을 깨닫기 시작했다.

폐기 처분된 천연가스를 비축하기 위한 기간시설이 점점 더 확장되면서 이러한 비용 절감 사례도 점점 늘어나게 된다. 미국 산업계는 이미 천연가스를 운송하고 사용하는 데 필요한 기간시설을 구축하는 데 4,000억 달러 이상을 투자했고, 이 모두가 2020년 무렵이면 풀가동된다. 천연가스로 할 수 있는 일은 전력 생산뿐만이 아니다.

메탄과 에탄—천연가스를 구성하는 분자—은 가장 단순하고 가장 기본적인 탄화수소다. 이 물질들을 서로 다른 온도, 화학물질, 촉매제에 노출시키면 아찔할 정도로 무수히 많은 물질들을 만들어내고, 이런 물질들은 다시 현대인의 삶의 기초를 형성하게 된다. 정제한 천연가스에서 파생된 전형적인 화학물질(그리고 그 상품들)과 이와 연관된 액체물질들에는 다음과 같은 것들이 있다. 그리고 이게 다가 아니다.

- 메탄올: 단열재, 건축자재, 드라이클리닝 화학약품, 라이터, 면도기, 스티로폼 단열재, 향수, 펜, 연필
- 에틸렌: 비료, 필름, 비닐봉지, 우유 담는 용기, 화장품, 부동액, 폴리에스터 의류, 합성 윤활제, 구강청정제, 아스피린
- 폴리프로필렌: 안전유리, 기저귀, 페인트, 용해제, 카펫, 밧줄/실, 테이프, 세라믹, 종이, 섬유유리, 소독용 알코올
- MTBE: 연료 첨가제, 산업용 용매, 의료용 용매
- 부타디엔: 자동차 부품, 디젤 연료, 타이어, 호스와 벨트, 신발 밑창, 카펫 뒷면, 라텍스 페인트
- 이소부틸렌: 씹는 껌, 윤활제, 합성고무, 코킹용 자재, 접착제
- 폴리우레탄: 광택제, 운동장비, 포장용 스티로폼, 인조나무, 신발 중간 밑창, 고체 플라스틱, 코팅과 광택제, 비행기, 기차, 자동차

셰일 덕분에 저렴하거나 비용이 전혀 안 드는 투입재인 천연가스가 등장

Petroleum Inputs into Common Goods

1,000세제곱 피트당 4달러 이하인 천연가스로부터 파생된 제품 | 1,000세제곱 피트당 4달러 이상인 천연가스로부터 파생된 제품

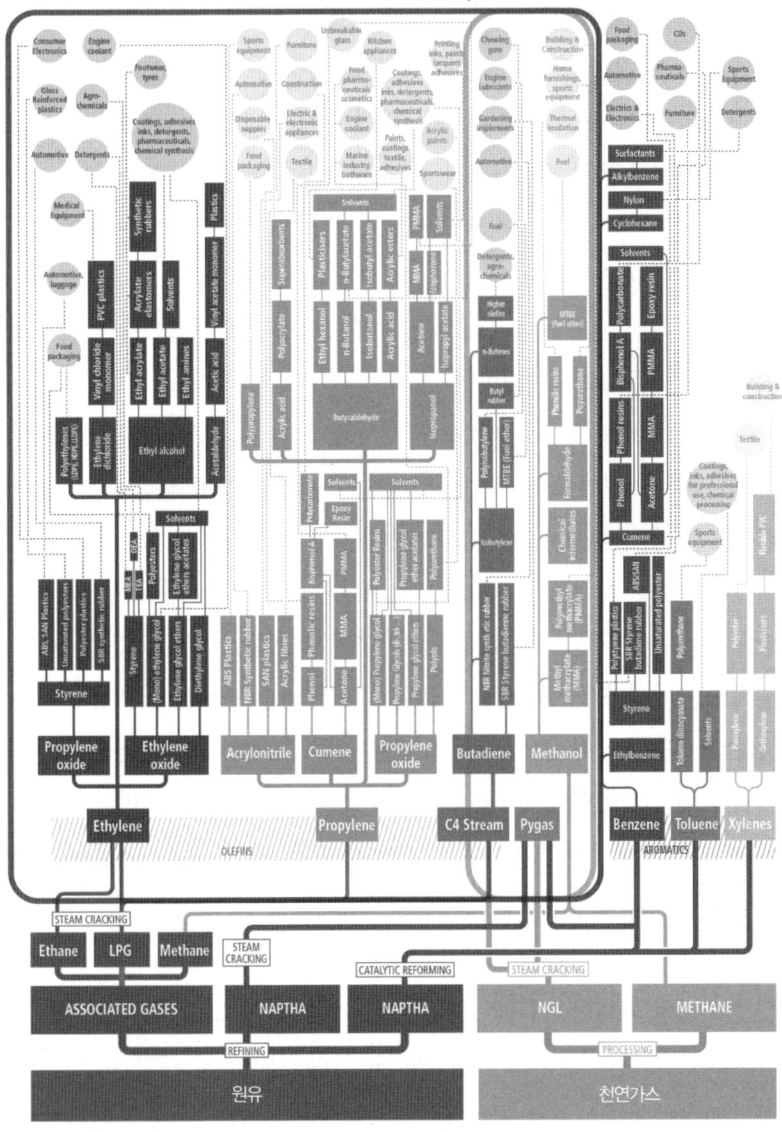

일반 상품에 사용되는 석유 투입재

하면서 미국은 천연가스와 액체천연가스 정제시설을 대대적으로 확장하고 있다. 이 모든 화학제품들은 세계 어느 지역보다 미국에서 훨씬 싸다.[8]

그래도 여전히 천연가스가 남아돌아간다. 그래서 천연가스는 다른 산업 공정이 차지하고 있는 시장 점유분도 잠식해 들어가고 있다. 오늘날 사용되는 대부분의 화학제품은 제조방법이 여러 가지다—어떤 방법을 택할지는 대체로 투입재의 가격과 공급 안정성에 따라 결정된다. 석유가 주름잡은 시대에는 석유가 최고의 투입재였다. 액체라는 특성 때문에 생산하고 운반하고 저장하고 처리하기가 훨씬 쉽기 때문이다. 정유 공정에서 초기에 흔히 생성되는 제품이 나프타라는 물질인데 이를 가공하면 거의 어떤 화학제품으로도 변신한다.

메탄과 에탄도 똑같은 제품들을 만들기가 가능하기는 하나 기간시설, 저장, 가격, 가격의 안정성 등에서 제약이 많기 때문에 보통 천연가스보다 석유에서 파생된 나프타를 선호한다.

그러나 셰일 시대에는 얘기가 다르다. 마법의 숫자는 1,000세제곱 피트당 4달러다. 이 지점에서 화학제품 제조업체와 정유 업체들이 나프타 분해시설을 천연가스 분해시설로 전환하기 시작한다. 셰일 덕분에 2011년 말부터 천연가스 가격이 4달러를 넘지 못한 기간이 거의 중단 없이 지속되었기 때문에 천연가스와 이와 연관된 액체 물질들이 미국의 화학 산업에 대거 침투해 소화기에서부터 냉각제, 세제, 비료, 유리, 여행용 가방, 타이어, 접착제, 섬유, 가구, 페인트, 전자제품에 이르기까지 모든 제품을 만드는 데 재료로 사용되고 있다.

그게 다가 아니다. 미국과 물리적으로 연결된 체계는 무엇이든 폐기물로 나오는 셰일 천연가스에 접근할 수 있다. 텍사스의 셰일 천연가스를 멕시코에 보내기 위해서 대대적인 송유관 확장 사업이 진행 중인데, 이를 통해 멕시코의 전력 체계는 완전히 탈바꿈하게 된다. 2006년에 미국이 멕시코에 수출한 천연가스는 겨우 1bcf/d였다. 이 책을 쓰는 지금 수출량은 세 배로 증가했고, 신설되는 기간시설이 가동되기 시작하면 이는 다시 세 배로 증가하게 된다. 2020년 무렵이면 미국이 멕시코에 수출하는 셰일 천연가스는 전량 발전하는 데 쓰이게 되고, 멕시코의 천연가스 총수요의 3분의 2를 미국이 공급하게 된다. 적정 가격에 안정적으로 공급되는 전기가 없다는 점이 멕시코의 산업 발전을 가로막는 가장 큰 장애물이었다는 사실을 고려하면 셰일은 멕시코에서 산업 붐을 일으키리라고 기대된다.

저렴한 천연가스를 십분 활용하는 이웃나라는 멕시코뿐만이 아니다. 미국 북동부와 캐나다 온타리오 주 사이에도 꾸준히 송유관이 확장 건설되면서 북쪽으로 향하는 셰일 가스의 양도 계속 늘어나고 있다. 마셀러스 유정에서 온타리오 소비 시장까지의 거리가 온타리오의 전통적인 공급지인 앨버타 주와 온타리오 주 사이의 거리의 4분의 1밖에 되지 않기 때문에 미국 셰일 가스의 최종 판매 가격이 앨버타 가스를 온타리오까지 운송하는 데 드는 비용보다 높지 않은 경우가 흔하다. 당연히 앨버타는 자국 시장에서 셰일 가스의 가격 경쟁력에 밀리고 있다. 미국은 이미 캐나다 동부에서 지배적인 가스 공급자이고, 2010년대 말이 되면 미국에서 캐나다 동부로 수출하는 가스의 양은 미국이 멕시코로 수출하는 양에 버금갈 가능성이 높다.[9]

고용 창출

셰일은 여러 가지 면에서 단순히 경제 활동을 활성화하는 데 그치지 않는다. 일자리를 창출한다. 어마어마하게 많은 일자리를 창출한다. 당혹스러울 정도로.

냉각

10bcf/d라는 엄청난 양의 천연가스가 캐나다와 멕시코로 수출되는데도 여전히 천연가스가 남아돌아간다. 따라서 미국 멕시코 만에서 세계 시장으로 기존과는 매우 다른 형태로 천연가스를 수출할 권리를 취득하려고 신청을 한 회사들이 많이 있다.

인류 역사를 통틀어 사용된 천연가스의 95퍼센트는 송유관으로 운송되어왔지만 천연가스를 안전하게 운반할 또 다른 방법이 있다. 우선 냉각시키는 방법이다.

천연가스를 거대한 냉각기에 넣으면 액체 형태로 응축된다. 이 액화천연가스(LNG)를 특수 제작한 유조선에 실어 바다 건너편으로 보내게 되면서 천연가스 유통에 새로운 지평이 열렸다. LNG가 항구에 도착하면 구매자는 LNG를 액체 형태로 저장 탱크에 하역하고, 필요할 때마다 데워서 본래의 기체 형태로 바꾼 다음 기존의 천연가스 송유관에 주입한다.

LNG 시설이 극복해야 할 난관은 여러 가지다.

- **경제적/재정적 난관**. 특화된 냉각기에 기체를 넣어 액체로 만든 다음, 특화된 배에 실어 바다를 건너 지구 반대편에 있는 특화된 터미널까지 운송하는 데 드는 비용은 만만치 않다. LNG 용량 1bcf/d에만도 냉각/운송/재기체화 공정에 선행되는 자본투자 비용이 80억 달러가 드는데, 이 가운데 대략 60억 달러가 오로지 냉각시설을 만드는 데 들어간다(1bcf/d의 천연가스를 생산하고 국내 운송 기간시설을 만드는 데 20억 달러가 든다). 업계의 최강자들조차도 그런 높은 비용을 투자하기 망설이고, 최대 규모의 은행만이 그런 프로젝트에 대한 융자를

고려한다.

- **환경/지역 주민 정서.** 액화시설은 거대한 산업시설이기 때문에 아무 데나 짓지 못한다. 엄청난 양의 저렴한 천연가스 말고도 냉각기에 전력을 공급할 시설이 갖춰져 있어야 하고, 주거 지역과 충분한 거리를 두고 떨어져 있는 해안 지역에 시설이 들어설 부지가 거의 1제곱마일 정도 있어야 하며, 탱커가 드나들 수 있도록 바다와 접한 수로가 필요하고, 액화천연가스 사용이 아주 바람직하다고 생각하는 주정부가 있어야 하고, 불도저 앞에 드러누워 몸부림치는 지역 주민이 없어야 한다. 이 조건을 모두 충족시키는 지역을 찾다보면 액화천연가스 수출 후보지는 텍사스 주와 루이지애나 주의 해안 지역으로 한정된다.

- **전례.** 미국에 단 하나 있는 액화천연가스 수출시설—사빈 패스(Sabine Pass)—은 2016년에 가서야 가동되기 시작했다. 간단히 말하면, 미국으로부터의 액화천연가스 수출의 장기적인 경제성은 현재로서는 미지수다. 참여자들이 걸어야 하는 투자금의 규모를 생각해볼 때, 업계에서 신중한 태도를 보이는 것도 이해할 만하다.

- **시간.** 이러한 거대한 시설들은 단시간 내에 완성되지 않는다. 사빈 패스 수출시설은 본래 액화천연가스를 수입하던 곳이었고, 따라서 이미 시설부지, 바다에의 접근성, 저장 탱크, 송유관 연결, 지역의 정치적 지원이 마련된 상태에서 수출시설 건설을 시작했다. 그러고도 가동을 시작하기까지 거의 10여 년이 걸렸다. 반들반들 광나는 삐까번쩍한 새 수출시설을 구축할까 생각 중인 사람이라면 누구든 미국의

천연가스 가격이 앞으로 수십 년 동안 낮은 상태를 유지하리라는 절대적인 확신이 있어야 한다.

미국의 액화천연가스 수출은 분명히 시작된다. 그것도 대대적으로. 그러나 인근 지역으로 송유관을 확장 건설하거나 발전소를 짓거나 화학제품 제조시설을 짓는 경우와는 달리 훨씬 긴 시간이 필요하다. 세계를 대상으로 한 미국의 액화천연가스 수출이 멕시코나 캐나다로의 수출 물량 수준에 도달하려면 적어도 2025년은 되어야 한다.

셰일은 죽었다는 일반적인 관념에 따르면 그런 일자리는 일시적이라고 생각되겠지만, 사실은 "셰일은 일자리를 창출"하지만 "가스 가격 폭락으로 일자리가 사라진다"라는 단순한 제로섬 게임이 아니다. 셰일 부문의 고용 시나리오를 가장 쉽게 이해하려면 일자리를 다섯 부문으로 나눠보면 된다.

첫째, 핵심적인 생산 부문의 일자리다. 실제로 셰일을 깨부숴 석유를 채집하는 직종이다. 진동 기술 전문가, 막노동 인부, 트럭운전수, 액체 전문가, 송유관 부설 인부들 등등.

둘째, 투입재 부문의 일자리다. 모래 광산에서, 강철 주조장에서, 시추공구 제조업자, 물 공급자, 도로 건설 인부 등 셰일 산업에 필요한 온갖 다양한 요소들을 공급해주는 직종이다.

셋째, 중간 과정 부문이다. 원유를 채집된 곳에서 실제로 사용할 대상에게 운반해주는 운송업자들이다. 당연히 장거리 송유관 업체들—건설업자와 운영업자 모두—이 이 부류에 속하지만 철도와 바지선 산업 부문도 이에 속한다.

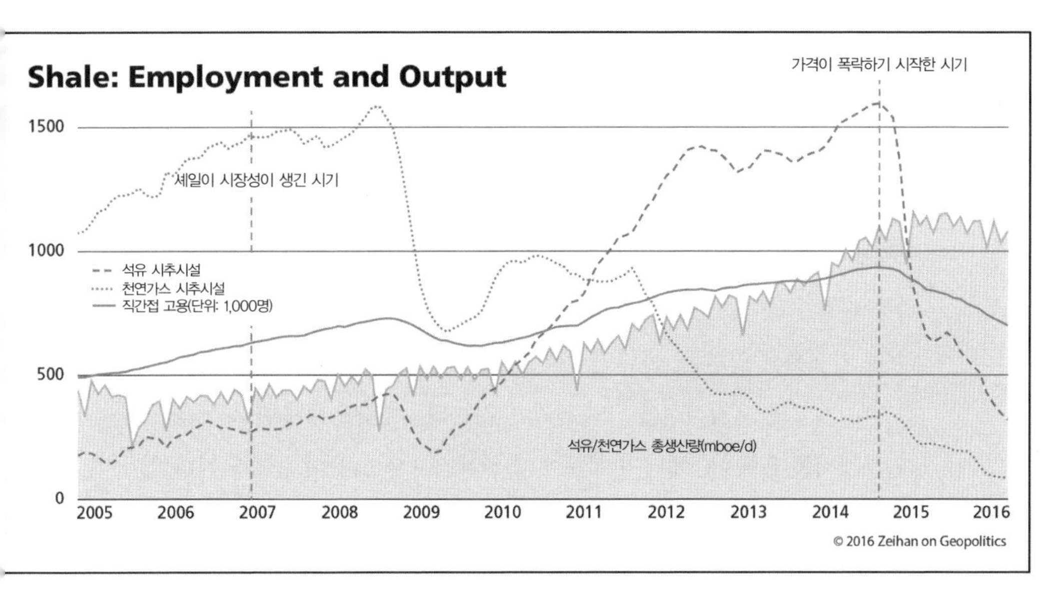

셰일: 고용과 생산량

미국 노동통계국의 추산에 따르면, 미국 에너지 복합체 내에 존재하는 이러한 직접적인 고용 부문에서 셰일 시대 이전의 총고용은 49만 명이었다. 2014년 9월—사우디아라비아가 가격 전쟁을 선포하기 두 달 전—같은 부문의 일자리는 93만 4천 명을 찍었다. 10년 사이에 90퍼센트나 증가한 셈이다.

위의 그래프를 보면, 셰일 붐 초기인 2005년에 시추 장비당 생산량이 폭증했고, 2009년에 다시 한 번 마셀러스 셰일 매장지 전역에서 생산활동이 확대되었다. 2015년을 보자. 고용과 시추 장비 숫자가 감소했는데도 새 시추 장비마다, 새 유정마다, 개별적인 작업마다 훨씬 생산성이 높아졌다. 그러나 저유가 여건에서 "훨씬 생산적"이라는 말은 "예전만큼 많은 인력이 필요하지 않다"라는 말과 같은 뜻이다. 다각수평 시추 공법을 사용하면 시추 작업을 하는 데 필요한 인부 수가 줄어든다. 지하수를 이용하면 트럭운전수가 덜 필요하다.

이러한 일자리 손실은 사실상 가격이나 기술의 변화와는 전혀 무관한 것이다.

새로운 시추 작업대가 설치되면 작업대까지 도로가 건설되고 채집망이 구축된다. 이 과정의 각 단계마다 고용이 창출된다. 그러나 유정이 단순하든 다각수평이든, 한 번 시추하든 열 번을 시추하든, 충전하든, 재파쇄하든, 기체를 주입하든, 아니면 불꽃으로 태워버리든, 제 2의 도로를 건설하거나 제 2의 채집시설을 구축하지는 않는다. 처음에 구축한 시설을 또 다시 짓지는 않는다. 에너지 부문에서 전체적으로 고용이 둔화되거나 심지어 동결되는 현상은 2014년 유가가 하락하기 전에 발생했다. 이러한 정상적인 조정 과정이 가격 하락과 동시에 발생하면서 엎친 데 덮친 격이 된 셈이다. 그리고 이 때문에 에너지 부문에서의 상황은 실제보다 훨씬 악화된 듯이 보였다.

간단히 말하면, 이와 같이 직접적으로 연관된 일자리들은 대부분 금방 창출되는 만큼 사라질 때도 금방 사라진다. 2007년부터 2013년까지의 기간 동안 미국에서 창출된 새로운 일자리 가운데 족히 절반이 셰일 생산, 투입재, 중간 단계에서의 일자리였다. 바꿔 말하면, 2014-2015년에 가격이 폭락하는 동안 미국에서 사라진 일자리 가운데 족히 절반이 이 같은 세 부류에 속한 일자리였다.

그러나 셰일 산업은 그게 다가 아니다. 더 창출될 일자리가 숱하게 많다. 결국은 최종적으로 두 가지 부류의 일자리가 남는다.

넷째 부류는 가공처리 부문의 일자리다. 원유를 이용해 뭔가 쓸모 있는 제품을 만드는 일자리다. 정유, 발전, 화학공장 등이다.

다섯 번째는 제조업 일자리다. 저렴하고 안정적으로 공급되는 투입재를 십분 활용하는 일자리다. 플라스틱에서 비료, 사진인화, 페인트, 진통

제, 화장품, 섬유, 건축자재까지 석유를 이용해 만드는 모든 제품을 제조하는 산업들이다. 이 부류에는 셰일 산업이 전기요금과 투입재로 쓰이는 화학원료의 가격에 하강 압박을 가하지 않았다면 존재하지 않았을 일자리들도 포함된다.

첫 세 부류의 일자리들은 상당히 신속히 창출되고 해당 산업이 확장되는 속도에 따라서 부침이 있다. 이와는 대조적으로 마지막 두 부류의 일자리들—셰일 산업이 발달하면서 덩달아 생긴 일자리들—은 변화가 일어나는 데 훨씬 오랜 시간이 걸리는데, 이는 기간시설이 복잡하기 때문이다. 셰일 유전을 시추하거나 짧은 거리에 송유관을 까는 작업은 몇 주에서 몇 달이면 끝나지만 새로운 정유시설이나 제조시설을 건설하려면 몇 년이 걸린다. 최종 소비자는 에너지를 소득원이 아니라 투입재로 보기 때문에 에너지 가격이 낮을수록 좋아한다. 셰일 생산자에게는 악재가 정유업체와 최종 제조업자들에게는 호재인 경우가 많다.

셰일과 직접 관련된 일자리가 늘어나면서 덩달아 생긴 일자리들은 셰일 매장지에서의 직접적인 활동과 연관된 고용만큼 초기에 아찔할 정도로 급격히 늘어나지는 않지만, 창출되는 일자리의 규모나 지속성 면에서는 첫 세 부류의 일자리보다 다소 뒤떨어지는 고용창출 속도를 상쇄하고도 남는다. 미국상공회의소는 셰일 덕분에 더할 나위 없이 바람직한 총 신규 고용 예측치를 발표했다. 상공회의소는 전 부문—셰일 산업과 직접 연관된 일자리, 간접적으로 연관된 일자리, 덩달아 생긴 일자리—에 걸쳐 새로 창출된 일자리가 2015년 현재 이미 250만 개에 달하며, 2020년 무렵이면 새로운 일자리가 추가로 50만 개 더 늘어나리라고 예상한다.[10]

그러나 여기서 점입가경의 경지로 들어간다.

미국 경제 활동의 대략 70퍼센트는 민간 소비 활동에서 비롯되는데, 미국 소비자들의 여섯 가지 최대 소비 부문 가운데 두 가지가 휘발유와 전기다(융자/임대료, 세금, 의료비, 식품이 최대 소비 여섯 부문이다). 셰일 혁명으로 4인 가족이 휘발유 가격 인하로 한 해에 1,100달러를 절약하고 전기료 인하로 750달러를 절약하고 있다. 부시 정권 시대의 세금 인하—제 2차 세계대전 이후 최대의 감세—로 본 혜택은 한 해에 겨우 315달러였다. 온갖 비용절감이 고용 시장에 미친 영향을 측정하기란 거의 불가능하지만 호주머니에 덤으로 생긴 2,000달러가 없다면 삶이 얼마나 더 팍팍할지 상상해보면 이해하기가 훨씬 쉽다.

마지막으로 미래에 대한 예측의 특성상 지금까지 내가 간략하게 제시한 것보다 실제 결과는 훨씬 좋기 마련이다. 경제적 전망을 할 때 문제점은 전망을 하는 주체가 어느 시점에서 자료 수집을 중단할지 선택해야 한다는 점이다. 이 책의 경우, 검토한 자료들은 모두 2015년과 2016년에 출간되었고 자료 수집을 중단한 시점은 2014년 중반이다. 2014년 중반 무렵에 미국 셰일의 손익분기 가격은 배럴당 75달러 정도였는데, 이는 그로부터 2년 후의 실제 손익분기 가격의 거의 두 배다. 2020년 무렵이면 새로 창출된 일자리가 300만 개가 되리라는 전망치가 평균치가 아니라는 뜻이다.

평균보다 낮은 전망치라는 뜻이다.

04

미국적인,
너무나도 미국적인
에너지

Energy with an American Accent

미국은 독특하다. 그 독특함 덕분에 세계를 평정하게 되었다. 미국은 세계 최고의 물길이 나 있는, 북미 대륙의 알짜배기 영토를 차지한 덕에 부유해졌다. 지리적인 경계도 명확하게 구분되어 있어—바다는 특히 훌륭한 방어막이 되어준다—안보를 걱정할 필요도 없다. 무엇보다도 현대의 가장 막강한 기술들은 미국의 지리적 특성 덕분에 최고의 진가를 발휘하게 된다.

포르투갈과 스페인이 원양 항해 기술을 개발한 까닭은 유럽의 전쟁들과 터키 중개인을 우회하고 아시아에 직접 접근하기 위해서였다. 그런데 얼마 지나지 않아—섬나라이므로 선박에 대해서는 일가견이 있는—영국이 그 기술을 훨씬 잘 이용하면서 세계적인 제국을 구축했다. 그런데 본질적으로 미국도 대륙 크기의 섬이나 마찬가지이고 조선(造船) 산업에 투자할 자본과 인력, 역량으로 치자면 영국을 훨씬 능가한다.

마찬가지로 대영제국이 동력원을 풍력과 수력, 인력에서 석탄과 석유, 증기로 전환하기 위한 노력을 시작했고, 이는 다시 상호대체 가능한 부품에서부터 조립공정까지 모든 것을 가능케 했다. 이러한 변신으로 영국은 막강해졌지만 산업화의 기술이 그 진가를 발휘한 지역은 훨씬 규모가 큰 (그리고 교육 수준이 훨씬 높은) 노동력과 재원을 확보하는 역량이 월등했던 19세기 독일이었다. 산업화가 미국에 상륙하기 전까지는 말이다. 미국에서 풍부한 자본 창출, 숙련기술 노동력, 저렴한 노동력, 저렴한 운송비용을 만나면서 산업화는 날개를 달았다. 더군다나 미국 시장은 규모가 크고 성장일로에 놓여 있었으며 다채로웠고—무엇보다도—국내 시장이었기 때문에 유럽을 파멸시킨 지정학적 경쟁으로부터 자유로웠다.

본론으로 들어가 보자. 미국 체제는 여러 가지 면에서 독특하기 때문에 지역의 셰일 산업에 힘이 실리고 미국이 세계에서 독보적인 지위를 누린다. 미국이 지닌 이러한 특징들 가운데 일부는 다른 지역에서도 모방이 가능하지만, 단시일 내에, 쉽게, 큰 비용을 들이지 않고 하기는 불가능하다. 지역적으로 셰일 붐을 일으킬 역량을 갖춘 지역에서도 그 붐은 그저 일시적일 뿐이다. 지구상의 그 어디에서도 향후 몇십 년 동안 미국에서와 같은 셰일 혁명을 목격하지는 못할 것이다.

우선 모방하기 불가능한 요인들부터 살펴보고 나서 비교적 모방하기 쉬운 요인들도 살펴보도록 하자.

지리적 여건

석유를 함유하고 있는 암석층은 모두 퇴적암이다. 보통 지표 유출(runoff)로 생긴 물질들이 층층이 쌓이고 압력이 가해지면서 단단한 암석이 된다. 그러나 퇴적암이라고 해서 다 똑같지는 않으며, 퇴적암이라고 해서 전부 석유를 함유하고 있지는 않다. 석유를 함유한 퇴적암은 단순히 지표 유출만으로 생성되지는 않는다.

유기물질이 필요하다. 그것도 아주 많이. 석유가 생성되기에 가장 이상적인 여건은 온화한 기후에 고도가 낮은 땅으로 둘러싸인 넓은 지역에서 생물이 서식할 수 있는 방대한 지역의 물이 하나의 거대한 삼각주로 배출될 수 있는 여건이다. 바로 이러한 삼각주에 유기물질이 풍부한 두터운 퇴적층이 형성된다.

이 점에 있어서 북미 지역은 다른 대륙보다 훨씬 운이 좋다.

주라기(대략 1억 9500만 년에서 1억 4000만 년 전)에 북미 지역은 아프리카로부터 떨어져 나오고 있었다. 두 대륙의 내륙에 위치한 물은 모두 같은 지역으로 빠져나갔다. 지금의 멕시코 만과 파예트빌, 헤인즈빌, 이글포드, 퍼미언 셰일 매장지 일부를 포함하는 지역이다.

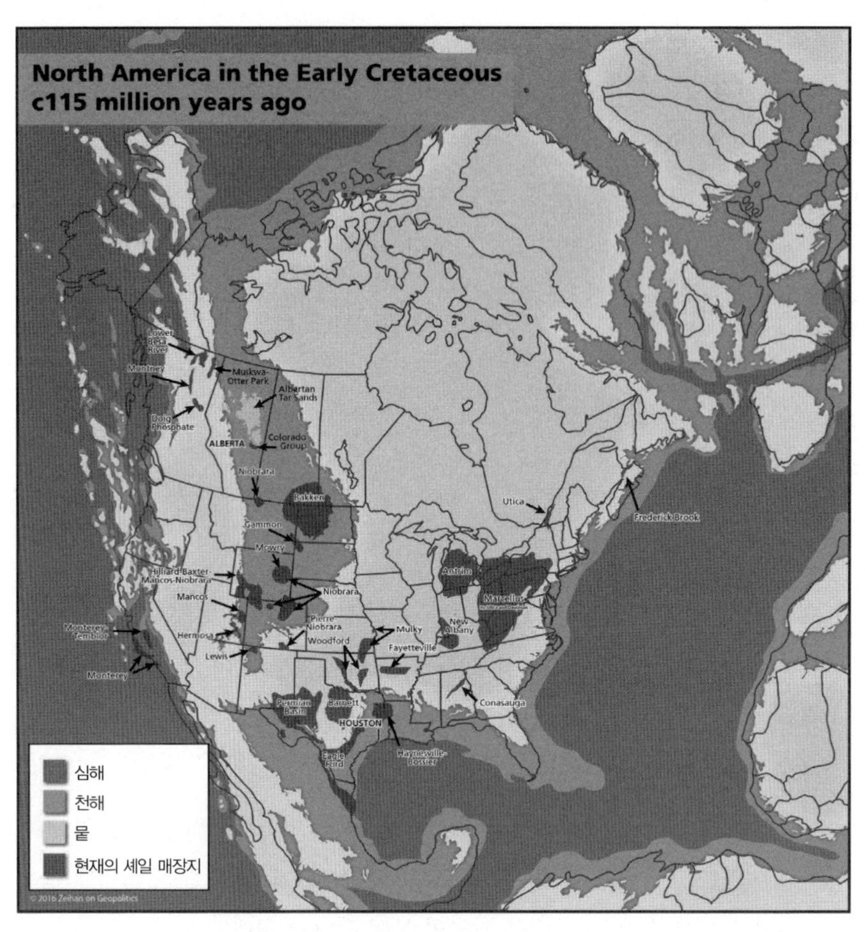

백악기 초기(1억 1500만 년 전)의 북미 지역

백악기 초기(대략 1억 1500만 년 전) 무렵, 북미 대륙과 아프리카 대륙은 서로 작별을 고했고, 로키 산맥과 애팔래치아 산맥 사이에 북쪽을 바라보는 널찍하고 얕은 만이 형성되었다. 새로 홀로 서게 된 북미 대륙 대부분 지역의 물은 이 새로운 만으로 빠져나갔는데, 이 만은 캐나다의 혼 리버(Horn River) 유역에서부터 앨버타 주의 타르 모래, 노스다코타 주의

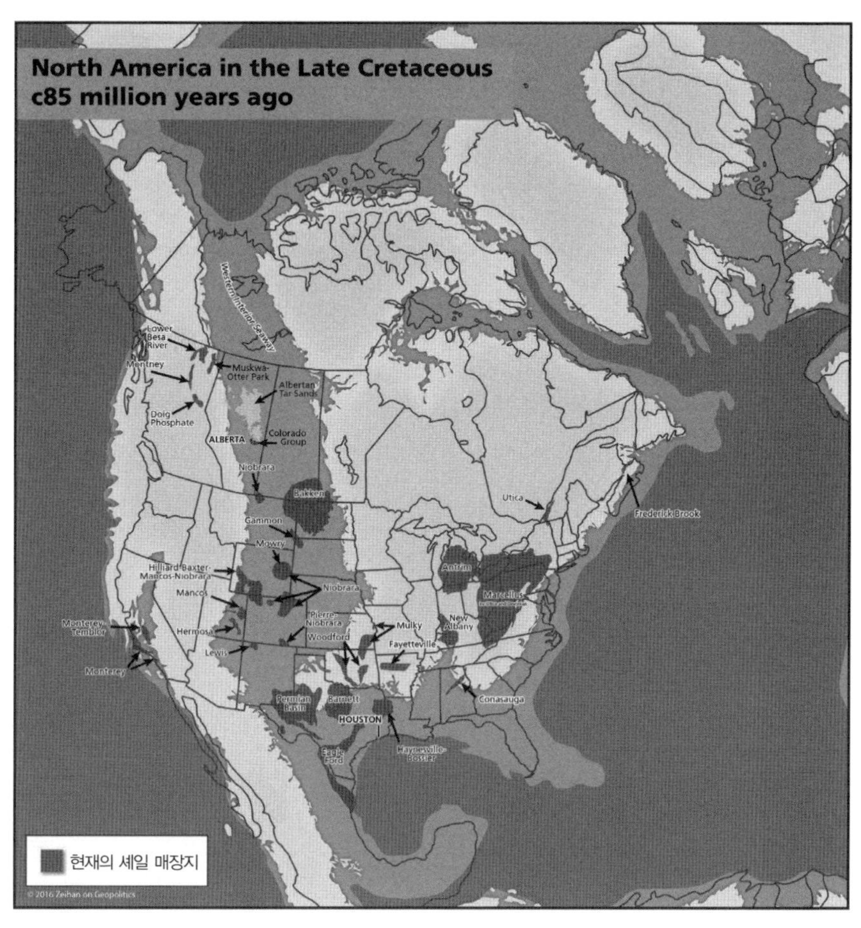

백악기 후기(8500만 년 전)의 북미 지역

바켄과 콜로라도 주의 니오브라라까지 몽땅 아우른다.

지각변동으로 끊임없이 이 만이 쪼개지면서 마침내 북미 대륙 자체가 둘로 쪼개졌고 그 사이에 서부내륙해로(West Interior Seaway)가 생겼다. 쪼개진 두 아대륙의 물이 이 해로로 빠져나가면서 퇴적층을 형성했고, 이 퇴적층은 현재 북미 대륙의 내륙에 있는 수많은 만을 형성하는 데 기여했다. 캐나다의 오일 샌드뿐만 아니라 마우리, 피에르, 니오브라라, 바켄과 같이 로키 산맥과 맞붙어 있는 셰일 매장지가 바로 그러한 지역이다.

중생대 백악기-신생대 제 3기에 지구상의 생물이 대거 멸종된 무렵(6500만 년 전, 공룡이 멸종됨), 아대륙은 다시 합쳐졌고 북쪽에 뭍을 연결하는 다리가 최초로 형성되었다. 그 후 500만 년 동안, 한때 대규모 해로였던 곳에 남아 있던 물이 북미 내륙의 침전물을 몽땅 쓸어 서부내륙해로에 투하했고, 이를 토대로 현재 북미 지역에서 가장 생산성이 높은 석유 매장지가 형성되었다. 바켄, 퍼미언, 이글포드가 바로 그런 곳이다.

지층이 형성된 지리적 여건 외에도 절대로 간과해서는 안 될 점은, 셰일 매장지라고 해서 다 똑같지는 않다는 사실이다. 거의 예외 없이 북미 지역의 셰일은 모두 해양 셰일이다. 강이 바다로 흘러들어가는 해양 여건에서 형성되었다는 뜻이다. 세계 대부분의 셰일은 호상(湖上) 셰일이다. 호수에서 형성되었다는 뜻이다.

엄밀히 말해서 호상 셰일이 해양 셰일보다 석유를 생성하는 탄소물질이 적다는 법칙은 없다.[1] 그러나 석유 형성에 관여되는 물과 암석의 화학적 성질이 상당히 다르다. 호상 석유는 점토층과 점토층 사이 또는 점토층 안에 갇혀 있다. 이 점토층을 파쇄하면 부서지지 않고 눅진하니 찌그러진다. 따라서 탄화수소는 갇힌 채로 남아 있다. 그렇다고 해서 호상 셰일 매장지가 있는 나라들은 절대로 셰일을 채취하지 못한다는 뜻은 아니다. 현존하는 기술로는 불가능하다는 뜻이다. 현존하는 기술은 해양 셰일을 염두에 두고 설계되었다. "호상 셰일 혁명"이 동트기까지는 적어도 20년은 기다려야 한다.

북미 지역의 석유 매장지가 지닌 뛰어난 특징은 해양 셰일 석유를 만들어내기에 거의 완벽한 구조와 지질학적인 연대가 아니라, 무려 네 개의 서로 다른 연대에 걸쳐 형성되었다는 점이다. 대부분의 경우 서로 다른 연대에 생긴, 석유를 함유한 암석이 층층이 쌓였다. 동일한 지표면 작업대에서 여러 셰일 층을 채취할 수 있을 뿐만 아니라(시추 작업대 덕분이다) 다각수평 시추 같은 신기술 덕분에 동일한 시추공에서 서로 다른 여러 층의 셰일을 채취하게 되었다. 어떤 산업적 기술을 동원한다고 해도 이처럼 절묘한 지리적 여건은 모방하기 불가능하다. 이런 건 노력한다고 되는 게 아니다.

그러나 이는 시작일 뿐이다.

인력

2013년 현재 평균적인 셰일 유정이 생산수명 20년에 걸쳐 생산한 석유의 양은 하루 300배럴을 밑돈다. 게다가 셰일 층에 갇혀 있는, 석유를 머금은 작은 공간은 내부 압력이 별로 크지 않다. 유정을 시추하자마자 그러한 내부 압력은 급속도로 떨어지고 유정의 생산율은 급격히 하락하기 시작한다. 초기 생산량의 수준을 끌어올리고 생산량 하락 속도를 완화시키는 기술적 발전이 진행되고 있지만 셰일 층에서 석유 생산량을 유지하려면—전국적으로 석유 생산량을 높이는 일은 물론이거니와—끊임없이 대대적인 시추 작업을 해야 하고, 그러려면 시추 장비를 다루는 작업자 수백 명과 엔지니어 수만 명이 필요하다.

이런 인력을 확보하기란 말만큼 쉽지 않다. 에너지 부문이 성숙단계에 접어들어서 지하 1마일에 있는 암석을 파쇄하는 정도가 되면, 운이 작용할 여지는 별로 없다.

많은 나라들이 기계적으로 암기하거나 책을 보고 배우는 데 탁월한데, 이는 공학 기술 발달에 중요한 역할을 하지만 셰일 산업에 필요한 기술로 치자면 시작에 불과하다. 셰일 유정은 유전이나 유정마다 다른 게 아니라, 시추 단마다 다르다. 작업하는 인력은 천차만별인 지리적 여건과 지역에서 예측 불가능한 여건 하에서 제 역할을 하고, 다른 사람의 관리감독을 받지 않고 즉석에서 결정을 내려야 한다. 셰일 시추 현장에서 일하는 엔지니어들은 지질학, 유체역학, 야금학 분야에서 실용적인 전문지식뿐만 아니라 다른 여러 가지 기술도 갖추어야 한다. (엔지니어들에게 틀에서 벗어난 사고를 하도록 가르치기는 고사하고) 이와 같이 통합적이고 비판적인 사고를 가르치는 나라는 드물다.

그렇다고 해서 미국 외에는 아무도 기본적인 기술을 터득하지 못한다는 뜻은 아니다. 수평 시추와 수압파쇄 기법은 새로운 기술도 아니고—두 기술 모두 등장한 지 1세기가 넘었고 1980년대부터 통용되어 왔다—이 두 기술을 조합하면 쓰임새가 새로워지지만 셰일 시추 과정은 학습도 모방도 가능하다.

이러한 인력을 갖춘다고 해도 셰일 혁명의 첫 파고(波高)를 넘을 뿐이다. 2016년 무렵, 미국의 셰일 부문은 그런 "기초적" 기술 요건을 갖추는 단계를 대체로 넘어섰다. 맥동 기법이나 다각수평 시추와 같은 신기술과 새로운 펌프와 시추 장비와 물 관리 방법 등이 등장하면서 불과 5년 전에 미국의 셰일 유전에서 필요했던 기술보다 훨씬 더 발달된 기술들을 갖춘 인력이 요구된다.

미국이 세계 최고 기량의 석유 엔지니어를 보유해서가 아니라(사실이긴 하지만), 미국이 세계의 모든 엔지니어 수를 합한 것보다 더 많은 석유 엔지니어를 보유해서가 아니라(이것도 사실이긴 하지만), 미국의 숙련기술 인력이 내는 성과를 모방하려면 가장 첫 단계부터 시작해야 하기 때문이다. 제 2차 셰일 혁명은 이제 시작단계일 뿐이다. 아무리 학습을 하려고 해도 도움이 되지 않는다. 아직 축적된 지식이나 지침서가 없기 때문이다. 시행착오를 통해 배우는 방법밖에 없고, 기존의 셰일 산업의 한계 내에서 배우는 수밖에 없다.

사유재산권

셰일에서 이득을 보는 사람은 누굴까?

셰일 생산에 관여하는 수많은 기업들, 셰일과 관련된 각종 산업에 종사하는 수많은 근로자들, 또는 골치 아프게 하는 에너지 수출국으로부터 벗어날 수 있게 된 나라들을 말하는 게 아니다. 셰일 생산에서 생기는 소득을 누가 가져가는가를 말한다. 땅속에서 채취한 셰일을 팔아서 생기는 현금을 몽땅 시추 작업하는 사람들이 챙기지는 않는다. 현금은 여러 곳으로 나뉘어 흘러들어간다.

과연 그럴까?

지극히 상식적인 이야기로 들리겠지만, 사유재산권이라는 개념이 없는 나라가 태반이다. 코딱지만 한 부동산까지도 모조리 정부가 소유한 나라가 대부분이다. 일반 시민(또는 기업)이 100년 동안 임대할 수는 있을지언정 소유주는 국가다. 토지에 대한 사유재산권이 존재하는 나라들—대부분이 서구 사회—에서조차도 지하 광물권 소유를 허가하는 나라는 사실상 없다. 지주는 석유 생산에서 한 푼도 벌지 못한다.

그 이유는 두 가지다. 첫째, 대부분의 나라에서 삶은 생존투쟁이다. 정부는 가용재원을 있는 대로 동원해서 나라의 생존을 확보해야 한다—그러한 재원 가운데 하나가 토지이고, 토지의 소유권에는 토지 밑에 묻힌 모든 것이 포함된다. 둘째, 대부분의 나라는 단일 민족이나 국적을 바탕으로 구축되었다. 외지에서 온 누군가에게 토지를 소유하도록 허락한다는 생각 자체를 질색한다. 이러한 문제에 대한 국민 정서를 바꾸기란 무척 어렵다. 멕시코에서는 2015년에 가서야 그러한 노력이 시작되었다.

에너지 생산의 관점에서 보면 이는 듣기보다 훨씬 심각한 문제다. 광물권은 조상 대대로 물려받은 땅에서 석유를 채굴할 사적인 권리가 아니기 때문에 그로부터 한푼도 얻지 못한다. 광물권은 국가만 배타적으로 누리는 특권이므로 지방정부도 한푼도 벌지 못한다. 민간인이 소유한 토지에서 광물을 생산할지 여부는 순전히 국가 재량에 달렸고, 생산이 이루어지는 지역의 어느 누구도 로열티나 세금으로 단 한푼도 보장받지 못한다.

예외가 하나 있다. 지구상에 민간인(여러분 같이 평범한 사람들)이 토지를 소유할 뿐만 아니라 그 땅 밑에 있는 광물권까지 소유하는 곳이 딱 한 군데 있다. 바로 미국이다.

미국에서 셰일 개발이 속도를 내온 주요 이유를 손꼽는다면, 셰일 산업 덕분에 지방정부가 벌어들이는 소득이 두 배가 되었기 때문이다. 첫째로 지방세 형태로 직접적인 소득이 늘어나고, 둘째로 광물권을 임대해준 지방 지주들이 벌어들인 소득에 과세해서 벌어들이는 간접적인 소득이 있다. 이러한 소득은 지방정부를 다독이기에 충분하고 지주들이 셰일 산업에 적극 참여하도록 독려한다. 또한 지방정부가 셰일 산업이 야기하는 영향을 완화할(예컨대, 규제 시행) 뿐만 아니라 셰일 산업이 성장하도록 지원하는(예컨대, 도로 건설) 데 필요한 자금을 마련해준다. 사유재산권이 보장되지 않고 지방정부가 과세할 권한이 없다면, 지역 주민들은 셰일 산업에서 혜택은 누리지 못하고 부정적인 영향만 온통 떠안게 된다.

이와 같이 지주와 지방정부가 금전적 이득을 보면서 셰일 매장지 개발이 속도를 내게 된다. 미국에서 민간소유 토지에서의 셰일 개발과 공유지에서의 셰일 개발이 어떤 차이가 있는지 보자. 텍사스 주에서는 지주와 지방정부가 셰일 개발을 적극적으로 지지하기 때문에, 시추 허가를 신청한 지 이틀 만에 허가증이 발급된다(관공서 휴일을 뺀 이틀이 아니라 휴일까지 포함해서 이틀이라는 뜻이다—텍사스 사람들은 추수감사절과 크리스마스에도 시추 작업을 한다). 지주도 없고 허가 절차를 밀어붙이는 지방정부도 없는 연방정부 소유지의 경우, 2015년 시추 허가가 나오는 데 평균 220일(휴일을 뺀 220일이다)이 걸렸다. 따라서 공유지에서 생산되는 셰일 석유 비율은 미국 전체 생산량의 1퍼센트도 채 미치지 못한다.[2]

자본

셰일은 거저 생산되지 않는다.

기본적인 수평 시추 장비를 임대하려면 작업자 임금까지 포함해서 하루에 10만 달러 이상 든다. 산업용 전력을 지방 전력망에 연결해서 쓸 수 있어야 한다. 그것도 지방 전력망이 산업용 전력 수요를 감당할 수 있을 때의 얘기다. 그렇지 않으면 산업용 발전기를 들여와서 연결해야 한다. 온갖 종류의 트럭—물, 모래, 평상형 트레일러트럭이 가장 많이 필요하다—과 운전 인력을 확보해야 한다. 수천 개의 아파트가 남아돌지도 않는 지역에서 수천 명의 거처를 마련해야 한다. 호텔 객실을 무더기로 예약해야 한다. 저소득 가구용 공공주택을 비워서 거처를 마련하기도 한다. 임시 군사기지를 만드는 업체들이 중간 정도 마을 규모의 야영지를 만들어야 한다. 수퍼컴퓨터를 사용할 시간을 구매해야 하고, 진동 분석가와 함께 일할 자료 분석가도 필요하다. 생산성이 낮은 유정에서는 토지 임대료가 보통 에이커당 5,000달러에서 15,000달러였지만, 요즘처럼 대량 생산되는 시기에는 토지 임대료가 50,000달러가 넘어가도 전혀 어색하지 않다. 작업자 월급도 주고, 세금도 내고, 로열티도 지불해야 한다. 다 합하면, 2015년에 4대 주요 기업의 셰일 매장지에서 평균적인 유정 개발에 600만 달러에서 700만 달러가 들었고, 한 해에 수만 개의 유정이 시추되고 있다.[3]

장비와 물질을 조달할 방법뿐만 아니라 자금을 조달할 방법도 머리를 짜내야 한다. 궁극적인 책임은 사업을 벌이는 주체에게 있지만, 유정 개발에 관여하는 많은 부분들은 미국의 500여 개 셰일 기업과는 독립적으로 운영된다.[4] 모래채굴업자, 철도회사, 급식업체, 트럭운전수는 각각 자기들이 종사하는 사업 부문의 이익을 도모하고, 하나같이 자금을 필요로 한다. 최악의 상황은 유정당 생산량이 낮아서 대부분의 유정이 유가가 배럴당 80달러인 상황에서 첫 여섯 달 동안 손익분기점에 도달하지 못하는 상황이다. 유가가 배럴당 40달러인 경우에는 손익분기점에 도달하려면 2년이 걸린다.

이는 하나같이 돈이 드는 일이다. 엄청나게 많이. 더 정확히 말하자면 융자가 필요하다. 대부분의 나라들은 소규모 셰일 산업을 추진할 정도의 자본을 동원할 역량도 갖추지 못했다. 이론상으로는, 셰일 붐에 재정적인 지원을 시도할 역량이 있는 나라가 60여 개국 정도인데, 셰일 산업에 자금을 쏟아부었다가 금융 비용이 급격히 상승해 경기침체를 야기하고, 그 와중에 새로이 등장한 셰일 산업 또한 피해를 보게 되지 않을 나라는 이 가운데 한줌도 되지 않는다.

미국은 바로 그 한줌도 되지 않는 나라 가운데 하나일 뿐만 아니라 여러 가지 이유로 그 한줌에 속한 다른 나라들과는 차원이 다르다.

- 미국은 (타의 추종을 불허하는) 세계 최대의 금융 산업국이다. 주식시장만 해도 25조 달러 이상의 가치를 지니고 있고, 채권시장이 8조 달러, 은행융자가 9조 달러에 달한다.[5] 미국은 (타의 추종을 불허하는) 인류 역

사상 최대의 자본력을 지녔고, 미국의 금융시장은 새로이 부상하는 경제 부문에 융자를 해주기 위해서 새로운 금융상품을 개발하는 데 지나칠 정도로 귀재다.[6] 상장지수펀드(Exchange Traded Funds)와 직접적인 주식 발행으로 규모가 큰 상장기업들을 뒷받침해줄 수 있다. 기업들은 외부자의 소유권을 제한하기 위해서 직접 채권을 발행한다. (그렇게 함으로써 투자자들이 미래에 창출될 수익을 지나치게 많이 가져가게 되는 사태를 미연에 방지한다.) 은행융자—특히 지역적 차원에서—는 거의 누구나 받을 수 있다. 게다가 사모펀드가 언제든 개입해서 자본을 투자하고 영구 지분을 취득할 수 있다. 든든한 재정적 지원을 받을 방법은 여러 가지다.

- 타이밍도 중요하다. 셰일은 사실 2007년에 성장하기 시작했다. 미국이 대대적인 경기침체에 빠진 바로 그 해다. 그 해에 미국 연방준비은행(Federal Reserve Bank, 이하 연준)은 금융 부문이 완전히 붕괴할까 봐 두려워한 나머지 양적완화(quantitative easing)라는 조치를 통해 채권시장에 직접 관여하기 시작했다. 요컨대 연준은 달러를 찍어내서 그 달러로 연방정부 채권뿐만 아니라 공식적으로 매매되는 온갖 장부상의 자산(paper asset)을 사들였다. 인위적으로 온갖 금융상품에 대한 수요를 창출하고 융자를 받을 의향이 있는 사람은 누구든 통상적인 이자율보다 훨씬 낮은 이자율로 융자를 받도록 하려는 게 목적이었다. (셰일 산업 같이) 추가 자금 없이도 잘 굴러가던 경제 부문에 이러한 잉여자금은 미니밴에 로켓연료를 붓는 격이었다. 셰일 기업들은 직간접으로 연준이 쏟아내는 돈을 빨아들였다. 연준이 셰일 기업들의 채권을 사들였다는 점에서 직접적 융자였고, 그만큼의 민간 부문 자금이 이제는 더 적은 수의 기업들에게 돌아갔기 때문에 간접적 융자이기도 했다. 게다가 미국이 장장 18개월에 걸친 경기침체를 겪는 동안에 셰일 채권—대부분이 석유

생산량을 토대로 배당금을 지급했다—은 그 자체로 매력있는 투자처가 되었다.

- 융자자금이 넘쳐나는 시기는 아직 끝나지 않았다. 단지 연방정부가 주도하지 않을 뿐이다. 2014년 셰일 혁명이 성숙단계에 접어들면서 중국과 유럽의 위기는 장기전에 돌입했다. 중국은 금융체제가 불안정했고 유럽은 그리스 위기와 공통화폐가 야기한 보다 포괄적인 불안정성 때문에 위기를 겪고 있었다. 공포에 빠진 중국과 유럽의 투자자들은 안전한 도피처를 찾아 해외로 자본을 대량으로 유출했고 대부분 미국에서 도피처를 찾았다. 미국 정부가 발행한 채권처럼 안정성이 보장되는 부문에 투자한 이들도 있고, 민간 부동산 부문에서만 확보 가능한 실물 자산을 사들이는 이들도 있었다. 계약조건이 철저히 이행되고 사유재산권이 보장되는 선진국에서 소득을 창출하는 생산적인 자산에 기반한 금융상품에 투자한 이들도 있었다—따라서 이들은 2011년부터 2014년 사이에 셰일 산업이 발행한 채권에 5,000억 달러 이상을 쏟아부었다. 2015년 말 현재, 세계 주요 경제국들—유로존, 일본, 중국—이 나름의 양적완화 조치를 시행하고 있다. 그러나 이들 국가에는 유동자금을 직접 흡수할 만큼 수익성이 높은 경제 부문이 존재하지 않을 뿐만 아니라 이러한 유동성을 소화해서 경제 전체가 쉽게 이용할 만한 상품으로 만들 역량을 갖춘 금융 산업도 존재하지 않았다. 엄청난 양의 현금이 미국으로 흘러들어왔고 미국의 금융계는 이를 잘 포장해서—어디에? 정답!—셰일 부문에서 이용하도록 했다. 미국에서 에너지 부문이 확장일로를 걷게 된 데는—그리고 2014-2015년 유가 폭락에도 불구하고 셰일 부문이 확장일로를 걷게 된 데는— 세계에서 돈이 흘러들어왔기 때문이기도 하다.

기간시설

물건을 이리저리 옮기기는 어렵다. 정말 어렵다. 특성에 따라 비교적 옮기기 쉬운 물건이 있다. 고체인 물건은 따로따로 옮기거나, 운반대에 싣거나, 컨테이너로 옮기면 된다. A지점에서 B지점으로 옮기는 방법이 여러 가지일 뿐만 아니라 보관하기도 쉽다. 고체인 물건은 트럭, 창고, 바지선, 주차장, 기차역 등 어디든 필요한 기간만큼 오래 보관할 수 있다.

액체 물질은 좀 까다롭다. 액체는 쌓아둘 수도 없고 고체처럼 이리저리 옮기기도 힘들다. 옮기기가 쉽지도 간단하지도 비용이 적게 들지도 않지만 가능하긴 하다. 파이프를 통해 옮길 수도 있다. 요컨대 액체만 운송하도록 구축한 시설과 연결된 특화된 컨테이너인 셈이다. 파이프로 액체를 운송하면 평균적으로 철도운송 비용의 3분의 1이면 되고 트럭운송 비용의 10분의 1이 채 들지 않는다.

송유관의 가장 큰 제약은 펌프와 고도다. 높은 지역까지 액체를 펌프질해 끌어올리기도 어렵지만, 높은 곳에서 낮은 곳으로 액체를 옮길 때 엄청난 가속도가 붙기 때문에 파괴력이 엄청나다. 따라서 대부분의 송유관은 비교적 평지에 건설한다.

고체물질과 액체물질을 옮기는 방법이 난이도에서 차이가 있다면 기체를 옮기는 방법은 훨씬 더 복잡하다. 가스를 압축해 탱크에 집어넣는 방법은 꽤 위험하고—고체물질을 쌓거나 액체를 용기에 붓는 방법보다 훨씬 더 위험하다—압축탱크를 운반하다가 사고라도 나면 기체가 유출될 가능성도 있다.

천연가스는 생산현장인 유전에 있는 처리시설에서 천연가스와 석유를 분리해 생산한다. 생산된 가스를 송유관에 주입하려면 별도의 채집시설이 필요하다. 오지에 있는 생산현장—예컨대 노스다코타에 있는 바켄 매장지—의 경우 석유 운송에는 필요하지 않은 천연가스 전용 운송망을 새로 구축해야 한다(액체는 상대적으로 운송하기가 용이하므로 바켄에서 생산되는 석유는 철도로 운송하는 경우가 많다). 채집한 천연가스를 생산 지점에서 소비 지점으로 운송하려면 별도의 송유관이 필요하다. 천연가스는 일단 소비 지점에 도달하면 이를 즉시 이용할 시설이 가동하고 있어야 한다.

잘 훈련된 다재다능한 인력층이 두터워야 한다든가, 투자처를 찾지 못해 놀고 있는 몇조 달러에 달하는 자금이 있다든가, 셰일이 형성되기에 완벽한 지질학적인 특성을 갖추었다든가 등등의 충족시키기 매우 어려운 조건들과 비교해볼 때 송유관을 깔고 발전소를 건설하는 일은 애들 장난이나 마찬가지다.

그러나 이렇게 충족시키기 "쉬운" 조건에서조차도 미국은 월등히 유리한 조건에서 출발했다. 셰일 혁명이 시작되기 전에 미국은 이미 세계 최대의 천연가스 최종 소비국으로서 30만 마일에 달하는 길이의 천연가스 송유관이 깔려 있었다. 미국은 이미 전력의 20퍼센트를 천연가스로 생산하고 있었고 세계 최대의 석유화학 산업을 보유하고 있었다.

그러나 이런데도 쇄도하는 천연가스 생산량을 다 처리하지 못했다. 천연가스를 이용한 발전량이 50퍼센트 늘어났다. 유전과 도시 사이에 다수의 천연가스 송유관을 새로 건설해야 했다. 천연가스를 채집하기 위해 새로 건설된 송유관의 길이가 거의 100만 마일에 달하게 되었고, 이제 미국에는 천연가스를 연료로 사용하는 발전소와 화학제품 제조시설이 8,000개가 넘는다—그런데도 여전히 천연가스가 남아돌아 이를 태우는 불길이 셰일 유전에서 치솟고 있어서 우주정거장에 있는 우주인들에게 셰일 유전이 보일 정도다.

맞다. 이 모두가 건설 가능하고 시간과 돈만 있으면 된다. 그러나 이러한 조건—다섯 가지 조건 가운데 가장 충족시키기 쉬운 두 가지 조건—을 충족시키려면 수십 년 동안 수십조 달러를 쏟아부어야 한다.

눈썹을 휘날리며 뒤쫓아 오지만 미국을 따라잡지 못하는 나라들

이 모든 조건들을 종합해볼 때 셰일 산업을 발달시킬 시도를 해볼 역량이 있는 나라는 거의 없고, 미국이 구축한 셰일 산업의 10분의 1 정도라도 개발할 역량을 갖춘 나라는 더더욱 드물다.

북아프리카에 있는 알제리와 리비아는 상당한 셰일 매장량이 있지만 셰일 산업의 발달을 가로막는 여러 가지 장애물이 있다. 국영 에너지 기업—상당한 실력을 갖춘 알제리의 소노트락(Sonotrach) 같은 기업조차도—은 인력은 고사하고 셰일 산업을 구축하는 데 필요한 자금도 없다. 비정부 부문의 인력은 정부와 무관하게 독자적으로 셰일을 개발할 기술 능력을 갖추지 못했을 뿐만 아니라 셰일 관련 인력을 양성하는 데 필요한 교육체계도 없다.

리비아는 정세가 너무 불안정해서, 인력을 집중적으로 투입하고 지리적으로 분산되어 있는 시설들을 가동해야 하는 셰일과 같은 산업을 뒷받침하기가 불가능하다. 게다가 사하라 사막에서는 파쇄공법에 필요한 물을 확보하기가 힘들다는 점은 말할 필요도 없다.[7]

마법 지팡이를 한 번 휘둘러 이 모든 문제가 말끔히 해결된다고 치자. 그렇다고 해도 이러한 제약을 받지 않는 기존의 에너지원이 있는데, 무엇 때문에 셰일 산업을 구축하겠는가? 이러한 나라들이 셰일 산업 개발에 합류하지 않는 이유는 기술이나 자본이 부족해서라기보다 이들에게 셰일은 그만한 노력을 들일 가치가 없기 때문이다.

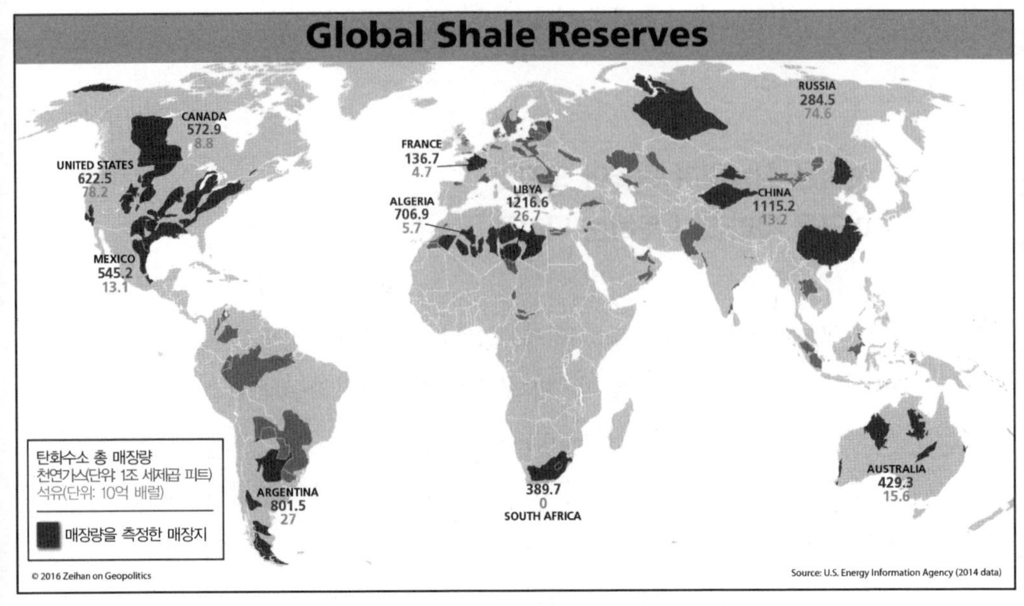

세계 셰일 매장지

러시아의 시베리아 지역에 있는 바제노프(Bazhenov) 셰일은 북미 셰일 매장지, 특히 노스다코타 주의 바켄과 유사한 지질학적인 특성을 지니고 있고, 아마도 세계에서 가장 석유가 풍부한 셰일 매장지로서—적어도 서류상으로는—미국의 셰일 매장지에 매장된 석유를 모두 합한 양의 절반 정도가 매장되어 있다. 그러나 이 지역이 개발될 가능성은 없다. 설사 러시아가 숙련기술 노동력이 충분하다고 해도(러시아는 천연가스 산업을 국가가 독점하고 있기 때문에 부정부패와 비효율성과 집단사고가 만연해 있다), 설사 러시아가 자본을 쏟아부을 의향이 있다고 해도(경제제재를 받고 있는 러시아는 어디에다 돈을 쓸지 신중하게 결정해야 한다), 설사 러시아가 미국 셰일 산업에 통용되는 최고의 기술을 십분 활용할 수 있다고 해도(미국이 러시아에 대해 내린 경제제재 조치에 따르면 그러한 기술 판매는 고사하고 러시아에서 해당 기술을 가동하는 행위까지도 금지하고 있다), 바제노프는 여전히 극복하기 어려운 문제를 안고 있다. 바로 아무도 살지 않는 황무지라는 사실이다.

셰일을 개발하려면 오늘날의 최신 기술을 이용해 1-2마일마다 작업대를 설치하거나, 2010년의 기술을 이용하면 1,000피트마다 작업대를 설치해야 한다. 작업대를 설치하고 나면 모든 생산 현장들을 연결하는 채집 송유관망을 전역에 건설해야 한다. 노스다코타 주에서는 하기 쉬운 작업이다. 가장 큰 장애물이라고 해봐야 밀밭이기 때문이다.

바제노프에서 이런 작업을 하겠다고 엄두를 낼 사람은 아무도 없다.

러시아의 셰일은 주로 북서쪽 시베리아 동토에 묻혀 있다. 짧은 여름 동안에는 땅이 물컹거리고 긴 겨울 동안에는 헬리콥터로도 접근하기가 어려운 땅이다. 동토에 매장된 셰일은 땅이 어는 겨울에나 작업이 가능하고, 도로를 만들고 송유관을 깔려면 30피트 높이의 둔턱을 건설해야 한다—그렇지 않으면 여름에 전부 늪으로 가라앉는다. 이러한 둔턱을 따라 대형 송유관을 건설하는 일과—러시아는 기존의 에너지 생산 현장에는 이런 시설을 만들 역량이 있고 실제로 만들기도 한다—도로도, 마을도, 단단한 대지도 없는 지역 전체에 서로 연결된 수천 개의 송유관을 까는 일은 전혀 별개의 문제다. 러시아의 경제적 혹은 정치적 미래가 어떻든 그 미래에 셰일이 등장할 가능성은 없다.

중국의 경우도 셰일 산업의 전망이 그다지 밝아 보이지 않는다. 서류상 셰일 천연가스 매장량(1,100조 세제곱 피트로 세계 최대)과 얼핏 무한공급이 가능해 보이는 노동력과 마음만 먹으면 과할 정도로 재정 지원을 할 수 있는 금융체제와 남의 기술을 도용하는 데는 도가 튼 나라라는 사실을 고려해볼 때 중국은 미국과 비슷한 규모의 셰일 혁명이 일어나기에 안성맞춤인 듯이 보일지 모른다. 실제로 2010년에 중국 정부는 2020년 무렵이면 중국의 셰일 가스 산업이 10bcf/d에 가까운 양을 생산하게 되리라고 전망했었다.[8] 그러나 2015년 중국의 셰일 천연가스 총생산량은 겨우 0.43bcf/d에 그쳤고, 2020년 전망치도 (비공식적으로 소리소문 없이) 기존 전망치의 3분의 2로 하향조정했다. 왜냐고? 중국의 셰일 매장지는 얄팍하거나 분산되어 있거나 호상(湖上)이거나, 이 세 가지 특징 가운데 두 가지를 동시에 지닌 지역이 대부분이어서 현재로서는 개발이 불가능하다. 중국에서 가장 개발이 유망한, 석유가 밀집되어 있고 지리적으로 매장지가 집중되어 있는 해양 셰일 매장지는 쓰촨 지역에 있다. 베이징을 중심으로 한 중국 핵심 지역과는 문화적으로 구분되는 양쯔 강 상류에 있는 지역이다. 쓰촨의 셰일은 미국의 퍼미언 매장지처럼 단층작용으로 엉망이 된 지형이라서 엄청난 양의 에너지가 묻혀 있을지도 모른다. 그러나 중국에서 "문화적으로 구분된다"라는 말은 중국으로부터 "분리 독립을 주장할 가능성"이 있다는 뜻이다. 쓰촨의 셰일을 개발해서 에너지 시장에서 독립적으로 기능하도록 해주는 일은 중국공산당 정치국이 해야 할 일의 우선순위에 들지 못한다.

세계 최고의 석유 생산지인 페르시아 만에 매장되어 있는 셰일은 어쩌면 품질이 뛰어난 셰일일지도 모른다. 그러나 북아프리카와 마찬가지로 기존의 석유산업에서 더 싸고 쉬운 방법으로 에너지를 개발하는데, 굳이 새로운 산업에 돈을 쏟아부을 이유가 없다. 페르시아 만의 셰일에 "어쩌면"이라는 표현을 쓴 이유는 기존의 석유가 차고 넘치기 때문에 셰일 개발은 고사하고 탐사할 이유도 없어서 실제로 그곳에 매장된 셰일이 어떤 특성을 지녔는지 아무도 모르기 때문이다.

페르시아 만도 러시아가 가진 두 가지 복잡한 문제를 갖고 있다. 셰일이 (아마도) 사막 깊숙한 곳에 매장되어 있고, 아라비아 사막의 지형은 계속 변하기 때문에 러시아 동토와 마찬가지로 채집 송유관을 건설하기가 힘들다. 게다가 기후도 문제다. 이 지역의 사막 온도는 툭하면 화씨 120도를 돌파한다. 야간 교대근무가 가능한 기존의 건설현장과 달리, 셰일 채굴 현장에서는 비용의 효율성을 극대화하기 위해서 장비를 24시간 가동해야 한다.

덴마크, 네덜란드, 프랑스, 독일 등 북유럽 국가들도 전도유망한 셰일 매장지가 있고, 천연가스를 유통시키는 기간시설이 갖추어져 있고, 풍부한 자본과 숙련기술을 갖춘 인력이 있다. 셰일 붐이 일어나기에 적합한 지역을 꼽으라면 북유럽이 단연 1순위라고 생각될지 모른다. 그러나 실제로 그럴 가능성은 적다. 셰일 매장지와 인구밀집 지역이 지나치게 겹치기 때문이다. 프랑스의 경우 가장 매력적인 셰일 매장지는 바로 수도 파리의 땅 밑이다.[9] 유럽 대륙에서는 환경운동 단체가 막강한 정치적 영향력을 행사하고 광물권이라는 개념을 존중하는 유럽 국가는 하나도 없다는 사실을 고려하면 셰일 개발 가능성은 급격히 줄어든다.

그렇긴 해도 이 네 개 나라에서 일정 정도 셰일을 개발하려는 움직임이 있으리라고 본다. 자국 내 에너지 생산량이 급격히 줄어들고 있고, 해상운송이 제약을 받고 러시아가 점점 더 공격적인 태도를 보이고 있는 세계에서 이 네 나라 모두 셰일의 가능성을 탐색해보지 않을 도리가 없게 된다. 이 가운데 프랑스가 가장 신속하게 개발 움직임을 보이고 가장 많은 생산을 하리라고 예상된다. 유럽 대륙에서 최고의 셰일 매장지를 보유하고 있을 뿐만 아니라 프랑스의 국영(성격이 짙은) 에너지 기업인 토탈(Total)과 가즈드프랑스(Gaz de France, 현재 가즈드프랑스 수에즈(GDF Suez)의 일부)는 셰일 산업에 뛰어들 만한, 유럽 대륙에서 단연 최대 규모의 에너지 기업이다.[10]

그렇다고 해도 셰일 혁명은 고사하고 붐도 기대하지 마시라.

기껏해야 유럽 대륙 전역에서 에너지 생산량이 급격히 하락하면서 생기는 부족분을 겨우 메울 정도에서 그칠 가능성이 높다. 유럽 본토에서 생산 수준은 이미 2005년 미국에서의 생산 수준보다 낮아졌고, 점점 빠른 속도로 하락하고 있으며, 기간시설도 덜 통합되어 있고, 유럽의 중소규모 에너지 기업의 수는 미국과는 비교가 되지 않을 정도로 적다. 눈부시게 성공적인 셰일 붐이 인다고 해도 뛰어봤자 제자리인 셈이나 마찬가지다. 유럽에서 셰일이 상당량 생산된다고 해도 상황이 대대적으로 바뀌지 않는 한 이런 나라들의 경제적, 전략적 입지를 바꾸기에는 역부족이다.

폴란드와 영국이 좀 더 전망이 밝아 보인다. 두 나라 모두 셰일 개발에 대해 상당히 전향적인 태도를 보이고 있지만 여기서도 딱히 뛰어난 결과가 나오지는 않는다. 폴란드 정부는 천연가스 산업의 성장을 의도적으로 제한했다. 폴란드가 소비하는 천연가스는 거의 전량 적대적인 러시아에서 수입하기 때문에 폴란드 정부는 의도적으로 천연가스 사용량을 최소화했다. 폴란드의 셰일이 완벽하다고 해도—실제로는 영국과 마찬가지로 미국에 비해 셰일 매장지가 작고 석유 밀도가 떨어진다—기간시설과 최종 소비 시설을 갖추고 다만 얼마라도 생산한 양을 소화하려면 꼬박 20년은 걸린다.

마지막으로 그밖에 셰일 산업 개발에 착수할 만한 나라들은 그리 많지 않다. 이 나라들의 매장량은 미국의 셰일 매장 규모를 따라오지 못하지만, (지질의 특성을 비롯해) 몇 가지 요인들이 환상적인 조합을 보이면서 나름대로 셰일 혁명을 일으킬 가능성은 있다. 그러나 이 "혁명"은 미국에서 일어나고 있는 셰일 혁명만큼 대대적인 규모일 가능성은 없고 이 나라들의 셰일 산업이 세계적으로 영향을 미칠 가능성도 없다. 그러나 그렇다고 해도 과소평가는 금물이다. 다음은 셰일을 개발할 나라들을 열거한, 길지 않은 목록이다.

- 최종적으로 선정된 나라들 가운데 아르헨티나가 단연 앞선다. 셰일 매장지의 석유밀도가 가장 높고 매장지가 기존의 석유와 천연가스 운송망 한가운데 위치해 있으며, 국내 시장과 해외 시장이 이미 개발되어 있고 국내 인력도 상당한 실력을 갖추고 있으며, (규제와 민간 기업에 대해 상당히 독특한 접근방식을 취하는 이 나라의 특성으로 미루어볼 때 놀랍게도) 관련 법규가 매우 분명하다. "유일한" 문제라고 한다면 아르헨티나는 완전히 파산했다는 점이다. 아르헨티나가 셰일을 채취하려면 미국 돈—그리고 돈에 딸려오는 모든 것—이 필요하다. 그것도 아르헨티나가 감당할 역량을 넘어서는 금액이.
- 캐나다의 에너지 부문이 직면한 가장 큰 과제는 캐나다가 전통적으로 미국을 주요 고객으로 여겨왔을 뿐만 아니라, 미국은 그냥 고객이 아니라 앨버타에서 생산되는 석유를 기꺼이 고가를 지불하고 사가는 고객이라는 점이다. 그러나 이제는 국제 표준과 미국의 에너지 비용구조가 앨버타보다 낮다. 캐나다의 수출 기간시설은 미국과 붙박이로 연결되어 있고, 국제시세가 어떻게 되든 상관없이 캐나다는 미국의 국내 가격에 수출할 수밖에 없다—타르 모래가 수익성을 보이는 수준까지 가격이 다시 오르지 않을지도 모른다. 앨버타는 훨씬 비용효과적인 셰일로 옮겨갈 수 있고 이미 옮겨가고 있지만—이미 앨버타에서 생산되는 천연가스의 4분의 1이 셰일 층에서 채취되고 있다—캐나다가 셰일 산업에서 성공하는 만큼 캐나다의 전통적인 에너지 산업은 위축되는 셈이다.
- 멕시코의 부르고와 사비나 매장지는 미국의 이글포드 셰일 매장지의 연장선상에 있으므로 매우 유망한 지질학적 특성을 지니고 있다. 그러나 인구가 거의 없는 험준하고 건조한 지역에 묻혀 있고, 멕시코는 그런 지역의 셰일을 신속하게 개발할 기간시설, 기술, 자본이 없다. 그렇긴 해도, 멕시코의 에너지 부문이 개방되면 미국 자본뿐만 아니라 미국의 시

추 인력까지 대거 국경을 넘어 멕시코로 몰려들게 된다. 멕시코 셰일은 멕시코의 에너지 미래의 일부분이지만, 조연 역할에 그치지 않기 위해서는 낙후된 현재 상태를 극복하기 위해서 따라잡아야 할 게 많다.

- 오스트레일리아의 셰일은 오지에 매장되어 있으므로 개발하는 데 비용이 많이 들고, 오스트레일리아의 노동력은 풍부하지 않으므로 인건비도 비싸다. 그러나 중국이 오스트레일리아 에너지 개발에 투자하면서 예전에 석유 매장지까지 대대적으로 송유관을 깔았는데, 그 석유 매장지로 가는 경로 상에서 새로운 셰일 지대가 발견되었다. 덕분에 셰일 지대를 통과하는 거대한 송유관을 순전히 우연하게 갖게 되었다. 오스트레일리아의 전통적인 에너지 산업이 자연적으로 쇠퇴 단계에 들어가면서 새로운 셰일 에너지 부문이 그 공백을 메우는 역할을 하게 된다. 그러나 향후 5년 안에 셰일이 개발될 일은 없다. 오스트레일리아의 셰일 매장지에는 석유가 전혀 섞여 있지 않다. 뛰어난 액화천연가스 시설을 갖춘 오스트레일리아로서는 전혀 문제될 것 없지만 오스트레일리아가 세계 석유 공급량을 늘리는 데 기여하기를 바라는 사람에게는 도움이 되지 않는다.

세계를 개조하다

지질은 셰일의 성공여부를 가늠하는 많은 요인 가운데 하나에 불과하다—그리고 엄밀히 말하면 북미 지역은 세계에서 가장 규모가 크고 가장 최적의 셰일이 매장되어 있는 지역을 보유하고 있다. 그러나 오직 미국만이 지질, 법적 규제 여건, 가용자본, 대대적인 규모로 셰일을 채굴할 기술과 경험을 갖춘 인력 등 여러 요건이 환상적으로 조합된 환경을 갖추고 있다.

셰일 개발 기술이 미국에서 유출되어 세계로 확산될까? 물론이다. 그러나 미국에서 일어난 셰일 혁명은 그 어느 곳에서도 똑같이 반복되지는 않는다. 지정학적인 관점에서 보면, 셰일 혁명은 순전히 미국적인 사건이다. 셰일 혁명이 야기한 경제 활황, 재산업화, 에너지 자급자족은 순전히 미국적인 사건 전개라는 뜻이다.

이제는 셰일이 미국 에너지 산업의 핵심이 될지(이미 되었다) 여부가 관건이 아니라 미국이 더 이상 세계 에너지 시장과 엮여 있지 않은 상황에서 세계는 어떤 모습일지가 관건이다.

이에 대해 답을 하려면 한 발 뒤로 물러서서 현재의 형태 그대로 세계 체제를 평가해야 할 뿐만 아니라 그런 형태를 띠게 된 이유도 평가해야 한다. 그래야만 비로소 셰일을 체제의 일부로 포함시키고 곧 닥칠 새로운 세계의 모습이 어떨지 모색해볼 수 있다.

THE DISORDER

현재 미국이 관리하고 보호하는 체제를 제거하면 대부분의 나라들은 경제와 안보를 지킬 방법을 잃어버리게 된다. 대부분의 나라들은 자국의 경제와 안보를 지키기 위해 각자도생하는 수밖에 없다.

2부

무질서

05

구세계의 종언(終焉)

The End of the (Old) World

미국은 역사상 가장 막강한 나라이고 여러분의 손자손녀들이 세상을 떠나고 한참 후에도 여전히 그 지위를 유지한다.

나는 쉽게 단언하는 사람이 아니다. 미국의 힘이 왜 그토록 막강하고 내구성이 뛰어난지 그 이유를 이해하면—그리고 그 이유를 셰일 에너지에 대한 철저한 이해와 접목하면—앞으로 세계가 어떻게 진화(퇴화)할지에 대해 깊이 있고 철저하게 이해할 토대를 갖추게 된다.

우선 미국의 지리적 여건부터 살펴보자.

세계적인 강대국이 갖추어야 할 지리적 여건

아래 지도의 중심부가 바로 미국이 세계적인 초강대국인 이유이고, 여러분의 손자손녀들이 세상을 떠난 뒤에도 오랜 세월 동안 그 지위를 유지하게 되는 이유다. 중서부는 지구상에서 가장 규모가 크고 가장 생산성이 높은 경작지로서, 세계 2등과 3등 경작지의 생산량을 합한 것보다 더 많이 생산한다. 매우 중요해 보이는 요인(실제로 중요하다)이지만, 이는 사실 곁가지에 불과하다. 진짜로 중요한 요인은 중서부와 완벽하게 겹치는 미시시피 강 운송망이다.

지정학에서 가장 중요한 철칙은 운송 체계의 중요성이다. 물길로 물건을 이동시키기는 쉽다—얼마나 쉽냐면 물길로 화물을 운송하는 데 드는 비용은 도로를 이용할 때 드는 비용의 12분의 1에 불과하다. 광역 미시시피 운송 체계는 상호 연결된 물길의 길이가 12,000마일 이상이다—나머지 세계의 물길을 다 합한 것보다 길다. 이게 사실이라면 미국은 대부분의 나라들이 국내에서 운송하는 데 드는 비용과 비교해볼 때 어처구니없을 정도로 낮은 비용으로 화물과 곡물과 사람을 실어나를 수 있다.

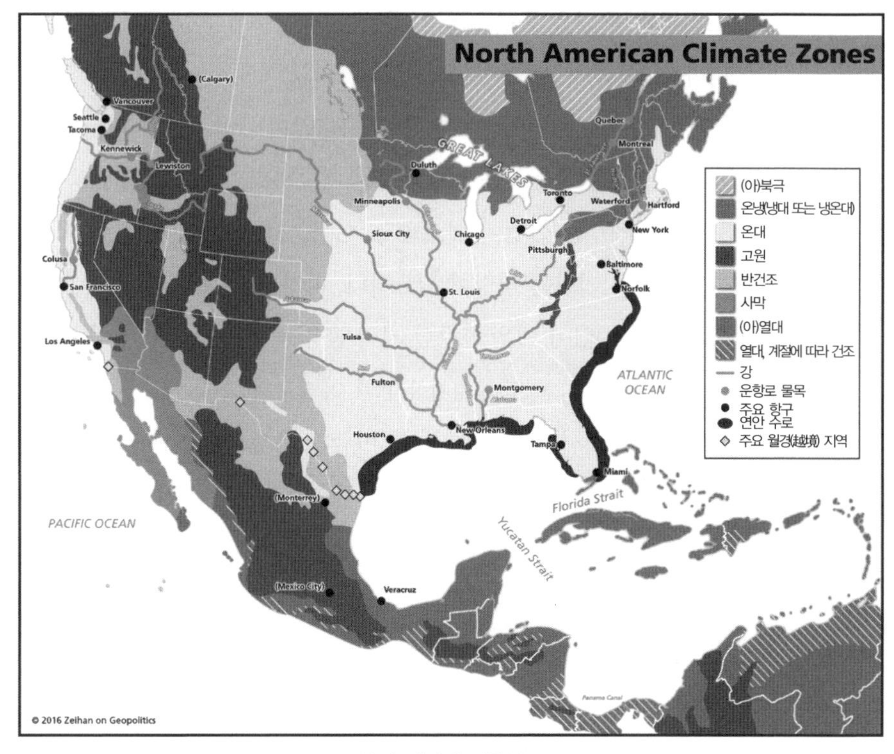

북미 지역의 기후분포

운송비용이 저렴하면 다른 모든 것의 비용도 덩달아 줄어든다. 식량에 쓸 돈이 절약되면 자녀 교육에 쓸 돈이 더 생긴다. 건축자재에 쓸 돈이 절약되면 휴가 때 여행 갈 여유가 생긴다. 물길을 통한 운송비용이 줄어들면 다른 운송수단도 경쟁에서 살아남기 위해 비용을 줄여야 한다. 수로는 유통 지대의 역할도 한다—특히 두 강이 만나는 지점, 운항로의 물목, 강이 바다로 빠져나가는 지점 등에서 유통 중심지가 생긴다. 볼티모어, 시카고, 캔자스시티, 미니애폴리스/세인트폴, 멤피스, 모바일, 뉴올리언스, 뉴욕, 필라델피아, 피츠버그, 새크라멘토, 샌프란시스코, 세인트루이스

등과 같은 도시들은 물길을 통한 저렴한 운송수단 덕분에 존재하게 되었을 뿐만 아니라 그 덕에 부도 축적하게 되었다.

이 도시들은, 정도의 차이가 있기는 하나, 하나같이 금융 중심지다. 이 도시들을 통과하는 화물 물동량을 처리하려면 재고관리, 재포장, 매매 등 화물 유통을 뒷받침해주는 산업이 필요하고, 이를 위해서는 24시간 쉬지 않고 상품과 자본을 처리하는 역량이 필요하다. 따라서 수로 운송을 토대로 건설된 도시는 예외 없이 매우 튼튼한 지역 금융 체제를 갖추고 있다.

이러한 은행들은 정치적인(또는 지정학적인) 야망보다는 기존의 경제적 필요를 충족시키기 위해서 생겼기 때문에, 미국의 은행들은 그들의 차용과 대부 정책으로 평가를 받게 된다. 국가의 필요를 충족시키기 위해 창설된, 일본, 중국, 독일, 그리스의 은행기관들과는 대조적이다. 간단히 말해서 미국 은행들은 금전을 경제적 상품으로 취급하는 독자적인 기구인 반면, 다른 나라들의 은행은 국가 정책을 시행하는 데 사용되는 도구에 불과하다. 따라서 외국 은행들은 최대 고용이나 기간시설 구축, 정부 적자 해소와 같은 정치적 목적을 달성하기 위해 재원을 집중하는 데 훨씬 뛰어나지만, 미국의 금융 체제는 장기적인 경제적 안정을 달성하는 데 훨씬 뛰어나다. 고로 미국이 세계 금융 초강대국 지위를 유지한다.

물론 미국에서 모든 상품이 수로를 통해 유통되지는 않는다. 사실 수로로 운송되는 물동량은 지난 한 세기에 걸쳐 꾸준히 줄어들어왔다.

미국의 해양 운송을 제약하는 첫 번째 요인은 정치다. 1920년 미국 의회가 존스 법안(Jones Act)을 통과시켜 미국인이 건조하고, 미국인이 소유하고, 미국인이 선장이고, 미국인이 선원이라는 조건을 충족시키지 못하는 배는 미국의 수로를 이용하지 못하도록 했다. 미국의 해양 부문 일자리를 미국인에게만 허용하고 미국이 막강한 상선을 유지하도록 하려는 취지의 법안이었다. 그러나 대부분의 보호주의적 조치가 그러하듯이, 뜻하지 않은 부작용이 생겼다. 수로를 통한 운송비용이 세 배로 뛰면서 화물운송 물량이 (수로를 통한 운송비용보다 그다지 비싸지 않게 된) 철도와 도로로 몰렸고, 선박 수요가 줄면서 미국의 조선소들이 파리를 날리게 되었고, 그로부터 거의 한 세기가 지난 지금은 대부분의 미국인들이 수로가 자기 나라의 성공에 중심적인 역할을 했다는(그리고 여전히 한다는) 사실조차 인식하지 못하게 되었다. 수도 워싱턴과 각 주의 수도들도 이러한 사실을 망각했다. 미국의 해양 기간시설은 수십 년에 걸쳐 서서히 허물어져왔다—수문의 평균 연령이 60년 이상이고, 1세기가 족히 넘어 완전히 교체해야 할 수문도 수두룩하다.[1]

두 번째 요인은 훨씬 덜 부담이 된다. 미국의 경제는 훨씬 선진화되었다. 독립 당시에 상품을 생산하는 수출국이었던 미국이 서서히 바뀌어 최근에는 서비스 중심의 수입국으로 전환되었듯이, 미국이 생산하는 상품의 가치도 꾸준히 상승했다. 미국이 생산하는 상품의 단위당 비용이 증가하면서 생산품의 총생산 비용에서 운송비가 차지하는 비율이 지속적으로 줄어들었다(운송비가 총생산비에서 차지하는 비율은 아이폰보다 옥수수 1부셸의 경우 훨씬 높다). 또한 서비스 상품은 어떻게 운송하는가 하는 문제도 있다. 목재는 수로를 이용해 운송할지 모르지만 건축설계도는 운송할 필요가 없다. 미국이 (가치로 따질 때) 수로를 이용해 운송하는 비율이 낮다는 뜻이 아니라 단지 다른 형태의 운송수단을 더 많이 쓴다는 뜻이다. 오늘날 여전히 수로로 운송되는 상품은 곡물, 석유, 정유제품, 자갈, 시멘트, 목재 같은 건축자재들을 아우른다.

1993년 현재 미국이 수로를 통해 운송하는 화물은 전체(톤-마일ton-mile로 측정. 운송화물 측정단위로 톤에 마일을 곱한 것—옮긴이)의 11퍼센트에 불과하고, 중서부에서 생산되는 농산물의 수출 지역이 (광역 미시시피 수로망의 강물이 빠져나가는) 대서양 연안에서 (철도와 도로로만 도달할 수 있는) 태평양 연안으로 바뀌면서 11퍼센트라는 수치도 반토막이 났다.

이러한 변화와 제약에도 불구하고 미국 내에서 수로를 통해 운송되는 화물의 비율은 여전히 세계 평균을 훨씬 웃돈다. 네덜란드 같은 무역 중계지—네덜란드인들은 유럽의 수출 동맥이라고 할 라인 강 주변에 모여 산다—또는 일본 같이 영토가 군도(群島) 형태인 나라만이 미국보다 훨씬 수로를 빈번하게 사용한다. 게다가 강 운송망을 통해 수송이 가능하면 수로 이외의 방법으로 운송하는 데 드는 비용도 오르기 힘들다.

미국은 자본도 쉽게 축적했지만 국토 안보를 튼튼히 하기도 쉬웠다. 북쪽으로는 삼림과 호수가 미국과 캐나다를 분리하는데, 캐나다는 비옥한 토지가 너무 적어서 외부의 대대적인 지원을 받지 않고는 미국에 이렇다 할 안보 위협도 되지 못한다. 1812년 전쟁 후 캐나다에 대한 대영제국의 장악력이 느슨해지고 미국과 훨씬 생산적인 관계를 도모하게 된 이후로 캐나다는 외부로부터 그러한 지원을 받아본 적이 없다. 남쪽으로는 사막과 산악지대가 멕시코를 막아준다. 미국은 멕시코시티를 두 번이나 점령했지만[2] 멕시코는 미국을 침략한 적이 없다.[3]

동쪽과 서쪽으로는 망망대해가 가로막고 있어서 유럽과 아시아의 강대국들이 미국을 공격할 엄두도 내지 못한다. 실제로 미국을 침략하려고 시도한 나라가 딱 하나 있지만—1812년 전쟁에서 대영제국—실패했다. 역으로 지구 반대편에 있는, 국력이 비슷한 나라들을 침공하는 데 성공한 사례는 모두 미국이 주도했다. 중서부의 비옥한 대평원과 미시시피 강을 중심으로 한 운송망을 토대로 형성된 미국이라는 나라는 세계에서 가장 비옥한 영토일 뿐만 아니라 가장 안보가 튼튼한 영토이기도 하다. 미국은 망하려고 발버둥쳐도 망하기 힘든 나라다. 그러려고 해본 적도 있다.

미국이 세계 초강대국인 이유를 간략히 파악했으니 이제 미국이 그 힘으로 뭘 했는지 알아보자.

무역과 우리가 아는 세계

미국인들이 고대사라고 생각하는 시대에 세계는 제국의 시대였다. 프랑스 해군은 프랑스 식민지와 프랑스 본토 사이에 오가는 교역을 보호했다. 영국 해군도 마찬가지였고, 일본 해군도 그랬다. 폐쇄적인 제국 체제였다. 당시에 제국은 가능한 한 이웃나라들과는 교역하지 않았다. 다른 대륙에 사는, 다른 언어를 사용하는 어느 멍청이가 언제 전쟁을 하자고 덤벼들지 모를 일이기 때문이었다. 비록 자신이 공격 대상이 아니어도, 중요하다고 여기는 어떤 상품에 대한 접근성, 운송경로, 또는 최종 소비 시장을 잃을 수 있었다. 따라서 뭐든지 국내에서 처리하고, 국내에 없는 뭔가가 필요하면 바깥으로 진출해 빼앗고 식민지로 삼고 군사화하는 게 유일한 해결책이었다. 그리고 이를 지배 체제에 편입했다.

그 결과가 바로 제국이었다. 제국들은 서로 경쟁했다. 자원을 확보하려고. 교역 경로를 확보하려고. 최종 소비 시장을 확보하려고. 당연히 이러한 경쟁은 수많은 전쟁으로 이어졌고, 이 수많은 전쟁은 1939-1945년 제 2차 세계대전에서 절정으로 치달았으며, 결국 제국 체제 전체가 와해되었다.

제 2차 세계대전이 마무리 단계에 접어들면서 미국은 살육과 참화로 초토화된 세계를 보고 세 가지 생각을 했다.

첫째, 미국은 이 전쟁에서 크게 상처 입지 않은 상태였다. 단지 1941년 12월, 뒤늦게 전쟁에 끌려들어갔기 때문만은 아니었다. 중서부 대평원, 광역 미시시피 운하 체계, 그리고 광물이 풍부하게 매장되어 있는 애팔래치아와 로키 산맥 덕분에 미국은 필요한 것을 거의 모두 자국 내에서 구했다. 미국은 제국이 필요 없었다. 대륙이 자기 영토였으니까. 본토에서 전투가 없었기에 직접적인 피해를 입지도 않았다. 미국은 남의 영토에 폭탄을 투하했지만 미국의 영토 핵심부에는 폭탄 한 발 떨어지지 않았다.

둘째, 전쟁으로 초토화되지 않은 유일한 나라로서 미국은 세계를 재건할 기회를 얻었다. 따라서 미국은 동맹국들을 뉴햄프셔 주에 있는 스키 휴양지 브레튼우즈로 초청했고 완전히 새로운 세계 경제 체제를 강요했다.

미국이 탄생시킨 새로운 체제는 자유무역이었다. 미국 해군—전쟁에서 살아남은 유일한 해군력—이 모든 동맹국들을 위해 바닷길을 순찰하고 모든 상선을 보호해주는 체제였다. 미국과 손을 잡는 나라는 미국과 동맹 관계에 있는 어느 나라에나 어떤 물건이든 팔게 되었다. 게다가 미국은 미국이 정한 규칙을 따르는 나라라면 어떤 나라에게든 기꺼이 미국시장을 개방했다. 종전 무렵 미국의 경제는 세계 총 경제규모의 3분의 1을 차지했다—그리고 미국의 소비 시장은 다른 모든 나라의 소비 시장을 합한 것보다 규모가 컸다. 융단폭격을 받거나 광산이 탈탈 털리지 않은 유일한 나라였기 때문이다. 다른 나라들이 거절하기 어려운 달콤한 제안이었다.

세 번째로 미국은 이 모든 달콤한 제안에 단 한 가지 조건을 내걸어야겠다고 생각했다. 안보 정책은 미국이 알아서 하도록 내버려두라는 조건이었다. 미국이 이러한 전략을 통해 달성하려는 핵심적인 목표는 자신의 군사동맹으로 새로운 시대를 지배하는 일이었다—이 전략은 곧 소련 봉쇄 정책으로 진화했다. 그 후 반세기 동안 미국의 외교 정책과 전략은 냉전 수행의 수단으로서 세계 자유무역 체제를 구축하고, 유지하고, 확대하는 데 집중되었다. 간단한 원리였다. 미국이 아무리 막강해도 소련은 미국의 유럽 동맹국들과 더 가까이 있었고, 더 많은 탱크와 군사력을 보유하고 있었다—대부분의 유럽 동맹국들은 제 2차 세계대전 동안 나라가 거덜났다. 이들이 소련과 정면대결해서 이길 승산은 없었다. 따라서 미국은 동맹을 구축해야 했다. 비용도 안 들고 미군이 소련군에게 직접 노출되지도 않는 그런 동맹을 말이다. 그리고 전선(前線) 역할을 할 동맹을 구축하는 가장 좋은 방법은 직접 돈으로 매수하는 방법이었다.

미국이 둔 이 수는 먹혔다—흠잡을 데 없이 완벽하게. 북대서양조약기구(NATO)는 군사동맹이지만 그 동맹을 유지해준 주인공은 브레튼우즈 체제의 경제적 측면이었다. 전쟁이 끝나자 미국의 경제적, 군사적 동맹은 패전한 추축국들에게까지 확대되었고, 후에는 아시아의 네 마리 용으로 일컬어지게 된 나라들과 공산주의 국가인 중국을 비롯해 개발도상국들 대부분에게까지 확대되었다.

미국이 지배하는 자유무역 체제 덕분에 인류 역사상 가장 평화롭고 풍요로운 시대가 왔다. 세계 GDP는 열 배로 확장되었고 세계 인구는 세 배로 늘었다. 과거에 문명을 붕괴시킬 뻔한 대규모 전쟁(프랑스-독일, 러시아-터키, 일본-중국, 제국의 침략)은 모두 멈췄고, 미국이 지배하는 세계 체제 하에서 안보가 확보되고 부가 창출되면서 중단되었다. 소련은 승산이 없었다.

그런데 갑자기 소련이 붕괴되었다. 1989년 베를린 장벽이 무너졌고 중부 유럽 국가들은 소련의 손아귀에서 벗어났다. 그로부터 3년이 채 지나지 않아 소련 자체가 산산조각 났다. 브레튼우즈 체제는 목표를 달성했고 이제 미국이 기존의 전략을 재고할 때가 되었다. 당시 미국 대통령 조지 부시 시니어는 콜린 파월, 브렌트 스코크로프트, 제임스 베이커, 딕 체니와 같은 인물들을 기용해 미래 전략을 짜도록 했다.

미국인들은 너무 들뜬 나머지 부시 시니어를 4년 만에 백악관에서 쫓아냈다. 뒤이은 세 대통령—빌 클린턴, 조지 W. 부시, 버락 오바마—은 모두 세계가 미국이 추진하는 계획을 노골적으로 방해하지 않는 한 외교정책에 무관심한 대통령이었다. 이 세 대통령 가운데 아무도 냉전시대의 전략적인 독트린을 새로운 전략으로 교체하는 데 관심을 보이지 않았다. 자유무역은 여전히 미국 정책의 핵심적인 기조로 유지되었다. 이제 안보보장이라는 특혜는 제공되지 않았지만 말이다. 제 2의 브레튼우즈는 없었다. 세계는 미국이 유지하는 체제에서 이득을 보면서도 미국이 그 대가로 아무것도 요구하지 않는 상황에 너무나도 익숙해졌다.

그 결과는 "역사의 종언"이었다. 유럽 여러 나라들이 유럽연합이라는 유사 공동체로 묶이면서 규모의 경제 효과를 달성했고(미국은 이미 한 세기 전에 달성했다), 이를 이용해 수출을 늘렸다. 중국의 자유화도 가속화되었고 무늬만 "공산주의"인 나라가 되었다. 중국은 곧 미국을 제치고 최대의 제조업 국가가 되었다. 선진 세계의 외곽에 있던 나라들이 외국자본을 받아들여 자국 발전에 박차를 가했고 해외 시장으로 자국 상품을 수출했다. 브라질은 미국 농부들과 치열한 경쟁을 벌이기 시작했다. 이 모든 경제 활동으로 눈부신 경제 성장이 일어났고 공산품 생산국들은 대박을 치면서 전통적인 세계 권력 구조에 도전장을 내밀었다. 베네수엘라는 미국이 주도하는 세계 질서에 맞섰고, 푸틴이 통치하는 러시아는 세계무대에서 힘을 과시하는 게 미국만의 특권이 아니라는 점을 여실히 보여주었다.

경제 성장도, 정세 안정도, 변화도 현실이었다. 그런데 한 가지 비현실적인 게 있었다. 그것은 이 모두를 가능케 한 토대였다.

다음 다섯 가지 사항을 명심해야 한다.

1. **미국에 도전장을 내미는 나라들은 브레튼우즈 체제 덕분에 성공한 나라들이다.** 원자재와 에너지를 수입하고 상품을 만들어 세계 시장에 수출할 역량이 없다면 중국은 아무 힘도 없다. 세계 금융 체제와 바다에 안전하게 접근할 역량이 없다면 브라질은 아무 힘도 없다. 베네수엘라나 러시아는 세계 에너지 시장이 없다면 아무 힘도 쓰지 못한다. 이 모두, 그리고 그 이상이 미국이 세계 해상로를 저렴하고 안전하게 유지하는 덕분이다. 미국이 변심하면 이러한 나라들이 미국에 도전장을 내밀 역량도 사라지게 된다.

2. **미국은 부자가 되려고 브레튼우즈 체제를 구축한 게 아니다.** 미국은 이미 부유

했다. 1870년 재건 시대가 마무리된 이후로 세계에서 가장 부유한 나라 지위를 유지해왔다. 뒤이은 긴 세월 동안 미국의 경제는 그다지 세계화되지 않았다. GDP 비율로 볼 때, 미국은 세계에서 가장 자급률이 높은 경제다. 2015년 현재 상품 수출이 미국 GDP에서 차지하는 비중은 겨우 8.25퍼센트이고, 그나마도 이 가운데 3분의 1은 미국의 북미자유무역협정(NAFTA) 체결국들과의 교역이다. 이조차도 시대에 뒤떨어진 데이터다. 현재 제조업이 대거 미국으로 귀환하고 제조업 붐이 일면서 그나마 얼마 안 되는 미국의 해외 "의존도"가 무자비하게 깎여나가고 있다.

3. **미국이 브레튼우즈를 구축한 이유는 동맹국들을 매수하기 위해서였다.** 브레튼우즈는 미국이 안보를 주도하는 대신 다른 나라들이 경제적인 이득을 보게 해주는 체제였으므로, 미국은 이 체제를 이용해 자국의 상품을 동맹국들에게 강제로 떠넘기지 못했다. 대신 미국은 동맹국들에게 미국 시장에 대한 일방적인 접근을 허용해야 했다. 미국은 순 수입국이 되어야 했다. 무역적자를 봐야만 했다. 그렇지 않으면 대한민국과 중국과 스웨덴과 독일과 아르헨티나와 모로코 같이 각양각색인 나라들이 애초에 이 체제에 합류할 유인책이 사라져버리게 된다. 미국에게 자유무역 체제는 경제 정책이 결코 아니었다. 전쟁을 수행하기 위해서 동맹을 굳건히 하기 위해 설계된 안보 전략이었다. 그러나 그 전쟁은 30년 전에 끝났다. 미국의 안보 상황은 변했고 따라서 미국의 안보 정책도 바뀌게 된다—그리고 이는 세계화된 무역 체제의 종언을 뜻한다.

4. **미국은 세계 권력 구조가 어떤 양상을 띠든 상관없이 해양을 지배한다.** 미국의 항공모함 전투단이 나머지 세계의 해군력을 모두 합한 것보다 월등한 화력을 보유하고 있다. 2016년 현재 미국은 이러한 전투단을 10개 보유하

고 있다. 미국이 이러한 월등한 해군력을 세계 공유지를 지키는 데 투여하고 있기 때문에 자유무역이 유지된다. 미국이 마침내 전략적 정책을 수정하고 세계 해상 경로의 안전 보장을 최우선 과제로 여기지 않게 된다고 해도 여전히 여차하면 세계 어디든지 개입할 역량을 지니고 있다. 미국은 세계에 이해관계가 걸려 있지 않지만 세계 어디든 간섭할 역량을 지닌 나라가 된다. 경제와 생존이 걸린 안보를 전적으로 세계 무역에 의존하고 있는 40억 인구에게 이는 어쩌면 최악의 시나리오인지도 모른다.

5. **미국은 공황장애가 있다.** 어떤 나라든 건국 초기의 일련의 경험이 축적되어 국민 정서를 형성하게 된다. 미국의 경우는 한 세기에 걸친 개척 시대가 국민 정서의 바탕이 되었다. 오늘날의 달러 가치로 중고차 한 대 값에 해당하는 비용만으로, 미국인은 가족을 마차에 태워 중서부로 이주한 다음 땅을 일구고 여섯 달 만에 곡물을 수출해 현금을 손에 쥐었다. 인류 역사상 최대 규모로 문화와 경제가 확장된 사례이고, 이 경험을 통해 미국인은 해마다 삶이 더 나아지리라는 낙관적인 사고를 지니게 되었다. 물론 실제로 그렇지는 않다. 미국을 제외한 나머지 세계가 그동안 익숙해진 관행에 따라 미국을 건드리면 미국은 어찌할 바를 모른다. 이를 해석할 준거의 틀이 없어서 이해하지 못한다. 미국은 맨정신을 잃는다. 그 결과 과잉반응을 보인다. 미국이 종말이 가까워왔다고 겁을 먹으면 공황 상태에서 재앙을 막아보려고 자기 개조를 시도한다. 자몽 크기만 한 알루미늄 덩어리인 스푸트닉(Sputnik)에 경기를 일으킨 미국은 미국 역사상 가장 대대적인 산업과 교육 개혁을 단행했다. 베트남 전쟁으로 잔뜩 위축된 미국은 정밀유도탄을 개발하고 통신위성을 쏘아 올렸다. 1980년대에 경기가 침체에 빠지자 기업을 일신했고 그 덕에 창출된 자본으로 인터넷 혁명을 일으켰다. 이 책을 쓰는 현재 미국은 9월 11일 테러공격

(이로 인해 미국은 지구상의 모든 교역로와 모든 에너지 운송 경로 출발지점과 도착지점 양쪽에 군사력을 배치했다.) 이후로 겁먹은 적이 없다. 미국이 이제 겁먹을 때가 되었다.

세계 체제—독일과 한국이 주요 수출국이 되게 해주고, 영국과 일본이 제국이 되지 못하도록 억제하고, 싱가포르와 네덜란드가 세계의 중심축이 되도록 해주고, 중국과 사우디아라비아가 통일된 하나의 국가로 존재하도록 해주는 체제—는 한 세대 전에 끝난 전쟁을 수행하기 위해 그 체제를 구축한 나라가 유지해온 체제다. 그리고 어떤 이유에서든 미국이 흥미를 잃게 되면 그 체제는 와해되고, 그래도 미국은 눈 하나 꿈쩍하지 않을지도 모른다.

우리가 아는 세계는 미국이 조금만 심기가 뒤틀리면 무너진다. 질서가 무질서에게 자리를 내주고 있다. 그나마 그게 희소식이다. 해양 운송이나 세계 해군력이나 미국의 감정 기복과 전혀 무관한 위기가 도사리고 있다.

인구구조와 유동적인 세계

십 대의 행동은 조부모의 행동과 다르다는 사실은 누구든 안다. 그런데 세계적인 차원에서 이 사실이 어떤 의미를 지니는지 한 번 생각해본 적이 있는가? 우선 인구를 경제적으로 의미 있는 세 부류로 나누어 살펴보자.

첫째, 대략 20세에서 45세 사이의 청년층이다. 이 연령 집단은 소비에 혈안이 되어 있다. 집을 마련하고 대학에 다니고 자녀를 낳고 자동차를 장만하고 대마초를 피운다(많이 소비하는 순서대로 나열한 것은 아니다). 머리털 나고 뭐든 처음으로 장만하는 소비 열풍에 들뜬 이 연령집단이 오늘날의 경제에 활력을 불어넣는다. 그러나 이 모든 소비가 저절로 일어나지는 않는다. 청년층 근로자는 직장 경력이 일천하므로 씀씀이에 비해 지갑이 얇다. 해결책은? 융자다. 주택융자, 학자금 융자, 자동차 할부 등등. 소비로 경제 성장을 견인하기도 하지만 빚도 많이 지는 연령층이다.

둘째, 대략 40세에서 65세 사이의 장년층 근로자다. 이 집단은 빚을 내 소비하던 시대를 뒤로 한 세대다. 소비 측면에서 보면, 자녀가 독립하고 주택 융자금은 완납했고 더 작은 집으로 살림을 줄여갈 가능성이 높은 세대다. 소득 측면에서 보면, 소득이 최고에 달한 세대다. 이를 종합해보면, 장년층 근로자는 자본이 풍부한 반면 청년층 근로자는 빚더미에 앉아 있다.

따라서 장년층 근로자의 돈이 향하는 목적지는 둘 중 하나다. 은퇴를 대비한 저축 아니면 세금이다. 어느 모로 보나 이 집단이 세계를 역동적으로 만드는 자본의 출처다—"역동적"이라 함은 이들이 기꺼이 위험을 감수하고 투자를 하기 때문에 경제가 성장한다는 뜻이다. 장년층 근로자는 킥스타터(Kickstarter, 세계 최대의 크라우드 펀딩 기업—옮긴이)에 투자하고 두 번째 집을 장만하고 펫사이코테라피닷컴(petpsychotherapy.com) 같은 기업에 투자한다. 너무 단순하게 들릴지 모르겠지만, 기꺼이 위험을 감수하고 투자하는 사람들이 있기에 자본주의와 캘리포니아의 실리콘밸리가 제대로 작동한다.

셋째, 은퇴자가 있다. 이 집단은 위험을 감수하기는 질색한다. 이들은 주식과 채권과 해외에 투자했던 자금을 빼내 현금으로 바꾸거나 국채로 돌린다. 시장의 변동을 견뎌낼 재간이 없기 때문이다. 이들은 주식을 보유한다고 해도 월마트나 AT&T와 같이 수더분한 기업 주식을 보유한다. 이들은 여전히 경제 체제에서 순 채권자이지만 (소득을 최대한 저축하는 장년층 근로자와는 반대로) 소득이 전무하다. 게다가 은퇴자들이 고령화하면서 저축도 줄어들게 되고—주식과 국채 시장에 미치던, 미약하나마 긍정적인 영향도 줄어든다—연금과 의료비 형태로 경제 체제에서 점점 많은 돈을 꺼내 쓰게 된다.

(엄밀히 말하면, 네 번째 집단—아동—이 있지만 이들은 요즘 시대에는 경제에 기여하는 바가 없다. 과거에는 농장에서 무급으로 노동력을 제공했지만, 대부분의 인구가 도시로 이전하면서 아이들은 본질적으로 사치재로 변했다. 애완견 시추보다 훨씬 비싼 사치재로 생각하면 된다.)

정상적인 경제 체제에서는 은퇴자보다 장년층 근로자가 더 많고 장년층 근로자보다는 청년층 근로자가 많다. 낮은 연령집단부터 고령층까지 연령별로 차곡차곡 쌓으면 피라미드 형태가 된다. 이러한 체제에서는 재원 소모자(은퇴자)보다 투자창출자(장년층 근로자)가 더 많고, 투자창출자보다 소비자(청년층 근로자)가 더 많다. 자본이 풍부한 중간 규모 세대(장년층 근로자)가 자본을 투자하면, 청년층 근로자는 이 자본을 빌리고 소비를 하고, 은퇴자는 은퇴 생활을 한다. 보통 자본은 한정되어 있기 때문에 정부는 한계에 직면한다. 융자를 받으려면 신용평가를 받고 담보를 제공하고 사업계획서를 제출해야 한다.

그런데 현재 미국은 그렇지 않다.

베이비붐 세대에 대해 들어본 적이 있으리라 믿는다. 이들은 미국 역사상 가장 머릿수가 많은 인구 연령층이다. 7,500만 명이나 된다. 이 집단은 그 수가 너무 많아서 평생 미국의 체제를 왜곡하면서 살았다. 이들이 노동력에 합류하자 모든 직업을 다 빨아들였고 자기가 보유한 기술에 못 미치는 일자리를 받아들인 사람도 많다. 노동시장에 인력이 쏟아져 들어오면서 20년 동안 임금이 오르지 못했고—어떻게든 가계를 꾸려나가기 위해—맞벌이하는 가구가 늘어났다.

2000년 무렵 베이비붐 세대에 속하는 대다수가 "장년층"에 접어들었다. 이는 미국의 경제에 축복인 동시에 재앙이었다. 머릿수가 많은 세대가 은퇴를 준비하느라고 대량의 자본을 축적하기 시작했다는 게 긍정적인 면이다.[4] 그 결과 미국 금융 시장에는 투자처를 찾는 자본이 흘러넘쳤고, 저리로 융자를 받게 되면서 배우자에게 새 차를 장만해주고, 자녀에게 새 스마트폰을 사주고, 새 도로를 깔고, 해군에 새 항공모함을 장만해주고, 대통령은 새로운 보편적인 의료보험 정책까지 내놓게 되었다. 1950년 이후로 이처럼 대출 이자가 쌌던 적이 없다.

그러나 근로자 수가 많으면 임금이 오르지 않듯이, 자본이 너무 많으면 수익률이 오르지 않는다. 낮은 수익률 때문에 베이비붐 세대는 점점 더 위험한 투자처를 찾아 나섰다. 그러지 말았어야 하는데 말이다. 금융계에서 이는 전형적인 "묻지마 투자" 사례다. 베이비붐 세대 투자자들은 더 나은 수익률을 찾아 점점 더 위험한 투자결정을 내렸다. 위험한 산업 부문, 기업, 지역에 점점 더 많은 돈이 쏟아져 들어오면서 수익률은 더 하락했다. 베이비붐 세대 집단은 그 규모가 너무나 커서 미국은 그들이 창출한 자본을 다 소화하지 못했고, 따라서 이들의 자본은 미국 국경을 넘어 전 세계로 흘러들어갔다. 르완다의 지방채와 카자흐스탄 에너지 부문에 투자하는 게 유행이 되었다. 결국 개발도상 지역은 2000년부터 2015년 사이의 기간 동안 기록적인 성장률을 보였다.

건강하지도 않고 지속 가능하지도 않은 상태였다. 베이비붐 세대의 투자 결정으로 온 사방에서 거품이 생겼고 곧 이 거품들은 꺼졌다. 지난 20년 동안 발생한—닷컴에서부터 엔론, 서브프라임, 브라질, 러시아, 인도, 차이나에 이르기까지—금융 거품(거품 파열)은 대부분 베이비붐 세대에게 책임이 있고, 이 모든 사태는 오직 베이비붐 세대가 1퍼센트라도 수익률을 더 올리려고 위험을 아랑곳하지 않고 묻지마 투자를 했기에 벌어졌다.

그러나 여기에는 투자 이상의 내막이 있다. 고소득에 높은 투자가 더해지면 세수가 늘어난다. 같은 기간 동안 베이비붐 세대가 여전히 서서히 나이들어감에 따라 정부의 곳간은 차고 넘쳤다. 조지 W. 부시와 버락 오바마는 베이비붐 세대가 가장 세금을 많이 내는 시대에 미국을 통치했다. 그러나 추가로 들어온 세수를 미국의 세 가지 은퇴 관련 정책—사회보장, 메디케어, 메디케이드—의 재정을 확충하고 베이비붐 세대가 급격히 고령화될 때를 대비하는 데 사용하기보다는 이 두 대통령은 정반대의 정책을 폈다. 이 두 대통령 임기 동안 워싱턴은 흥청망청 돈을 써댔고, 국가부채는 6조 달러에서 20조 달러 턱밑까지 치솟았다.

2016년 현재 베이비붐 세대 가운데 가장 고령인 집단은 은퇴한 지 10년째 접어들었다. 세수가 밀물처럼 쏟아져 들어오면서 정부가 흥청망청 돈을 써대던 호시절은 지났고, 정부가 은퇴 연금과 의료비를 대거 지출해야 할 날이 다가오고 있다. 그 여파는 미국에만 국한되지 않는다. 베이비붐 세대가 투자에서 은퇴 모드로 전환하면서 이들이—실리콘밸리든, 디트로이트든, 볼리비아든, 터키든, 인도든—온갖 투자 상품에 넣어두었던 그 모든 자본을 회수하면서 이 자본으로 가능했던 경제 성장이 와해된다.

그 다음으로 살펴보아야 할 세대는 베이비붐 세대의 자녀 세대다. Y세대, 베이비붐 국화빵 세대, 또는 밀레니얼 세대로 불린다. 이들은 부모 세대가 직면했던 문제와 똑같은 문제에 직면한다. 머릿수가 너무 많다—일자리 수보다 훨씬 많다—따라서 부모가 1960년대와 70년대에 겪었던 압박과 똑같은 압박에 직면하게 된다. 밀레니얼 세대에게는 다행스럽게도 부모 세대에게는 없었던 두 가지 이점이 있다.

- Y세대는 미국 역사상 가장 학력이 우수한 세대다. 미국 경제가 역동적이고 서비스 중심의 체제로 변하면서 직업은 일자리에, 일자리는 시간제 근무에, 시간제 근무는 어쩌다 보니 소득이 창출되기도 하는 취미에 자리를 내줌에 따라 Y세대는 실제로 사회적, 정치적, 심리적으로 새 시

대에 적응할 준비가 상당히 잘 되어 있다.

- 둘째, Y세대의 3분의 1이 아직 부모 집에서 산다—따라서 푼돈 이상의 목돈을 모으게 된다. 물론 부모로부터 독립하는 이들 가운데 거의 절반 역시도 마찬가지인데, 부모가 생활비를 지원해주기 때문이다. 이와 같이 밀레니얼 세대에 대한 전폭적인 재정적 지원은 미국 역사상 가장 대대적인 규모로 (아직 생존해 있는) 한 세대에서 다른 세대로 부가 이전되고 있다는 뜻이다.

이들 사이에 낀 X세대에게는 모두 달갑지 않은 일이다. X세대는 출생률이나 머릿수로나 현대 미국 역사상 인구 전체에서 차지하는 비율로 볼 때 규모가 가장 작은 세대다. X세대는 일련의 재앙에 직면하고 있다.

- 첫째, 이들의 소득은 지금보다 높았어야 한다. X세대는 1980년대 말에 노동시장에 진입하기 시작했지만 이미 베이비붐 세대가 일자리를 모두 차지한 후였다. X세대는 인턴 생활을 전전하는 세대가 되었고 그 상태에서 벗어나기 위해서 지금까지 고군분투해오고 있다.
- 둘째, X세대가 나이가 들어 성숙한 근로자의 역할을 담당하게 되면서 7,500만 명에 달하는 베이비붐 세대의 연금과 의료비 전액을 떠안아야 한다. 이들은 베이비붐 세대가 자녀들에게 이전한(그리고 계속 이전하고 있는) 돈을 벌충—정부 서비스에 필요한 재정을 높은 세금을 통해 충당—해야 한다. 정부예산의 균형을 맞추려면 전시(戰時)를 제외하면 미국 역사상 가장 대규모로 지속적으로 세금을 인상해야 한다—아니면 가장 엄청난 부채를 축적하든지.
- 셋째, Y세대는 머릿수가 많지만 X세대는 적다. X세대는 민간 부문에서 필요한 만큼 자본을 창출하지 못한다—이들은 인상된 세금을 내기 위해

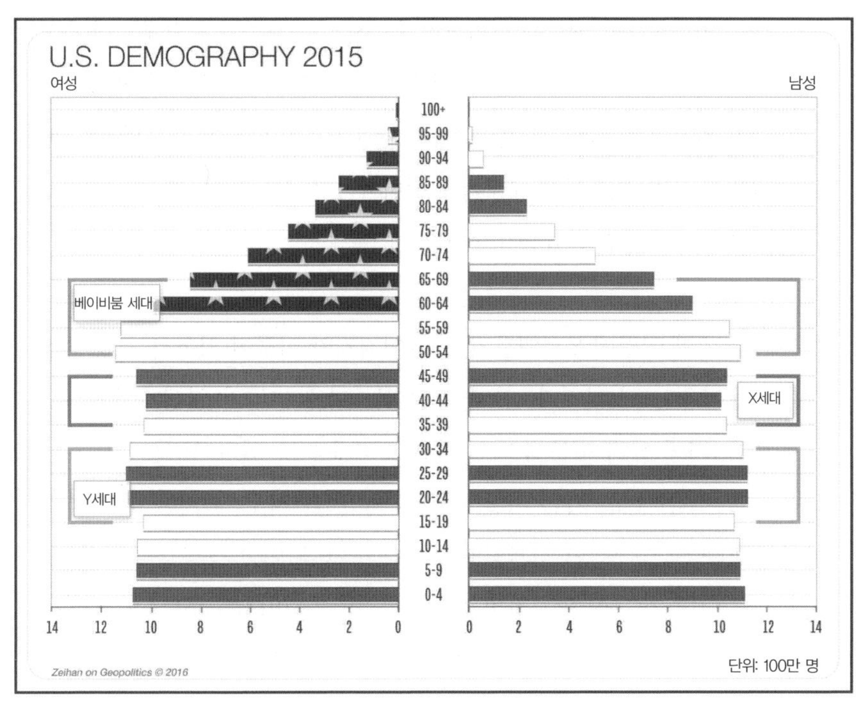

미국 인구구조 2015년

소득의 상당한 부분을 써야 하기 때문이다. 따라서 누구든 융자를 받으려면 더 높은 이자를 지불해야 한다.

- 넷째, 메디케어, 메디케이드, 사회보장 등은 크게 바뀌지 않는다. X세대의 규모는 베이비붐 세대의 규모보다 대략 5분의 1 작다—X세대가 더 젊기 때문에 베이비붐 세대보다 그 규모가 4분의 1 커야 하지만 말이다—이 두 세대 간의 불균형은 너무나도 심해서 X세대 대부분이 60대에 접어들어야 비로소 베이비붐 세대의 머릿수를 능가하게 된다. X세대는 베이비붐 세대가 자신들의 노후를 위해 투표를 통해 만들어놓은 복지혜택을 투표로 폐기하기는 불가능하다. 머릿수가 모자라기 때문이다. X세

대는 연방정부의 예산을 합리적인 수준으로 축소하는 노력에 Y세대가 동참하기를 기대할 수도 없다. 정부 지출이 대거 삭감되면 베이비붐 세대가 자녀인 Y세대에게 얹혀살아야 할지 모르기 때문이다. Y세대의 관점에서 보면, 자기들이 부모에게 얹혀사는 건 용납해도 부모가 자기들에게 얹혀사는 건 용납하지 못한다.

그러나 내가 이렇게 Y세대를 물고 늘어지지만 이들이 있어서 천만다행이다. 그 이유는 세 가지다. 첫째, Y세대는 현재 그들의 일생에서 "젊은 근로자" 시기에 있기 때문에 미친 듯이 소비를 하고 있다. 이들이 자녀를 양육하고, 집을 짓고, 차를 사고, 집에 깔 카펫을 사고, 의자를 들여놓기 때문에 2009년 대대적인 경기침체가 끝나고 난 후 미국 경제가 꾸준히 성장해오고 있다. 이들이 열광하며 사들이는 비어드 버터(beard butter, 턱수염에 바르는 제품—옮긴이)와 형광색 플라스틱 슬리퍼 소비도 도움이 된다. 이들이 없다면 미국 경제는 성장은커녕 기껏해야 현상유지밖에 못 한다.

둘째, 15년 후 X세대가 새로—베이비붐 세대보다 훨씬 규모가 작은—은퇴자 집단이 되면, Y세대는 새로 세금을 납부하는 집단으로 성숙하게 되므로,[5] 미국은 다시 한 번 세금을 많이 내는 대규모 인구집단이 생기게 된다. 따라서 당연히 연방정부 예산은 빠듯하고 앞으로 15년 동안 이 상태가 지속되겠지만, 그 시기를 넘기면 미국은 다시 보다 정상적인 경제 체제로 전환된다. 해를 거듭할수록 베이비붐 세대 부양에 들어가는 비용과 연방정부의 적자가 줄어들기 때문이다.

셋째, 미국에는 온 사방에 자기도취적이고 예민한 밀레니얼 세대 천지인 듯하지만, 실제로 다른 나라에서는 미국만 한 규모의 밀레니얼 세대를 찾아보기 힘들다. 베이비붐 세대—그리고 이보다 규모가 작은 X세대—는 미국에만 있는 독특한 집단은 아니다. 거의 모든 선진국에서 35세부터 70

세까지의 연령집단이 두터운 역 피라미드 형태의 인구구조를 보이고 있다. 그런데 오로지 미국의 베이비붐 세대만이 자녀들을 낳았다. 독일, 캐나다, 한국, 태국, 이탈리아, 일본에는 Y세대가 없다. 폴란드, 루마니아, 중국처럼 인구가 비교적 젊은 나라에도 마치 1980년부터 1985년 사이—주요 선진국에서 아이를 낳지 않기 시작한 지 5년에서 15년 후—에는 선을 긋고 이 기간 동안은 아이를 낳지 않기로 한 듯하다. 그 결과 신생아 출생이 급격히 줄었을 뿐만 아니라 흑사병이 휩쓸었던 때를 제외하고는 인류 역사상 평화로운 시기로서는 그 속도와 심도에 있어서 유례없이 인구 급감에 가속도가 붙었다. 의료기술의 발달로 50대 연령층이 자녀를 출산하기 가능해지지 않는 한—그리고 사회적 역학 관계에 돌파구가 마련되어 이들이 대거 자녀를 낳고 싶어 하게 되지 않는 한—앞으로 닥칠 인구 감소의 규모는 훨씬 클지도 모른다.

그런 의미에서 미국의 Y세대는 선진국들 가운데 유일한 예외다. 그리고 전 세계적으로도 극소수의 나라들에만 Y세대가 존재한다. 2016년 현재 평균적인 미국인은 이미 오스트레일리아, 뉴질랜드, 아일랜드, 사이프러스, 아이슬란드를 제외하고 모든 선진국의 평균 국민보다 젊다.[6] 2019년 무렵이면 평균적인 미국인은 평균적인 중국인보다 젊어진다. 2040년 무렵이면 평균적인 브라질인보다 젊어지고, 21세기 중반에 접어들면 평균적인 멕시코인의 나이가 평균적인 미국인의 나이를 추월하게 된다.

이러한 인구구조 변화는 이미 세계 체제에 어마어마한 영향을 미치고 있다. 1990년 일본의 경제가 붕괴된 근본적인 원인은 인구구조 때문이 아니었지만 일본은 그때 이후로 인구가 고령화되어 소비주도 경제는 물 건너갔다. 타이완과 한국은 좀 더 역동적인 듯이 보이지만—실제로도 그러하다—이 두 나라가 경제적으로 성공한 까닭은 오로지 브레튼우즈 체제의 혜택을 듬뿍 받았기 때문이다. 즉, 두 나라는 생산품의 상당 비율을 수

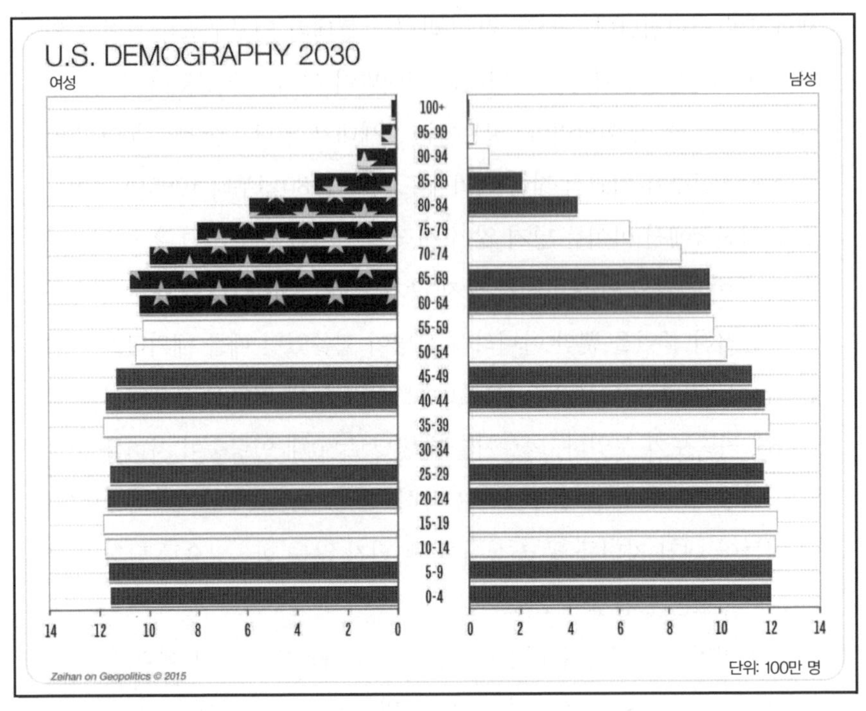

미국 인구구조 2030년

출하고 있다. 인구구조로 보면 이 두 나라는 고령화가 가장 급속도로 진행되어 은퇴자의 수가 대거 늘어나는 4개국에 속한다. (캐나다가 상위 4개국의 마지막 자리를 차지한다.)

유럽에서 발생한 금융 위기는 금융, 지정학, 문화, 인구구조가 복합적으로 작용해서 발생했지만, 해가 거듭할수록 유럽이 이 위기에서 벗어나지 못하게 인구구조가 점점 더 발목을 잡고 있다. 빠르면 2022년에 독일, 벨기에, 그리스, 오스트리아, 이탈리아는 인구회복이 가능한 시점을 넘게 될 뿐만 아니라—이들을 비롯해 더 많은 나라들이 이미 이 한계를 넘었다—재정적, 경제적 회복도 불가능해진다. 2030년 무렵이면 불가리아, 크

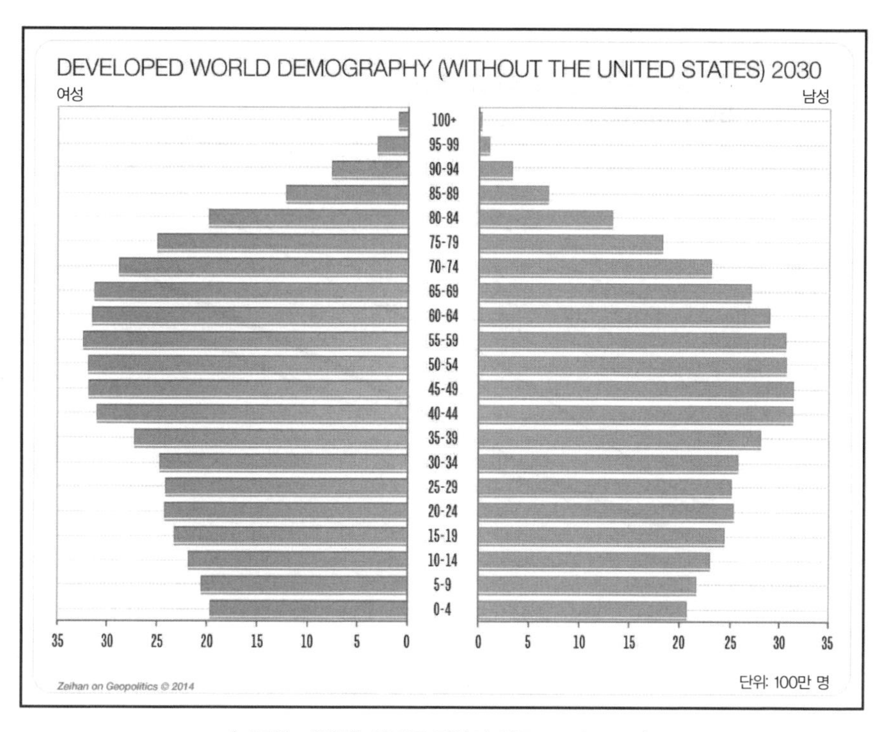

(미국을 제외한) 선진국 진영의 인구구조 2030년

로아티아, 체코공화국, 에스토니아, 핀란드, 라트비아, 리투아니아, 룩셈부르크, 헝가리, 몰타, 폴란드, 포르투갈, 루마니아, 슬로바키아, 슬로베니아, 스페인이 이들 나라에 합류하게 된다.

마지막으로 중국이 있다. 중국은 한 자녀 정책을 채택하면서 차세대 중국 근로자(그리고 소비자[7])가 거덜이 났을 뿐만 아니라 중국의 문화와 중국의 경제 개발 전략이 융합되면서 최악의 효과를 낳았다. 중국의 사업가들은 노동력이 부족하다는 사실을 꽤 오래전에 이미 깨달았다. 아니나 다를까, 2000년 이후로 중국의 임금은 열 배가 뛰었다. 중국의 임금은 현재 멕시코 임금의 두 배지만 기술숙련도는 더 떨어진다. 중국 사업가들은 새

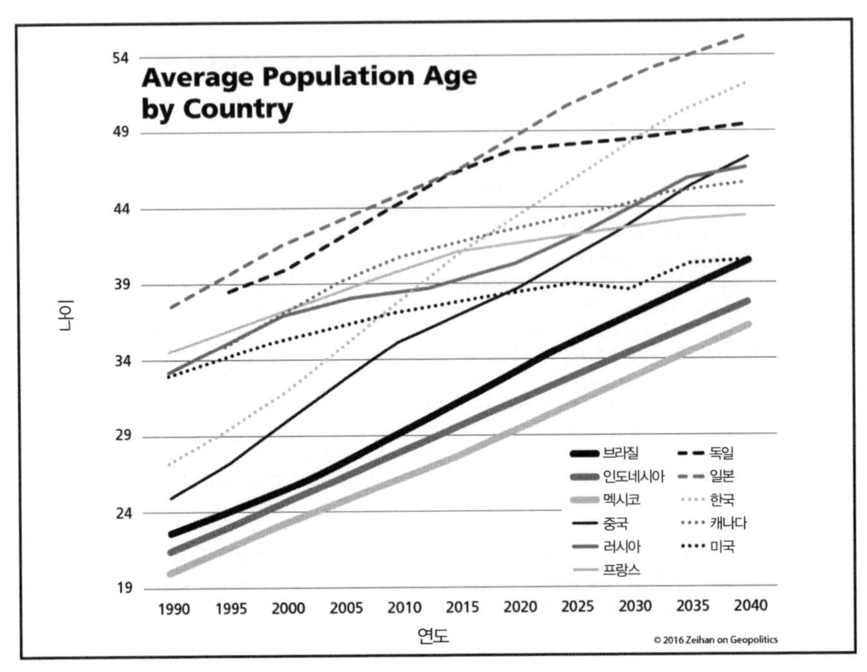

나라별 인구 평균 연령

로운 일꾼을 구하러 임금이 비싼 해안 도시들을 버리고 내륙으로 향했다. 그러나 여성들밖에 구하지 못했다.

이유는 간단하다. 젊은 여성들은 기숙사 같은 비좁은 숙소에 개미처럼 채워 넣을 수 있다. 젊은 남성들을 대상으로 그렇게 하면 범죄가 만연하고 안전 문제가 발생한다. 가임 연령인 중국의 남성과 여성들은 사회경제적 지위가 다를 뿐만 아니라 출신 지역도 다르다. 중국의 인구는 아직 유럽 인구보다는 젊지만, 인구구조는 이미 회복 가능한 지점을 넘었고 현재의 속도로 고령화한다면—세계 주요 국가들 가운데 4위—20년 안에 유럽에서 가장 고령화한 나라들 틈에 끼게 된다.

미국 체제의 변화는 주로 국내 변화 때문이므로 세계적인 여건의 변화에 영향을 받지 않는다. 이러한 세계 변화는 결국 미국을 세계 체제로부터 분리시키게 된다. 그러나 미국 바깥에서 일어나는 이러한 변화는 대부분 미국 체제의 변화에서 비롯되기 때문에 세계의 안정은 자국의 경제 및 안보가 더 이상 나머지 세계의 경제 및 안보와 직결되지 않는다고 여기는 나라의 볼모로 잡히게 된다.

자국에서 소비도 줄고 자본을 창출할 역량도 줄어드는, 세계 많은 나라들의 유일한 선택지는 수출인데, 마침 미국은 세계 무역 체제에 대체로 흥미를 잃어가고 있다. 질서는 무질서에 자리를 내어주고 있다.

설상가상으로 경제적 활력과 사회 안정과 연금지불과 국가의 결속력을 유지하기 위해서 수출에 의존해야 하는 세계는 그 이면에 있는 또 다른 문제에 직면하고 있다. 바로 에너지 문제다.

에너지 전략

세계 무역에는 제조 공정을 거친 산출물을 판매하는 행위 이상의 의미가 있다. 바로 투입재도 필요하다는 사실이다. 가장 중요하고 전략적인 투입재는 바로 원유다. 그러나 브레튼우즈 체제는 단순히 시장을 개방하는 데 그치지 않고 나라들이 안전한 바닷길을 통해 수출을 함으로써 부를 축적하게 해주었다. 자유무역 못지않게 브레튼우즈 협정이 제대로 작동하는 데 중요한 역할을 한 게 바로 안정적인 에너지 확보다. 협정 참가국들이 안정적으로 충분한 에너지 공급량을 확보함으로써 기차가 달리고 전깃불이 들어오고 공장이 가동되고 자동차가 달리게 되었으며, 전체적으로 경제가 매끄럽게 굴러가게 되었다.

석유 수요는 엄청나다. 유럽연합 국가들은 도합 12mbpd가 필요한데

이 가운데 11mbpd를 수입한다. 고도로 산업화된 동북아시아 4개국—중국, 일본, 한국, 타이완—은 거의 19mbpd를 소비하는데, 이 가운데 무려 75퍼센트를 역외에서, 대부분 페르시아 만에서 수입한다.

시작부터 이렇지는 않았다. 1950년 세계 석유 총생산량은 겨우 11mbpd였고, 이 가운데 절반이 미국에서 생산되었다. 바닷길을 통해 운송되는 세계 석유 수출 물동량은 미국에서 서유럽 동맹국들로 향했다. 그러나 세월이 흐르면서 석유공급의 정치학은 지역적 문제에서 거대한 세계적 차원의 문제로 변했는데, 그 이유는 세 가지다.

첫째, 유럽이 석유가 동났다. 애초에 유럽에서 석유공급은 역내 유통의 문제였다. 그러나 "역내" 유통이라고 해서 "단순한" 문제는 아니다. 이 유통 문제가 바로 제 2차 세계대전 동안 군사전략의 향방을 좌지우지한 지리-경제적인 핵심 요인들 가운데 하나였다. 나치는 보다 많은 석유를 안정적으로 확보하기 위해서 루마니아와 (당시 소비에트 아제르바이잔 내에 있던) 바쿠를 점령해야 했다. 1944년 말과 1945년에 나치가 전쟁에서 참패를 당한 데는 동맹국이 나치가 점령한 루마니아를 강타하고, 나치가 (아제르바이잔 유전에서 조금 못 미치는 곳에 있는) 스탈린그라드에서 더 이상 전진하는 데 실패한 게 크다—독일은 군대에 연료를 계속 공급하기가 거의 불가능했다.

전후 서유럽은 루마니아와 아제르바이잔 석유를 확보하지 못하게 되었지만, 자국이 구축한 식민지 내의 공급망을 통해서 원유를 조달했다. 그러나 (서유럽의 관점에서 볼 때) 브레튼우즈 협정의 세부사항들 가운데는 바람직하지 못한 사항도 포함되어 있었다. 어떤 나라도 더 이상 제국을 유지해서는 안 된다는 단서조항이었다. 유럽 국가들은 설마 미국이 자기들을 겨냥해서 그런 조항을 만들지는 않았으리라고 넘겨짚고 회심의 미소를 지었다. 어리석은 추측이었다.

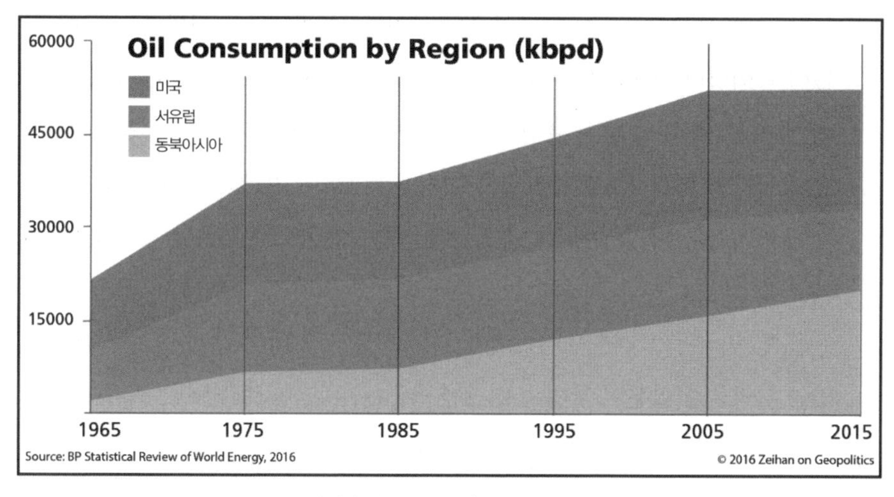

지역별 석유 소비량(단위: kbpd)

처음 몇 년 동안 새로운 자유무역 질서와 구시대의 제국주의 체제는 불편한 공존 관계를 유지했지만, 곧 그 관계는 단절되었다.

1956년 수에즈 운하 위기 당시 미국은 공식적으로—그리고 매우 공개적으로—신생독립국 이집트 정부로부터 수에즈 운하를 탈환하려는 영-불-이스라엘 합동 작전에 대한 군사지원을 거절했다. 게다가 미국은 공식적으로—그리고 매우 공개적으로—이 세 나라가 수에즈에서 군사행동을 밀어붙인다면 재정적, 경제적 제재에 심지어 군사적 제재까지 가하겠다고 위협했다.

그 결과 유럽이 구축한 식민지 구조 전체가 빠른 속도로 해체되었다. 미국이 설계한 대로 유럽은 지속적으로 안전하게 석유를 수입하기 위해 거의 전적으로 미국에 의존하게 되었다. 그리고 수입원의 변화와는 상관없이 수입량이 천정부지로 치솟았다. 수에즈 위기 즈음해서 2차 대전 후 유럽에서 수출주도 경제 활황은 이미 절정에 달하고 있었다. 경제 활동과

부가 증가하면서 에너지를 소비하는 산업과 새 자동차를 장만하는 국민들이 늘어났다. 유럽 내에서는 역내 에너지 공급량은 더 이상 늘지 않는데, 수요는 계속 늘었다. 유럽 역외에서 미국은 유럽의 제국이 구축한 석유 공급망을 체계적으로 해체함으로써 동맹국들이 자국의 경제가 매끄럽게 굴러가도록 하기 위해서는 미국 해군에게 전적으로 의존할 수밖에 없게 만들었다.

둘째, 미국은 브레튼우즈 협정을 지속적으로 확대해 세계 구석구석에 있는 나라들을 샅샅이 참여국 명단에 올렸다. 패전한 추축국들, 스칸디나비아, 중남미, 동남아시아 국가들 외에도 다수가 참여했다. 미국의 외교정책은 언제 어디서든 동맹국의 범위를 확장하는 데 골몰했고, 미국 쪽 진영에 합류한 나라는 하나같이 소련에 발 디딜 틈도 내주지 않았다. 한 세대 만에 미국의 봉쇄 정책은 전 세계에 확산되었다.

동맹에 새로 가담한 국가들은 대부분 세계 무역 체제를 통해 처음으로 산업화를 맛보았다—이들이 과거에 세계 체제에 참여한 사례는 유럽의 식민통치 하에 있을 때뿐이었다. 식민지 체제 하에서 이들은 자국 영토 내에서 현대적인 경제 체제를 발전시키기보다 자원과 부를 착취당했다. 이제 이들 신생 독립국들은 도로를 깔고(자동차와 트럭이 주도하는 경제모델), 산업기반을 구축하고(전기와 석유 투입재가 필요), 현대적인 군사력을 구축했다(제트연료, 휘발유, 디젤이 필요). 완전히 새로운 경제 국가들이 미국이 주도하는 세계적인 동맹 조직망에 합류했고, 완전히 새로운 국가들이 세계 무역 체제에 합류했으며, 완전히 새로운 에너지 수입국들이 세계 에너지 시장에서 새로운 수요를 창출했다.

셋째, 세계적으로 채굴하기 쉬운 석유는 대부분 고갈되었다. 그리고 일부는 채굴하기가 그다지 쉽지 않다. 수요가 늘어나면서 2차 대전 이전에 주요 석유 공급지였던 모든 지역들은 수요를 충족시키기가 버거워졌다.

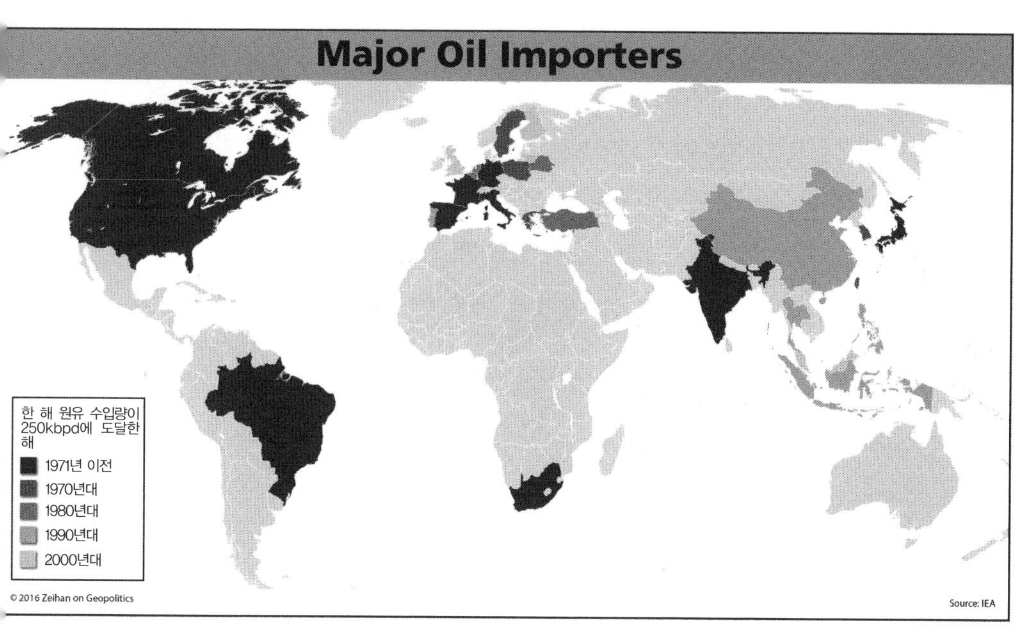

주요 석유 수입국

네덜란드 동인도(신생독립국 인도네시아), 영국령 말레이시아(1973년 현재 말레이시아로 알려져 있다), 그리고 텍사스가 바로 그런 지역이다. 몇 안 되는 이 공급중심지들은 추가로 발생한 수요를 충족시키기에는 역부족이었다. 새로운 매장지를 탐사하면서 공급량이 늘어났지만 그것도 네 곳에 불과했고 겨우 10년 지속되었다. 중국의 다칭은 1997년 1.1mbpd, 알래스카 노스 슬로프는 1988년 2.0mbpd, 북해는 2000년에 6.4mbpd, 미국의 멕시코 만은 2009년 1.8mbpd에서 생산량의 정점에 달했고, 그 이후로 계속 생산량이 줄어들고 있다.

세계적으로 상당히 안정적인 양을 공급할 수 있는 생산자는 기후와 지형이 인간이 거주하기에는 너무 혹독해서 석유를 생산할 인구가 모자라는 러시아 시베리아와 석유 매장지가 넓고 얕고 개발하기가 쉬워서 100

년에서 300년 동안 생산 가능한 중동 지역뿐이었다.

10년 주기로 석유 수입국 수가 늘고 수요도 늘면서, 몇 안 되는 공급원에 의존하는 나라는 더욱 늘어났다. 1980년부터 2007년까지의 기간 동안에만 세계 석유 수요는 61.4mbpd에서 87.1mbpd로 40퍼센트 증가한 반면, 수입 원유의 비율은 2분의 1에서 3분의 2로 늘었다. 미국이 공급원—특히 페르시아 만 공급원—을 강제로 개방해놓지 않았다면 오늘날은 존재하지 않았을지도 모른다.

2007년: 셰일 시대가 동틀 무렵의 세계

브레튼우즈 체제의 범위는 차치하고, 미국에게 이득이 없었던 것은 아니다—단지 냉전이 한창이었고 동맹 체제가 절실했기 때문만은 아니다. 미국도 경제가 성장하면서 국내 석유생산량이 하락했다. 미국 유전은 제2차 세계대전 당시 연합군에게 연료를 공급하는 결정적인 역할을 했지만, 1973년 무렵이 되자 미국은 원유 순수입국이 되었고 2008년 무렵에는 15mbpd를 수입해 와야 했는데, 이는 제 2석유 수입국이 수입하는 양의 세 배로서 미국 GDP의 2.8퍼센트를 석유 수입에 소비했다—그 해에 4,000억 달러가 넘었다.

미국은 알제리와 사우디아라비아에서 끔찍한 인권유린이 자행되고 있음에도 불구하고 이 두 나라와 긴밀한 관계를 유지하는 수밖에 달리 방도가 없었다. 미국은 1975-2002년 앙골라에서 내전이 진행되는 동안 앙골라 정부에 대해 반감이 컸지만 앙골라의 원유 생산에 도움을 주었다. 1979년 이란 혁명 이후 미국은 한 세대 동안 이란과 정면으로 맞서게 되면서 항공모함 전투단을 페르시아 만에 주둔시키고, 이 지역의 국가들이 서로 도발하거나 석유 유통을 방해하지 못하도록 했다. 간단히 말해서 미국이 이 나라들이나 이 나라들의 국내 정치상황을 따지고 말고 할 여유가 없었다. 미국이 외부에 에너지를 의존했기 때문에 운신의 폭이 좁았다. 그리고 외부에 의존해야 했으므로 외부 정세에 관여해야 했다.

미국만 그런 게 아니었다.

셰일 시대가 동트던 시기에 세계 에너지 시장에서 대량으로 석유를 수입하는 나라는 미국뿐만이 아니었다. 유럽연합 회원국들도 있고 일본, 중국, 한국, 타이완 같은 동북아시아 국가들도 있었다. 브레튼우즈 동맹국들은 모두 수입국이었다. 이 지역들이 수입한 석유는 원유와 정유제품을 모두 합쳐서 31mbpd에 달했다. 이는 미국이 수입하는 양의 두 배였다—세계 교역 총량의 절반은 족히 되었다.

미국과 유럽이 보기에 에너지 지도는 어처구니없을 정도로 복잡했다. 각 나라마다 서로 다른 십여 개 공급원으로부터 대량의 원유를 수입했고, 그 두 배에 달하는 나라들로부터 추가로 공급을 받았다. 캐나다는 미국의 최대 공급자였고, 미국은 멕시코, 사우디아라비아, 베네수엘라로부터 각각 거의 비슷한 양을 수입했지만, 고품질 원유—정유해서 휘발유로 만들기에 최적—를 알제리와 나이지리아로부터 수입했다. 다른 주요 공급원에는 앙골라, 이라크, 러시아, 쿠웨이트, 리비아가 포함되었다. 유럽 국가들은 러시아에게 가장 크게 의존했지만 유럽 대륙 어디에 위치하고 있는지에 따라서—그리고 과거에 어느 나라를 식민지로 두었는지에 따라서—수입원을 결정하는 데 크게 영향을 주었다. 북아프리카 원유는 이탈리아로 흘러들어갔다. 서아프리카 원유는 프랑스로, 노르웨이 원유는 영국으로 향했다. 아제르바이잔 고품질 원유는 정유 기술이 뒤처지는 나라들이 수입했다. 이란의 원유는—경제제재 때문에 다소 할인된 가격에—그리스, 이탈리아, 스페인 같은 시장에서 팔렸다.

십여 개의 공급원으로부터 수십 개의 정유시설로 원유가 흘러들어갔다. 하루에도 수백 건의 계약이 체결되고 현기증 날 정도로 복잡한 운송 계획표가 짜였다. 특히 이탈리아, 네덜란드, 뉴저지, 텍사스 같은 해당 지역의 주요 정유시설 중심지로 원유가 운송되었다.

수퍼메이저들(supermajors)—미국의 엑손모빌, 셰브론, 코노코필립스, 유럽의 BP, 로열 더치/셸, ENI, 토탈—은 이런 세상에서 물 만난 고기 같았다. 이 기업들은 하나같이 수십 개국, 수백 개 현장에서 원유를 생산하고, 하나같이 아찔할 정도로 품질이 다양한 엄청난 양의 원유를 유통시킨다. 이와 같이 다양한 수요처를 다양한 공급처와 완벽하게 맞물리게 하고 이를 추적하는 물류 시스템이 2007년 세계 에너지 공급사슬의 특징이었다. 이와 같이 수직적으로 총합되고 수평적으로 다변화된 기업들은 미국과 유럽의 수십 개 시장에 원유를 공급함으로써 수익을 올리는 데 그치지 않고 최고 가격에 판매하기 위해 각 시장 내에서, 또 여러 시장들 간에 원유를 이리저리 옮겨가며 수익을 따졌다. 이탈리아에 있는 정유시설에 앙골라 산 중질유/시큼한 원유(sour oil)의 물량이 모자란다? 그럼 본래 스페인으로 갈 예정이던 카자흐스탄 원유 일부를 이탈리아로 돌리면 된다. 미국 뉴저지 주에 있는 정유시설이 시설 보수 중이어서 알제리 산 경질유를 실은 유조선에서 원유를 하역할 수 없다고? 그 물량을 프랑스 북부에 있는 보조 정유시설로 돌리면 된다. 허리케인이 멕시코 만을 강타해 텍사스 주에 있는 정유시설 몇 군데가 가동이 중단되어 미국 내륙 지역에서 휘발유 가격이 오르고 있다고? 독일에 있는 정유시설들을 빡세게 가동해서 만든 정유제품들을 대서양을 가로질러 미국에 팔면 그 지역의 급격한 가격상승에 따른 차익을 챙기게 된다.

게다가 임자 없는 물량이 남으면—경질/달콤(sweet), 중질/시큼(sour), 제트연료 등등 무엇이든—수퍼메이저는 이 물량을 동북아시아로 돌리면 된다. 석유는 독특한 지질에서 형성되는 지리적 특성이 있기 때문에 파키스탄에서 일본에 이르는 아시아 해안 지역과 특히 동북아시아 지역은 석유가 거의 매장되어 있지 않다. 중국만이 유일하게 대규모 매장지가 있지만, 급격한 경제 성장 때문에 일찍이 1993년에 석유 수출국에서 석유 수입국으로 전환되었고, 일본, 한국, 타이완에서의 석유 생산량은 이들의 에너지 수요의 극히 일부(보통 1퍼센트 이하)만 충당하는 데 그쳤다. 동남아시아 국가들 가운데는 오직 말레이시아와 브루나이만이 2007년에 순수출국 지위를 유지했다.[8] 게다가 아시아 대부분의 주요 수입국들은 역외에서 들여오는 원유뿐만 아니라 온갖 이슈가 소용돌이치는 페르시아 만에서 들여오는 원유에 크게 의존한다.

수퍼메이저들이 지역 간 유가의 차이를 통해 꾸준히 챙긴 이득은 엄청났다. 미국의 석유기업은 다양한 이해관계가 서로 경쟁하는 구조를 지니고 있다. 이와는 달리 페르시아 만 국가들은 하나같이 국영 석유회사가 시장을 지배한다. 이러한 국영회사들은 탐사/생산/운송/선적/정유 공급사슬 등 모든 단계에서 최대 지분을 소유하고 있다. 따라서 이 국영기업들의 목적은 오로지 정부에게 돌아가는 소득을 극대화하는 일이다.[9] 아랍에미리트연합, 이란, 쿠웨이트, 오만, 카타르, 그리고 특히 사우디아라비아가 독과점 지위를 이용해 가격을 책정하기란 애들 장난처럼 쉽다. 아시아 국가들은—특히 동북아시아—달리 선택의 여지가 없기 때문에 그때그때 공급원이 누군지에 따라 다른 수입국들보다 배럴당 3-10퍼센트 비싼 가격에 원유를 수입해야 한다. 이와 같이 아시아로 수출할 물량에 정상 가격 이상으로 붙는 프리미엄 때문에 동북아시아에서 페르시아 만으로 하루에 5,000만 달러 정도가 이전된다. 페르시아 만 국가들은 이렇게 벌어들인 짭짤한 수입으로 흥청망청 온갖 일을 벌인다. 사우디아라비아는 보조금 무한정 퍼주기로 사회 통합을 달성했다. 이란은 아프가니스탄,

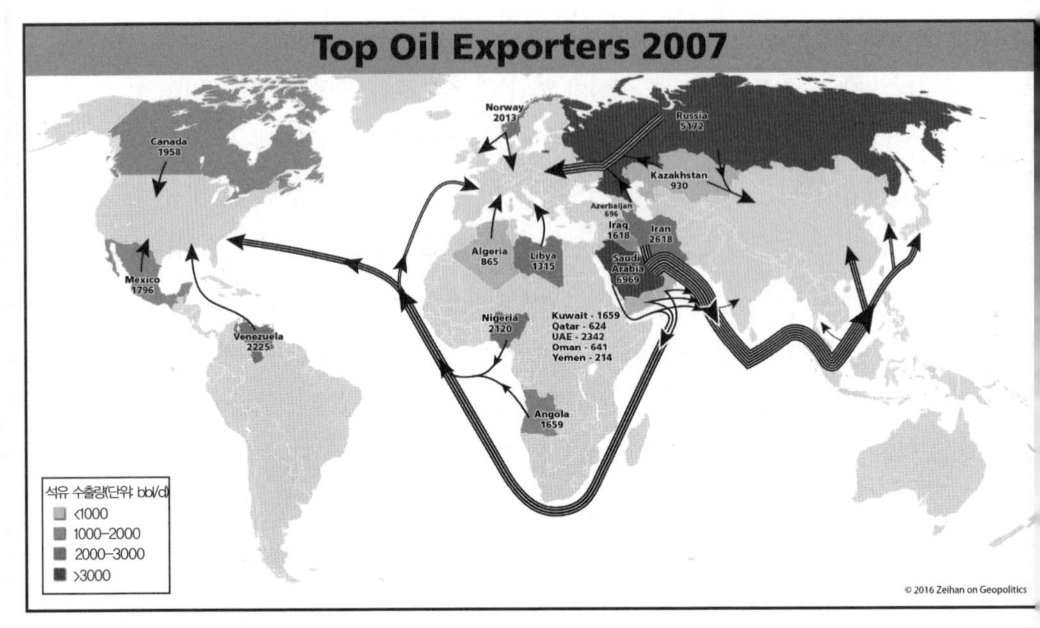

2007년 주요 석유 수출국

이라크, 레바논, 팔레스타인 영토, 예멘 같은 오지에서 활동하는 첩보원과 군사조직에 재정적 지원을 했다. 아랍에미리트연합은 허접스러운 짝퉁 라스베이거스를 건설하고 두바이라고 이름을 붙였다. 쿠웨이트는 비상금으로 꿍쳐두었다.

아시아 프리미엄으로 재미를 본 나라는 페르시아 만 국가들뿐만이 아니다. 여분의 물량을 확보해 동북아시아로 운송할 역량이 있는 이는 누구든 페르시아 만 국가들처럼 정상가 이상의 비싼 가격에 팔 수 있었다. 이러한 프리미엄 때문에 동북아시아 국가들은 까다롭게 굴 여유가 없었다. 물량이 나오는 족족 사들였다. 정유시설이 처리하지 못해도 말이다. 동북아시아 국가들은 정유시설에 추가로 저장시설을 만들어놓고 현장에서 여러 공급원으로부터 사들인 원유를 섞었다. 중질유나 시큼한 원유의 점도를 낮추고 묽게 만들어서 자국의 정유시설에서 처리 가능하도록 하기 위해서다. 알래스카의 중질유는 단골로 등장했다. 러시아는 사람의 발길이 닿지 않은 시베리아 벌판을 관통해 러시아 극동 지역에 있는 블라디보스톡까지 연결하는 송유관을 건설하는 데 수백억 달러를 썼다. 아시아 국가들이 지불하는 프리미엄을 벌기 위해서였다. 중국 기업들은 처리하는 데 비용이 많이 드는 저질 원유를 사들이려고 남미 국가들과 미심쩍은 계약을 체결했다. 대량학살이 자행된 내전을 막 끝낸 앙골라는 자국이 아시아 고객들에게 내놓는 원유는 부르는 게 값이라는 사실을 눈치챘다.

2015년: 셰일과 유동적인 세계

참으로 상전벽해가 아닐 수 없다. 2007년 이후로 미국의 에너지 면모를 일신한 네 가지 서로 무관한 요인들이 있다. 그리고 이로 인해 세계 에너지의 면모도 바뀌었다.

첫째, SUV에 사족을 못 쓰고 밤늦도록 불 밝히는 미국인들은 에너지 소비를 줄이고 있다. 특히 원유 소비가 줄어들고 있다.

유가가 오랜 기간 동안 고공행진을 한다고 생각하면 소비 패턴을 바꾸고 에너지 소비를 줄이는 기술에 투자하게 된다. 카풀(car pool) 같은 습관의 변화가 아니라 오랜 기간 지속될 근본적인 변화를 뜻한다. 에너지 효율성이 높은 가전제품을 구매한다든가 자동차를 하이브리드로 바꾼다든가 하는 변화 말이다.

개개인의 행동만 변하는 게 아니다. 제조업체들은 고객들이 에너지 소비가 적은 상품을 선호한다는 사실을 깨닫고 수요의 변화에 부응하기 위해서 제조공정을 손본다. 집 안을 둘러보면 어떤 가전제품이든 10년, 20

년 전보다 전기 소모량이 훨씬 적다는 사실을 알 수 있다. 1990년대 이후로 텔레비전은 품질이나 크기가 대폭 증가했지만 전력 소모량은 35퍼센트 줄었다. 설거지 기계는 예전보다 전기를 40퍼센트 덜 쓰고, 에어컨은 50퍼센트, 냉장고는 60퍼센트 덜 쓴다.

우리집에서도 지난 몇 년 새 이러한 혁명들이 빠짐없이 모두 일어났다. 내가 모는 프리우스가 수명을 다할 때까지 소비하는 원유는 평균적인 자동차보다 100배럴이 적다. 우리집에 설치한 태양광 패널은 내가 소비하는 전기의 60퍼센트를 생산하고 7년 만에 손익분기점을 넘는다. 새로 설치한 창문과 단열재 덕분에 냉난방에 드는 전기가 거의 40퍼센트 줄었다.

말 그대로 우리가 일상생활에서 사용하는 수천 가지 상품들이 에너지 절약을 염두에 두고 개조되었다. 정부 정책도 한몫을 하지만—연료 효율성의 하한선을 점차 높이는 정책은 세계 전체에 광범위하게 영향을 미친다—고유가에 평균적인 소비자가 보이는 반응이 가장 큰 변화를 야기한다.

금상첨화는 에너지 가격이 다시 떨어져도 곧바로 수요가 폭증하지는 않는다는 점이다. 에너지 가격이 떨어져도 에너지 효율성이 높은 자동차는 여전히 굴러다니고, 태양광 패널이 설치된 집에도 여전히 그대로 사람이 산다. 그렇지만 예전에 에너지 먹는 하마였던 상품들은 더 이상 사용되지 않는다. (에너지 가격이 내려간다고 해서 내가 미쳤다고 에너지 효율성이 높은 신형 평면 TV를 에너지를 게걸스럽게 먹어치우는 브라운관 TV로 바꾸겠는가.) 제조업체들도 예전처럼 에너지 집약적인 생산방식이나 생산 공정으로 되돌아갈 리가 없다. 에너지 효율성이 높은 이 모든 가전제품들과 하이브리드 자동차들은 에너지 절약의 최대치가 아니라 기준선이 된다.

이를 전문용어로 수요 파괴(demand destruction)라고 한다. 에너지 소비 패턴이 영구히 변한다는 의미다. 선진국 국민들이 에너지 효율성을 의식하기 시작하면서 소비 패턴에 영향을 미치기 시작하는 가격은 배럴당

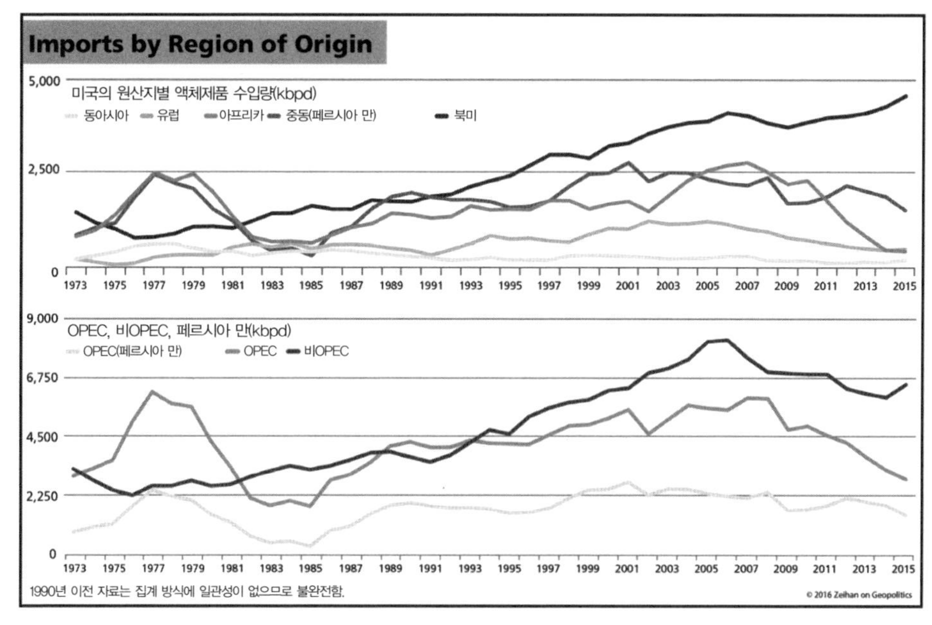

원산지별 석유 수입량

80달러다. 2005년부터 2014년까지 11년 가운데 10년 동안 평균 유가는 이 수준을 웃돌았다. 이미 에너지 절약형인 신형 가전제품과 자동차를 구매하고 주택을 개조해 에너지 효율성을 높이고 최신 산업 공정을 도입하기만 해도 미국의 주요 에너지 수요는 수십 년 동안 증가하지 않는다.

미국의 에너지 소비 증가를 제약하는 두 번째 큰 변화는 인구구조다. 여러분과 여러분 주변 사람들의 삶에서 일어나는 변화를 생각해보자. 일단 직장을 얻게 되면 씀씀이가 커진다. 룸메이트와 같이 살던 생활방식을 뒤로하고 혼자 살 곳을 구한다. 자전거 대신 자동차를 산다. 내 애인은 배우자가 되고, 더 큰 주거지로 옮기고, 더 큰 자동차를 장만한다. 곧 배우자가 배가 불러오면 아가 방이 따로 있는 더 큰 주거지로 옮긴다. 그 큰 집은 교외에 있으므로 출퇴근하는 데 더 오래 걸린다. 하나였던 애가 어느새

둘, 셋으로 늘어난다. 눈코 뜰 새 없이 바쁜 삶이 시작된다. 피아노 교습, 축구 연습, 학부모-교사 모임 등등 정신없다. 개구쟁이들을 이리저리 실어나르는 일은 시간제 일자리에 맞먹는다. 게다가 직장에서도 여전히 바빠서 숨 돌릴 틈도 없다. 이것도 사야 되고 저기도 데려다 줘야 한다. 서른다섯 살이 될 무렵이면 늘 동분서주하면서 살아야 한다.

시간을 앞으로 돌려서 쉰다섯 살이 됐다고 치자. 삶이 좀 차분해진다. 직장에서는 여전히 바쁘지만 자녀들이 독립해 나가고(아, 이때를 얼마나 기다리고 기다렸던가!) 알아서들 살게 된다. 큰 집을 줄여 이사 가고, 아이들 실어나르느라고 몰았던 미니밴을 처분하고 날렵한 스포츠카로 바꾼다. 애들을 실어나르느라 북새통을 떨 일이 없으니 천국이 따로 없다.

다시 시간을 앞으로 돌려서 일흔다섯 살이 됐다고 치자. 일에서 완전히 손떼고 은퇴했다. 출퇴근할 필요도 없다. 손주들 학예회나 스포츠 경기에 가끔 얼굴만 들이밀면 된다. 야구경기에 데려다주고 백화점에 데려다주고, 새벽같이 일어나 아이들을 대학입시 학원에 데려다주지 않아도 된다. 사실 내가 그놈의 접촉사고 낼까 봐 내 자식 놈들이 그놈의 자동차 열쇠를 자꾸 숨겨놓는 통에 운전도 잘 하지 않는다.

석유 수요는 사람이 서른다섯 살에 정점을 찍고 나이가 들면서 꾸준히 감소한다. 2007년에 미국의 베이비붐 세대 가운데 가장 나이가 많은 집단이 은퇴했다. 2021년이면 미국 베이비붐 세대의 절반이 인생 선배의 뒤를 따르고, 2030년 무렵이면 베이비붐 세대 전체가 노동 시장을 완전히 떠난다. 인구구조의 변화만으로도 미국의 에너지 수요는 적어도 앞으로 15년 동안 줄어들게 된다.

미국 에너지 환경의 변화를 야기한 세 번째 주요 요인은 특별할 것도 없다. 미국은 북쪽의 이웃나라로부터 새로 원유를 공급받게 되었다. 1960년대부터 캐나다 앨버타 주는 흔히 오일 샌드(oil sand)라고 일컫는 점성이 강한 역청(瀝青) 생산을 시도하기 시작했다. 전통적인 원유와는 달리 역청은 상온에서 액체가 아니고, 앨버타 중부에 있는 오일 샌드 생산 지역은 화씨 70도 이하인 추운 지역이다.

따라서 오일샌드를 생산하는 방법은 둘 중 하나다. 첫째, 역청을 노천 채굴해서 품질향상 장비에 쏟아부어 녹인 다음 모래를 분리시키고 석유는 전통적인 방식으로 운송한다. 둘째, 매장지에 강력한 자극—증기주입이든 전기충격이든—을 줘서 역청에 열을 가해 묽게 만든 다음 보통 석유처럼 채취하는 방법이다.

미국의 에너지 수요에 관한 정보는 명확하고 공개된 정보이므로 앨버타 주는 남쪽 이웃나라에 공급할 원유를 처리할 시설을 갖추는 데 수십억 달러를 투자했다. 캐나다의 대미 원유 수출량은 1970년대 말에 하루 400kbpd배럴이었는데, 2015년 무렵 3.8mbpd에 달하면서 국가 대 국가 원유 교역량으로는 세계 최고를 기록하게 되었다.

그리고, 당연히 미국 에너지 환경에 일어난 마지막 변화는 셰일이다. 미국에서 셰일 원유와 초경질유 생산량은 10년 동안 한 해에 500kbpd 이상 증가하면서 총생산량이 2006년 6.8mbpd에서 2015년 13mbpd로 늘어났다. 같은 기간 동안 수요가 하락했다는 점을 감안하면 미국의 석유/초경질유 수입량은 10mbpd에서 겨우 5.4mbpd로 줄었다. 전통적인 석유 수입원을 앨버타 주가 대체했다는 점을 감안하면 북미 에너지 총수입량은 2014년 말 무렵 겨우 2mbpd에 불과했다. 중국이나, 일본이나, 독일이나, 한국보다도 적은 양이다. 2014년 11월 사우디아라비아가 가격전쟁을 선포하지 않았다면 미국 셰일 생산량이 늘어 2017년 1월 즈음해서 북미는 명실상부한 석유 자급자족 지역이 되었을지 모른다.

잠재적인 공급자라고 해서 똑같은 대우를 받지는 않았다. 미국은 계속 구매 가능한 만큼 멕시코 원유를 사들이는 한편, 캐나다로부터의 원유 수

금지를 금지하다

1973년 10월, 아랍 석유 수출국들이 대거 미국에 대한 석유 수출을 전면 중단한다고 발표했다. 미국이 이스라엘에게 군사적 지원을 하는 데 대한 항의 표시였다. 1974년 3월 무렵, 유가는 네 배로 뛰었고, 미국인들은 전쟁 중이 아닐 때 에너지를 배급받는 게 어떤 느낌인지 처음으로 경험을 했다. 석유 부족을 완화하기 위한 정책의 일환으로 미국은 원유 수출을 금지했다. 아랍이 석유 수출을 금지하면서 공포감이 조성되고, 이로 인해 석유가 모자랄까 봐 겁이 난 미국이 자국에서 생산되는 석유 수출을 금지했다. 이러한 두려움은 그 후로 쭉 미국이 세계 에너지를 대하는 지침이 되어왔다.

적어도 셰일이 등장하기 전까지는 그랬다. 2015년 12월, 미국은 수출금지를 해제했다. 이제 미국은 더 이상 에너지 안보로 전전긍긍할 필요가 없다는 자신감의 표현이었다.

저유가 때문에 고군분투하는 미국의 생산자들에게 수출금지 해제 선언은 천우신조였다. 생산된 셰일이 미국 내륙 지방에 모두 묶여 있는 대신, 적어도 일부분은 세계 시장으로 진출했다. 2016년 말 무렵, 미국은 고품질 경질유/달콤한 원유인 셰일 원유를 하루에 몇십 만 배럴씩 수출했다. 미국 유가와 세계 에너지 가격의 차이가 어느 정도 줄어들었다. 원유 판매가가 1달러 오를 때마다 셰일 업자들의 주머니에 500만 달러가 들어가게 되니 무시할 수 없는 일이었다.

수출금지 조치가 해제되면서 미국 소비자들도 이득을 보았다. 셰일 시대가 열리기 전에는 이 세상에서 고급 원유는 완전히 고갈되었다는 게 일반 상식이었다. 수십 년 동안 세계에서 생산되는 원유는 점점 중질이 되어

가고, 황 혼합물 함유율이 높아졌다. 고품질 원유를 생산하는 나라들(1973년에 석유 수출금지 조치를 취한 아랍 국가들이 대부분)에게 볼모로 잡히지 않기 위해서 미국 에너지 기업들은 미국 정유 산업을 탈바꿈시키는 데 1조 달러를 투자했다. 세계에서 가장 점성이 높고 불순물이 많이 함유되어 있는 원유를 처리할 수 있는 시설을 구축했다.

셰일 원유는 상식을 뒤엎었을 뿐만 아니라 미국 정유 산업의 경제적 논리까지도 뒤엎었다. 정유 업자들은 셰일 원유 생산량이 넘쳐나면서 금전적 이득을 톡톡히 누렸지만, 정유시설들은 가동률이 떨어졌다. 새로 생산되는 셰일 원유는 품질이 워낙 뛰어나기 때문에 걸쭉한 저질 원유를 처리하도록 설계된 정유시설에서 처리하기가 적합하지 않았다. 미국 정부가 원유 수출을 다시 허용함으로써 고품질 셰일 원유 과잉생산분이 해소되었고, 미국 정유시설에서 선호하는 중질/시큼한 원유 수입의 경제성이 개선되었다. 따라서 미국이 수출금지를 해제하면서 미국 원유 가격이 조금 오르긴 했지만, 미국 휘발유 가격은 오히려 약간 떨어졌다.

그러나 안심은 금물. 2016년 유가 전쟁이 한창이었고, 이로 인해 세계적으로 유휴 석유생산 능력이 기록적으로 낮은 수준에 달했다. 세계 어디에서든 원유 생산이나 운송에 차질이 생기면, 그로 인해 발생하는 부족분을 메우기 위해 생산에 돌입할 수 있는 곳이 아무 데도 없었다. 그러면 유가는 천정부지로 치솟고, 미국 의회는 즉시 석유 수출금지 조치를 복귀시키게 된다. 그렇게 하지 않으면 미국의 유권자들이 고유가와 변덕스러운 유가에 노출되기 때문이다. 최근 들어 미국 정치가 포퓰리즘 성격을 띤다는 사실을 고려하면, 이는 삼척동자도 예측할 만한 상식이다.

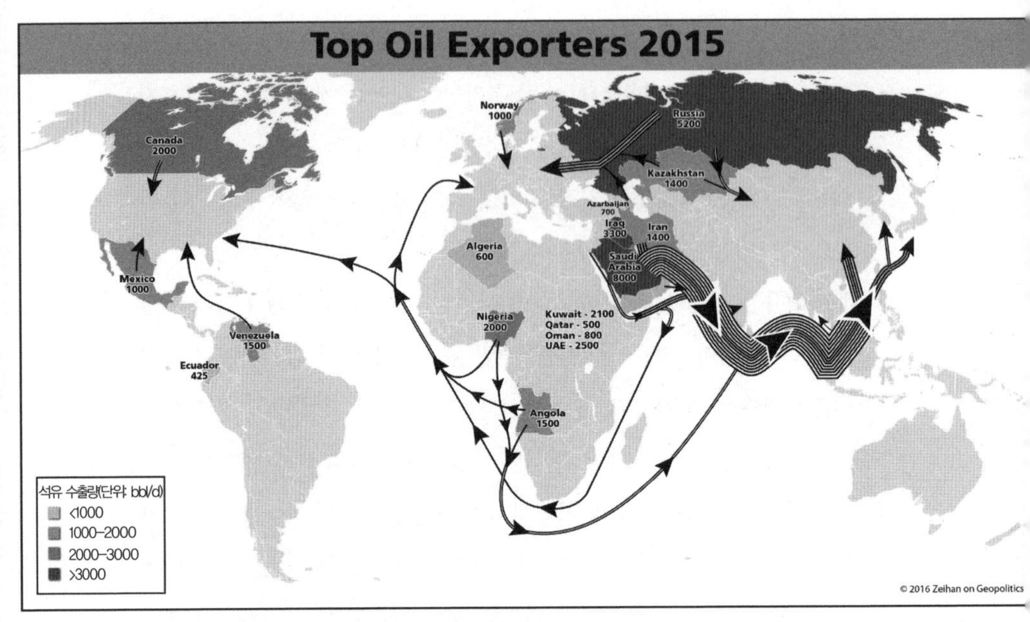

2015년 주요 석유 수출국

입량을 해마다 경신했다. 사우디아라비아는 자국의 영토 안보와 경제 안보는 미국이 자국을 얼마나 유용하다고 생각하느냐에 달렸다는 사실을 뼈저리게 인식하고 있었으므로 지속적으로 자국의 원유를 멕시코 만에 있는 자국 소유의 정유시설에 공급하거나, 미국이 필요할 경우 즉시 팔 수 있도록 만반의 준비를 갖추어놓았다.

미국의 원유 수입원에 이름을 올린 몇몇 나라들을 빼고, 나머지 공급자들은 전부 어려움을 겪었다. 공교롭게도 가장 피해를 많이 입은 나라들은 과거에 승승장구하던 나라들이었다. 누구나 앞다퉈 찾는 경질/달콤한 원유를 생산하는 나라들은 미국이 자신들이 공급하는 고품질 원유보다 훨씬 경질이고 달콤한 셰일 원유 홍수에 허우적거리고 있다는 사실을 알고 충격을 받았다. 특히 알제리, 적도기니, 나이지리아로부터 미국이 수입하

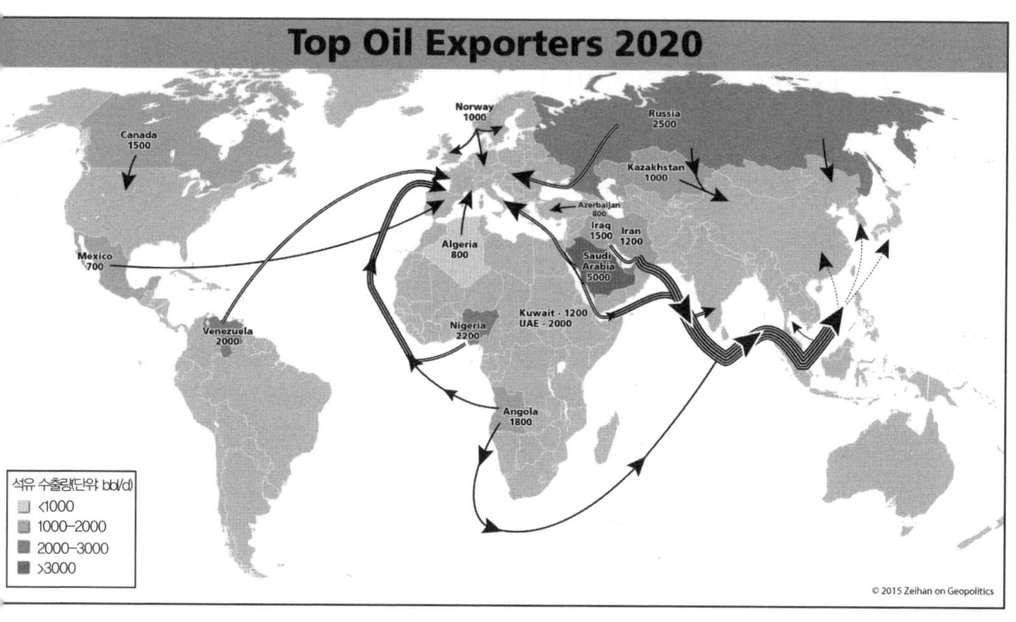

2020년 주요 석유 수출국

던 물량은 거의 0이 되었다.[10]

게다가 세계 다른 지역에서는 사소한 영향을 미치는 데 그치지 않았다.

대서양 건너편에서는 유럽 금융위기가 일시적인 현상이 아니라 일상으로 자리잡았다. 금융위기가 발생하고 꼬박 10년을 채운 2015년에 가서야 비로소 총 부채 수준이 정점을 찍었고 전체적인 경제 수준이 경기침체 이전의 수준을 회복했다. 그러나 때는 이미 늦었다. 벨기에, 독일, 그리스, 이탈리아 등등은 하나같이 인구가 급속도로 고령화되어 은퇴자가 양산되는 방향으로 나아가고 있다. 전체적으로 볼 때 소비자와 에너지 수요 둘 다 단순히 정체되어 있는 데 그치지 않고 꾸준히 하락하고 있다.

북미 에너지 시장과 유럽 에너지 시장이 더 이상 원유를 대량으로 수입하지 않는 상황에서—단 8년 만에 이 두 시장으로 운송되던 원유의 양은 족히 9mbpd가 줄었다—세계 여러 에너지 생산국들은 자국의 상품을 판매할 새로운 시장을 개척해야 했다.

이제 남은 대량 수입국들은 동북아시아 국가들이었다.

그러나 2007년과는 상황이 많이 바뀌었다. 2007년에 동북아시아는 원유의 품질과 상관없이 그냥 물량만 확보해도 감지덕지했다. 2015년 무렵, 동북아시아는 세계에서 유일하게 남은 역동적인 에너지 시장이었다. 모든 생산자들이 이제 서로 동북아시아에 수출하려고 했다. 동북아시아에서 더 많은 돈을 벌 수 있기 때문이 아니라 대량으로 원유를 구매하는 시늉이라도 할 수 있는 지역은 동북아시아뿐이었기 때문이다. 프리미엄은 배럴당 150달러 이하로 떨어졌고, 이따금 아시아에서 원유가 할인된 가격에 판매되기까지 했다.

무질서 전쟁

문제의 요지는 다음과 같다.

미국이 세계로부터 손을 떼는 과정은 이미 상당히 진전된 상태다. 2016년 현재 해외 주둔 미군 수는 1941년 이후 본 적이 없는 최저 수준에 머물러 있다. 미국 경제는 세계 주요 국가들 가운데 어느 국가와도 무역으로 연관되어 있는 정도가 최소 수준이다. 2016년 현재 미국은 선진국들 가운데 유일하게 이렇다 할 경제 성장을 보이고 있고, 발전 수준에 관계없이 세계에서 경제 성장을 기록하고 있는 나라는 미국을 비롯해 몇몇 나라에 지나지 않는다. 그리고 미국은 거의 전적으로 자국 국경 내에서 일어나는 경제 활동을 토대로 경제 성장을 하고 있는 유일한 나라다. 그것도 부족해서 포퓰리즘, 고립주의, 반무역적인 정서가 미국 정치 좌우 양 진영에 침투해왔다. 2016년 미국 대통령 선거는 이미 타결된 무역 협정과 동맹 관계를 재고하려는 남성과 지난 25년 동안 타결된 자유무역협정을—본인이 직접 주관했던 협정을 포함해서—모조리 반대하는 여성 간의 대결이었다.[11]

오늘날의 세계는 직간접으로 미국이 관리하고 미국이 보호하고 있다. 대부분의 나라들은 미국이 과거에 구축했고 현재 관리하고 있는 체제에 의존하고 있으므로 스스로 이를 대체할 체제를 마련할 역량이 부족하다. 현재 미국이 관리하고 보호하는 체제를 제거하면 대부분의 나라들은 경제와 안보를 지킬 방법을 잃어버리게 된다.

에너지 수출국은 자국 상품을 수출할 시장을 잃게 될지도 모른다. 에너지 수입국은 물량 확보를 위해서 싸워야 할지도 모른다. 대부분의 나라가 자국의 경제와 안보를 지키기 위해 각자도생하는 수밖에 없다. 에둘러 표현하면 그렇다. 노골적으로 말하면 많은 나라들에게 유일한 선택지는 전쟁뿐인 미래가 기다리고 있다. 질서가 깨지는 상황이 정상인 시대가 온다.

에너지 시장을 서로 차지하려고 하다 보면 북미 역외 어딘가—어디서든—에서 공급에 큰 차질이 생긴다. 그런 일이 발생하면 북미 유가는 요동치게 되고 생산된 셰일은 신속히 시장에 나오게 된다. 미국이 일단 원유 자급자족을 달성하면 유가는 배럴당 70달러가 상한가가 되고, 이 가격에서는 미국의 셰일 매장지는 모조리 수익을 내게 된다.

바깥 세계는 전혀 얘기가 다르다. 공급에 차질이 생기고 총탄이 오가고 유조선이 납치당할 때마다 가격은 천정부지로 치솟고 급격히 요동치게 된다. 공급이 차질을 빚으면 셰일이 이미 미국의 경제에 부여한 절대적으로 유리한 입장이 더 유리해질 뿐만 아니라, 미국 바깥 세계와 비교해볼 때 안정적인 공급과 가격수준과 가격 안정성 측면에서 상대적으로 유리해지기까지 한다. 세계 유가는 아마 하한선 150달러에서 시작하게 된다고 봐도 무방한데, 그 이상이 될지도 모를 일이다.

이와 같이 희비가 엇갈리게 되는 사태를 촉발할 세 가지 주요 충돌이 있다.

첫째, 러시아와 유럽 간에 새로 발생하는 전쟁이다. 이 충돌은 러시아가 자국에 대한 자신감이 부족한 데서 비롯되는데, 이 충돌은 필연적으로 일어나게 될 뿐만 아니라 이미 시작되었다. 미국이 대규모 전투 병력을 파견하지 않는 한 러시아의 붉은 군대는 서부전선 전역에서 진군해 유럽 국가들이 무기를 들 수밖에 없도록 만든다. 이러한 지구전(持久戰)은 가까이 닥쳤다. 이 전쟁이 어디서 비롯되고 어떻게 끝날지—지역과 세계에 미칠 영향—에 대해 6장에서 살펴보겠다.

7장에서는 세계에 영향을 미치는 두 번째 주요 충돌에 대해 분석해보겠다. 바로 사우디아라비아와 이란 사이에 조성되고 있는 전쟁으로서, 이미 사우디아라비아가 공세적인 입장을 취하고 있다. 미국은 세계 안정이라는 명분으로 페르시아 만에 위치한 이 두 나라가 서로에 대해 품고 있는 원한을 억눌러왔다. 미군—육군과 해군 모두—이 이 지역에서 철수하면, 사실상 이미 은밀히 뒷골목에서 벌어지고 있는 칼부림은 걷잡을 수 없는 전면전으로 확산된다.

이러한 충돌은 어느 하나도 뜬금없이 발생하지 않는다. 그 정도로 에너지 수출 역량에 차질이 생기면 전 세계 도처에 있는, 에너지에 굶주린 수입국들에게 공급할 만한 물량을 확보할 재간이 없다. 그 결과 국가와 기업들은 세계가 격동에 빠지지 않도록 미연에 방지하려고 하거나, 아니면 격동에 빠진 세상에 적응하려고 애쓰면서 국가와 기업의 힘이 재편된다. 8장에서는 3대 지역 충돌 가운데 마지막 세 번째 충돌을 다룬다. 바로 동아시아를 삼켜버릴 유조선 전쟁이다.

06

지구전(持久戰): 러시아-유럽

The Twilight War

대학 다닐 때 이반(Ivan)이라는 러시아에서 온 교환학생을 대접할 일이 있었다. 한번은 보드카를 마시면서 "만약" 놀이를 했다. 이러저러한 역사적 사건이 바뀌었다면 세계가 어떻게 달라져 있을까에 대해 논쟁을 하는 놀이였다. 만약 케네디 대통령이 암살당하지 않았다면? 만약 히틀러가 독일을 통치하기 전에 세상을 떠났다면? 만약 소련이 냉전에서 이겼다면?

마지막 가정(假定)에서 이반은 세부사항이 아무리 바뀌어도 결과는 달라지지 않았을 것이라고 우겼다. 알코올 때문에 정신이 혼미해져서 그랬는지는 모르겠지만 나는 그가 소련의 패망이 필연적이었다고 그토록 확신하는 이유를 이해할 수가 없었다. 대부분의 미국인들과 마찬가지로 나도 냉전을 거치면서 러시아는 사지가 잘려나간 만신창이가 되었는데, 미국은 발목 삐끗한 기억조차 없는 이유가 뭔지 도통 알 수가 없었다. 오늘날에도 미국인들은 러시아보다 베트남 얘기를 꺼내면 더 흠칫한다. 러시아는 미국을 지구상에서 사라져버리게 만들 핵무기를 보유하고 있는데 말이다.

이반—노보시비르스크 산 고급 보드카를 반 병 비운 사람치고는 놀라울 정도로 정신이 말똥말똥했다—이 내게 그 이유를 설명해주었다. 대서양을 헤엄쳐 건너기는 불가능하다. 미국은 늘 안전하고 안보에 큰 비용을 들일 필요가 없다. 그러나 폴란드는 누구든 걸어서 가로지를 수 있다. 따라서 소련은 늘 경계를 늦추면 안 되었다. 늘 경계태세를 유지하려면 돈이 많이 든다.

이 러시아 친구와 자주 어울렸다가는 내 간이 남아나지 않을 것 같아서 그 후로는 관계가 소원해졌다.[1] 그러나 이반의—취해서 발음은 꼬였지만—깔끔하고 정연한 논리는 지금까지 내 기억에 선명히 각인되어 있다.

러시아의 지리적 여건: 뼈아픈 교훈

러시아의 지리적 여건은, 한마디로, 후지다.

러시아의 영토는 가까스로 온대에 걸쳐 있다. 한 도시를 제외하고는 모든 도시가 미국의 미니애폴리스보다 위도상으로 위쪽에 위치해 있다.[2] 모스크바는 12월 한 달 동안 햇빛을 볼 수 있는 시간이 20시간이 채 못 된다. 러시아에는 배가 다닐 수 있는 강이 볼가 강 하나뿐인데, 그나마도 한 해에 3분의 1 기간 동안은 강이 얼어 있고 바다가 아니라 내해(內海)인 카스피 해로 흘러들어간다. 작물 경작 기간이 짧기 때문에 러시아인들은 풍성한 식탁을 절대로 당연하게 여기지 않는다. 쉽게 이동할 수가 없기 때문에 자본이 빈곤하다.

그러나 진짜 차이점은 영토의 모양 자체다. 러시아 영토는 확 트여 있다. 러시아 인구의 80퍼센트가 유럽 쪽 러시아에 살고 있다. 남북으로 길이가 1,500마일이지만 동서로는 대부분의 지점에서 1,000마일 남짓하며 지구상에서 가장 평평한 대지다.

서쪽 끝에서 러시아 평원은 에스토니아, 라트비아, 벨로루시, 그리고 특히 우크라이나와 막힘없이 자연스럽게 연결된다. 러시아와 이 나라들을 분리하는 산악지대도, 기슭도, 강도 없다. 남쪽 국경 지역은 훨씬 더 확 트여 있다. 러시아는 카자흐스탄과 길이가 4,200마일에 달하는 국경을 접하고 있는데, 국경 지역 대부분이 캔자스 주 고속도로 진입차선 높이 정도 되는 지형도 없다.

남서부에는 대 코카서스(Greater Caucasus) 산맥—포장도로가 깔린 지역이 네 군데뿐이고 그나마도 두 군데만 연중으로 통행 가능하다—에 "진짜" 국경이 있다. 그러나 대 코카서스 북쪽 기슭에 거주하는 사람들은 대부분 사실상 러시아인이 아니다. 카바르드 민족에서부터 잉구시 민족, 체르케스 민족, 체첸 민족, 다게스탄인에 이르기까지 정복당한 온갖 민족들이 섞여 있다.[3] 상당한 규모의 러시아 인구가 거주하는 도시로서 국경에서 350마일 이내에 위치한 도시—로스토프나도누—는 하나뿐이다.

러시아에서 그나마 천혜의 장애물 역할을 할 만한 지형은 엉뚱한 곳에 있다. 북극지방과 시베리아의 삼림과 늪지대, 산악지대는 러시아와 경쟁국들 사이에 놓여 있지 않고 러시아와 러시아보다 더 후진 땅 사이에 놓여 있다. 러시아의 영토를 조망해보면 잠재력이 넘쳐흐르는 땅이나 해자(垓字) 역할을 해주는 망망한 대해나, 난공불락의 사막이나, 옆구리를 든든하게 지켜주는 산악지대는 보이지 않는다. 대신에 상대적으로 협소한 문명 지역이 혼돈의 땅들에 둘러싸여 있고, 그 너머엔 더 부유하고, 적대적인 나라들이 자리하고 있다.

러시아는 주변을 모조리 정복해서 러시아 핵심부 주위에 완충지대를 구축해야만 안보를 확보할 수 있다. 정복당한 민족들을 모조리 러시아에 동화시켜서 러시아가 추구하는 목표(그리고 공포)와 동일시하도록 만들 수만 있다면 더할 나위 없다. 그러나 러시아는 이를 요구하지도 기대하지도 않는다. 피정복 민족들을 생산적인 러시아인으로 변모시키는 게 목표가 아니라 이들을 색다른 종류의 장벽으로 변모시키는 것이다—멀리 있는 적과 러시아 핵심 지역 사이에 일종의 전략적인 과속방지턱을 설치하는 셈이다—다른 민족의 총알받이 역할을 받아들이라고 자라나는 아이들에게 가르치는 민족은 없으므로, 러시아는 피정복 민족들에게 동기를 부여할 방도를 찾아내곤 한다—더 정확히 말하면, 러시아가 요구하는 역할을 받아들이도록 그들에게 겁을 줄 방법을 모색한다. 그러한 목적을 달성하기 위해서 러시아는 이들에게 깊이 침투해 무자비한 첩보활동을 한다. 이러한 활동을 하는 조직은 레닌 통치하에서는 체카(Cheka), 스탈린 통치하에서는 NVBD, 브레즈네프 통치하에서는 KGB, 냉전 후에는 FSB라고 불렀고, 지금은 에드워드 스노든이 미국 국가안보국에서 밀반출해간 사회감시기법을 가미한 FSB가 그 역할을 담당하고 있다. 인정머리 있는 수법은 아니지만, 역사도 러시아에게 인정머리 있게 굴지는 않았다.

러시아의 영토는 거의 남미 크기에 맞먹는다. 러시아 국경은 12,000마일 이상 펼쳐져 있다. 그러나 러시아의 인구는 미국 인구의 절반에 못 미친다. 대부분의 영토가 인구가 희박한 땅이므로 러시아는 서구 진영에서 흔히 볼 수 있는 기간시설을 집중적으로 구축할 엄두를 내지 못한다. 이러한 특성이 러시아 군대의 성격을 결정한다. 기간시설이 부족한 러시아는 첨단기술을 보유한 기동력이 뛰어난 소수 정예군을 가장 절실히 필요한 지역에 신속히 재배치하기가 어렵다. 대대적이고 육중하고 굼뜬 군대로 하여금 국경을 철통같이 지키도록 해야 한다.

이 두 가지 전략 모두—강도 높은 첩보활동과 국경 지역에 대규모 상주군 배치—말도 못하게 인력이 많이 필요하다. 적어도 100만 명의 첩보원과 400만 명의 군대가 필요하다. 2016년 현재 러시아의 현역 군인은 77만 명이다. 200만 명의 예비군이 유사시에 공백을 메울 수는 있지만 이들은 상비군은 아니다. 첨단기술을 이용해 침투하면 반체제인사들을 색출해내고 선전선동으로 대중의 마음을 사면 첩보활동에 드는 비용을 어느 정도 줄일 수는 있지만, 기간시설이 형편없고 방어가 불가능한 확 트인 평원이 끝없이 이어지는 영토를 보유한 나라에게 대규모 군대를 대체할 안보 수단은 없다.

설상가상으로 냉전이 종식될 무렵 러시아의 출산율은 곤두박질쳤다. 의료 체계가 붕괴되었다. 헤로인 중독이 만연해 있다. 러시아는 약품에 대한 내성이 생긴 세계 최악의 결핵 감염율과 거의 세계 최악의 HIV 감염율을 보이고 있다.[4] 게다가 러시아의 의료 체계는 1989년에 붕괴되었다—그 해에 출생한 아이들이 2007년에 18세 성인이 되었다. 2022년 무럽이면 러시아의 군복무자는 모조리 질병이 만연하고 마약에 찌든, 출생률이 곤두박질쳤던 시기에 태어난 세대로 채워진다. 그 결과 러시아 군대는 기능 면에서 2010년 군대 규모의 절반에도 못 미치게 된다. 작전수행 역량을 발휘하기에는 역부족인 규모다.

러시아는 이미 황혼기에 접어들었다. 지금 러시아는 자국을 유지하고 방어하기 위해 은밀히 첩보활동을 하거나 무기를 든 남성의 수를 가까스로 유지하고 있다. 이 수치가 반토막이 나면 러시아는 머지않아 종말을 맞게 된다.

소련 해결책

지리적 여건이—그리고 최근의 역사가—앞으로 나아갈 길을 제시해준다. 현재 러시아의 국경은 방어가 불가능하지만, 한 세대 전만 해도 러시아의 국경은 상당히 굳건했다. 더 정확히 말하자면 소련 제국의 국경은 튼튼했다.

소련은 현재의 러시아를 넘어 지리적으로 상당히 튼튼한 일련의 방벽에 둘러싸여 있었다. 북서쪽으로 소련의 영토는 발트해까지 이어졌다. 서쪽으로 소련군은 북유럽평원에서 가장 좁은 관문인 폴란드를 관통해 동독까지 도달했다. 남서쪽에서 소련은 카르파티아 산맥과 다뉴브 강 유역을 흡수하고 남쪽 국경으로 발칸 산맥을 확보한 다음 오스트리아 알프스 턱밑까지 밀어붙였다. 코카서스 지역에서 국경선은—내부 경계선이 된—대 코카서스의 능선이 아니라 훨씬 남쪽에 있는 소 코카서스 능선이었다. 동남쪽으로 소련의 힘은 중앙아시아 대초원을 가로질러 2,000마일 이상 뻗어나가다가 카라쿰 사막과 톈진 산맥에서 멈췄다. 12,000마일에 달하는 소련의 국경 지역에서 유일하게 취약한 지점은 분단된 두 독일이 만나는 지점이었다. 냉전 시대 내내 크게는 독일이, 작게는 베를린이 격전지였던 까닭은 바로 이 때문이다.

소련은 1991년에 산산조각 났다. 서쪽으로는 러시아가 발트해, 독일 전선, 알프스, 다뉴브 강 유역, 심지어 카르파티아 산맥으로부터도 후퇴했다. 그로부터 한 세대가 지난 현재 구소련 지역을 계승한 나라들은 대부분 러시아에 매우 적대적이며, 거의 모두가 냉전 시대에 소련의 경쟁자였던 미국, 세계대전에서의 적수였던 독일과 군사동맹을 맺고 있다. 남쪽으로 러시아는 코카서스와 중앙아시아를 몽땅 빼앗겼다. 무너진 소련의 폐허를 딛고 등장한 19개 비러시아 국가들 가운데 러시아가 예전의 힘을 되찾기를 바라는 나라는 아르메니아와 벨로루시 두 나라뿐이다.

새로 형성된 국경의 형태도 러시아에게 불리하다. 구소련의 방대한 영토가 대폭 축소되어 러시아가 되었지만 신생국 러시아의 국경은 소련보다 약간 더 길다. 방어해야 할 국경은 더 늘어나고 총알받이로 쓸 완충지대는 줄어들고, 변방에서 수도 모스크바까지의 거리는 더 짧아지고 인구는 급격히 감소하는 상황에서, 러시아의 전략적 입지는 단순히 위태로운 수준에서 재앙적인 수준으로 악화되었다.

어찌 해야 할까?

이론상으로는 몇 가지 접근방식이 있다.

첫째, 적게 투입해서 많이 달성할 방법을 생각해내야 한다. 인구가 급격히 감소하는 상황에 직면한 다른 나라들의 경우, 수출을 통해 더 많은 소득을 올리기 위해 생산성을 높이는 게 목표다. 유감스럽게도 러시아는 이 방법을 쓰지 못한다. 러시아의 산업 부문은 북극과 시베리아 오지에서 부가가치가 낮은 원자재를 생산하는 산업들이 뒤섞여 있는 구조다. 부가가치가 높은 제조업은 러시아 경제의 8분의 1, 수출의 6분의 1밖에 차지하지 못한다. 추가로 기간시설을 구축하려면 고부가가치 산업으로 전환해야 하는데, 기간시설을 구축하고 공장을 건설하고 인력을 교육시키는데 수백억 달러를 투자해야 하고, 수천만 명의 젊은이들과 수십 년의 시간이 필요하다. 죄다 러시아에는 없는 것들이다.

둘째, 인구 불균형을 해소하기 위해서 재외 국민의 귀환을 권장하는 방법이다. 문제는 러시아 바깥에 살고 있는 러시아인이 그리 많지 않다는 점이다. 2016년 러시아 정부가 발표한 자료에 따르면—러시아는 자국의 상황을 긍정적으로 포장하기 위해서 끊임없이 데이터를 조작한다—출생률 폭락이 얼마나 심각한지 러시아인 평균 연령이 이미 40세이고, 20년 안에 46세가 된다. 러시아의 평균 연령을 현 상태로 안정적으로 유지하는 데만도 해마다 25세 인구를 200만 명 수입해야 한다. 그런 속도로 재외 러시아인들의 역이민을 받아들이면 재외 러시아 교민은 10년이 채 못 되어 동나게 된다.

러시아가 발표한 자료를 얼핏 보면, 러시아 정부가 비러시아인을 받아들이려고 하는 듯이 보인다—러시아는 세계에서 세 번째로 이주민 인구 규모가 크다. 러시아에 거주하면서 일하는 외국인들은 대부분 구소련에 속했던 중앙아시아 국가 국민이다. 이들은 소련 시대에 러시아 언어권에 속했던 나라들로서 크게 문화적인 갈등 없이 러시아에서 일할 수 있다.

그러나 이러한 이주민 유입은 지속 가능하지도, 영구적이지도 않다. 중앙아시아 국가들은 인구 규모를 위협할 만한 인구 감소에 직면하지는 않았지만 경제 파탄(붕괴)으로 교육 체계가 무너졌다. 이러한 국가들이 러시아에 제공하는 노동력의 질은 1992년 이후로 꾸준히 하락해왔다. 게다가 중앙아시아 5개국들 가운데 현재 러시아어를 쓰는 나라도 없고 이 나라들에서 러시아로 온 이주민들은 대부분 무슬림이기 때문에, 러시아 내에서 포퓰리스트/민족주의 역풍이 지속적으로 강화되었다. 따라서 이러한 이주민 인구는 계속 떠도는 사람들이다. 계절에 따라 왔다가 떠나기 때문에 이들이 있다고 해서 러시아의 근본적인 문제가 해소되지는 않는다.

게다가 러시아는 사회적으로 복잡한 두 가지 다른 문제들도 직면하고 있다. 인구구조 붕괴에 더해 전방위적으로 위기감을 느끼고 있는 러시아 정부는 러시아인들끼리 똘똘 뭉치게 만들고 있다. 따라서 비러시아인은 배척당한다는 느낌을 강하게 받고 있다. 게다가 국가안보 전략의 절반은 주변 세력들을 정복하고 감시하고 징발하는 게 토대인 러시아가 숙련기술을 보유한 이주 노동자를 유치한다는 것은 정서적으로도 어울리지 않다.

마지막 방법—러시아 지도부가 선택한 방법—은 러시아의 지정학적 여건을 바꿔서 소규모 군대로도 충분히 국가를 방어할 방법을 찾는 일이다. 간단히 말해서 러시아 정부는 러시아의 국경을 변경해서 방어하기 쉽게 만들려고 한다. 그러나 러시아에게는(그 주변 국가들에게는) 안된 일이지만 뒤로 물러나 방패로 삼을 만한 요새가 없다. 러시아가 원하는 보다 안전한 국경을 확보하려면 팽창하는 방법밖에는 없다.

러시아는 다섯 구역에서 군대를 전진 배치할 필요가 있다. 발트해 연안, 폴란드, 베사라비아 협곡, 그리고 코카서스 산맥의 서쪽과 동쪽 끝이다. 그러면 러시아는 일련의 지리적 장벽들로 둘러싸이게 되고, 실제로 대규모 방어군이 필요한 변방 지역은 3,000마일에서 600마일 이하로 줄어든다. 현재의 러시아 군 규모보다 훨씬 작은 규모의 군대로도 방어가 가능해진다.

러시아가 인구 감소에서 살아남으려면 11개국—에스토니아, 라트비아, 리투아니아, 폴란드, 루마니아, 벨로루시, 몰도바, 우크라이나, 조지아, 아제르바이잔, 아르메니아—의 전부 또는 일부를 흡수하는 방법 외에는 도리가 없다. 넓은 지역에 걸쳐 펼쳐질 이 처절한 군사적 충돌이 향후 수십 년 동안 유럽과 러시아의 경계선을 결정하게 될 지구전이다.

1단계: 우크라이나를 파괴하고 유럽을 갈라놓는다

지구전을 알리는 첫 총탄은 이미 발사되었다.

2014년 2월, 러시아는 다각도로 우크라이나를 침공했다. 마지막으로 남아 있던 운동선수들이 소치 올림픽 현장을 떠나고 다음 날부터 수륙 동시공격을 감행했고, 낙하산부대를 동원해 며칠 만에 크리미아 반도에서 우크라이나 군을 축출했다. 그로부터 두 달 안에 러시아 일부 지상 정규군의 지원을 받는 준군사 조직이 우크라이나의 루한스크와 돈바스 지역을 키예프로부터 떼어냈다.

러시아는 공식적으로—자랑스럽게—크리미아에서의 군사행동을 러시아가 주도했음을 인정했고 이미 공식적으로 그 지역을 러시아에 편입했지만, 돈바스/루한스크와 관련해서는 애매모호한 태도를 취하고 있다. 우크라이나 동부 지역에서 발생한 일은 우크라이나 중앙정부에 대한 봉기라는 게 러시아의 공식적인 입장이다. 러시아 군인 일부가 직위에서 물러난 후 군대로부터 허락을 받거나 조율하지도 않고 자원해서 국경을 넘어갔고, 러시아 중앙정부는 우크라이나 본토에서 아무 짓도 하지 않고 있다는 설명이다. 그러나 체포된 러시아 군인들이 군사장비와 명령서를 소지하고 있었고, 러시아 군대의 차량과 물자들이 여전히 전달되고 있고, 군사 통신과 첩보 통신이 국경을 활발히 넘나들고 있는 점으로 미루어볼 때, 그런 러시아 정부의 주장은 러시아 정보부 내에서도 믿지 않는다.

그러나 이러한 공격적인 행동은 용의주도한 조치다. 이는 전쟁의 첫 단계일 뿐이다. 러시아는 우크라이나를 이용해 달성하고자 하는 목적이 있다. 그 목적은 크게 세 부류로 나뉜다.

첫째, 러시아는 크리미아 반도를 되찾고 싶어 한다. 절실하게.

크리미아 반도에 있는 세바스토폴 항구는 과거에 러시아 흑해 함대의 고향이었고, 지금도 그러하다. 소련이 붕괴된 이후로 러시아는 우크라이나로부터 이 항구를 조차(租借)하고 있었는데, 이제는 러시아 소유가 되었다. 이 항구는 "단순히" 대규모 해군 기지가 아니다. 전술적으로 볼 때 크리미아는 영토라기보다는 전진 배치된, 가라앉힐 수 없는 항공모함인 셈이다. 따라서 소련/러시아는 크리미아 반도의 해군 기간시설에 엄청난 투자를 했다. 그곳에 배치된 해군이나 공군 자산은 우크라이나와 바깥세상을 연결하는 해상 통로를 완전히 차단할 역량을 갖추고 있다. 우크라이나의 최대 수출품은—주로 바닷길을 통해 운송되는 물품인—철강과 밀 같은 금속과 농산물이므로 러시아는 이제 우크라이나 경제 전체의 숨통에 칼을 들이대고 있는 셈이다.

그러나 크리미아 반도를 낚아채야 하는 가장 중요한 이유는 훨씬 폭넓은 전략적 의미를 지니고 있다. 과거에 터키가 러시아 영토를 침략했을 때 크리미아 반도를 통해서 침략했다. 러시아는 크리미아 반도를 지배하는 해상세력이 흑해의 북부 절반을 지배하고 이를 전진기지로 삼아 우크라이나와 러시아 본토를 침략할 수 있다는 사실을 잘 알고 있다. 따라서 러시아는 18세기 말 예카테리나 2세가 그곳을 점령한 이후로 늘 군사력을 주둔시켜왔다. 러시아 중앙정부의 관점에서 볼 때, 애초에 크리미아 반도를 우크라이나에게 내준 게 소련 내부의 정치적 오판이었다. 러시아 중앙정부가 크리미아 반도를 되찾아 직접적인 휘하에 두게 되면, 이는 전술적, 경제적, 역사적, 민족주의적 의미에서 크게 도약하는 셈이 될 뿐만 아니라 침략자들이 쳐들어올 수 있는 많은 지리적 관문들 가운데 첫 번째를 다시 확보하는 게 된다.

둘째, 러시아 중앙정부는 "진짜" 싸움이 시작되기 전에 우크라이나 군대를 제거하고자 한다.

구소련에 속했던 많은 공화국들이 1990년대에 시련을 겪었지만 많은 나라들이 회생했다. 에스토니아, 라트비아, 리투아니아 등 발트해 연안 3국은 개혁을 단행했고, 마침내 유럽연합에 합류했다. 아제르바이잔, 카자흐스탄, 러시아는 2000년부터 2008년까지 에너지 가격이 고공행진을 한 시기에 돈벼락을 맞았다. 우크라이나는 그런 전환점을 맞지 못했다. 낡은 기간시설, 붕괴된 교육과 의료 체계, 주요 수출품의 수요 침체, 뿌리 깊은 부정부패가 복합적으로 작용해서 소련에서 벗어난 후 안 그래도 암울한 우크라이나의 미래를 지속적으로 갉아먹었다.

이런 상황을 거치면서 우크라이나의 군대는 최소한으로 감축되다 못해 아예 방기되었다. 우크라이나는 서류상으로는 상당한 규모의 군사력을 갖추었지만 군인들은 봉급도 받지 못했고 군사훈련을 할 자금도 없었다. 새 장비를 구입하지 못해서라기보다는(그렇기는 했다), 있는 장비를 제대로 관리하지 못했기 때문이다. 작전수행 능력과 배치 가능성 측면에서 볼 때, 우크라이나 군대는 2005년 무렵 제 기능을 하지 못하게 되었다.

러시아가 크리미아 반도, 루한스크, 돈바스를 침공하면서 우크라이나는 압도적으로 우월한 군대를 상대로 이길 승산이 없는 전쟁을 치러야 하는 상황에 직면했을 뿐만 아니라 피할 수 없는 덫에 걸리게 되었다.

- 우크라이나에서 그나마 어느 정도 전투능력이 있는 부대들은 우크라이나 중앙정부가 아니라 러시아 중앙정부와 훨씬 긴밀한 관계가 있는 러시아 민족이었다. 우크라이나가 러시아의 침공에 저항하기 위해 동원령

을 내리자 우크라이나의 최정예 부대들이 대거 러시아로 망명했고, 망명하면서 우크라이나에게 절실히 필요한 장비뿐만 아니라 우크라이나 정부가 하달한 명령과 전투 계획까지 갖고 갔다.

- 우크라이나의 충성파들은 대부분 우크라이나 서부 지역 출신인 반면, 동부 절반의 인구는 대부분 러시아 민족과 러시아에 동화된 우크라이나인들이다—이들 대부분은 러시아 편을 들었고 심지어 적극적으로 공모하는 이들도 있었다. 우크라이나의 수도 키예프에서 모스크바에 이르는 500마일은 장비도 부족하고 훈련도 허술하고 병참보급도 제대로 되지 않는 군대에게는 먼 거리다. 우크라이나에 그나마 남아 있던 충성스럽고 역량 있는 부대들은 금방 표가 났다(그들이 바로 효과적으로 전투를 치렀고 중간에 도주하지 않았다). 주변의 민간인들이 소수정예 부대에게 적대적이었기 때문에 러시아 (준)군사세력이 그들을 고립시켜 격파하기란 식은 죽 먹기였다.
- 러시아는 비공식적으로 전쟁을 수행하고 있었기 때문에 러시아 중앙정부는 대놓고 공군력을 동원하지 못했다. 이에 고무된 우크라이나는 남은 공군력을 총동원해 동부 지역에서 러시아 공격을 퇴치하도록 했다. 그러나 우크라이나가 전쟁에 전념하기로 마음먹자, 러시아는 대공 포대를 우크라이나로 들여와 효과적으로 작전을 수행하고 있던 우크라이나 공군력을 완전히 격추시켰다.

2015년 말 현재, 러시아는 우크라이나 군대를 거덜낸다는 목표를 이미 달성했다. 바깥세상에서 보면 이 군사 충돌은 한 달에 전사자가 "겨우" 100명으로 별일 아닌 듯이 보이지만, 우크라이나 군대가 감당할 수 있는 최대한의 작전 수행 속도다. 사실상 키예프로 가는 길은 활짝 열렸다. 러시아가 우크라이나 전체에 대한 대대적인 공격을 감행할 시기가 되면 러시아 탱크가 한 달 만에 키예프에 도달한다는 푸틴의 약속을 러시아는 (쉽게) 지키게 된다. 그때야 비로소 러시아 중앙정부는 본격적인 전쟁에 돌입해 서쪽으로 깊숙이 진군하게 된다.

셋째, 러시아는 유럽에게 우크라이나를 이미 러시아가 접수했다는 점을 기정사실로 받아들이게 만드는 데 그치지 않고 유럽인들에게 러시아에 저항해봤자 소용없다는 정서를 심어주려고 한다. 러시아가 우크라이나에서 수행하는 전쟁은 다각도에서 살펴봐야 한다.

러시아의 접근방식에서 가장 중요한 특징은 가랑비에 옷 적시기 수법이다.

루한스크/돈바스 지역에 비정규군을 동원하면서도 공식적으로는 러시아 정규군의 개입을 부정하면 전쟁에 휘말리기를 꺼려하는 유럽의 지도자들에게 (황당할 정도로 논리가 취약하긴 하나) 정치적인 명분을 제공해준다. 러시아는 우크라이나 동부 지역으로 아주 조금씩 진군해 들어감으로써 비교적 배짱 있는 유럽인들로 하여금 유럽 국경에서 1,000마일 떨어져 있는 이러저러한 작은 마을을 구하자고 전쟁에 뛰어드는 게 과연 그럴 만한 가치가 있는 일인지 의문을 품게 만든다. 게다가 무엇보다도 북대서양조약기구 회원국이 아닌 나라를 공격하면 미국이 전쟁의 주체로 개입하지 않으리라고 러시아는 확신했다. 그러나 자국이 다음 차례가 될지 모른다고 두려워하는 (정신이 제대로 박힌) 폴란드 같은 북대서양조약기구 회원국들은 미국에게 지원해달라고 애원할 수밖에 없다. 미국은 그럴 의도가 전혀 없는데 말이다. 서유럽 동맹국들 사이에는 의구심과 혼란과 불협화음이 만연하게 된다.

러시아의 이러한 전략이 얼마나 잘 먹혀들어가고 있는지—그리고 유럽 국가들이 러시아와 정면대결하기를 얼마나 꺼리는지—가장 잘 보여주는 사례가 2014년 7월에 발생한 사건이다. 돈바스에서 러시아의 미사일이

러시아가 바라는 국경선

298명의 승객을 태운 말레이시아 민간 항공기를 격추시킨 사건이었다. 승객의 3분의 2는 네덜란드인이었다. 네덜란드는 아마 유럽 본토에서 가장 친미 성향이 강한 나라로서 자국 영토와 러시아 변방 사이에 1,200마일이라는 완충지대가 놓여 있고, 네덜란드는 경제적으로도 에너지 부문에서도 러시아에 대한 의존도가 미미하다. 그런데도 격추 사건이 발생한 후 네덜란드 정부와 언론이 기껏해야 며칠 동안 분개만 하다가 체념하고 말았다. 서로 언쟁을 주고받으며 러시아를 상대로 쓸 지렛대가 없다는 현실에 심란한 기분도 든 유럽 국가들은 러시아를 상대로 겨우 몇 가지 경제제재 조치를 취했다. 그것도 러시아의 재정 상태에 별 영향도 주지 못하고 러시아의 전쟁수행 능력에 거의 아무런 영향도 미치지 못하는 제재 조치들이었다.

그 이후로 러시아의 군사적 입지는 강화되었고 2016년 6월 러시아 중앙정부는 횡재를 만났다. 국민투표에서 영국 유권자들 대다수가 유럽연합을 탈퇴하는 데 찬성했다. 영국은 북대서양조약기구와 유럽연합을 연결하는 가장 튼튼한 장치 역할을 오랫동안 해왔을 뿐만 아니라 미국과 유럽을 이어주는 연결고리이기도 했다. 영국은 넓게는 서구 문명의 동쪽 변방이, 구체적으로는 유럽연합과 북대서양조약기구가 지속적으로 더 동쪽으로 진출해야 한다고 가장 큰 목소리로 주장해왔다. 영국이 유럽연합을 탈퇴함으로써 우크라이나에 대한 서유럽의 지원은 뒷전으로 물러나고, 서구 문명권 내에서는 영국의 탈퇴에 따른 뒷수습과 대책 마련에 바빴다. 러시아에게는 더할 나위 없이 유리한 사태의 전개였다.

2단계: 스칸디나비아 반도

유럽과 북대서양조약기구의 응집력에 대해서 수십 년 동안 말이 많았지만, 유럽 대륙에서 가장 튼튼한 관계는 프랑스와 독일의 관계도, 미국과 영국의 관계도 아니다. 스칸디나비아 반도 국가들 간의 관계다. 노르웨이, 덴마크, 핀란드, 스웨덴은 과거에 오랫동안 같은 제국에 속해 있었을 뿐만 아니라 유럽연합이나 북대서양조약기구가 갈구지 않아도 자기들끼리 경제, 에너지, 외교, 군사 정책을 조율했다. 이 나라들은 군사훈련도 공동으로 한다. 외교관들은 대사관을 함께 쓰기도 한다. 국제기구에서는 회원국이 아닌 나라를 서로 대변해주기도 한다.[5] 네 나라 모두 첨단기술을 자랑하는 민주주의 국가로서 사회적 평등 수준이 매우 높고 국가적, 지역적 결속력과 정체성이 강하다.

이 나라들은 수없이 많은 이슈들에 관해 같은 의견을 지니고 있지만 이 책의 주제와 관련해 세 가지 이슈가 두드러진다.

첫째, 이 나라들은 하나같이 무엇보다도 러시아가 군사적 위협이라는 데 완전히 꽂혀 있다. 프랑스, 독일, 영국 같은 주요 유럽 국가들은 여러 지역에 여러 가지 다양한 이해관계를 지니고 있고, 따라서 단 하나의 관심사에 온통 신경을 집중하지는 않는다. 그러나 러시아가 북유럽평원이나 발트해 지역으로 밀고 들어오려면 스칸디나비아를 무력하게 만들어야 한다. 핀란드, 스웨덴, 덴마크, 노르웨이는 발트해 지역에서 더 넓은 해양으로 나가는 바닷길과 북유럽평원의 동쪽 절반으로 접근하는 바닷길을 관장하고 있다. 따라서 스칸디나비아 반도국들의 국방 부문은 특별히 러시아의 힘을 견제하는 데 초점을 맞추고 있다. 노르웨이와 덴마크는 북대서양조약기구와의 긴밀한 협조를 통해 이를 실행하고 있고, 스웨덴은 독자적인 군사전략을 갖추고 있으며, 핀란드의 방위산업은 러시아 군사력에 최대한 피해를 입혀서 침략을 저지하는 데 맞춰져 있다.

둘째, 네 나라는 하나같이 에스토니아, 라트비아, 리투아니아 등 발트해 3국을 오래전에 헤어진 혈육으로서 마침내 스칸디나비아의 품으로 돌아오고 있다고 여긴다. 러시아가 영토를 팽창하는 데 성공하면 발트해 3국은 독립국가로서의 지위를 잃게 된다. 스칸디나비아 4개국의 입장에서 보면 이는 결코 용납하기 어렵다. 발트해 동부 연안에 발트해 3국이 독립국으로서 존재하기만 해도 러시아의 힘을 약화시킨다는 점도 손해가 되지는 않는다.

셋째, 네 나라 모두 외부의 도움이 필요하다. 스칸디나비아 반도 4개국 모두 보기보다 군사력이 막강하지만, 러시아—인구가 네 나라의 인구를 모두 합한 것의 다섯 배다—는 그들만의 힘으로 봉쇄하기에는 역부족이다. 다행히 러시아에게서 위협을 느끼는 나라는 그들뿐만이 아니고, 러시아를 저지하기 위해 행동에 나설 나라도 그들뿐만이 아니다.

스칸디나비아 4개국은 우선 영국과 손을 잡게 된다. 그 이유는 영국의 경우 크게 위험을 감수하지 않아도 되기 때문이다. 영국은 러시아의 공격 대상 목록에 올라 있지 않고, 영국과 러시아 사이에는 수없이 많은 나라들이 완충지대 역할을 하고 있다. 서로 핵무기를 발사하지 않는 한 러시아는 영국에 그다지 타격을 줄 수가 없다.

그러나 4개국이 가장 먼저 영국과 손잡는 가장 중요한 이유는 대전략 때문이다. 해양 세력인 영국을 위협할 수 있는 게 있다면 대륙을 기반으로 한 경쟁국들이 거의 없어서 해군력을 키우는 데 전력을 쏟을 수 있는 대륙 세력이다. 러시아가 서쪽 변방 지역들을 모두 통합하는 데 성공하면 절약된 물자가 충분해져서 해군력을 키우는 전략적 여유를 누리게 될지도 모른다. 역사적으로 이런 일이 일어날 때마다 매번 영국은 러시아와 이해관계가 충돌하는 경험을 했다. 애초에 러시아가 서쪽 변방 지역을 통합하지 못하게 방지함으로써 잠재적인 위협의 싹을 잘라버리는 게 상책이다.

영국의 지원이 바로 스칸디나비아 4개국이 필요한 바이다. 영국은 북쪽 바다에서 러시아 해군력을 완전히 초토화하고 러시아의 북극해 연안으로 오가는 상선들을 봉쇄하기에 충분한 해군력을 자랑한다. 영국은 수륙양용 군대를 보유하고 있으므로, 스칸디나비아 국가들이 발트 3국의 역량을 강화시키는 데 도움을 줄 수 있고(또는 러시아가 점령한 발트해 연안 국가들의 해안 지역을 습격할 수 있다), 발트해에서 작전을 수행할 때 영공을 침범해 심공(深攻) 작전을 감행할 공군력도 갖추고 있다. 외교전선에서도 영국은 러시아에 맞서는 연합 세력을 도와달라고 미국에 비공식적으로 지원을 요청할 중요한 소통 경로 역할을 할 수 있다.

발트해 전선은 네 가지 형태를 띠게 된다.

바다. 스칸디나비아 4개국의 경제력과 군사력을 합하면 러시아가 발트해 지역에서 동원 가능한 총력에 맞먹고도 남는다. 발트해는 러시아에 적대적인 나라들이 거의 포위하다시피 둘러싸고 있다. 전쟁이 발발하면 러시아 해군은 사실상 포위된 상태에서 고군분투하는 셈이 된다. 따라서 소련은 인력, 함선, 역량 면에서 발트해 함대를 우선순위의 최하위에 두었고—북부, 태평양, 흑해 함대가 전략적으로 훨씬 타당성이 있었다—냉전이 종식된 후에도 러시아는 이러한 우선순위를 변경하지 않았다. 반면 스칸디나비아 국가들은 해군력을 대부분 오로지 발트해에 집중하는 한편, 나머지 해군력은 인접한 북해에 주둔시킨다. 이와 같이 해군력을 집중하는 정도에 차이가 나기 때문에 러시아가 해상과 해저에서 군사행동을 감행하면 스칸디나비아 국가들이 이를 몇 시간 만에, 길어야 며칠 만에 박멸할 가능성이 높다.

영국이 개입하지 않아도 그렇다는 뜻이다. 스칸디나비아 국가들이 러시아의 발트해 함대를 처치하는 동안, 영국 해군은 발트해 전쟁 지역으로 진입하려고 하는 러시아 해군 함대—무르만스크 근처에 기지를 둔 북부 함대— 전체를 침몰시킬 것이다. 북유럽에 있는 러시아 해군력이 몽땅 옴짝달싹 못하는 사이에 연합 세력은 때와 장소를 골라가며 해양상륙작전을 전개할 수 있다. 이로써 연합 세력은 러시아 기간시설을 파괴하고 러시아군의 발을 묶어두는 동시에 연합 세력이 위험에 노출될 가능성은 최소화한다.

러시아의 제 2도시 상트페테르부르크는 연합 세력의 철저한 해상 봉쇄로 붕괴된다. 이는 보기보다 러시아에게 큰 피해를 준다. 상트페테르부르크 지역은 3대 석유 수출 지역 가운데 최대 규모일 뿐만 아니라 러시아가 수입하는 상품 물량이 가장 많이 들어오는 지점이기도 하다. 전쟁이 시작되면 처음 며칠 만에 러시아는 소비재와 식량 부족에 시달리게 될 뿐만 아니라 소득에서도 회복 불가능한 엄청난 타격을 입게 된다.

육지. 우크라이나는 사실상 파산한 나라로서 전면적인 방어 작전을 수행할 역량이 없다. 이렇다 할 방어막이라고 해봐야 우크라이나를 대략 둘로 가르는 드네프르 강뿐이다. 러시아 낙하산부대의 역량으로 드네프르 도하(渡河) 지점을 정복하기란 식은 죽 먹기이며, 그러고 나면 러시아는 몇 주 만에 우크라이나를 통째로 삼키게 된다.

러시아의 정규군은 우크라이나 대부분을 확보하는 작전의 일환으로 벨로루시—방어능력이 전무한 구소련 국가—도 접수하게 된다. 그러나 우크라이나와는 달리 벨로루시는 러시아 정부를 단지 긍정적으로 보는 데 그치지 않고 러시아를 두 팔 벌려 환영할 가능성이 매우 높다.

벨로루시를 벗어나면 러시아는 발트해 3국을 어렵지 않게 점령하게 된다. 세 나라 모두 나라 크기에 비해 규모가 큰 군사력을 보유하고 있지만 이들의 아주 작은 덩치에 비해서 군사력이 크다는 뜻일 뿐이다. 세 나라의 인구는 합쳐서 겨우 620만 명이고 러시아와 러시아인이 압도적으로 많은 벨로루시와 긴 국경을 접하고 있으며, 스칸디나비아 국가들과 육지를 통해 국경을 접하고 있지 않기 때문에 지상으로 지원을 받기가 어렵다. 게다가 러시아가 침공하면 저항하는 데 힘을 보태리라고 기대하기 어려운 상당한 규모의 러시아 소수민족이 있기 때문에, 러시아는 침공한 지 며칠 만에 에스토니아와 라트비아의 완전한 항복을 받아낼 수 있고, 리투

아니아의 항복을 받아내는 데는 3주면 충분하다.

러시아 탱크는 발트해 3국의 정규군을 (말 그대로) 깔아뭉개겠지만, 세 나라가 공식적으로 항복 선언을 한다고 해서 끝나는 게 아니다. 스웨덴은 바이킹 시대에 수륙양동 작전을 발명했고, 이러한 전통을 덴마크와 노르웨이도 계승했다. 1992년 이후로 세 나라의 방위군은 발트해 3국을 구석구석 돌아다니면서 세 나라와 긴밀한 관계를 구축하고 그곳 지리를 익혔다. 대전차미사일 수십 대를 몰래 들여와서 손쉽게 정밀타격을 할 수 있다. 스칸디나비아와 영국의 무기, 군사훈련교관, 정보력을 발트해 자유투사들에게 제공하면 러시아 군은 치명적이고 끊임없는 시달림을 겪게 된다.

게다가 핀란드도 잊으면 안 된다. 1939-1940년 겨울 전쟁 때 핀란드는 러시아 붉은 군대에게 사상자 수로 치면 자국이 입은 피해의 40배의 피해를 입혔다. 당시 핀란드는 신생국이었고, 아무도 핀란드를 도와주지 않았으며, 소련은 다른 전선에서 싸우고 있지도 않았고 스탈린 하에서 완전히 똘똘 뭉쳐 있을 때였다. 핀란드에게 전략적 동반자가 생기면 훨씬 강력한 목적의식으로 무장하고 온 국민이 똘똘 뭉쳐서 스탈린이 통치하던 소련만 못한 러시아 같은 적은 효과적으로 무찌를 투사가 된다. 핀란드와 러시아 둘 다 역사를 반복하게 되겠지만, 둘 중 하나는 과거에 대한 향수를 느끼지 못하게 된다.

에너지. 지난 수십 년 동안 러시아가 행사하는 힘의 중심축은 러시아에 매장된 엄청난 양의 천연가스와 석유 수출망이었다. 냉전 마지막 몇 년 동안 러시아는 유럽 국가들—특히 독일—과 연결하는 송유관을 구축해 대량으로 천연가스를 수출하고 이러한 경제적 연결고리를 정치적 목적을 달성할 지렛대로 이용해왔다. 냉전이 끝나기 전에 이미 러시아는 거의 모든 구소련 위성국가들과 관련국들을 송유관으로 연결하고 에너지를 러시아에 의존하도록 만들어놓았다. 동유럽, 에스토니아, 라트비아, 리투아니아, 벨로루시, 몰도바, 우크라이나, 아르메니아, 조지아가 특히 러시아에 의존적인 나라들이다. 1992년부터 2015년까지의 기간 동안 이러한 송유관은 더욱 확장되었고 러시아 중앙정부는 이러한 에너지 의존을 자국의 정치적, 전략적 이익을 추구하는 지렛대로 사용하면서 희열을 느꼈다. 러시아가 어떤 지역에 천연가스나 석유를 독점적으로 공급하게 되면 그 나라는 갑자기 프리미엄 가격을 지불해야 했다. 러시아로부터 에너지를 공급받는 나라가 러시아 마음에 들지 않는 정책을 실행하면, 곧 에너지를 공급하는 기간시설은 몇 년 동안 "유지 보수"할 필요가 생겼다.

그러나 러시아는 에너지를 무기로 스칸디나비아를 무릎 꿇게 만들지 못한다는 사실을 잘 알고 있다. 스웨덴은 러시아 석유를 어느 정도 수입하기는 하지만 여차하면 쉽게 수입선을 다른 곳으로 돌릴 수 있다. 핀란드는 러시아의 천연가스에 어느 정도 의존하기는 하지만 예비용 원자력 발전시설을 즉시 가동해 부족분을 메울 수 있다(게다가 핀란드는 러시아라면 아주 질겁하기 때문에 이런 종류의 긴급사태가 발생할 경우에 대비해 석 달 분량의 에너지를 비축해두고 있다). 덴마크는 대체로 에너지를 자급자족할 뿐만 아니라 스칸디나비아 지역에 공급되는 에너지 물동량이 모이는 중심지 역할을 하므로 에너지 유통에 문제가 생겨도 이를 쉽게 해소할 역량을 갖추고 있다. 스칸디나비아 국가들 모두 러시아산 석탄을 사용하지만 다른 수입원들로부터의 수입량을 확대해 바닷길을 통해 쉽게 들여온다. 화룡점정은 노르웨이가 이 4개국에 속해 있다는 사실이다. 세계 최대 에너지 수출국으로 손꼽히는 노르웨이는 스칸디나비아 4개국이 필요한 전량을 러시아 대신—쉽게—공급할 수 있고, 그러고도 여전히 여분의 에너지를 영국에 제공해 영국이 연합 세력에 확고하게 참여하도록 할 수 있다.

따라서 좀 뜻밖이기는 하지만, 이 시점에서 세계 에너지에 미치는 영향은 다소 제한적이리라고 본다. 물론 스칸디나비아 국가들이 봉쇄에 들어가면 러시아의 발트해 송유관 체계의 작동이 전면 중단된다. 이렇게 되면 스칸디나비아 국가들이 총 한발 발사하지 않아도 석유 1.5mbpd가 시장에 도달할 수 없게 되고, 최소한 그만큼의 정유제품들은 철도나 트럭을 이용해 다른 해양의 항구들로 보내져야 된다. 그러나 노르웨이가 스칸디나비아 반도 지역의 부족분을 메우기 때문에 노르웨이가 다른 나라들에 공급해온 에너지가 부족해지게 된다. 요컨대, 노르웨이는 그동안 독일, 폴란드, 프랑스, 벨기에, 네덜란드로 수출하던 석유—750kbpd—가운데 250kbpd를 스칸디나비아 반도 국가들이 러시아로부터 수입하던 양을 메우는 데 쓰게 된다. 서로 고통을 분담하면 전체적인 영향은 어느 정도 완화된다. 세계 유가는 분명히 배럴당 40달러 정도 인상되겠지만, 세계적인 재앙과는 거리가 멀다. 세계적인 재앙을 초래하려면 전쟁이 훨씬 격해져야 한다.

공중전. 러시아는 지상전에서는 쉽게 이기겠지만 평정 작업에 매달리게 된다. 러시아는 해군력을 상실하게 되고 집요한 수륙양동 작전의 공격목표가 된다. 러시아는 최대 규모의 에너지 수출 지점—그리고 마찬가지로 최대 규모의 에너지가 유입되기도 하는 지점—이 제구실을 하지 못하게 되는 모습을 하릴없이 지켜볼 도리밖에 없다. 그러나 공중전에서 러시아는 상대방을 압도하게 되는데, 이는 러시아의 지리적 여건 때문이다—그리고 미국에 대한 러시아의 인식 때문이다.

미국은 경쟁국들로부터 멀리 떨어져 있고, 미국의 군사력은 원정 작전이 가능하도록 설계되어 있다. 미국 공군력의 경우는 더더욱 그러하다. 미국 제트기는 수천 마일을 날아야 공격 목표물에 도달하게 된다. 수적으로 열세이므로 전투기부대는 생존력이나 스텔스 능력 또는 둘 다 뛰어나야 한다. 또한 애초에 그런 장거리 원정출격이 타당성을 가지려면 아주 강력한 타격력을 지녀야 한다. 따라서 미국 공군전투부대는 세계에서 가장 막강하고, 빠르며, 지상군이나 해군의 도움 없이 독자적으로 작전수행이 가능하다. 그러나 생각보다 수가 그렇게 많지 않다. 그와 같은 첨단무기를 개발하고, 제조하고, 유지 관리하는 데 드는 금전적, 기술적 비용이 어마어마하기 때문이다.

육군이 강한 러시아는 정반대의 전력을 쓴다. 머나먼 지평선을 향해 출격해 작전을 수행해야 하는 미국과 달리 러시아의 영토는 끝없이 펼쳐진 방대한 평원이다. 주요 지역 전역에 군사기지가 널려 있다. 공격전에서 러시아 전투기들은 지상군과 한 팀이 되어 작전을 수행하지만, 방어전에서는 러시아의 적이 러시아로 온다. 어느 쪽이든 러시아 전투기들은 사정거리나 생존력을 걱정할 필요가 없다. 따라서 러시아가 보유한 전투기는 싸구려다. 거의 쓰고 버리는 수준이다. 그리고 그 수가 엄청나게 많다.

러시아 공군은 소련이 붕괴된 이후로 급격히 약화되었지만, 미국이 주도하는 북대서양조약기구의 총력전에 맞서도록 설계되었다. 만약 그런 일이 지금 일어난다면 처참하게 패배하겠지만 현재 관건은 그게 아니다. 러시아에 맞설 연합 세력의 공군력은 러시아에 비해 질적으로 월등할지 모르지만—특히 전투기를 독자적으로 설계하는 스웨덴과 함재기를 보유한 영국의 공군력이 막강하다[6]—상당히 세력이 약화된 상태라고 해도 여전히 러시아는 값싸고 전투력 있는 전투기를 대거 투입해 적을 압도할 수 있다. 러시아는 자국 영토와 자국이 점령한 지역 상공에서는 월등한 공군력을 발휘하게 된다. 또한 정찰기를 동원해 북극해와 발트해 상공에서 적의 해군을 격추시킬 수 있다.

러시아는 영공을 전투기로 새까맣게 뒤덮는 전략이 다가 아니다. 러시아는 미국에 비해 공군력이 한참 뒤진다는 사실을 뼈저리게 인식하고 있다. 열등한 공군력을 메우기 위해서 러시아는 아마도 세계에서 가장 앞선 대공 통합 미사일 체계를 개발했는데, 이 가운데 S-400이 가장 막강하다. 스칸디나비아 3국과 영국이 러시아의 전투기와 조종사를 효과적으로 제거해 상공을 가득 메운 러시아 전투기들 사이로 날아가는 일이 손으로 모기 쫓는 일만큼 쉬워진다 해도, 러시아의 대공포는 발트해 상공을 적 전투기들의 무덤으로 만들 수 있다. 스칸디나비아/영국 공군력은 러시아 영공에 구멍을 낼 역량도 있고, 실제로도 그렇게 하겠지만—수륙양동 작전과 병행할 가능성이 높다—그 구멍은 오랫동안 방치되지 않으며 구멍을 하나 낼 때마다 엄청난 대가를 치러야 한다.

이 군사적 충돌은 깔끔하게 마무리되지 않는다. 러시아는 영공을 압도하는 반면 연합 세력은 해양을 압도하고, 지상전에서는 양쪽 모두 고군분투하게 된다. 그러나 어느 쪽도 결정적인 한 방을 상대방에게 먹이지는 못한다. 그 결과 양쪽 다 상대방의 최대 약점을 강타하는 소규모 기동전을 끊임없이 일으키게 된다.

3단계: 중심 축

러시아가 발트해 3국을 먼저 공격하는 가장 큰 이유는 쉽기 때문이다. 러시아가 반드시 확보해야 한다고 생각하는 지역이어서가 아니다. 러시아에게 팽창전략을 통해 확보해야 하는 가장 중요한 지역은 북유럽평원—보르도에서 벨로루시, 그리고 그 너머까지에 이르는 대평원—이다. 모스크바에서 대평원이 있는 서쪽으로 갈수록 통로가 급격히 좁아진다. 러시아 중심부에서는 2,000마일에 달하던 통로가 폴란드 동부에 다다르

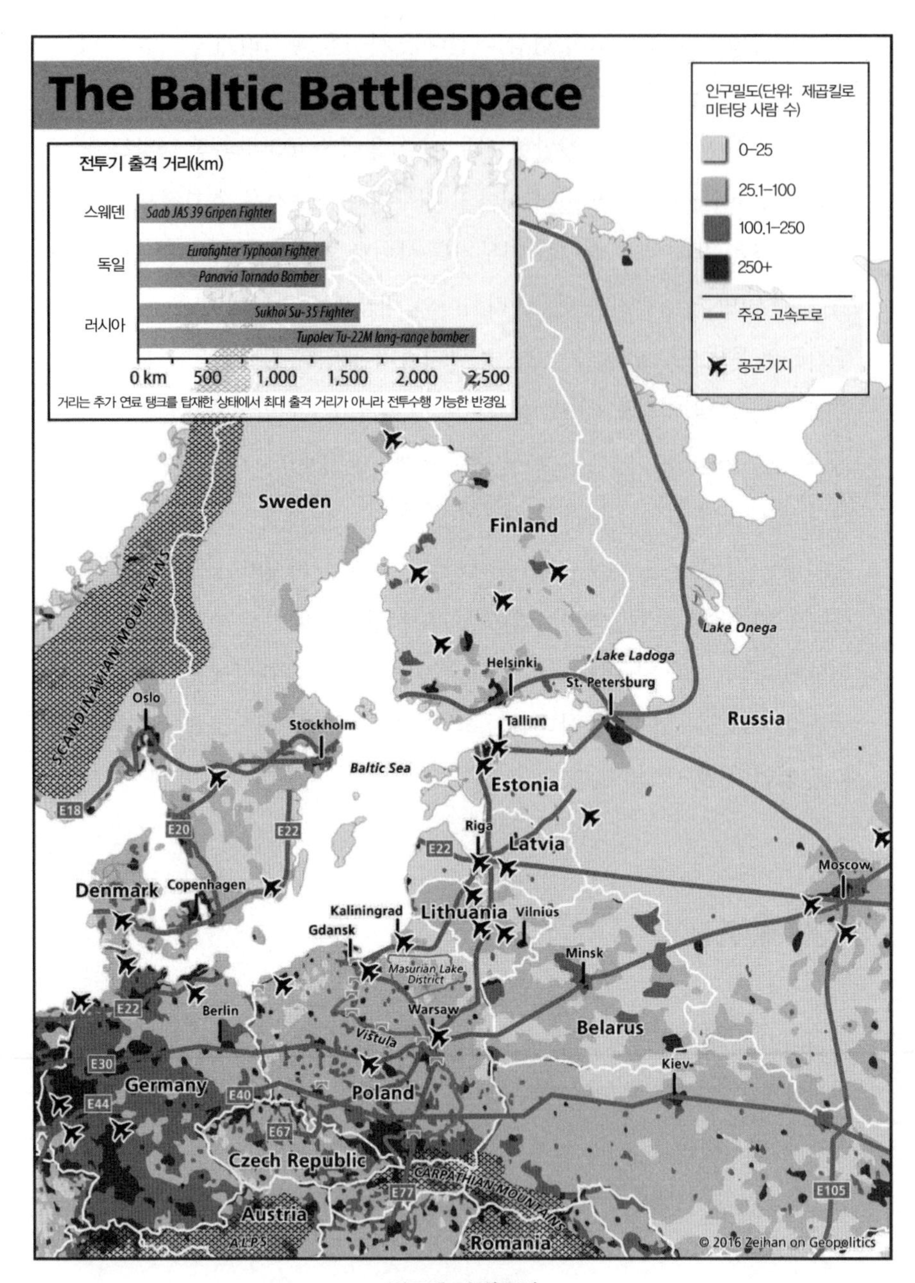
The Baltic Battlespace
전투기 출격 거리(km)
스웨덴
Saab JAS 39 Gripen Fighter
독일
Eurofighter Typhoon Fighter
Panavia Tornado Bomber
러시아
Sukhoi Su-35 Fighter
Tupolev Tu-22M long-range bomber
0 km
500
1,000
1,500
2,000
2,500
거리는 추가 연료 탱크를 탑재한 상태에서 최대 출격 거리가 아니라 전투수행 가능한 반경임.
인구밀도(단위: 제곱킬로미터당 사람 수)
0–25
25.1–100
100.1–250
250+
주요 고속도로
공군기지
Sweden
Finland
SCANDINAVIAN MOUNTAINS
Lake Onega
Lake Ladoga
Helsinki
St. Petersburg
Oslo
Stockholm
Tallinn
Russia
Baltic Sea
Estonia
E18
E20
E22
Riga
Latvia
Moscow
Denmark
Copenhagen
Kaliningrad
Lithuania
Vilnius
Gdansk
Minsk
Masurian Lake District
Berlin
Warsaw
Vistula
Belarus
E30
Kiev
Germany
E44
E40
Poland
E67
Czech Republic
CARPATHIAN MOUNTAINS
E77
E105
Austria
ALPS
Romania
© 2016 Zeihan on Geopolitics

발트해 전장(戰場)

면 250마일로 좁아진다. 폴란드 동부는 남쪽으로는 카르파티아 산맥이 가로막고 있고 북쪽에는 폴란드의 마주리아 호수 지역이 있다. 러시아 중앙정부는 이 협소한 지역의 핵심 영토는 아주 적은 상비군만으로도 방어가 가능하다고 생각한다. 가장 이상적인 근거지는 비스툴라 강 유역인데, 이 강은 폴란드, 특히 폴란드의 수도인 바르샤바를 가로지른다.

스칸디나비아 연합 세력과 러시아 간의 전쟁은 공군, 해군, 수륙양동 작전이 동원되는 역동적인 전쟁이 될지 모르지만, 폴란드에서의 전쟁은 유혈이 낭자한 격렬한 난투전이 되기 쉽다. 폴란드 지상군은 소련에서 독립한 여느 "신생" 유럽 국가 세 나라의 육군력을 합한 것보다 규모가 크지만 러시아를 대상으로 지연작전을 수행할 정도의 수와 기술력밖에 되지 않는다. 폴란드 공군력도 이러한 점을 감안해서 설계되었다. 폴란드 지상군의 생존 가능성을 높여주기 위해 공군이 밀착 지원을 하는 데 집중하기보다 장거리 폭격에 주안점을 두고 있다. 폴란드의 영토는 평지이고 확 트여 있으며, 러시아는 폴란드보다 훨씬 막강하기 때문에 지상전에서는 폴란드의 육군력만으로는 이기기 힘들다. 따라서 적진 깊숙이 침투해서 러시아의 심장부인 모스크바에 일격을 가해야 한다. 적을 억제하는 동시에 분풀이하는 혼합 전략이다. 폴란드와 러시아 간에 전쟁이 일어난다면 그 양상은 하나같이 다음과 같은 형태를 띠게 된다. 폴란드는 기껏해야 러시아의 침략을 저지하려고 엄청난 헛수고를 하다가 실패하고 나서, 폴란드가 경멸해 마지않는 나라인 러시아와 그 국민을 대상으로 불굴의 게릴라전을 펼치게 된다.

그러나 폴란드는 혼자가 아니다.

첫째, 스칸디나비아 연합 세력은 폴란드와 무기, 기술, 정보를 대대적으로 공유하고 노출된 러시아군을 겨냥해 수륙양동 습격 작전을 전개한다. 러시아가 방어해야 하는 해안 지역을 확장하면 기동력이 뛰어난 군사력을 보유한 연합 세력에게 유리해진다.

둘째, 독일도 전쟁에 뛰어드는 수밖에 없다. 독일은 (필사적으로) 참전을 피하고 싶어 한다. 2차 대전 당시에 저지른 만행에 대한 죄책감과 냉전 종식 후 평화의 시대를 누려 러시아와 정면대결을 극구 피하고 싶어 하는 정서가 강하다는 점은 차치하고라도, 독일은 여러 수입원으로부터 에너지를 수입하는데, 그 국가들과의 관계가 틀어지면 전깃불도 켜지 못하게 될지도 모르기 때문이다.

독일은 석유와 석유제품을 온 사방에서 수입한다. 총수요 2.3mbpd 가운데 2.1mbpd를 수입한다. 동쪽(러시아와 구소련 공화국들)에서 수입하는 물량이 총수입량의 절반을 차지한다. 천연가스의 의존도는 그 정도로 심각하지는 않다. 천연가스는 독일 전력 생산의 6분의 1밖에 차지하지 않기 때문이다. 그렇다고 해도 독일의 총수요 7.2bcf/d 가운데 족히 6.1bcf/d를 수입하고 있으며, 이 가운데 4.4bcf/d를 러시아로부터 수입한다.

애석하게도 참전을 꺼리던 독일의 태도는 오래가지 못한다.

러시아 탱크가 탈린, 리가, 빌니우스로 밀고 들어오면 독일은 이미 불안감을 느끼는 단계는 지나게 되고 스칸디나비아 국가들이 러시아와 난투전을 벌이는 모습이 독일 해안에서 시야에 들어오게 되면 더더욱 불안해지겠지만, 그렇다고 해도 독일이 폭스바겐을 녹여 무기를 만들기에 충분한 이유가 되지는 못한다. 그러나 독일이 주도하는 제조업 공급사슬에서 가장 중요한 역할을 하는 나라, 베를린에서 겨우 350마일 떨어진 나라에 러시아 군대가 입성하면 상황이 바뀌게 된다. 독일은 분연히 떨쳐 일어나 군대를 조직하고 폴란드 평원에서 러시아를 상대로 다시 한 번 전투를 치를 수밖에 없게 된다.

폴란드에게 독일의 참전은 지킬 박사와 하이드 씨와 같은 이중적인 면이 있다. 폴란드 사람들은 독일의 대대적인 지원 없이는 전진하는 러시아 군대의 발길을 돌리지 못한다는 사실을 잘 알고 있다. 그러나 마음속으로 폴란드인들은 러시아의 군홧발 못지않게 독일의 군홧발이 폴란드 영토를 밟는다는 사실을 끔찍하게 생각한다. 역사적으로 독일이나 러시아가 폴란드를 "해방"시키기 위해 지원을 할 때마다 그 "해방군"은 곧 떠날 때가 되어도 떠나지 않고 머무는 성향을 보여왔기 때문이다.

러시아가 폴란드 영토에 진입하면, 폴란드를 경유해 유럽에 에너지를 공급하는 모든 기간시설은 가동을 멈추게 된다. 러시아가 시설을 차단하든지, 폴란드가 시설을 파괴하든지, 아니면 두 가지 이유 모두 때문에 말이다. 야말-유럽과 노드스트림의 천연가스 송유관과 드루즈바 북부 송유관이 가동을 중지하게 되면 유럽은 추가로 천연가스 8.5bcf/d와 석유 1.5mbpd가 부족하게 된다.[7]

그러나 이와 같이 에너지 공급량이 부족해져도, 노르웨이가—다시 한번—구원투수로 나서게 된다. 스칸디나비아 4개국과 영국에게 에너지를 공급하고도 여전히 남는 750kbpd의 에너지를 다른 곳에 공급할 수 있다. 이러한 잉여 에너지를 독일에 공급해 독일이 구소련으로부터 수입하던 1mbpd를 대체하면 더할 나위 없이 바람직하다.

그래도 여전히 독일이 예의 주시해야 할 몇 가지가 있다. 독일은 막강한 제조업 국가로서 제조업에는 전기가 필요하고, 독일은 전력의 12퍼센트를 러시아에서 수입한 천연가스로 만들어낸다. 다행히 독일은 비장의 무기가 있다. 바로 원자력 발전이다. 2011년 일본 후쿠시마 원전사고가 발생한 후 독일 정부는 원자력 발전 가동을 전면 중단했다. 원자력 발전은 독일의 전기 수요 4분의 1을 공급했었다. 여기에 러시아까지 문제를 일으키면 상황은 더 악화되리라고 생각할지도 모르겠다.

그런데 아니다. 원자력 발전 부문을 전면 중단하라는 지시가 떨어져서 실행 단계에 들어가긴 했지만, 2016년 10월 현재 실제로 해체 단계에 들어간 독일의 원자력 발전 시설은 하나밖에 없다. 제조업과 물류의 복잡한 문제를 고려하면 다시 연료를 주입하고 시설들을 재가동하기가 쉽지는 않을지 모르지만, 독일은 세계 최고의 제조업과 물류 역량을 자랑한다. 게다가 원자력 공급사슬에서 가장 까다로운 단계인, 우라늄을 농축할 역량도 갖추고 있다.

쉬운 해결책을 찾기 힘든 문제는 독일 동부와 폴란드에 석유를 공급할 방법이다(독일과 마찬가지로 폴란드도 천연가스를 비교적 적게 사용하고 석탄을 태우는 화력발전 역량이 충분하기 때문에 천연가스 부족은 큰 문제가 아니다). 이 지역은 러시아에서 공급하는 석유에 전적으로 의존하고 있고, 해양 수로를 통해 다른 지역으로부터 석유를 들여오는 데 필요한 항만시설이 대체로 부족하다(동독의 주요 정유시설 가운데 하나는 러시아의 국영 석유회사 로즈네프트Rosneft가 소유하고 있으니, 러시아가 이 지역에서 원유공급 명줄을 얼마나 단단히 쥐고 있는지 짐작이 가리라 본다). 이는 분명 사소한 걱정거리—특히 전시에는—가 아니지만, 보통 부유저장시설(Floating Storage Unit, FSU) 원유를 정제해서 만든 125kbpd에 달하는 휘발유, 디젤, 제트연료 같은 제품들과 원유 250kbpd를 대체할 연료를 확보하는 일은 러시아가 애초 계획에 따라 독일의 전략적 정책을 좌지우지할 수 있게 되는 상황과 견줄 수 있는 문제가 아니다.

유감스럽게도, 폴란드의 운명은 바람 앞의 등불 같은 처지다. 폴란드는 하루에 50만 배럴 남짓한 원유가 필요한데, 외부로부터 온갖 종류의 대대적인 원조를 받지 않고는 독립을 유지할 가능성이 없는 국가를 돕자고 러시아와 근접한 이 나라에 누가 그렇게 소중한 에너지를 공급해줄지 상상하기가 어렵다.

세계적으로는 확산되는 갈등을 외면하기가 불가능해진다. 에너지 수입선이 재조정되고 러시아가 공급을 차단하게 되면 세계적으로 적어도 원유 3.1mbpd, 정유제품 1.5mbpd, 천연가스 7bcf/d가 부족하게 된다. 참전국들이 기존에 사용하던 연료를 바꾸면—천연가스에서 원자력이나 석탄으로 전환—천연가스 부족분의 절반은 메울 수 있다. 그러나 여전히 제2차 세계대전 이후 최대의 에너지 공급 차질이 빚어지고 결국은 에너지 공급 부족 현상이 연달아 일어나게 된다.

- 노르웨이가 참전 연합 세력에게 에너지를 제공하려면 북서부 유럽 지역에 있는 기존의 고객들, 주로 네덜란드, 벨기에, 프랑스에 대한 원유와 천연가스 공급을 중단해야 한다.
- 네덜란드, 벨기에, 프랑스는 뜻밖의 에너지 부족분을 북부와 서부 아프리카—유럽과 지리적으로 가깝고 과거 식민지였던 역사가 있으며, 전쟁으로 고가에 판매 가능하다는 기미를 눈치채면 너도나도 유럽에 에너지를 팔려고 달려들게 된다—에서 액화천연가스와 원유를 모조리 사들이면 메울 수 있다.[8]
- 아프리카에서 에너지를 수입하던 나라들—주로 동북아시아—은 유럽의 에너지 부족으로 인한 영향을 고스란히 떠안게 되면서 페르시아 만 원유공급 국가들에 대한 의존도가 더 높아진다.

이 시점에서 러시아는 승리를 기대할 충분한 이유가 있다. 스칸디나비아 연합 세력은 동기부여도 되어 있고 전쟁을 치를 역량도 있을지 모르지만, 물량공세로 맞서는 러시아 지상군을 언제까지고 막아내기는 어렵다. 스칸디나비아 연합 세력은 어느 모로 보나 질적으로는 우수한 군사력을 지니고 있을지 모르지만, 러시아는 수적으로 상대를 압도하고 인명피해를 기꺼이 감수할 태도를 갖추고 있다는 면에서 스칸디나비아와 영국 연합 세력은 적수가 되지 못한다.

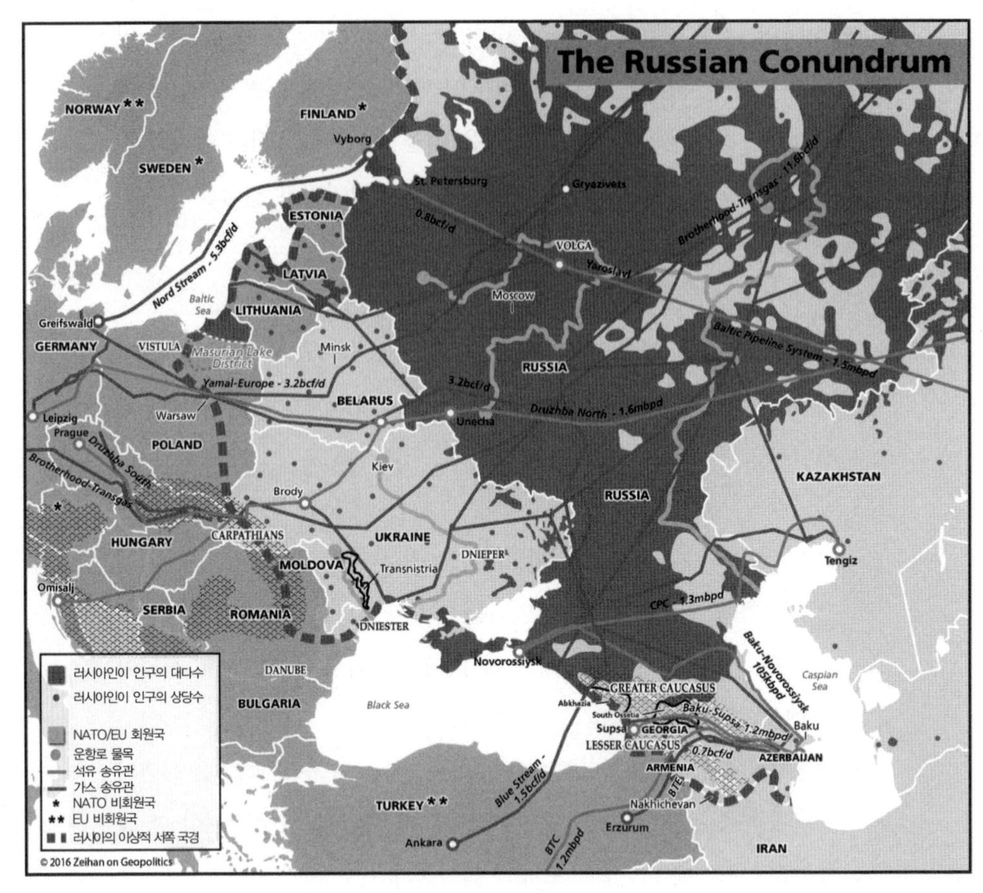

러시아 문제

정세를 제대로 판단한다면, 독일과 폴란드는—러시아의 인구가 1억 4천만 정도인 데[9] 비해 두 나라 합산 인구는 1억 2천만이다—수적으로는 러시아 군대를 밀어낼 역량이 되지만, 두 나라의 군대는 애초에 이런 종류의 전투를 치를 태세가 되어 있지 않다. 폴란드 군대는 원정 작전에 서툴고 러시아의 맹공격에 맞서 대오를 유지하는 데도 애를 먹게 된다. 폴란드 동북부에 호수와 삼림지대가 어느 정도 있다는 점을 제외하면 폴란드의 동쪽 절반과 국경 지역은 탱크로 밀고 들어오고 보병이 걸어서 진군해 들어오기 안성맞춤인 평원이다. 이 못지않은 문제는 25년 동안 탈군사화를 추진해온 독일이 하루아침에 재무장하기는 어렵다는 점이다. 이 책을 쓰는 2016년 현재, 독일 육군 정규군은 겨우 63,000명이다. 인구가 독일의 절반이고 경제력은 6분의 1인 폴란드 육군보다 규모가 그다지 크지 않다. 독일이 재무장하려면—적어도—1년은 걸리는데, 재무장을 하고 나서야 비로소 러시아를 폴란드와 발트해 3국에서 축출하는, 길고 혹독한 장기전을 치러야 할지 모른다. 이러한 1년이라는 시차 때문에 러시아 군대는 스웨덴과 그 연합 세력에 대해 전략적으로 융통성을 발휘하고, 비스툴라 건너편의 기간시설을 파괴할 시간을 충분히 벌고, 독일이 주도하는 반격을 지연시킬 수 있다.

그러나 러시아는 거기서 만족하지 않는다.

4단계: 남쪽 경계

군사적으로 볼 때, 러시아의 동남쪽 지역을 확보하기가 가장 간단하다.

- 코카서스 지역에서 조지아는 초라한 군사력을 보유하고 있다. 지난 2008년 러시아는 겨우 닷새 만에—그것도 올림픽이 열리는 동안—조지아를 패배시켰다.
- 아제르바이잔은 서류상으로는 막강한 군사력을 보유하고 있지만 자국보다 훨씬 소규모에 장비도 훨씬 뒤떨어지는 아르메니아를 무찌르는 데 연속해서 실패했다. 따라서 그보다 훨씬 막강하고 중장비로 무장한 러시아를 상대로는 승산이 없다.

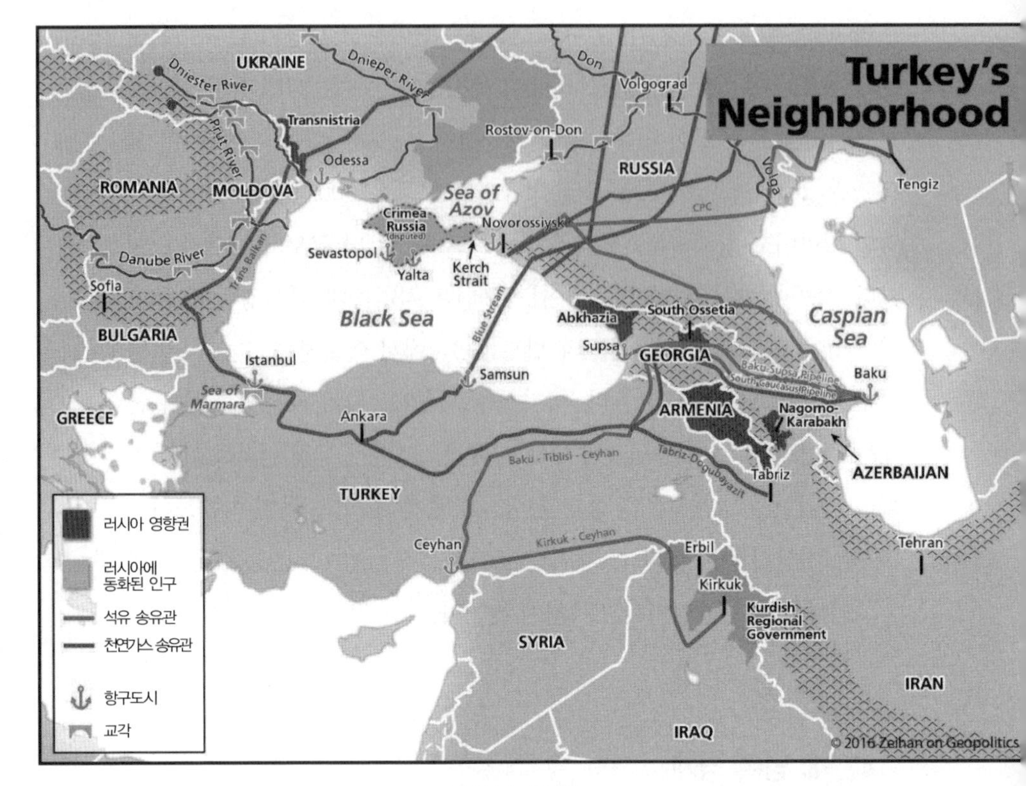

터키 주변 지역

- 아르메니아는 이미 러시아 군대가 파견되어 있는 지역으로서, 러시아가 주변 국가들, 특히 아제르바이잔을 무릎 꿇게 만들 때 러시아에 적극 협조할 가능성이 크다.
- 몰도바는 조지아보다도 훨씬 더 군사 역량이 저조하다. 게다가 러시아가 침략하면 정치적으로 맞설 역량조차 있는지 의심스럽다. 이 나라의 인구 350만 가운데 거의 절반은 친 러시아 정당에 투표하는데, 그 절반에는 1993년 내전 이후로 러시아가 조장하고 군사적으로 뒷받침해 법적인 지위가 애매모호해진 창끝 모양의 소국인 트란스니스트리아

(Transnistria)가 포함되지 않았는데도 그러하다.

- 그러면 이제 루마니아만 남는다. 폴란드 다음으로 러시아가 공격목표로 삼을 가능성이 가장 높은 나라는 의심할 여지없이 루마니아인데, 러시아는 이곳에서도 상당히 유리한 입장에 놓여 있다. 러시아는 루마니아 영토 전체를 점령할 필요도 없다. 카르파티아 산맥에서 다뉴브 삼각지에 이르는 북동쪽 끝 자투리땅만 차지하면 된다. 루마니아에게는 별것 아니라고 할 수는 없지만 그래도 러시아가 이 땅을 차지해도 다뉴브 강 유역을 따라 나 있는 루마니아 핵심 영토를 위협하지는 않는다. 게다가 카르파티아 산맥과 다뉴브 강 지류들이 도처에 있기 때문에 문제가 되는 지역의 기간시설은 루마니아 핵심 지역보다 우크라이나와 몰도바와 훨씬 확고하게 연결되어 있다(애초에 러시아가 이 지역에 눈독을 들이는 이유가 바로 이 때문이다).

러시아가 이러한 남부 지역을 확보하려는 이유는 목표물 자체를 점령하는 게 목적이라기보다 이 지역을 대신해서 러시아에 맞서 싸울 의지와 역량을 갖춘 나라가 등장하지 못하도록 하는 게 목적이다.

러시아가 전략에 고심하느라 밤잠을 설치게 만드는 나라는 터키다.

- 터키의 해군력은 일본이나 영국에 비하면 초라할지 모르지만, 러시아 함대와는 달리 터키의 함대는 마음대로 쉽게 흑해에 총집결할 수 있다. 공군력과 결합하면 터키 해군력은 스칸디나비아 연합 세력이 발트해에서 러시아를 축출하기보다 훨씬 더 쉽게 흑해에서 러시아 해군을 제거할 역량이 있다.
- 우크라이나를 점령한 러시아군이 발트해 3국을 점령한 러시아군보다 더 큰 저항에 부딪히게 되므로—단지 머릿수 차이이다. 우크라이나 민족

은 3,500만 명인 반면 에스토니아, 라트비아, 리투아니아 3개국 인구는 다 합해도 500만 명이 채 되지 않는다—터키는 해군력의 우월적 지위를 이용해 우크라이나 해안 전역에서 수륙양동 습격 작전을 펼치게 된다. 터키가 가장 군침을 흘리는 공격목표는 크리미아 반도다. 그곳에 거주하는 타타르 소수민족은 터키인을 동족으로 여길 뿐만 아니라 러시아와 크리미아 반도를 이어주는 교각이 없다.[10] 터키는 크리미아 반도 전역을 상당히 쉽게 점령할 가능성이 높으며, 크리미아 반도를 차단하면 반도에 주둔한 러시아 군사력은 병참보급이 끊겨 고사하게 된다.

- 터키는 불가리아, 루마니아와 다소 냉랭하지만 공식적인 관계를 유지하고 있고, 별 문제 없이 군사기지 협상을 타결하고 이를 실행에 옮겨 러시아가 루마니아 북동부 지역에 군대를 더 많이 주둔시키도록 만들 수 있다. 터키는 루마니아가 자국의 영토를 탈환하려 하면 공중에서 엄호를 해줄 의향도 있을지 모른다. 그렇게 하면 터키가 다른 지역에서 러시아군과 맞닥뜨리게 될 가능성을 줄여주기 때문이다.
- 터키는 조지아와 아제르바이잔에 지상군을 투입할 가능성도 있다. 코카서스 남쪽에 있는 러시아군의 수는 1만 명에 육박한다—게다가 그 수의 두 배만 있으면 그 지역에서 러시아는 정복하지 못할 게 없다. 그러나 터키의 50만 지상군과 맞서기에는 초라한 수의 군대로서 러시아군은 전략적으로 고립된다. 게다가 터키는 38만 명의 예비군까지 있다. 더군다나 터키가 몇 차례 공습을 감행하면 러시아에서 코카서스 지역으로 군대와 물자를 실어나르는, 두 개밖에 없는 철도가 끊길지 모른다.

러시아는 스웨덴과 스칸디나비아 국가들을 상대할 만하다고 생각한다. 거기다 독일을 더하면 러시아는 조금 신중해지겠지만 그래도 결심이 흔들리지는 않는다. 진짜 문제는 남쪽 경계에서 생긴다. 러시아는 스웨덴,

독일, 터키와 한꺼번에 동시에 싸우기는 버겁다고 생각한다. 옳은 판단이다. 러시아가 승리하려면 터키의 참전을 막아야 한다. 그러려면 러시아는 터키의 관심을 딴 데로 돌려야 한다.

주의를 시리아로 돌리다

시리아의 지형은 변화무쌍하다. 혹독한 사막, 울창한 산맥, 좁은 해안 지역, 놀라울 정도로 규칙적인 강수량을 자랑하는 초원지대가 뒤섞여 있다. 이와 같이 지형이 다양한 지역에 대해 일반적인 평가를 내린다는 게 문제가 있지만, 간단히 말하자면 시리아를 통치하는 아사드 가문의 권력 기반은 해안지방과 산악지대에 거주하는 다양한 소수민족들이다. 주요 반정부 세력은 인구가 밀집한 농업 중심지가 있는 초원지대에 거주하고, 이슬람국가(Islamic State, 이하 IS)로 알려진 군사/테러 조직(지칭하는 주체에 따라 IS, ISIS, ISIL로도 불린다)이 사막을 다스린다.

2011년을 기점으로 아사드 정부와 주요 반정부 세력은 해안, 산악지대와 사막 사이에 놓인 도시들과 경작지를 차지하기 위해 서로 싸웠다. 2013년 말, 양측은 상대방을 제압하기가 불가능하다는 사실을 깨닫게 되었다. 저항세력은 홈스, 하마, 알레포 등 고대 도시들을 장악한 한편 정부측은 산악지대와 다마스쿠스를 굳건히 수호했다. 전투는 잦아들지 않았지만 전략적으로 볼 때 2014년을 기해 전쟁은 교착상태에 빠졌다. 게다가 정부군과 반군 모두 다양한 지역으로부터 식량과 물과 무기를 비교적 꾸준히 공급받았기 때문에 어느 한쪽도 IS의 공격을 막아내는 데 큰 어려움을 겪지 않았다. IS는 탱크나 포대와 같은 중무기는 많이 보유하지 못했고, 기동성이 높은 사막 전투에서 픽업트럭은 신기를 발휘하는 무기지만 픽업트럭을 타고 돌아다니며 벌이는 전투가 지닌 인상적인 특징이라고는 전투가 금방 끝난다는 점뿐이다. IS의 이념, 사이코패스를 모집하는 역량, 잔혹성은 공포를 불러일으키지만 그렇다고 해서 그런 그들이 전투경험이 풍부하고 병참보급이 잘 되는 군사력을 자기들이 굳건히 지키고 있는 도시에서 몰아낼 만한 역량이 있는 군대로 변모하지는 않는다.

게다가 IS의 세력은 약화되고 있었다. 그들이 해석하는 금욕적인 이슬람은 그 지역을 통치하려는 시도로서는 딱히 경제적으로 정교한 정책은 아니었다. 몇 달 동안 여성들을 노예로 팔고 비신도들을 대량으로 처형하고 나자, 문명을 구성하는 기초적인 토대—식량생산과 식량분배—가 무너지기 시작했다. 사막에 둥지를 튼 IS 세력은 그들의 통치를 받는 사람들을 먹여 살릴 능력도 없었고 작전수행을 계속하려면 밀수를 하는 수밖에 없었다.

이런 상황에서 러시아는 기회를 포착했고, 2015년 8월 러시아는 1,000명의 군인을 시리아에 파견했다. 러시아 중앙정부에 따르면 이와 같이 군대를 파견한 이유는 세계 테러리즘과 싸우기 위해서였다. 서구 진영의 국가들과 이슬람 국가들, 언론매체에 따르면 러시아가 시리아에 군대를 파견한 이유는 힘을 잃고 있는 아사드 정부(소련/러시아의 오랜 동맹)를 뒷받침하기 위해서이기도 하고, 중동 지역에 러시아의 이해관계를 구축하려는 의도에서이기도 하다.

현실은 그보다 훨씬 복잡하다. 그리고 사악하다. 개입하고 첫 아홉 달 동안 러시아군은 IS에 관심도 두지 않았다. 대신 시리아 중심부에서 아사드 정권에 맞서는 반군 세력들에 대해 공습을 퍼붓는 데 집중했다. 시리아 정부가 이러한 러시아의 공습을 일부 활용할 수 있었지만, 공습의 진짜 목표는 교착상태의 전투를 기동전으로 전환하는 것이었다. 기동전에서는 IS가 활개칠 수 있다. 러시아의 공습 덕분에 IS는 사막에서 여러 경로를 통해 시리아 중심부에 침투해 시리아 정부와 반군을 모두 직접 위협하게 되었고, 그들 특유의 문화적, 경제적 통치기법이 도달하는 범위를 확장했다.

그 결과 러시아가 의도한 대로 난민 행렬이 이어지고 있다.

난민들이 달아날 방향은 하나뿐이었다. 이스라엘은 시리아 난민을 받아들이지 않는다. 요르단은 더 이상 난민이 유입되지 못하도록 봉쇄하고 있으며, 이미 진입한 난민들을 축출할 방법을 모색하고 있다. 영토가 작은 레바논은 이미 정원초과 상태다. 이라크—사막과 IS가 점유한 영토의 반대편에 위치한 나라—는 내전에 휘말려 있다. 그러면 터키밖에 남지 않는다. 러시아가 계산한 대로 터키는 내키지 않는 세 가지 선택지가 있다.

1. 시리아를 침략해 터키가 원하는 안보 현실을 강요하고 시리아 국민들이 제 분수를 깨닫게 해준다. 그렇게 되면 터키군은 터키 남쪽에서 벌어지는 문제에 골몰하게 되므로 러시아는 코카서스, 우크라이나, 발칸반도에서 마음대로 휘젓고 다닐 수 있다.

2. 시리아 난민을 받아들인다. 그러려면 터키 정부가 정치력을 총동원해야 하므로 러시아는 코카서스, 우크라이나, 발칸반도에서 마음대로 휘젓고 다닐 수 있다.

3. 난민을 유럽에 떠넘긴다. 그러면 터키와 유럽의 관계가 악화되어 터키와 유럽의 공조는 거의 불가능해지므로 러시아는 코카서스, 우크라이나, 발칸반도에서 마음대로 휘젓고 다닐 수 있다.

2015년이 저물고 2016년이 되자 터키는 1번과 3번을 혼합한 형태를 선택했다는 사실이 분명해졌다. 2016년 말 무렵, 터키는 전투지형을 입맛에 맞게 재구성하기 위해서 시리아에 700여 명의 군대를 파병했다. 터키의 유럽연합 가입, 터키인에 대한 비자발급 확대, 시리아 내전, 우크라이나에서의 러시아 행동에 관한 터키와 유럽 간의 협의가 사실상 중단되었다. 러시아가 치른 비용이라고는 소규모 병력을 파견하고 추가적인 법령을 선포한 것뿐이었다.

무엇보다도 가장 최악/최선의 결과는 러시아가 또다시 이런 짓을 저지를 수 있다는 점이다. 현재 상황이 유동적인 전투 지역에 살고 있는 시리아인이 추가로 1,200만 명이 더 있다.

시리아에 대한 러시아의 책략이 실패하고 터키가 총부리를 북쪽으로 돌린다 해도, 러시아는 전혀 걱정할 필요가 없다. 2015년 터키는 4.2bcf/d에 달하는 천연가스 수요를 전량 수입했다. 이 가운데 58퍼센트는 러시아로부터, 12퍼센트는 아제르바이잔으로부터 수입했는데, 이는 모두 러시아가 전쟁 초기에 장악하게 되는 지역들을 통과해야 한다. 나머지—모두 18퍼센트—는 이란으로부터 가스송유관을 통해 터키의 극동 지역으로 들여오고, 나머지 10퍼센트는 액화천연가스 형태로 극서 지역으로 들여온다.

터키가 연료 수입원을 바꾸기란 북유럽 국가들만큼 쉽지 않다. 터키는 에너지 저장시설이 부족하다. 특히 천연가스 저장시설이 부족하다. 수입에 차질이 생기지 않았는데도 이미 계절에 따라 등화관제가 흔히 시행되고 있다. 터키는 비상용 발전시설이 부족하기 때문에 필요에 따라 연료를 바꾸기도 불가능하다. 터키 인구 대부분—특히 동부 지역—은 군사 충돌이 계속되는 동안 무기한 등화관제에 돌입하게 될지도 모른다.

그러나 터키에 미치는 영향은 터키 너머로 확산되는 영향에 비하면 아무것도 아니다.

이게 다 원유와 관련이 있다.

4개 송유관—바쿠-트빌리시-숩사, 바쿠-노보로시이스크, 바쿠-트빌리시, 카스피 해 송유관 컨소시엄—은 터키가 완전히 장악하고 있는 영토와 영해를 관통해 카자흐스탄, 러시아, 아제르바이잔의 원유를 거의 3mbpd 운송한다. 터키가 전쟁에 뛰어드는 당일부터 이들 송유관의 가동은 전면 중단된다. 공교롭게도 이 상황에서 유일하게 피해를 입지 않는 나라는 터키뿐이다. 터키는 원유 수요의 거의 전량을 수입하는데, 800kbpd 정도 되는 수요를 이라크 쿠르드 족으로부터 수입해 벌충할 수 있다. 이와 같이 간단히 공급난을 해소할 방법이 없는 수많은 나라들이 문제다.

석유시대가 개막되고 처음으로 참전국들은 필요한 만큼 에너지를 확보하게 되지만 그에 따른 부담은 전투가 벌어지는 지역에서 멀리 떨어진 나라들이 져야 하는 그런 형태의 전쟁이 벌어지게 된다. 러시아산 에너지가 발트해, 흑해, 혹은 지중해에 도달하기가 불가능해지고, 유럽 국가들은 러시아 에너지를 아프리카나 노르웨이 에너지로 대체하게 되면, 나머지 나라들은 이로 인해 발생하는 공급 부족분 석유 6.7mbpd와 천연가스 16.3bcf/d의 부담을 고스란히 짊어져야 한다. 에너지 부족분의 거의 전량이 야기할 부담을 동아시아 국가들과 인도가 떠안게 된다.

지구전에서 어느 쪽에 내기를 걸어야 하나?

러시아에게 달성하기 쉬운 전략은 아니다. 11개국 전부 또는 일부를 점령하고—점령 상태를 계속 유지하는 일이 야심만만한 계획이 아니라고 할 수는 없다. 그것도 그 가운데 5개 나라는, 핵무장을 하고 미국의 지원을 받는 안보동맹, 즉 북대서양조약기구의 회원국이다. 게다가 이 전략이 성공하려면, 러시아 민족이 아닌 7,000만에 달하는 인구를 강제로 편입시켜야 하는데, 이들은 거의 대부분 러시아의 지배를 받는 상황에 반감을 보일 사람들이다. 여기서 세 가지 생각이 떠오른다.

첫째, 지구상에서 반항적인 소수민족들을 관리하는 데 있어서 러시아보다 더 경험을 축적한 나라는 없다. 모스크바 대공국 초기부터 러시아는 안보를 달성하려면 주변 지역들과 주변 지역 너머 지역까지 점령해서 이들 지역을 전략적인 완충지대로 바꾸고 이 지역 주민들을 총알받이로 이용하는 방법밖에 없다는 사실을 익히 알고 있었다. 따라서 러시아는 늘 세계에서 가장 침투력이 강한 정보망을 보유하면서 점령지 주민들을 평정해왔다. 인력을 집중적으로 투입해야 하는 일인 듯하지만—실제로 그렇다—방어가 불가능한 국경 수천 마일을 방어하는 데 드는 인력에 비하면 훨씬 적은 물자와 인력으로 가능하다. 무엇보다도 물자 부족에 시달리는 러시아로서는 선전선동을 활발하게 이용하면 러시아 국민들에게 이러한 전략이 먹혀들어간다는 점이 중요하다.

둘째, 러시아는 생각보다 많은 자금을 보유하고 있다. 러시아는 전쟁을 수행할 여유가 없다고 믿는 이들이 많다. 그럴듯한 판단이다. 러시아가 전쟁을 치르게 되면, 하루 3억 5천만 달러에 달하는, 에너지 수출에서 창출되는 수익을 포기해야 한다.[11] 그러나 2016년에 러시아는 여전히 4,500억 달러에 달하는 현금을 보유하고 있었고 여러 가지 비상금을 비축해두고 있었다—에너지 수출이 불가능해지면 그 손실을 4년 간 벌충하기에 충분한 액수다. 러시아가 따로 숨겨놓은 자금이 없고, 다이아몬드, 백금, 금과 같이 현금이 아닌 자산을 처분하지 않는다는 전제하에 그렇다는 말이다. 더욱이 눈에 띄는 점은 러시아가 연금제도 관련법을 바꿔 은퇴 연령을 러시아 남성의 평균 사망 연령보다 높은 나이로 변경했다는 점이다. 러시아는 추가로 법령을 개정해 정부가 운용하는 연금기금이 러시아의 국채에 투자하게 허용—사실상 권장—했다. 러시아가 이 싸움에서 물러난다고 해도 그 이유는 돈이 부족하기 때문은 아니다.

마지막으로 러시아는 반드시 지켜야 할 마감시한이 있다. 러시아의 인구 감소는 상당히 진행된 상태이므로 국가로서의 러시아는 20년 내에 붕괴될 가능성이 높은데, 그나마도 거시경제적인 지위가 하락하지 않고 러시아 내부에 외세가 개입하지 않는다는 전제하에서 나온 추정치다. 둘 중 어느 한쪽도 장담하기 어려운 가정이다. 2020년이면 30세 이하인 러시아인—병사로 복무할 나이—은 모조리 출생률이 급감한 후에 출생한 이들이 된다. 요컨대, 러시아 중앙정부는 인구구조의 붕괴로 국체를 유지하려고 시도할 기회조차 박탈당하기 전에 서둘러 모종의 조치를 취하는 수밖에 달리 선택의 여지가 없다.

지구전에서 미국의 역할

미국은 분명히 본능적으로 러시아에 맞서게 된다. 남북전쟁 이후로 미국 본토를 위협할 수 있는 유일한 주체는 소련이었기 때문에 미국의 무의식 속에는 러시아에 대한 두려움이 늘 어두운 한구석에 잠복하고 있다. 그러나 누군가를 무장하고 싸우게 만들려면 단순한 반감만으로는 부족하다. 미국이 이 전쟁에 참전하지 않을 이유는 여러 가지다.

브레튼우즈 협정 이후의 시대에 미국은 자국과 세계와의 관계를 어떻게 설정해야 할지 아직 정하지 못했고, 어떤 관계를 원하는지 파악하려면 적어도 10년은 걸리게 되기 때문인 이유도 있다. 또 다른 이유는 아무것도 잃을 게 없다고 생각하는 핵보유국을 대상으로 2,000마일에 달하는 전선을 따라 치러지는 지상전에 미국이 개입할 만한 설득력 있는 이유가 없기 때문이다. 러시아가 유럽 대륙의 장기적인 영토 안보와 경제적 안보를 훼손하는데도, 유럽 국가들은 러시아로부터 에너지 수입을 점진적으로 단절할 기미를 보이지 않고 있기 때문이기도 하다. 러시아가 공격대상으로 정조준하고 있는 나라들조차도 그러하다. 러시아 정부가 멍청하지 않기 때문이기도 하다. 유럽 국가들이 자국을 방어하기 위해서—그리고 일치단결해서— 러시아에 맞서지 않는데, 미국이 그들 대신 나설 이유가 없다. 여러 모로 북대서양조약기구를 토대로 한 안보동맹은 이미 존재하지 않는 셈이다.

그렇다고 해서 미국이 세계에서 일어나는 이러저러한 혼돈에서 완전히 손을 뗀다는 뜻은 아니다. 미국이 러시아에 대항하는 다양한 세력들을 지원할 방법은 수없이 많다.

- 미국은 러시아에 대항하는 전쟁에 참여하는 나라라면 누구에게라도 무기와 그밖의 다른 물자들을 기꺼이 팔 용의가 있다. 러시아에 맞서는 참전국들 대부분이 현재/과거에 북대서양조약기구 회원국이고, 따라서 미국이 제조한 장비들을 능숙하게 다룰 줄 안다. 북대서양조약기구 회원국이 아닌 몇 개 참전국들 가운데 스웨덴과 핀란드는 장비의 호환성을 극대화하기 위해 설계된 북대서양조약기구 프로그램들에 참여했거나 참여하고 있다. 특별히 매력적인 무기체계는 러시아 전투기를 무력화하는 악명 높은 휴대용 대공미사일 스팅어(Stinger)와 러시아 기갑부대를 무력화하는 지대공 미사일 재블린(Javelin)이다. 둘 다 작고 가볍고 치명적이며 닌텐도 컨트롤러만큼이나 작동하기 쉽다.[12]
- 미국은 세계 최첨단 위성과 신호포착 정보시스템을 갖추고 있고 미국이 이 시스템에서 취득한 정보를 공유하는 나라는 4개국뿐인데, 그 가운데 하나—영국—가 전쟁에 가담하게 된다. 따라서 이러한 정보공유를 통해

수륙양동 기습 작전에서부터 영토 깊숙이 침투하는 작전, 대공시스템을 이용한 목표물 설정, 러시아의 영향권 전역에서 저항 운동을 확산시키는 전략에 이르기까지 다방면으로 지원을 하게 된다(미국의 정보부서들은 저항운동 확산 작전에서 훨씬 더 은밀하지만 직접적인 역할을 할 가능성이 높다).

- 유럽의 동서를 가르는 선의 동쪽에 위치한 나라들—특히 우크라이나와 조지아—에게 1980년대의 아프가니스탄 전쟁은 매우 흥미로운 비교 대상이다. 소련이 아프가니스탄을 점령하는 동안, 미국 정보부서들은 세계 여러 무기상들로부터 소련의 무기체계를 구입해 소련에 맞서는 투사들에게 전달되도록 주선했다. 여기에 휴대용 대공 무기들을 몇 개 동원하자 소련은 절대로 잃어서는 안 되는 자산들을 꾸준히 소모할 수밖에 없었다. 이와 똑같은 전략을 2010년대와 2020년대에 동유럽에서 구사하면 러시아는 병참의 가장 민감한 부문에서 치명타를 입게 된다. 러시아로부터 물자와 공군력을 서부전선으로 이동하는 일 말이다.
- 게다가 미국의 과거에 비추어볼 때, 미국이 전쟁에 공식적으로 참가하지 않는다고 해서 미군이 자국과 생각이 같은 세력을 자발적으로 지원하지 말란 법이 없다.

그러나 미국이 할 가장 큰 역할은 에너지 관련 문제에 집중된다. 2015년 미국은 세계에서 두 번째로 정유제품을 많이 수출하는 나라였고, 미국 전역의 정유시설은 셰일 혁명을 십분 활용하기 위해서 확장일로에 있다. 미국 연방정부 그리고/또는 텍사스 주가 그럴 만한 동기부여가 되면 미국의 정유시설을 가동해 휘발유, 디젤, 제트연료 등등을 총동원해서 스웨덴, 폴란드, 독일, 그리고 터키에서 탱크가 굴러가고, 제트기가 날고, 전깃불을 환하게 밝히는 데 쓸 만반의 준비가 되어 있다.

전쟁의 여파: 유럽과 러시아

그처럼 넓은 지역에서 전개되는 지상전에서는 변수가 너무나도 많기 때문에 구체적으로 어떻게 전개될지 파악하기란 쉽지 않으며, 전쟁이 끝날 무렵 유럽, 터키, 러시아 지역이 어떤 모습이 될지는 더더욱 예상하기 힘들다. 독일은 불길한 예감을 느끼고 일찌감치 재무장을 시작해 러시아의 패배를 앞당길지 모른다. 아니면 너무 오래 시간을 끌다가 재무장을 시작해 폴란드에 이렇다 할 도움도 주지 못하고 길고 고통스러운 전쟁을 수행해야 할지 모른다. 라트비아가 함락된 후 다가올 운명을 예감한 터키는 군사력을 아제르바이잔 내에 전면 배치해서 남부 지역을 대상으로 러시아가 세운 전략을 무너뜨릴지도 모른다. 아니면 군대를 시리아와 이라크에 침투시키고 코카서스와 루마니아는 각자도생하도록 내버려둘지도 모른다. 폴란드는 핵무기를 전쟁에 밀반입할 방법을 찾아내고 모든 나라가 세운 계획을 모조리 망쳐놓을지 모른다.

구체적인 사항이 수많은 사람들에게 중요한 이유는 수없이 여러 가지다. 그러나 나는 보다 큰 그림에 집중하는 게 훨씬 타당하다고 생각한다. 나를 훨씬 침울하게 만드는 내용이긴 하지만 말이다.

러시아가 차지하려고 고군분투하는 영토를 제외하면, 사실 이 전쟁에서 누가 이기고 지는지는 중요하지 않다.

승패 여부에 상관없이, 스웨덴은 더 이상 중립국이 아닐 테고, 사실상 북유럽을 지배하는 새로운 경제적 군사적 동맹의 중심축 역할을 하게 된다. 승패 여부에 상관없이, 독일은 명실상부한 군사력을 보유한 “정상적인” 국가로 다시 부상하게 된다. 승패 여부에 상관없이, 영국은 전략적 필요에 따라서 유럽에 관여할지 말지를 결정할 위치에 있음을 만방에 과시하게 된다. 승패 여부에 상관없이, 터키는 여전히 근대의 산업화 경제 체제를 지닌 유일한 무슬림 국가이자, 인구구조가 탄탄한 유일한 유럽 국가이자, 유럽이나 중동에서 유일하게, 필요한 것은 무엇이든 국경 몇십 마일 안에서 구할 수 있는 나라다. 그리고 누가 승자와 패자가 되든 상관없이, 프랑스는 이 갈등이 지속되는 동안 서유럽과 아프리카를 자국이 원하는 형태로 재구성하게 된다.[13]

(아주) 장기적인 관점에서 (한참) 거리를 두고 바라보면, 러시아가 이기든 지든, 지구전은 러시아에게조차 그다지 중요하지 않다는 점이 특히 충격적이다.

지구전이 발발하는 가장 중요한 이유는 러시아의 인구구조가 붕괴되고 있기 때문이다. 소멸되고 있는 민족은 바로 러시아 민족인데, 이 러시아 민족이 소멸되면서 러시아 국가와 동반자살을 하고 있기 때문이다. 그렇다고 해서 러시아의 국민이 모두 러시아 민족이라는 뜻은 아니다. 러시아 연방 내에서 러시아 민족이 아닌 소수민족들—특히 타타르, 체첸, 바시키르 같은 투르크 족 계열—은 인구구조가 튼튼하고, 인구수도 급격히 늘어나고 있다. 현재 우리가 러시아라고 부르는 영토의 미래 주인은 바로 그들이다.

포괄적인 전쟁에서 패배한 러시아는 급속하게 붕괴된다. 10년 내에 붕괴된다고 장담한다. 그 뒤를 잇는 오합지졸 소국들의 국경은 여러 민족들이 섞인 러시아의 국경 못지않게 방어하기가 불가능하고, 수십 년, 심지어 수 세대에 걸쳐 사소한 갈등과 유혈 사태와 피아(彼我)가 이합집산을 하며 끊임없이 변하는 다면적인 전쟁에 휘말리게 된다. 그러한 갈등은 "단순히" 모스크바를 서로 차지하려고 하기 때문에 벌어지는 갈등이 아니다. 누가 이기든, 러시아 제국, 소련, 러시아 연방이 영토의 안보를 확보하기 위해 수세기 동안 팽창 정책을 펼 수밖에 없게 만든, 저주받은 지리적 여건이 야기하는 똑같은 시련에 직면하게 된다. 새로 권력을 잡은 민족은 이와 같은 역사를 되풀이하게 된다.

러시아가 지구전에서 이긴다고 해도, 러시아 민족은 여전히 소멸해간다. 러시아가 이기더라도 결말은 똑같다. 러시아는 붕괴된다. 외부의 힘에 의해서가 아니라 내부의 결함에 의해서. 다만 러시아가 이기면 붕괴되는 시점이 몇십 년 지연될 뿐이다.

러시아와 유럽을 제외한 나머지 세계 또한 똑같은 결말을 맞게 된다. 에너지 부족 현상이다. 결과가 어떻게 되든 상관없이, 러시아와 유럽의 국경지대는 황폐해진다. 구소련의 에너지 운송 기간시설도 그 희생양이 된다. 소련과 그 뒤를 이은 나라들은 평화가 계속된 지난 반세기 내내 수천억 달러의 국내외 투자자금을 들여 그 기간시설을 구축했다. 그 기간시설을 다시 가동하려면—적어도—일이십 년은 걸린다.

왜 그렇게 오래 걸릴까? 무슨 이유에서든 러시아에서 생산된 석유가 송유관을 통해 수출되지 못하면 생산 현장은 폐쇄되어야 한다—어느 곳에서든 마찬가지다. 그러나 텍사스, 브라질, 리비아 등과는 달리 러시아의 석유는 대부분 시베리아 동토에서 생산된다. 동토에 있는 생산시설이 폐쇄되면 유정이 꽁꽁 얼어붙는다. 그런 생산시설을 다시 가동하려면 유정을 다시 시추해야 하는데, 그러려면 처음 유정을 시추할 때 못지않은 노동력과 비용이 들어간다. 처음에 시추할 때와 마찬가지로 시간도 오래 걸린다. 동토는 꽁꽁 얼어 있을 때만 시추가 가능하기 때문에 일 년의 절반은 작업이 불가능하다.[14]

누가 이기고 누가 지든 상관없이, 세계는 오랜 세월 동안 이 지역이 공급해온 석유 없이 버텨야 한다.

석유가 필요한 세계에서, 시베리아에서의 생산 중단과 지구전, 러시아의 불운은 재앙의 시작일 뿐이다.

07

페르시아만 전쟁: 이란-사우디아라비아

The (Next) Gulf War

인류 역사가 시작된 이래 거의 내내 중동은 세계의 주목을 받아온 핵심적인 지역이다. 이 지역에서 최초의 문명은 메소포타미아의 눅눅한 강둑에 뿌리를 내렸다. 이 땅에서 인류 최초의 제국들이 흥망성쇠했고, 뒤이은 나라들도 지리적으로 근접해서든, 식량을 구하기 위해서든, 아니면 교역로를 장악하기 위해서든 이 지역으로 되돌아왔다. 세계 3대 종교가 이곳에서 형성되었다. 까마득한 옛날부터 중동에는 뭔가 특별한 점이 있었다.

브레튼우즈 협정 시대도 예외는 아니다. 최근 몇십 년 동안 이 지역에 세계가 관여한 주요 이유는 한마디로 요약된다. 바로 석유 때문이다. 물론 다른 이유들도 있다. 국가들이 서로 전략적으로 경쟁을 했다는 점도 분명히 작용했다. 서구 진영은 이웃 아랍 국가들과 맞서는 이스라엘을 지원했다. 냉전 시대에는 이 지역의 환심을 사기 위한 경쟁이 끊이지 않았다. 미국은 모로코, 알제리, 사우디아라비아와 친밀한 관계를 유지했고, 영국은 페르시아 만 아랍 국가들을 창설하고 가깝게 지냈다. 프랑스는 레바논을 지원했다. 소련은 리비아, 시리아, 이라크에 영향을 미쳤다. 한편 이집트, 요르단, 이란은 제휴 맺는 나라를 바꾸기도 했다. 그러나 가장 중요한 이유는 늘 석유였고, 가장 중요한 지역은 늘 페르시아 만이었다.

페르시아 만 지역은 단순히 미국이 구축한 동맹 전략이라는 큰 틀을 구성하는 부품이 아니었다. 미국의 전략이 작동하게끔 만드는 가장 핵심적인 요소였다. 미국은 세계 무역을 이용해 세계 동맹을 얻었고, 세계 무역이 가능하려면 석유가 필요했으며, 페르시아 만은 석유가 풍부했고, 따라서 미국은 이 지역에 관여하지 않을 도리가 없었다. 처음에 미국은 브레튼우즈 협정의 동맹국들을 위해 석유의 유통을 원활히 하는 데 초점을 두었지만, 1973년 미국이 순수입국이 되면서 중동과 관련된 모든 것에 본능적으로 집착하게 되었다.

2015 Average Daily Production and Exports (kbpd) of oil exporters			
지역	국가	생산량	수출량
아메리카	캐나다	4385	3283
	멕시코	2588	1248
	콜롬비아	1008	677
	에콰도르	543	418
	베네수엘라	2626	1480
	합계	**11150**	**7106**
아프리카	알제리아	1586	803
	앙골라	1826	1676
	콩고-B	277	263
	적도기니	289	285
	가봉	233	215
	리비아*	432	207
	나이지리아	2352	2225
	합계	**6995**	**5674**
아시아	브루나이	127	120
	합계	127	120
유라시아	아제르바이잔	841	742
	카자흐스탄	1669	1398
	노르웨이	1948	1235
	러시아	10980	7867
	투르크메니스탄	261	118
	합계	**15698**	**11360**
페르시아 만	이란	3920	1359
	이라크	4031	3005
	쿠웨이트	3096	2582
	오만	952	732
	카타르**	1898	1574
	사우디아라비아	12014	7392
	아랍에미리트	3902	3001
	합계	**29813**	**19645**

* 역내 갈등 때문에 생산/수출에 차질이 생김.
** 생산된 원유 가운데 상당량이 천연가스 액체(NGL)와 초경질유.
출처: 2016년 BP 세계 에너지 통계 연람, 합동데이터구축기구(Joint Organizations Data Initiative, JODI).

2015년 석유 수출국의 하루 평균 생산량과 수출량(kbpd)

중동과 관련해서 미국의 기본적인 행동양식은 그 지역 외교관들을 접대하는 데 돈을 아끼지 말고, 그 지역 동맹국들에게 미국의 가장 가까운 동맹국에게만 제공하는 무기 체계를 판매하는 일이다. 소련에 맞서는 이란 왕의 권력을 강화하는 데 미국의 지원이 핵심적인 역할을 했다. 1979년 이란 왕조가 무너진 후, 이슬람 근본주의자가 정권을 잡은 이란에 대해 페르시아 만의 아랍 국가들이 맞서는 데도 미국의 지원이 핵심적인 역할을 했다. 미국은 에너지 유통이 원활하게 이루어지도록 하려고 이 지역의 힘의 균형을 유지하거나 바꾸느라 엄청난 비용과 군사력을 쏟아부었다. 미국 해군은 1980-1988년 이란-이라크 전쟁이 페르시아 만으로 확산되지 않도록 했다. 미국 육군은 1991년 쿠웨이트에서 이라크 군을 축출했다. 2003년 미국은 막강한 힘을 총동원해서 이라크를 파멸시켰다.

미국이 막강한 힘을 과시하는 데 중추적인 역할을 담당하는 초대형 항공모함이 파견되는 패턴을 보면 미국이 그 지역에 얼마나 치중하고 있는지 가장 잘 가늠할 수 있다. 석유의 유통과 석유 자산이 직접적인 공격목표가 되지 않도록 하는 것은 물론이고, 석유자산에 우발적으로 손상을 입힐지 모르는 그런 갈등에 지역 국가들이 관여할 위험이 발생하지 않도록 하는 게 미국의 세계 전략이다. 따라서 미국은 1971년 이래로 지역 세력들 간의 갈등을 억누르고—아니면 적어도 잠정적으로 보류하고—무슨 일이 있어도 석유의 유통이 원활하게 이루어지도록 하기 위해서 페르시아 만 지역에 해군을 항시 주둔시켜왔다. 최근 수십 년 동안 초대형 항공모함 함대가 항시 주둔해왔고, 이따금 특히 민감한 시기에는 제 2의 항공모함이 이 지역에 들르기도 했다.

그 이후 세상이 많이 변했다.

미국이 보기에 미국의 동맹 관계는 대부분 이제 그 수명을 다했고, 미국은 중동의 석유가 필요하지도 않으며, 석유의 원활한 수급으로 가능했던 세계 무역 체계도 애초에 미국이 직접적으로 활용하지 않았다. 미국을 페르시아 만과 엮어두었던 논리를 구성하는 연결고리들이 모조리 거의 동시에 끊어지고 있다. 미군의 점진적인 철수도 이미 많이 진전된 상태다.

2007년 이후로 모로코에서 아프가니스탄까지 연결하는 지역에 위치한 나라들 전역에 걸쳐 주둔하던 미군은 최고 25만 명에서 15,000명 이하로 줄어들었다. 일반인들의 생각과 달리 이 지역에서 미군이 철수한 이유는 미국 정치가 이념적으로 분열되어 있어서가 아니다. 이라크와 아프가니스탄에서의 미군 철수가 대부분 오바마 정권에서 이루어진 것은 맞다. 하지만 오바마의 전임자인 조지 W. 부시 정권 하에서 미군철수 계획이 수립되고 실제로 철수가 시작되었다. 2016년이 저물 무렵, 페르시아 만 지역에 남아 있는 미군은 대부분 카타르에 위치한, 미 중부사령부(U.S. Central Command, CENTCOM)의 지역 본부에 주둔하고 있었다. 미 중부사령부는 이라크와 아프가니스탄에서의 작전을 감독하기 위해 카타르에 기지를 설치했다. 이제 이 두 지역에서의 작전이 대부분 마무리되었으므로 미 중부사령부는 머지않은 장래에 이 지역 작전사령부를 미국 본토로 귀환시킬 가능성이 매우 높다. 가장 중요한 초대형 항공모함의 경우, 2015년에 페르시아 만에 머물렀던 기간은 다섯 달이 채 되지 않는다. 이러한 새로운 패턴이 이제 일상적인 패턴이 된 것은 아니다. 새롭게 일상적인 패턴으로 전환되는 과정이다. 바로 무질서로 가는 전환기일 뿐이다.

많은 국가들이 페르시아 만 지역에 대해 여전히 관심을 보일 이유는 많을지 모르지만, 그런 나라들 가운데 세계적인 초강대국은 없기 때문에 지난 40년 동안 이 지역에 존재해온 전략적인 평형상태는 봄날에 강 표면의 얼음 갈라지듯이 깨지고 있다. 이 지역의 나라들은 앞으로 지역의 지정학적 여건을 스스로 파악해야 한다. 그리고 그 지정학적 여건은 한마디로 말해서 험악하다.

이웃과의 만남

모로코에서 이스라엘, 필리핀에 이르기까지 중동과 이슬람 세계 전역의 국가 간 관계는 새롭게 설정되고 있으며, 수없이 많은 사연들이 양산되고 있다. 그러나 이 장에서는 특히 페르시아 만에 초점을 맞추겠다. 세계 에너지 공급에 가장 중요한 지역일 뿐만 아니라 지역의 지정학적인 관점에서도 역동성이 가장 강한 지역이기 때문이다.

페르시아 만에는 7개국이 있고, 2015년에 이들이 모두 합해서 30mbpd의 석유를 생산했는데, 이는 세계 총생산량의 30퍼센트 남짓 된다. 이 가운데 양대 산맥인 사우디아라비아와 이란 두 나라를 집중적으로 살펴보겠다. 이 두 나라는 지난 1,500년 거의 대부분의 기간 동안 전략적인 경쟁자 관계였다. 오늘날 두 나라는 원칙이든 실제적인 문제든 사사건건 서로 맞서는 적대적인 관계이고, 미군이 이 지역에서 철수하게 되면 적어도 지난 2세기 동안 두 나라 사이에서 벌어진 유혈이 낭자한 대결을 반복하게 될지 모른다.

종교. 이란 국민들은 대부분 이슬람 시아파(Shia)인 반면 사우디아라비아 국민들은 대부분 호전적이고 근본주의적인 종파인 수니파(Sunni)다. 두 나라는 경전 해석에 있어서 서로 상대방을 이단이라고 여긴다. 사우디아라비아에는 성지 메카와 메디나가 있는데, 이 두 도시는 종파를 막론하고 모든 무슬림들이 성역으로 여긴다. 사우디아라비아의 수도 리야드는 이란인들의 출입을 금지했던 적이 여러 번 있다. 세계적으로 볼 때 수니파가 시아파를 6대 1로 압도하므로, (사우디아라비아 같은) 수니파 국가들은 자신들이 이슬람을 대표한다고 주장한다. 그러나 페르시아 만 역내에서는 시아파가 수니파보다 많기 때문에 이란이 이 지역을 지배하려고 한다.

정부. 사우디아라비아는 독재군주 국가로서 사우드(Saud) 왕가가 철권통치를 한다. 사우드 왕가는 스스로를 수니 이슬람의 지도자로 여기는 데서 권력의 정당성을 얻는다. 이란은 민주주의를 절충한 신정체제로서, 정치적인 권위는 시아 이슬람의 종교적 통치에 그 뿌리를 두고 있다. 두 나라 모두 종교적 통치와 정치적 통치가 융합되어 있다. 종교의 교리가 국가의 통치에 전적으로 영향력을 행사한다. 두 나라 모두 정치적 반대자에 대해 잔인할 정도로 강경한 노선을 택하고 있으며, 특히 국가가 용인하는 종교가 아닌 종교에 대해서는 혹독하다. 이러한 국가 정치원리를 집행하기 위해서 자율적으로 구성된 종교 경찰을 동원하고, 공개처형을 하며, 국민들을 통제하는 대대적인 국내 첩보망이 구축되어 있다.

민족. 사우디아라비아는 자국을 전 세계 모든 아랍인들의 집결 지점으로 여긴다. 그러한 역할을 두고 사우디아라비아와 겨루는 가장 막강한 경쟁자는 인구가 가장 많은 아랍 국가이자 중동에서 가장 아랍 문화가 오래 지속되어온 이집트다. 이집트는 자국의 세속적이고, 군사력을 등에 업은 아랍 민족주의 국가 모델을 중동 전역에 수출하려고 시도해왔고 이 때문에 (사우디아라비아를 비롯해) 비세속적이고, 군사력을 등에 업은 민족주의 국가들의 반감을 샀다. 이집트는 1978년 이스라엘과 캠프 데이비드 평화협정을 체결하면서 아랍 지역에서 기피대상으로 낙인이 찍혔다. 그 해 가을 석유 수출을 통해 축적한 어마어마한 부와 함께, 사우디아라비아는 아랍의 맹주로 부상했다.

이란은 아랍인들에 둘러싸인 페르시아 국가다. 페르시아라는 정체성은 아랍(민족)이나 사우디(왕가)의 정체성보다 덜 경직되어 있다. 페르시아 영토에서 수세대에 걸쳐 살아온 많은 집단들이 자신을 이란인이라고 여기면서도 여전히 페르시아와 다른 문화적 특성을 간직하고 있기 때문이다. 여기서 핵심적인 단어는 "수세대"다. 수천 년에 걸쳐 이란인으로 어렵게 동화해온 지금도 여전히 페르시아인이 아닌 이란인이 현재 이란 인구의 절반을 차지하고 있다.

경제. 이란의 인구는 대부분 수많은 산악지대에 둘러싸인 고원지대에 거주하고 있다. 농업을 뒷받침할 비가 내릴 만큼 고도가 충분히 높은 지역이기 때문이다. 이러한 삶의 터전 덕분에 이란은 노동력이 다변화되었고 상당히 폭넓은 산업 기반을 구축했다. (터키를 제외하면) 중동에서 가장 다양하고 정교한 산업 기반을 갖추고 있다. 반면 사우디아라비아는 석유가 섞인 모래기둥 위에 세워졌다. (정유나 화학 같이 석유 집약적인 산업을 제외하고) 제조업의 총생산은 겨우 300억 달러에 그친다. 사우디아라비아는 (숙련이든 비숙련이든 거의 모든 노동력을 비롯해) 거의 모든 것을 수입하고, 식량도 80퍼센트 이상을 수입한다.[1]

사우디아라비아는 세계 최대 석유 수출국이고, 이러한 지위를 이용해 국내 정책과 외교 정책의 필요에 따라 세계 유가를 조정해왔다. 지난 한 세대 동안 이란은 세계에서 세 번째로 석유와 천연가스 액체를 많이 수출해왔고, 사우디아라비아가 에너지 시장을 마음대로 주무르면 부수적으로 피해를 입는 경우가 허다했다. 그 이면에는 석유수출국기구가 생산량을 제한하기로 결정을 하면 이란은 이에 협력하는 경우가 거의 없고, 수익을 극대화하기 위해서 할당된 생산량보다 더 많이 생산하는 바람에 사우디아라비아가 그만큼 더 생산량을 줄이도록 만든 사연이 있다.[2]

설상가상으로 셰일 혁명이 일어나면서 북미 지역은 세계 에너지 시장으로부터 사실상 단절되었다. 사우디아라비아와 이란은 이제 동일한 고객에게 동일한 운송 경로를 통해서 동일한 상품을 수출하고 있다. 두 나라는 사전 비축에서부터 전례 없는 할인율에 이르기까지 상대방을 제치기 위해서 온갖 수단을 동원해 고객의 주문을 따내려고 치열하게 경쟁하고 있다.

문화. 이란은 그 역사가 인류문명이 동튼 시대로 거슬러 올라가는 페르시아의 후계자다. 역사적으로 페르시아가 부상하던 시기에는 거의 예외 없이 현재의 사우디아라비아를 비롯해 폭넓은 지역을 정복했다. 유구한 문화적 역사를 지닌 이란인들은 자신을 그 지역의 문화를 주도하는 나라일 뿐만 아니라 인류역사의 정점에 오른 나라라고 여긴다. 반면 사우디아라비아는 영국과 거래를 한 베두인족으로, 아직 100년을 넘기지도 못했다. 그러나 사우디아라비아는 세계 최대의 석유 산업을 자랑하고 있고 세계에 영향을 미치는 권력을 행사하며, 성지를 수호하는 나라다.

두 나라 모두 문화적인 자부심이 하늘을 찌른다. 특히 상대방과 견주어 자신이 월등하다고 생각한다. 사우디인은 이란인을 사냥 말고는 아무것도 할 줄 모르는 야만인으로 생각하는 반면, 이란인은 사우디인을 돈 많은 촌뜨기로 생각한다.

페르시아의 꿈과 독특한 책략

그것도 모자라서 최근에 나타난 변화로 두 나라의 사이는 더욱더 벌어졌다.

냉전 초기에 미국은 내키지 않아 하는 사우디아라비아와 그보다 더 내키지 않아 하는 이란을 억지로 같은 편으로 묶었다. 미국은 페르시아 만 지역 내에서 갈등이 벌어지도록 내버려둘 여유가 없었다. 그런 역내 갈등은 세계 에너지 유통과 미국의 전략적 정책을 깡그리 위험에 빠뜨리기 때문이었다. 다행히 페르시아 만에 있는 나라는 하나같이 똑같은 실존적인 위협에 직면하고 있었다. 소련이 미국을 파괴하면 미국의 동맹 구조가 파괴되고 그러면 페르시아 만도 파멸에 이르게 된다. 사우디아라비아와 이란은 서로 동맹국이 되고 싶지 않았지만, 선택의 여지가 별로 없었다.

그러나 1979년 이란 혁명이 일어나 이란 왕이 축출되면서 이란은 이슬람 공화국으로 바뀌었다. 이로써 이란과 미국의 동맹은 끝났을 뿐만 아니라 이란은 미국의 이익이라면 알레르기 반응을 일으킬 정도로 적대적인 나라로 변했다. 이란은 주요 석유 수출국이다. 이란의 긴 해안선은 세계에서 가장 에너지 생산이 밀집해 있는 지역과 평행선을 그리고 있다. 이란은 병적일 정도로 사우디아라비아에 적대적이다. 이란은 (바닷길을 통해 오가는 석유 수출물량의 거의 절반이 통과하는) 호르무즈 해협을 관할한다. 이란이 확 돌아서면 미국의 동맹 구조 전체가 압박을 받는다. 그러니 그로부터 40년이 지난 지금도 미국은 이란을 매우 껄끄러운 존재로 생각하는 게 당연하다. 소련을 제외하고 이란은 미국이 관리하는 세계 질서에 실존적 위협이 되었던 유일한 나라다.

물론 세계 초강대국은 운신의 폭이 넓다. 이란의 풍부한 해외자산은 동결되었다. 이따금 미국의 해군은 이란의 해상 석유자산에 폭격을 퍼부었다. 경제 제재로 이란은 원유를 팔 수 있는 대상이 별로 없었고 그나마도 할인된 가격에 팔아야 했다. 미국(사우디아라비아)이 넌지시 사담 후세인을 부추겨 이라크가 이란을 침공하도록 하면서 8년 동안 전쟁이 이어졌고 100만 명의 이란인 희생자가 발생했다.

냉전이 끝난 후 페르시아 만은 미국이 무역으로 뒷받침한 전략적 정책의 한 축을 구성했고 이는 여전히 타당한 전략이었다. 구소련이자 지금의 러시아는 세계 질서에 더 이상 위협이 되지 않았지만 이란은 여전히 위협이 되었다. 이라크가 1990년에 쿠웨이트를 침공한 후 이라크는 이란처럼 세계 질서를 위협하는 국가라는 지위를 얻게 되었다. 2003년 미국이 사담 후세인을 축출하면서 미국은 페르시아 만에서 안전하게 에너지가 유통되도록 하는 직접적인 책임을 떠맡았다.

사우디아라비아의 입장에서는 딱히 흡족한 상황은 아니었지만 받아들일 만했다. 이라크에 미군이 주둔했기 때문에 이란은 이라크를 침략할 엄두도 내지 못했다. 따라서 이란이 사우디아라비아를 위협할 리가 없었다.

그런데 상황이 완전히 바뀌었다. 조지 W. 부시가 퇴임을 몇 달 앞두고 미군을 이라크에서 완전히 철수하기 시작했다. 미국이 세계 질서를 유지하는 역할에 환멸을 느끼지 않고서는 절대로 내리기 불가능한 전략적 판단이었다. 버락 오바마는 미군철수를 가속화하겠다는 공약을 내걸고 당선되었다. 그러더니 셰일 혁명이 일어나면서 미국이 페르시아 만과 세계로부터 발을 빼는 전략이 경제적으로 전략적으로 가능해졌다—심지어 현명한 판단으로 여겨졌다. 오바마 정부는 이란과 핵 협정 체결을 최우선 과제로 삼았고, 이를 통해 미국은 페르시아 만으로부터 완전히 손을 뗐다. 이와 같은 결별로써 미국은 1980년대 이후 동결되었던 이란 자산을 해제했고 금융제재도 풀어주는 대가를 치렀다. 미국이 역내 안보를 관리하거나 사우디아라비아가 주도하는 연합 세력이 봉쇄된 이란을 약화하거나 압도하는 대신, 미국의 철수는 브레튼우즈 협정 이전의 힘의 균형이 존재하던 세계로 되돌아갔고 이란인들과 아랍인들은 페르시아 만을 사이에 두고 다시 으르렁거리기 시작했다.[3]

사우디아라비아는 미국이 페르시아 만에서 발을 빼려 할 때마다 사사건건 물고 늘어졌다. 그리고 2016년 초 이란과 미국이 핵 협정을 실행에 옮기자 사우디아라비아는 공개적으로 분노를 표출했고, 미국이 핵 협정을 강행한다면 사우디아라비아가 보유하고 있는 미국 국채를 전량 매각하겠다는 협박을 흘렸다. 이에 대해 미국 정부는 속이 다 후련하다며 무덤덤한 반응을 보였다.[4] 2016년 9월 미국 의회는 테러공격에 가담했다는 혐의가 있는 외국 정부에 대해 미국 시민이 소송을 제기할 수 있도록 하는 법안에 대해 대통령이 거부권을 행사하자 이를 뒤엎음으로써 사우디아라비아의 옆장을 질렀다. 이 법안은 사우디아라비아를 콕 집어 겨냥한 법안이었다.

사우디아라비아는 현재 미국이 페르시아 만으로부터 완전히 손을 떼는 단계에 얼마나 가까워져 있는지 깊이 인식하고 있고 미국이 페르시아 만과 결별하면 명실상부한 재앙이 온다고 (제대로) 판단하고 있다.

오늘날 이란을 저지할 잠재력이 있는 페르시아 만 역내 국가는 이라크뿐이다. 그러나 이라크는 지금 나라로서의 명맥을 가까스로 유지하고 있다. 2003년 미국이 점령하자마자 이란의 영향력이 이라크에 밀려들어오기 시작했고 곧 이라크 대부분의 지역과 기구들을 장악했다. 이라크 인구의 3분의 2는 시아파로 이란 인구의 대부분과 종교적으로 같은 종파이므로 이란은 크게 힘들이지 않고 영향력을 확산시켰다. 이라크 제 3의 도시—남부 지역의 수도인 바스라—는 시아파 일색이고 철저히 친이란적인 성향이다. 2000년대에 이란은 이라크 통치와 관련된 모든 부문과 친밀한 관계를 맺었다. 군, 첩보 서비스, 총리실까지 말이다. 친이란 민병대는 시아파가 거주하는 이라크 전역에서 아무런 제재를 받지 않고 활개쳤고, 이란 정규군은 이라크 국경 내에 있는 민병대에 침투하기도 했다.

이란은 페르시아 만 지역에서 다른 나라들보다 월등한 지역 맹주다. 이란은 거의 40년 동안 미국과 전략적으로 경쟁하면서 다른 수십 개 국가들에게 자국을 약자로 여기게끔 만들었다. 미국이 페르시아 만을 떠나면, 약자 지위에 있던 나라들이 서로 지역 맹주가 되려고 경쟁하게 되고, 이라크라는 방화대(firebreak)는 이란이 영향력을 강화하는 발판이 될지도 모른다.

사우디아라비아는, 1979년 이래 이란이 겪었던 모든 좌절들이 세계 체제와 다시 통합됨으로써 일거에 극복되지 않을까 두려워한다. 그렇게 되면 이란은 대규모 재무장이 가능할 만큼 현금이 넘쳐나고 다변화된 경제에 의해 강화되는데, 이는 사우디아라비아가 언감생심 꿈도 꾸기 어려운 일이다. 사우디아라비아는 이란이 개발해온 지정학적 도구가 점점 막강해지는 모습을 하릴없이 지켜보다가 결국 사우드 왕가까지 위협받는 신세가 된다.

전략을 바꿀 필요가 있다. 사우디아라비아의 대응전략은 두 갈래다.

1단계: 칼

첫째, 사우디아라비아는 이슬람주의자 전투원들을 수출하는 정책을 아주 능란하게 이용해 온갖 저항운동을 양산하고 강화했다.

사우드 왕가는 사막 한가운데 그 뿌리를 두고 있다. 20세기 전에 아라비아의 유목민이었던 그들은 오아시스가 있는 마을들을 습격하고 이따금 훨씬 문명화된 히자즈 지역까지도 약탈했다. 바로 이 지역이 현재 간간이 비가 내리고 메카와 메디나가 위치한 현재 사우디아라비아의 서부 변방 지역이다. 사막에서의 삶은 혹독하고, 사막에서 사회 구조를 유지하는 일은 더욱 힘겹다. 사우드 부족이 이러한 환경을 헤쳐 나가는 수많은 방법들 가운데 하나는 아주 엄격하게 해석한 이슬람을 채택해 전투를 미화하고 개인의 자유를 강력히 규제하는 것이었다. 현지인들은 이를 살라피스트(Salafist) 이슬람이라고 일컫는 반면, 역외에서는 와하비즘(Wahabism)이라고 부른다. 이 운동의 창시자인 시크 이븐 압둘 와하브의 이름을 딴 명칭이다.

제 1차 세계대전 동안 사우디인들은 영국에게 절실히 필요한 대상이었다. 치고 빠지는 사막전투에 능란한 현지 세력으로서 뇌물을 줘서 오스만투르크를 공격하게 만들 수 있었다. 영국-사우디 동맹이 형성되었고, 전쟁이 끝날 무렵, 사우디인들은 조직화된 세력과 무기를 갖추게 되었고, 영국의 지원까지도 받으면서 해당 지역의 안보 통제권을 장악하려고 시도했다. 와하브의 후손들과 정략적 동맹 관계를 맺으면서 주요 권력 브로커들이 하나로 뭉쳤다.[5] 그리고 사우디아라비아 국가가 탄생했다.

그로부터 채 10년이 못 돼 석유가 발견되었고 신생국 사우디아라비아는 다른 신생독립국들이 밟았던 발전 과정을 따르게 되었다. 새로 배출된 지도자들은 석유 말고는 자원이 거의 없는 왕국을 현대화하는 노력의 일환으로 기간시설 구축에 돈을 쏟아붓기 시작했다. 유목민 출신인 사우디인들은 매우 도시적이고 안락한 생활방식에 곧 익숙해졌다. 석유를 기반으로 한 경제는 엄청난 소득을 창출할지는 몰라도 말 등에 올라타 사람 머리나 동강내는 기술이 주특기인 사람들을 고용할 만한 일자리를 창출하지는 못했다. 당시는 아타리(Atari), 플레이스테이션, 인터넷이 등장하기 훨씬 전이라 남아돌아가는 여가 시간을 채울 만한 활동이 별로 없었고 따라서 사람들은 원초적 본능에 충실했다. 그러자 인구가 폭발적으로 증가했다.[6]

그러자 이념과 현실 사이에 간극이 생겼다. 지하드와 약탈에 바탕을 둔 문화를 유지한 채, 지금은 전부 아파트에 거주하게 되었다면, 총체적으로는 폭력, 구체적으로는 군사행동이 바람직하다고 평생 배워온 실업자 청년들을 어떻게 해야 하나? 사우디아라비아는 영토를 확장하려 했지만 영국군이나 영국의 대리자들의 반대에 부딪히면서 통상적인 영토 팽창의 꿈은 물거품이 되었다. 사우디아라비아는 정력이 넘치는 폭력적인 청년들을 나라 안에 꼼짝 못하게 묶어두었고 이 때문에 끊임없이 국민을 다잡아야 했다.

잔혹하기로 치자면 한술 더 뜨는 부족들은 국경수비대나 군대에 입대했다. 독실한 신자인 사람들은 종교 경찰에 투입되었다. 폭력적 성향이 덜한 이들은 관료집단을 팽창시켰다. 한편 석유 수출로 벌어들인 돈은 온갖 보조금으로 뿌려 국민을 고분고분하게 만들었다. 누구든지 조금이라도 이탈하면 교도소에 집어넣었다. 사우디아라비아의 교도소는 엄청나게 많은 사람들을 수용하도록 설계되었다.[7]

사우디아라비아는 곧 새로운 국민 관리 정책을 생각해냈다. 바로 인력 수출이었다. 사우디아라비아는 특히 폭력적 성향이 강한 청년들을 해외로 내보내 사우드, 아니 사우디아라비아, 아니 이슬람의 위대한 영광을 위해 투쟁하도록 했다. 청년들이 나라 바깥 어딘가에서 사람들 목을 치고 건물을 폭파시키는 한 나라 안에서 말썽을 부릴 일은 없었다.

사우디아라비아는 이러한 인력 "수출"이 막강하고 쓸모 있는 도구라는 사실을 깨달았고, 이 투사들을 파견하는 지역을 전술적인 측면에서 선별하기 시작했으며, 이념적, 종교적, 전략적 적이 있는 지역을 택했다. 가장 악명 높은 사례들은 사우디아라비아가 아프가니스탄에서 소련에 맞서는 무자헤딘을 지원한 사례, 그리고 후에 러시아에 맞서는 체첸 민족을 지원한 사례다. 국내 안정을 유지하려는 노력으로 시작된 정책이 사우디아라비아의 전략적 정책의 중심 기조가 되었다.

사우디아라비아가 지원하는 이러한 집단들이 사우디의 목표 달성에 정면으로 배치되는 표적들을 선택하면 사우디에게만 골칫거리가 된다. 체첸 집단이 (1999년에 그랬듯이) 다게스탄에서 러시아군을 겨냥하면 별일 아니다. 그러나 알카에다 세력이 민간 항공기를 납치해 뉴욕 시나 워싱턴에 있는 고층빌딩으로 돌진하면 사우디의 안보를 보장해주는 미국의 막강한 힘과 분노가 사우디아라비아에게 쏟아진다. 설상가상으로, 9·11 테러공격 후의 환경에서 미국이 외교 노력과 첩보활동을 통해 알카에다를 붕괴시키려고 하자 사우디아라비아는 호전적인 청년들을 수출하는 전략을 십 년 동안 보류해야 했다.

사우디아라비아의 청년투사들이 국내에서 옴짝달싹하지 못하게 되면서 끔찍한 국내 치안 문제가 발생하기 시작했다. 사우디아라비아가 수출하는 석유가 원활히 유통되도록 하는 일을 맡아 억대 연봉을 받는 서양인들이 자택에서 총에 맞았다. 이 일을 수습하느라 2003-2004년에 잠깐 내전이 벌어졌다.

2단계: 매수(買收)

둘째, 사우디아라비아는 돈이 많다. 엄청나게. 그리고 그 돈을 거리낌 없이 쓴다.

사우디아라비아 정부의 여러 계좌에는 2조 달러는 족히 들어 있고 여기에는 사우드 왕가가 개인적으로 꿍쳐둔 돈은 포함되지 않는데, 아마도 이러한 비자금 액수는 훨씬 크리라고 본다.[8] 이라크가 완전히 이란의 손아귀에 들어가 이란이 통치하는 위성국가가 될지 모르는 위협에 직면하자 사우디아라비아는 백과사전 두께의 매수 외교 사용설명서를 쓸 만큼 치밀하고 정교한 전략을 생각해냈다. 사우디아라비아는 주로 전투원 인맥을 통해서 수니 종파를 샅샅이 찾아내 외교적으로 손을 내밀었고 이들을 매수해 지금 시아파가 지배하는 이라크에 맞서 봉기하고 공격하라고 부추겼다.

그러나 매수 외교의 새 장을 연 사우디아라비아는 쩐의 투쟁 전략에 두 가지 측면이 존재한다는 사실을 익히 알고 있다. 첫째, 가능한 한 여러 장소에서 이란의 영향을 차단하고 말썽을 일으키라고 돈을 뿌려야 한다. 사우디아라비아는 현금이 두둑하기 때문에, 이란은 끊임없이 봉기를 진압하고, 동맹국들과 대리자들이 이란의 목표를 추진하는 데 전념하도록 다잡고, 이란에 대해 중립적인 자세를 취하던 집단들과 끊임없이 싸우고, 심지어 며칠 전만 해도 존재하지도 않던 집단들과 투쟁해야 했다.

쩐의 투쟁에서 두 번째 측면은 이란의 소득을 원천 차단하는 일이다. 여기서 사우디아라비아의 유가전쟁이 등장한다. 사우디아라비아는 미국의 셰일 산업에 대해 조금도 호감을 지니고 있지 않다. 그리고 사우디아라비아가 유가전쟁을 통해 미국의 에너지 생산량을 줄이는 데 성공하면, 아마도 축하의 샴페인을 터뜨릴지 모른다. 그러나 셰일은 사우디아라비아가 벌이는 유가전쟁에서 주된 공격목표가 아니다.

진짜 목표물은 훨씬 사우디아라비아 가까이에 있다.

사우디아라비아는 소득의 대부분을 석유판매를 통해 창출하는데, 이란도 마찬가지다. 사우디아라비아가 수출하는 석유량은 7.5 mbpd에 달하는데, 유가가 배럴당 40달러일 때 석유로 벌어들이는 돈이 연간 1,100억 달러 정도 된다. 이는 (사우디아라비아의 관점에서 볼 때) 푼돈에 지나지 않는다. 사우디아라비아는 연간 GDP의 15-20퍼센트 정도 예산적자를 보는데, 금액으로는 1,000억 달러 이상이다.

엄청나게 많은 액수처럼 들리겠지. 사실이다. 그러나 사우디아라비아가 비상금으로 꿍쳐둔 이러저러한 기금들을 다 합하면 이렇게 벌이보다 씀씀이가 헤픈 재정을 집행하면서도 거의 30년 동안 버틸 수 있다. 긴축정책을 펴지 않고도, 기발하고 창의적인 금융수법을 쓰지 않고도, 사우드 왕가의 해외자산을 매각하지 않고도, 사우디 외부에서 차관을 도입하지 않고도, 사우디 말썽꾸러기 왕자들이 보유한 자산을 처분하지 않고도, 미래의 석유 수출을 담보로 융자를 받지 않고도 그렇게 할 수 있다는 얘기다. 마지막 사항은 특히 중요하다. 바로 이 방법으로 1998년 유가가 폭락해 거의 3년 동안 배럴당 유가가 20달러를 밑돌던 시기를 사우디아라비아가 버텨냈기 때문이다. 그 이후로 사우디아라비아는 부채를 모두 청산했고, 2015년 말 현재 총 해외부채가 GDP의 1.6퍼센트밖에 되지 않는다. 간단히 말해서, 재정의 관점에서 보면 사우디아라비아는 이런 정책을 원하는 한 계속 할 수 있다는 뜻이다.[9]

이란이 동원 가능한 재정적인 완충장치는 훨씬 부실하다—또는 불투명하다. 이란은 아야툴라가 정권을 잡은 이후로 세계 금융체제의 규칙과 구조 바깥에서 작동해온 데다가 2013년 이후로 금융제재를 받아왔기 때문에 아마도 감시의 눈을 피해 숨겨놓은 현금이 상당히 있을지 모른다. 그러나 거북이걸음으로 진행되는 이란-미국 관계 정상화 과정에 따라 동결이 해제된 계좌들에다가 비축된 석유 재고와 몇 가지 품목을 합하면, 2016년 말 현재 이란은 기껏해야 500억 달러밖에 없다—제재가 풀리면서 동결이 해제된 자산의 절반은 이미 단기부채를 상환하는 데 써버렸다.

어느 모로 보나 이란이—경제 규모에 비해서—비축해놓은 현금은 사우디아라비아에 비하면 보잘것없고, 그나마 있는 현금도 금방 소진하게 된다. 이란은 이미 국내 보조금 체제를 유지하는 데 필요한 자금을 마련하려고 고군분투하고 있는데, 이러한 보조금이 적어도 연간 650억 달러가 필요하다(GDP의 15퍼센트 정도 된다). 국내 정책에 드는 비용만 그렇다는 뜻이다. 페르시아 만 지역의 전쟁—이에 대해서는 잠시 후에 자세히 다루겠다—에도 돈이 많이 든다. 이란이 돈으로 매수해서 대리전을 치르게 하는 대상들이 있는데, 이들에게 연간 200억 달러가 들어가며, 이는 무기 이전과 같은 관행적인 비용은 포함하지 않은 액수다.[10]

사우디아라비아의 유가전쟁은 이란의 급소를 찔렀다. 미국과 유럽의 경제제재로 이란의 석유 수출량은 반토막이 났다. 수출물량이 감소한데다가 유가도 폭락하면서 2010년부터 2015년 사이의 기간 동안 이란이 석유 수출로 벌어들인 소득은 80퍼센트나 급감했다는 주장이 나왔다. 사우디아라비아와 이란의 재정능력의—이미 어처구니없을 정도로 큰—차이는 저유가 기조가 장기간 계속되면서 더욱더 벌어졌다. 1대 1 싸움에서—10대 1 싸움에서라고 하자—이란은 번번이 진다.

따라서 오늘날 사우디아라비아의 전략은 아주 간단하다. 전투원들을 수출하고 이란의 대리자들을 모조리 금전으로 매수해 동맹으로 만드는 외교 정책을 실행해 이란이 손대는 것 족족 실패하게 만든다. 이러한 전략에는 장단점이 있다.

가장 중요한 단점은 이렇다. 이 전략을 쓰면 사우디아라비아가 다양한 여러 집단들과 넓은 지역에 영향을 미칠 수 있지만 정작 아무것도 장악하지 못한다. 설상가상으로 제대로 무장하고 넉넉하게 자금을 지원받는 (폭력적 성향이 강하다는 이유로 선발된) 사이코패스들을 공격대상이 차고 넘치는 환경에 투입하면, 이들이 이따금 자기들 입맛에 따라 공격대상을 선정하기 시작한다. 시간이 감에 따라 이러한 집단들은 상부의 지시를 무시할 역량이 생기고, 실제로 무시한다. 사우디의 영향력을 벗어나게 된 집단들 가운데 알카에다와 이슬람국가(Islamic State, IS)가 가장 유명하다.[11]

이 전략의 가장 큰 장점은 오차한계의 범위가 엄청나게 넓다는 사실이다. 너무 넓어서 한 사회의 산업기반, 전력시설, 농업기반, 기간시설을 초토화하는—즉, 문명의 생존 자체를 위협할 정도로—처참한 실패라고 해도 사실상 성공으로 간주된다. 사우디아라비아의 인구밀집 지역들은 전부 완충지대 역할을 하는 상당히 넓은 사막 이남에 위치하고 있다. 이 사막 건너편 땅이 불타서 폭삭 무너진다고 해도 사우디아라비아는 관심 없다. 그 땅이 잿더미로 변하면 이란이 그 땅에서 이득을 보지 못하기 때문이다—아니면 그 땅을 사우디아라비아를 공격하는 발판으로 삼을 수 없기 때문이다.

전투 현장

사우디아라비아의 금전매수 외교와 전투원 수출 전략을 이란의 수십 년 묵은 지정학적 팽창 전략과 대결시키면 일곱 군데 서로 다른 전선에서 냉전을 치르는 셈이나 마찬가지이고, 이미 뜨겁게 불붙은 전쟁도 있다.

시리아. 시리아는 수십 년 동안 아사드(Assad) 가문이 통치해왔다. 아사드 가문은 알라위테(Alawite)파에 속하는데, 대부분의 무슬림들이, 특히 수니파가 이들을 이슬람 이단 종파로 간주한다. 이란은 특히 아사드 가문을 혐오한다. 아야툴라 호메이니는 심지어 시리아 대통령 하바즈 아사드가 테헤란에 발도 들여놓지 못하게 했다. 호메이니는 아사드를 (무슬림이 아닌 사람들을 지칭하는) 카피르(Kafir)라고 여겼기 때문이다. 그래도 호메이니는 페르시아 만 전역에서 수니파의 영향력에 맞서기 위해 시리아를 지원하는 지정학적인 선택을 마다하지 않았다. 1980-1981년에 있었던 이란-이라크 전쟁에서 시리아가 최초로—그리고 유일하게—이란을 지지한 아랍 국가였다. 그동안 이란이 시리아에 공을 들인 보람이 있었던 셈이다.

2011년 시리아에서 내전이 발발한 이후로 이란은 식량에서 무기, 정보, 훈련교관에 이르기까지 아사드 정권에게 전폭적인 지원을 해왔다. 심지어 시리아 전투현장에서 이란의 장군들 몇 명이 전사하기까지 했다. 최근에는 사우디아라비아는 이란이 하는 일마다 사사건건 대응을 했고 이란에 맞서는 온갖 세력들을 지원했다. 이란은 이 전쟁에서 가장 막강한 정규군—시리아 정부—을 지원하는 이점을 누릴지 모르지만, 사우디아라비아는 전쟁이 끝났을 때 시리아가 어떤 모습을 하게 되든 그다지 관심이 없다는 분명한 이점이 있다.

이 전쟁에서는 지금까지 40만 명이 사망했고 500만 명 이상의 난민이 발생했다. 전쟁으로 인해 시리아의 기간시설이 파괴되고, 국경선이 끊임없이 변하고, 대량살상이 자행되고, 포위공격이 지루하게 이어지고, IS가 시리아의 유전을 대부분 장악하면서, 시리아의 석유 수출은 오래전에 중단되었다.[12] 이 전쟁은 국가가 붕괴되면서 마무리될 가능성이 가장 높다. 그렇게 되면 시리아는 무정부상태에 빠지고 알라위테 같은 몇몇 집단이 영토를 갈기갈기 찢어서 각자 나라를 세우게 된다. 그렇게 되면 이란의 영향력은 적어도 3분의 2는 줄어들고 시리아에서 이란의 힘이 미치는 최전선은 사우디아라비아에서 물리적으로 최대한 멀어진다. 이는 또한 전쟁으로 적어도 100만 명이 추가로 목숨을 잃게 되고, 체제 붕괴에 따른 인명손실은 그 몇 배에 달하게 되는 상황을 의미할 수도 있다.

이라크. 시리아 내전에서 가장 두려움의 대상인 IS(Islamic State)는 이라크에서 탄생했고, 현재 이라크에서 훨씬 더 넓은(그리고 훨씬 더 쓸모 있는) 영토와 인구를 장악하고 있다. IS의 전신은 다름 아니라 알카에다의 계열이었고, 사담 후세인 정부에서 권력층에 속했던 바트(Baath) 당원들과 같이 권리를 박탈당한 수니파 소속 몇몇 파벌들로 보강되었다. IS의 전신과 후신은 모두 사우디아라비아가 재정과 전투원 인력을 아끼지 않고 지원했기 때문에 가능했지만, 결국 둘 다 사우디아라비아와의 관계를 단절하고 제 갈 길을 갔다. 미국의 점령 기간 중 시작된 이라크 내전이 진행되는 동안 이라크에 있는 IS—2006-2013년에는 IS로 알려졌다—는 미군을 성가시게 만드는 존재에서 시아파가 장악한 이라크 정부에 맞서는 수니파의 구심점이 되었다. 미국이 양측을 중재했지만 수니파를 정부에 참여하도록 끌어들이는 데 실패했고, 그 결과 수니파는 오늘날 우리가 알고 있는 IS로 변신했다.

시간이 흐를수록 IS가 장악한 영토는 얼룩 번지듯이 확장되었고 때로는 모술, 라마디, 팔루자 같은 주요 인구밀집 중심지들을 점령하기도 했다.[13] 그 결과 사실상 어느 모로 보나 시리아 못지않게 광범위하고 처참한 내전이 발생했다. 여러 다양한 사우디 이해집단들은—리야드에 있는 공식적인 중앙정부는 아닐지라도—여전히 다양한 IS 파벌들과 연계되어 있고, 계속해서 IS를 도와 다마스쿠스, 바그다드, 테헤란에 있는 공동의 적에 맞서고 있다.

사우디아라비아의 영향권을 벗어난 독립적인 IS를 사우디아라비아 중앙정부는 그다지 심각한 문제로 여기지 않는다. 급진적인 전투 세력인 IS는 다소 황당하게 해석한 수니 이슬람을 믿는데, 이를 믿지 않는 이는 누구든 제거하는 데 혼신을 다한다. 그렇다면 인류의 99퍼센트가 IS의 제거대상에 포함되는 셈이지만, 사우디아라비아가 추구하는 엄격한 살라피즘 이슬람도 IS의 종교 이념과 아주 유사하고, 따라서 사우드 왕가는 IS가 학살하고자 하는 대상들 중 가장 우선순위가 낮다. 사우드 왕가보다 한 단계 위에 있는 대상은 일반적인 수니 무슬림이다. 반대로 시아 무슬림—특히 페르시아 시아 무슬림—은 척결대상 1호로서 유럽인보다 제거대상 목록의 상위에 올라 있고, 유럽인은 미국인보다 훨씬 제거대상 상위에 올라 있다. IS가 우선적으로 제거하고자 하는 대상은 사우디아라비아가 콧대를 꺾어놓고 싶어 하는 대상들과 일치하는데, 이라크의 친이란 시아파 정부와 시리아에서 이란의 지원을 받는 알라위테 정부가 가장 두드러진다.

이라크에서 사우디아라비아가 원하는 바를 달성했는지 판단하는 기준은 매우 폭넓다. 그 기준의 한쪽 끝에는 수니파가 대부분인 이라크 지역에서 권력을 유지할 역량을 갖춘, 어설프게나마 기능을 하는 IS 정부가 들어서서 이라크의 수도 바그다드에 영향력을 행사하려는 이란을 견제하는 동시에 이라크 중앙정부가 이라크 전체를 다스릴 역량을 견제하게 되는 경우다. 2015년 3월부터 2016년 3월 사이에 상황이 대체로 이러했다. 사우디아라비아가 완벽한 승리라고 여길 상황은 IS가 바그다드 자체를 점령하는 경우다.

사우디아라비아가 성공이라고 여기는, 기준의 다른 한쪽 끝은 IS가 활동영역이 넓은 테러집단으로서, 점령한 영토는 없어도 이라크의 수니파 거주 지역뿐만 아니라 수도 바그다드 깊숙이 침투해서 공격을 감행할 역량을 갖춘 경우다. 2005년부터 2007년 사이의 상황이 대체로 이러했다.

이라크 내전이 1단계에 놓여 있던 당시에, 미국은 IS의 전신인 집단을 상대로 '망치로 두더지잡기' 게임을 한다는 느낌을 받았다.

사우디아라비아가 성공으로 여기는 이 두 극단적인 경우 모두 많은 피를 흘려야 달성할 수 있지만, 둘 다 효과적이라는 점이 (사우디아라비아에게는) 훨씬 중요하다. 이라크가 갈기갈기 찢어지면 이란이 자국의 야심을 달성하기 위한 발판으로 이라크를 이용하기가 어렵다.

레바논. 시리아 내전은 이라크에서의 갈등뿐만 아니라 레바논에서의 갈등도 한데 뒤섞여 버렸다. 아야툴라 집권 초기부터 이란은 엄청난 자금과 인력을 헤즈볼라라고 알려진 레바논 시아파 민병대에게 지원했다. 1985년 헤즈볼라가 창설된 이래로 군사력 면에서 수적으로 지속적으로 세가 확장되어오더니, 결국 레바논에서 정치력과 군사력이 가장 막강한 집단으로 성장해 2006년 발생한 짧은 전쟁에서 이스라엘 군사력에—성공적으로—맞설 힘을 갖추게 되었다.

이에 반해 사우디아라비아가 레바논에서 조종할 수 있는 세력은 분산되어 있고, 힘이 약하다. 사우디아라비아의 금전매수 외교 전략은 수니파가 다수가 아닐 경우에만 제대로 먹혀들어간다. 레바논은 다민족 국가로서 시아파와 수니파가 각각 전체 인구의 27퍼센트 정도로 비등하다. 게다가 금전매수 외교로는 그 수혜자들을 폭탄테러로부터 보호해주지 못한다. 2005년 헤즈볼라가 사우디아라비아의 대리인 역할을 한 레바논 총리 라피크 하리리를 살해했다. 1톤짜리 자동차 폭탄을 터뜨렸는데, 직경 40피트에 깊이 10피트의 구멍이 파였다.

그러나 시리아 내전으로 상황이 변했다. 이란은 본래 헤즈볼라를 시리아가 레바논을 장악하게 하고 이스라엘을 괴롭히는 데 이용하려고 했다. 헤즈볼라는 "이란이 주인이고 시리아가 조종한다는" 설이 파다했다. 그러나 시리아 정부가 내전에서 궁지에 몰리면서, 이란은 헤즈볼라를 시리아 내전에 전념하게 해야 했다. 헤즈볼라 세력은 완전히 시리아 내전에 골몰하게 되었고, 레바논 군과 정치계를 장악하는 데까지 신경을 쓸 여유가 없었다. 사우디아라비아에게는 레바논에 침투할 절호의 기회가 생겼다.

팔레스타인 영토. 사우디아라비아와 이란은 팔레스타인에서도 서로 자기편을 만들고 있다. 동부지중해 연안 지역의 정치라는 게 으레 그렇듯이 누가 누구 편인지 분명히 구분하기란 매우 힘들고 혼란스럽다. 간단히 정리하면 다음과 같다. 사우디아라비아는 요르단 강 서안지구(West Bank)를 장악한 파타(Fatah) 파벌을 지원한다. 파타는 팔레스타인 영토의 미래와 관련해 이스라엘과 외교 협정을 맺을 의향이 있는 편이다. 이란은 가자지구(Gaza Strip)를 장악한 하마스(Hamas)—무력 사용에 훨씬 더 적극적인 성향을 보이는 파벌—에 끌린다. 가자지구는 사실상 이집트에서 터널을 통해 밀반입한 물자로 버티고 있는 노천 난민 캠프다.

사우디아라비아가 팔레스타인 영토에서 이란의 영향력을 근절하려는 노력에 착수한 이후로 이러한 힘의 균형이 변했다. 서로 어울리지 않는 이집트, 이스라엘, 사우디아라비아가 하마스와 이란을 떼어놓기 위해 의기투합했다. 세 나라 모두 각자 얻는 게 있다. 이집트는 시나이 반도에서 밀수(그리고 IS의 침투)를 억제하고, 이스라엘은 가자지구로 로켓이 반입되지 못하도록 하고, 사우디아라비아는 이란이 발판으로 삼을 지역을 또 하나 제거하는 셈이다. 그렇게 되면 팔레스타인 영토에서 이란이 자기편으로 만들 세력은 훨씬 규모가 작고 역량도 부족하고 훨씬 급진적인 팔레스타인 이슬람 지하드만 남게 된다.

바레인. 바레인에서는 지역 맹주로 부상하고 있는 두 나라가 서로 힘을 겨루어왔다. 페르시아 만에서 유일하게 이렇다 할 규모의 석유를 보유하지 못한 나라인 바레인은 오랫동안 미국 제5함대의 기지 역할을 한 철옹성이었다. 그러나 중동의 안정을 유지하겠다는 미국의 결의가 점점 약해지면서 바레인은 다시 역내 정치에 발을 담그게 되었다. 이란은 바레인 인구의 70퍼센트가 시아파라는 사실을 이용해 아랍의 봄(2010년 12월 튀니지에서 시작되어 중동과 북아프리카 지역에 확산되었던 반정부 운동—옮긴이)의 혼란스러운 정세를 틈타 민중 봉기를 부추길 수 있었다.

사우디아라비아는 재빨리 이 지역의 지리적 여건을 자국에 유리하게 이용했다. 바레인은 이란의 해안보다 사우디아라비아의 해안과 가까울 뿐만 아니라, 1986년에 바레인과 사우디아라비아 본토를 연결하는 방죽도로도 생겼다. 이 방죽도로 덕분에 사우디아라비아인들은 바레인에 가서 부어라마셔라 즐기게 되었다. 사우디아라비아는 세계에서 가장 엄격한 금주(禁酒) 국가이고 바레인은 세계 최대의 술집으로 간주된다. 또한 방죽도로 덕분에 사우디아라비아는 군대를 바레인에 파견해 사실상 바레인을 점령하고 이란이 부추기는 봉기를 진압하는 게 가능해졌다. 이란으로서는 바레인만 잘 요리해도 큰 비용 들이지 않고 1,000여 명의 사우디아라비아 군대를 국외에 묶어놓을 수 있다.

예멘. 요란한 충돌이 벌어지고 있는 레바논, 시리아, 이라크의 정반대 쪽에서 레바논에서의 충돌을 교외 지역에서 개최되는 독서토론회 정도로 보이게 만들 만한 큰 전쟁이 터졌다. 때때로 국내 세력과 외세가 현재 예멘이라고 알려진 나라를 통일해 지도상에서 보기에 훨씬 깔끔한 형태로 만들려고 시도해왔지만, 몇 년 만에 예멘은 부족들 간에 잔혹한 난투극이 벌어지는 혼돈에 빠져버렸다. 사우디아라비아는 예멘을 낙후된 피보호국으로 간주하고 통일을 지원하고 있다. 예멘 특유의 혼돈 상태가 예멘의 국경을 넘지 않도록 하기 위해서다. 최근 이란은 공세를 취하면서 사우디아라비아가 권력을 잡지 못하게 배제해온 세력들—특히 후티 부족—을 지원하고, 사우디가 오랜 세월 동안 공들여 이룩한 것을 산산조각내고 전면적인 내전을 부추기고 있다.

이 정도 되면 보통 사우디아라비아는 금전매수 외교에 착수해 군대를 고용한다. 과거에 미국, 이라크, 이집트 군대를 고용했듯이 말이다. 그러나 이번에는 미국은 무관심하고, 이라크와 이집트는 무능력하다. 사우디아라비아는 자국 군대를 파견하는 방법밖에 없는데, 자국 군대는 전투 훈련을 받지 못했다. 따라서 사우디아라비아는 바레인, 이집트, 요르단, 쿠웨이트, 모로코, 카타르, 세네갈, 수단, 아랍에미리트연합을 망라해 반 이란 동맹을 구축했다.[14]

(사우디아라비아의 시간과 무기를 대부분 잡아먹는, 예멘의 파벌인) 후티 부족을 사우디아라비아가 진압하게 될지 전혀 분명치도 않고 조만간 그렇게 될 가능성은 더더욱 없다. 그러나 사우디아라비아는 이 전쟁에서 승리하지는 못할지 몰라도, 패배할 리는 절대 없다. 예멘은 사우디아라비아 최남단에 인접해 있으므로 이란으로부터 아주 멀리 떨어져 있다. 따라서 이란은 이 전쟁에 영향을 미칠 주요 요인이 되지 못한다. 이란이 바닷길을 이용해 무기를 운송하도록 미국이 허락하지 않는 한 말이다. 미국은 좋게 말해도 실패한 국가에서 벌어지는 내전에서 지상전에 개입할 의도가 전혀 없을지 모르지만, 위험이 적은 해상봉쇄를 지원하는 정도의 개입은 충분히 할 가능성이 있다. 그 결과 재정과 장비를 탄탄히 갖춘—그러나 군대로서의 실력은 다소 서툰—사우디아라비아와 페르시아 만 동맹국들, 전투 경험이 많고 이란이 지원하지만 장비가 부실한 후티 부족, 사우디 동맹보다는 후티 부족과 싸우는 데 훨씬 관심이 크기 때문에 사우디아라비아가 대체로 무시해버리는 알카에다의 지부, 이렇게 삼파전이 된다.

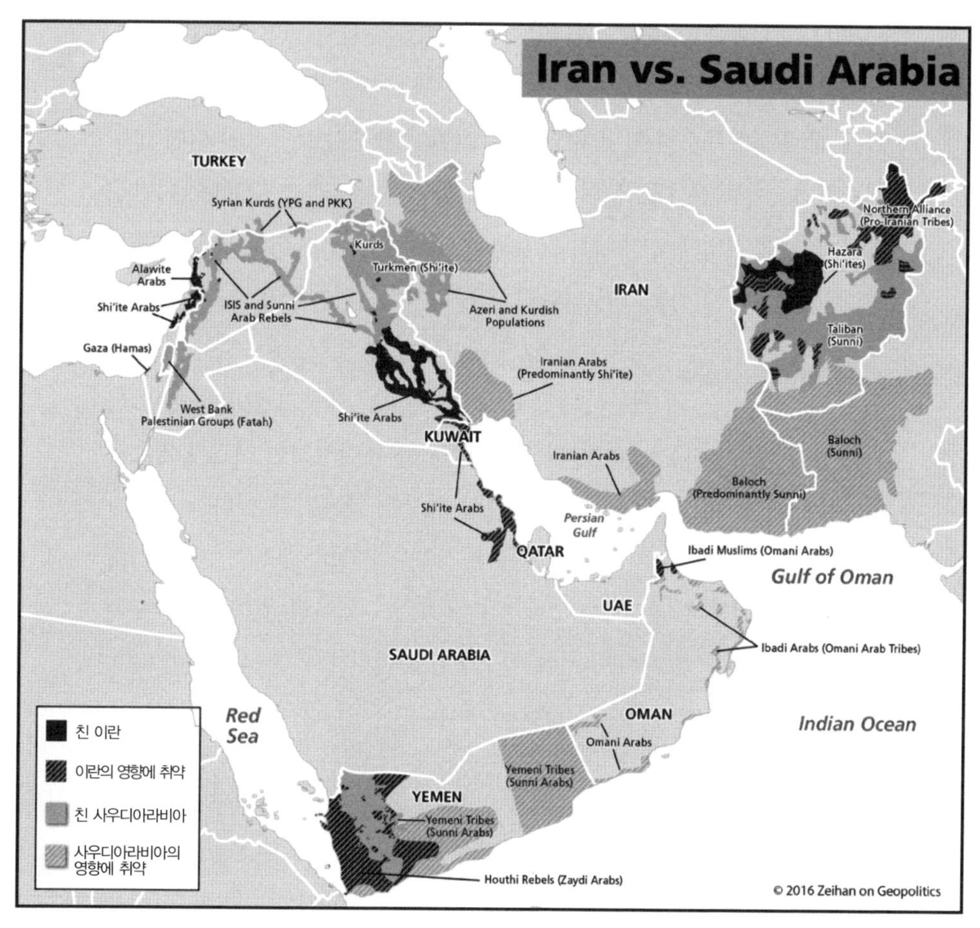

이란 대 사우디아라비아

파키스탄. 파키스탄에서도 두 세력이 서로 맞서고 있다. 만성적인 빈곤에 시달리고 에너지를 수입하는 나라로서, 훨씬 월등한 인도와 끊임없이 군사 대결을 벌이는 파키스탄은 사우디아라비아가 금전매수 외교를 하기에 최적의 대상이 되어왔다. 따라서 파키스탄과 사우디아라비아 두 나라는 매우 친밀한 관계를 유지해왔고 석유산업과 사우디 공군전투비행사 조직을 비롯해 사우디 체제 전반에서 외국인 노동자 비율은 파키스탄이 단연 높다.

이란에게 가장 큰 걱정거리는 잠재적인 핵 균형이다. 이란의 핵무기 개발에 대해서는 무수히 말이 많았지만, 이란이 핵무기 보유국이 되면 얻는 현실적인 "이득"은 대부분의 사람들이 생각하는 것과는 다르다. 이란은 페르시아 만 지역에서 재래식 군사력은 타의 추종을 불허할 만큼 월등하고, 정정당당하게 싸운다면 이라크, 사우디아라비아, 페르시아 만의 모든 나라들이 합심해서 달려들어도 쉽게 패배시킬 수 있다. 페르시아 만 지역에서 맹주가 되는 데 핵무기는 필요 없다. 오히려 핵무기 실험을 하면 이스라엘의 선제공격을 당하기 때문에 핵무기를 개발하려는 시도가 역효과를 낳게 된다. 따라서 이란은 미국과의 협상을 핵개발과 맞바꿀 용의가 충분히 있다. 미국과 이란이 서로를 인정하고 간섭하지 않는 데 동의하면—그리고 미국이 페르시아 만에서 손을 떼면—역사의 물결은 이란에게 유리하게 흐른다. 경제와 정치와 인구구조도 이란에게 유리하다. (그렇다고 해서 이란이 핵무기가 쓸모없다고 여긴다는 뜻이 아니다. 이란에게는 핵무기보다 미국이 없는 중동이 훨씬 쓸모가 있다는 뜻이다.)

여기서 다시 사우디아라비아-파키스탄 동맹으로 이야기가 귀결된다. 파키스탄은 이미 핵무기를 보유하고 있다.

이란의 악몽은 파키스탄과의 전쟁이 핵전쟁으로 확산되는 상황이 아니라 파키스탄과 사우디아라비아의 동맹이 너무나도 확고하고 사우디아라비아의 재정이 너무나도 튼튼해서 사우디아라비아가 이란을 저지하기 위해 파키스탄으로부터 핵무기를 사들이게 되는 상황이다. 이와 같이 이란을 재기불능으로 만들 잠재력이 있는 동맹에 맞서기 위해 이란은 은밀히 파키스탄 국경 지역에서 발로치 소수민족—파키스탄에 대해 폭력적으로 맞서온 집단—에게 손을 내밀면서 자국의 영향력을 확대하고 있다. 이는 양날의 칼이다. 이란에도 발로치 족이 있고 사우디아라비아는 파키스탄을 대신해 이란 내 발로치 세력을 지원함으로써 앙갚음을 하고 있다.

오만. 게다가 곧 여덟 번째 전선이 형성될지 모른다. 오만의 술탄, 카부스 빈 사이드 알 사이드는 세계에서 가장 재능있는 지도자 중 한 명이자, 중동에서는 가장 정치적 수완이 뛰어난 인물이다. 그는 1970년 자신의 부친을 폐위하고, 공산주의자, 호전세력, 부족집단들, 이슬람주의자, 군주제 옹호세력 등 온갖 종류의 까다로운 집단들을 망라해 평화롭게 공존 가능한 현대 국가를 구축했다. 그러나 나라의 안정을 유지하려면 사이드는 끊임없이 신경을 써야 한다. 이 책을 쓰는 현재, 75세인 사이드는 아직 공개적으로 후계자를 정하지 않았다. 오만의 전통에 따르면, 사이드가 사망하면 사흘 내에 여러 파벌들이 모여 후계자를 선출해야 한다. 여러 파벌들이 후계자를 선출하는 데 실패하면 사이드가 남긴 봉투를 개봉해야 한다. 봉투 안에는 사이드가 후계자로 선택한 인물의 이름이 적힌 문서가 들어 있다. 그러면 여러 파벌들은 이 후계자를 따르도록 권유를 받는다.

이는 그리 바람직하지 않은 승계 절차다.

여러 파벌들 사이에 내전이 발생할 가능성이 훨씬 높다. 오만은 이란과 긴 해상 국경을 접하고 있고 사우디아라비아와는 긴 지상 국경을 접하고 있다. 따라서 두 나라는 오만의 이러저러한 파벌에게 거리낌없이 지원을 할 가능성이 높다. 그러면 내전은 순식간에 매우 끔찍해진다.

이란의 난제(難題)

페르시아 만에서 이란은 사우디아라비아보다 여기저기 간섭하기 훨씬 좋은 위치에 있지만, 이란은 너무 벌여 놓은 일이 많아 전략적으로, 경제적으로 힘에 부치는 반면, 사우디아라비아는 전략적으로 고립되어 있고, 재정도 탄탄하며, 지속적으로 들어오는 수입도 훨씬 많고 십자포화를 받은 나라들이 얼마나 피해를 입든지 전혀 개의치 않는다. 따라서 사우드 왕가는 미국이 페르시아 만에서 철수하기 전에, 이란에 대한 경제제재가 해제되어 이란이 수입이 두둑해지기 전에, 시리아 정부와 시리아를 지원하는 이란 측 인사들에 대한 세계 여론이 아직 부정적인 지금, 이란을 최대한 짓뭉개려고 전방위 압박을 가하고 있다. 사우디아라비아는 이란이 현재 더할 나위 없이 약한 상태에 있다고 보고, 그 급소를 공격하고 있다.

이란은 사우디아라비아의 공격성이 대폭 강화되었다는 점이나 사우디아라비아가 추구하는 포괄적인 목표가 무엇인지를 간과할 리가 없지만, 경제적으로, 군사적으로 추세가 얼마나 사우디아라비아에게 유리하게 돌아가는지는 아직 깨닫지 못했다. 이란은 미국과의 적대적 관계를 청산하자마자 외국 투자가 물밀 듯이 쏟아져 들어와 석유생산이 활성화되고 재정이 급격히 개선되리라고 굳게 믿고 있다.

이는 대단히 큰 오산이다. 이란의 투자환경은 한마디로 험악하다. 현행 규제들은 외국 투자자들에게 모든 위험을 떠안게 만들면서도 유가가 인상될 경우의 이득은 전혀 누리지 못하도록 하고 있다. 2011-2012년에 시행된 미국/유럽의 제재조치는 외국 투자자들이 이란의 석유에 대해 흥미를 잃게 된 주된 원인이 아니라 마지막 결정타였다. 2014년 이란은 해외 투자를 유치하기 위해서 계약체계를 손보겠다고 밝혔지만, 시행 시기를 계속 미뤘다. 이 책을 쓰는 현재, 약속한 시한이 1년을 훌쩍 넘었고 2017년 중반 이전에 초안이 나올 가능성도 거의 없다. 만사가 순탄하게 진행된다고 해도 유지보수도 안 되고 낙후된 시설에 매장지까지 훼손된 상황에서, 이란은 새로 2,000억 달러의 투자를 받아야 어느 정도라도 장기적으로 볼 때 생산량을 늘릴 수 있다.

사실 이미 너무 늦었을 가능성이 높다. 2017년 중반이면 미국 셰일의 전 주기 손익분기 가격은 이란의 전통적인 원유에 상응할 가능성이 높다. 정치적으로 불안정하고 계약 관련 법규도 불확실한 데다가 전쟁 위험도 높은 이란 같은 지역에 투자하는 위험을 감수할 기업은 거의 없다. 가장 심각한 안보위험이라고 해봤자 인부 막사에 맥주가 동나는 상황인 오클라호마에서 법적으로 철저한 보장을 받는 계약을 체결하는 게 훨씬 쉽다.

이란의 기본적인 전략은 폭동 전술의 강화이다. 그러나 이는 사우디아라비아의 석유생산 지역에서 내전이 발생하지 않는 한, 유가전쟁으로 이란이 겪는 어려움을 완화하는 데 아무런 소용이 없고 이란에게 절실히 필요한 석유시설에 대한 투자를 유치하는 데 전혀 도움이 되지 않는다. 한편 이란이 엄청난 비용을 들여서 어렵사리 역내에 구축한 입지는 점점 좁아지고 있다.

이란이 직면한 가장 핵심적인 문제는 이란이 낡은 전략을 구사하고 있다는 점이다. 1979년 아야툴라가 등장한 이후로 이란이 구사해온 전략은 질서 파괴였다. 미국이 유지해온 역내 질서를 무너뜨릴 역량이 있는 역내의 다양한 소수민족들 가운데 반란 집단을 지원하거나 키웠다. 그러나 게임이 바뀌었고, 새로운 게임에서 이란은 승산이 없다.

미국은 이제 페르시아 만 역내 질서에는 관심이 없다. 역내 갈등은 사우디아라비아에게 처리하도록 맡겼다. 그러나 사우디아라비아도 (아라비아 반도의 알짜배기 땅을 제외하고는) 역내 안정에 관심이 없다. 사우디아라비아는 오로지 이란의 힘을 뿌리 뽑는 데 관심이 있고, 그러기 위해서 이란과 마찬가지로 폭동을 부추기는 전략을 이용하고 있다.

이제는 숫자 놀이다. 이란의 대리자들은 모두 수니파 아랍인들 사이에 섞여 사는 소수파인 반면, 사우디아라비아는 다수파인 수니파 아랍인들을 지원하고 있으며, 사우디아라비아는 그 지역이 초토화되어도 상관하지 않는다. 이란은 재정과 인력 싸움에서 승산이 없다. 반체제 폭도들이 또 다른 반체제 폭도들과 대결하는 상황에서 역내에 질서가 유지될 리가 만무하다. 그리고 역내 질서가 파괴되면 이란이 역내에서 행사하는 영향력도 사라지게 된다.

이란이 자그로스 산맥을 요새처럼 두른 고지대에 고립된 가난한 왕국에서 벗어나려면 전략을 바꿔야 한다.

언젠가 이란은 사우디아라비아가 이란에 맞서는 장기적인 전략을 구사해왔다는 사실과 이에 맞서는 유일한 방법은 전쟁뿐이라는 사실을 깨닫게 된다.

이란은 백만 대군을 자랑하고 이란 공군은 사우디아라비아의 공군보다 규모가 훨씬 크며, 사우디아라비아 군인들이 책에서조차 읽기 싫어하는 혹독한 참화를 이란 군인들은 견뎌낼 의지가 있다. 서류상으로 볼 때, 이란은 공정한 싸움에서라면 사우디아라비아를 쉽게 이길 듯이 보인다. 그러나 싸움이 공정할 리가 없다. 이란이 대비해온 전쟁은 이란이 피치 못하게 치러야 하는 전쟁과는 전혀 다르다. 따라서 이 충돌이 어떻게 전개될지는 대단히 불확실할 뿐만 아니라 세계 석유 공급에 미칠 영향도 훨씬 끔찍하리라 예상된다.

1단계: 페르시아 만 폐쇄

이란이 오랫동안 준비해온 전략을 실행하면서 전쟁이 시작된다. 바로 호르무즈 해협의 봉쇄다.

이란은 해협 내 어느 지점에도 도달 가능한 다양한 미사일 체계를 갖추고 있는데, 이 가운데는 페르시아 만을 가로질러 사우디아라비아 해안선까지 도달 가능한 미사일도 많다. 그러나 정밀타격 능력은 없다. 이란이 보유한 미사일은 탄도미사일이라서 크루즈미사일처럼 목표물을 정확히 맞히지 못한다. 미사일을 대량으로 발사하면 소란스럽기는 하겠지만 움직이는 표적—심지어 덩치가 크고 굼뜬 유조선도—을 맞힐 가능성은 낮다. 그리고 사우디아라비아(그리고 쿠웨이트와 아랍에미리트연합)의 미사일 방어시스템은 대량으로 발사되는 이란의 미사일을 막아낼 가능성이 매우 높다.

이란은 다양한 역할을 할 수 있는 폭격기가 300대 이상이고, 경륜 있는 조종사들이 이러한 폭격기를 조종하지만 정말 중요한 것은 숫자가 아니다. 이란의 공군은 러시아, 미국, 중국, 프랑스에서 구입한 기종이 서로 다른 폭격기들로 구성되어 있고, 대부분 1970년대에 구입했다. 현재 F-14기(처음부터 관리하기가 결코 쉽지 않았던 기종)를 운용하는 나라는 이란밖에 없고, 따라서 부품은 오래전에 생산이 중단되었다. 격납고에 있는 (Su-24나 MiG-29 같은) 다른 기종들도 대부분 (소련 붕괴 후의 카자흐스탄이나 우크라이나처럼) 신형 전투기를 전투에 추가해본 적이 없는 나라들만 운용하는 기종이다.

반면 사우디아라비아는 당장 쓸 수 있는 비행기가 225대뿐이지만, F-15와 유로파이터 타이푼은 러시아와 선진국 진영 바깥에서 운용되는 비행기로서는 가장 첨단에 속한다. 이웃나라 아랍에미리트연합이 보유한 F-16과 미라주 2000도 마찬가지로 민첩하며, 아랍에미리트연합의 조종사들은 북대서양조약기구 밖에서는 최정예로 손꼽힌다.

이란은 상대방을 위협하고 겁을 줄 수는 있지만, 이란의 공군력과 미사일 역량은 페르시아 만에서의 해상 활동을 장기간 봉쇄하기에는 역부족이다. 특히 쿠웨이트, 사우디아라비아, 카타르, 아랍에미리트연합의 유조선들이 페르시아 만의 사우디아라비아 쪽을 끼고 돌아 최대한 이란의 무기체계에 노출되지 않도록 한다면—그리고 쿠웨이트, 사우디아라비아, 카타르, 아랍에미리트연합의 공군이 유조선이 목적지에 도착할 때까지 제한적이나마 엄호를 제공할 수 있다면 말이다.

그러나 이란이 쓸 수 있는 전략은 또 있다.

공격적으로 기뢰를 부설하는 작전이 그 다음 수순이다(아니면 동시에 실행하든가). 이란은 소형 선박을 많이 보유하고 있는데, 이를 이용해 수백—혹은 수천—개의 기뢰를 항로에 설치해 선박들이 안전하게 진입하지도, 출항하지도, 페르시아 만 내에서 이동하지도 못하도록 한다. 그러나 기뢰 하나가 실제로 초대형 유조선(Very Large Crude Oil Carrier, VLCC)—평균적인 초대형 유조선은 뉴욕의 크라이슬러 빌딩보다 크다—같은 거대한 선박을 가라앉힐 가능성은 희박하다. 이란으로서는 기뢰를 호르무즈 해협에 집중 설치하는 게 훨씬 승산이 높다. 선박이 쿠웨이트, 사우디아라비아, 카타르, 아랍에미리트연합 공군의 엄호로부터 훨씬 멀리 떨어지게 되고, 이란의 해안에 아주 근접해서 항해해야 하고, 해협의 좁은 구간을 지나는 동안 이란의 해군과 공군의 집중 공격에 가장 취약해지기 때문이다.[15] 호르무즈 해협에서는 반다르아바스 항이나 그 근처에 정박한 쾌속정이 유조선을 쉽게 괴롭히거나 어쩌면 몇 척 나포할 수도 있다.

소란스럽고 폭발도 일어나지만 이란의 호르무즈 전략은 사실 외교전략이지 군사전략이 아니다. 페르시아 만을 드나드는 유조선을 위협하면 세계적으로 공포감이 조성되어 유가가 치솟는다. 그렇게 되면 세계 여러 나라들은 미국에게 평화를 위해 나서라고 압력을 넣게 된다. 그 시점에서 이란은 역내 안보와 정치 구조에 대한 외교적인 재조정을 요구한다.

그러나 이란은 냉혹한 현실로부터 충격을 받게 된다. 미국은 세계 안정을 유지하는 일에서 손을 뗀 상태고, 전혀 관심도 없는 지역 질서를 수정하는 문제를 두고 이란과 협상할 동기 부여가 전혀 되어 있지 않다. 외교

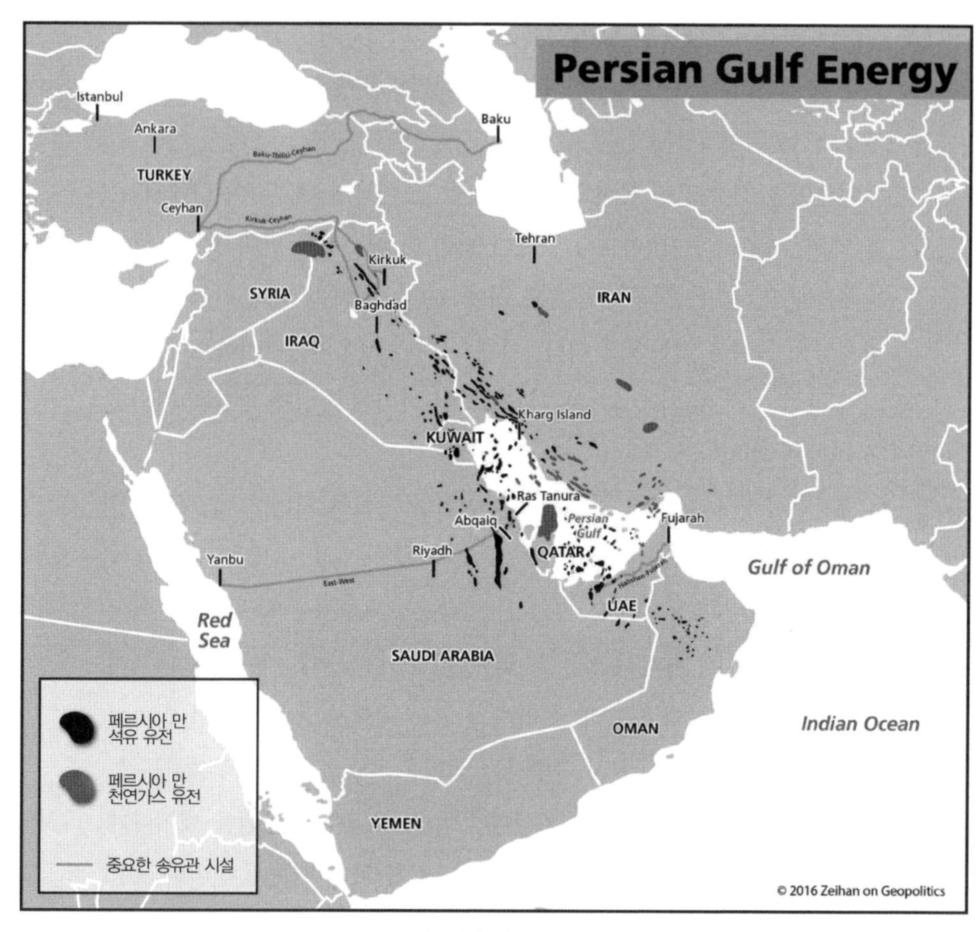

페르시아 만 에너지

적 시도는 단 하루 만에 실패로 끝난다.

게다가 사우디아라비아는 이란과는 전혀 다른 전략을 구사한다. 사우디아라비아는 이란이 해협을 폐쇄하려는 시도를 무마하려 하기보다 이란이 구사한 전략과 거의 동일한 전략을 실행하게 된다. 사우디아라비아는 자국의 미사일 체계와 해군 자산, 질적으로 월등히 우수한 공군을 이용해 이란의 석유선적시설을 오가는 유조선들을 타격한다. 이란은 자국이 해협을 봉쇄하려는 노력을 사실상 사우디아라비아가 돕는 상황을 접하고 혼란스러워하게 된다.

이란이 아직 깨닫지 못하고 있는 게 있다. 미국이 페르시아 만에서 손을 떼면, 사우디아라비아보다 이란이 훨씬 더 페르시아 만에서 유조선이 자유롭게 드나드는 상황을 필요로 하게 된다. 한 세대 넘게 미국에 대해 적개심을 품어온 이란이긴 하나, 이제 이란은 사우디아라비아보다 훨씬 더 절실히, 미국이 자국과 사우디아라비아 사이에서 완충 역할을 해주기를 바라게 된다.

페르시아 만의 에너지 기간시설이 위치한 독특한 지리적 여건이 가장 중요하다.

이란의 주요 수출 지점은 카르그 섬(Kharg Island)인데, 이 섬의 위치 때문에 이란은 세 가지 중요한 문제를 안고 있다. 첫째, 카르그는 페르시아 만 깊숙이 자리잡고 있다. 이라크가 있는 페르시아 만 깊숙한 안쪽까지 들어가 있다. 카르그에서 출항하는 선박은 500마일 정도 항해하는 동안 사우디아라비아의 공격을 피해야 비로소 호르무즈 해협을 벗어나게 된다. 둘째, 카르그와 본토를 연결하는 다리가 없기 때문에 장비나 노동자들—긴급구조 요원과 구조 장비는 물론이고—은 현장까지 배로 실어날라야 한다. 사우디아라비아 전투기 한 대(또는 30대—매우 중요한 경제 목표물이므로)가 제대로 출격하면 저장탱크나 원유주입시설을 폭파시키고 카르그 섬을 몇 주 동안 무력화시킬 수 있다. 셋째, 이란이 수출하는 석유 물동량의 90퍼센트는 바로 이 지점에서 출발한다. 카르그 섬이 상당한 피해를 입으면 이란의 외화 소득은 끝장난다.

사우디아라비아는 그런 제약이 없다. 석유를 선적하는 최대 시설—라스 타누라—은 사실상 카르그보다 규모가 크지만, 사우디아라비아의 유일한 선적시설은 아니다.

가장 중요한 점은 따로 있다. 사우디아라비아는 아라비아 반도를 동쪽에서 서쪽으로 가로지르는 송유관을 통해 선적 터미널이 있는 홍해까지 원유 5mbpd를 운송할 능력이 있다. 이는 사우디아라비아의 석유 수출물량의 3분의 2 정도가 이란이 방해할 수 있는 범위에서 벗어나 있다는 뜻이다. 사우디아라비아뿐만이 아니다. 아랍에미리트연합도 1.6mbpd—수출물량의 3분의 2—의 원유를 호르무즈 해협을 경유하지 않고 바로 아라비아 만으로 운송할 송유관을 갖추고 있다.

페르시아 만에서 호르무즈 해협을 우회하는 송유관을 갖추지 못한 아랍 국가들에게는 전혀 위안이 되지 않는다. 쿠웨이트와 카타르는 대안이 없다. 이 두 나라의 석유생산시설, 저장시설, 정유시설과 수출시설은 모두—두 나라 합쳐서 2.3mbpd의 원유와 1.0mbpd의 정유제품 수출은 물론이고—사우디아라비아에 있는 그 어떤 지역보다도 이란의 미사일 발사대와 가까이 있다. 게다가 두 나라는 미국, 이라크, 사우디아라비아, 석유와 관련된 모든 문제에서 이란에 반하는 입장을 취한다는 사실로 미루어 볼 때, 두 나라는 이란의 방해 전략에서 주요 목표물이 될 가능성이 높다.

사우디아라비아와 아랍에미리트연합이 호르무즈 해협을 우회하는 송유관을 십분 활용하고, 사우디아라비아가 카르그를 직접 겨냥하고, 사우디아라비아와 이란이 각자 페르시아 만을 봉쇄해 이 지역의 남은 석유 수출물량의 선적을 막는다고 가정하면, 페르시아 만 전쟁 첫날, 세계 에너지 수급에 빚어지는 차질은 유럽에서의 지구전이 절정에 달했을 때 겪을 차질 못지않게 심각하다. 원유 6.2mbpd, 정유제품 2.0mbpd, 그리고 액화천연가스 5.5 bcf/d 수급에 차질이 생긴다.

이렇게 수급에 차질이 생겨도 금전적으로 이익을 보는 이들이 있다. 사우디아라비아와 아랍에미리트연합이 원유 7.5 mbpd를 호르무즈 해협을 우회해 세계 시장에서 내다 팔면 급상승한 유가 덕분에 두 나라의 수익은 급격히 증가한다. 전쟁은 돈벌이에 도움이 된다.

다른 나라들의 경우, 원유 수출경로를 확보할 유일한 방법은 외부로부터의 해군 지원뿐이다. 전략은 간단하다. 다른 나라의 국기를 달고 호위를 받는 방법이다. 해군력을 갖춘 나라들은 전함을 페르시아 만에 파견해 자국의 국기를 단 유조선을 호위한다. 국기를 바꿔 단 유조선이나 호위함을 공격하는 호전적인 세력은 누구든—적어도 제한적이나마—보복할 역량이 있는 나라에게 군사적인 싸움을 거는 셈이다. 쿠웨이트는 이란-이라크 전쟁 동안 이 전략으로 미국 해군을 동원하는 데 성공했다.

쿠웨이트와 카타르가 원유와 액화천연가스를 운송하지 못해 안달이 난 만큼이나 이 두 나라로부터 원유와 액화천연가스를 확보하려고 안달이 난 나라들이 페르시아 만 바깥에 많이 있다. 쿠웨이트와 카타르에게는 유감스럽게도, 이 절박함을 해소할 역량이 절박함에 미치지 못한다. 제 2차 세계대전이 끝난 후 미국이 지배하는 세계에 살면서 얻게 된 (많은) 부작용들 가운데 하나는 대부분의 나라들이 장거리 원정이 가능한 해군을 구축하는 데 드는 비용을 감당하기 꺼리게 되었다는 점이다. 미국이 무료로 화물을 보호해주는데, 무엇 때문에 자기 생돈 들여 화물을 엄호할 해군력을 구축하겠는가?

독자적으로 장거리 원정이 가능한 해군을 구축하기로 한 나라는 몇 나라뿐이다. 해군의 역량이 높은 순서대로 나열해보면 미국, 일본, 영국, 프랑스, 중국, 러시아, 오스트레일리아, 한국, 타이완이다. 이게 다인데, 이 나라들이 모두 중동에서 작전을 수행할 능력이 있거나 그럴 만한 위치에 있는 것은 아니다. 영국, 프랑스, 러시아는 자국과 가까운 지역에서 필요한 만큼의 석유를 확보할 수 있고, 영국 해군과 러시아 해군은 이미 지구전에 가담하고 있을 가능성이 높기 때문에 페르시아 만에까지 원정을 갈 여유가 없다. 오스트레일리아는 전통적인 동맹국들이 정치적으로 엄호를 해주지 않는 한 페르시아 만 전쟁에 가담하기보다는 동남아시아나 남미에서 필요한 석유를 확보할 가능성이 훨씬 높다.

오로지 일본, 중국, 한국, 타이완만이 군사적으로 개입할 필요도 느끼고, 그럴 역량도 있는 나라들이다. 페르시아 만에 있는 나라는—사우디아라비아와 이란을 포함해—하나같이 국기를 바꿔 단 자국의 유조선을 엄호해줄 세력을 확보하려 하면서 동시에 반대편 나라는 그들의 화물을 엄호해줄 세력을 확보하지 못하게 방해할 가능성이 크다. 누가 누구와 맞붙든 상관없이, 전쟁이 발발하고 며칠 안에 세계는 만성적인 석유부족에 돌입하게 되고, 역외에서 참가한 국가들은 이미 누구 편을 들지 결정한 상태에 놓이게 된다. 이와 같이 페르시아 만에서 에너지 공급물량을 확보하려는 투쟁에 개입하는 유일한 역외 세력은 동아시아 국가들이다.

2단계: 반란

전쟁에서 이 단계는 총과 폭탄이 난무하기보다는 은밀한 첩보전이 활발하다.

이란은 운이 좋으면 페르시아 만 해안에 있는 사우디아라비아의 시설에 몇 발 명중시킬지 모르지만, 운 좋게 몇 발 명중한 것만으로는 사우디아라비아의 전쟁수행 능력은 고사하고 돈벌이를 저지하는 데도 아무 소용이 없다는 게 엄연한 사실이다. 따라서 이란은 전쟁의 제 2단계로 신속히 돌입하게 된다. 바로 반란 세력에 대한 지원이다.

이란의 육군을 보면 이란의 지리적 여건이 읽힌다. 페르시아 산맥으로 인해 이란에는 인구의 50퍼센트를 차지하는 페르시아 민족 외에도 여남은 부류의 민족들이 자리잡고 있다. 따라서 페르시아 민족은 늘 사회불안의 위협에 대해 우려해왔다. 쿠르드 족이나 만잔다란 족, 투르크만 족 몇 명만 분노해도 쿠르드 족이나 만잔다란 족, 투르크만 족 전체의 반란으로 격화되기 십상이다. 그 해법으로 이란은 절대로 이란을 벗어나지 않는 대규모 상비군을 두고 있다. 상비군이 하는 주요 임무는 분노한 쿠르드 족, 만잔다란 족, 투르크만 족 몇 명이 봉기를 일으킬 만큼 오래 목숨을 부지하지 못하도록 하는 일이다. 이란 국왕이 축출된 후 급속히 전면적인 내전으로 치달으면서 국력이 약화되어 이라크의 사담 후세인이 이란을 공격할 빌미를 제공한 게 이란의 군대가 무력감을 경험한 가장 최근의 사건이다.

간단히 말해서, 이란의 군대는 이란의 분열을 막아 통일된 나라로 유지하고 이란의 첩보부가 해외에서 다른 업무에 집중하도록 해주는 역할을 한다.

다민족으로 구성된 정치체를 감시하는 경험이 풍부한 이란의 정보체계는 해당 지역사회와 어울리지 못하고 겉도는 집단을—특히 그러한 집단에게서 시아파나 페르시아 민족의 기미가 보일 경우—찾아내고 그 집단에 침투하는 데 뛰어난 기량을 발휘한다. 이란은 이러한 집단들을 지역정부에 맞서게 만들어 그 지역 전체가 뭉근히 끓게 만든다. 레바논의 헤즈볼라, 바레인의 시아파, 팔레스타인 영토의 하마스, 예멘의 후티 족, 터키의 쿠르드 족이 모두 그런 집단들이다.

이란-사우디아라비아의 전쟁이 격화되면 이란이 보유한 이러한 기술은 사우디아라비아의 소수민족을 상대로 요긴하게 쓰이게 된다. 그 가운데 가장 전략적인 가치가 높은 공략 대상은 사우디아라비아의 석유생산, 처리, 수출 시설이 위치한 지역에 거주하는 사우디아라비아의 시아파다. 시아파가 거주하는 사우디아라비아 동부 지역은 다름 아닌 가와르 초대형 유전(세계 최대), 유조선에 석유를 싣는 라스 타누라 선적시설(세계 최대), 몇몇 주요 정유시설들(세계 최대인 몇 개를 포함해)이 위치한 곳이다. 아마도 가장 민감한 지점은 (세계 최대인) 압카이크 석유처리시설일지 모른다. 이 시설은 5mbpd 이상의 사우디 원유를 모으고, 처리하고, 운송한다. 압카이크는 사우디아라비아의 에너지 네트워크의 구심점일 뿐만 아니라 지구상에서 가장 중요한 에너지 시설이라고 할 만하다.

사우디아라비아는 실제로도 압카이크가 지구상에서 가장 중요한 에너지 시설인 것처럼 호위한다. 압카이크의 산업 기간시설은 넓이가 2제곱마일에 달하고 추가로 1마일 정도 거리를 군대가 지키면서 외부의 접근을 차단하고 있다. 규모 자체만으로도 외부와 차단된다는 점은 차치하고라도, 압카이크 시설이 정유제품이 아니라 원유를 다룬다는 사실이 매우 중요하다. 원유는 정상적인 여건 하에서는 폭발은 고사하고 불이 붙지도 않는다. 원유는 비교적 화학적인 성질이 불활성이고 압카이크 시설은 규모가 대단히 크다는 점으로 미루어볼 때, 이 시설을 한 방에 파괴하려면 중간 정도 크기의 핵무기가 필요하다.

압카이크 시설을 폐쇄할 보다 쉽고, 값싸고, 파괴력은 덜하나 가능성은 훨씬 높은 방법은 아주, 아주, 아주 규모가 큰 폭동이다. 압카이크는 사우디아라비아에서 시아파 인구가 가장 많은 중심지 바로 경계에 위치해 있다. 시아파가 여기서 폭동을 일으키면 압카이크로 원유를 받아들이고 내보내는 여러 송유관이 손상되고, 사우디아라비아의 체제가 흔들리게 된다. 이는 페르시아 만을 통한 원유 운송이 봉쇄될 경우 이란의 체제가 흔들리게 되는 상황과 같다.

가와르-압카이크-라스 타누라는 오랜 세월 동안 이란이 활발하게 첩보활동을 해온 지역이다. 이 지역에서 원칙적으로 이란의 동맹세력/대리인 역할을 했던 이가 님르 알-님르라는 이름의 시아파 성직자인데, 그는 사우디아라비아 왕실에 대한 반란을 옹호했다. 내가 "했던"이라고 한 이유는 사우디 당국이 2016년 1월 폭동교사죄로 그를 처형했기 때문이다. 그의 처형에 뒤이은 '눈에는 눈, 이에는 이' 외교 공방으로 테헤란 주재 사우디아라비아 대사관이 불탔고, 두 나라 간 외교 관계가 단절되었다.

물론 사우디아라비아가 가만히 앉아서 당할 나라가 아니다. 이란에는 수많은 소수민족이 있는데—이란 인구의 족히 절반은 페르시아 민족이 아니다—대부분이 전략적으로 민감한 지역에 거주한다. 여기서 네 부류의 소수민족을 주목해봐야 한다.

- 첫째는 300만 명에 달하는, 이란의 아와지 아랍 지역사회인데, 이들은 대부분 이란의 남서쪽 맨 끝에 위치한 쿠제스탄에 산다. 쿠제스탄은 여러 가지 이유로 유명하다. 이란에서 유일한 평원 지대이고 농산물이 대량생산되는 지역이다. 이라크에서 시아파가 대다수인 지역과 인접해 있으므로 이란이 이웃나라에 힘을 행사하려면 꼭 필요한 요충지다. 이란 최대의 정유시설이 있는 아바단이 이곳에 있다. 그러나 무엇보다도 중요한 사실은 이란이 생산하는 석유 총생산량 4mbpd 가운데 800kbpd를 제외한 전량이 쿠제스탄에서 생산된다는 점이다. 쿠제스탄이 민중봉기로 함락되어 이란이 타격을 입는 게 압카이크가 함락되어 사우디아라비아가 타격을 입는 것보다 훨씬 더 큰 문제다. 압카이크는 인구밀집 지역과 인접해 있지만, 압카이크에 원유를 공급하는 대부분의 유전과 마찬가지로 사막에 있다. 압카이크 주위를—심지어 가와르 지역 전체의 주위를—봉쇄하고 복구 작업을 하기는 상당히 쉽다. 반면 쿠제스탄은—유전을 포함해—전 지역이 인구가 거주한다. 쿠제스탄에 있는 시설이 불타면 대대적인 군사력을 동원해 점령해야 재건 작업을 시작할 수 있다. 이란의 원유는 수년 동안 생산이 불가능해진다.

- 둘째로 살펴봐야 할 소수민족은 아제르바이잔 민족이다. 이들은 이란 왕조가 무너지면서 이란이 혼돈에 빠진 틈을 타 독립을 주장해온 소수 민족들 가운데 하나다. 이 사실만 해도 아야툴라의 눈총을 받기에 충분한데 설상가상으로 아제르바이잔 민족은 옆 나라 아제르바이잔의 아제르바이잔인들과 민족적으로, 종교적으로 동일하다. 사실 아제르바이잔보다 이란에 아제르바이잔 민족이 더 많다. 이러한 사실은 아제르바이잔이 소련에 속하는 한 지역이었을 때, 학계의 흥미로운 논의 주제가 되었고, 1991년 말 아제르바이잔이 독립하고, 2000년대 중반 석유 수출을 통해 달러를 벌어들이기 시작하면서 가장 중요한 전략적 논의 대상으로 격상되었다. 설상가상으로 터키—이란이 사우디아라비아보다 기술적으로 여러 가지 면에서 우월하듯이 터키는 이란보다 기술적으로 여러 가지 면에서 우월하다—는 이란의 아제르바이잔 민족과 아제르바이잔의 아제르바이잔 민족을 동족으로 여긴다. 그보다 더 설상가상은 아제르바이잔 민족은 이란에서 가장 규모가 큰 소수민족이라는 점이다. 이란 국민들 네 명 가운데 족히 한 명은 아제르바이잔 민족이다. 이란의 아제르바이잔 민족 가운데서 경미한 폭동만 발생해도 이란 전체가 흔들릴지 모른다. 사우디아라비아가 주동하면 이란은 북서쪽으로 추가 병력을 돌려야 한다.

지난 수십 년 동안 이란은 페르시아 민족, 아랍 민족, 아제르바이잔 민족 간의 문화적 충돌을 무마하려고 상당한 노력을 기울여왔다. 아와지 아랍 민족은 쿠제스탄 내에서 다수가 아니기 때문에, 이들을 동화시키기 위해 혼신의 노력을 기울인다면—이 아랍 민족은 시아파이므로 본능적으로 사우디아라비아에 대해 우호적이지 않다는 점도 도움이 된다—유전에 대한 위협을 희석시키는 데 도움이 된다. 아제르바이잔 민족—이들도 시아파다—에 대해서도 똑같은 노력을 기울여 이들을 이란의 주류로 자연스럽게 편입시킨 결과 자신들을 지나치게 탄압받는 소수민족이라고 여기지 않는 수준까지는 되었다. 둘 다 여전히 위협적인 존재이기는 하지만 외부 세력이 이들 가운데 깊이 침투해 선동하지 않는다면 억제가 가능하다. 이란에게는 유감스러운 일이지만 그러한 선동은 필연적일 뿐만 아니라 다른 두 소수민족들 가운데서 이미 상당히 진행된 상태다.

- 전형적인 산악지대 사람들인 쿠르드 족은 여러 가지 특징들이 뒤섞인 민족이다. 수니와 시아가 뒤섞여 있다(따라서 이란은 이들을 배교자로 여긴다). 쿠르드 족은 이란뿐만 아니라 터키, 시리아 이라크에도 산다(따라서 이란은 이들이 이란에 충성스럽지 않다고 여긴다). 쿠르드 족은 총을 잘 다룰 줄 알고, 이라크와 시리아 내전에서 치열하게 싸웠다(따라서 이란은 이들이 전투능력을 곧 이란에 맞서 싸울 때 써먹으리라는 두려움을 느낀다). 쿠르드 족은 네 나라에 걸쳐서 당국의 눈을 피해 활동하는 데 도가 텄다(따라서 심각한 마약 문제가 있는 나라에서 탁월한 밀수꾼으로 활동하고 게다가 재정을 자체적으로 충당할 역량을 갖추었다). 지난 30년 동안 이란의 쿠르드 족은 미국, 사담 후세인의 이라크, 소련, 터키, 이스라엘과 아주 친밀한 관계를 유지해왔다(따라서 이란은 사우디아라비아가 이란 내의 쿠르드 족에게 자금과 무기를 제공해줄 새로운 지원자가 될 가능성이 높다고 본다).
- 발로치 족은 아마 이란 정부가 가장 큰 골칫거리로 생각하는 민족일 것이다. 강경한 수니파에 부족 성향이 강하고, 페르시아 민족에 대해 강한 반감을 지니고 있는 발로치 족은 어느 나라로부터라도 거리낌없이 재정적 군사적 원조를 받는다. 파키스탄, 미국, 탈레반, 사우디아라비아 등이 모두 과거에 이들을 도왔다. 발로치 족은 자체적인 저항 조직도 갖추

고 있는데, 준둘라라고 불리는 이들은 이란 군인을 살해하고 국경을 넘어 파키스탄으로 달아나는 나쁜 버릇이 있다. 이란은 이러한 치고 빠지기 공격을 한 자를 국경 넘어 끝까지 쫓아가 무기로 공격하기 때문에 이들은 파키스탄과 이란의 관계를 개선하는 데 도움이 되지 않는다. 무기와 정보력과 타이밍이 제대로 맞아떨어지면 발로치는 이란의 석유를 선적한 유조선이 호르무즈 해협을 벗어난 후에도 공격할 수 있다.

3단계: 침략

이란이 사우디아라비아의 화물을 미사일로 공격하고 폭동을 유발하는 사태는 우려할 만하지만, 그런다고 해도 사우디아라비아의 항복을 받아내기는커녕 협상 테이블로 끌어내지도 못한다. 사우디아라비아가 이란을 위협하지 못하도록 하려면 훨씬 강력한 조치가 필요하다.

얼핏 보면 이란이 곧바로 침략을 감행할 듯하다. 이란의 육군이 이란 내부를 단속하는 역할을 해야 한다는 점을 감안하더라도, 백만 대군은 사우디아라비아처럼 활짝 트여 있고 국방력이 형편없는 나라를 점령하기에 충분하고도 남는다. 이란은 사우디아라비아를 무릎 꿇리고 사우드 왕가를 몰살시킬 기회를 엿보며 입맛을 다시지만, 지상전에서 승리하려면 다섯 가지 중요한 장애물을 극복해야 한다는 사실을 잘 알고 있다.

첫째, 기간시설이 문제다. 이란은 해군력을 갖춘 나라가 아니기 때문에, 사우디아라비아를 침략하려면 군대가 육로를 통해 전통적인 방식으로 침략해야 한다. 첫 번째로 주목해야 할 장애물은 이라크 남부에 있는 샤트 알 아랍 강을 건널 방법을 찾아야 한다는 점이다. 이라크 남부 도시 바스라에는 두 개의 좁은 다리가 있지만, 둘 다 강물 위에 떠 있는 부교(浮

橋)이므로 보병 몇 개 사단과 병참 부대를 감당하기에는 무리다. 강 건너 남쪽 끝에 진짜 다리다운 다리가 있지만 바스라에서 북쪽으로 거의 50마일이나 떨어져 있기 때문에 사우디아라비아 유전까지 500마일을 행군해야 하는 이란 군대는 추가로 100마일을 더 돌아가야 한다.

둘째, 이러한 기간시설 문제 때문에 인구가 밀집한 이라크를 직접 관통해 진군하는 수밖에 없다. 이란은 인구 150만에 달하는 대도시인 바스라를 점령하는 방법밖에 없다. 바스라 시민들은 시아파이고, 따라서 이란에 대체로 호의적이지만, 호의적이라고 해서 점령에 복종한다는 뜻은 아니다. 바스라 시민들 가운데 아주 극소수가 반항한다고 해도 이란은 목표물을 향해 가는 도중에 도시 한가운데에서 시가전을 벌여야 할지도 모른다. 이렇게 관심이 분산되면 치명적인 약점이 된다. 특히 이란의 군사 작전이 전적으로 도로 하나와 다리 하나에 달려 있다면 말이다. 석유 시장에도 엄청난 차질이 생긴다. 이라크의 석유 생산량은 대략 4mbpd 정도이고, 이 가운데 4분의 3이 바스라 근처에서 생산되고, 송유관과 페르시아 만 지역에 있는 선적 부두를 통해 세계로 수출되는데, 이란은 당연히 사우디아라비아로 가는 도중에 이 시설들을 장악해야 할 것이다.

그때까지 남아 있던 이라크 남부의 석유 생산이 마저 중단되면, 2mbpd가 더해져 페르시아 만 전쟁으로 수급에 차질이 빚어지는 양이 총 8.2mbpd에 이르게 된다.

셋째, 마찬가지로 쿠웨이트에서 석유가 생산되는 지역이나 인구밀집 지역을 피해 갈 방법이 없다. 모두가 해안에서 가까운 거리에 있고 사우디아라비아로 가려면 쿠웨이트시티를 관통해야 하기 때문이다. 쿠웨이트가 딱히 군사적으로 위협이 되지는 않는다—이라크 지배에서 해방된 후 군사력을 구축하기는 했지만, 전략적 깊이가 없어 몇 시간에서 며칠이면 (다시) 점령할 수 있다. 쿠웨이트는 자국의 석유 화물을 호송해주는 나라라면 어떤 나라와도 부분적인 방어 협정을 맺을 가능성이 높기 때문에 이란은 적어도 네 나라와 무력충돌을 하게 된다. 사우디아라비아, 이라크, 쿠웨이트, 그리고 새로 쿠웨이트의 친구가 된 나라들이다. 그리고 이 새 친구가 한국이나 타이완 같은 나라라면(두 나라 모두 공격 역량에는 한계가 있고 제 코가 석자다) 모를까, 일본이나 중국같이 공유 가능한 무기체계를 갖춘 나라라면 얘기가 전혀 다르다.

쿠웨이트의 남아 있던 생산, 정유, 수출 능력이 제 기능을 못하게 되면, 부족분은 추가로 원유 1.0mbpd, 정유제품 0.37mbpd가 늘어난다. 이 시점까지 부족분은 모두 원유 9.2mbpd에, 정유제품 2.3mbpd에 이른다.

넷째, 쿠웨이트 남부를 벗어나면 사우디아라비아의 작은 마을들이 사막 해안지역을 따라 줄지어 있지만, 가와르와 압카이크 사이에는 이란이 병참 물자를 추가로 공급받을 만한 곳이 하나도 없다. 이란은 수만 명의 군인들을 운송해야 할 뿐만 아니라 장비와 식량과 식수도 사막을 가로질러 수백 마일을 실어날라야 한다.

듣기만큼이나 실제로도 매우 힘겨운 일이고, 이란의 육군은 이런 환경을 견뎌낼 역량이 없다. 이란의 육군은 국내에서 반란을 진압하는 역할을 주로 하기 때문에, 정상적인 육군이라면 으레 보유하는 지원부대도 시원치 않다. 이란의 탱크는—그나마도 몇 대 없다—1981년 이란-이라크 전쟁이 시작되기 전에 마련한 구식이다. 이란의 공군도 마찬가지로 낙후되어 있고 이란 왕조가 몰락한 이후로 버젓한 신형 전투기를 보급하지도 않았다. 공군력은 아마도 기껏해야 공식적인 통계의 3분의 1에 불과할 가능성이 높다. 보유하고 있는 전투기에서 부품을 뜯어내 수리하는 경우가 허다하기 때문이다. 영공방어를 하려면 러시아로부터 장비를 구입하면 어느 정도 해결이 되지만, 그러한 대공포는 기동방어가 아니라 기지방어용이다. 이란은 전투기와 대공 무기를 점령한 쿠웨이트에 재배치할 수도 있지만, 그러면 그 군사력은 호르무즈 해협에서 작전을 할 수가 없다. 이란은 여러 군데에서 작전을 수행할 장비를 갖추고 있지 않다. 심지어 병력수송 장갑차나 비무장 트럭 같은 간단한 물자도 공급이 제한되어 있다.

이란의 군사력이 지닌 독특한 요소들—기동성 없는 대공방어, 전형적인 산악지대, 인해전술—이 결합되어, 침략을 당하기는 천하에 어렵지만, 침략을 감행하기는 허술하기 짝이 없다.

이와 같이 대규모 병력 중심의 육군은 인접국가인 이라크 같은 나라에 대해서는 소용이 어느 정도 있을지 모르지만, 쿠웨이트시티에서 사우디아라비아의 유전까지 장장 350마일에 이르는 사막 대장정을 하려면 이란 군대의 병참 보급 사슬이 끊어질 지경까지 가게 된다.

이 대장정 끝에는 사망자가 속출하게 된다. 이란의 공중 엄호 능력은 기껏해야 제한적이다. 더욱 중요한 점은 사우디아라비아는 예전부터 사방이 노출된 광활한 사막을 방어하는 훈련을 해왔다는 점이다.

많은 이들이 사우디아라비아 군대가 예멘에서 행한 전쟁을 비판해왔다. 이 가운데 타당한 비판도 있다. 사우디아라비아는 가능한 한 동원하는 군대의 규모를 최소화하려고 한다. 본질적으로 공군력만으로 반란을 진압하려 한다. 반란군을 뿌리 뽑으려면 지상군을 투입하는 수밖에 없으므로 사우디아라비아의 전략은 너무나도 황당해 보일지 모른다.

그런데 그렇지 않다. 후티 족의 저항을 제압하는 게 사우디아라비아의 일차적인 목표는 아니다. 사우디 공군이 오랜 기간 동안 출격 빈도가 높은 작전을 수행할 수 있도록 하고, 공군 병참 지원이 순탄하게 이루어지도록 하고, 발포 구역에서 다국적 연합군을 주도하는 전문성을 축적하는 게 목적이다.

예멘을 전쟁으로 볼 게 아니라 전쟁 연습으로 봐야 한다.

이란의 군대가 공격해오면 사우디아라비아는 북부의 사막 지역을 적을

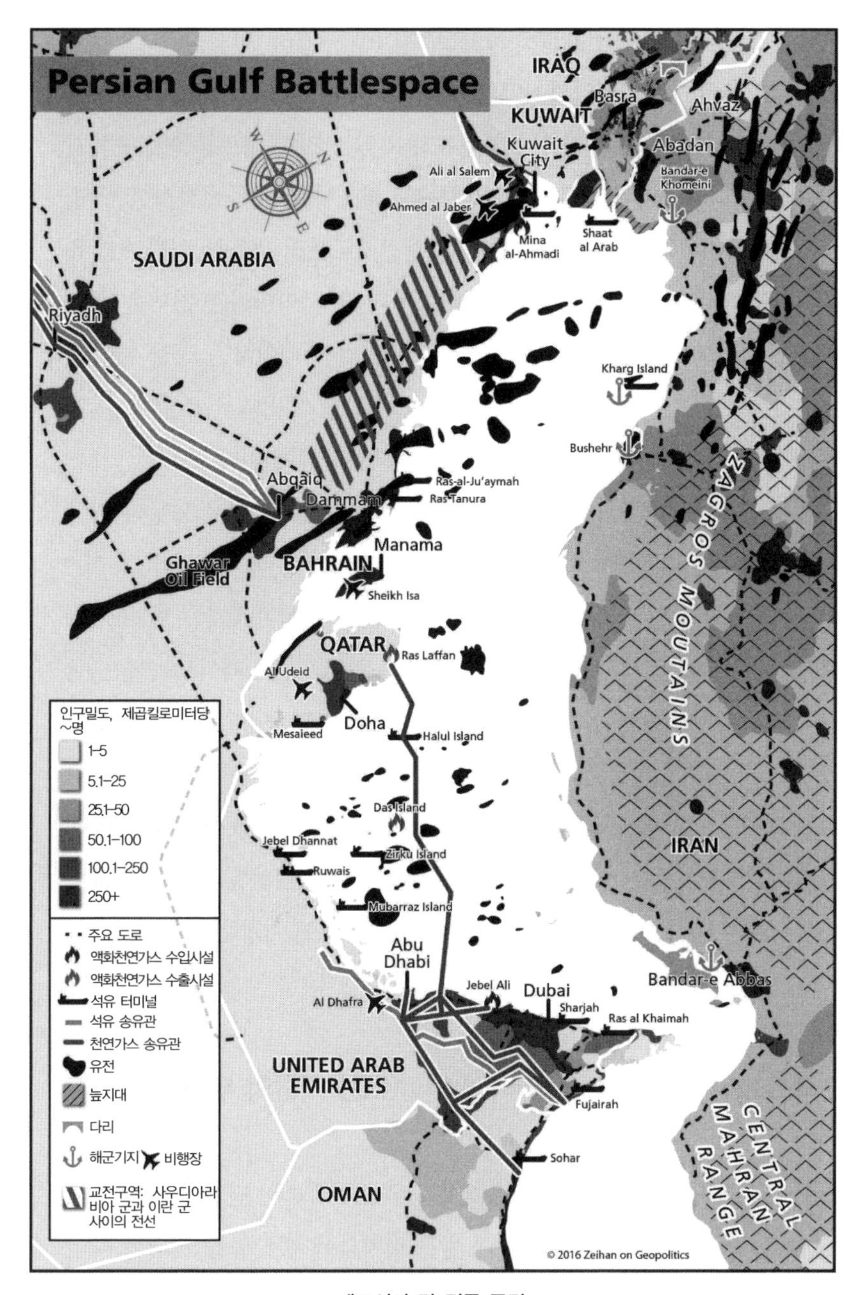
Persian Gulf Battlespace
IRAQ
KUWAIT
Basra
Ahvaz
Kuwait City
Abadan
Ali al Salem
Bandar-e Khomeini
Ahmed al Jaber
Mina al-Ahmadi
Shaat al Arab
SAUDI ARABIA
Riyadh
Kharg Island
Bushehr
Abqaiq
Dammam
Ras-al-Ju'aymah
Ras Tanura
ZAGROS MOUTAINS
Manama
Ghawar Oil Field
BAHRAIN
Sheikh Isa
QATAR
Ras Laffan
Al Udeid
인구밀도, 제곱킬로미터당 ~명
1-5
5.1-25
25.1-50
50.1-100
100.1-250
250+
Doha
Mesaieed
Halul Island
Das Island
Jebel Dhannat
Zirku Island
Ruwais
IRAN
Mubarraz Island
주요 도로
액화천연가스 수입시설
액화천연가스 수출시설
석유 터미널
석유 송유관
천연가스 송유관
유전
늪지대
다리
해군기지
비행장
교전구역: 사우디아라비아 군과 이란 군 사이의 전선
Abu Dhabi
Bandar-e Abbas
Jebel Ali
Dubai
Al Dhafra
Sharjah
Ras al Khaimah
UNITED ARAB EMIRATES
Fujairah
CENTRAL MAHRAN RANGE
Sohar
OMAN
© 2016 Zeihan on Geopolitics

페르시아 만 전투 공간

몰살시키는 거대한 킬 존(kill zone)으로 탈바꿈시키려 한다.

운좋게 만약 이란이 압카이크와 라스 타누라를 잇는 전선에 도달한다면 사우디아라비아에서 시아파가 점유하고 있는 지역 대부분을 접수하게 되고, 사우디아라비아 정유시설의 대부분, 페르시아 만의 선적시설 전체, 사우디아라비아가 자국 대부분의 석유 생산지로부터 원유를 집하하고 유통시키는 역량도 접수하게 된다. 게다가 이란은 사막이라는 장벽을 성공적으로 가로지르게 되고, 사우디아라비아가 전진 배치하는 공군 자산을 제거할 수 있을 뿐만 아니라 자국 군대에 병참물자를 다시 보급할 수 있게 된다. 경제적, 전략적 관점에서 보면 전쟁은 끝나게 된다.

공식적인 군사 작전은 신속하게 마무리될 가능성이 높다. 동부의 시아파 지역과 중부에 있는 수도 리야드 사이에는 천혜의 장애물이 없다. 700만 시민이 거주하는 리야드를 접수하든 파괴하든 이란에게는 별 차이가 없지만, 리야드를 파괴하는 편이 훨씬 신속하고 쉽다. 리야드는 순수한 사막도시이므로 전력 공급만 차단하면 에어컨이 작동하지 않고 물도 공급되지 않는다. 시민들은 서부로 탈출하든가 죽는 수밖에 없다. 그러고 나면 이란은 여유롭게 홍해 연안에 있는 히자즈 도시들을 향해 이동할 수 있는데, 이 도시들은 사우드 왕가에 대해 대단한 적개심을 품은 가문들이 많이 거주한다. 리야드가 함락되면 군대의 조직적인 저항은 종식된다.

페르시아 만 전쟁에서 미국의 역할(또는 역할의 부재)

셰일 덕분에 미국은 이미 거의 석유를 자급자족하는 단계에 도달했다. 몇 달 동안 유가가 계속 상승하면 셰일 업자들은 생산량을 늘려서 북미 지역을 완전한 석유 자급상태로 만들게 된다. 페르시아 만에서 생산되는 원유를 가장 많이 수입하는 나라는 (예전의) 브레튼우즈 체제 동맹인 중국이라는 점을 고려해볼 때 미국이 중국 경제를 온전히 보존하고 건전하고 안정적으로 유지하기 위해 사우디-이란의 혈투에 끌려들어갈 가능성은 매우 낮다.

미국이 개입한다고 해도 결과가 달라질 가능성은 별로 없다. 미국이 정말로 군대를 파견한다면—그리고 이라크 전쟁과 아프가니스탄 전쟁 이후로 미국은 중동이라면 치를 떤다는 점을 고려하면 그럴 가능성은 희박하지만—참전할 방법은 두 가지뿐이다. 첫 번째 선택지는 이라크 국경에서 이란의 침략을 제압하는 일이다. 그러려면 적어도 5만 명 규모의 군대를 바스라 부근에 전진배치하고, 사실상 미군이 이라크를 다시 점령하고, 사우디아라비아 왕국을 대신해서 사망자가 얼마나 나오든 개의치 않는 이란의 지상군을 물리쳐야 한다. 보통 미국인의 시각에서 보면 개입하지 말아야 할 중요한 이유 세 가지가 이미 나와 있는 셈이다.

두 번째 선택지는—카타르 지상에서 출격하든, 해상의 항공모함에서 출격하든—공군력을 동원해 쿠웨이트시티와 압카이크 사이에서 벌어지는 공중전에서 사우디아라비아 공군력을 증강시키는 방법이다. 이 선택지가 미국이 선호하는 전투와 훨씬 더 부합하지만, 이마저도 그다지 적합하지 않다. 왜냐하면 2007년 이후로 미국이 추진해온 전략적 정책 방향과 정반대로 다시 중동 지역에 개입하게 되기 때문이다.

전략적으로 볼 때, 사막에서 교착상태가 지루하게 계속되는 상황이 미국에게 최상의 결과다. 이란과 사우디아라비아 사이에 충돌이 몇 년이고 계속되는 교착상태에 빠지면, 둘 중 어느 나라도 이 지역을 지배하지 못한다. 그러한 교착상태에 빠져 있으면, 이 두 나라는 중동 밖의 그 어느 나라에도 자국이 생각하는 도덕을 강요하지 못하게 된다. 미국에게 최고의 국가안보 정책은 굿이나 보고 떡이나 먹는 것일지도 모른다.

그런데 더 중요한 점은 미국이 개입하면 뭐가 달라질까 하는 점이다.

미국이 간섭하지 않음으로써 초래할 가능성이 가장 높은 결과는 사막전이 교착상태에 빠지는 상황이다. 이란 군이 이라크와 쿠웨이트를 점령하지만 사우디아라비아의 방공망을 뚫고 압카이크에 도달하지는 못하는 상황이다. 미국이 공중전에 참여함으로써 초래할 가능성이 가장 높은 결과는 사막전이 교착상태에 빠지는 상황이다. 이란 군이 이라크와 쿠웨이트를 점령하지만 압카이크까지 침투하지는 못하는 상황이다. 어느 쪽이든 결과는, 양측이 열전을 벌이다가 교착상태에 빠져 석유 시설들 주변에서 서로 공격을 주고받는 동안, 쿠웨이트, 이라크, 그리고 이란의 원유 수출이 중지되는 상황이 된다. 두 결과 사이에 다른 점이 있다면, 두 번째의 경우 미군이 폭격의 한가운데 놓이게 된다는 점이다.

후폭풍: 골이 더 깊어지는 페르시아 만

지리적 여건, 장애물, 이 지역의 기간시설 위치, 사우디아라비아와 이란의 군사력 격차, 쿠웨이트시티와 가와르 지역 사이에 펼쳐진 광활한 사막 등을 모두 고려하면, 이란이 완전히 승리할 가능성은 아마 절반이 채 되지 않을지 모른다. 이보다 약간 더 가능성이 있는 결과는 전쟁이 지루하게 계속되는 상황이다. 사우디아라비아의 공군력과 사우디가 후제스탄, 이라크, 쿠웨이트에서 부추긴 선동, 이 두 가지 요인 때문에 이란이 사막을 건너 침략을 밀어붙이는 데 차질을 빚게 된다. 이란이 군사적 공격을 시도하는 순간, 충돌은 페르시아 만을 사이에 두고 폭탄이 날아다니는 양상을 띠게 되고, 석유 수출이 회복될 일말의 희망도 사라진다.

페르시아 만의 다른 지역에서는, 이 지역을 전략적으로 감시해 안정을 유지하는 미국이 없는 상황에서 제 1차 세계대전 후 구축된 지역 질서가 마침내 붕괴된다. 제 1차 세계대전의 여파로, 유럽 국가들은 머리를 맞대고 지도 위에 선을 그어서 이 지역을 여러 구역으로 나눠 각기 자기 영향권 하에 두었다. 이 협정—협정문을 작성한 인물의 이름을 따 사익스-피콧(Sykes-Picot)이라고 불린다—은 인구밀집 지역이라든가 각 민족의 정착 지역 등은 무시한 채, 대규모 석유 매장지가 발견되기 전에 체결되었다. 그 결과 페르시아 만 전역에 걸쳐 국경은 모두 일직선으로 그어졌다.

다가올 무질서 시대는 이를 완전히 바꿔놓는다. 지역의 안정에 이해관계가 걸려 있는 나라가 없고, 세계 무역도 과거의 질서가 되어버렸으며, 지도상에 직선으로 그어진 국경이 제구실을 하도록 보장할 외부세력이 없으며, 이 지역에서 가장 역량이 있는 두 나라가 장군 멍군 하며 반란을 부추기는 상황에서 중동의 여러 나라들은 단순이 와해되는 데 그치는 게 아니다. 산업 기반, 전력 공급 시설, 농업 기반이 거의 손실되어 문명이 붕괴된다. 시리아, 이라크, 요르단, 예멘, 레바논—대략 이 순서대로—은 현재 자국의 인구 규모의 3분의 1도 지탱하지 못하게 된다. 쿠웨이트도 다시 한 번 금전적 대가를 주고 동맹을 구하지 못한다면, 붕괴되는 나라들 명단에 합류하게 된다. 대략 6,000만 명이 이란, 터키, 유럽에서 난민이 되든가 기아와 갈증으로 사망하게 된다.[16] 총체적인 난투전으로 페르시아 만으로 들어오는 식량 수입에 차질이 생기면—대부분의 중동 국가들은 섭취 열량의 절반 이상을 수입한다—식량부족 사태는 이집트, 오만, 이란, 아랍에미리트연합, 카타르, 사우디아라비아 등 보다 안정적인 나라들로 확산된다.

페르시아 만 내에서는, 모든 게 이란이 얼마나 성공을 거두는가에 달려 있다. 이란이 사우디아라비아에게 이기면 순식간에 아라비아 반도 전체를 이란이 지배하게 된다. 이란 군이 사우디아라비아 심장부를 점령하게 되면, 페르시아 만 지역의 나머지 국가들의 왕가들은—바레인, 카타르, 아랍에미리트연합, 오만—이란이 원하는 대로 따를 수밖에 없다. 종주국으로서 토후들이 이란에 (엄청난 액수의) 조공을 바치되 자치를 허락받든가, 아니면 이란 제국에 속하는 한 지역으로 통합되든가, 결정은 이란에 달렸다. 결국 제 2의 페르시아 제국이 탄생하게 되고, 이 제국은 이슬람 성지로 여겨지는 도시들뿐만 아니라 세계 최대의 석유 복합시설의 두 배에 달하는 규모의 시설을 갖게 된다.

이란의 공격이 쿠웨이트시티와 가와르 사이 어느 지점인가 사막 한가운데서 진퇴양난에 처하면 그림은 다소 달라진다. 이라크와 쿠웨이트는 여전히 이란의 점령 하에 놓이지만 지속적인 군사적 긴장상태로 인해 앞으로 상당한 기간 동안 페르시아 만은 위험 지역이라는 딱지가 붙게 된다.

그런데 이 전쟁에 직접적으로 관여하지 않은 대부분의 나라들에게는 이란이 이 전쟁에서 이기든 지든 별 차이가 없다는 점이 참으로 이상하다.

경제적으로 이 "교착상태" 시나리오가 현실화되면 원유와 정유제품 12.1mbpd의 유통이 무기한 중지되는데, 이는 러시아-유럽 전쟁이 최악으로 치달을 경우에 차질이 발생할 유통량보다 훨씬 많은 양으로서, 그나마도 이란이 가와르 지역에서 반란을 확산시키는 데 전혀 성공을 거두지 못한 경우를 전제로 하고 있다.

"이란의 승리" 시나리오 하에서는 10여 년에 걸쳐 석유가 다시 조금씩 유통될 가능성은 있다. 호르무즈 해협의 부분적인 폐쇄 가능성에 대해 더 이상 우려하지 않아도 되는, 아랍에미리트연합과 카타르에 있는 건재한 석유시설들에서 생산이 폭발적으로 증가하고, 이란은 카르그 섬 시설들을 곧 재건하게 된다. 그러나 손상된 가와르 지역은 이러한 낙관적인 전망에 어두운 그림자를 드리운다. 유통에 차질이 빚어지는 석유량은 14mbpd를 넘어서게 된다.

석유수급에 차질이 빚어질 여러 가지 시나리오를 고려해볼 때, 유가가 구체적으로 얼마가 될지 예측하기는 힘들다. 배럴당 150달러를 웃돌게 된다는 정도로 해두겠다. 이란이 승리하든, 교착상태에 빠져 이러지도 저러지도 못하게 되든, 에너지 수급 차질이 야기한 심각한 불황이 전 세계를 휩쓸게 된다.

전략적으로도 전망이 매우 어둡다. 승리하든 패배하든, 승리에 도취되든 절망에 빠지든, 이란의 침공으로 이란의 이웃나라들은 새로운 조건으로 이란과 거래할 수밖에 없게 된다. 파키스탄은 자국의 독립 이후로 본 적이 없는 규모로 이란이 군대를 동원하는 광경을 목격하게 된다. 파키스탄에 석유를 공급하는 주요 산유국인 사우디아라비아가 파괴되거나 위험에 처하게 되므로, 핵무기로 무장한 파키스탄은 이란과 전략적인 경쟁 관계에 돌입하게 된다. 이란은 예전에는 핵무기 개발 프로그램을 협상 수단으로 간주했을지 모르지만 더 이상 그렇게 생각하지 않게 된다.

오스만투르크의 뿌리를 재발견하는 과정에 있는 터키는 페르시아가 제국을 팽창하던 시기에 어떤 일이 벌어지는지를 보여주는 많은 역사적인 사례들—모두가 터키-페르시아 전쟁으로 귀결되었다—을 알고 있다. 터키가 러시아와의 갈등에 휘말리게 되면 이란과도 갈등 관계가 될 확률이 매우 높아진다. 부유저장시설(Floating Storage Unit, FSU) 석유가 없다면, 터키는 에너지를 이라크의 쿠르디스탄 지역에서 가져오는 방법밖에 없다. 이 지역은 이란이 점령한 이라크 내에 있으므로 이란이 터키의 에너지 공급선을 끊기란 애들 장난처럼 쉽다. 반면, 터키는 바그다드에 개입하거나 이란 본토에서부터 바스라, 쿠웨이트, 사우디아라비아에 이르기까지 이란이 점령한 전 지역을 위협할 수 있다. 이란이 용의주도하게 바그다드 북쪽에는 군대를 배치하지 않더라도, 터키와 이란이 서로 상대방을 안심시키려고 무지 노력해도, 양측 모두 전략적으로 상대방에 대해 의

터키: 미래로의 귀환

내 책에서 터키가 전면에 등장하거나 핵심적인 역할을 하는 경우가 많다는 점을 고려해볼 때, 중동 전쟁에 관한 장에서 터키가 거의 언급되지 않아 의아해하는 이들이 있을지 모르겠다.

그런데, 터키는 이란-사우디아라비아 충돌에 끼어들 절실한 이유가 없다. 터키는 이미 이라크에서 쿠르드 족이 거주하는 지역—자치 지역이므로 터키를 통해 수출물량을 현재의 500kbpd에서 1mbpd 가까이 늘릴 가능성이 높다—과 타결한(그리고 실행된) 거래를 통해 에너지 필요를 충족시킬 수 있으므로 바그다드나 그보다 더 남쪽 지역에 관여할 경제적 이유가 없다. 게다가 터키가 이란-사우디아라비아 충돌에 관여하게 되면, 먼저 3,000만 명의 이라크인과 대도시인 바그다드를 점령한 다음에야 이란이나 사우디아라비아를 상대하게 된다. 터키가 그런 골치 아픈 일을 자초할 리가 없다.

그렇다고 터키가 아무 역할도 하지 않는다는 뜻은 아니다.

과거에—거의 1,000년 전—오스만투르크는 동남아시아와 유럽 간의 향신료 교역에서 지중해 종착지 역할을 했다. 향신료 교역로를 장악한 터키는 유럽에 판매되는 향신료에는 한줌도 남김없이 모조리 높은 관세—보통 금으로 지불했다—를 부과했다. 이러한 관세 부과는 포르투갈이 원양 항해 기술을 터득해 아프리카와 인도 아대륙을 돌아 향신료 생산자와 직접 거래하게 될 때까지 계속되었다. 직접 거래는 1600년 이후에 가서나 가능해졌다.

앞으로 닥칠 무질서의 시대에는 터키가 새로운 양상으로 운송을 독점하게 된다. 터키가 러시아와의 전쟁에 엮이지 않는다는 전제하에 터키는 러시아, 카자흐스탄, 아제르바이잔의 원유 3mbpd를 바깥세상으로 유통시킬 수 있는 유일하게 안전한 경로인데, 이 수치는 지구전 초기 단계에 증가할 가능성이 높다. 구소련 국가들이 북부 전쟁 지역을 우회하는 수출경로를 이용하려 할 것이기 때문이다.

그러면 총 한 발 쏘지 않고, 심지어 총을 들어 위협하지도 않고 터키는 시장이 허락하는 한 마음대로 통행세를 부과할 수 있다. 과거 향신료 교역 시대에 관세는 100퍼센트에 다다르기도 했는데, 관세 수입이 아주 쏠쏠하다. 엄밀히 말하면 터키는 제 2차 세계대전 후에 체결된 로잔 조약(Lausanne Treaty)을 일방적으로 파기해야 한다. 로잔 조약은 터키 해협을 통과하는 항행의 자유를 명문화한 조약이다. 그러나 터키는 한 세기 동안 그 조약을 불만스러워 해왔기 때문에, 또 지난 70년 동안 세계에서 항행의 자유를 관리해온 초강대국이 그 역할을 포기하면, 조약을 무효화하게 된다.

그게 다가 아니다.

러시아와 우크라이나와 이란과 사우디아라비아가 터키를 전쟁에서 자기편으로 끌어들이고 싶어 하는 만큼이나 러시아도, 우크라이나도, 이란도, 사우디아라비아도 터키가 전쟁에서 자국과 싸우는 상대편의 편을 들게 만들 그 어떤 행위도 감히 하기를 꺼린다. 이 네 나라들 가운데 사우디아라비아만이 긍정적인 동기를 부여할 수 있다—요컨대, 홍해에 있는 얀부에서부터 수에즈 운하를 통과해 남부 유럽까지 사우디아라비아의 원유를 호송해주는 대가를 지불하는 것이다. 좀 더 정확히 말하자면, 사우디아라비아가 유럽에 원유를 팔 때 판매 가격에다가 터키에게 지불할 호송 비용을 경비로 추가해 더 높은 가격에 판매하게 된다.

그렇게 하면 사우디아라비아는 터키에게 사우디아라비아에 맞서 무기를 들지 않을 경제적인 명분을 제공하게 된다. 이란으로 하여금 사우디아라비아와 터키가 어떤 모종의 합의를 했는지 골똘히 생각하게 만든다는 점은 물론이다. 유럽 국가들은 물론 사우디아라비아의 이러한 행태가 마뜩치 않겠지만, 지중해 동부에서 터키와 누가 갈 데까지 가는지 겨루는 일보다는 군사력을 쓸 더 중요한 일들이 있기 때문에, 투덜거리기는 하겠지만 그냥 참고 만다. 향신료 교역 때도 그랬듯이 말이다.

구심을 품을 수밖에 없다.

어쩌면 이 전쟁이 야기할 가장 중요한 결과는 각국의 기대치가 재편된다는 점이다. 페르시아 만에서 발생하는 갈등에 미국이 관여하지 않게 되면 미국이 구해준다는 믿음이 완전히 깨지게 된다. 새로운 여건에서 지정학적인 관계—정치적, 군사적, 경제적 관계—는 모조리 재평가된다. 최상의 시나리오에서조차도 페르시아 만에서 석유 생산과 수출 역량에 차질이 생기거나 파괴되고, 그것만으로도 세계 경제공황이 상당 기간 지속되기에 충분하다—그나마도 급격히 줄어든 에너지 공급량을 두고 세계 다른 지역에서 싸움이 일어나지 않는다는 전제하에서 그렇다는 뜻이다.

그런데 분명히 싸움은 더 많이 일어난다.

08

유조선 전쟁: 중국-일본

The Tanker War

유럽과 러시아, 이란과 사우디아라비아 사이에 무슨 일이 벌어지든 상관없이, 구매 가능한 원유 공급량은 반드시 줄어들게 된다. 러시아가 연루된 최상의 시나리오—즉 스칸디나비아 반도 국가들과 영국만 전쟁에 관여하는 경우—하에서조차도 원유와 정유제품 3.0mbpd의 수급에 차질이 생긴다. 두 전쟁에 따른 최악의 시나리오—천연가스 수급 차질을 포함해—의 경우, 세계적으로 수급에 차질이 빚어지는 에너지의 양은 이의 여덟 배에 달하게 된다.

나라마다 겪는 고통의 강도는 다르다. 통일된 세계 유가가 책정되었던 브레튼우즈 시대와는 달리 세계는 네 가지 서로 다른 유가 구조 아래서 허덕이게 된다.

우선 북미 지역을 살펴보자. 미국과 캐나다의 원유는 북미 지역의 수요를 충족시키기에 충분할 뿐만 아니라 대부분 북미 대륙에서 생산된다. 알래스카와 하와이를 제외한 48개 주에서 생산되는 원유는 거의 로키산맥과 애팔래치아 산맥 사이에서 생산되고, 캐나다 앨버타 주에서 생산되는 원유는 거의 모두 송유관을 통해 미국 중서부 지방으로 운송된다. 물론 세계 에너지 부족이 심화되면서 북미 지역의 유가도 오르겠지만, 북미 시장과 세계 에너지 시장은 주로 미국이 수출하는 정유제품을 통해 연결된다. 2015년, 미국 정유업체들은 연료 석유, 휘발유, 제트연료, 그밖의 정제유를 2.5mbpd 수출했다. 이 수치는 증가하게 된다. 그러나 북미 원유 시장과 세계 원유 시장 간에는 연결고리가 없기 때문에 무질서의 시대에는 유가가 분명히 단절되는 현상이 나타나고, 북미 유가는 세계 유가의 3분의 1(또는 그 이하) 수준을 유지하게 된다. 북미 유가는 대체로 셰일 유전에서 전 주기 손익분기 가격을 기본으로 책정된다. 2016년 말 현재, 그 가격 수준은 배럴당 40달러에 가깝다. 2016년과 같은 여건에서 전쟁이 발발하면 세계 유가는 천정부지로 치솟더라도 북미 유가는 지속적으로

75달러를 웃돌기가 힘들다. 셰일 생산업체들이 재빨리 공급량을 늘릴 수가 있기 때문이다. 그리고 생산량이 북미 지역의 수요를 충족시키는 수준에 다다르면 생산을 억제해야 한다. 북미 지역에서는 오늘날 최소 공급량과 최대 공급량의 수준이 명확히 정해져 있으며, 가격 요인 때문에 셰일 생산자들은 최소 공급량과 최대 공급량 사이에 머무르게 된다. 따라서 가격이 오르내리기는 하겠지만 상당히 좁은 범위 내에서 오르내리게 된다. 그리고 셰일의 시추와 생산량 하락 주기가 보이는 특징으로 인해 고가와 저가 사이에서 빠르게 오르내리게 된다.

유럽은 북미 지역 다음으로 영향을 덜 받는 지역이다. 세계 원유수급에 차질이 생기는 이유가 러시아라 해도 말이다. 폴란드에서 루마니아에 이르는 중부 유럽은 상당한 고통을 느끼게 된다. 이 나라들이 러시아의 공격 목표이기 때문이기도 하고, 이 나라들의 산업시설 전체가 러시아산 원유를 수입하고 처리하도록 설계되었기 때문이기도 하다. 비용을 많이 들이지 않고 신속하게 또는 쉽게 원유 공급원을 바꿀 수 있을 만큼 충분한 기간시설을 갖춘 나라가 없다. 러시아와 국경을 맞대고 있는 나라들—폴란드, 헝가리, 슬로바키아, 루마니아—이 수입하는 원유량은 합해서 1mbpd밖에 되지 않는다. 수입한 정유제품으로 직접 충당해도 될 만큼 적은 양이다. 이 나라들에게 고민거리는 수입할 원유가 있는지 여부라기보다는 어떤 경로로 들여오고, 가격은 어느 정도나 될지가 문제다.

서유럽 국가들은 예전에 비해 실력이 녹슬기는 했지만 그래도 과거에 제국을 통치할 때의 유산들—세계화된 에너지 기업, 중거리에서 장거리까지 원정 가능한 군사력, 다시 되살릴 수 있는 과거 식민지와의 관계—이 남아 있기 때문에 이를 이용해 러시아로부터 수입하던 원유의 부족분을 다른 지역에서 충당할 수 있다. 유럽 국가들과 국민들에게는 다행이겠지만, 과거에 유럽의 식민지였던 나라들은 또다시 식민지가 될지 모르니 그다지 바람직한 상황은 아니다. 유럽 국가들은 특히 원유 생산 기간시설이 갖추어져 있지만 현지 정부가 제대로 기능을 하지 못하는 지역들에 관심을 보이게 된다. 프랑스는 과거에 식민지였던 서부 아프리카에서 옛 역할을 재현하고, 영국은 나이지리아와 "동반자 관계"에 눈독을 들이게 되며, 특히나 절박한 나라들은 리비아를 침략할지도 모른다. 유가는 분명히—엄청나게—인상되지만, 바가지를 쓰더라도 물건을 확보하는 경우와 바가지를 쓰고도 필요한 물건을 얻지 못하는 경우는 큰 차이가 있다.

셋째, 전쟁 지역과 인접한 지역이 아닌 곳에 있는 세계 에너지 수입국들이다. 이러한 나라들은 쿠바에서부터 우루과이, 포르투갈, 모잠비크, 에티오피아, 키르기스스탄을 망라한다. 이 나라들은 유가가 네 배 또는 그 이상으로 뛰면 경제적인 재앙을 맞게 된다. 살아남으려면, 시장에서 적나라하게 공개되는 유가보다 훨씬 유리한 가격에 공급계약을 맺어야 한다. 중앙아메리카는 미국에서 수입하는 정유제품에 완전히 의존하게 되는데, 적어도 미국에서 수입한 제품 가격은 세계 유가보다는 약간 저렴하다. 그 이유는 중미 국가들이 지리적으로 미국과 가깝고, 미국 한복판에는 안전한 운송을 위협하는 요소가 없기 때문이다. 아프리카 국가들은 예전의 유럽 이웃나라들로부터 최혜국 대우를 받는 대신, 이들과 신식민지 관계를 맺을 수밖에 없게 될지도 모른다. 스페인과 포르투갈은 멕시코나 앙골라 같은 지역으로 가서 애걸을 해야 하므로 예전의 식민지 관계가 뒤바뀌게 된다. 그러나 이런 나라들은 대체로 필요한 원유에 접근할 수는 있다. 부르는 대로 값을 낼 형편은 안 될지 모르지만.

마지막 네 번째 부류는 동북아시아 석유 수입국인 일본, 중국, 한국, 타이완인데, 이 네 나라가 합해서 15mbpd를 (순)수입한다. 이 나라들은 페르시아 만으로부터 5,000-7,000마일 떨어진, 세계 공급사슬의 가장 끄트머리에 위치해 있다. 이 운 나쁜 나라들은 다른 나라보다 훨씬 높은 가격을 지불해야 할 뿐만 아니라 다른 지역들이 다 수입하고 나서 이 나라들에게까지 원유가 도달할 무렵이면 별로 남는 게 없다. 미국이—페르시아만과 동북아시아 사이의 장거리 바닷길은 고사하고— 더 이상 유럽과 페르시아 만에서 지역 안정을 보장해주지 않는 여건에서 동북아 4개국의 경제 개발 전략은 완전히 실패하게 된다. 전략을 바꿀 필요가 있다.

일본, 중국, 한국, 타이완이 자국의 경제가 계속 작동하게 할 유일한 방법은 수천 마일을 항해해 페르시아 만으로 가서 싸움이 붙은 중동 국가들 가운데 누구 편을 들지 결정하고, 편드는 나라로부터 원유를 구매하고, 직접 유조선을 호송해 먼 길을 다시 되돌아오는 방법뿐이다. 아니면 도중에 다른 나라로부터 훔치든가.

이게 바로 동아시아 유조선 전쟁이다.

일본의 놀라운 힘

상식으로 잘못 알려진 가장 대표적인 예로 손꼽히는 게 바로 일본이 주요 무역 대국이라는 생각이다. 1980년대에는 사실이었다. 당시에는 세계에서 거래되는 상품의 10퍼센트 정도가 일본에서 만들어졌으니까. 그러나 그런 호시절은 오래전에 막을 내렸다. 1990년대에는 금융 부문이 거의 붕괴될 뻔했다. 금융 부문을 바로잡아보려고 했다면 (최상의 시나리오를 상정했을 때) 아마 완전히 대공황 식의 붕괴는 따 놓은 당상이었겠지만, 일본 정부는 그렇게 하는 대신 끊임없이 돈을 찍어내 경제에 투입했다. 대재앙은 모면했지만 일본 경제가 보여 온 장기간의 역동성은 사라지는 대가를 치렀다.

평균 1퍼센트를 밑도는 경제 성장률이 25년 지속된 끝에 일본 국민들은 경기부진에 너무나도 익숙해져서 소비활동을 멈췄고, 이는 장기적으로 볼 때 일본이 가까스로 모면한 금융 참사 못지않게 치명적인 부채 악성 디플레이션에 천천히 빠져들었다. 공황이 심화되자 대부분의 일본인들은 자녀도 낳지 않았고, 그 결과 일본은 세계 최초로 인구구조가 회복될 가망이 없는 고령화 국가가 되었다.[1] 당연히 일본은 지금 세계에서 가장 나이 많은 인구를 부양하느라 경제적으로 엄청난 부담을 겪고 있다. 아시아 최고이자 세계 최고 수준인 일본의 노동 비용은 해마다 조금씩 증가하고 있고, 일본은 이제 아기 기저귀보다 성인 기저귀를 더 많이 소비한다. 이러한 위기 요소들이 복합적으로 작용해서 25년 동안 일곱 번의 경기침체로 나타났다. 매번 타격을 받을 때마다 일본과 나머지 세계—특히 일본의 아시아 경쟁 상대인 한국, 타이완, 중국—사이의 기술 격차가 줄어든다는 사실이 가장 일본인들을 괴롭혔다.

이와 같이 하늘 높은 줄 모르고 치솟는 임금 때문에 일본 기업들은 조금씩 일본을 떠나 저임금 국가들이나 최종 소비 시장과 가까운 곳으로 이전했다. 세계 무역에서 영향력을 발휘하던 주요 국가였던 1980년대와는 달리 2016년 일본은 세계 경제 체제와의 통합 정도가 세 번째로 낮은 주요 경제국가다. 일본의 국내 생산은 이제 거의 전적으로 수출이 아니라 내수에 집중되어 있다.[2] 앞을 내다보면 이 상황의 끝이 좋으리라고 낙관하기가 힘들다.

그러나 "회복 불가능"이나 "운명이 정해졌다"나 "쇠락한다"를 "파탄났다"나 "시시하다"거나 "무력하다"와 혼동하면 절대로 안 된다. 일본의 임금이 안 그래도 높은 현재 수준에서 두 배가 된다고 해도, 일본의 수출 부문 전체를 외주 준다고 해도, 한국이 일본의 기술력에 버금가는 수준의 기술력을 보유하는 꿈을 이루고 나아가 일본의 기술력을 능가하게 된다고 해도, 일본은 여전히 매우 중요한 나라다.

사실 일본이 미래에 누릴 힘과 중요성은 오늘날의 약점에서 비롯된다.

일본이 여전히 교역하는 품목들 가운데 가장 주요한 품목은 특정한 수출품목이 아니라 수입품목인 에너지다. 바로 이 때문에 일본이 미래에 힘을 발휘하게 된다. 일본은 석유, 천연가스, 우라늄, 석탄 등 필요한 에너지를 거의 모조리 수입하는데, 그 에너지를 확보하기 위해 세계 어디든 갈 수 있는 군사력도 갖추고 있다.

제 2차 세계대전이 끝날 무렵, 일본은 미국에 무조건 항복했고, 미국은 일본의 헌법을 새로 썼다. 가장 핵심적인 조항은 제 9조인데, 일본의 자위대의 활동을 말 그대로 스스로를 방어하는 행위에 국한한다는 조항이다. 어떤 전투에도 파병하지 못하도록 일본 체제에 못을 박아놓았기 때문에 일본 해군은 미국 해군을 보조하는 기능을 했다. 그로부터 수십 년이 흐르는 동안 처음에 전략적인 제약이었던 것이 일본 사회로 스며들었고, 일본 군인은 대체로 성취욕구도 없고 지적이지도 않고 약간 불결하기까지 한 집단으로 인식되었다.[3]

물론 인식과 현실에는 큰 차이가 있다. 1990년 무렵 일본 해군은 영국 해군을 제치고 세계에서 두 번째로 막강한 해군이 되었다. 게다가 일본 해군과 미국 해군은 협력할 때 환상의 궁합을 과시하지만, 일본 해군이 독자적으로 기능하는 방법을 모르는 게 아니다.

헌법의 정신은 이미 왜곡되어서 현재의 지정학적 필요를 충족시키는 데 이용되고 있다.

헌법 제 9조는 일본이 미국의 핵우산과 항공모함의 보호 아래에 놓여 있고, 아시아의 나머지 나라들을 합친 것보다 더 큰 경제규모와 해군력을 가지고 있는 세계에서는 상당한 설득력을 갖는다. 그러나 중국이 부상하고 미국이 세계에 파병된 미군을 축소하는 상황에서는 헌법 제 9조의 설득력이 떨어지게 된다.

따라서 새로 들어서는 일본 정부마다 꾸준히 제 9조를 약화시켜(공식적인 용어로는 "재해석해") 일본을 보다 "정상적인" 국가로 만들어왔다. 우선 캄보디아 같은 지역에서 유엔의 활동을 지원한다. 둘째, 이라크 점령을 지원할 군대를 파병한다. 셋째, 소말리아 해상에서 해적 퇴치 작전을 돕는다. 제 9조를 재해석하는 조치가 이제 일본의 통치 엘리트 계층 사이에 폭넓은 지지를 얻으면서 (재해석 자체의 시시비비를 가려야 한다는 주장은 고사하고) 재해석 과정의 기술적인 측면에 의문을 제기하는 언론은 비공식적으로 함구령의 대상이 된다. 보다 공식적으로 헌법 조항을 수정하고 군대를 경시하기보다 존중하는 문화로 국민 정서가 바뀌려면 국제 위기가 한 번만 터지면 된다.

게다가 일본 군대는 막강하다. 일본 해상 자위대는 세계 최고의 지뢰제거 역량과 대잠수함 공격 능력을 자랑한다. 헬리콥터 항공모함, 전투기, 이지스 레이더 체계는 일본 영해를 순찰하고 안보를 지키는 데 도움이 될 뿐만 아니라 불법으로 영해를 침범해 본토를 위협하는 잠수함이나 선박에 일격을 가하기에 적합하다. 그러나 진정으로 일본 특유의 방식으로 일본 해상자위대는 순항미사일 발사가 가능한 잠수함 체계와 신속하고 잘 무장된 구축함 함대를 통해 탁월한 공격 능력을 발휘할 수도 있다.

전투력이 일본이 지닌 군사력의 전부라고 생각하면 큰 오산이다. 일본은 수세기 동안 기술적, 산업적 초강대국이었다. 특히 해양과 관련된 것은 무엇이든 그 역량이 탁월하다. 일본은 일찍이 1922년에 세계 최초로 특수목적용 항공모함을 바다에 띄웠다. 미국보다 10년 앞섰다. 미국이 세계로부터 한 발 물러서기로 결심하면 동북아시아를 이 지역의 명실상부한 해상력 초강대국의 손에 남겨놓는 셈이 될 뿐 아니라 그 초강대국은 자국의 함대를 확장할 수단을 지니고 있고, 그럴 필요도 느낀다. 예컨대, 이즈모급 헬리콥터 항공모함은 정식으로 제트기를 탑재할 수 있는 항공모함으로 쉽게 전환할 것을 염두에 두고 설계되었다.[4] 일본 해군은 일단 명령이 떨어지면 즉시 미국의 주요 함대와 맞붙을 만큼 막강하다.

동북아시아의 지리적 여건이라는 아주 사소한 문제를 고려하지 않고도 그렇다는 말이다.

우선, 일본은 섬나라이고 국민과 군대는 해양 여건에 아주 익숙하다. 그러나 일본이 지닌 힘은 역량 있는 해군을 보유했다는 데서 그치지 않는다. 일본의 지리적 위치 덕분에 보통 규모의 해군이라도 그 규모를 훌쩍 능가하는 역량을 발휘할 가능성이 매우 높다. 결국 일본의 지리적 위치로 귀결된다.

첫째, 일본과 아시아 본토 사이의 간극은 영국과 유럽 사이에 놓인 영국해협보다 여덟 배나 넓다. 그것도 진짜로 중요한 섬과 아시아 본트의 거리가 아니라 일본의 최남단 큐슈 섬과의 거리가 그렇다는 말이다.

혼슈 섬—일본인의 5분의 4가 거주하는 섬—이 진짜 중요한 섬이다. 이 섬은 동쪽과 북쪽으로 훨씬 멀리 물러나 있기도 하지만 그 섬의 모양이 아주 중요하다. 이 섬은 동쪽으로 활처럼 휘어 태평양을 향하고 있고, 도쿄-요코하마-치바의 인구/산업기반은 거의 동쪽 끝 지점에 위치해 있다. 게다가 이 섬에 거주하는 일본인 대부분은 아시아 쪽이 아니라 태평양 쪽에 면한 지역에 거주한다. 이 때문에 일본의 핵심부는 아시아 본토의 상황에 다소 무관심한 태도를 취하게 될 뿐만 아니라 아시아 본토에서 일본에 공격을 가하려면 일련의 산맥이라는 장애물을 극복해야 한다.

그러나 이러한 특징조차도 일본의 진정한 전략적인 고립을 제대로 보여주지는 않는다. 혼슈 섬의 아시아 쪽과 면한 지역 건너편에는 전시에 적으로 부상할 가능성이 가장 높은 나라인 중국이 아니라 한국이 있다. 일본-중국이 맞붙으면 어느 쪽 편도 들지 않으려고 무진 애를 쓸 나라 말이다. (한국에 대해서는 나중에 얘기하도록 하겠다.)

게다가 일본 건너편의 아시아 해안선은 서쪽으로 활처럼 휘어 있고, 중국의 투사 능력(projection capability)과 일본에게 중요한 지역 사이의 실제 거리는 750마일쯤 되는 데다가 한국이라는 완충지대가 그 사이에 놓여 있다. 오늘날 전투기의 도달 범위를 고려한다면 극복하지 못할 거리는 전혀 아니지만 일본이 겹겹이 방어 대책을 마련할 시간을 벌기에 충분한 거리다. 일본의 주요 섬들이 제대로 침략을 당해본 적이 없는 이유가 다 있다.

일본의 주요 도시들이 태평양을 바라보는 쪽에 위치해 있다는 점과 일본 섬들의 지형이 험난하다는 점을 복합적으로 고려하면 일본의 고립에 한 가지 요소가 더해진다. 바로 단절되어 있다는 점이다. 일본의 인구와 기간시설이 다섯 개 주요 섬에 분산되어 있다는 뜻이 아니라 이 섬들의 지형이 험난하기 때문에 일본의 인구밀집 지역들은 그 자체가 섬의 특징을 보인다는 뜻이다. 인구밀집 지역들을 연결하는 기간시설이 워낙 부실해서 연결성의 관점에서 보면 일본의 도시들은 각 도시마다 자체적으로 독자적인 도로, 철도, 전력 시설망, 파이프 시설망을 갖춘 작은 나라처럼 기능한다.

어느 모로 보나 이는 끔찍한 여건이다. 한 지역을 뒷받침하는 기간시설—도로, 철도, 파이프, 학교, 병원, 전력선, 정부 공공서비스—을 다른 지역을 지원하는 데 이용하지 못한다니 말이다. 지역 개발에서 얻게 되는 규모의 경제가 거의 존재하지 않는다. 이와 같이 고립된 도시들 가운데 어느 하나가 참사를 겪으면 물리적으로 고립되어 있는 다른 도시들이 어려움에 처한 도시를 도울 방법이 없다. 그러나 장점도 있다. 그런 참사가 발생해도 한 도시가 입은 피해가 다른 도시로 확산되지 않는다. 독립적이고 고립된 기간시설 덕분에 각 도시는 대체로 자급자족적이다. 한 도시가 대규모 피해를 입는다고 해도 다른 도시에 미치는 여파는 미미하다.

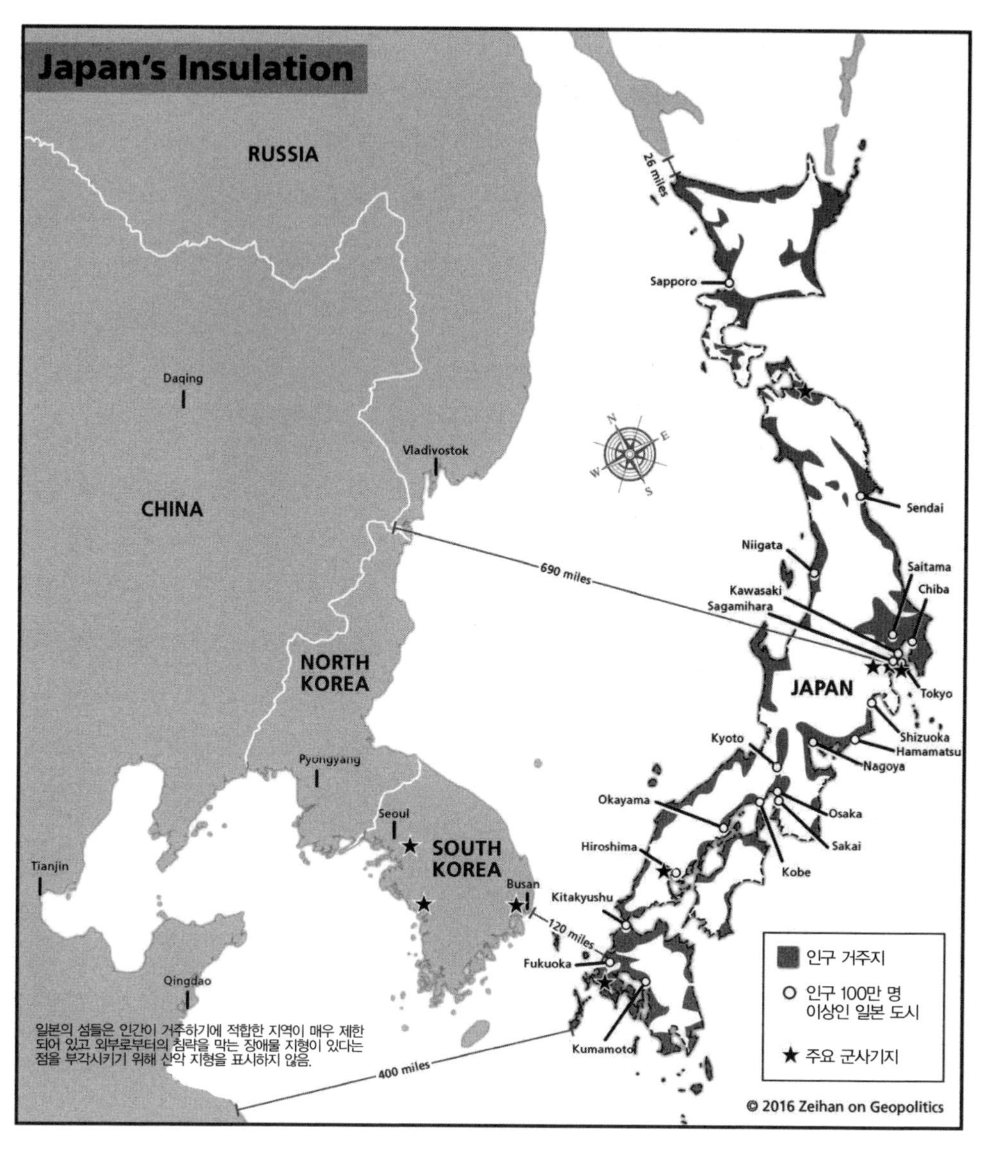
Japan's Insulation
RUSSIA
CHINA
NORTH KOREA
SOUTH KOREA
JAPAN
Daqing
Vladivostok
Pyongyang
Seoul
Busan
Tianjin
Qingdao
26 miles
690 miles
120 miles
400 miles
Sapporo
Sendai
Niigata
Saitama
Chiba
Kawasaki
Sagamihara
Tokyo
Shizuoka
Hamamatsu
Nagoya
Kyoto
Osaka
Sakai
Kobe
Okayama
Hiroshima
Kitakyushu
Fukuoka
Kumamoto
N
E
S
W
인구 거주지
인구 100만 명 이상인 일본 도시
주요 군사기지
일본의 섬들은 인간이 거주하기에 적합한 지역이 매우 제한되어 있고 외부로부터의 침략을 막는 장애물 지형이 있다는 점을 부각시키기 위해 산악 지형을 표시하지 않음.
© 2016 Zeihan on Geopolitics

일본의 고립

2005년 허리케인 카트리나와 리타가 미국을 강타한 후 어떤 일이 벌어졌는가. 미국의 정유시설은 대부분 루이지애나 주 남부에 있는 미시시피 하류 제방과 텍사스 주 동부 연안에 집중되어 있는 한편 석유와 천연가스(셰일이 등장하기 전인 2005년이다) 상당량이 멕시코 만 해상에서 생산된다. 폭풍 피해 때문에—주로 해일— 미국의 석유 생산과 수입, 정유시설 상당 부분이 모두 동시에 가동이 중단되었다. 루이지애나 주 남부는 텍사스, 중서부, 남동부, 북동부와 연결되어 있다. 이들 지역은 세계에서 원유와 정제된 석유의 송유관이 가장 밀집되어 있을 뿐만 아니라 도로와 철도망도 가장 밀집되어 있는 지역이다. 보통 이와 같이 통합된 체계는 장점으로 작용하지만 허리케인으로 남부 루이지애나 에너지 체계에 차질이 생기자 연쇄작용이 일어나 천연가스에서부터 휘발유까지 모든 제품의 공급 물량이 위험수위에 이를 정도로 낮아졌고, 미국 전역에서 에너지 가격이 폭등했다. 유럽에서 엄청난 양의 정유제품을 긴급 운송하지 않았다면 미국은 에너지 부족난을 겪었을지도 모른다.

일본에서는 이런 일이 일어날 수가 없다. 일본의 주요 해안 도시 주변에는 넓은 평원이 없다. 그 대신 깎아지른 산악지대로 둘러싸여 있다(후지산은 대표적인 예에 불과하다). 험준한 산악 지형이기 때문에 육지를 기반으로 한 기간시설이 거의 없다. 하나의 항구로 들어오는 액화천연가스가 다른 지역에 공급되는 경우는 없다. 서로 다른 지역을 연결하는 석유 송유관은 전무하고 천연가스 송유관 체계는 해당 지역에만 공급한다.[5] 전력시설의 연계성도 미미하기 때문에 도시에 전력을 공급하는 발전소도 도시마다 각각이다. 전국적인 전력망이 없다. 한 지역에서 사용하는 전류는 다른 지역에서 사용할 수 없는 경우가 많다. 일본의 지형 때문에 각 지역이 고립되어 있으므로 오사카—아니면 센다이든, 후쿠야마든, 기타큐슈든, 니가타든, 하마마츠든, 나고야든—에 에너지 위기가 발생한다고 해도 이는 그 지역의 문제일 뿐이다.

지역만의 문제로 치부할 날이 얼마 남지 않았다. 각 지역이 고립되어 있는 일본의 지형적인 특성과 에너지 자급자족이 불가능한 일본이라는 나라의 특성 때문에 일본 지역들은 변덕스러운 세계 에너지 공급 상황에 적응할 수밖에 없었다. 일본은 거의 전적으로 수입한 액화천연가스만으로 전기를 생산한다. 그러나 현재의 소비 패턴을 에너지 의존성과 혼동하지 말라. 일본은 수십 년 전부터 단일한 에너지원이나 형태에 의존하면 절대로 안 된다는 사실을 익히 알고 있었다. 따라서 나라 전체에서 도시 단위에 이르기까지 석탄, 석유, 천연가스 등을 이용해 전력을 생산하지만 가동을 중지한 시설들이 많이 있다.

일본이 얼마나 신속하게—또 철저하게— 에너지원을 전환하는지를 극명하게 보여주는 사례가 바로 2011년 3월에 발생한 후쿠시마 원전 사고다. 해양 지진으로 발생한 쓰나미가 원자력 발전소를 삼켜버리면서 세계 최악의 원전 사고가 발생했다. 일본 원전시설의 안정성에 대한 정당한 우려와 단순한 공포심이 복합적으로 작용해 일본 당국은 일본 원전시설 전체를 폐쇄했다. 쓰나미가 강타하기 전날 51개 원자력 발전시설이 일본의 전기 수요의 30퍼센트를 충족시키고 있었다. 한 달 후 15개를 제외하고 모든 원전시설이 완전히 가동을 중지했고, 나머지도 2012년 5월 모두 가동을 중지했다.[6]

일본이 아니라 세계 여느 나라 같았으면 이런 사태는 나라의 안정이 흔들릴 만한 사태였겠지만, 일본에서는 전혀 동요가 없었다. 일본은 천연가스, 석탄, 석유를 연료로 사용하는 발전소들을 가동해서 원전시설 전체를 대체했고, 그렇게 하는 데 몇 주밖에 걸리지 않았다. 차질을 최소화하기 위해 여러 가지 조치를 취해야 한 것—예컨대 산업시설의 가동은 임시로 전력수요가 낮은 야간으로 돌린다든가—외에 일본은 세계에서 두 번째로 규모가 큰 원전 사고가 발생하고 이로 인해 전력시설에 타격을 받았지만 몇몇 경미한 사건 외에는 충격을 흡수하는 데 전혀 문제가 없었다.

이와 같이 에너지원 활용에 유연성이 있기 때문에—단기적인 위기가 발생해도—특정한 상품이나 교역상대에게 의존하지 않고 어떤 상대로부터 어떤 종류의 에너지든지 확보하는 엄청난 전략적인 유연성을 발휘하게 된다. 게다가—에너지든 뭐든—일본의 주요 기간시설은 거의 전부 동쪽 연안에 위치하고 있다. 액화천연가스 수입 시설에서부터 해군 기지까지 모두 동쪽 연안에 있다. 따라서 대륙의 아시아 국가는 일본의 작전을 방해하기 위해 쉽게 접근할 방법이 없다.

일본은 심지어 자국 근처에 비장의 무기까지 있다. 일본 섬 바로 북쪽에 있는 러시아 극동 지역의 섬, 에너지 생산 지역인 사할린이다. 1990년대에—거대 에너지 기업인 엑손모빌과 로열 더치/셸을 비롯해—몇몇 주요 석유회사들은 러시아 정부를 설득해서 러시아의 무법천지 식의 사업 관행의 위험을 감수하기 꺼려하는 기업들을 유치하기 위해서 완전히 다른 계약 모델을 사할린에 구축하게 했다. 그 결과 세계에서 가장 자본 집약적이고, 기술 집약적인 에너지 프로젝트가 탄생했다.

일본 섬 홋카이도 북쪽 해안에서 바라보면 30마일 바깥에 사할린의 남쪽 해안이 거의 보일 정도다. 게다가 사할린에서 생산되는 석유량으로 일본의 석유와 천연가스 수요의 5분의 1은 너끈히 공급할 수 있다.[7] 일본이 사할린 산 에너지를 살 의향이 있고, 일본 기업인 미츠이와 미츠비시가 사할린 컨소시엄의 창설 회원이라는 점을 고려하면 러시아가 사할린 산 에너지 전량을 일본에 팔기를 주저할 이유가 없다. 게다가 두 나라 사이의 매매 협상이 결렬된다고 해도, 일본은 사할린을 러시아의 손아귀에서 떼어내기에 충분하고도 남는 군사적 역량을 갖추고 있다.[8]

월등한 해군력과 에너지원에 대한 접근성이 가장 중요한 세계에서 일본은 에너지를 전량 수입하는 나라치고는 놀라울 정도로 유리한 입지에 있다.

일본의 진짜 취약점은 직접적인 게 아니라 간접적인 것이다. 어떤 적이든 일본을 제압하려면 일본의 공급선을 끊을 수 있어야 한다. 그런 전략이 안고 있는 문제는 일본 해군이 그 어떤 아시아 경쟁국도 범접하기 어려운, 바닷길을 구축하고 관리할 막강한 역량을 보유하고 있다는 점이다. 게다가 일본의 항구들은 전략적으로 고립되어 있기 때문에 일본 해군보다 월등한 세력이 아니라면 공격이 통하지 않는다. 일본이 정말 취약한 유일한 상대는 또 다른 막강한 해군력을 보유한 나라인데, 뭍을 기반으로 한 공군력의 지원 없이 동쪽으로부터 일본을 공격할 수 있는 나라다.

따라서 중국은 거의 확실히 아니다.

중국: 취약성이 무엇인지 보여주는 완벽한 사례

얼핏 보면 중국이 일본보다 입지가 유리한 듯이 보인다. 중국의 남부 연안은 일본보다 페르시아 만에 족히 2,000마일은 더 가깝기 때문에 바닷길을 통해 페르시아 만 에너지를 들여오기가 일본의 경우보다 훨씬 간단해 보인다. 중국은 또한 대륙에 있는 구소련 지역에서 에너지 공급자를 구할 수 있는 이점을 누린다. 카자흐스탄과 러시아 모두 원유를 중국 영토로 직접 보내는 송유관이 있다. 중국의 북서쪽 끝에 있는 신장 지역을 통해서 카자흐스탄 원유 110kbpd가 들어오고 있으며, 중국 북동부에 있는 다칭 정유시설로 러시아 원유 600kbpd를 직접 들여오기 위해서 운송시설을 확장 개선하고 있다. 일본이 대담하게 공격을 감행하면, 러시아 송유관은 훼손할 수 있을지 모르지만 카자흐스탄 송유관은 중국 내륙 깊숙이 위치해 있어서 일본의 공격에 취약하지 않다. 게다가 중국은 카자흐스탄과 러시아, 두 구소련 국가와 촘촘히 연결된 철도망을 통해 추가로 500kbpd를 들여올 수 있다. 일본과는 달리 중국은 국내에서 석유를 생산한다. 간단히 말해서, 일본은 거의 100퍼센트의 석유를 바닷길을 통해 수입해야 하는 데 반해 중국은 바닷길을 통해 수입해야 하는 석유가 "겨우" 40퍼센트다.

그런데 유감스럽게도 중국에게 희소식은 거기까지다.

첫째, 상대적 취약성, 절대적 취약성, 상대적 수요, 절대적 수요는 서로 매우 다르다는 불편한 진실이 있다. 일본은 대략 4mbpd에 달하는 석유 수요(절대적)를 거의 100퍼센트 수입에 의존(상대적)하는 반면, 중국은 대략 12mbpd에 달하는 석유 수요 가운데 65퍼센트를 수입에 의존(상대적)한다. 따라서 중국의 수입석유 의존도는 일본에 비해 상대적으로 낮지만 절대량으로 보면 중국이 수입해야 하는 석유는 8mbpd로 일본의 두 배에 달한다. 그러니 중국은 이란이 석유 생산량을 늘리도록 돕기 위해 수천 명의 기술자들을 이란에 파견할 뿐만 아니라 카자흐스탄의 석유를 들여오기 위해서 거대한 기간시설 구축에 참여하는 게 당연하다. 석유를 더 들여오기 위해서는 무슨 짓이든 한다.

둘째, 중국은 일본보다 훨씬 더 개방된 바닷길과 시장에 의존한다. 계산하는 주체에 따라 차이가 있지만 세계 무역과 직접 관련된 중국 경제의 비율은 40퍼센트에서 50퍼센트 사이다. 세계 시장과의 연관성은 "그저" 중국에 전깃불이 들어오게끔 하는 데 그치는 게 아니라 중국 체제의 토대다. 이 체제는 경제 성장을 견인할 뿐만 아니라 사회적, 정치적 안정을 유지하기 위해 대대적인 고용을 창출할 대규모 수출산업을 필요로 한다. 일본은 1990년 경제 붕괴 전만 해도 중국과 비슷한 모습이었지만, 그로부터 25년이 지난 지금 일본은 원자재와 에너지를 훨씬 더 효율적으로 사용하게 되었을 뿐만 아니라 노동 비용, 정치적 마찰, 환위험 등을 줄이기 위해 다른 나라로 산업기반을 대부분 전진 배치했다. 오늘날 일본이 세계에 노출된 정도는 중국이 노출된 정도의 3분의 1에 불과하다. 미국이 모든 나라를 위해서 세계 바닷길의 안전을 보장하는 역할을 더 이상 하지 않게 되어 세계가 무질서해지고, 그와 더불어 무역체제도 붕괴되면 일본은 다년간 경기침체에 빠지게 된다.

중국은 경제적, 정치적 응집력을 잃게 된다.

셋째, (일본과 달리) 중국은 이 무질서를 헤쳐 나갈 방법도 없고, 그럴 처지도 되지 않는다. 자유무역 체제가 작동하는 이유는 미국이 세계 안보체제를 유지하기 위해서 자국의 직접적인 경제적 이득을 희생했기 때문이다. 미국은 자국의 해군력을 동원해 세계 공유지의 안전을 지킴으로써 전 세계에 간접적으로 재정적인 지원을 하는 동시에 자국의 시장을 다른 나라들에 개방하고 엄청난 무역적자를 보고 있다. 중국은 미국 대신 이런 역할을 하는 데 전혀 관심이 없다. 중국은 미국이 행사하는 힘은 원하지만 세계를 재정적으로 뒷받침하고 싶은 욕구는 조금도 없다. 중국이 원하는 것은 오히려 그 정반대다.

넷째, 설사 중국이 수십 개국의 경제적 안녕을 자국의 경제보다 우선시할 의향이 있다고 해도 미국을 대신해서 그런 체제를 구축하고 실행하고 유지할 군사적 역량이—심지어 잠재력도—완전히 결여되어 있다. 중국은 일본이나 미국 같은 해양 국가가 아니라 대륙 국가이다. 다른 나라의 육군에 맞설 군대를 유지해야 한다는 뜻이다. 중국 역사는—내전이든, 외부 세력에 의한 침략이든, 점령이든—충돌로 점철되어 있다. 이와 같이 절대로 사소하다고 할 수 없는 고려사항에 엄청난 재원을 투입해야 하기 때문에 중국은 해상력을 구축할 여유가 없다.

게다가 대부분—중국 안팎의 사람들—은 중국이 스스로 지역 바닷길을 확보하려면 어느 정도 규모의 해상력을 구축해야 하는지를 엄청나게 과소평가한다.

우선, 중국은 갇혀 있다. 중국의 해안선을 따라 일본, 타이완, 필리핀, 인도네시아, 말레이시아, 싱가포르 등 일련의 섬나라들이 포진하고 있다. 해군력을 구축하는 데는 돈이 많이 들지만, 이에 비해 함선을 가라앉힐 제트기와 미사일을 갖추는 데는 돈이 덜 든다. 중국의 해군이 일본 해군과 맞먹는다고 해도—그리고 일본 해군이 중국 본토에서 출격하는 공군력이 도달 가능한 범위 내에서 중국 해군에게 싸움을 걸 정도로 어리석다고 해도—제1열도선 내에 중국을 묶어놓기는 그리 어렵지 않다.

다음, 중국의 해군은 단순히 이 방어선을 뚫는 데 그치지 않고 뚫린 상태를 계속 유지해야 한다. 중국이 제1열도선을 뚫어 해군이 통과한 다음에 다시 닫혀버리면 소용이 없기 때문에 애초 뚫을 엄두를 내지 못한다. 그러면 중국 함대가 제1열도선의 엉뚱한 쪽에 갇히게 되고, 해군기지로부터 이탈한 상태에서 병참물자와 공군지원을 받지 못하게 되기 때문이다. 이 방어선을 영구히 뚫어놓으려면 제1열도선을 구성하는 섬나라들이 자국 군이든 외국에서 온 군이든, 중국에 적대적인 군사력을 보유하지 못하게 해야 한다. 그러려면 그 지역의 모든 해군 자산을 침몰시켜야 할 뿐 아니라 대대적인 위협이나 노골적인 점령을 통해 이 지역의 모든 정치세력들을 무력화해야 한다. 그것도 아주 철저하게. 중국은 무장한 군함뿐만 아니라 무장하지 않은 상선들도 안전하게 통과할 수 있도록 해야 하기 때문이다.

마지막으로 중국은 제1열도선을 뚫는 데서 멈출 수가 없다. 일본과 동남아시아의 경제는 규모가 상당하지만, 이 나라들은 거의 모두 원자재 수입국이기도 하다. 이 나라들은 중국처럼 거대한 나라를 지탱해주기에 충분한 원자재나 소비 시장이 없다. 중국이 이 나라들을 점령한 다음 자국의 경제에 필요한 물자들을 모조리 빨아먹는다면 더더욱 그렇다.

이 세 번째 조건 때문에 중국이 돌파구를 찾기란 불가능하다. 중국은 제1열도선을 확보해야 할 뿐만 아니라 중동, 아프리카, 중남미까지 항해해 원자재를 구해야 하고 서유럽과 북미의 최종 소비 시장에도 접근해야 한다. 미국이 지배하는 해양 체제가 제대로 기능하는 까닭은 미국은 자국의 경제적 이해를 따지지 않고 미국의 동맹국들은 미국에 협조하는 게 자국에 이롭기 때문이다.

그러나 이와는 달리 중국이 지배하는 해양 체제는 중국이 지배하기만 하는 체제다. 제1열도선을 점령하고 동아시아를 오가는 교역을 무력으로 장악하고, 경쟁국들이 다양한 에너지 공급원에 접근하지 못하도록 차단하고 무력을 행사하겠다고 협박해 최종 소비 시장을 강제로 개방하도록 해야 한다.

중국이 지배하는 체제가 성공하려면 제 2차 세계대전 동안 독일과 일본이 점령한 지역을 합한 것보다 훨씬 많은 지역을 군사적으로 점령하고 냉전시대에 미국의 힘이 미쳤던 지역보다 훨씬 넓은 지역까지 중국의 힘이 미쳐야 한다.

외적인 문제만도 그렇다. 여러 가지 면에서 중국의 내적 위기는 더 심각하다.

『21세기 미국의 패권과 지정학』에서 중국의 여러 지역들 간에 문화적, 언어적 차이가 있으며 이는 모두 중국의 지리적 여건에서 비롯된다고 자세히 설명했는데, 여기서 그 내용을 간단히 되짚어보자.

- 중국 북부는 활짝 트인 드넓은 평원이므로 한족이 일찍이 문화적 통일을 달성했다. 그러나 방대한 규모에 내부 장애물이 없기 때문에 마치 보드게임 〈리스크Risk〉를 현실에 재현한 듯한 끔찍한 상황이 연출된다. 과

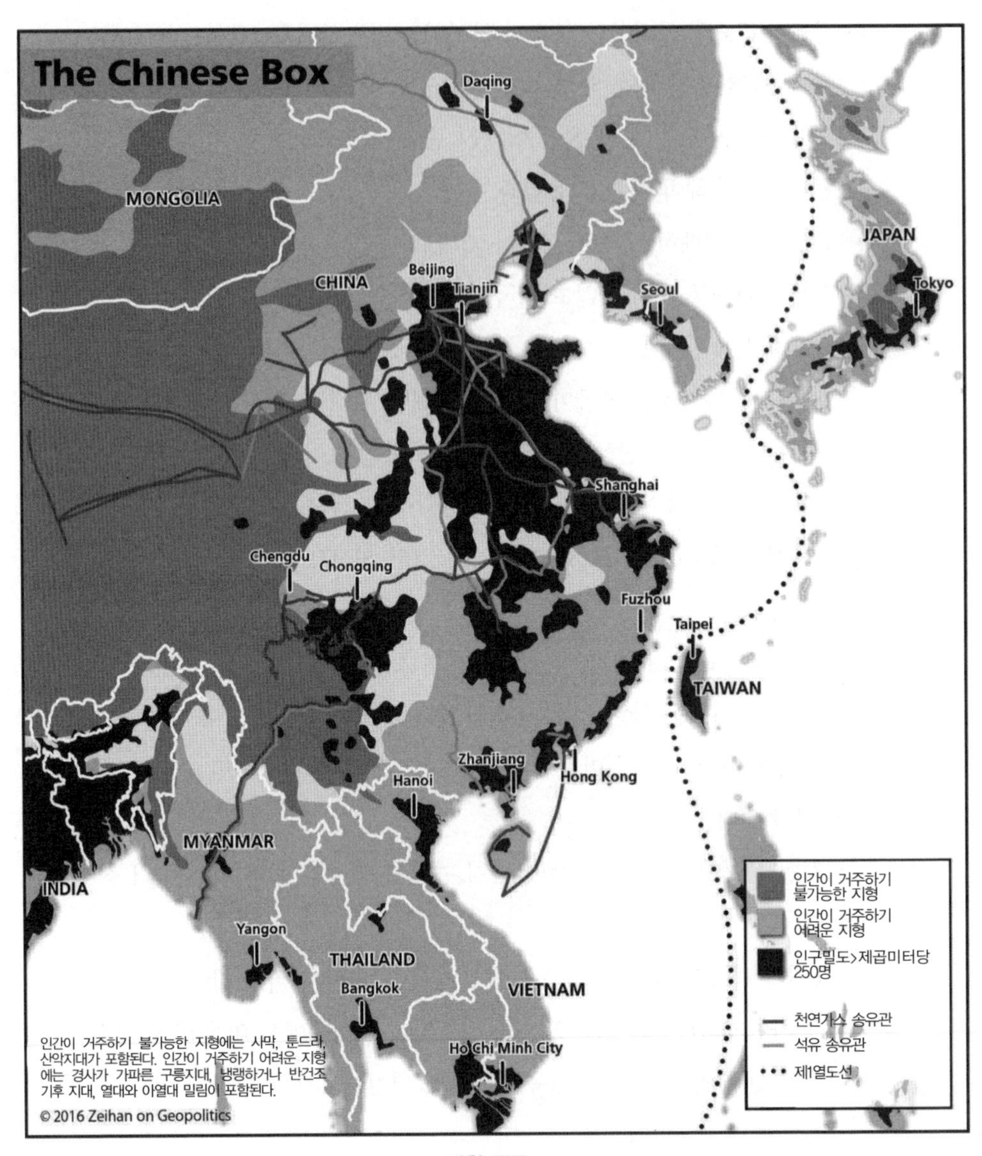
The Chinese Box
Daqing
MONGOLIA
CHINA
Beijing
Tianjin
Seoul
JAPAN
Tokyo
Shanghai
Chengdu
Chongqing
Fuzhou
Taipei
TAIWAN
Zhanjiang
Hong Kong
Hanoi
MYANMAR
INDIA
Yangon
THAILAND
Bangkok
VIETNAM
Ho Chi Minh City
인간이 거주하기 불가능한 지형
인간이 거주하기 어려운 지형
인구밀도>제곱미터당 250명
천연가스 송유관
석유 송유관
제1열도선
인간이 거주하기 불가능한 지형에는 사막, 툰드라, 산악지대가 포함된다. 인간이 거주하기 어려운 지형에는 경사가 가파른 구릉지대, 냉랭하거나 반건조 기후 지대, 열대와 아열대 밀림이 포함된다.
© 2016 Zeihan on Geopolitics

갇힌 중국

거 천 년 내내 경쟁하는 정치세력들 간에 전쟁과 집단학살이 끊이지 않았다. 현재 권력의 정점에 있는 집단—중국 공산당—도 다를 게 없다. 권력이 영원하리라는 기대는 안 하는 게 좋다. 2016년 현재, 중국의 평원에는 대략 5억 명이 거주하는데, 이들 대부분이 사는 곳은 해안 지역이 아니다.

- 상하이에서 홍콩에 이르기까지 띠를 형성하고 있는 일련의 도시들은 천차만별이다. 중국 북부 평원 깊숙이 자리한 내륙 지방과는 달리 남부 도시들은 험준하고 주로 아열대 기후인 협곡과 산악지대에 둘러싸인 규모가 작은 땅에 자리잡고 있다. 이 도시들은 이렇다 할 후배지도 없고 모두 바다를 면하고 있다. 경제적 성공은 고사하고 살아남으려면 이 도시들에 도달할 역량을 가진 그 누구와도 협조해야 하고, 이러한 도시들에 도달하는 가장 흔한 방법은 배로 오는 방법이다. 이 도시들은 외부에서 들여오는 식량에 의존하기 때문에 누가 그 식량을 가져오든 크게 까다롭게 굴지 않는다—역사적으로 북부 중국인보다는 외국인인 경우가 많았다. 마오쩌둥의 자비로운 통치 하에서 중국이 안으로 눈길을 돌리던 20세기에 중국 남부의 세계 지향적인 도시들은—끔찍한 빈곤과 기근을 비롯해—역사상 가장 처참한 시련을 겪었다. 남부 연안 지대의 도시들에는 2억 정도의 중국인이 산다.
- 그리고 내륙 지역이 있다. 보통 해안에서 300마일 남짓 떨어진 곳부터 시작하는 지역이다. 양쯔 강 연안 도시들과 양쯔 강의 물길 물목에 자리잡은 쓰촨 지역 같은 몇몇 지역을 제외하고 중국 내륙의 방대한 영토는 지리적으로 고립되어 있고 찢어지게 가난하다. 여기에 복잡한 정치 현실까지 더해진다. 중국의 소수민족들은 대부분 내륙 지방에 사는데, 대부분 중화인민공화국에 사는 걸 딱히 흡족해하지 않는다. 내륙 지방은 6억 중국인의 고향이다.

설상가상으로 중국의 에너지 관련 지리적 여건은 중국의 경제와 정치 관련 지리적 여건보다 훨씬 더 분열되어 있다.

오래전부터 중국에서 주로 에너지를 생산하는 지역은 북중국평원의 가장 북단인, 정유시설이 있는 도시 다칭을 둘러싼 지역이었다. 다칭이 겪은 부침(浮沈)을 통해 중국 공산당 정치국의 전략적 사고를 들여다볼 수 있다.

- 1950년대에 다칭에서 생산되는 석유량은 별 볼 일 없었다. 중국은 공산주의 동맹인 소련으로부터 원유를 수입해야 했고, 그러다가 한국전쟁에서 스탈린의 보병 역할을 해야 했다.
- 1960년대 초 무렵, 별 볼 일 없던 다칭의 석유가 봇물처럼 터졌고 중국은 석유를 자급자족하게 되었다. 중국은 소련과의 결별을 주도하고 살아남을 수 있는 경제적 방도가 생겼다.
- 1979년 경제 개방으로 중국의 경제는 일취월장했고, 이와 더불어 에너지 수요가 급증하자 다칭의 생산능력만으로 그 수요를 감당하기 어려워지자 1980년대 말 무렵 석유를 대량 수입해야 할 필요가 생겼다. 그로부터 20년 동안 중국은 (타이완과 관련된 이슈는 제외하고) 모든 국제 정치 문제에서 중립적인 입장을 취하는 도리밖에 없었다. 괜히 분란을 일으켜 잠재적인 수입원의 심기를 건드리지 않기 위해서였다.
- 2005년 무렵 다칭의 생산량이 줄어들면서—그리고 중국의 수요는 늘어나면서—또 한 번 변화가 필요해졌다. 바로 러시아와의 경제적 동반자 관계였다. 러시아는 2010년 처리할 원유가 없어서 놀고 있는 다칭의 정유시설에 러시아 원유를 공급할 송유관을 건설했다.

중국에서 두 번째로 규모가 큰 에너지 생산 지역은 중국 서쪽 끝 오지에 있는 불모의 사막 지역인 타림 분지(盆地)다. 이렇다 할 생산량을 보인 지 겨우 15년 정도 되었지만 타림은 상당히 전망이 밝다. 장기간 다칭이 누렸던 영화에 맞먹는 영화를 누릴 가능성은 매우 낮지만, 타림은 중국이 동서를 잇는 송유관을 건설하면서 이 지역과도 송유관을 연결할 만큼 생산량이 많고 안정적이다. 2000년대 말 중국이 중앙아시아에 투자하기 시작하면서 카자흐스탄, 우즈베키스탄, 투르크메니스탄의 석유와 천연가스를 들여오기 위해 국경을 가로지르는 송유관을 설치했는데, 이를 동서를 잇는 송유관 체계와 연결했다.

다칭과 타림을 관통하는 공통점은 최종 소비 시장이다. 다칭은 중국 북쪽의 대규모 인구가 거주하고 공산당 정치국과 군사 핵심부가 있는 북중국평원의 최북단에 위치하고 있고, 지난 25년 동안 다칭에서 처리한 원유는 모조리 북부에서 소비되었다. 타림 (그리고 중앙아시아) 에너지는 세계에서 두 번째로 긴 송유관을 통과하는데, 이 송유관은 베이징과 북중국평원에 에너지를 공급하도록 설계되었다. 이 지역의 에너지 일부가 (북중국평원의 남동부 끝에 있는) 상하이까지 도달하기는 하지만, 중국 내에서 내세울 만한 에너지 생산 지역은 전부—그리고 육지 기반 에너지 수입 시설들도 모두—남부 해안을 따라 늘어선 경제적으로 역동적인 도시 지대가 아니라 정치적 핵심부가 자리한 북부에 에너지를 공급한다.

따라서 홍콩에서 상하이에 이르기까지 남부 해안 도시들이 바닷길로 수입되는 석유에 의존하는 정도가 일본의 의존도 수준이다—수요는 4mbpd 이상이고 거의 100퍼센트 수입한다. 게다가 설상가상으로 공급량의 80퍼센트는 중동에서 수입한다.

중국은 앞으로 최악의 상황을 맞게 된다는 뜻이다.

중국은 국내 생산 능력만으로는 에너지 수요의 3분의 1 이상 충족시키지 못한다. 중국 해군은 취약한 에너지 수급 문제를 해결하기 위해 해외에서 장기간 활동할 역량이 되지 않는다. 정치적 핵심계층이 국내 에너지는 모조리 소비한다. 그렇게 하지 않으면 불만에 가득한 인구가 사는 중국 중심부가 와해될 위험이 있기 때문이다. 경제적으로 역동적이고 해외에서 수입한 에너지에 크게 의존하는 지역은, 중국 핵심부가 가장 통치하기 힘들고 외국인들과 협력하는 데 가장 익숙한 지역이다.

오늘날 중국 남부는 여러 가지 면에서 양손에 떡을 쥔 셈이다. 세계 시장과 자본에 접근할 수 있으면서도 중국 체제의 일부로서 규모의 경제의 혜택을 보기 때문이다. 그러나 세계 안보와 에너지 위기가 닥치면 상황이 역전된다. 중국 북부 지역은 에너지 수요의 상당 부분을 중국 내에서 충당하고, 중국 남부 지역에서 필요한 에너지를 확보하기 위해서 군사적 수단을 쓰면 중국 남부 지역이 역내 경제 안정을 달성하기 위해 협력할 필요가 있는 바로 그 국가들과 정면으로 충돌하게 된다. 간단히 말해서, 중국 남부 지역의 도시들은 외국과 협력해야 성공할 수 있고, 북부의 핵심부는 중국의 통일을 유지하려면 남부 도시들이 협력하는 바로 그 나라들과 적대적인 관계여야 한다.

북부와 남부 사이를 갈라놓는 요인—에너지 부족 현상은 남북을 확실히 갈라놓는다—은 무엇이든 남부로 하여금 체념하고 가난하게 살든가, 에너지를 공급받기 위해서 외국과 협력을 하든가 양단간에 결정을 하게 만든다. 중국 남부의 도시들은—북부가 지배하는 중앙집권적인 체제 하에서조차도— 세계 공급사슬에 제대로 엮여 있는 유일한 지역이므로, 사소한 위기만 발생해도 행동에 나선다. 그리고 수천 마일에 걸쳐 유조선을 호송해야 하는 전쟁은 사소한 위기와는 거리가 멀다.

게다가 중국은 일본처럼 다양한 연료를 이용해 전력을 생산하는 여분의 시설이 없다. 일본은 지리적으로 각 지역이 고립되어 있고 국내에서 에너지가 전혀 생산되지 않기 때문에 중복되는 발전시설들을 만들고 다양한 연료들을 이용해 융통성을 발휘하게 되었듯이, 중국의 에너지 부문도 나름의 지리적 여건 때문에 일본과는 확연히 다른 길을 택하게 되었다. 중국은 국내에 풍부한 연료—석탄—가 있다. 따라서 지난 20년 동안 중국은 세계의 나머지 국가들이 소유한 석탄연소 시설을 모두 합한 것보다 더 많은 석탄연소 발전시설을 추가로 건설했다. 그러면서 세계 기후변화 협약이 정한 목표를 달성하겠다고, 또 국내에서 점점 심해지는 대기오염으로 국민의 불만이 커지는 데 대해 대책을 마련하겠다고 입에 발린 소리만 했다. 게다가 중국이 경제 성장을 하면서 전력수요는 한 세대 동안 계속 늘어났다. 위기가 발생할 경우 중국은 여분의 전력시설을 가동할 수 없다. 전력은 종종 개발을 저해하는 요인이 되어왔다. 반면 일본 경제는 1990년 이후로 사실상 제자리걸음을 해왔고 따라서 여분의 발전시설이 차고 넘친다.

마지막으로, 어쩌면 중국의 관점에서 볼 때 가장 중요한 점일지도 모르는데, 중국은 세계정세가 어수선해지면 에너지 공급 경로를 강제로 열어둘 해군 역량(그리고 다른 나라의 협력을 이끌어낼 만큼 좋은 평판을 얻지도 못하고 있다)이 없다. 중국은 전쟁이 임박하면 해외에서 수입하는 에너지에 대한 의존도를 감히 높일 엄두를 내지 못한다. 중국은 가능한 한 국내에서 구할 수 있는 발전연료나 비교적 중국 가까운 지역에서 구할 수 있는 연료에 의존해야 한다. 중국에게는 석탄이 유일한 해답이다.

타이완이라는 쇠지레

세계로부터 에너지를 확보하기 위해서 일본보다 중국이 훨씬 더 고군분투해야 하는 이유는 수없이 많지만, 가장 중요한 이유는 아마 타이완일지 모른다. 중국이 제 2차 세계대전에 참전해 겪은 참화 가운데 일부는 외국인들과는 아무 관련이 없는 자생적인 사건들이었다. 제 2차 세계대전이 한창인 와중에 중국은 동시에 또 다른—훨씬 더 혹독한—갈등을 겪고 있었다. 마오쩌둥이 이끄는 공산당과 장제스가 이끄는 국민당이 맞붙은 내전으로 거의 1,000만 명이 목숨을 잃었다.[9] 결국 마오가 승리했고, 장제스는 1949년 12월 타이완 섬으로 퇴각했다. 장제스가 이끄는 세력은 그곳에서 일종의 망명정부를 수립하고 중국 전체를 통치하는 진정한 정부라고 주장했다. 엄밀히 말해서, 이 나라는—대륙 본토의 인민공화국과 대비해—중화민국(Republic of China)으로 알려져 있다. 오늘날 중국인을 제외하고 모두가 이 나라를 그냥 타이완이라고 부른다.

그 후 수십 년 동안 두 중국 사이의 긴장 관계는 부침을 겪었지만, 공교롭게도 두 나라가 서로 자국이 중국 전체를 통치하는 유일한 정부라고 주장하는 게 어느 정도 안정을 보장한다. 타이완이 중국과 별개의 정치체라고 주장하지 않는 한 중국은 전쟁을 일으키지 않고도 민족주의를 고취할 수 있다. 타이완이 타이완 섬과 본토가 한 민족이라는 허구를 공식적으로 깨뜨리면 붉은 중국은 한국전쟁 이후로 세계 최대의 수륙양동 작전을 감행해야 할지도 모른다. 그런데 중국 군대는 바로 이러한 군사 작전을 수행할 준비가 되어 있지 않다. 그러한 군사 작전은 중앙정치국이 툭하면 부추기는 민족주의가 중앙정치국에 등을 돌리게 만들 수 있다. 타이완이 우려하는 바는 훨씬 직접적이다. 중국 본토에서 타이완을 다스리기 힘든 지방이라고 주장하는 한, 타이완은 세계 최대의 육군과 공군을 보유한 나라와의 전쟁을 각오하고 있어야 한다.

따라서 타이완은 이에 맞춰서 외교와 안보 정책을 수립한다. 타이완은 미국의 가장 열렬한 동맹으로 손꼽힌다—미국 정부는 공식적으로는 하나의 중국이라는 허구를 인정하므로 타이완의 동맹국 지위는 비공식적이기는 하지만 말이다. 타이완은 또한 일본과 잘 지내려고 무진 애를 써 왔고, 아마도 최근 일본이—평화주의를 탈피하는 정치적 변화를 꾀하면서—군대 파견과 기술적 역량을 확대하는 움직임을 전적으로 긍정적으로 보는 유일한 아시아 국가일지 모른다.[10]

두 나라는 딱 보면 찰떡궁합이다. 일본 열도는—타이페이로부터 400마일 떨어진—오키나와에서 끝나지 않고 타이페이에서 겨우 100마일 떨어진 요나구니시마까지 이어진다. 일본은 타이완에 군사력을 주둔시키지 않고도 타이완 섬 거의 전체를 엄호할 공군력을 제공할 수 있다. 게다가 중국을 둘러싸고 있는 제1열도선 가운데 중앙에 있는 가장 큰 섬인 타이완은 중국을 봉쇄하기 위한 작전에서 (아주 기꺼이) 중심적인 역할을 할 의향이 있다.

전 세계적으로 에너지가 부족해지면 타이완은 즉시 일본과 의기투합할 것으로 예상된다. 이는 중국 본토인들에게는 완전히 재앙이다.

첫째, 중국 대부분의 지역은 바닷길을 통해 안정적으로 수출입(석유도 포함)하지 못하게 된다. 일본 열도는 타이완을 남쪽 거점으로 삼아 중국 푸젠성 북쪽에 위치한 모든 항구에 직접적으로 접근할 수 있는 길을 완전히 봉쇄한다. 이는 대략 중국 인구의 4분의 3과 중국 수출역량의 3분의 2에 영향을 미치기 때문에 중국은 사실상 세계 체제로부터 고립된다. 그 시점에서 푸젠성과 그 북쪽 지역을 세상과 연결해주는 유일한 길은 100마일 넓이의 타이완 해협이다—이 해협 전체가 타이완 공군의 사정거리 안에 있다.

둘째, 타이완 섬이나 그 근처에 기지를 둔 전투기들은 타이완 해협을 지나는 화물뿐만 아니라 훨씬 더 남쪽인 홍콩 광역 지역까지 너끈히 도달할 수 있다. 그리고 타이완은 중국 화물의 출입을 완전히 봉쇄하지는 못하지만, 일본군의 지원을 받으면 중국의 본토에 기지를 둔 전투기들의 도달 거리에서 벗어난 남쪽 지역을 오가는 중국 화물들을 끊임없이 괴롭힐 수 있다. 중국은 타이완에 수백 발의 탄도미사일을 날려 상당한 피해를 입힐 수 있고, 그럴 의지도 있다. 그러나 지속적인 수륙양동 공격을 수행할 역량이 없는 중국은, 타이완이 가할 고통을 어느 정도 둔화시킬 수 있을 뿐이다.

셋째, 전쟁 시나리오에서 아마도 중국 당국이 가장 우려하는 부분은 에너지 부족으로 이미 어려움을 겪고 있는 중국 남부 해안지역 도시들에 대해 타이완이 정보와 언어적 접근성을 가지고 있다는 점이다. 타이완은 세계 무역과 에너지 접근성을 이용해 선택적으로 중국의 특정 도시들에만 화물이 드나들도록 허용함으로써 중국으로부터 이 도시들을 이탈시킬 수도 있다. 타이완이 사실상 중국의 정부가 되기란 현실과 동떨어진 꿈일지 모르지만, 중국 본토에 정치적 분열을 조장하지 못하란 법은 없다.

한국은 누구와 손을 잡을 것인가?

중국과 일본의 힘겨루기에서부터 중국 내부에서 일어나는 정치공작에 이르기까지 모든 일에서 핵심적인 역할을 하는 주인공은 타이완도, 중국도, 심지어 일본도 아니다. 바로 한국이다.

한국의 역사는 제 2차 세계대전 후 두 열강이 이 나라를 분할 점령하고 결국 이 땅에서 외세가 개입한 전쟁이 벌어지기 훨씬 오래전부터 고통의 역사였다.

한국이 겪은 어려움은 한반도의 지리적 여건에서 비롯된다. 우선 한국은 지도에서 보이는 것보다 훨씬 작은 나라라는 사실을 알아야 한다. 미국 캔자스 주와 거의 똑같은 크기인 한반도는 이론상으로는 중간급의 힘을 지닌 나라가 될 잠재력이 있다. 유감스럽게도 국토의 70퍼센트가 가파른 구릉과 산악지대이다. 대부분의 평원은 서부 해안을 따라 펼쳐져 있지만 이 지역에도 곳곳에 있는 가파른 지형 때문에 인구가 갈라져 있고, 각 지역마다 두드러진 지방색을 띤다. 쓸모 있는 남북한의 땅을 다 합해도 미국 메릴랜드 주보다 약간 크고, 남한 쪽의 쓸모 있는 땅만 치면 코네티컷 주보다 약간 클 뿐이다.

시야를 넓혀보면 동북아의 지리적 여건도 한국에 도움이 되지 않는다. 한국의 동쪽으로는 일본 열도가 가까이 있는데, 일본은 바다에 익숙하고 가깝든 멀든 다른 나라와 한판 붙을 시기와 범위를 결정할 역량이 있다. 일본과 가장 가까운 이웃나라인 한국은 일본의 공격을 여러 차례 받았고 점령당하는 아픔도 겪었다. 세계인들의 머릿속에는 난징이나 바탄, 진주만 같은 곳에서의 일본의 행적이 각인되어 있지만, 일본은 제 2차 세계대전이 발발하기 35년 전에 한반도 전역을 점령하였고, 전쟁에서 패배해 항복하기 직전까지 지배권을 유지했다.

서쪽과 북쪽으로는, 한국의 관점에서 볼 때 일본만큼 위협적이지는 않으나 일본 못지않게 어디서든 그 존재를 느끼게 만드는 나라, 중국이 있다. 중국은 힘이 있을 때면 늘 한국을 침략하기 만만한 상대로 보았다. 아주 드문 경우이긴 하지만 북중국이 해군 역량이 생기면 가장 먼저 들르는 곳이 한반도였다. 중국 내부의 힘이 약할 때 한반도는 중국의 혼돈에 빨려 들어갔다. 주변이 험악한 이웃들로 둘러싸여 있는 한반도는 예부터 동네북이었다.

이번에는 그렇지 않다.

브레튼우즈 체제로 일본은 체스 판에서 제거되었고 한국은 세계 시장에 접근하게 되었다. 냉전 동맹 구조의 일환으로 미군이 주둔하는 오늘날 한국은 과거의 한국과는 전혀 딴판이다. 오늘날 한국은 최고 수준의 기간시설을 갖춘 고도로 발달한 기술 국가로서, 세계적으로 상당히 뛰어난 군사시설을 구축하고 있으며, 여차하면 핵무장을 할 수 있을 만큼 막강한 기술적, 산업적 기반이 마련되어 있다. 오늘날의 북한은 이미 핵을 보유했고 백만 대군을 자랑한다. 거의 70년 전 서로 한판 붙은 남한과 북한 모두 자기 체구에 비해 힘이 세다. 동북아 지역에서는 비록 체구가 작을지 모르지만 과거처럼 만만하게 볼 상대는 절대로 아니다. 게다가 이웃나라들과의 상대적인 위치—특히 한국의 경우—때문에 동아시아의 에너지 확보 경쟁에서 핵심적인 위치를 점하고 있다.

한국은 역량 있는 해군력을 갖추고 있지만, 초대형 유조선을 호송하기 위해 페르시아 만에 해군을 파견하는 일을 혼자서 지속적으로 하기에는 역부족이다. 에너지 소비를 엄격히 제한한다고 해도 한국은 덩치가 훨씬 큰 이웃나라들과의 경쟁에 뛰어들 수밖에 없다.

한국이 어떤 결정을 내릴지가 초미의 관심사다.

친중 성향의 한국은 중국 북부에 그동안 누리지 못해온 것을 선사한다. 바로 일본과의 관계에서 전략적인 깊이다. 한국이 중국과 손을 잡으면 서해는 일본 해군의 진입금지 구역이 되고 중국의 북부와 중부 영해 대부분을 보호해준다. 한국의 도움으로, 중국은 일본 인구 전체와 산업 중심지를 모두 위협할 정도로 힘을 투사할 수 있게 되므로 일본은 북서태평양뿐만 아니라 일본 열도 전체를 아우르기 위해 전투 역량을 대대적으로 확장해야 한다. 일본이 그렇게 북쪽 멀리까지 군사력을 확장하면 페르시아 만까지 도달하는 역량이 매우 약화된다.

반면, 친일 성향의 한국은 중국에게는 재앙이다. 일본의 공군력은 중국의 북부 해안 도시들 자체뿐만 아니라 해안을 따라 오가는 화물 전체를 위협할 수 있다. 북중국이 직접적인 위협을 받으면, 남중국 도시들의 필요와 이해는 중국의 관심사에서 밀려나고 남중국 지역의 분리운동을 앞당기게 된다. 한국이 일본 쪽으로 기울면 중국은 세계무대에서뿐만이 아니라 국내에서도 즉각 방어 태세를 갖추게 된다. 그렇게 되면 중국은 또 한 번 잔혹한 내전으로 떠밀리게 된다.

문제는 과연 한국이 누구와 손잡을지다.

현재의 지정학적 역학 관계를 본다면, 중국은 고려대상이 될 수조차 없어 보인다. 유일하게 스리랑카—중국은 이 나라의 의리를 매수했다—를 제외하고 중국 연안과 파키스탄 사이에 있는 거의 모든 나라가 중국의 부상을 두려워해왔다. 중국의 해군은 제1열도선을 크루즈미사일로 뚫을 역량을 지니고 있을지는 모르지만, 문제는 뚫고 나서다. 중국 해군은 페르시아 만까지 오가는 동안 중간에 한두 번 쉬지도 않고 1만 마일 이상을 왕복하는 호송작전을 지속적으로 수행할 역량이 없다. 인도가 중국 편에 선 스리랑카를 그냥 내버려둔다고 해도(이 자체도 우스운 가정이다), 중국은 페르시아 만까지 가는 도중에 적어도 추가로 한두 나라와 거래를—강요하거나 침략해야 할 가능성이 훨씬 높다—해야 한다. 그리고 설사 중국이 일본(타이완과 한국)에 맞서 이긴다 해도, 중국이 이동의 자유를 확보하는 건 아니다. 중국의 경제는 또한 최종 소비 시장에 무제한 접근할 수 있어야 한다. 중국이 에너지 공급물량을 확보하기 위해서 크루즈미사일을 무작정 쏘아대면 최종 소비 시장에서 달갑게 생각할 리가 없다. 그리고 한국은 이를 잘 알고 있다.

한국으로서는 일본과 손잡는 게 뻔한 선택인 듯이 보인다. 일본은 훨씬 막강하고 경험 많은 해군력을 지니고 있고, 중국의 제1열도선을 넘어서도 작전을 수행할 역량을 갖추고 있다. 일본의 함대는 중간에 기지를 거치지 않고도 페르시아 만까지 도달 가능할 뿐만 아니라, 가는 도중에 있는 나라들에게 필요하다면 통 크게 재정적, 기술적 지원을 할 수도 있다. 일본은 또한 뭔가를 구매할 때 바로 현금으로 지불해왔고, 지난 70년 동안 다른 나라의 정치에서 편을 들지 않았다는 평판이 있다. 동북아시아 4개국 가운데 사우디아라비아와 이란이 정직하고 역량 있는 중재자로 인식할 가능성이 가장 높은 나라가 일본이다.

이러한 요인들 때문에, 또 중국이 타이완의 수도 타이페이에 중국 깃발을 꽂고 싶어 하기 때문에, 타이완은 분명히 에너지 호송과 관련된 일이라면 어떤 이슈에서도 망설이지 않고 일본의 편을 들게 된다. 한국도 누구와 같이 가야 하는지가 뻔해 보인다.

그러나 한국에게는 그리 간단한 문제가 아니다.

동북아 4개국이 바닷길과 에너지 공급원 확보 문제와 관련해 각자도생하게 되면서 이들은 공해상에서 서로에게 총부리를 겨누게 된다. 브레튼우즈 시대에는 해상에서 절대적인 자유를 보장하는 게 미국의 전략이었다. 동맹국과 경쟁국 가릴 것 없이 그 법칙을 완전히 무시하는 상황이 오면 미국은 이 지역에서 손을 떼게 된다. 결국 미국의 해군력만 뒤로 물러나는 데 그치지 않고, 미국은 전략적으로 한국을 엄호하지 않게 되고, 한국에 군대를 주둔시키는 일도 끝나게 된다. 한국은 이 지역의 혼란스러운 정세에 너무 깊이 발을 담그고 있으므로—그리고 엄청나게 많은 수입 에너지가 필요하기 때문에—미국의 지속적인 개입을 납득시키기 어렵다. 뒤집어보면, 미국이 유조선 전쟁에서 한국이 누구와 손을 잡기를 바라는가는 전혀 중요한 문제가 아니게 된다.

이러한 결정을 순전히 한국의 국내적 문제로 내버려둔다면, 일본은 한국이 선호하는 나라와는 거리가 멀다. 한국은 일본이 자국을 점령했었던 1910-1945년 일제시대를 집단학살 시도에 버금가는 만행으로 여기고 있고, 일본이 크게는 제 2차 세계대전에서 했던 역할과 구체적으로는 한국을 점령했던 과거사를 해결하지 못하고 있기 때문에 한일 관계는 냉랭하다. 2015년 12월 일본이 전쟁 동안 한국 여성들을 위안부로 삼았었다는

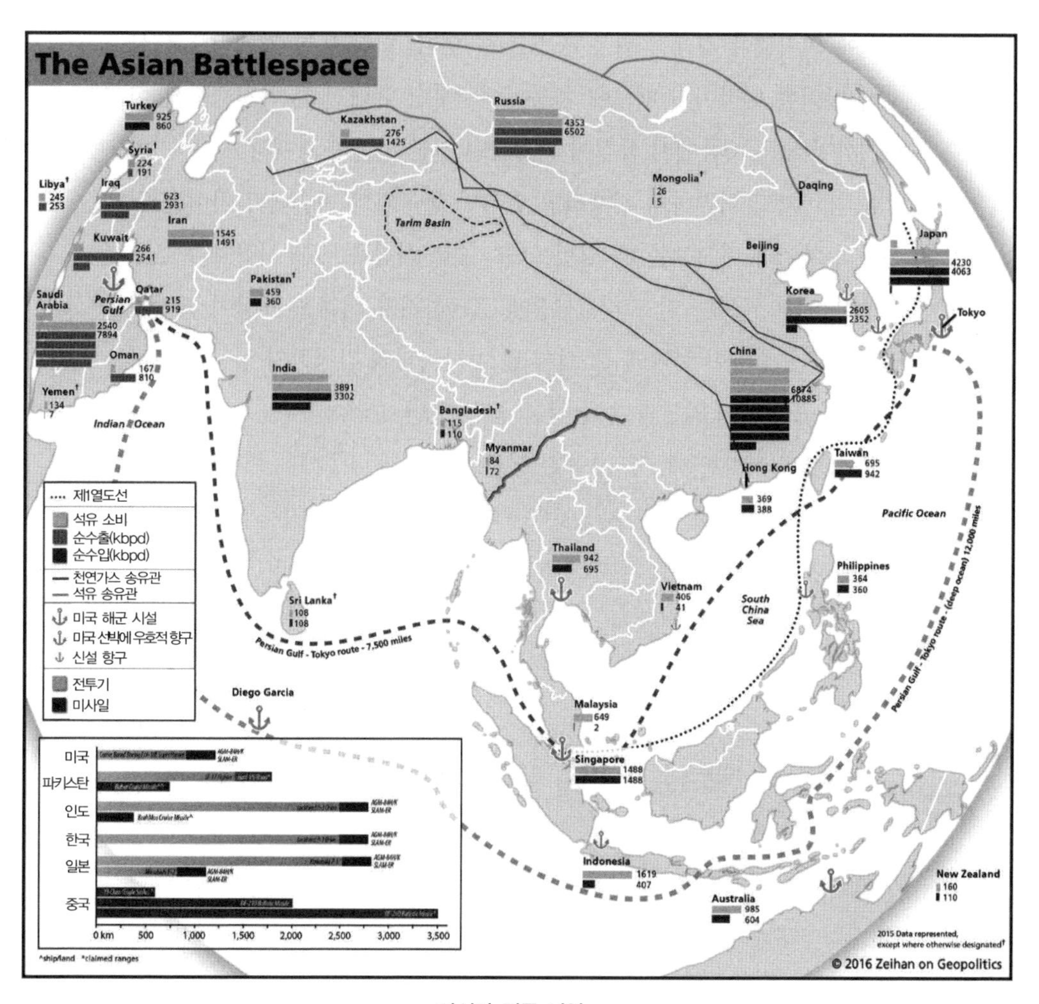

아시아 전투 지역

과거를 인정했지만 한국이 보기에 60년 늦은 사과인 셈이다.

경제적으로 일본과 한국은 서로 자연스럽게 협력하기에 적합한 상대와 거리가 멀다. 두 나라 모두 인구 감소가 아주 많이 진행되어 회복 불가능한 상태이고, 따라서 두 나라 모두 국내 시장이 급격히 축소되면서 보호주의에 의지해야 경제적 힘을 추스를 수 있다. 한국 또한 경제적으로 상당히 발전한 나라이기 때문에 자동차에서부터 휴대전화, 가전제품에 이르기까지 모든 제품에서 품질이 최고급인 일본 상품과 경쟁하고 있다. 한국은 중국과도 치열하게 경쟁하고 있지만 중국과의 기술력의 차이는 일본과의 차이와 비교해볼 때 훨씬 크고, 중국 시장은 일본 시장보다 보호 수준이 낮고 규모는 더 크다. 시장에 접근하기가 어려운 세상이 되면서 일본보다는 중국이 한국에 줄 것이 많고 한국과의 감정적인 앙금도 덜하다. 그리고 한국이 일본과 손을 잡을 경우, 일단 중국이 무너지고 나면, 전투로 단련된 막강한 해군을 보유한 일본이 어떻게 나올까가 문제다.

한국은 오랜 세월 동안 자국보다 훨씬 막강한 이웃나라들의 그늘에서 살아왔고, 볕 들 날이 오기를 고대해왔다. 한국은 이제 바라던 바를 이루려는 참이다. 완전히 힘들게.

눈앞의 적: 베트남, 필리핀, 말레이시아

전쟁은 이제 시작일 뿐이다. 그 다음 단계는 아시아 대륙의 동남쪽 끝에서 치열하게 전개된다. 이 지역은 무역 전쟁이나 해상전이 빈번했던 지역이다. 중세에는 향신료 교역이 이곳에서 비롯되었다. 최근에 들어서는 말라카 해협이 세계에서 가장 통행량이 많은 교역로가 되었다. 그러나 호르무즈 해협에서 차질이 생기면 그림은 확 바뀐다. 동북아시아 4개국은 급격히 줄어든 에너지 공급량을 두고 경쟁해야 할 뿐만 아니라 바닷길을 확보하기 위해서 해군기지 설치 권리를 두고도 경쟁해야 한다.

동북아시아 국가들은 절박한 상황에 처하긴 하나 모두가 자국의 필요를 충족시키기 위해서 할 수 있는 몇 가지 선택지가 있다. 타이완과 한국은 편들 나라를 선택하는 사치를 누릴 수 있다. 일본은 사할린, 원양 바닷길, 태평양 연안에 대한 접근이 가능하다. 이 세 나라는 모두—어느 정도는—사용하는 에너지원이 다양하므로 융통성이 있고, 따라서 세 나라 모두 어느 정도는 인내심과 유연성을 발휘할 수 있다.

그러나 중국은 사정이 다르다. 일본과 타이완이 북쪽과 동쪽을 완전히 차단하기 때문에 중국은 남쪽으로 항해하는 도리밖에 없다. 중국은 에너지를 생산하는 연료를 바꿀 융통성이 없다. 석유를 반드시 확보해야 한다. 그러면 제 2차 세계대전 당시 이 지역의 수로를 장악하기 위해 벌어졌던 유혈 사태가 재현되고 동남아시아에서 기지 설치 권리와 연안 수로를 확보하는 전쟁에서 일본과 중국은 주요 경쟁자가 된다.

동아시아 유조선 전쟁의 첫 단계는 남중국해에서 벌어지고, 베트남, 필리핀, 말레이시아가 첫 목표물이 된다.

첫 번째는 남중국해를 따라 해안선이 길게 펼쳐진 베트남이다. 양쪽 끝이 넓고 가운데가 좁은 아령같이 생긴 나라다. 북쪽과 남쪽 지역에는 1946-1975년 베트남 전쟁에서 각각 양측의 본부였던 하노이, 호치민(예전에 사이공이라고 불렸다) 같은 대도시들이 자리하고 있다.[11] 예전의 북베트남은 예전의 남베트남의 반감을 해소하려고 끊임없이 노력해왔는데, 이는 앞으로 적어도 수십 년 이상이 더 필요한 과정이다. 오늘날 베트남은 강압적 통치에 익숙한 노회한 일당이 다스리는, 젊고 역동적인 경제국가로서 자국의 풍부한 농업, 광업, 노동력을 활용해 미래로 나아가려 하고 있다.

남중국해를 따라 길게 펼쳐진 베트남의 해안선은 전략적으로 가장 큰 자산이자 가장 큰 약점이다. 자산이라고 하면, 해안을 따라서 일련의 석유 매장지가 발견되었다는 점이다. 특히 메콩 강 삼각지 앞으로 나 있는 남콘손 연안에서 발견된 석유 덕분에 베트남의 석유 매장량은 1995년 이후로 거의 여섯 배가 증가한 44억 배럴로 뛰었다. 오랫동안 연료를 확보하기 위해 소련 동맹국에 의존해온 베트남은 이제 에너지 수입 기반을 다변화했고, 실제로 국내 수요가 급속히 증가하는 데도 불구하고 아주 적은 양이나마 석유를 (순)수출하고 있다. 이러한 입지를 유지하려면 베트남이 독자적으로 운용하지 못하는 프로젝트에 해외 자본이 꾸준히 유입되도록 해야 한다.

약점이라 하면, 이러한 매장지들이 남중국해에 있다는 사실이다. 베트남의 근대사에서 가장 큰 성과를 발휘한 경제 부문—그리고 베트남의 노회한 장군들과 당기관원들이 체제를 교란한다고 의심하지 않는 몇몇 분야 가운데 하나—인 석유산업은 중국이 무장을 하고 유조선을 호송할 바닷길을 따라 자리잡고 있다.

베트남 지도자들은 또한 중국이 자국을 공격할까 봐 두려워하는데, 그들의 두려움이 현실화될 가능성이 높다. 우선, 베트남과 중국은 앙숙이다. 중국 남부가 제국을 구축할 때마다 하나같이 베트남 북부의 홍 강 지역으로 눈을 돌렸다. 중국은 공물을 요구하기도 하고 점령한 적도 있는데, 그럴 때마다 전쟁을 일으켰다. 가장 최근에 중국이 침략한 때는 대부분의 사람들이 생각하는 것보다 훨씬 최근의 일로, 미군의 철수(1974-1975)에 뒤이어 일어났다.[12]

전략은 단순하다. 2,000마일에 달하는 베트남 해안선은 중국이 국가안보 지대로 간주하게 될 지역과 나란히 위치해 있다. 설상가상으로, 수심이 깊은 세계 최고의 항구로 손꼽히는 캄란 만은 남중국해에서 나투나 해와 태국 만으로 진입하는 명당자리에 놓여 있으므로 해군 기지로는 최적의 위치다. 중국이 동남아 전역에 힘을 투사하거나, 일본이 중국의 해양 접근을 가로막거나, 미국이 적은 비용으로 강력한 영향력을 발휘하려면 캄란 만에 해군 기지를 확보해야 한다.

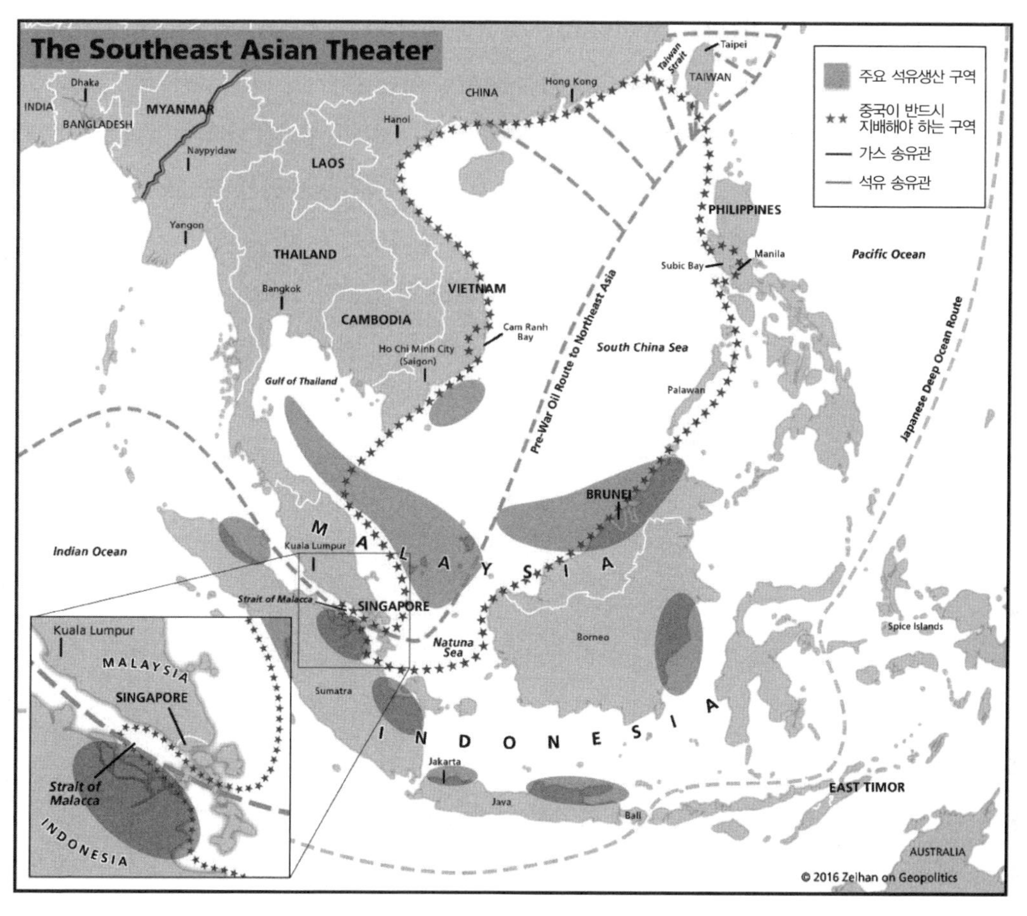

동남아시아 전장

캄란 만 맞은편에는 필리핀의 수빅 만이 있는데, 캄란 못지않게 훌륭한 항구로서, 냉전 기간 내내 미국의 최대 해군 기지가 있었던 항구다.

필리핀 군도는 지난 수천 년 동안 유럽, 이슬람 권, 동아시아, 미국이 만나는 교차로 역할을 해왔다. 필리핀은 홀로서기를 해본 적이 없다. 외부 세력들은 필리핀 군도가 동남아시아, 동북아시아, 태평양 중부 지역

사이에 있는 전략적 요충지일 뿐만 아니라 필리핀에 있는 20개의 주요 민족 언어 집단과 수십 개의 주요 섬들을 서로 이간질하기가 애들 장난처럼 쉽다는 사실을 깨달았다. (물론 조종과 정복은 점령과는 완전히 다르다. 수많은 나라들이 필리핀에 상륙한 다음 영토 일부를 정복하기가 매우 쉽다는 사실을 깨달았다. 그 후에 벌어진 일은 딱히 달가워한 나라가 없다.)

필리핀 국민들은 역사를 통틀어 분열되고 힘을 쓰지 못해왔다. 국민이 하나가 되지 못하고 섬들이 모두 서로 단절되어 있기 때문에 빈곤을 면치 못해왔다. 다른 것은 고사하고 기본적인 기간시설을 구축하는 데 필요한 물자들을 확보할 역량을 지닌 중앙정부가 들어선 적이 없다. 브레튼우즈 체제가 구축되고 제국이 주둔시킨 해군이 모두 물러나고 나서야 비로소 필리핀은 처음으로 통일과 (비록 미국의 보호국이긴 하나) 독립을 맛보았다.

이는 필리핀에게는 암울한 미래가 기다리고 있다는 뜻이다. 미국이 브레튼우즈 체제를 통해 세계에 관여하던 시대에 결별을 고하면서 밟은 첫 수순은 1992년 수빅 만의 미군기지 폐쇄였다. 그 이후로 미국은 필리핀과 관련한 일에 개입하거나 관심을 거의 보이지 않았다. 특히 앞으로 닥칠 무질서의 시대에 필리핀은 미국이 전진배치 군사 자산으로 삼기에는 너무 노출되고 너무 가난하다. 아무리 수빅 만이 요충지라고 해도 말이다. 당연히 1992년 이후로 중국의 제국주의 야심에 대해 가장 큰 목소리로 경고해온 나라는 필리핀이다.

일본도 분명히 캄란 만과 수빅 만을 차지하고 싶어 할 테고 베트남과 필리핀은 중국의 지배를 받느니 일본의 지원을 받는 쪽을 택하겠지만, 중국은 둘 중 그 어느 쪽에도 외국 세력이 미치는 상황을 용납할 수 없다는 게 엄연한 사실이다. 중국에게는 안된 일이지만, 이 두 항구를 적의 손아귀에 넘어가지 않도록 하는 유일한 방법은 이 두 항구를 완전히 무용지물로 만드는 길뿐이다.

필리핀을 혼란에 빠뜨리는 데는 큰 노력이 필요하지 않다. 태평한 시기에도 필리핀은 불안정한데, 세계 무역 질서가 와해되고 유가가 급등하면 필리핀을 붕괴시키는 데 큰 힘이 필요하지 않다. 중국은 그저 여러 민족집단들과 섬들을 이간질해서 필리핀 정부가 억제해본 적이 없는 반목에다가 새롭게 분리운동을 부추겨 보태기만 하면 된다. 그러면 각 지방의 당국이 중앙정부가 무너지는 상황에 대처하려고 애쓰고 일본과 중국이 경쟁적으로 각 지방의 충성을 얻으려고 경쟁하면서, 필리핀 군도는 서로 다른 세력들이 이합집산해가며 각축전을 벌이는 소용돌이로 빠져들게 된다. 명심하라. 중국은 필리핀 전체를 점령할 필요가 없다. 수빅 만만 이 소용돌이에 말려들지 않게 하고 외국의 공군력이 팔라완 섬에 기지를 설치하지 못하게만 하면 된다. 팔라완은 중국의 유조선이 지나갈 바닷길과 거의 평행으로 펼쳐져 있는 길고 가는 띠 모양의 섬이다.

베트남은 좀 더 까다로운 상대다. 수빅 만을 차지하면 전략적 우위를 점하게 되지만, 캄란 만은 전략적으로 반드시 차지해야 하는 지역이다. 베트남 해안선에서 동쪽으로 불룩 튀어나온 이 만은 중국 남부와 말라카 해협의 중간지점에 놓여 있기 때문이다. 캄란 만을 장악하면 중국은 중국 해안에서 남쪽으로 1,000마일에 달하는 거리까지 효율적이고 효과적으로 영향력을 미칠 수 있을 뿐만 아니라 중국의 해군을 싱가포르까지 공군이 엄호할 수 있다. 그러려면 중국은 사실상 베트남 해안을 따라 남쪽 절반의 영토를 침략하고 점거해야 하는데, 그러면 중국은 게릴라전에 도가 텄고 중국이라면 치를 떠는 이 지역 사람들을 상대로 무기한 점령에 들어가야 한다.

그 다음은 말레이시아다. 말레이시아는 새로운 무질서의 시대를 상당히 유리한 입지에서 맞게 된다. 말레이시아는 동남아시아에서 싱가포르 다음으로 교육수준과 시민의식이 높고, 국력이 있으며, 운송 기간시설이 잘 갖춰져 있다. 경제는 목재와 고무 같은 원자재에서부터 전자제품과 중화학 같은 제조업에 이르기까지 다양한 산업 부문들로 구성되어 있다.

말레이시아는 또한 이 지역에서 다른 나라들보다 월등히 뛰어난 에너지 기업이 있다. 국영 석유회사인 페트로나스는 정유와 운송에 탁월할 뿐만 아니라 수심이 얕은 해상 유전에서 석유를 생산하면서 명성을 얻었다. 페트로나스의 성공을 뒷받침하는 두 개의 요인이 있다. 말레이시아의 다변화되고 정교한 경제구조 덕분에 수많은 기술을 터득할 수 있었고, 이러한 성공에도 자만에 빠지지 않았다. 페트로나스는 독자적으로는 불가능한 일을 하기 위해 외국 기업들과 기꺼이 협력을 한다. 유전들은 개발을 시작한 지 오래되었고 국내 수요도 급속히 증가하고 있지만, 말레이시아는 부족분이 겨우 150kbpd밖에 되지 않으며[13] 세계 최대의 액화천연가스 수출국으로 손꼽히기까지 한다.

앞으로 새로운 전략적 환경이 조성되면 외국 기업들이 말레이시아로 벌떼처럼 몰려들어 기술적으로, 문화적으로 영민한 페트로나스가 있는 이 나라를 활용하려고 하게 된다. 말레이시아의 적정 수준의 석유 적자는 몇 년 만에 적정 수준의 석유 흑자로 돌아서게 되고, 말레이시아는 이미 동남아시아 지역에서 두 번째로 큰 규모의 정유시설과 석유/정유제품 저장 시설을 갖추고 있으므로 에너지가 필요한 나라라면 어느 나라에게라도 판매함으로써 엄청난 수익을 올리게 된다. 이와 같이 완벽한 입지를 이미 갖추고 새 시대를 맞게 되는 말레이시아는 유조선 호송 전쟁이 자국을 비껴가기만 바라면 된다.

그런데 그렇게 뜻대로 되지 않는다.

초대형 유조선이 말라카 해협에서 흔히 눈에 띄게 되기 훨씬 전에 중국인이 이 지역에 발을 들여놓았기 때문이다. 이 지역에는 고대로 거슬러 올라가는, 비단과 향신료 교역망이 산재해 있고, 인도 아대륙을 중국과 연결하는 바닷길을 따라 늘어선 도시들 곳곳에 (남부 지역 출신) 화교가 거주하고 있다. 곳곳에 거주하는 이러한 화교는 가족 관계로, 동족 관계로, 혈연 관계로 얽혀 있고, 덕분에 동남아시아의 화교는 이 지역에서 금융업과 무역을 쉽게 장악할 수 있었다.[14] 이 지역에서 화교들이 정치적으로, 경제적으로 가장 큰 영향력을 발휘하고 있는 곳이 바로 말레이시아인데, 화교는 말레이시아 인구 3천만 가운데 4분의 1을 차지한다—그리고 경제의 3분의 2를 생산하기 때문에, 다수인 말레이인들의 경제적인 계층은 화교보다 낮다.

중국은 틀림없이 말레이시아의 소수민족인 화교를 이용해서 (말레이시아가 중국 쪽으로 기울 경우) 중국이 말레이시아에 기지를 설치할 권리를 얻도록 돕게 하고, (말레이시아가 딴전을 피울 경우) 말레이시아 정부를 뒤흔들어 불안정하게 만들라고 부추기게 된다.

지배 계층인 말레이인들은 자국 안팎에서 중국이 행사하는 위력을 잘 알고 있고, 중국에 대한 그러한 두려움은 말레이시아의 정치 영역에 영향을 미친다. 말레이시아의 말레이 민족은—거의 절박한 심정으로—경찰, 사법부, 군대, 국내 치안 서비스 등 모든 측면을 완전히 말레이 민족이 장악하도록 해왔다. 따라서 여차하면 (거의 전적으로 말레이인들로 구성된) 통치 당국은 말레이인들이 사회의 지배계층에 머물러 있기 위해서라면 자국의 경제적 역동성을 일부 기꺼이 희생할 의향이 있다.

동아시아 유조선 전쟁을 말레이시아가 피해갈 가능성은 매우 낮다. 설사 말레이시아가 이 갈등에서 철저히 중립적인 입장을 취한다고 해도, 말레이시아의 국내 석유 생산은 거의 나투나 해—말라카 해협과 남중국해 사이에 있는 모든 교역로가 지나가는 바다—에 위치하고 있다는 사실은 변하지 않는다. 말레이시아가 아무리 자중하고 휘말리지 않으려 해도 유조선 전쟁의 가장 핵심적인 전투는 말레이시아의 가장 중요한 영해 한복판에서 치러지게 된다.

중국은 베트남, 필리핀, 말레이시아, 이 세 나라를 무릎 꿇게 만들어야 한다. 그렇게 하는 데 실패하면 중국의 유일한 바닷길이 차단되고 유조선 전쟁은 시작되기도 전에 막을 내리며 중국의 경제 체제는 붕괴되고 중국의 정치체는 즉시 분열된다.

그러니 중국은 당연히 이 지역에서 군사력을 강화하려 한다. 2014년 이후로 중국 군대는 공군기지와 해군 보급품 공급 전진기지 역할을 할 여러 가지 크기의 인공 섬들을 만들어왔다. 베트남, 필리핀, 말레이시아의 해군들은 중국의 그러한 시도를 외부세력의 도움 없이는 막아내기 어렵고 중국이 이러한 행동을 하는 이유는 남중국 연해의 이 세 나라를 위협해 중국의 권위에 복종하게 만들기 위해서다.

지금까지는 먹혀들지 않았다. 2016년 국제해양법재판소에서 이 지역이 중국의 영토라는 주장이 법적으로 무효라는 판결을 내린 사례를 일컫는 게 아니다. 베트남, 필리핀, 말레이시아 모두 그들을 기꺼이 돕겠다는 나라라면 어떤 나라에게든지 손을 내밀었다. 미국은 항행의 자유를 보장해야 한다고 입에 발린 말만 하면서 수수방관해왔다. 일본은 그렇지 않다. 전쟁이 터지면 이러한 중국의 "섬" 기지들은 중국 본토에서 출격하는 공군의 지원이 닿지 않기 때문에 중국이 일본 해군의 위력과 도달 범위에 맞섰다가는 몇 분 이상을 버티지 못한다.

전쟁은 돈을 벌 절호의 기회:
싱가포르, 인도네시아, 태국, 미얀마

말레이시아를 벗어나면 경쟁은 새로운 양상을 띤다. 해당 국가들은 토대가 튼튼하고, 역량이 훨씬 뛰어나고, 전략적으로 훨씬 고립되어 있으며 훨씬 역량이 뛰어난 동맹국들을 보유하고 있다. 중국(그리고 일본)이 무데뽀로 뚫고 지나가지 못한다. 무력을 쓸 게 아니라 협상을 해야 하고, 함대를 띄울 게 아니라 외교관을 파견해야 한다. 북쪽의 베트남, 필리핀, 말레이시아는 총격전이 벌어지는 곳에 위치하고 있으므로 피해를 입을 가능성이 높지만 남쪽의 3국 싱가포르, 인도네시아, 태국은 엄청난 수익을 챙길 가능성이 높다.

태국과 말레이시아가 점하고 있는 반도의 남쪽 끄트머리에 자리한 도시국가 싱가포르는 경제력이 막강하다. 기술과 배짱이[15] 좁은 땅덩어리를 어떻게 변화시켰는지를 보여주는 좋은 사례인 이 도시국가는 초보적인 제조업 중심의 경제를 첨단기술 중심의 경제로 탈바꿈시켰고 운송과 정유 산업의 중심축이자 세계 금융과 보험 대국으로 만들었다.

앞으로 맞이하게 될 세계에서 싱가포르는 재앙과 성공에 동시에 직면하게 된다.

이 도시국가의 경제 개발 계획은 전적으로 브레튼우즈 체제하의 세계를 십분 활용하는 데 바탕을 두고 있다. 바로 말라카 해협 끄트머리에 있다는 지리적 여건을 최대한 활용했다. 브레튼우즈 체제가 막을 내리면, 세계에서 오가는 교역 물동량이 가장 많은 이 교역로는 별 볼 일 없게 된다. 그리고 싱가포르도 마찬가지 처지가 된다.

싱가포르는 그래도 여전히 다섯 가지 비장의 무기가 있다.

- 독립 후 지난 50년 동안 싱가포르의 안보전략은 자국을 이 지역 바깥에 있는 나라들에게 꼭 필요한 존재로 만드는 것이었다. 그 전략의 일환으로 싱가포르는 세계 최대의 정유제품 저장 시설을 구축해 어디서 어떤 선박이 들어와도 언제나 어떤 물건이든 선적할 역량을 구축했다. 에너

지를 안정적으로 수급하는 역량을 갖추면서 프리미엄이 붙는 세계에서 싱가포르는 타의 추종을 불허하는 월등한 경쟁력을 발휘했고 여전히 지리적으로 최적의 위치에 자리하고 있다. 대규모 연료적재 작업이 가능한 싱가포르는 동아시아에 자국의 선박을 들여보내는 위험을 감수하기 꺼리는 페르시아 만 수출국들에게 최적의 최종 소비 시장이 되어준다. 그리고 싱가포르는 일본/중국/한국/타이완의 치열한 경쟁이 벌어지는 구역에 진입하기 전에 마지막으로 들를 수 있는 비교적 안전한 기착지이므로, 안전한 최종 시장이다.

- 동북아시아 4개국도 싱가포르를 거의 동일한 시각으로 바라본다. 이 4개국이 싱가포르로부터 공급물량을 확보하면 운송선박의 이동거리는 절반으로 줄어든다. 이는 특히 중국에게 중요하다. 일본과는 달리 중국은 심해 바닷길이라는 선택지가 없어지기 때문이다.
- 싱가포르를 말썽을 일으키는 골치 아픈 나라로 여기는 나라는 하나도 없다. 인구가 겨우 540만 명에 불과하고 1인당 소득이 57,000달러인 싱가포르는 재정이 탄탄하다. 싱가포르에게 침략당할까 봐 걱정하는 나라도 하나도 없다. 싱가포르가 지불해야 할 돈을 제때 지불하지 않을까 봐 걱정하는 나라도 없다.
- 그렇게 작은 나라지만 싱가포르는 군사적으로도 만만한 상대가 아니다. 풍부한 재정과 기술력으로 싱가포르는 영국, 미국과 긴밀한 관계를 맺고 합동 군사훈련을 실시할 뿐만 아니라 이 지역은 물론이고 세계적으로도 최첨단인 막강한 군사 장비를 보유하고 있다. 전략적 가치가 더할 나위 없이 높은 최적의 명당자리에 위치한 싱가포르는 앞으로도 미국이 세계에서 여전히 관여할 몇 안 되는 지역들 가운데 하나로 손꼽힌다. 그것만으로도 중국이나 일본은 이 도시국가를 위협하기 주저하게 된다.
- 그러나 무엇보다도 동북아시아 4개국의 관점에서 보면, 싱가포르는 싱

가포르로 남아 있어야 싱가포르가 지닌 장점들을 활용할 수 있다. 중국이 싱가포르의 저장탱크를 장악한다고 해도 일본이 이를 파괴해버리면 무용지물이 된다. 일본이 싱가포르의 부두를 장악한다고 해도 중국이 부두를 파괴해버리면 아무 소용이 없다. 동북아시아 4개국의 공급사슬에서 어느 한 나라가 싱가포르를 온전히 소유하게 되면, 나머지 나라들은 그 사슬을 끊어버려야 자국에게 이득이 된다. 싱가포르가 쓸모가 있으려면 중립을 지켜야 한다.

중립을 유지한다고 해서 싱가포르가 위협에 직면하지 않는다는 뜻은 아니다. 다만 그러한 위협이 역내에서 비롯될 뿐이다. 말레이시아와 인도네시아는 오래전부터 이 도시국가를 접수하고 이 나라의 부와 기간시설을 차지하려는 야망을 품어왔다. 에너지 가격이 오르고 미국이 세계에서 손을 떼고 싱가포르가 에너지 수급을 중개하는 역량 때문에 일본과 중국이 싱가포르를 넘보지 않는 상황이 되면, 싱가포르의 이웃인 이 두 나라는 자기들이 이 도시국가를 얼마나 절실히 원하는지/필요한지 재고하게 될 가능성이 높다.

2016년 인구 2억 6천만 명인 인도네시아는 달러 가치로 조 단위의 경제 규모를 달성할 뻔했다. 그러나 인도네시아 경제는 아주 특이한 구조다. 거의 모든 광물이 풍부한 이 나라는 여러 섬의 험준한 산악지대나 내륙 깊숙이 자리한 밀림에서 원자재를 채취해 해안으로 끌고 나와서 선박에 실어 보내는 게 관행으로 자리잡았다. 이러한 산업 형태는 중세 향신료 교역 때 처음 구축되었고—당대의 동인도회사는 육두구, 쿠민, 계피, 후추 등의 교역을 거의 독점하다시피 했다—오늘날에도 구리 광석 수출로 그 명맥을 이어가고 있으며, 특히 중국과 인도로 석탄을 수출하고 있다. 그러나 인도네시아가 세계 해양 운송에 깊이 관여해오긴 했지만, 역내 공급사슬을 개발하는 데 성공한 적은 없다.

인도네시아 인구의 절반 정도가 자바 섬에 밀집해 사는데, 정작 천연자원은 대부분 다른 지역에 있다는 점도 도움이 되지 않는다. 이 때문에 여러 가지 문제가 발생하는데, 그 가운데 하나는 인도네시아가 절대로 떨쳐버리지 못하는 내정 불안이다. 과거에 이는 반공산주의 또는 반중국인, 반자바인 정서로 나타났다. 심지어 이슬람주의 정서일 때도 있다. 그러나 다른 모든 사항에서도 그렇듯이, 인도네시아의 인구는 지리적 장애물들에 의해 분리되어 있어서, "극단주의(extremism)"가 온건해지고 국지화되는 경향이 있다. 예컨대, 인도네시아에서 믿는 이슬람의 유형은 중동이나 남아시아(또는 북아프리카, 서아프리카, 동아프리카, 서유럽)[16]에서 믿는 이슬람보다 훨씬 유순하고 온화한 유형이다.

이러한 법칙은 에너지 산업에도 적용된다. 수마트라 섬 동부와 보르네오 섬의 남부/동부 저지대—소수민족들이 집중적으로 거주하는 지역들—가 석탄과 야자유뿐만 아니라 석유와 천연가스를 대부분 생산한다. 인도네시아 기업들은 기술적으로 낙후되어 있고, 이를 바꾸기 위해 인도네시아 중앙정부가 외국 기업들에게 까다로운 조건들을 내걸자 외국 기업들은 투자에 참여하기를 꺼리게 되었다. 인도네시아에서 생산되는 석유의 절반은 수마트라 섬에 있는 두 개의 거대하고 오래된 유전에서 생산된다—국영에너지 기업 페르타미나는 미국의 주요 에너지 기업인 셰브론 없이는 운영이 불가능하다. 설상가상으로 2000년 이후로 인도네시아는 중국의 급속한 경제 성장에 힘입어 덩달아 경제 호황을 누렸다. 그 결과 국내 석유 수요가 40퍼센트 증가해 1.6mbpd에 달했다. 오히려 생산량은 40퍼센트 감소한 825kbpd에 그쳤는데 말이다.

다시 말하면, 인도네시아는 경제가 성장하기는 하지만 딱히 발전하지는 않았고, 지난 10년 동안 세계 도처의 빈곤 지역에 수없이 많은 투자자금이 유입되었지만 인도네시아는 거의 그 덕을 보지 못했다.

이런 상황이 완전히 바뀔지도 모른다.

우선 가장 두드러지는 변화는 고유가로 인해 거대 에너지 기업들이 인도네시아를 다시 보게 된다는 점이다.[17] 인도네시아가 국내 에너지 소비에 계속 보조금을 지급한다고 해도, 인도네시아가 수출하는 석유의 질이 그다지 좋지 않다고 해도, 인도네시아 정부가 액화천연가스를 수출하지 않고 국내 소비로 돌린다고 해도, 유가가 상승하는 새로운 환경에서는 예전에 없던, 인도네시아에 대한 관심이 생기게 된다.

둘째, 미국은 동남아시아를 미국에 우호적인 지역으로 간주할 가능성이 높다. 특히 인도네시아를 미국의 동맹국으로 선호할 가능성이 높다. 이는 오스트레일리아가 자국의 이익을 보호하기 위해서 통일된 안정적인 인도네시아를 절실히 바라기 때문이다. 따라서 오스트레일리아는 미국 관리들을 만날 때마다 인도네시아를 가장 중요한 의제로 다룬다. 인도네시아의 정치적 안정을 보장하는 미국이 버티고 있고, 인도네시아의 석유는 대부분 험준한 지형인 내륙에서 생산된다는 점으로 미루어볼 때 동북아시아 국가들이 (액화천연가스를 수출하는 오스트레일리아와 그보다 더 막강한 미국이 뒷받침하는) 거대한 인도네시아에 싸움을 걸어볼 만하다고 생각할 가능성은 낮다. 공급사슬이 군사적 보호를 받게 되면 인도네시아는 감히 건드려서는 안 되는 나라이자 험지에서 단거리 및 중거리 운송을 하는 데는 따라갈 나라가 없는 경험을 축적해 잠재적으로 제휴를 할 가능성이 있는 나라가 된다.

셋째, 유조선 호송 전쟁 때문에 운송비는 급증하게 된다. 이는 모든 나라에게 커다란 손해지만 인도네시아에게는 듣던 중 반가운 희소식이다. 인도네시아 역사상 처음으로 해상 충돌을 무릅쓰고 먼 지역까지 원자재를 운송하기보다 국내에서 원자재 일부를 가공해 수출하게 될지도 모른다. 산업화가 일어날지도 모른다. 그리고 대부분의 다른 나라들과는 달리 인도네시아는 필요한 원자재를 거의 다 국내에서 조달할 수 있다(단지 원자재가 필요한 섬과 원자재를 공급하는 섬이 다를 뿐이다). 인도네시아는 황금시대를 누리게 될지도 모른다.

동아시아 유조선 전쟁과 관련해 인도네시아에게 가장 골치 아픈 복잡한 문제는 외교일 가능성이 높다. 일본이 아무리 먼 바닷길로 우회해서 자국으로 석유를 실어나르더라도, 그 유조선은 인도네시아 군도를 관통해야 하는데, 향신료 군도와 발리를 통과할 가능성이 가장 높다. 마찬가지로 중국이 베트남, 말레이시아 같은 나라들을 협박하는 데 성공하더라도 중국의 화물은 말라카 해협을 통과해야 한다. 동남아시아 국가들 가운데 유일하게 인도네시아는 유리한 입장에서 동북아시아의 두 주요 국가를 상대하게 된다. 일본과 중국 모두 자국의 입장에서 볼 때 인도네시아가 상대국에 숙이고 들어가면 안 된다—그러면 자국의 에너지 공급선이 위험에 처하고 오스트레일리아와 미국과 맞서는 상황에 처할 수 있기 때문이다. 인도네시아는 중국과 일본 두 나라 모두와 기꺼이 협력하리라 본다. 전략적으로 자국을 방어하는 차원에서, 투자의 차원에서, 그리고 뇌물을 받기 위해서다.[18] 중국과 일본 모두 양다리 걸치는 인도네시아에 분개하게 되고, 두 나라 모두 상대방이 선택한 운송 경로 부근에 있는 섬들을 불안정하게 만들려고 애쓰겠지만, 두 나라 모두 도를 넘지는 못한다. 그랬다가는 안 그래도 절박한 입장에 처해 있는데, 적을 만드는 셈이 되니까.

태국은 태국 만 바깥쪽의 주요 바닷길로부터 멀리 떨어져 안쪽으로 깊숙이 들어가 있다는 지리적 여건 덕분에 유조선 전쟁을 최대한 활용할 수 있는 독특한 입지에 있다. 해상 충돌이 일어나는 동안 남중국해와 나투나해를 항해할 만큼 배짱이 두둑한 제 3국은 위험지역을 벗어나 태국 만에

동남아시아국가연합(ASEAN)

동남아시아를 조금 안다고 하는 사람들은 이 지역을 아우르는 기구를 전혀 언급하지 않아 의아하게 생각하리라고 본다. 바로 동남아시아국가연합이다. 공식적으로는 이 기구는 10개 회원국들 간의 분쟁을 다루기도 하고 공동전선을 형성해 10개국의 국력을 모두 합한 것 이상의 영향력을 행사하기도 한다. 미얀마, 라오스, 캄보디아, 태국, 필리핀, 베트남, 인도네시아, 말레이시아, 브루나이, 싱가포르가 회원국이다. 동남아시아국가연합의 영해 한복판에서 유조선 전쟁이 벌어지게 되면 이 기구의 역할이 중요해질 듯이 보인다.

그러나 아니다. 동남아시아국가연합의 창설 원칙은 불간섭과 합의다. 불간섭이란 각 회원국 내에서 군사쿠데타를 비롯해 어떤 일이 발생해도 관여하지 않는다는 뜻이다. 합의는 9개 회원국이 의견을 같이하는 사항이라고 해도 단 한 개 회원국이라도 동의하지 않으면 시행을 보류한다는 뜻이다. 일본과 중국 공히 자국의 이익을 위협하는 합의가 도출될 가능성이 보이면 10개 회원국 가운데 한 나라를 꼬드겨 합의가 무산되도록 할 전략적 이유도 다분하고 매수할 만한 재정적 능력도 충분하다. (2016년 중국은 캄보디아와의 관계를 이용해 동남아시아국가연합이 남중국해 문제에 캄보디아가 외교적으로 관여하지 못하도록 했다. 베트남, 필리핀, 말레이시아, 브루나이, 인도네시아는 중국의 해양 침범에 저항했지만 말이다.)

유조선 전쟁에서 동남아시아국가연합은 둘 중 한 가지 태도를 취하게 된다. 전쟁이 마무리될 때까지 활동을 비공식적으로 보류함으로써 서류상의 기구만도 못한 조직으로 전락하든가, 아니면 공동의 전략을 구축하려는 시도를 함으로써 현재와 같은 형태의 기구를 와해시키든가 둘 중 하나다.

안전하게 정박하게 된다.

이는 태국에게는 일석이조다. 갈등 당사자가 아닌 나라들로부터 찬사와 돈다발이 쏟아지게 될 뿐만 아니라 태국 관광산업에 만연한, 뭐든지 가능하다는 정서가 정유 산업에까지 이전된다. 태국은 원유 820kbpd를 수입하지만 정유제품 290kbpd를 수출하기 때문에 이 지역의 연료 공급에 중요한 역할을 한다. 안전한 항구를 물색하는 화물은 대부분 동북아시아를 향하는 화물이다. 요컨대, 태국은 무장한 호송함을 데리고 태국을 찾은 누구에게든 자국의 정유제품을 팔아 전쟁에서 수익을 올리게 된다. 태국 판 캐시 캐리(cash-carry) 프로그램이라고 보면 된다. 제 2차 세계대전 초기에 미국이 동맹국들에게 현금을 받고 물자를 공급하고 구매 당사국이 물자 수송을 알아서 하게 한 이 프로그램은 모든 참전국에게 적용되었다. 약은 외교로 교전 당사국들을 설득해 나투나 해의 안전한 통과를 보장받는 대신 태국의 정유제품을 구매하도록 하면 태국은 역내 자동차와 가전제품 제조 국가로서의 역할을 계속할 수 있다.

끝으로 언급할 필요가 있는 동남아시아 국가는 미얀마다.

미얀마는 중국, 인도와의 국경을 가르는 밀림 산악지대와 저지대를 둘로 나누는 이라와디 강 유역과 집수역(集水域)이 대조를 이루는 지리적 여건을 갖추고 있다. 고지대에는 다양한 부족들과 소수민족들이 살고 있는데, 이들은 태곳적부터 다수인 버마 민족에 맞서 싸워왔는데, 최근에 버마 민족이 이러한 저항 세력들을 억압하려다가 군사정권이 들어서게 되었고 이 군사정권이 펼치는 전술과 정책 때문에 미얀마는 세계로부터 곱지 않은 시선을 받았다—중국만 빼고. 중국은 전혀 아랑곳하지 않았다.

중국은 미얀마에서 천연가스와 석유를 끌어오기 위해 미얀마 밀림 고지대를 가로질러 중국 남서부까지 송유관으로 연결하는 에너지 기간시설을 구축하는 데 적어도 50억 달러를 투자했다—중국이 제시한 자료가 그렇고 실제로는 아마도 그 세 배 이상일 것이다. 말라카 해협을 우회하기 위해서이기도 하고 중국 남서부 지역은 지리적으로 중국 항구보다 미얀마 항구에 더 가깝기 때문이기도 하다. 중국에게는 유감스럽게도 중국의 이러한 투자는 전부 물거품이 된다. 이 송유관이 가동되기 시작하면서 미얀마는 경제적, 정치적으로 자유화되기 시작했고 그러면서 중국의 손아귀에서 벗어났다. 이 책을 쓰는 현재, 미얀마는 수십 년 만에 처음으로 민주적으로 선출된 정부가 들어섰고, 이 정부는 군사정권을 지지한 중국에 대해 냉랭한 감정을 품고 있다. 개혁은 더디게 진행되고 있으나 미얀마는 후퇴의 조짐 없이 다시 넓은 세계의 일원이 되겠다는 결의를 보이고 있다. 간단히 말해서 중국은 보호국을 잃은 셈이다. 그리고 그 보호국을 통해 중국이 누린 에너지 특권도 곧 박탈당하게 된다.

미얀마 정부가 송유관 운송 계약을 계속 준수한다고 해도, 산악지대에 거주하는 수많은 소수민족과 부족들이 송유관을 건드리지 않는다고 해도, 일본(그리고 타이완)이 여전히 문제다. 일본(또는 타이완)은 미얀마 북서부 차우퓨에 있는 선적터미널을 폭파해 중국이 공들인 투자를 하루 만에 날려버릴 수 있다. 미얀마가 이 지역의 에너지 수급 역학 관계에서 기여하게 되는 바는, 태국과 싱가포르에 석유와 천연가스를 공급함으로써 역내에서 정유 처리 능력이 뛰어난 이 두 나라가 동북아시아 4개국을 상대할 때 훨씬 높은 유연성을 발휘할 수 있도록 해준다는 점이다.

남아시아에서 역할 뒤집기

파키스탄과 인도는 문화적, 경제적, 정치적, 전략적 이유로 서로 반목하고 질시한다. 사우디아라비아와 이란이 서로에게 보이는 적개심만큼이나 강렬하다. 자유무역 체제가 유지되든 말든, 에너지 위기가 발생하든 말든, 파키스탄과 인도는 서로에 대한 원한을 묻어둘 의향이 없다. 두 나라 사이에 뭉근히 끓어오르는 갈등은 세계 에너지 위기에 기름을 붓는 격이 된다.

이 두 나라의 관계에서 가장 큰 문제는 두 나라 사이에 이렇다 할 완충지대가 없다는 점이다. 파키스탄의 핵심 지역은 5대 강 유역이다. 히말라야에서 출발해 남서쪽으로 흘러내리는 5대 강이 합쳐지면서 파키스탄의 중추인 인더스 강을 형성한다. 5대 강의 동쪽 끝은 야트막한 산등성이 같은 땅인데, 이는 갠지스 강 유역—인도의 핵심 지역—의 서쪽 끝에 있는 대지의 일부다. 설상가상으로 민족언어적으로 동질적인 집단—펀자브인—이 5대 강과 갠지스 강 상류를 장악하고 있다.[19] 식민지에서 벗어나 군대가 철수하면서 두 지역의 정치적 경계는 모호해졌다. 5대 강의 3분의 1을 차지하는 동남부 지역은 현재 국경에서 인도 쪽에 놓여 있고, 1947년 펀자브인이 인도와 파키스탄으로 갈라지면서 일어난 폭동으로 100만 명 이상 목숨을 잃었다.

이 두 나라의 인구밀집 지역 사이에는 활짝 트인 널찍한 농지밖에 없기 때문에 재래식 무력 충돌이 발생한다고 해도 파키스탄에게는 승산이 없다. 철저한 패배 말고는 달리 선택의 여지가 없는 상황에 직면한 파키스탄 정부는 불리한 구도를 바꾸기 위해서 3대 전략을 생각해냈다.

- 이슬람을 이용해 파키스탄 자국 내의 반항적인 지역을 인도에 맞서게 하고, 간헐적으로 인도 카시미르에 대한 공격을 감행하도록 부추겨 인도 군대의 허를 찌른다.
- 핵무기를 개발해서 인도가 무모한 도발을 자제하도록 만든다.
- 외부 동맹국을 확보해 파키스탄이 인도에 맞설 역량을 강화한다. 인도

는 파키스탄이 외세의 지원을 얻기 위해 그 외세에 대한 자발적 종속을 심각하게 고려할 정도로 아주 큰 상대다. 냉전 중에 파키스탄은 중국과 미국 모두의 후원을 동시에 받으려고 시도한 적이 종종 있었다. 중국이 파키스탄을 대하는 태도는 파키스탄이 자국의 산악지대 사람들을 대하는 태도와 거의 똑같다. 인도의 허를 찌르는 수단으로 본다. 따라서 중국은 기간시설에서부터 핵무기 개발에 이르기까지 물심양면으로 파키스탄을 도왔다. 미국도 마찬가지로 파키스탄에 환멸을 느꼈고, 파키스탄은 자국이 미국의 목적을 달성하기 위한 수단으로서의 효용가치 외에는 쓸모가 없다는 사실을 깨달았다. 미국은 1980년대에는 소련에 맞서는 방편으로 파키스탄을 이용했고, 최근에는 9 · 11 테러공격 여파로 아프가니스탄에서 전쟁을 치를 때 이용했다.

최근에 이 세 번째 전략이 더욱 구체화된 것은 에너지 문제와 관련해서다. 인도와의 관계에서 전략적 불균형이 존재한다는 점을 고려해볼 때, 파키스탄은 어떤 지원이든 닥치는 대로 확보하기 위해서 어떤 시도든 해보게 된다.

이 모두는 사우디아라비아인들의 노동 윤리 즉, 사우디아라비아인들은 노동 윤리라는 게 없다는 데서 비롯된다. 따라서 사우디아라비아는 남아시아와 동남아시아에서 노동자들을 수입해 건설에서부터 가사도우미까지 온갖 일을 시킨다. 사우디아라비아는 다른 나라의 노동자들과는 달리 파키스탄인은 값싼 노동력 이상의 뭔가가 있다는 사실을 재빨리 알아챘다. 파키스탄은 수십 년 동안 인도와 반목해오면서 완전무장하게 되었을 뿐만 아니라 자국이 쓸 무기는 대부분 자체 제작할 정도의 전문성도 갖추었다. 현재 사우디아라비아 공군 조종사는 대부분 파키스탄인이다. 그것도 원유를 시장가보다 싸게 겨우 100kbpd 제공하는 비용으로 말이다. 요약하자면, 사우디아라비아와 파키스탄의 관계는 전자가 후자로부터 24시간 부릴 가사도우미를 구하려는 단순한 욕구에서 시작되었지만 이제는 군사, 경제, 에너지 전략 등에서 상호이득이 되는 어엿한 관계다.

다가오는 시대에는 이 사실상의 동맹 관계가 활짝 꽃피게 된다. 두 나라가 동병상련의 처지에 놓이게 되기 때문이다. 파키스탄은 사우디아라비아가 이란에 대해 보이는 철저한 증오심은 품고 있지 않지만, 파키스탄과 이란은 두 나라가 접한 국경 양쪽에 거주하는 소수민족들, 그리고 아프가니스탄의 통치 형태를 두고 오랫동안 이견을 보여 왔다. 두 나라는 지상전을 하고 싶어 몸이 근질근질하지는 않지만 페르시아 만 지역의 아랍 국가들에게 집중하고 있는 이란의 관심을 분산시키기 위해 사우디아라비아가 파키스탄에게 군대 일부를 이란 국경에 전진 배치해달라고 간청하면 흔쾌히 수락할 가능성이 높다.

게다가 사우디아라비아는 자국의 석유를 동북아시아 유조선이 지나는 길을 따라 가능한 한 많이 멀리까지 판매하고, 이란이 가능한 한 못 팔게 하고 싶어 한다. 파키스탄은 사우디아라비아와 아랍에미리트연합(그리고 어쩌면 재수 좋은 카타르와 쿠웨이트도)이 적어도 선적화물을 항구에서 출발시키는 데 공군력과 해군력을 지원할 역량은 된다. 동북아시아를 향한 기나긴 항해의 첫발을 떼는 유조선에 호의적인 영해와 항구를 제공할 수 있다. 이로써 파키스탄은 위험한 시기, 위험한 지역에서 세계의 경제적 안정을 도모하는 예방적인 조치를 취하게 되는 극소수 국가들 가운데 하나로 부상하게 된다. 파키스탄은 새로운 시대에 세계 안보와 안정이 유지되는 흔치않은 곳으로 손꼽히게 될지도 모른다.[20]

인도에 대해서는 그렇게 말하기 어렵다. 인도는 자국의 실력만으로 거래를 하는 경향이 있다.

인도의 지리적 여건은 복잡하다. 강 유역, 사막, 평원, 산악지대, 구릉,

늪, 다양한 형태의 해안선이 뒤섞여 있다. 그런데 특히 두드러지는 특징이 하나 있다. 갠지스 강 유역이다. 겨울이 없는 온대기후인 이 평원은 매우 비옥하고 경작시기가 서로 다른 다양한 작물들을 재배할 수 있기 때문에 연간 에이커당 생산되는 작물의 열량이 세계 어느 곳보다도 높다. 그러나 갠지스 강 자체는 배가 다니지 못한다. 따라서 인구 성장률은 매우 높지만 1인당 창출되는 자본은 매우 낮다. 대규모 인구가 찢어지게 가난하게 산다.

한결같이.

이 단순한 사실이 인도의 다른 모든 특징을 무색하게 만든다. 한 나라를 부유하고 안전하게 만들고 국력을 신장시키는 그런 종류의 경제 개발은 인도에서는 일어나지 않는다. 철도 운행의 규칙성, 도로 사정, 교육의 깊이, 전기 이용도, 통치의 질 등 어떤 척도로 측정해보아도 인도의 점수는 형편없고 들쭉날쭉하다. 인도는 아시아 전체의 빈곤 인구를 모두 합한 만큼 가난한 사람들이 많다. 그리고 이 사실은 바뀌지 않는다.

그렇다고 해서 인도가 무시해도 될 나라라는 뜻은 아니다. 첫째, 인구가 13억이나 된다면 그 어떤 나라라도 적어도 역내에서는 중요한 나라이고, 인도도 그 점에서 예외가 아니다. 인도가 아대륙에서는 가장 막강한 나라라는 데 아무도 이의를 제기하지 않으며, 역내 모든 이웃나라들은 자국의 정체성과 전략적 정책을 전적으로 인도라는 맥락에서—파키스탄의 경우에는 인도와 대척점에서—규정한다. 둘째, 인도의 최상위 1퍼센트만도 1,300만 명이므로, 인도의 보편적인 교육이나 부의 수준이 적용되지 않는 예외적인 인도인들은 여느 유럽 국가의 국민보다도 훨씬 숙련기술과 경제력을 갖춘 엘리트들이다.

인도를 무시할 수 없는, 가장 중요한 세 번째 이유는 인도는 절대로 부유해지지는 못할지 모르지만 늘 안정을 유지할 거라는 사실이다—특히나 인도는 요동치는 세계에서 한 걸음 떨어져 있기 때문이다.

생활에 필요한 기본적인 것도 누리지 못하는 사람들이 너무나도 많을 때 나타나는 정치적인 부작용이 있다. 정치가 인기영합주의/사회주의 방향으로 기울기 십상이라는 점이다. 인도가 그렇다. 인도는 공식적으로는 비동맹 노선을 내걸고 있지만, 냉전시대에 소련과 가까웠다. 영국의 예전 식민지로서의 인도의 위상 덕분에 브레튼우즈 체제에 통합되었지만 인도의 반미 성향과 국내에서 자본 공급이 절대적으로 부족한 여건이 복합적으로 작용해 인도가 자유무역을 십분 활용하는 데 방해가 되었다. 인도의 1인당 GNP는 1960년부터 2000년 사이의 기간 동안 겨우 세 배 증가했다. 1인당 GNP가 거의 10배 증가한 중국과는 대조적이다. 그것도 대부분 1980년 이후에 달성했다. 정부의 관점에서 볼 때 이는 어처구니없다고 여겨질지도 모르지만—브레튼우즈 시대는 역사상 가장 폭발적인 경제 성장이 일어난 시기인데 인도는 이 시기를 거의 놓쳤다—사실 경제 성장을 이루지 못했기 때문에 다가올 위기 때 인도는 상당히 좋은 입지에 처해 있다. 인도는 세계화된 제조업 공급사슬에 엮인 적이 없기 때문에 자유무역 체제가 붕괴되어도 인도는 그다지 타격을 입지 않는다.

인도가 세계와 연결되어 있는 부문은 두 부류로 나뉜다. 서비스(이 부문은 무역체제의 붕괴로 상품 부문보다 타격을 덜 받을 가능성이 높다) 부문과 석유 수입(이 부문은 인도가 모종의 조치를 취할 수 있는 부문이다)이다.

13억 인구를 자랑하는 반자본주의적 대중영합주의 국가라는 데서 짐작했겠지만, 인도에서 석유 생산량은 인구의 수요를 충족시키기에 부족하고, 따라서 인도는 수요 4.3mbpd의 80퍼센트를 수입해야 한다. 그 결과 인도는 원유를 비싼 가격을 지불하고 들여와야 했다—아시아 프리미엄을 지불해야 한다며 불만을 토로하는 게 아마 인도인들이 커리와 크리켓 경기에 뒤이어 세 번째로 좋아하는 대화 주제일지 모른다.

인도는 앞으로도 여전히 석유가 필요하다. 그러나 인도는 필요한 만큼 원유를 사들일 경제적 역량이 없다. 대체로, 총 에너지 비용이 한 해 GDP의 8퍼센트 선을 돌파하면 경기침체는 불가피해진다. 인도가 석유 구입에 쓰는 비용만도 배럴당 50달러일 때 한 해에 760억 달러 정도 된다. 이는 인도 GDP의 3.7 퍼센트 정도다(미국이 석유 구입에 쓰는 비용은 이 비율의 절반 정도 된다). 세계 유가가 북미 유가와 분리되면, 미국이 지불하는 상대적인 비용은 별 변화가 없지만 인도가 지불해야 하는 비용은 세 배로 뛴다. 인도에서는—이렇다 할 경제 개발은 고사하고—경제 성장이 불가능해진다. 석유를 수입하는 데 드는 비용이 급격히 늘어나는데, 이를 감당할 능력이 없기 때문이다.

그렇다면 인도는 석유를 빼앗아야 한다. 그리고 인도의 지리적 여건 덕분에 다양한 선택의 여지가 있다.

첫째, 인도가 있는 아대륙은 인도양으로 돌출되어 있는데, 페르시아나 아라비아에서 출항하는 유조선이라면 반드시 인도 영해를 지나가야 하므로 인도는 유조선을 가로챌 기회가 매우 많다. 인도 해군이 바다에 띄워놓은 것치고 근사한 물건이 없지만, 영해를 순찰하는 선박은 초대형 유조선보다 훨씬 빠르고 인도 해군의 작전 범위는 비무장 민간 유조선을 항구에 정박시키기에는 충분하고도 남는다.

둘째, 인도는 해군을 동원할 필요조차 없다. 인도는 대영제국이 써먹은 전략을 쓰면 된다. 돈을 주고 사략선(私掠船, 전시에 적의 상선을 나포할 수 있는 허가를 받은 민간 무장선—옮긴이)으로 하여금 인도 대신 해적질을 시키면 된다. 배에 인도 국기를 달 필요도 없다. 소말리아 해적들이 생생하게 증명해주었다. 대형 상선을 나포하는 데 딱히 튼튼한 선박이 필요 없다는 사실을 말이다. 소말리아 해적들은 최근 몇 년 화물을 가득 선적한 30만 톤급 이상 대형유조선 네 척을 나포해 몸값을 받아냈다.

셋째, 인도는 그냥 간단히 다른 나라들의 팔을 비틀어 석유를 달라고 하면 된다. 인도를 완전히 무시하기란 매우 힘들다. 더더군다나 자국에서 수천 마일 떨어진 인도를 상대하기란 상당한 해군력을 지닌 나라라도 버거운 일이다. 특히나 인도의 영향권을 통과하는 장기적인 공급 경로를 구축하는 게 목적이라면 말이다. 인도는 해군보다는—정정당당하게 겨룬다면 타이완의 해군은 인도가 가진 것을 몽땅 바다에 가라앉힐 역량이 있다—오히려 공군이 훨씬 역량이 있다. 동북아시아 4개국 가운데 어느 나라라도 인도와 충돌하게 되면 육지에서 출격하는 적대적인 공군력을 상대하게 된다. 차라리 인도 영해를 지나갈 때마다 인도에 돈을 좀 쥐어주는 게 가장 쉬운 방법일지도 모른다. 중국은 특히 이 방법이 최선일지 모른다. 일본처럼 먼바다로 에둘러 가는 바닷길을 구축할 여유가 없기 때문이다.

전략을 잘 쓰면 인도는 미래의 세계에서 훨씬 적은 비용으로 석유를 구하게 될지도 모른다. 모자라는 분량은 빼앗으면 되니까. 요컨대, 세계 에너지 안보를 보장할 최선의 희망은…파키스탄일지도 모른다.

후폭풍: 아시아 연안과 그 너머

변수가 너무나도 많기 때문에 이러한 충돌과 이합집산이 전개될 경우의 수는 수없이 많다. 그리고 모든 게 끔찍하게 잘못될 수 있는 경우의 수도 아주 많다. 그러나 보다 넓은 세상에 야기할 결과는 몇 가지로 분명히 추려진다.

첫째, 북미 지역과 나머지 세계의 유가가 서로 갈리면서 시작되는 혼란과 불안정이 곧 에너지 시장을 지배하게 된다. 동북아시아 4개국이 동아시아, 동남아시아, 남아시아 연안에서 종횡무진으로 서로 대결하면서 세계 평균 유가와 비교해볼 때 이 네 나라가 수입하는 가격은 급격히 상승하게 된다. 인도가 자구책으로 공급물량을 가로챌 가능성이 높다는 점까지 더해지면, 동북아시아와 나머지 세계의 유가 차이는 엄청나게 벌어지게 된다. 유가를 예측하려면 엄청난 위험을 감수해야 하지만, 공급량이 부족하고, 국가가 해적행위를 하고, 유조선이 공격 목표물이자 손에 넣으려는 목표물인 산만한 전쟁이 벌어지는 상황을 감안하면, 동북아시아 국가들이 배럴당 지불해야 하는 프리미엄이 적어도 50달러는 된다고 보는 게 합당하다.

이는 동북아시아 4개국에게는 끔찍한 상황이다. 그러나 네 나라마다 겪는 고통의 강도는 다르다. 간단히 말해, 일본은 선택의 여지가 있다. 일본은 연료 전환을 통해 석유 수요, 심지어 액화천연가스 수요도 어느 정도 제한할 수 있다. 일본 해군은 전략적인 여유가 있다. 일본의 해군기지는 다른 동북아시아 국가들보다 위협을 덜 받고, 중국처럼 제1열도선을 뚫어야 할 필요도 없다. 무엇보다도 일본의 해군은 막강하고 원정이 가능하기 때문에 멀리 태평양을 크게 돌아가는 바닷길을 구축해 자국으로 가는 석유를 실은 유조선이 중국이나 인도의 해군 작전범위를 크게 벗어나서 항해하도록 할 수 있다. 일본은 태국, 인도네시아, 싱가포르의 협조를 구하기에 충분한 자금과 기술을 갖추고 있다. 게다가 자금력이 탄탄하고 원정이 가능한 해군을 갖추고 있으므로 필리핀, 베트남, 말레이시아가 중국에 맞서도록 도와줄 수 있다. 마지막으로 일본은 페르시아 만에서 아주 멀리 떨어져 있기 때문에 오히려 서반구의 원유 공급국과 가장 가깝다는 뜻도 된다. 북미 대륙의 미국에서 정유제품을 구매하든가, 에콰도르나 콜롬비아나 페루나 알래스카나 아르헨티나로부터 원유를 확보할 여지도 있다. 현재 미국 정계가 반중 정서를 보인다는 점을 감안할 때, 미국은 일본의 전쟁 수행을 지원하는 차원에서 적어도 적정한 양의 다양한 정유제품을 일본(그리고 일본이 선택한 동맹국들)에 기꺼이 제공하리라고 봐도 무방하다.

중국은 그런 기대는 접어야 한다. 중국의 항구와 해안 지역의 정유시설은 모두 노출되어 있다. 타이완은 무자비하고, 즉각 일본과 한편이 되어서 노출된 중국의 항구와 정유시설을 상시 취약한 시설로 만들 가능성이 크다. 동남아시아 해양 국가들은 일찍이 2013년 점점 호전성이 강해지는 중국에 맞서기 위해 일본(그리고 미국)과의 동반자 관계를 추구했다. 중국이 폭력을 쓰기도 전에 이미 그런 조치를 취했다. 일본은 지리적 여건과 해군력의 도달 범위 덕분에 서반구로부터 원유와 정유제품을 어느 정도 확보하는 동시에 중국이 똑같은 시도를 할 경우에는 이를 저지할 역량이 있다.

중국에게 끔찍하지 않은 유일한 선택지는 육로를 통해 운송되는 수입 물량을 확대하는 길뿐이지만 이마저도 장담할 수 없다. 러시아로부터의 화물은 일본이 차단할지 모른다—아니면 일본이 러시아에게 뇌물을 먹여 원유를 블라디보스토크 근처가 종착지인, 이미 가동 중인 송유관을 통해 태평양으로 직접 보내도록 하면 된다. 카자흐스탄으로부터 안정적으로 원유를 공급받을 수 있을지 모르지만, 현재의 수입량인 110kbpd를 전략적으로 유의미한 수준으로 끌어올리려면 중국이 정치적, 기술적, 재정적으로 집중적인 투자를 해야 한다. 중국 동부에서 카자흐스탄의 카스피 해 지역에 있는 석유 산지까지 4,000마일에 달하는 거리를 연결해야 하기 때문이다. 틀림없이 러시아는 중국의 이러한 투자를 러시아 뒷마당을 장악하려는 노골적인 시도로 간주하고 이를 저지하기 위해 공격적으로 나서게 된다. 그렇다면 미얀마를 통과하는 송유관을 신설하는 방법뿐인데, 중국이 미얀마와의 관계를 흠잡을 데 없이 관리하지 않는 한 송유관은 분명히 끊긴다—그리고 두 나라의 관계를 제대로 관리한다고 해도 일본이 중국으로 향하는 화물을 선적하는 항구를 폭격하면 그만이다.

유조선 전쟁은 중국에게는 쉽지도 않고 유리하지도 않다. 중국은 전략적으로 가장 취약한 상태에서 가장 많은 에너지가 필요한 이중고에 직면하게 된다. 중국이 한국, 말레이시아와 동반자 관계를 구축한다고 해도 이 전쟁에서 승리하기는커녕 살아남으리라는 희망을 품기도 힘들다. 너무나도 많은 적대적인 나라들이 너무 많이 등장하고 있기 때문이다.

여기서 두 번째 결과가 도출된다. 중국은 끝장났다.

중국의 해상 변방은 적대적인 나라들로 둘러싸여 있고, 궁극적으로 중국의 해상 역량을 제한하는 지리적인 여건을 극복하기 위해 중국이 할 수 있는 일이 별로 없다. 이는 결코 새로운 사태의 반전이 아니다. 일본은 수 세기 동안 동아시아 연안 지역 전체와 교역을 하면서 태평양을 바지런히 오갔지만,[21] 중국은 나라를 통일시키느라고 고군분투해왔다. 브레튼우즈 체제가 구축되고 나서야 비로소 중국은 나라를 하나로 통합하고 세계를 상대하게 되었다. 세계 자유무역 체제가 붕괴되고, 일본을 제약했던 고삐가 풀리면, 중국의 종말이 가까워진다.

그러나 중국이 쉽게 쓰러지거나 순순히 물러나리라고 생각하면 오산이다. 결국 일본이 이기고, 일본이 동북아시아 지역의 지배적인 해상 세력으로서 미국을 대체할 가능성이 아주 높지만, 어떤 형태이든 중국의 공격은 아시아의 새로운 현실로 자리잡게 된다. 갈등 초기에는 중국에 대한 세계의 인식은 자부심 강한 대국에서 붕괴된 제국의 유산에 매달리면서 살아남기 위해 지푸라기라도 잡는 심정으로 이웃나라에게 화풀이를 하는 한물간 절박한 나라로 바뀌게 된다. 중국이 이렇게 화풀이를 하면 동아시아 전역에 공포감이 조성되고, 바로 이러한 공포감을 일본은 이 지역을 일본의 영향권 안에 둘 절호의 기회로 삼는다. 한때 동남아시아를 정복했던 일본은 공교롭게도 이번에는 이 지역의 안보를 보장해주고, 이 지역의 자원을 수입하는 나라로 부상하면서 운명의 역전이 일어나게 된다. 이러한 일본과의 관계를 필리핀보다 더 반길 나라는 없다. 필리핀은 안보, 투자, 자금의 원천으로서의 일본에 적극적으로 접근하고 있다.

경제적으로, 인구구조적으로, 군사적으로 가장 큰 걱정거리를 안고 있는 나라는 한국이다. 한국이 중국과 손을 잡든 일본과 손을 잡든 상관없이 한국이 에너지와 원자재를 수입하고 시장 접근을 위해 이용하는 바닷길과 접해 있는 모든 나라들과 사실상 동맹을 맺게 되는 나라는 일본이다. 한국이 패를 잘못 내놓으면 동아시아 유조선 전쟁은 일본이 중국에 이어 한국의 꿈을—다시 한 번—짓밟는 짤막한 후속편으로 마무리된다. 한국이 움찔할 만한 이러한 예상조차도 북한에서 아무 문제도 일어나지 않는다는 전제하에서 하는 추측이다.

중국의 붕괴가 야기할 경제적 후폭풍이 세 번째 결과인데, 이는 나머지 동북아시아 국가들이 가장 크게 겪게 된다. 간단히 말해서 중국 주식회사와 아시아 공장의 시대는 끝난다. 일본, 한국, 타이완, 중국이 이룩한 기적적인 경제 성장은 값싼 자본, 바닷길의 자유로운 통행, 개방된 시장 덕분에 가능했다—특히 미국이 시장을 개방했기 때문이다. 이 모든 요인들은 유조선 전쟁이 시작되기도 전에 이미 붕괴되고 있다. 동북아시아 4개국은 곧 공급량이 급격히 줄어든 수입석유를 확보하기 위해서 자본과 군사력을 동원해야 하는 처지가 된다—지금까지는 한푼도 들지 않았던 일이다. 그러나 동북아시아 국가들이 모두 성공하지는 못한다. 모두에게 돌아갈 만큼 원유가 충분하지 않기 때문이다. 무능력해서든, 불안정해서든, 적대감 때문이든, 동북아시아 성공의 마지막 시도—수출을 극대화하기 위한 상호 통합—는 무산된다.

동북아시아 바깥의 세계는 세계 제조업 시장의 규모가 갑자기 대폭 축소되고 동북아시아 시장에서 모든 것의 수요가 대폭 감소하면서 고통을 겪게 된다. 시멘트, 철강 원석, 구리, 아연, 알루미늄 등 모든 원자재의 수요가 붕괴된다. 투입재 측면만 봐도 그렇다.

산출재 측면에서 빚어지는 차질은 더욱 심하다. 제 2차 세계대전 이전에 대부분의 제조 품목은 거대한 산업단지에서 생산되었다. 투입재를 수입해 역내 노동력과 기간시설로 가공해 최종 상품으로 만들고 다른 소비시장에 수출했다. 브레튼우즈 체제는 국제운송을 안전하고 저렴하게 만듦으로써 이 모두를 바꾸어놓았다. 거대한 산업단지에서 모든 공정이 이루어지던 통합적인 생산방식에서 전체적인 공정을 쪼개어 각 공정 부분마다 가장 월등한 시설에서 그 공정이 이루어지는 생산방식으로 바뀌었다. 일괄 제조방식이 사라지고 수십, 수천 가지 단계를 거치는 공급사슬이 형성되었다.

세계 제조업 공급사슬의 절반이 동아시아에 있다. 유조선 전쟁에서 바다 밑바닥에 가라앉을 운명을 맞게 되는 것은 세계 에너지 시장뿐만이 아니다.

여러 가지 면에서 동북아시아의 부상—특히 중국의 부상—은 브레튼우즈 체제의 성공을 입증해주었다. 수세기 동안 빈곤을 면치 못했고 산업자원이 대체로 존재하지 않으며, 전쟁으로 참화를 겪은 나라들은 세계 무대에서 영향력이 있고, 안정적이고 안전하며, 경제적으로 성공한 나라로 변신했다.

그러나 그 반대도 현실이 될지 모른다. 브레튼우즈 체제가 막을 내리면 가장 잃을 게 많은 지역도 동북아시아고, 가장 처참하게 추락하는 지역도 동북아시아다. 또한 브레튼우즈 체제하에서 쉽게 확보했던 원료를 자체적으로 확보해야 하는 절박한 처지에 놓인 나라들이 대격전을 벌일 가능성이 높다. 그러나 동북아시아 지역은 이러한 전쟁에서 패배할 뿐만 아니라 전쟁 자체가 세계 평화가 새로 도래하는 시기를 몇 년이고 늦추게 된다. 다시 균형을 잡으려는 시도가 마침내 일어나게 된다고 해도 동북아시아 내의 요인이나 동북아시아 국가를 토대로 이루어지지는 않는다. 대신 완전히 새로운—또는 여러분의 관점에 따라서는 구태의연하다고 할—나라들이 등장해 무질서 안에서 어떤 질서가 등장하게 될지 결정하게 된다.

09

어부지리를 얻는 16개 나라들

The Sweet Sixteen

발트해 해상봉쇄. 페르시아 만에 위치한 유전 피격. 호르무즈 해협에서 오사카에 이르기까지 유조선 피격. 곧 세계는 이 시대에 전례 없는 세계 에너지 부족을 겪게 된다. 지구전과 페르시아 만 전쟁에 관여하는 나라의 수를 최소한으로 잡고 유조선 전쟁이 일어나지 않는다는 가정하에서도 수급에 차질이 생기는 석유량이 14mboed나 된다.

차질이 생기는 석유량이 적은 경우 부족분은 쿠웨이트, 노르웨이, 콜롬비아, 이집트, 영국, 앙골라, 알제리, 나이지리아가 동시에 수출을 중단하는 정도인데, 이는 인도와 멕시코에 대한 석유공급이 끊기기에 충분하다. 차질이 생기는 석유량이 많은 경우는 사우디아라비아, 이란, 러시아 생산량을 합한 정도인데, 이때 생기는 부족분은 중국, 일본, 타이완, 한국, 독일, 프랑스, 이탈리아 모두에 대한 석유공급이 끊기기에 충분하다. 동북아시아 국가들 사이에 유조선 전쟁이 터지기도 전에 그렇다는 얘기다. 세계 유가는 폭등하게 된다.

비보는 그게 다가 아니다—그리고 여기서 다시 원인은 셰일 탓으로 돌아간다. 2007년부터 2015년 사이의 기간 동안 미국 에너지 복합시설의 변신으로 원유수입 물량이 7mbpd 줄었는데, 이는 대체로 고품질 셰일 원유의 생산이 늘었기 때문이다. 이러한 셰일 원유의 생산으로 특히 미국이 아프리카 생산국들로부터 수입하던 이와 비슷한 고품질 원유 수입이 줄면서 아프리카 산유국들은 새로운 고객을 찾아나서야 했다. 그것도 더 싼 가격을 제시하면서. 가장 타격을 받은 이들은 아프리카 산유국들인데, 이들이 미국에 수출하던 양은 적어도 2.3mbpd 줄었다. 이와 같이 미국이 아프리카산 원유를 셰일로 대체하고 석유 수급을 재조정하면서 사우디아라비아가 유가전쟁을 시작하기도 전인 2014년에 유가가 약세를 보이게 되었다.

전쟁이 발생하지 않는다고 해도, 앞으로 다가올 세상에서는 저유가가 심각한 문제다. 에너지 부문에서 널리 통용되는 금언이 있다. 고유가의 해결책은 고유가이고 저유가의 해결책은 저유가다. 이 금언에 담긴 개념은 간단하다. 고유가가 오랫동안 지속되면 기업들이 신기술에 투자하고 새로운 유전을 발굴하고 기간시설에 투자해 새로 생산되는 원유가 늘어난다. 신규 생산 원유가 늘면 수요를 압도해 가격이 폭락하게 된다. 저유가가 오랫동안 지속되면 기업들은 기술, 유전, 기간시설 투자를 중단한다. 그러면 원유 생산이 급격히 줄면서 결국 수요보다 적게 생산되는 지경에 이르게 된다. 공급이 수요보다 많던 수급불균형은 공급이 딸리는 불균형으로 전환되면서 가격이 폭등하게 된다.

세계는 2015년 초에 기업들이 투자를 중단하는 국면에 접어들었고, 2016년 말 무렵 세계의 에너지 기업들은 자본 지출을 1조 달러 줄였다. 유일한 예외는 사우디가 이끄는 페르시아 만 산유국들인데, 이들은 유가 전쟁을 치르고 있다. 그 외의 지역에서는 하나같이 석유사업에 대한 투자가 이미 크게 감소했다. 세계 에너지 매장지 가운데 정세가 불안하고 기술력이 떨어지고 지리적으로 고립된 지역 일부에서 생산량이 이미 제자리걸음을 시작하거나 하락하기 시작했다. 오스트레일리아, 아제르바이잔, 브라질, 이라크, 카자흐스탄, 나이지리아, 노르웨이, 러시아, 베네수엘라, 베트남, 예멘이 그런 나라들이다.[1]

생산이 그렇다는 얘기다. 새로 석유를 발굴하려는 시도는 완전히 중단되었다. 2015년에 세계적으로 새로 발굴된 원유량은 겨우 270억 배럴이었다. 많은 양인 것 같은가? 그해에 수요는 350억 배럴이었다는 점을 염두에 두기 바란다. 270억이라는 수치는 1947년 이후로 연간 새로 발굴된 원유량으로는 최저였다.

이는 정상적인 가격 변동의 일환이지만, 이번에 저유가가 나타난 시기는 특히 우려스럽다. 미국이 주도해온 세계 체제가 와해되는 시기와 맞물

충돌 발생 이전의 페르시아 만 석유 생산과 수출				
	원유 총생산(kbpd)	원유 총수출(kbpd)	정유제품 총수출(kbpd)	액화천연가스 총수출(mcf/d)
이란	3150	1100	510	
이라크(바스라)	3500	3000	15	
쿠웨이트	2900	2000	740	
카타르	656	500	520	10300
사우디아라비아	10,200	7200	1200	
UAE	2990	2400	950	730
합계	23,396	16,200	3935	11,030

걸프전쟁으로 차질이 생기는 석유 수출									
	충돌로 차질 생기는 원유(kbpd)			충돌로 차질 생기는 정유제품(kbpd)			충돌로 차질 생기는 액화천연가스 수출(mcf/d)		
	1단계	2단계	3단계	1단계	2단계	3단계	1단계	2단계	3단계
이란	550	550		260	260				
이라크(바스라)	1500	3000	3000	8	15	15			
쿠웨이트	1000	2000	2000	370	740	740			
카타르	250	250		260	260		5150	5150	
사우디아라비아	2200	2200	7200	600	600	1200			
UAE	1200	1200		470	470		365	365	
합계	6700	9200	12,200	1968	2345	1955	5515	5515	

제 1단계: 사우디아라비아와 이란이 서로 상대방의 수출을 방해한다. 제 2단계: 이란이 이라크 남부와 쿠웨이트를 침공한다.
제 3단계: 사우디아라비아의 패배. 페르시아 만의 다른 나라들은 항복.

Source: OPEC, BP, JODI

충돌 발생 이전의 러시아와 주변국들의 석유 생산과 수출				
	원유 총생산(kbpd)	원유 총수출(kbpd)	정유제품 총수출(kbpd)	액화천연가스 총수출(mcf/d)
러시아	10,980	4900	2270	20,100
카자흐스탄	1669	1400	15	1100
아제르바이잔	841	665	46	735
합계	13,490	6965	2331	21,935

지구전으로 차질이 생기는 석유 수출									
	충돌로 차질 생기는 원유(kbpd)			충돌로 차질 생기는 정유제품(kbpd)			충돌로 차질 생기는 액화천연가스 수출(mcf/d)		
	1단계	2단계	3단계	1단계	2단계	3단계	1단계	2단계	3단계
러시아	1500	3100	5000	1500	1500	1500		7000	15,500
카자흐스탄			950						
아제르바이잔			740						735
합계	1500	3100	6690	1500	1500	1500		7000	9335

제 1단계: 발트해를 경유하는 해상 수출 중지. 제 2단계: 북부 송유관을 통한 수출이 영향을 받음.
제 3단계: 우크라이나와 코카서스 등 남부를 통한 수출 중지.

Source: OPEC, BP, JODI, Gazprom

렸기 때문이다. 다음에 러시아나 이란/사우디아라비아나 동북아시아 국가들 때문에 유가가 폭등하게 되면 갑자기 생산량을 늘릴 만한, 전통적인 방식의 석유 발굴 프로젝트가 없다. 페르시아 만 국가들이 이미 진행 중인 신규 석유 발굴 사업은 전쟁 때문에 봉쇄된다. 세계는 유가 전환기를 맞게 된다. 정상적으로 시장이 조정되는 국면과 지정학적 이유로 촉발된 전례 없는 규모의 물량부족이 겹치면서 형성되는 유가 전환기다.

간단히 말해서 세계는 유가가 요지부동으로 50달러를 밑돌던 시대에서 150달러도 싸다고 생각되고, 배꼽춤 추는 터키 무희의 허리보다 더 급격히 유가가 요동치는 시대로 급격히 전환된다.

이제 약간의 희소식을 맛볼 차례

그러나 미약하나마 희망의 여지는 있다. 지리적 입지 조건이 좋고 지질도 석유 생성에 적합해 이론상으로는 5년 안에 생산량을 늘릴 수 있는 곳이 몇 군데 있다. 이 지역들은 모두 무질서 시대에 발생할 전쟁으로부터 고립되어 있고, 석유 중심의 에너지 부문이 있고, 재정적, 기술적 도움만 조금 받으면 생산된 원유를 항구까지 운반하는 데 별 문제가 없다. 이 지역들에서 생산되는 원유를 다 합해도 여전히 구소련 지역이나 페르시아 만에서 손실될 양을 벌충하기에는 충분치 않겠지만, 유가불안을 어느 정도 완화시키고 심지어 세계 유가 수준을 3분의 1 정도 끌어내릴 수 있을지도 모른다. 그래도 여전히 장담할 일은 아니다.

나이지리아. 대량의 원유를 신속히 방출할 가능성이 높은 유일한 나라임에 틀림없다. 아직 발굴할 곳이 많기 때문이다. 남부 해안에는 수천 개의 유전이 있는데, 개발된 지 반세기 또는 그보다 오래전으로 거슬러 올라가는 유전도 있다. 해상에는 십여 개의 생산구역이 있는데, 해안과 가까운 곳도 있고, 바다 깊이가 얕은 곳, 깊은 곳도 있다. 나이지리아에 생산 구역이 풍부하기 때문에 새 유전이든 이미 개발된 유전이든, 마지막 한 방울까지 짜내야 하는 유전이든, 새로운 탐사작업을 해야 하든, 세계적으로 개발 경험이 있는 어떤 에너지 업자도 참여할 수 있다. 심지어 나이지리아에는 (대규모) 액화천연가스 수출 시설도 있기 때문에 장기간 이용하고 자본이 많이 들어가는 시설을 확장하는 작업도 처음부터 시작할 필요가 없다. 단 한 가지 어려움이 있다면 그 나라가 나이지리아라는 점이다. 이 나라의 정치 당파들은 국내 의제를 추진하기 위해서 에너지 부문 전체를 볼모로 잡는데, 이는 주로 누가 대통령이 되는지를 중심으로 결정된다. 차기 대통령 선거는 2018년에 시작되고 선거는 2019년에 열린다.

앙골라. 석유 생산 구역이 거의 전부 해상에 있기 때문에 앙골라 정부의 지속적인 인종청소 정책으로부터 대체로 자유롭다. 유감스럽게도 앙골라의 유전은 고갈되는 속도가 석유업계 표준보다 훨씬 빠르기 때문에 생산량을 일정하게 유지하려면 시추를 더 많이 해야 한다. 이 때문에—특히 저유가일 때—투자자들의 비밀 수첩에 적힌 투자처 순위에서 앙골라가 몇 페이지 뒤쪽으로 밀려나는데, 앙골라가 석유수출국기구 회원국이라는 사실이 투자자들의 관심을 시들하게 한다는 사실을 고려하지 않아도 이미 그런 취급을 받는다. 물론 고유가 상황에서는 그런 우려는 말끔히 사라진다. 그러나 앙골라에서 지속적으로 생산량이 줄어드는 상황에 제동을 걸려면 적어도 1년이 걸리며, 그러고 나서야 비로소 안정적으로 어느 정도 생산량이 증가할 가능성이 있다.

적도기니. 1990년대는 적도기니에게 뿌듯한 시절이었다. 해상 유전 탐사로 생산량과 수출이 늘면서 이 작은 나라가 1인당 GDP 기준으로 아프리카 대륙에서 가장 부유한 나라가 되었다. 그러나 이 나라의 해상 유전 면적은 제한되어 있기 때문에 지난 20년 동안 가동되어온 유전에서 줄어드는 생산량을 벌충하는 데 크게 도움이 되지 못했다. 원유 생산량은 2005년에 절정에 달한 뒤 계속 꾸준히 하락해왔다. 기적이 일어나지 않는 한 수출량이 다시 300kbpd를 넘게 될 가능성은 희박하다. 적도기니의 대통령은 아프리카에서 가장 장기 집권한 독재자이고 석유로 축적한 국부 대부분을 본토에 새로운 자본을 구축하는 데 쏟아부었다. 최근에 상황이 좀 위태로워졌는데, 그 이유는 셰일 때문이다. 본래 적도기니는 석유의 거의 3분의 1을 미국에 수출했고 억압과 부패에서 나름 넘어서는 안 될 선을 넘기를 주저하는 정서도 있었다. 그런데 셰일이 등장하면서 적도기니가 석유를 판매할 미국 시장이 사라져버렸다. 요즘은 중국이 적도기니의 최대 고객이고, 중국은 적도기니 정부의 주요 채권국이다. 한때 적도기니에 존재한다고 생각되었던 정치적 도리는 사라진 지 오래고, 반체제 인사들이 거리에서 총에 맞는 일이 흔하게 일어나고 있다.[2] 유조선 전쟁의 후폭풍을 맞게 되면 적도기니는 또 다른 시장과 또 다른 지원자를 물색해야 한다. 적도기니에 앞으로 닥칠 변화는 매우 중요하다. 적도기니가 영향력이 큰 나라여서가 아니라 나이지리아와 앙골라 사이에 있는 아프리카 해상 산유국들을 대표하기 때문이다. 이 나라들에서는 미국의 존재감이 강하게 느껴지고, 과거 유럽의 식민지로서 유럽과 정치적 유대가 강하며, 지금은 중국과 돈독한 경제적 관계를 맺고 있다.

가봉. 이웃나라 적도기니와 공통점이 많다. 서로 다른 나라에게 식민 통치를 받았다는 사실만 다르다.[3] 1930년대 이후로 프랑스의 토탈이 가봉의 해상 에너지 부문을 운영해왔다. 토탈과 셸이 최근 가봉 에너지 부문에 투자하면서 최근 몇 년 사이 생산량 하락 속도가 완화되었지만 겨우 명맥을 유지하고 있다. 가봉은 본래 사하라사막 이남 지역의 석유생산국 3위 자리를 두고 적도기니, 콩고-B와 경쟁해왔고, 가봉은 여전히 이 세 나라들 가운데 가장 석유 매장량이 많다. 가봉의 정치 지도층은 또한 에너지 부문이 제대로 작동하는 데 무엇이 필요한지를 잘 이해하고 있기 때문에 유가가 폭락하기 훨씬 전인 2011년 국영기업을 다시 설립하는 등 개혁을 단행했다. 가봉은 새로운 에너지 관련법에 여전히 적응하는 중이지만(또 석유수출국기구에 최근 다시 합류했다), 유가가 세 배로(또는 그 이상으로) 뛰면 프랑스는 크게 염려하지 않고 대투자를 단행할 것이다.

콩고공화국. 흔히 콩고-B[4]로 불리며, 나이지리아와 앙골라 사이에 있는 규모는 작지만 중요한 3개 산유국 가운데 하나다. 아프리카에서 가장 도시화된 인구가 거주하는 이 나라의 경제는—이웃나라들과 마찬가지로—거의 전적으로 해상 석유 생산 부문에 의존한다. 토탈과 ENI가 지배하는 석유 부문의 생산량은 2010년대에 접어들면서 정점을 찍었다. 그러나 이웃나라들의 경우 유전이 오래됐다는 게 문제지만 콩고-B의 문제는 대체로 경영부실과 석유산업 부문의 일자리에 대부분 숙련기술을 전혀 갖추지 못한 현지인들을 채용하도록 하고 있다는 점이다. 유럽의 석유기업들은 적도기니와 협력할 의향이 있고 가봉은 이미 투자를 활성화하기 위해서 올바른 방향으로 국내 정책을 이끌고 가고 있지만, 콩고-B는 에너지 부문이 회복하려면 보다 직접적인 접근 방식을 취해야 할 필요가 있다. 유가가 50달러를 밑도는 상황에서 대륙에 위치한 아프리카 산유국에 관여하고 싶어 하는 유럽 국가는 없다. 그러나 유가가 150달러를 웃돌면 얘기가 달라진다.

알제리. 이 나라는 괴물이다. 이미 지중해 해저를 지나는 천연가스 송유관을 스페인과 이탈리아에 연결했다. 알제리는 스페인에 가장 많은 천연가스를 공급하고 있고, 카타르에 이어 유럽에 두 번째로 많은 액화천연가스를 공급한다. 알제리가 송유관을 통해 이탈리아에 보내는 천연가스가 리비아가 이탈리아에 보내는 양보다 많고(리비아에서 내전이 일어나기 전부터 그랬다), 천연가스와 석유 모두 수출할 여유가 많다. 그러나 알제리는 이중 덫에 걸려 있다. 현재 가동 중인 주요 유전들은 이미 전성기가 지났고 경제 활황(인구 증가)으로 국내 수요가 치솟고 있다. 남아 있는 천연가스가 현재의 수출 수준을 유지하기에 충분하지 않기 때문에 알제리의 액화천연가스 시설 가동률은 40퍼센트에 불과하다. 매장지도 더 있고 배럴당 60달러밖에 안 되어도 기술적으로 채굴 가능한 매장지도 있기 때문에 알제리가 선전하리라고 본다. 하지만 당장은 아니다. 새로운 채굴 프로젝트는 사막 깊숙한 곳에 위치해 있을 뿐만 아니라 예전보다 기술적으로 훨씬 채굴하기 까다롭다. 독점 국영 에너지 기업인 소나트라크는 놀라울 정도로 선전하고 있지만, 실력을 십분 발휘하기 위해서는 외부의 도움이 필요하다. 그리고 소나트라크도 이 사실을 잘 알고 있다. 알제리는 이미 미국에 손을 내밀고 있고 심지어 이탈리아에도 손을 내밀고 있다. 유감스럽게도 경제적으로, 지리적으로 가장 제휴하기에 적합한 나라는 프랑스인데, 알제리는 절대로 프랑스와 사업 협력 관계를 맺고 싶어 하지 않는다. 1954-1962년 독립전쟁의 기억이 지금도 여전히 알제리의 사고와 정책을 지배하고 있다.

리비아. 2014년 내전으로 인해 리비아의 에너지 생산과 운송 기간시설의 기능이 손상되었다—그러나 치명적인 피해를 입지는 않았다. 2016년에는 상황이 달라졌다. 생산은 간헐적으로 이루어지고 시설은 습격을 받고 있다. 운송은 간헐적으로 이루어지고 협박에 취약하다. 저장시설은 가뭄에 콩 나듯 가동되고 있다. 저장탱크가 폭파되면 완전히 새로 바꿔야 하기 때문이다. 그리고 유조선 선장들은 안전이 확보되지 않은 송유관을 통해 똑똑 떨어지는 기름방울을 받자고 배를 정박시키고 근처에서 민병대가 거리마다 점거하고 총질을 해대는 상황에 놓이게 되는 처지를 달가워하지 않는다. 리비아는 아직 잠재력이 있지만—아프리카에서 석유 매장량이 최대—다시 수출을 예전처럼 재개하려면 유럽의 주요 국가들이 군사적 개입을 해야 한다. 중부와 동부 사막에 있는 유전에서부터 중부 연안 에스 시데르와 마르사 엘 브레가에 있는 선적 시설에 이르기까지 전체 경로를 물리적으로 점령하고 모든 필요한 기간시설을 재건해야 한다. 그뿐만이 아니다. 리비아의 석유는 경질이고 달콤하지만 밀랍질의 불순물이 많이 섞여 있다. 이러한 종류의 원유를 저장 탱크나 송유관에 며칠 이상 저장해 두면—2013년 이후로 리비아에서는 이렇게 하는 게 관행이었다—이 불순물이 가라앉는다. 이를 엔지니어들은 "양초가 가득한 송유관"이라고 부른다. 안보가 불안한 상황이 마법처럼 말끔히 해소된다고 해도 기존의(남은) 기간시설을 어느 정도나 재건해야 하고 어느 정도나 비용이 드는지 가늠할 수가 없다. 유럽이 그런 대대적인 프로젝트에 관심을 보일 가능성은 낮다. 부유저장시설로 지중해로 수출하는 방식이 발트해로 수출하던 방식의 전철을 밟지 않는 한은 말이다.[5] 그렇게 되면 이탈리아는 선택의 여지가 없어진다. 이탈리아가 리비아에 투자한다고 해도 최소한 3년은 걸려야 석유를 안정적으로 생산하게 된다.

북해. 노르웨이, 영국, 네덜란드, 덴마크가 분할하고 있는 북해는 개방적인 계약 시스템을 운영하고 있고, 역내 석유대기업 2개 회사가 있으며, 노르웨이 국영 에너지 기업 스탯오일이라는 일류 업체가 있고, 해저 송유관이 널리 매설되어 있다. 북해에서 투자가 이루어지고 새로운 유전들이 개발되리라는 데 의심의 여지가 없다. 그러나 2014년 유가폭락 전부터 이미 생산량이 급속도로 하락하고 있는 데다가 최근에 투자까지 고갈되면서 앞으로 5년이라는 기간 동안은 잘해봐야 현재 수준의 생산량을 안정적으로 유지하는 정도에 그친다. 개선될 가능성이 가장 높은 지역은 북해의 노르웨이 석유 부문인데, 지질학적으로 전망이 밝고 매장량도 많으며 아직 그다지 많이 채굴되지 않았다. 2015년에 새로 수십억 배럴이 매장된 유전이 발견되어 시작이 좋고, 노르웨이는 지정학적 요인으로 유가가 폭등하면 생산량을 급격히 늘리기에 아주 적합한 입지를 지닌 몇 안 되는 산유국으로 손꼽힌다.

인도네시아. 동남아시아에서 최대의 천연가스 매장량과 두 번째로 많은 석유 매장량을 자랑한다. 하지만 인도네시아는 이 지역에서 최대 규모의 인구를 보유하고 있어 석유 수요에 공급을 맞추느라고 늘 고군분투해왔다. 유전의 생산량이 하락하고 있기 때문에—최초로 생산을 시작한 시기가 20세기 이전으로 거슬러 올라가는 시설들이 많다—인도네시아는 동남아시아 지역의 최대 산유국이고 꽤 유능한 국영에너지 기업인 페르타미나가 있지만, 이제 석유 순수입국이다. 최근 몇 년 사이 일련의 규제와 보조금 제도 개혁을 단행하고 중앙정부가 노화 유전을 되살리고 새로운 유전 발굴 프로젝트를 적극적으로 추진하면서 인도네시아는 유가가 급등하기 전부터 더 많은 석유를 생산하는 바람직한 방향으로 천천히, 그러나 꾸준히 나아가고 있다. 문제는 신규 유전 개발로 생산량을 늘려 꾸준히 생산량이 하락하고 있는 상황을 상쇄시키는 동시에 마침내 산업화를 가능케 하기 위해 대규모 인구에게 필요한 국내 수요를 충족시키는 일이다. 인도네시아는 자급자족을 달성할지는 모르지만, 대량 수출을 하게 될 가능성은 희박하다. 그럼에도 불구하고 인도네시아의 잠재력은 셰브론이나 엑손모빌과 같은 대기업들을 유인하기에 충분하고, 다른 석유 대기업들도 에너지 복합시설에서 보조적인 역할을 하게 될 가능성이 높다.

말레이시아. 공교롭게도 약간의 반전이 있다. 말레이시아는 석유 매장량은 인도네시아와 비슷하지만 생산량은 인도네시아에 뒤진다. 그러나 말레이시아는 천연가스 수출에서는 인도네시아를 압도적으로 앞서고 있는데(주로 액화천연가스를 수출한다—말레이시아는 세계에서 세 번째로 천연가스를 많이 수출한다), 천연가스 매장량이 인도네시아보다 적은 데도 불구하고 그렇다. 인구는 인도네시아 인구의 12퍼센트에 불과하고 이미 산업화된 경제구조이므로, 새로 생산량이 늘어난다고 해도 국내 수요가 급증하면서 새 생산량을 흡수할 가능성은 낮다. 인도네시아와 달리 말레이시아의 화석연료 부문은 거의 전적으로 해상에 위치하고 있고, 국영 에너지기업 페트로나스는 수심이 얕거나 중간 정도인 해상에서 생산하는 능력이 세계 최고인 국영기업으로 손꼽힌다. 다른 기업들과(엑손모빌과 셸을 비롯해 말레이시아의 최대 석유/천연가스 생산자들) 잘 협조해온 오랜 역사를 자랑하는 말레이시아는 세계 굴지의 석유기업들(말레이시아까지 갈 만한 기업들)뿐만 아니라 원유에 굶주린 동북아시아 국가의 해군이 가장 먼저 들르는 산유국이 될 것이다.

베네수엘라. 엄밀히 말해, 석유 매장량으로 치면 이 나라를 따라갈 나라가 없지만, 대부분이 내륙 깊숙이 자리한 유전에서 생산되는 타르 종류의 석유다. 세계적으로 생산량이 줄고 운송이 어려워지면, 베네수엘라의 처리하기 까다로운 석유가 개발되겠지만, 기간시설이 엉망이라서 높은 선행투자 비용이 들고 생산이 가능해지기까지 오랜 시간이 걸린다. 단기적으로, 향후 몇 년 내에 수출물량을 보태려면 베네수엘라의 기존의 생산 지역을 재건—예컨대, 마라카이보 호수 근처에 있는 생산 지역—하는 방법밖에 없다. 또한 그렇게 하기에 앞서 베네수엘라는 해적이 활개치는 마라카이보에 법치를 회복하고 국내 정치의 혼란을 해소할 필요가 있다.

브라질. 이 나라의 석유산업의 미래는 암염 하층(pre-salt) 매장지에 갇혀 있다. 이런 이름이 붙은 이유는 석유가 암염 층 밑에 매장되어 있는 지리적 특성 때문인데, 이런 종류의 석유는 채굴하고 처리하기가 세계에서 가장 까다롭다—설상가상으로 바다 1마일 깊이에 묻혀 있다. 이런 석유를 채굴할 시도를 할 역량이 있는 기업은 손에 꼽을 정도다. 브라질의 국영 석유회사 페트로브라스도 그런 기업으로 손꼽히는데, 2008년 이 기업은 암염 하층 석유를 채굴하는 기념비적인 시도에 착수했다. 2016년 현재 그 작업은 거의 완전히 교착상태에 빠졌다. 고비용을 투자해서 개발한 석유 생산을 보류하면 시설이 낙후되는데, 세계 전역에서 매장지가 이렇게 훼손되는 사례가 많다. 암염 하층에 매장된 석유가 배럴당 80달러 이하에서 수익을 낼지 가늠하기는 어렵다. 그러나 브라질은 아주 젊은 나라다. 브라질 화폐, 헌법, 통치체제는 생긴 지 30년이 채 안 되었고, 2015년에 브라질의 신생 정부는 처음으로 법치의 위기에 직면했다. 페트로브라스가 핵심적으로 관여한 뇌물 추문이 터졌다. 이 책을 쓰는 현재, 부패로 기소될 지경에 처한 관료가 한둘이 아니고 이미 현직 대통령은 기소되었으며, 그 전임자도 구속될지 모른다. 나라 안으로는 국민의 정치적 분노와 밖으로는 적대적인 금융 여건에 직면한 상태에서 페트로브라스와 관련된 것은 무엇이든 투자자의 국적을 불문하고 모든 투자자들이 기피하게 되었다. 전방위적으로 경제가 위축된 브라질은 앞으로 고유가 환경이 조성되어도 혜택을 보지 못할 가능성이 높다. 국내 정치 상황을 바로잡는다고 해도 말이다. 브라질이 앞으로 석유 시장에서 역할을 담당하게 될까? 물론이다. 그러나 페트로브라스가 보태는 석유는 브라질 내의 매장지를 개발하기 전에 우선 대서양에 있는 다른 매장지에서 채굴된다.

아르헨티나. 경제를 망치는 비법이 뭔지 보여주는 전형적인 사례인 아르헨티나는 해외 투자자들이 보유하고 있는 자산을 국유화한 긴 이력을 자랑한다. 가장 최근에는 자국의 최대 석유회사 YPF를 국유화했다. 스페인의 렙솔이 소유했던 기업이다. 2015년 말 실시된 선거로 시장 친화적인 새 정부가 들어섰지만, 투자자들은 지난 15년 동안 온갖 기업들로부터 자산을 빼앗을 온갖 방법을 모색해온 나라에 당연히 의구심의 눈초리를 보내고 있다. 아르헨티나에서 가장 생산 전망이 밝은 지질은 셰일 유전인데, 우연히도 미국을 제외하고 가장 기술적으로 매력적인 셰일 유전이다. 이 셰일 유전을 개발하려면 수십 개의 셰일 업자들을 수입하거나, 국내에서 육성해야 한다. 미국의 제 2언어는 스페인어이고 셰일 유전이 있는 텍사스에 스페인어를 구사하는 인구가 많으므로, 이 인력 일부가 아르헨티나로 이전하게 될 게 확실하다. 그러나 동력이 생기려면—새 정부에 대한 신뢰가 쌓이려면—시간이 필요하다.

멕시코. 2013년 멕시코는 마침내 멕시코 정부가 아니어도 멕시코 석유 복합시설의 일부를 소유할 수 있도록 합법화했다. 세계 유가 폭락에 때맞춰. 따라서 이미 1차 경매가 열렸지만, 유가가 반등하기 전까지는 이렇다 할 대규모 투자를 계획하는 이는 없다. 유가가 반등하면 다행이지만, 설사 멕시코의—해상 석유 시추에서 민간기업과 협력해본 적이 없다—첫 번째 시도가 흠잡을 데 없이 제대로 된다고 해도, 해상 시추 프로젝트는 완전히 처녀지이기 때문에 탐사, 시추, 기간시설 연결 등에 수백억 달러가 든다. 가장 큰 걸림돌은 멕시코가 경험이 일천하다는 점이다. 원양 해상 작업이 아니라 경매, 계약, 금융이체, 생산 공유 등 세부사항과 관련된 경험 말이다. 멕시코의 석유 르네상스 시대가 다가오고 있고 대단한 효과를 낳겠지만, 그런 일은 하룻밤 사이에 일어나지도 않고 일어나는 과정에서 우여곡절도 반드시 겪게 된다.

콜롬비아. 에너지 사업에 관록이 있는 나라다. 에너지 사업에 관여한 기간만 긴 게 아니라—최초로 개발된 유전이 1세기 전으로 거슬러 올라간다—생산과 정유 복합시설 등 모든 단계에서 자신감이 묻어난다. 국영 석유회사인 에코페트롤은 대부분의 프로젝트를 다룰 기술적 역량도 있고 외부의 도움이나 자본이 필요할 때를 판단하는 겸허함이라는 아주 드문 자질을 겸비했다. 그 결과 국내 에너지 산업은 꾸준히 발전하고 번성하고 있으며, 해외 기업들, 특히 미국 (수퍼)메이저와 아주 우호적인 관계를 유지하고 있다. 수세대에 걸쳐 계속되어온 내전이 마침내 수그러들면서 콜롬비아의 에너지 산업의 전망을 한층 밝게 해주고 있다. 단지 문제라고 한다면 콜롬비아의 유전은 1918년부터 가동되어왔고 모든 유전이 성숙 단계를 오래전에 지났다는 사실이다. 오직 (외국이 보유한 값비싼) 첨단기술만이 생산량을 늘려 급속한 쇠락을 막을 수 있다. 투자자가 몰려오게 되지만—사실 이미 투자는 이루어지고 있다—개발된 지 오래된 유전에서 짜낼 수 있는 석유량에는 한계가 있다.

캐나다. 이 나라가 안고 있는 문제는 잠재력이나 기술력이 아니고 자본도 아니다. 가격이다. 미국이 셰일을 개발하고 미국을 대신할 시장이 없는 한 앨버타의 중질/시큼한 원유는 세계에서 가장 포화상태인 미국 시장에 파는 수밖에 없다. 이 문제를 타개할 방법은 세 가지밖에 없다. 첫째,

캐나다 해안을 따라 송유관을 까는 방법이다. 그러나 그러려면 다른 지역에서 생기는 정치적 문제를 극복해야 하는데, 지금까지는 완전히 불가능한 일로 드러났다. 둘째, 캐나다와 미국 간의 송유관 시설을 대폭 확장해서 앨버타의 원유와 미국의 셰일 원유가 미국 전역의 정유시설에서 섞이도록 하는 방법이다. 셋째, 앨버타가 자체적으로 정유시설을 건설해 상품을 북미 외의 지역으로 수출하는 방법인데, 이는 적어도 수백억 달러의 비용이 드는 투자 프로젝트다. 그것도 투자 자금이 부족한 시기에 마련해야 한다. 여러분이 이 글을 읽는 지금 주문을 하면, 위의 세 가지 선택지 가운데 어느 것을 선택한다고 해도 최초로 수입을 올리려면 4년이 넘게 걸린다. 설상가상으로 2016년 산불로 앨버타의 오일샌드 생산 중심지인 포트 맥머레이 지역이 초토화되었다. 전통적인 석유 생산 방식과는 달리 오일샌드는 송유관이나 철도로 운송하기 전에 채굴하고 가공해야 한다. 이는 자본집약적일 뿐만 아니라 노동집약적인 작업이다. 포트 맥머레이가 재건되기 전에는 앨버타의 오일샌드 부문이 제 기능을 하게 만드는 관련 지원 산업들이 모두 총 가동되기 힘들다. 이 때문에 앨버타 석유산업이 세계 석유시장에 기여하게 되려면 수년이 걸리게 되고, 미국의 셰일 사업가들은 앨버타의 시장점유율을 잠식하게 된다.

먼 귀향길

이 모든 세부 사항에는 세 가지 중요한 결론이 내재되어 있다.

첫째, 세계적으로 이렇다 할 정도로 가격이 회복되려면 10년이 걸리고, 세계 에너지 생산이 증가하는 추세에 접어들려면 최소한 3년이 걸린다. 인구구조를 무시하고, 미국이 무역 체제로부터 이탈한다는 사실을 무시하고, 무질서 시대에 닥칠 혼돈과 전쟁을 무시해도, 이러한 에너지 쇼크만으로도 전 세계적으로 에너지발 경기침체가 초래된다.

둘째, 미국은 세계가 걸린 덫에 걸리지 않는다. 한 3년은 걸려야 세계가 이렇다 할 생산을 시작하고 가격도 회복되지만, 미국은 겨우 석 달 걸린다. 상당히 복잡한 셰일 유정을 개발하는 데는 비용이 몇백만 달러에 기간은 6주밖에 걸리지 않았다. 신규 프로젝트가 그렇다. 미개발 지역을 개발하지 않고도 쉽게 생산 가능한 지역에 접근할 방법은 수없이 많다. 채굴은 했지만 아직 생산은 하지 않은 대기유정을 가동하고, 채집 기간시설을 채우기 위해 한 단계만 파쇄한 유정들을 가동시키고, 오래된 유정에 새 기술을 적용하고, 기존의 유정 목록을 훑어보고 재시추하는 등 여러 가지 방법이 있다. 이 가운데 새로 탐사 작업을 하거나 신규 임대계약을 채결해야 한다거나 새로 기간시설을 건설해야 하는 경우는 하나도 없다. 그리고 이러한 방법을 통해 1년이 채 못 돼 생산량이 1mbpd 이상 추가된다. 24개월 안에 총생산량이 너끈히 2.5mbpd는 늘어날 수 있고, 이는 북미 지역의 석유 순수입 양을 0으로 만들기에 충분하고도 남는다. 이렇게 에너지 자립을 달성하면 미국의 유가는 60-70달러 상한선에 도달하게 되고—이 가격 수준에서 대부분의 셰일 석유 개발사업이 수익성이 생긴다—나머지 세계의 유가와 완전히 단절된 유가를 형성하게 된다.

셋째, 미국을 제외한 16개 생산 지역이 모두 공통적으로 보이는 특징은 생산하기가 쉽지도 않고 비용이 싸게 들지도 않는다는 점이다. 이 지역들은 하나같이 엄청난 기술 역량이 필요하고, 숙련된 노동력, 그리고 무엇보다도 자금이 필요하다. 빠른 시일 내에 새로 생산량을 늘리는 게 목표라면 더더욱 그러하다.

한마디로 이 16개 생산 지역 가운데 어느 한 군데에서라도 생산에 성공하려면 수퍼메이저가 있어야 한다.

캘리포니아는 예외

미국의 유가는 세계 유가와 따로 움직이듯이 캘리포니아의 유가는 미국의 유가와 따로 움직이고 있다. 캘리포니아는 몬트레이 지층에 전도유망한 셰일 매장지가 있고 캘리포니아는 미국에서 두 번째로 석유를 많이 사용하는 주로 꾸준히 순위에 오르지만, 주 차원의 규제 때문에 주 내에서 지속적으로 셰일 산업의 발달이 저지되어왔다.

이런 결정에는 대가가 따른다. 캘리포니아는 미국 에너지 복합시설로부터 거의 분리되어 있다. 중서부와 텍사스로부터 로키산맥을 가로지르는 석유 송유관이 없다. 캐나다에서 유입되는 작은 규모의 송유관조차도 없다. 노스다코타(또는 캐나다)에서 생산되어 캘리포니아로 운송되는 석유는 전량 철도(또는 철도로 운송한 뒤 태평양 북서부에서부터 바지선으로 운송)로 운송해야 한다.

국경이 개방된 세계화 시대에 이런 상황은 언급할 가치도 없고 비웃음이나 살 일이다(텍사스 사람이라면 아마 호탕하게 웃었을지 모른다). 캘리포니아는 주 내에서 자체적으로 석유를 생산하려고 하지 않는 만큼 세계 다른 지역에서 원유를 수입해오는 능력이 있고, 정치적 원칙을 고수하기 위해서 휘발유 1갤런당 몇 달러 더 낼 의향이 있다.

그러나 정치적 원칙을 지키기 위해 지불하는 비용은 상당히 늘어나게 된다. 캘리포니아로 수입되는 석유는 대부분 세 지역으로부터 온다. 첫 번째는 알래스카다. 미국 법에는 독특한 조항이 있는데, 알래스카에서 생산된 석유는, 경우에 따라 국내 에너지 수출을 금지하는 다른 법규들과는 상관없이 바깥 세계로 수출하도록 허용하고 있다. 이로 인해 알래스카의 원유는 곧 세계에서 가장 비싼 값을 쳐줄 최종 시장으로 흘러들어가게 된다.

바로 일본이다. 두 번째 수입원은 중남미 지역인데 여기도 비슷한 논리가 적용될 가능성이 높다. 캘리포니아는 이들 수입원을 대신할 다른 지역을 물색해야 한다.

그 다른 지역은 캘리포니아의 현재 주요 수입원 중 남은 지역일 가능성이 높다. 바로 페르시아 만이다. 이 책을 쓰는 현재, 캘리포니아는 페르시아 만에서 450kbpd를 수입하는데, 주 내에서 생산하는 550kbpd에 거의 맞먹는 양이다. 이란과 사우디아라비아 사이에 충돌이 발생하면 캘리포니아는 동아시아 국가들 만큼이나 공급량을 확보하는 데 차질이 생기고, 확보한다고 해도 높은 가격을 지불해야 한다. 미국의 셰일 생산이 폭증하고, 캘리포니아를 제외한 미국은 다른 대륙으로부터 원유를 더 이상 수입하지 않게 된다. 캘리포니아는 그 시점부터 미국의 나머지 주들이 수입하는 원유를 다 합한 것보다 더 많은 양의 석유를 페르시아 만으로부터 수입하게 된다. 캘리포니아의 휘발유 가격과 다른 48개 주에서의 휘발유 가격의 차이는 오늘날의 배럴당 1달러에서 5-9달러까지 커진다고 장담한다. 이 정도면 캘리포니아에서는 에너지 가격 때문에 장기적인 불황에 빠지기에 충분하다.

그러나 탈출구가 없는 불황은 아니다. 이 상황을 바로잡는 데 필요한 모든 것이 캘리포니아 내에 갖추어져 있다.

캘리포니아의 석유와 천연가스는 거의 모두 한 개 카운티에서 생산된다. 컨(Kern) 카운티다. 컨 카운티는 몬트레이 셰일이 있는 곳이기도 하다. 몬트레이는 그동안 개발이 부진했지만, 전적으로 캘리포니아 주정부가 만들어내는 규제와 제약 때문만은 아니다. 몬트레이의 지질은 복잡하게 얽혀 있다. 층층이 쌓인 지층들을 다수의 단층선이 이리저리 교차한다. 캘리포니아 지역 주민들은 주정부가 지역 산업을 제약한다고 이를 빠득빠

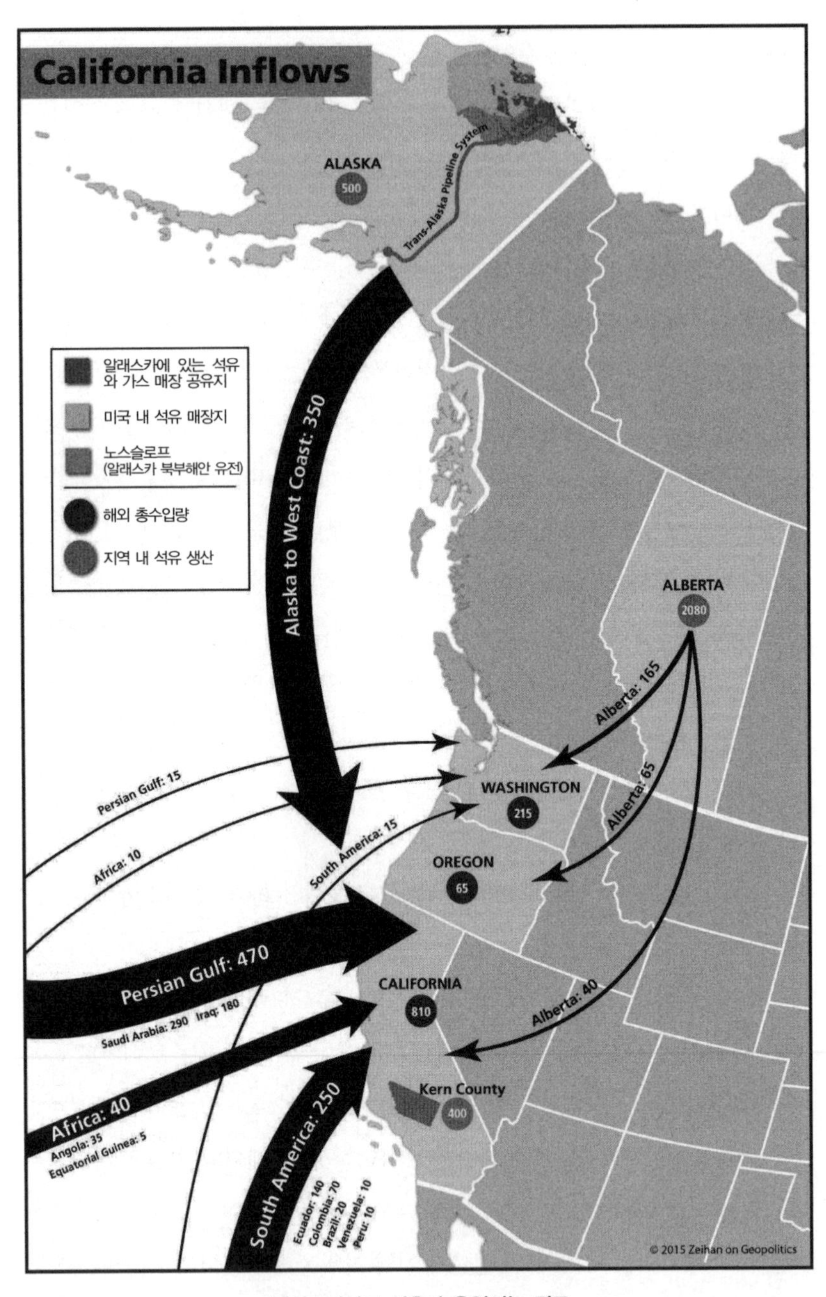

캘리포니아로 석유가 유입되는 경로

득 갈지 모르지만, 몬트레이가 석유사업에 우호적인 텍사스에 있다고 해도 세계적 수준의 에너지 매장지라고 보기는 어렵다.

적어도 최근까지는 그랬다. 텍사스와 펜실베이니아와 노스다코타는 지난 10년 동안 셰일의 비밀을 조금씩 풀어왔지만, 2016년에 가서야 가장 좋은 개발 방법이 모습을 갖추기 시작했다. 2014년만 해도 몬트레이는 복잡하고 층층이 쌓인 지질학적 특성 때문에 개발이 거의 불가능했는데, 이제는 바로 그 특성 때문에 모두가 개발하고 싶어서 군침을 흘리게 되었다. 맥동 공법과 특히 다층시추 공법은 퍼미안과 마셀러스 같은 복잡한 셰일을 최적의 생산 지역으로 뒤바꾸고 있다. 컨 카운티는 이에 뒤늦게 합류했을지 모르지만, 후발주자의 이득을 톡톡히 누리게 된다.

컨 카운티는 이미 몬트레이를 변모시키는 데 필요한 자본, 기간시설, 지역의 법적 규제의 틀, 인력 등을 모두 갖추고 있다. 캘리포니아의 유가가 두 배(혹은 그 이상)가 되고 주정부가 컨 카운티를 보는 시각이 바뀌면—그리고 특히 컨 카운티에 대한 주정부의 규제가 풀리면—캘리포니아의 셰일 붐은 하룻밤 새에 일어나게 된다. 미국의 4대 셰일 매장지에 캘리포니아가 추가되어 곧 5대 매장지가 된다.

수퍼메이저 (supermajor)의 세상

It's a Supermajor World

수퍼메이저란, 그 이름에서 짐작이 가겠지만, 석유업계의 거대 기업들을 말한다. 1990년대 말, 대대적인 합병의 물결이 일기 전부터 이들은 이미 세계 최대 민간기업이었다. 그러더니 이들이 짝을 짓더니(경우에 따라 셋, 넷씩 뭉치기도 함) 오늘날 진정으로 거대한 조직이 되었다. 합병 직후의 기업 명칭을 보면 누가 누구와 짝을 지었는지 분명해진다. 엑손모빌(Exxon-Mobil), BP아모코아코(BPAmocoArco), 토탈피나엘프(Total-FinaElf), 코노코필립스(ConocoPhillips), 셰브론텍사코(Chevron-Texaco).[1]

수퍼메이저들은 큰 그림을 그린다. 이들은 그다지 작지 않은 나라 정도의 경제력과 기술력을 갖추고 있고, 세계에서 일어나는 일련의 사건들을 바꿀 만한 에너지 프로젝트들을 탐색한다. 그러면서 아무도 엄두도 못 낼 거대하고 엄청나게 비용이 많이 드는 프로젝트를 추진한다. 아무도 시도조차 하려 들지 않고 시도하는 데 필요한 기술을 개발하려고조차 하지 않는, 아주 어려운 유전들을 개발한다. 너무나도 오지에 있어서 추출하는 송유관 비용만 해도 웬만한 기업의 연간 총수익 정도 되는 장소를 찾아다닌다. 여느 기업 같으면 타당성 조사를 하는 데 필요한 비용을 융자받기 위해 금융기관에 대출신청서를 쓸 엄두조차 못 낼 정도로 비싼 프로젝트를 추진한다. 생산이 가능해지는 시기가 너무나도 먼 미래의 일이라 수 년 동안 돈이 들어오지는 않고 나가기만 하는 위험이 있어서 이를 아무도 감수하려 하지 않는 프로젝트를 실행한다. 간단히 말해서 수퍼메이저들은 오직 극소수 기업—정확히 일곱 개 기업—만이 실행하는 꿈이라도 꿔볼 만한 매장지에서 작업하고 싶어 한다. 그처럼 엄청난 비용이 들고, 개발하기 어렵고, 오지에 있고, 생산하기까지 오랜 세월을 기다려야 하는 프로젝트가 성공하면 수십 년 동안 엄청난 수익이 보장된다.

그러나 우선 수퍼메이저들이 추구하는 대상을 이해하는 게 중요하다.

미국의 에너지 현황

오래전부터 미국에는 에너지 정책이 없다는 (정당한) 비판이 제기되어 왔다. 사실 미국은 의회에서 통과되는 에너지 법안이 하나도 없는 해도 있었다. 가장 최근에 어느 정도 중요한 법안이 채택된 때가 2008년이다. 이는 미국이 최근까지만 해도 세계 최대 에너지 수입국으로서 사우디아라비아(미국의 국익을 기준으로 보면 미심쩍은 의제를 추진하는 나라) 또는 베네수엘라(미국에 대한 적개심에 불타오르는 나라) 같은 나라로부터 상당량을 수입했다는 사실 때문에 더욱 복잡해진다. 분명하고도 현존하는 전략적 필요성과 경제적 필요성이 있을 때도 미국은 에너지 전략을 수립하지 못하는데, 평범한 미국인이 북미 지역은 에너지 자급자족이 가능할 뿐 아니라 이미 기정사실임을 깨닫는다면 에너지 정책에 대한 관심은 더더욱 줄어들지 않겠는가.

공공 정책의 관점에서 볼 때 에너지 안보에 대한 무관심은 현실의 절반만을 보여줄 뿐이다. 오늘날 에너지 정치에서 가장 큰 오해로 손꼽히는 게 미국 수퍼메이저들이 미국 에너지 정치와 정책을 좌지우지한다는 사고다. 민주당은 수퍼메이저를 환경오염의 주범으로 비난하고, 공화당은 이들을 경제를 떠받치는 기둥으로 찬양하며, 평범한 국민에게 수퍼메이저는 일주일에 한 번씩 꼬박꼬박 주유소에 휘발유 채우러 갈 때마다 마주치는 이름들이다. 현실은 사뭇 다르다. 규모가 더 작고 독자적인 에너지 기업들이 오래전부터 수퍼메이저들이 점유하고 있는 시장을 잠식해왔고, 셰일 혁명을 주도하는 독자적인 기업들이 미국의 수퍼메이저들을 그들의 아성인 미국 시장에서 옆으로 밀어냈다. 현재 미국 기업들의 구조 측면에서 볼 때 과거와 완전히 결별할 시점에 이르렀는데, 이 모두가 셰일 생산의 기술적 측면과 관련이 있다—특히 수퍼메이저의 시각에서 봤을 때의 기술적 측면이다.

미국의 수퍼메이저들은 셰일 하면 치를 떤다. 최악의 조건을 다 갖춘 대상으로 본다. 셰일은 투자하는 데 비해 얻는 게 너무 적다. 셰일 유전의 생애주기 전체에 걸쳐 생산되는 석유의 양은 하루에 몇백 배럴밖에 되지 않는다—수퍼메이저는 수십만 배럴 정도는 되어야 손을 댄다. 이렇게 규모가 작은 유전을 시추 생산하느라 수백만 달러에 수만 시간의 노동력을 들일 가치가 없다고 생각한다. 특히나 특화된 장비와 첨단기술이 필요하다면 말이다. 수퍼메이저가 셰일 개발에 필요한 기술을 터득할 능력이 없어서가 아니다—그럴 능력은 있다. 아마 거의 모든 셰일 개발업자들보다 훨씬 역량이 뛰어날 것이다. 그게 아니라 셰일의 손익구조는 수퍼메이저의 사업모델에 맞지 않는다.[2]

셰일은 경쟁의 도가니다. 2014년에 미국 셰일 유전에 500개 이상의 사업자가 있었는데, 모두가 서로를—토지 임대에서부터 파이프 공급, 파쇄 작업자, 모래 구매에 이르기까지—시장에서 몰아내려고 또는 필요한 물자를 공급하는 업자들에게 웃돈을 주려고 안간힘을 썼다. 이러한 치열한 경쟁은 안락한 시장구조 하에서 활동하는 수퍼메이저들에게는 질색이다. 시장 참여자가 겨우 일곱이고 이 일곱 기업이 때로는 자기들끼리 서로 손을 잡거나 때로는 국영기업과 손을 잡고 일해야 하므로 어느 정도 협력—이들을 비판하는 이들은 이를 담합이라고 한다—은 관행이다.

셰일은 협력을 촉진해왔다. 유가가 폭락했기 때문에 살아남은 셰일 기업들은 서로 기술과 전문성을 공유하면서 운영과 규제 측면에서 최고의 관행을 완성하는 방향으로 셰일 부문을 구축해나가고 있다. 이 때문에 영업 이익은 더욱 하락하고 전문성도 셰일 산업 전반에 걸쳐 분산된다—수퍼메이저를 특별한 존재로 만들었던 특징이 크게 희석된다.

셰일은 미국 정유업계의 이익도 잠식했다. 1990년을 기점으로 세계에서 시추하기 쉬운 고급 원유는 모두 고갈되었다는 사실을 알고 있었던 미국 수퍼메이저들은 미국 정유 복합시설을 개선하는 데 1,000억 달러를 투자했다. 특히 대부분 해외에서 수입하는 중질/시큼한 원유가 들어오는 멕시코 만 연안의 시설들에 집중 투자했다. 그 결과 미국 정유시설은 엄청난 기술적 우위를 누리게 되었고, 세계에서 가장 저질인 원유를 휘발유 같은 고급 상품으로 둔갑시켰다. 그런데 셰일이 등장해 모든 걸 망쳐놓았다. 셰일 원유는 경질/달콤하고, 정제하기도 순풍에 돛단 듯이 순조롭다. 셰일 원유가 미국 송유관을 채우면서 기술 수준, 기술 인력이 다소 뒤떨어지고 비용도 적게 드는 훨씬 낙후된 정유시설들이 최첨단 고급 수퍼메이저 정유시설보다 경쟁우위를 확보하게 되었다.

셰일은 북미 천연가스 시장을 박살냈다. 보통 셰일 시추업자들은 운송이 까다로운 천연가스보다 운송이 쉬운 석유를 시추하는 게 목표이기 때문에 석유 시추할 때 나오는 천연가스는 송유관 망을 통해 시장 가격보다 낮은 가격에 판매한다. 이 때문에 미국 천연가스 가격은 2009년 이후로 낮은 수준을 안정적으로 유지해오고 있는데—지금까지 가장 낮았던 가격은 1,000세제곱 피트당 1.68달러였다—현재 셰일 가스의 판매가격은 대부분의 수퍼메이저가 기존의 시설에서 생산하는 천연가스 생산 비용의 절반 정도일 때가 종종 있다.

북미 지역 자체가 수퍼메이저들에게 적대적인 지역이 되었다. 규제나 법정 소송이나 환경보호주의자나 지역 이기주의 활동가들이나 고령화하는 인구구조나 친환경 기술 때문이 아니라 셰일이 수퍼메이저를 북미 지역 시장에서 퇴출시키고 있기 때문이다. 알래스카 북부에서 석유 생산이 급격히 줄어들고 있어서 트랜스알래스카 송유관은 운송할 석유가 부족해 폐쇄될 위기에 처했다.[3] 여러 셰일 시추지에서 생산되는 천연가스 양이 급격히 증가해 미국에서 두 번째로 천연가스를 많이 생산하던 멕시코 만

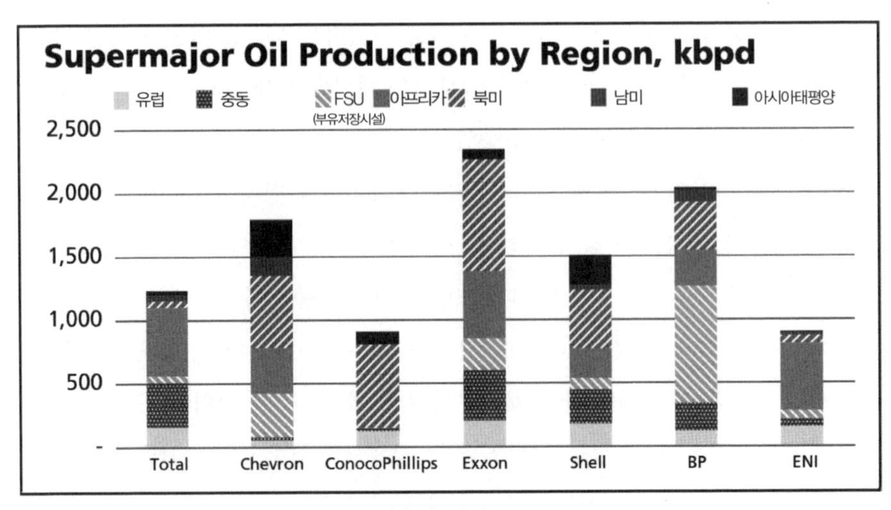

수퍼메이저의 지역별 석유 생산량(kbpd)

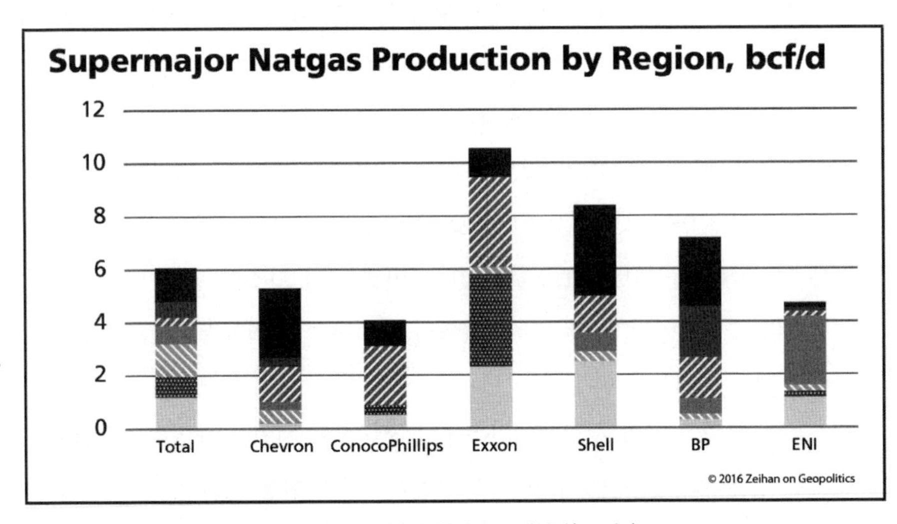

수퍼메이저의 지역별 천연가스 생산량(bcf/d)

지역이 7위로 하락했다. 독자적인 정유업체들이 우후죽순 늘어나고 있는데, 수퍼메이저는 현상유지만 해도 운이 좋다고 할 지경이다.

2015년 미국에서 석유와 초경질유 14mbpd, 천연가스가 74bcf/d 생산되었는데, 이 가운데 미국의 수퍼메이저들이 생산한 양은 겨우 8분의 1이다. 코코노필립스는 생산량의 3분의 1을 북미 외의 지역에서 생산한다. 엑손모빌과 셰브론의 경우 이 비율은 3분의 2다. 따라서 미국의 수퍼메이저들은 해외로 눈을 돌려 자사의 기술력으로 최대의 수익을 내는 지역에 집중해왔다. 먼 타지에서 석유 생산량(그리고 소비량)이 증가하면서 수퍼메이저가 정유와 화학 산업에서 하는 역할도 늘어났다. 수퍼메이저들은 그들이 사업을 하는 여러 국가에서 18세기 대영제국 관료들도 혀를 내두를 만한 범위까지 뻗어 있는 세계 공급사슬을 이용해 소매업체로만 활동할 자본과 전문성도 갖추고 있다.

단도직입적으로 말해서 미국의 수퍼메이저들은 더 이상 미국 기업이라고 하기가 어렵다. 그러나 여전히 수퍼메이저인 것만은 확실하다.

탈세계화에 맞서기

미국의 수퍼메이저들은 자본, 기술, 물류 역량, 그리고 숙련노동력에 있어 세계에서 집약도가 가장 높다. 이들의 이러한 특징이 미국 내의 유전에서 예전보다 잘 먹혀들어가지 않는다고 해서 세계 다른 곳에서도 그렇다는 뜻은 아니다. 점점 혼란스러워지는 세계에서 미국 수퍼메이저의 규모와 안정성은 이들을 반드시 손잡아야 할 매력적인 동업자로 만든다. 게다가 유럽이나 동북아시아 4개국과 엮이기보다는 미국과 엮이는 게 안보와 정치 측면에서 복잡한 문제에 휘말릴 가능성이 훨씬 적다는 점도 이득이 된다.

운 좋게도 수퍼메이저들이 최근에 내린 투자 결정은 대부분 앞으로 닥칠 무질서의 시대에 이들의 입지를 아주 유리하게 다져준다.

- 수퍼메이저는 모두 중남미에 집중적으로 투자하고 있다. 중남미 지역은 2014년 유가폭락으로 고군분투하고 있지만 북미 지역의 유가와 세계 유가가 분리되면서 다시 급부상할 지역이다. 이 지역 전체가 동반구 상황이 악화되면서 야기되는 고유가로 톡톡히 이득을 보게 된다. 전략적으로 동반구와 거리를 두고 있고 미국이 자국의 뒷마당인 중남미 지역에 지속적으로 관심을 두기 때문에 중남미와 경쟁하는 동반구 지역의 산유국들이 겪게 될 안보 위기로부터도 자유롭다.
- 미국의 3대 수퍼메이저들은 모두 멕시코가 기회를 제공하자마자 멕시코 유전에 가장 먼저 뛰어들 의사가 있음을 이미 분명히 밝혔다. 멕시코만에 있는 미국 정유 사업을 지배하는 이 세 수퍼메이저들의 시장지배력은 멕시코 정유 부문으로 확대된다.
- 엑손모빌과 셰브론은 이미 석유 사업이 급속히 확장되고 개방되고 있는 아르헨티나에서 입지를 굳히고 있는데, 엑손모빌의 경우 바카 무레르타 셰일 유전에서 거의 100만 에이커에 달하는 지역에서 석유를 생산할 계약을 맺었다.
- 미국의 3대 수퍼메이저는 모두 북해에서 상당한 영향력이 있는 기업들이다. 엑손모빌은 노르웨이에서 두 번째로 많은 석유를 생산하는 기업이다.
- 모두가 동남아시아에서, 특히 해상유전에서 활동하는 주요 기업들이다.
- 엑손모빌과 코노코필립스는 북유럽에서 주요 생산자인데, 엑손모빌은 유럽 대륙에서 최대 규모의 천연가스 프로젝트인 네덜란드의 흐로닝언 유전에서 30퍼센트의 지분을 소유하고 있다.
- 엑손모빌은 사하라사막 이남 아프리카 지역에서 지배적인 생산자이다. 특히 적도기니와 앙골라에서 이들이 추진하는 프로젝트는 각각 0.3mbpd와 1.0mbpd를 생산하고 있다. 엑손모빌은 또한 나이지리아

에서도 중요한 생산자이다.

- 중동의 석유가 페르시아 만에 묶여 있게 되고, 러시아가 송유관으로 운송하는 천연가스 수출물량이 군사 갈등 때문에 차단되면 다른 액화천연가스 수출국들은 호황을 누리게 된다. 가장 크게 혜택을 볼 나라는 오스트레일리아인데, 곧 타의 추종을 불허하는 세계 최대 수출국이 된다—그리고 엑손모빌과 셰브론은 오스트레일리아 액화천연가스 산업에 관여하는 최대 규모의 서구 기업들이다. 호황을 누릴 또 다른 지역에는 셰브론이 액화천연가스 사업을 하고 있는 나이지리아와 엑손모빌이 액화천연가스 사업을 하고 있는 말레이시아가 있다.
- 셰브론은 특정한 시장에서 지배적인 지위를 누리는 경향이 있다—방글라데시, 미국 캘리포니아 주, 콜롬비아, 인도네시아, 카자흐스탄, 쿠웨이트-사우디아라비아 중립지대, 태국에서 최대 에너지 생산자다—따라서 사업을 하는 나라마다 정치적으로 특별대우를 받는다.
- 유럽의 수퍼메이저와 달리 미국의 수퍼메이저는 대체로 페르시아 만 지역을 피해왔다. 엑손모빌만이 실제로 관여해왔고, 이라크의 쿠르디스탄 같은 지역에의 투자는 사실상 발만 걸쳐놓았을 뿐 언제든 처분 가능한 투자에 불과하다. 페르시아 만이 전쟁 지역이 되어도 자산 측면에서 잃을 게 별로 없고 세계 유가가 인상되면 엄청난 이득을 챙기게 된다.

전체적으로 볼 때, 미국의 수퍼메이저들은 미국과는 동떨어진 위험한 지역에 진출하려는 의향이 훨씬 강하다. 정확히 원하는 종류의 원유가 원활하게 공급되는지 일일이 챙겨야 하는 절박한 처지가 아니기 때문이다. 이러한 융통성은 엄청난 이익이다. 수퍼메이저들은 거래를 중개할 역량이 있고 (그나마 얼마 남지 않은) 국내 시장에서 멀리 떨어진 곳에서 진행되는 프로젝트에 투자할 수 있기 때문이다. 게다가 어찌 보면 직관에 반하기는 하지만, 수퍼메이저들은 대부분의 기업들이 엄두를 못 내는 짓을 행동에 옮길 능력이 있다. 바로 사업을 접는 일이다. 매몰 비용은 항상 문제가 된다. 하지만 미국의 수퍼메이저들은 사업의 필요와 이사회와 주주의 요구에 따라 움직이지, 국가의 필요와 합참의장의 요구에 따라 움직이지 않는다. 따라서 미국의 수퍼메이저들이 보기에 폭력의 수위나 정부 규제나 운송의 안전성이나 부패의 정도가 자사가 감당할 수준을 넘어섰다고 판단되면 오로지 수지타산에 따라 사업을 계속할지 여부를 결정한다. 단서 조건을 최소한으로 하고 에너지 생산과 수익을 최대화하려는 나라들에게는 미국의 수퍼메이저가 유럽의 수퍼메이저나 국익을 중심으로 움직이는 타국의 국영기업들보다 훨씬 매력 있는 동업자이다. 간단히 말해서 미국의 국내 에너지 호황 때문에 미국의 수퍼메이저들은 산유국들이 유조선을 미리 정해진 판매시장으로 보내기보다는 가장 높은 가격을 부르는 이에게 원유를 팔게 되는 상황을 선호하게 된다.

그렇다고 해서 미국의 수퍼메이저들이 세계적인 참사에서 완전히 비껴나게 된다는 뜻은 아니다. 생산지와 소비지가 일치하는 사례가 점점 많아지면서 산업 패턴은 공급사슬이 점점 짧고 얇아지게 될지 모르지만, 북미 이외의 지역에서 생산되는 원유는 여전히 장거리 운송이 필요하다. 이는 거의 폭리를 취할 가능성을 열어주지만, 미국 수퍼메이저들이 사업을 하는 지역은 잘 조직화되고 절박하며, 군사력을 갖춘 국가들의 관심을 끌 지역들이다.

- 엑손모빌은 러시아 극동 지역에서 사할린-1 원유와 천연가스 프로젝트를 관장하고 있는데, 이 시설에서 생산되는 원유는 모두 일본으로 갈 가능성이 높다. 요컨대, 유조선 전쟁에서 이미 엑손모빌은 누구 편에 설지 정한 셈이나 마찬가지다. 이는 학문적인 관심사 이상의 문제다. 중국이

엑손모빌의 시설과 자산을 합법적인 목표물로 여길 가능성이 높은 데다가, 엑손모빌은 아시아에서 갈등이 발생할 지역 내에 있는 다른 곳에도 많은 자산을 보유하고 있다. 가장 관심이 집중될 지역은 말레이시아인데, 이 나라에서 엑손모빌은 이미 해외기업으로는 최대의 천연가스 생산자다. 유감스럽게도 말레이시아는 천연가스를 대부분 액화천연가스 형태로 수출하고 있는데, 이 액화천연가스 시설이 유조선 전쟁에서 핵심적인 공격대상이 된다.

- 엑손모빌과 셰브론 둘 다 구소련 영역에 상당한 시설을 보유하고 있다. 엑손모빌은 러시아 국영기업인 로스네프트와 합작투자 사업을 여러 개 하고 있고, 카자흐스탄에 있는 셰브론의 텡지즈 프로젝트에서는 대략 1.3mbpd의 원유를 생산해 러시아를 통해 흑해와 지중해로 운송하고 있다. 러시아의 서쪽 변방 지역에서 총격이 발생해 지구전으로 확산되면 두 기업 모두 무일푼이 될 위험이 있는데, 그런 일이 발생하지 않게 하려면 머리를 잘 써야 한다. 한 가지 가능한 해결책은 아제르바이잔과 조지아, 이란, 또는 중국과 같은 지역을 통해 운송하는 대체 경로를 물색하는 방법이다—이러한 대체 운송경로들도 하나같이 지정학적인 문제를 안고 있는 지역이고 수퍼메이저들을 러시아에서와는 완전히 다른 새로운 호전세력들의 표적이 되는 지역에 놓이게 만들 가능성이 있다.
- 프랑스, 이탈리아, 영국, 그리고 다른 유럽 국가들은 유럽 대륙의 수요를 충족시키려면 미국의 수퍼메이저들이 아프리카에서 생산하는 원유를 공급받지 않고서는 불가능하다. 미국의 수퍼메이저들과의 운송 계약과 시설 접근과 관련한 가벼운 기업 분쟁은 유럽 국가들에게 국익과 관련된 중요한 문제다. 미국의 수퍼메이저들은 아프리카에서 생산되는 원유를 전량 유럽으로 돌리라고 유럽 국가들로부터 압박을 받게 될 뿐 아니라 아프리카에 있는 자사의 자산을 전부 유럽 기업/정부에 팔라는 압

박에도 시달리게 된다. 이를 원만하게 전진적으로 해결할 방법은 자산 맞교환이다. 유럽 국가들은 아프리카에서 자기들이 절실하게 필요한 것을 얻고, 미국은 동남아시아의 알짜배기 자산과 서반구의 자산을 차지하는 방법이다. 그다지 원만하지 않은 접근방식은 유럽 국가들이 식민지 시대의 버릇을 되살려서 해당 지역의 주민과 정부가 미국의 수퍼메이저에 대해 반감을 품게 만들고, 미국 수퍼메이저와 딱히 냉전이라고 할 수는 없는 전쟁을 시작하는 방법이다.

어느 쪽으로 사태가 전개되든 미국의 수퍼메이저들은 미국 정부로부터 이렇다 할 지원을 받으리라고 장담할 수가 없다. 북미 지역이 에너지 자급자족을 달성하면 예컨대, 엑손모빌과 르완다 사이에 분쟁이 일어나도 (미국 국민들의 관심은 고사하고) 미국 정부가 딱히 관심을 보일 리가 없다—특히나 셰브론 같은 기업들은 다코타 주 주민들보다 방글라데시 수도 다카(Dhaka)에게 훨씬 중요한 존재라는 점을 고려하면 말이다. 미국의 수퍼메이저는 각자도생해야 한다.

유럽에서는 이와는 전혀 딴판으로 상황이 전개된다.

유럽 에너지 현황

유럽은 에너지 부문에 대해 국가가 영향력을 행사해야—이를 "장악"이라고 묘사하는 이들도 있다—한다. 에너지 공급은 국가가 기능하는 데 필수적인 요소이기 때문이다. 러시아와의 전쟁이 어떻게 진행되느냐에 따라서 국가의 생존이 걸린 문제이기도 하다. 유럽 국가들은 국가의 결속력을 유지하기 위해서 과거의 제국을 되살릴 필요는 없다. 유럽은 특정한 지역으로 밀고 들어가서 특정한 원유 생산지를 봉쇄하고 유럽의 특정한 정유시설에 원유를 공급하면 된다. 유럽의 수퍼메이저들은 이러한 목표를 달성하기 위해서 경제, 금융, 유통, 기술적인 중추를 형성하겠지만, 외교에서 군사역량에 이르기까지 폭넓은 특권을 누리는 유럽 정부들이 기회와 문제가 발생할 때마다 개입할 수 있고, 실제로도 개입하게 된다. 유럽의 수퍼메이저는—또다시—통치의 수단이 된다. 제국의 수단 말이다. 유럽의 수퍼메이저가 감내할 수준의 폭력이나 정부 규제나 운송 안전도를 넘어서면, 외무장관이나 특수군 아니면 500파운드짜리 폭탄이 개입될 가능성이 높다.

유럽이 에너지와 관련한 의사결정에서 파국을 맞게 되는 지점은 러시아가 유럽의 동쪽 경계에서 행동을 취하게 되는 순간이다. 러시아가 움직이면 유럽은 동시에 네 가지의 혹독한 현실과 마주하게 된다.

첫째, 유럽의 에너지 부문은—전부 다—회복 불가능한 쇠락의 늪에 빠진다. 유럽에서 처음 석유가 생산된 때는 한 세기도 훨씬 전의 일이고, 대부분의 경우 생산은 제 2차 세계대전이 발발하기 전에 이미 한계에 달했다. 한계에 다다르지 않은 몇 개 나라 가운데 오직 다섯 개 나라—덴마크, 네덜란드, 노르웨이, 영국, 루마니아—만이 꾸준히 생산량을 유지해오다가 20여 년 전부터 하락하기 시작했다. 노르웨이를 제외하고 나머지 나라들은 이미 돌이킬 수 없는 생산량 하락 국면에 접어들었고, 유럽 전체에서 생산되는 석유와 천연가스 양은 대략 10년 전의 3분의 1을 밑돈다. 사실 1950년 이후로 개발된 석유와 천연가스 생산지는 하나밖에 없다.

그 지역—북해—이 바로 유럽이 맞게 될 두 번째 엄혹한 현실이다. 북해 유전은 1970년대에 개발되었다. 1973년 아랍의 석유 수출금지 조치에 대한 대응책이었다. 그리고 북해 유전—거의 오로지 북해 유전 덕분에 유럽 전역에 에너지 부족으로 인한 경기 침체가 더 심각한 사태로 변질되는 지경까지 가지 않았다. 개발된 지 얼마 지나지 않아 북해 유전은 유럽의 석유 수요의 3분의 1을 공급하게 되었다. 그러나 북해 유전은 천우신조이기는 했으나 사우디아라비아 같은 유전은 아니라는 사실을 누구나 알고 있었다. 30년 동안 공격적으로 유전을 탐사하고 최첨단 기술을 지속적으로 응용하면서 생산량이 하락하는 시기를 최대한 늦춰왔지만 2005년에 마침내 오래전부터 예상되어온 생산 절벽에 부딪히게 되었다. 2005년에 노르웨이/영국/덴마크가 북해에서 뽑아낸 원유는 5.2mbpd다. 2015년 무렵 이 수치는 3.0mbpd로 하락했다. 새 유전이 여전히 발견되고 이 유전들은 기존의 기간시설과 연결되고 있지만, 노르웨이 쪽 지역을 제외하면 새로 발견되는 유전들은 갈수록 해안에서 멀리 떨어진 지점에서, 갈수록 깊은 바다에서 발견되고 매장량도 갈수록 줄어들고 있다.

북해와 그 연안 지역의 유전에서 생산량이 하락하는 데 따른 영향을 완화하기 위해서 유럽은 이를 대신할 공급원을 찾아야 했고, 여기서 세 번째 엄혹한 현실과 마주하게 된다. 거의 대부분의 경우 북해를 대체할 공급원은 러시아의 영향권에 있는 지역이고 상당량이 러시아로부터 공급된다. 2014년 부유저장시설로 유입된 석유와 정유제품 4.3mbpd 가운데 3.1mbpd가 러시아로부터 직접 수입되었다.[4] 평화로운 시기에도 러시아는 자국의 지정학적인 욕구가 충족되지 않으면 수년 동안 "안전 점검"을 한다는 핑계로 툭하면 송유관을 폐쇄했다. 러시아가 의도적으로 공급에 차질을 야기했든 아니면 다른 이유든, 유럽이 수입하는 석유의 절반이 사라지게 된다. 이로 인한 부수적인 피해도 막대하다. 구소련에서 서쪽으로 흘러들어가는 에너지의 종착지는 유럽뿐만이 아니다. 추가로 3.9mbpd가 곧 충돌이 발생할 유럽 지역을 가로질러 더 넓은 세상으로 이동한다.

넷째, 교전 국가들이 유럽의 그나마 남은 석유 생산을 장악하게 된다. 이 중 러시아의 몫은 뻔하지만, 참전할 가능성이 가장 높은 유럽 국가들이 북해 전체를 장악하고 있다. 영국, 노르웨이, 덴마크는 유럽의 3대 산유국이다. 전쟁이 일어나면 러시아는 발트해를 통해 유럽에 수출하는 석유 공급을 전면 중단하게 된다. 그런데 스칸디나비아 반도 동맹국들의 석유 수요를 충족시키려면 북해에서 생산되는 석유의 마지막 한 방울까지 필요하다. 북해 석유가 스칸디나비아 반도로 행선지를 바꾸면 북해에서 유럽으로 가던 원유 750mbpd가 부족해진다. 독일과 폴란드 또는 그 너머로 전쟁이 확산되지 않은 상태에서도 그렇다는 얘기다.

"경미한 차질"만 빚어지는 시나리오에서조차도 추가로 3.0mbpd의 석유와 정유제품을 유럽 바깥에서 구해 와야 한다. 그리고 유럽 내에서의 생산량이 계속 하락하면서 그 수치는 해마다 증가하게 된다. 결국 유럽—특히 러시아에 맞서 싸우지 않는 나라들—은 과거 식민지 네트워크를 이용해야 하는 상황에 처하게 된다.

지난 70년 동안 미국이 자원 접근, 자본 유통, 물리적 안보, 무역시장 접근을 책임져왔기 때문에 유럽은 제국을 운영하는 일에서 벗어나 있었다—그러나 그들이 필요로 하게 되는 건 바로 제국이다. 몇몇 유럽 국가들은 운 좋게도 여전히 과거 제국 네트워크의 유산을 갖고 있다—그 가운데는 여전히 세계적으로 뻗어 있는 네트워크도 있다. 그러한 네트워크는 유럽의 에너지 수퍼메이저들인데, 이들은 이제 곧 다시 정부의 부름을 받고 봉사하게 된다.

프랑스: 제국으로의 귀환

브레튼우즈 체제 초창기에 프랑스는 자유무역 체제를 미국이 유럽 제국을 위해 세계를 안전하게 만드는 체제라고 해석했다. 물론 미국의 의도는 그게 아니었다. 미국은 제국을 모조리 해체하려 했고 프랑스와 영국이 1939년에 보류했던 제국에 대한 야망을 다시 펼치려는 시도를 용납할 수 없었다. 1956년 영국-프랑스 군이 수에즈 운하를 접수했을 때 미국은—공개적으로—분명히 알렸다. 군사력을 모두 철수하지 않으면 미국은 자유무역 보장을 철회할 뿐만 아니라 전후복구 융자를 취소하겠다고. 그러나 실제로 미국은 영국과 프랑스 군을 이집트에서 축출하기 위해 다국적 군을 이끄는 방법을 심사숙고하고 있었다. 영국과 프랑스는 꽁지가 빠지게 이집트에서 탈출하는 창피를 당했다. 영국은 앞으로 다시는 미국의 심기를 거스르면 안 된다는 교훈을 얻었다. 그때부터 영국은 외교, 경제, 군사 전략의 모든 측면들을 미국의 전략과 공식적으로 통합하기 시작했다.

한편 프랑스는 절대로 다시는 미국에 의존해서는 안 된다는 결론을 내렸다. 따라서 프랑스는 세계 문제에서 자국이 기능적으로 독자적인 역할을 할 토대를 마련하기 시작했다.

에너지는 곧 그러한 정책의 초석이 되었고, 공교롭게도 프랑스는 과거의 제국의 유산에 더 절박하게 매달리게 되었다. 가장 우려했던 사태는 알제리에서 공개적으로 저항이 발생하는 경우였다. 알제리는 엄밀히 말하면 식민지가 아니라 헌법상 프랑스의 영토로 통합되었다. 1956년—수에즈 운하 위기가 발발한 바로 그해—에 석유가 발견되었고, 프랑스는 점점 잔인해져가는 독립전쟁의 와중인 1958년 대대적으로 석유를 생산하기 시작했다. 프랑스 군은 1962년에 완전히 축출되었다.

프랑스는 그로부터 10년 후 아랍 석유 수출금지 조치가 내려지자 입지가 불안해졌다. 유가가 네 배로 뛰었고 프랑스는 배타적인 공급원이 없었다. 프랑스가 내놓은 해결책은 석유와 천연가스 사용처를 대체제가 전혀 없는 공정으로 제한했다. 프랑스는 경제구조를 대부분의 중공업에서 이탈하는 쪽으로 선회했다. 프랑스는 세계 최첨단의 대중교통 체계를 구축했고, 이는 대부분 디젤이 아니라 전기로 움직였다. 프랑스는 수많은 원자력 발전소를 지었고 1980년대 중반 무렵 전기 수요의 4분의 3을 원자력 발전에서 얻었으며, 그래도 남아도는 전력은 서유럽에 공급했다. 서유럽은 오늘날까지도 프랑스의 원자력에 의존하고 있다. 그러나 아무리 석유를 대체할 에너지를 찾는다고 해도 석유와 천연가스 아니면 하지 못하는 일들이 있다. 프랑스는 자국이 독자적인 외교 정책을 펼치려면 국영에너지기업이 필요하다는 사실을 잘 알고 있었고, 따라서 세계 최고의 국영기업으로 손꼽히는 토탈을 만들었다. 이 기업은 프랑스 특유의 방식으로 세계에서 에너지를 생산하는 지역이면 어디서든지 활동을 한다.

이러한 에너지 다변화 정책으로 프랑스는 다가올 무질서 시대에 흥미로운 기회를 얻게 된다. 프랑스는 세계 도처에서 조성되고 있는 단 하나의 굵직한 위기로부터도 직접적으로 위협받지 않는다. 프랑스는 러시아의 영향권에 들어 있다고 인식되는 그 어떤 나라와도 국경을 마주하고 있지 않으므로—러시아와 국경을 접하고 있는 나라와도 국경을 접하고 있지 않다—프랑스는 불안에 사로잡힌 러시아의 공격적인 움직임에 대응할 필요를 느끼지 않는다. 프랑스는 전통적으로 독립적인 외교 노력을 기울여온 덕에 사우디아라비아, 이란 두 나라와 모두 가까스로 우호적인 관계를 유지하고 있는 몇 안 되는 나라에 손꼽힌다. 프랑스는 유럽 국가이지만 프랑스와 중국은 서로에게 각각 세 번째와 네 번째로 큰 교역국이므로, 프랑스는 지구 반대편에 있는 공급사슬에 걸쳐 있다.

세계가 2010년이 아니라 1910년의 세계처럼 변질되어가면서 프랑스는 이미 제도적, 외교적, 군사적, 문화적 기간시설을 구축한 상태에서 선전하고 있다—그리고 토탈은 이러한 기간시설의 핵심 부분이다

- 토탈은 북해 전역에 생산시설을 구축해놓았고 영국과 스칸디나비아가

연합해서 싸우는 전쟁에 간접적으로 연료를 제공하는 중요한 역할을 하게 된다.

- 토탈은 러시아, 카자흐스탄, 그리고 아제르바이잔에서 진행되는, 기술적으로 가장 복잡한 에너지 프로젝트에서 참여하는 외국 기업 가운데 최대 규모로 손꼽힌다. 토탈의 자산은 안전하지 않지만 프랑스는 지구전에 직접 참여해 무력을 행사할 가능성이 낮으므로, 토탈은 그 정도 규모의 서구 기업으로서는 유일하게 이렇다 할 기업 활동을 계속해 나가게 될지도 모른다.
- 토탈은 페르시아 만에서 가장 많은 에너지를 생산하는 외국 기업으로 손꼽힌다. 이란과 아랍 양쪽으로부터 허가를 얻어 이란이나 아랍의 원유를 페르시아 만 지역에서 내보내도록 중재할 역량을 갖춘 기업이 있다면 바로 토탈이 그런 기업이다. 외교가 실패로 돌아가면 프랑스는 페르시아 만에서 원유를 호송할 해군력과 전략적 자유를 겸비한 유일한 유럽 국가가 된다. 그리고 페르시아 만에서 자국까지 원유를 호송해야 하는 동북아시아 국가들과는 달리 프랑스 해군은 이란과 사우디아라비아를 벗어날 때까지만 유조선을 호송하면 되므로 훨씬 적은 비용에 훨씬 많은 양의 원유 운송이 가능하다. 이 덕분에 토탈/프랑스는 동북아시아 국가들도 모두 서로 협력대상으로 삼으려고 하게 된다—프랑스 입장에서는 그야말로 어깨가 으쓱할 만한 일이다.
- 토탈은 엑손모빌이나 페트로브라스만큼 원양 호송 작전에 능수능란하지는 않을지도 모르지만—그리고 동업자의 기술을 훔친다는 평판도 있다(그런 평판을 얻어도 싸다)[5]—브라질과 앙골라 해상에 소유하고 있는 유전은 미래에 정치적으로 가장 골치 아프지 않은 생산 지역이 될 가능성이 높다. 그렇게 확보된 원유는 프랑스의 이웃 유럽 국가들을 지탱하는 데 이용된다. 참전국이든 아니든 말이다. 물론 공짜는 아니다.

- 토탈의 석유 생산에서 아프리카, 특히 아프리카의 에너지 초강대국인 앙골라와 나이지리아가 가장 큰 비중을 차지한다. 나이지리아는 앞으로 닥칠 무질서 시대에 다음 조건들을 모두 갖춘 유일한 국가가 된다. 첫째, 새로운 유가 구조 하에서 기존의 육상 기간시설에서 신속히 생산량을 늘리는 데 필요한 투자를 정당화할 만한 지역이다. 둘째, 수천억 달러 규모의 새로운 투자 없이도 기존의 해상 기간시설이 확장 가능한 곳이다. 셋째, 안정적으로 액화천연가스를 수출하는 체계가 이미 갖추어져 있다. 넷째, 프랑스의 독자적인 사업 방식에 영합하는 적절히 부패한 정부가 통치하는 나라다.
- 토탈은 동남아시아와 오스트레일리아에도 어느 정도 자산을 보유하고 있다. 여기서 생산되는 원유를 최고가에 동북아시아 시장에 팔 수 있고, 동북아시아 전역에서 중국으로부터 우대를 받는 데 이를 이용하거나, 유럽 국가들과의 협상에서 대서양 지역의 자산과 맞바꿀 수도 있다.

다가올 무질서의 시대에 프랑스는 아주 유리한 입지에 처하지만, 두 가지 중요한 난관에 직면하게 된다.

첫째, 토탈의 정유시설은 선진국 진영에서는 가장 정교하지 못한 시설이다. 프랑스는 세계에서 가장 고급인 원유에 의존하고 있는데, 수입 원유의 4분의 3이 경질/달콤한 원유다. 전 세계적으로 고급 원유가 고갈되면서 프랑스는 앞으로 특정한 등급의 원유를 생산하고 운송하기 위해서 훨씬 더 공격적으로 나서야만 한다.

두 번째 문제는 아시아 국가들이다. 2007-2009년에 미국에서 일어난 금융위기와는 달리 유럽의 금융위기는 한 해 먼저 시작되었고, (2016년 말 현재) 해결될 기미가 보이지 않고 있다. 유럽 전체의 경제 활동은 가까스로 2006년 수준으로 돌아갔고, 이러한 경제적 침체 상황에서 에너지 수요

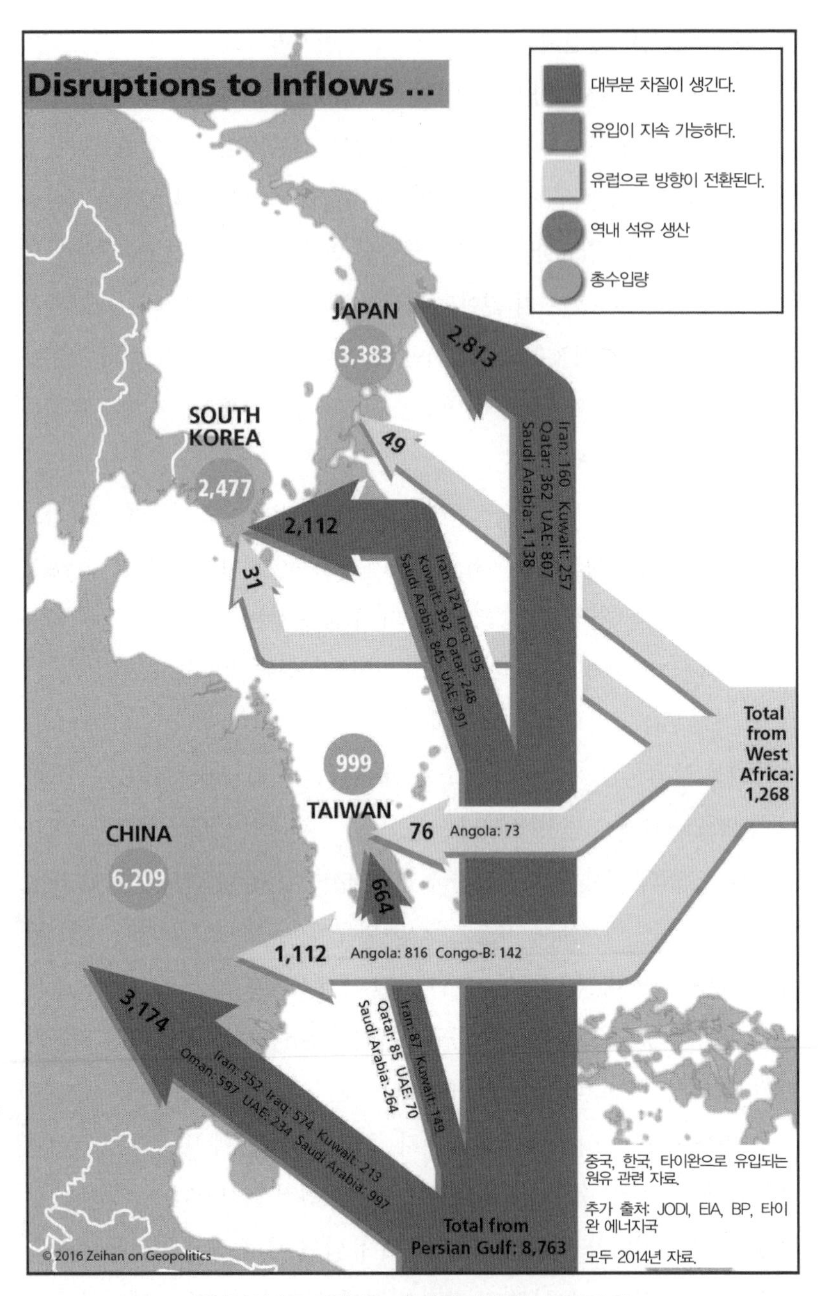

동북아시아로 유입되는 데 차질이 생기는 원유의 양

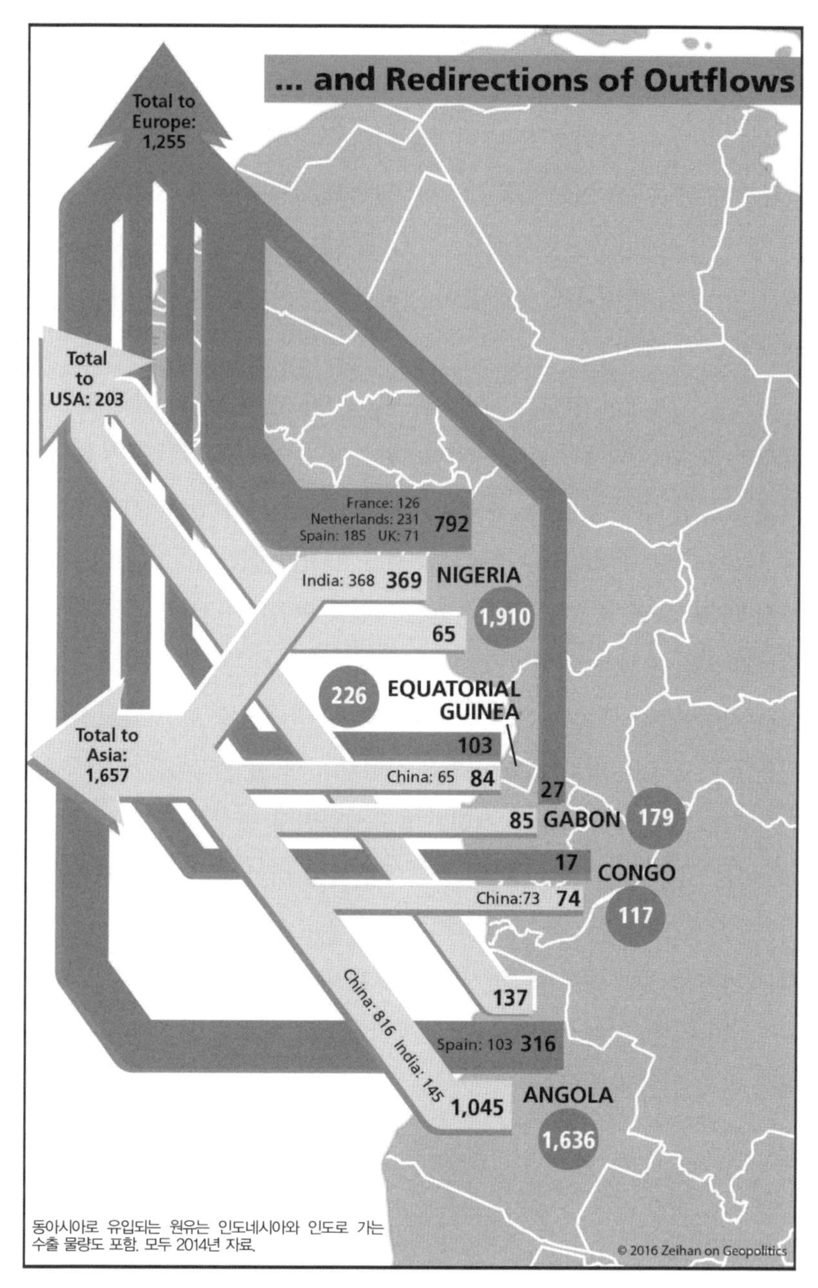

아프리카에서 나가는 원유의 목적지 변경

는 꾸준히 하락해왔다. 대부분의 아프리카 국가들은 과거에 자국을 지배했던 유럽 국가들에 에너지를 공급하지 않고 동아시아로 대부분의 물량을 돌리고 있다. 그리고 물론 이러한 나라들이 생산하는 원유는 대부분 프랑스가 의존하고 있는 바로 그 경질/달콤한 고급 원유다. 서아프리카에서 생산되는 에너지는 전통적으로 미국의 에너지 수요를 충족시켰지만, 최근 몇 년 사이 미국에 셰일 붐이 일면서 서아프리카 원유는 다른 시장에서 팔리게 되었다.

다가올 세계에서 아시아 국가들은 페르시아 만에서 공급되는 원유가 끊기면 그 대신 이 원유를 전량 확보해야 한다. 유럽 국가들은 부유저장 시설 공급량 대신 이 원유 전량을 유럽으로 끌어와야 한다. 서아프리카 국가들은 그냥 내버려두면 자국의 원유를 아시아에 판매하고 싶어 한다. 프리미엄도 훨씬 높고 과거에 식민지 지배를 받았다는 데서 비롯되는 감정적인 앙금도 없는 지역이기 때문이다. 그러나 아시아의 군사력—일본이든 중국이든 인도든—은 엉뚱하게도 지구 반대편에 있고 아프리카의 원유를 확보하기 위해 12,000마일을 항해할 만한 전략적 여유가 없다. 반면 프랑스는 수세기에 걸쳐 식민지를 운영하면서 축적한 군사경험이 있고, 이를 이용할 전략적인 여유가 있으며 이를 비교적 쉽게 실행할 만큼 지리적으로 가깝기도 하다. 프랑스의 이러한 군사역량에 이 지역 해상에서 에너지를 생산하는 토탈의 역량이 보태지면 유럽 국가들의 수요를 충족시키기 위해 중개인 역할을 할 신 제국주의적 체제가 구축된다. 프랑스에서 비롯되는 체제 말이다. 프랑스는 아시아 국가만 떨어져나가게 만들면 된다.

영국: 전쟁에 필요한 연료 공급

영국은 북해에서 석유를 생산하고 또 북해에 있는 노르웨이 석유시설로부터 에너지를 수입하는 대대적인 기간시설도 갖추고 있기 때문에 국내 에너지 수급에 차질이 생길 위험은 없다. 그러나 에너지는 영국만의 문제가 아니다. 영국은 러시아와 한판 붙는 다국적 동맹의 일원이 되고, 이 동맹국들은 모두 경제적으로, 재정적으로, 군사적으로 지원을 받아야 하며 물론 에너지도 필요하다. 북해에서 생산되는 석유는 스칸디나비아 동맹국들에게 공급하기에도 빠듯한 양이고, 영국이 에너지를 확보하기 위해서 해외로 눈을 돌려야 하는 이유는 세 가지다.

첫째, 전쟁에는 엄청나게 많은 석유가 필요하다. 유럽이 전통적으로 미국보다 석유를 덜 써온 가장 큰 이유는 수십 년 동안 유럽의 안보를 미국의 군대에 맡겨왔기 때문이다. 미국이 세계 안보를 보장하는 역할에서 손을 떼면 유럽은 군사 활동을 증강시키는 도리밖에 없는데, 그러려면 더 많은 석유가 필요하다. 이런 변화를 예의주시하는 미국 군대의 발달한 기술 덕분에 석유가 얼마나 더 필요한지 가늠할 수 있다. 작전 수행 중인 육군 중장비 사단은 하루에 60만 갤런의 연료를 소비하는데, 이 정도 연료를 생산하려면 원유 15kbpd가 있어야 한다. 미국 공군이 사용하는 연료만도 정상적인 평상시 작전의 일환으로 하루에 150kbpd 이상이다. 영국-스칸디나비아 군은 공군력과 해군력이 강하므로 이들의 연료 소비량은 세계 평균을 훌쩍 넘게 된다.

둘째, 러시아는 영국-스칸디나비아 동맹세력의 석유 수급에 차질이 생기도록 방해할 게 확실하다. 영국은 바다에 통달한 해군력으로 무슨 화물이든지 원하는 장소에 운송할 수 있다고 장담하면 안 된다. 차선책이 필요하다.

셋째, 영국이 전쟁 중에 해야 하는 역할은 단순히 군사적 역할과 경제적 역할뿐만이 아니다. 외교적인 역할도 해야 한다. 스칸디나비아 국가들은 만만한 나라들이 아니고 이들의 해양 역량은 중세 바이킹을 떠올리게 할 정도지만 스칸디나비아 반도 국가들의 인구를 합해봐야 겨우 2,600만 명이다. 스칸디나비아 국가들은 러시아에 틀림없이 큰 타격을 줄 역량이 있지만 러시아에 평화를 강요하기는 고사하고 진군하는 러시아 육군을 퇴각시킬 역량이 있는 육군을 배치할 인구 규모는 되지 않는다. 솔직히 말해서 영국도 육군을 전투 배치할 역량은 되지 않는다. 영국은 바다에서는 물 만난 고기지만 러시아의 광활한 벌판을 터벅터벅 걷는 실력은 별로다. 영국-스칸디나비아 동맹 세력은 이 싸움에서 독일과 폴란드의 도움이 필요한데 영국이 이 두 나라에 연료를 제공하면 참전을 설득하기가 훨씬 쉽다. 지구전이 벌어지는 동안에는 석유 공급에 차질이 생기거나 석유 화물이 향하는 목적지가 바뀌기도 한다는 점을 고려해볼 때 영국은 추가로 원유 1mbpd를 확보해야 한다.

영국이 직면한 문제는 전쟁이 시작되지도 않았는데 이미 필수적인 영국 수퍼메이저가 지리멸렬하다는 점이다.

BP—예전에 브리티시 페트롤리움으로 알려졌었다—는 오늘날 수퍼메이저들을 탄생시킨 합병 광풍을 촉발시킨 기업이다. BP는 전 세계 구석구석까지 확장하기 위해 엄청난 자본을 투자했다. 그러나 25년 동안 연달아 전략적 오판과 판단 오류를 하고 거기다가 불운이 겹치면서 자본과 최고의 직원과 전도유망했던 생산 지역을 대부분 날렸다.

특히 심각했던 두 번의 위기가 이를 잘 보여준다. BP는 구소련 영역에 가장 공격적으로 진출한 수퍼메이저로서, 심지어 2003년 러시아의 올리가르히(정치권력과 유착한 신흥 재벌들)와 손을 잡고 TNK-BP라는 자회사를 만들었다. 이 올리가르히는 러시아 중앙정부와의 연줄을 이용해서 러시아의 법/사법 체계를 악용해 사실상 기회가 있을 때마다 BP를 등쳐먹었다. 세계 최대 에너지 기업이라는 입지를 유지하기 위해서 BP는 엉뚱한 데 멀쩡한 자금을 쏟아부었고, 심지어 부유저장시설 이외의 자산 일부를 TNK-BP로 이전하기까지 했다. 이 전략은 2013년에 어처구니없는 결과를 낳았다. 러시아가 TNK-BP의 다수 지분을 러시아 국영 석유회사인 로스네프트에 강제로 매각하게 하면서 BP는 자사가 러시아 내에서 하는 영업에서도 투자 결정을 못 하게 되었다. 중부 유럽에서 적대감이 심화되면 로스네프트/러시아 중앙정부는 BP의 러시아 지분을 완전히 몰수해버리게 된다.

이와 동시에 세계 도처에 있는 BP 사업장들은 BP가 부유저장시설에 쏟아부은 대대적인 투자가 수익을 내지 못하는 절망스런 조짐을 보이자 안전 같은 다른 모든 문제들은 차치하고 우선 생산율을 극대화하기 시작했다. 대표적인 사례가 2010년 멕시코 만에 있는 미국 시설에서 발생한 딥워터 호라이즌(Deepwater Horizon) 유정에서 발생한 참사다. 기술적인 경고음이 점점 높아졌는 데도 불구하고 BP 직원들은 시한에 맞춰 생산 목표를 달성하기 위해서 생산을 밀어붙였다. 그 결과 폭발이 발생해 11명이 목숨을 잃고 유정의 해저 기간시설이 심하게 손상되었으며 석유가 대량 유출되어 이를 봉쇄하는 데 몇 주가 걸렸다. 사태가 수습되고 나자 거의 500만 배럴에 달하는 원유가 멕시코 만으로 유출되었고, BP는 미국 정부가 행하는 계약에 참여하지 못하도록 잠정적으로 금지당했고, 벌금과 합의금으로 500억 달러 이상을 물었다. 이는 BP 연간 수익보다도 큰 금액이었다. 그리고 마크 월버그 주연으로 이 참사를 다룬 영화가 만들어지기까지 했다.

2016년 현재, BP는 완전히 엉뚱한 곳에서 사업을 하고 있다. 동남아시아, 나이지리아, 베네수엘라, 아르헨티나, 멕시코에서 존재감이 미미하고 캐나다에 투자를 했지만 너무 늦었고 투자액도 너무 적다. 브라질에서 20개 이상의 전도유망한 (아주 장기간 운영 가능한) 매장지에 참여하고 있지만, 실제로 운영하는 매장지는 겨우 두 군데뿐이기 때문에 BP—또는 영국 정부—가 절실하게 원하는 방향으로 프로젝트를 이끌고 가지 못한다. 그런데도 BP는 오만에 거의 200억 달러를 투자했다. 오만의 생산량은 그저 그렇고 현재 75세인 술탄이 사망하면 내전이 일어날 가능성이 높다.

이러한 연이은 투자실패에 2014년 유가폭락이 겹치면서 BP는 미국과 캐나다를 제외한 모든 투자시설들의 운영을 축소했다. BP는 장기적인 경제 성장을 달성할 선진국에서만 사업을 하는 게 보수적인 시각으로 세상을 바라봐야 하는 기업에게 최적의 전략이라는 아주 타당한 논리를 따르고 있다. 유감스럽게도 이런 논리는 수퍼메이저들의 경우에는 작동하지 않는다. 셰일 개발에 드는 비용, 노동력, 시장구조가 수퍼메이저들의 장점을 잠식하고 있다. 지난 2년 동안 대폭 개선되기는 했지만, 셰일은 수퍼메이저의 초일류 전문 인력의 고용을 정당화하기에는 너무 노동집약적이다—유정당 생산량이 너무 적다. 소규모 생산 기업들의 비중이 크기 때문에 경쟁이 치열하고 시장은 과포화 상태이며, 수익은 보잘것없고 수익률은 너무 낮다. 수퍼메이저는 차라리 다른 데 투자하는 게 낫다. 게다가 미국 시장은 국내 생산량을 수출하기에는 기간시설과 정치 측면에서 너무 폐쇄적이다. BP의 알래스카 시설은 시간이 가면 이런 법칙이 적용되지 않는 예외적인 사례로 드러날지 모르지만, 알래스카 석유는 영국에서 너무 먼 엉뚱한 곳에서 생산되므로 영국의 전쟁 수행을 지원하기 어렵다. BP가 앙골라에서 운영하는 시설은 장기간 지속적으로, 지리적으로 적합한 생산이라는 측면에서 희망을 걸어볼 만하다.

영국의 입장에서 보면 이는 대단히 짜증나는 상황임에 틀림없다. 영국이 제국을 구축하는 난관을 극복하려면 에너지 복합체가 필요한데, BP의 자산은 국내 범위로 쪼그라들었기 때문이다. 영국이 전력부족에 시달린다는 뜻이 아니지만—국내 셰일 생산 가능성도 있는 데다가 원자력 발전도 다시 증가하면 전력부족 우려쯤은 쉽게 해소된다—BP는 독자적으로 독일이나 폴란드와 계약을 채결할 역량이 없다.

영국에게는 앞으로 두 가지 길이 있다.

첫째, 영국은 당장 미국과 하는 거래에 늘 한 자락을 더 깐다. 2016년 6월 영국 국민들은 유럽연합 탈퇴에 찬성투표를 던졌다. 곧이어 영국은 (아주 비공식적으로) 인도, 캐나다, 미국과 자유무역 협상을 시작했고 북미자유무역협정의 네 번째 회원국이 될지도 모른다. 영미 간의 긴밀한 경제관계가 더 긴밀해지면 영국 경제에 해가 되는 일은 미국 경제에도 딱히 도움이 되지 않게 된다. 그러나 해롭기만 한 건 아니다. 이는 영어권의 양대 산맥인 두 나라 모두에게 해당된다.

셰일 혁명 덕분에 미국은 이제 세계 최대 정유제품 수출국이고, 따라서 영국-스칸디나비아 동맹세력(이들은 독일과 폴란드에 이 연료를 공급해주게 된다)에게 판매할 연료가 넉넉하다. BP의 물류 체계는 화물 이송을 관리하기에 최적이다. 이러한 이송은—정유제품 1mbpd 이상—제 2차 세계대전 이후 행선지가 정해진 최대 규모의 원유 이송이 된다. 그러나 미국은 공짜로 호의를 베풀지 않는다. 특히 예전에 미국을 식민지로 지배했던 나라에 대해서는.

이 상황이 어떻게 전개될지 가늠하려면 제 2차 세계대전 초기에 영미 간의 캐시 캐리(Cash-Carry, 현금으로 물자를 사는 구매자가 운송을 책임지는 방법—옮긴이)와 렌드 리스(Lend-Lease, 무기대여, 미국을 방어하는 데 필요하다면 어떤 나라에도 무기를 판매하도록 허용한 법—옮긴이)를 살펴보면 된다. 당시 미국은 나치 독일에 맞서야 한다는 전략적 필요성을 느꼈고, 따라서 영국에 연료, 식량, 군수물자를 제공했다. 그러나 이러한 원조에는 엄청난 가격표가 붙었다. 전쟁이 마무리되기도 전에 영국은 영국이 서반구에 보유하고 있는 군사기지들 가운데 두 군데를 제외하고 모두 한 세기 동안 미국이 사용하도록 조차권을 설정해주어야 했고, 그때 진 부채는 2000년대에 가서야 전액 상환했다.

21세기에 이 상황이 재현된다. BP는 미국과 캐나다에 있는 자산 가운데 미국 기업들이 보기에 쓸모 있는 자산을 매각해야 하는 처지에 놓이게 된다. 배럴당 100달러인 원유 1mbpd는 도매가로 치면 하루에 1억 달러이고—정유제품은 적어도 그 두 배 가격에 팔린다—BP는 서반구에서 보유하고 있는 자산을 상당히 빨리 소진하게 된다. 이러한 거래가 이루어진 후에 BP에 남은 자산은 너무나 보잘것없고 전시물자 공급이 딸리게 된다. 이렇게 규모가 쪼그라든 BP는 국영화되거나 영국 군대에 편입될지도 모른다.

영국에게 차선책이 있기는 하다. 영국과 관련된 또 다른 수퍼메이저가 있지만 그다지 우수한 기업은 아니다. 영국-네덜란드 제휴인 로열 더치/셸이다.

로열 더치/셸은 BP보다 해외 자산 가치가 높지만 이 또한 대부분 엉뚱한 지역에 있다. 셸은 사담 후세인이 축출된 후의 이라크에서 자산을 일부 확보했지만, 페르시아 만에서 사우디아라비아와 이란 사이에 갈등이 생기면 호르무즈 해협이 봉쇄되고 이라크 원유는 발이 묶인다. 그리고 이란이 사우디아라비아를 침략하려면 이라크를 통과해야 하는데, 그러면 이라크 남부에 한 투자는 전부 헛수고가 된다. 이보다 더 쓸모없는 게 셸이 최근에 브리티시 가스(British Gas)를 매입하기로 한 결정이다. 셸이 멕시코 만에 있는 천연가스 생산시설 때문에 매입한 이 시설은 미국에서 셰일 혁명이 일어난 후로 거의 폐쇄되었다. 말레이시아와 인도네시아에 있는 한 세기는 더 된 오래된 시설들 가운데는 일부 가치가 있는 것도 있지만, 지리적으로 너무 먼 엉뚱한 곳에 있기 때문에 영국에는 별 도움이 되지 않는다. 이러한 자산들을 매입한 주목적은 매각하기 위해서다. 어쩌면 대서양 연안에 있는 더 쓸모 있는 뭔가를 얻기 위해 자산을 맞바꾸기 위해서일지도 모른다. 오스트레일리아 액화천연가스 시설에도 로열 더치/셸의 논리가 적용된다. 브라질에 있는 자산은 장기적인 해결책이 될지 모르지만, 지구전이 끝나기 전에 이렇다 할 만한 양의 석유가 생산될 가능성은 매우 낮다.

그래도 셸은 여전히 아주 중요한 자산을 지니고 있다. 첫째, 셸은 나이지리아에서—육상과 해상 공히—석유산업계의 거물이다. 나이지리아는 딱히 안정적인 나라는 아니지만 아프리카 서부에 있는 이 나라에서 지루하게 계속되는 내정 불안은 우크라이나에서 전장을 옮겨가며 벌어지는 전쟁이나 페르시아 만에서 벌어지는 유혈사태와는 천양지차다. 둘째, 셸은 네덜란드에서 세계 최대의 정유시설을 보유하고 있다. 네덜란드는 영국과 그 동맹국들이 더 동쪽으로 진출해 전쟁을 수행하는 데 필요한 모든 것—저장능력에서 천연가스 가공, 다양한 정유시설에 이르기까지—을 갖추고 있다.

어떤 접근방식을 택하든, 앞으로 영국에서는 엄청난 문제/기회가 생길 가능성이 매우 높다.

나이지리아는 영국의 식민지 잔재가 남아 있고, BP와 셸 둘 다 이 나라에 자산을 보유하고 있고, 석유생산량을 급격히 늘릴 잠재력이 있는 지역이다. 영국이 평화적이고 건설적으로 다시 나이지리아 내정에 개입하는 데 성공한다면 영국은 전쟁을 수행하고 다른 주요 국가들을 영국 편에 합류시키는 데 필요한 석유와 천연가스를 전부 확보하게 된다.

문제는 1억 8천만 명에 달하는 나이지리아 국민들은 사사건건 의견이 갈린다는 점이다. 툭하면 종교, 민족, 경제 전쟁이 벌어져 한 달에 수천 명이 죽음을 당하고 그런 폭력사태는 대부분 석유 부문을 둘러싸고 벌어진다. 나이지리아가 육지에서 생산하는 석유 2.4mbpd 가운데 절반은 이조 민족과 익보 민족이 거주하는 지역에서 생산된다. 이들의 저항이 나이지리아의 정치를 좌지우지한다. (익보가 일으킨 저항은 1967년 내전으로 이어졌다.) 나이지리아의 해상 생산시설이 훨씬 안전하긴 하나 생각만큼 안전하지는 않다. 2000년대에 이조 민족이 봉기를 일으켰을 때, 쾌속정을 탄 민병대가 툭하면 해안에서 50마일 바깥에 있는 해상 석유 생산시설을 접수하고, 협상의 지렛대로 사용하기 위해 외국인 작업자들을 납치했다. 이들이 금기시하는 전술은 거의 없다. 설사 석유가 생산된다고 해도 온갖 송유관에 온갖 사람들이 너무나도 많은 구멍을 뚫어 석유를 훔치는데, 그 양이 3000kbpd나 된다. 2016년 중반, 새로 공격의 물결이 일면서 기간시설에 엄청난 피해를 입혀 나이지리아의 석유 수출이 다섯 달 동안 40퍼센트 넘게 줄었다.

평화로운 시기에도 이는 절대로 사라지지 않는 일련의 문제들이지만 세계 다른 지역에는 충분한 석유가 있기 때문에 견뎌낼 만하다. 그러나 전시에 이러한 문제들은 영국 경제의 안정을 위협하고, 앞으로 반세기 동안 유럽 역사를 판가름할 필수불가결한 동맹 체제를 유지하고 전쟁을 수행하는 데 위협이 된다.

영국과 프랑스, 두 나라의 미래는 더할 나위 없이 대조적이다. 프랑스는 별로 할 일 없는 군대의 지원을 받는 수퍼메이저가 이미 해상 에너지 생산에 참여하면서 유럽 역내에서 지배적인 국가가 될 입지를 굳히고 있다. 영국은 발트해와 유라시아 평원에서 전쟁에 직면하게 되고, 이 전쟁으로 아프리카 늪지대에서 점령 전쟁에 빨려 들어가게 될지 모른다. 그렇게 되면 앞으로 수십 년 동안 나라 밖에서 힘을 행사하는 역량이 흔들리게 된다.

이탈리아: 사업상 오찬의 지정학

이탈리아가 사업 거래를 하는 방식은 다른 유럽 국가들과는 약간 다르다. 아니면 일반적인 서구 진영과 다를 수도 있고, 그 어느 누구와도 다른 독특한 방식일 수도 있다.

중세에 이탈리아의 도시국가들(대표적인 예가 베니스)은 유럽과 이슬람권 사이의 향신료 교역을 독점하면서 엄청난 부를 축적했다. 이탈리아의 중개상과 이슬람권 사이의 관계는 복잡하다. 베니스, 제노바, 피사에서 출발한 이탈리아 상선들은 지중해 동부의 물살을 갈랐지만, 베니스의 무기는 여러 십자군 전쟁에서 유럽 국가들의 선박에도 공급되었다. (운송을 독점하면 어떤 사업이든 수입이 쏠쏠하고, 보통은 극복하기 불가능한 정치가 마법처럼 그저 단순한 예산 항목으로 둔갑한다.)

이러한 정서는 제 2차 세계대전 후 이탈리아의 재건 시대에도 이어졌고 국영 에너지 기업인 ENI 설립에도 예외 없이 적용되었다. 이탈리아가 세계대전에서 패배한 후 파시스트 시대의 국영 에너지 기업 아지프(Agip)는 해체될 운명이었다. 그런데 이탈리아는 이 기업의 몸집을 거대하게 키웠다. 이란, 리비아와 체결한 공동생산 계약도 몸집을 키우는 데 한몫을 했다. 이탈리아는 정치나 국익에 대해 어느 정도 초연한 접근방식을 취하기 때문에 북아프리카와 심지어 소련에서도 북미와 서유럽의 "일곱 자매들(Seven Sisters)"[6]을 제치고 생산권을 따냈다. 이탈리아는 가다피가 집권하기 전 리비아 왕족과 친밀한 관계를 유지한 덕분에 리비아가 독립한 후 급성장하던 석유와 가스 부문에서 탁월하게 유리한 입지를 구축했고, 침투하기 어렵기로 악명 높은 알제리 시장에 가장 성공적으로 진입한 주요 유럽 석유회사로 손꼽히게 되었다.[7] 보람이 있었다. 세계 석유 시장의 주요 기업들은 대부분 페르시아 만에서 석유를 확보하려고 혈안이 되어 있거나 페르시아 만만 아니라면 어디에서든 석유를 확보하려고 혈안이 되어 있지만, ENI는 오래전부터 대부분의 석유와 천연가스를 아프리카에서 확보해왔다.

그러나 ENI가 그동안 승승장구해온 바로 그 수많은 이유들 때문에 최근 ENI는 고전을 면치 못했다. 정치를 배제하고 상대방과 유착해 사업을 하는 이탈리아 방식은 오늘날 이탈리아의 협력국들과 동맹국들의 국가이익을 거스르는 경향이 있고, 이런 방식은 대부분 사실상 불법이다. 이탈리아는 경제제재를 받고 있는 이란과 거래하고, 알제리와 뒷거래를 하고 러시아에서는 아예 뇌물까지 먹이면서 헛발질을 해왔다. 이탈리아에서는 뭐든지 가족중심이므로 추문과 미심쩍은 협의가 이탈리아 정부 핵심을 파고든다. ENI가 활동하는(그리고 적극적으로 뇌물을 바치는) 일부 나라에서는 뇌물을 받지 못하고 소외된 권력자들에게 걸려들기도 했다. 이런 일은 특히 나이지리아, 가봉, 콩고-B에서 빈번하게 일어난다.

그러나 이탈리아가 겪은 가장 큰 시련은 리비아의 붕괴였다. 이탈리아 정부는 오랫동안 ENI를 통해 리비아 에너지 부문에 투자한 최대 투자자였고, 영국-프랑스-미국이 가다피를 제거하려 하자 이탈리아는 경악했다. 뒤이은 내전으로 리비아는 "나라"에서 거의 무정부 상태로 전락했고, 상당한 군사력을 갖춘 누군가가 리비아에 들어가 점령하고 밑바닥에서부터 모든 시설들을(그리고 점점 중요해지는 기간시설을) 재건하지 않는 한 무정부 상태는 계속되게 된다.

리비아의 붕괴에 대처하는 데 있어서 이탈리아는 두 가지 유리한 점이 있다.

첫째, ENI의 그 유명한(또는 악명 높은) 중개상 정서 덕분에 이탈리아는 여러 나라들로부터 폭넓게 대체 물량을 확보해왔다. 러시아, 알제리, 이라크, 앙골라, 콩고-B, 이집트, 나이지리아, 가나 등이 그런 나라들이다.

ENI가 오래전부터 정유시설이 융통성을 갖추도록 투자해오지 않았다면 그처럼 수입원을 다변화하기가 불가능했을지 모른다. 이탈리아는 유럽에서 두 번째로 큰 정유 능력을 갖추었고, ENI의 시설은 세계에서 확보 가능한 어떤 등급의 원유도 정제 가능하며, 이러한 다양한 등급의 원유를 정제해서 마찬가지로 다양한 종류의 상품을 만들어낼 수 있다. 뭔가가 안 맞는다 싶으면 여러 종류의 원유를 섞어서 이러저러한 정유시설에 안성맞춤인 혼합물로 만드는 데 전혀 어려움이 없다.

둘째, 첫 번째만큼 유리한 점은 아니지만, 이탈리아의 인구는 급속히 고령화되고 있고 유럽은 여전히 금융위기에서 벗어나지 못하고 있기 때문에 이탈리아는 지난 15년 동안 경제 성장을 한 기간보다 침체를 겪은 기간이 더 길다. 이러한 경기 침체 때문에 석유와 천연가스 수요도 줄었다. 이런 얘기하기가 참으로 우울하지만, 유럽은 회복 불가능한 인구구조의 붕괴와 형편없는 재정 상태 덕분에 앞으로 에너지 수급에 차질이 생겨도 이를 이겨내게 된다. 그리고 이탈리아는 경제가 제 기능을 못 해도 반드시 총체적인 위기를 맞지는 않는다는 점을 몸소 실천해 보이는 선두주자임에 틀림이 없다. 이탈리아 남쪽에 있는 지역에서 일어나는 일을 보고 있으면 낙담스럽겠지만, 이탈리아의 경제는 위기 단계에 도달하지는 않았다.

앞으로 닥칠 일은 이탈리아에게는 모 아니면 도다.

첫째, 긍정적인 시나리오. 이탈리아의 군사 전략가들은[8] 유럽의 동쪽 변방에서 러시아의 움직임을 저지하기 위해 유럽 국가들이 서서히 전선을 구축해야 한다고 생각하지 않는다. 이탈리아는 현재든 미래든 러시아의 공격 대상인 그 어떤 목표물에 대해서도 이해관계가 걸려 있지 않기 때문인 이유도 있지만, 러시아가 공급하는 원유가 지난 15년 동안 지중해 지역에서 훨씬 흔해졌다는 단순한 이유 때문이기도 하다. 우크라이나에서 계속되는 전쟁이 남서부 지역으로 확산되지 않는 한 러시아는 석유 수출물량을 지중해 쪽으로 돌리려 할 테고, 지중해에 있는 ENI의 정유시설은 신나게 러시아 원유를 들이켜게 된다.

중동의 입장도 있다. 동아시아로 향하는 물량이 점점 골칫덩이가 되고 사우디아라비아가 주요 수출 거점을 페르시아 만에서 홍해로 바꾸면서, 상당 물량을 남유럽으로 돌리는 게 훨씬 타당해 보인다. 이탈리아는 어떤 정치적 성향의 정부가 들어서든 관계없이 이집트 정부와 매우 우호적인 관계다—이탈리아는 아랍의 봄이 누구 탓인지, 아니면 그 봄을 끝장낸 사람들이 죽음을 당한 게 누구 탓인지 등과 같은 사소한 문제에 신경 쓰지 않기 때문인 이유도 있다. 수에즈 운하에서—운하를 관통하든 송유관으로 우회하든—ENI의 정유시설까지는 매우 짧은 거리이고 아주 안전하다.

원유도 충분하고 이를 십분 활용할 만한 규모와 융통성을 지닌 정유시설도 갖춘 이탈리아는 과거에 했던 중개상으로서의 역할을 계속하게 된다. 과거에는 새프론과 육두구 같은 향신료 중개상이었지만 이번에는 디젤과 제트 연료가 중개할 물건이라는 점이 다를 뿐이다.

물론 최악의 시나리오도 있다. 터키가 지구전에 관여하게 되면 남쪽 경로를 통해 수출되는 부유저장시설 물량은 유통이 전면 중단된다. 터키 해군이 러시아가 흑해를 이용하지 못하도록 하기 때문이다. 하룻밤 새 한방에 지중해에서 원유 3.6mbpd가 사라져버린다. 이탈리아에게 현실적인 선택은 리비아로 눈길을 돌리는 방법밖에 없다. 그러려면 리비아의 중부 해안 지역에서 민병대를 숙청하고,[9] 사막 한가운데 있는 생산시설을 재건하고, 원유를 운송할 경로를 점유해야 한다. 리비아의 인구 특징이나 지형의 특징을 고려해볼 때 리비아는 알제리나 이라크보다 점령하기가 훨씬 수월하지만, 이탈리아의 군사조직과 역량은, 글쎄 뭐라고 해야 할까, 실망스러운 수준이다.

무질서에 질서를 부여하기

국가 간 관계의 본질과 향배가 바뀌게 되므로 세계 에너지 분야의 본질과 향배도 바뀌지 않을 도리가 없다. 유럽 국가들은 자국의 안보와 생활방식을 유지할 몇 가지 선택지가 있다. 끔찍하고 힘들고 폭력을 써야 하는 선택지들이지만 그래도 선택지는 선택지다. 아시아 국가들은 선택의 여지가 별로 없다. 미국은? 미국은 여기저기 옮겨다니며 거래를 성사시켜 여유롭고 쉽게 돈을 벌어들이면서 세계로부터 강한 질시를 받게 된다.

미국의 수퍼메이저들이 보이는 특징이 미국이 세계에 반응하는 전형적인 방식이 된다. 이해관계는 없으면서도 영향력 도달 범위는 확대된다. 책임은 지지 않고 역량만 발휘한다. 정부의 간섭 없이 기업 활동을 한다. 미국이라는 국가는 세계로부터 철수할지 모르지만, 그렇다고 해서 미국인이 자취를 감춘다는 뜻은 절대로 아니다.

THE AMERICAN PLAY

다가올 무질서의 시대에 미국은 달러 외교가 펼쳐지는 새 시대를 맞게 된다. 다시 한 번 과거를 돌이켜 보면, 어떤 분야에 미국이 관여하게 될지 충분히 가늠할 수 있다.

3부

미국의 역할

미국의 가용수단

Tools of the Trade

지정학은 결국 선택지들과 제약들 사이의 균형을 연구하는 학문이다. 한 나라의 지리적 여건이 대체로 그 나라가 직면하는 취약점들과 그 나라가 쓸 수 있는 방편들을 결정한다.

너른 평원이 있는 나라—폴란드나 러시아를 생각하면 된다—는 기간시설을 구축하기가 훨씬 쉽고 따라서 훨씬 빠르게 부유해지지만, 침략당하기도 쉽다. 이 때문에 상당한 규모의 상비군이 필요한데, 안보를 구축하려는 이 행동은 자연히 이웃나라들의 불안과 공포를 촉발시킨다.

운항 가능한 강이 있는 나라들—프랑스와 아르헨티나가 가장 대표적인 사례—은 천혜의 "기간시설"을 갖춘 상태에서 출발선상에 선다. 국내 운송이 용이하기 때문에 이런 나라는 사회적으로 통합되고 부유하고 시선은 바깥세상을 향한다. 그러나 자국이 꽤나 중요한 존재라고 생각하는 경향도 있다. 이런 나라는 자국에 대해 우쭐해하는 경향이 있고, 따라서 과하게 욕심을 내 팽창주의로 나아가는 경향이 있다.

섬나라는 안보에서 한 수 먹고 들어가는데—예컨대, 영국과 일본—경쟁국들로부터 물리적으로 떨어져 있기 때문이기도 하고, 다른 나라가 자국의 해안에 접근하지 못하도록 하려면 해군을 구축하는 길밖에 달리 방법이 없기 때문이기도 하다. 해군이라는 방편으로 무장한 나라들은 가까이 있는 다른 나라뿐만 아니라 지구 반대편에 있는 나라에 적극적으로 간섭하게 된다.

반면 산악국가들—키르기스스탄과 볼리비아—은 자본이 너무나도 부족해서 기본적인 요건들을 갖추기조차 어렵고, 지형이 덜 험준한 이웃나라들의 기분에 따라 휘둘리게 된다.

한 나라가 지닌 가능성과 한계를 결정하는 것은 이러한 제약요인과 부여된 능력 간의 균형인데, 나는 이러한 균형점이 대부분의 나라들이 어떤 움직임을 취할지 예측해준다고 생각한다.

- 필리핀은 수많은 섬으로 구성된 열도이므로 해군이 없는 섬들이 드문드문 있다. 따라서 힘이 월등한 나라로부터 위협을 받으면 누구든 도와주는 해군 세력에게 항복하게 된다.
- 칠레의 인구밀집 지역은 산악지대로 둘러싸인 계곡이다. 이러한 산악지대를 뚫고 침투하기는 매우 어렵기 때문에 칠레는 남미 대륙보다는 훨씬 멀리 있는 나라들과 경제적으로 교류하기가 더 쉽다.
- 네덜란드는 유럽 국가들의 교역으로부터 톡톡히 덕을 보았다. 라인 강 물목을 장악한 네덜란드는 유럽 대륙을 경제적으로 통합해서 경제적 이득을 극대화하는 동시에 네덜란드의 독립을 위협하는 요소들을 최소화하기 위해 안보를 보장해줄 세력을 외부에서 들여온다.
- 우즈베키스탄은 광활한 불모지 한가운데 있기 때문에 넘지 못할 장애물을 만날 때까지 팽창하려고 한다. 주변에 경쟁자도 없고 물이 부족하기 때문에 날 서고 잔혹한 외교 정책을 펼치게 된다.
- 뉴질랜드는 세상의 끝자락에 위치한, 전면에 거대한 해안이 펼쳐진 온대기후 국가이므로 부유한 동시에 안전하다—그러니 뉴질랜드 사람들이 날마다 기분이 좋지 않을 까닭이 있겠는가.

그런데 미국이라는 나라는 다르다. 오스트레일리아의 광활한 평원에 프랑스의 기후와 비옥한 토양, 독일 강의 특성, 뉴질랜드처럼 외부에서 접근하기 어려운 전략적인 노출, 일본의 섬나라 특징을 지녔지만 바다가 외부세력의 접근을 막아주는 역할을 하는 지리적 특징, 그리고 이 모두가 말 그대로 대륙적인 규모다. 이러한 지형 덕분에 부유하고 안전한 나라를 구축하는 데 필요한 여건은 따라올 나라가 없을 뿐만 아니라, 막강한 해군력으로 세계 해양을 지배한다. 쓸 만한 방편과 선택지가 많은 초강대국이 약점과 제약이 별로 없다면 어떤 움직임을 보일지 어떻게 예측할까?

어찌 보면, 예측하기가 어렵다. 외교 문제에서 미국은 좀 예측 불가능한 쪽에 속한다. 다른 나라 같으면 위험하거나 비용이 많이 들어서 피할 접근 방식이라도 미국은 쉽게 사용한다. 소련은 미국이 대도시 지역에 물자를 공수(空輸)—가장 비용이 많이 드는 물자 운반 방법이다—하리라고는 꿈에도 생각하지 못했다. 그랬다면 소련은 1948년 베를린을 봉쇄하지 않았을지 모른다. 1990년 사담 후세인은 베트남에 한번 당해본 미국이 이라크군을 쿠웨이트에서 축출하는 데 필요한 60만 대군을 파병할 리가 없다고 확신했다. 심지어 쿠웨이트는 미국과 협정도 맺지 않은 나라였다.

미국의 힘이 풍기는 기운만으로도 다른 나라는 미국에게 아첨하거나 미국을 위협으로 인식하고 방어하게 된다. 리비아의 무아마르 가다피는 2003년 후세인이 몰락한 후 자신이 미국의 제거 대상이라고 철석같이 믿고, 미국이 요구하지 않았는데도 대량살상무기 체계를 다 공개해버렸다. 투르크메니스탄의 사파르무랏 나야조프도 자기 목숨과 지위를 잃을까 봐 겁이 나서 (비공식적으로) 중립국 지위를 포기하고 러시아에게 보호를 요청했다.

다행히 2010년 중반의 미국 정치 덕에 내가 약간 편법을 써도 된다. 냉전 후 미국이 군사개입을 한 사례가 냉전 시대보다 훨씬 많았다. 1998년 이후로 해마다 미국은 지구상의 어디선가에서 대규모 군사작전을 실행했는데, 가장 큰 규모인 네 개 작전이 치러진 곳이 바로 세르비아, 코소보, 이라크, 아프가니스탄이다. 이라크와 아프가니스탄 전쟁 이후로 미국은 대규모 군사작전을 꺼리게 되었다. 특히 상당한 규모의 지상군 파견을 꺼리게 되었다. 미국은 (당장은) 중동에서 지상전에서는 손을 뗐다. 자국은 더 이상 잃을 게 없다고 확신하는, 핵무기로 무장한 절름발이 국가를 대상으로 미국이 생각하기에 스스로를 방어할 의지도 없는 나라들을 방어하기 위해 2,000마일에 달하는 긴 전선에서 육상 소모전을 할 까닭은 더

더욱 없다.

미국은 그동안 에너지 수급 때문에 세계 문제에 관여할 필요를 느꼈는데, 셰일 혁명이 일어나면서 그럴 필요가 없어졌다. 미국에서 정치 성향을 불문하고, 미국이 온갖 종류의 세계 문제에 관여하고 자유무역 질서를 유지하는 역할을 하는 데 대해 분노하는 정서가 팽배하게 되었다. 서로 크게 연관은 없는 여러 가지 이유로 인해 미국을 세계와 연결하는 경제적, 전략적 연결고리들이 제거되었다.

이를 바탕으로 앞으로 10여 년 동안 몇 가지 우리가 명심해야 할 사항이 있다.

첫째, 미국이 세계에서 손을 떼겠다는 정서는 매우 깊고 폭넓게 만연해 있고, 이러한 정서 때문에 세계 질서를 유지해주는 구조가 사라지게 된다. 지구전, 페르시아 만 전쟁, 유조선 전쟁은 미래의 세계에서 세계 체제의 거의 모든 측면에 영향을 줄 몇 가지 사례에 불과하다. 무질서 시대에 이러한 전쟁들이 발생하면 기근과 국가붕괴의 광풍이 유럽, 아시아, 아프리카 상당 부분을 휩쓸게 된다.

둘째, 미국은 총체적인 철수를 실행하겠지만, 이는 잠정적인 철수다. 20-30년 동안 모험을 자제한 후 미국은 다시 바깥세상으로 진출하게 된다. 그 사이에 세계가 붕괴되기 때문에 미래에 세계로 진출할 미국은 2016년의 미국보다 훨씬 더 막강한 존재가 된다. 이러한 힘의 불균형으로 인해 미국은 혼돈에 빠진 세계에 새로운 질서를 강요하게 될지도 모른다. 그러나 그 사이에 경제적, 정치적, 안보적으로 세계가 후퇴할 시간은 충분하다.

셋째, 미국은 분명히 힘을 행사할 역량이 있다. 다만 의지가 있는지는 의문이다. 미국이 도발을 당하면 맞대응하는 데는 전혀 문제가 없다. (미국에 도발할 정도로 멍청한 나라는 어느 나라든 조의를 표한다.) 그러나 누가 행위의 주체가 될지가 그보다 훨씬 중요하다. 세계에서 철수하는 주체는 미국 정부다. 미국의 민간 부문은 넓은 세계에 관여할 역량이 있고 관여하게 된다. 간단히 말해서 미국이 세계무대에서 사라진다기보다는 세계무대에 등장하는 행위 주체와 그들이 사용하는 방편들이 1945년 이후의 규범과는 아주 달라지게 된다.

미국의 위상을 미리 파악하기 위해 우선 미국이 지니게 될 선택지들과 힘의 도달 범위를 정하게 될 방편들을 구체적으로 살펴보자.

군사력은 여전히 미국을 따를 나라가 없다

세계 질서를 지탱해주던 전략적 지지대가 와해되어 무질서의 시대가 오면 이로 인해 생기는 힘의 공백을 십분 활용하거나 경제적, 물리적 안보를 스스로 해결해야 하는 나라들이 생긴다. 그 결과 수많은 갈등이 발생하게 되는데, 이러한 갈등은 대부분 지리적으로 지역에 국한되는 만큼이나 치명적인 갈등이다. 미국에 그다지 호의적이지 않은 나라와 세력들이 많을지 모르지만, 일단 미국이 손을 뗀 세상에서 벌어지는 난투극의 한가운데 놓였다는 사실을 깨닫게 되는 나라치고 미국을 화나게 할 의지나 역량이 있는 나라는 매우 적다.

아주 좋은 사례가 2011년에 시작된 시리아 내전, 특히 IS가 한 역할이다. IS는 소시오패스에게 호소력이 있는, 유달리 사악한 유형의 이슬람을 설파하는데, 대량 학살을 자행하는 데 흥미를 느끼는 지지자들을 세계 도처에서 모집한다. 이 때문에 IS는 많은 나라들로부터 비난을 받았고 대부분의 나라들은 IS를 테러리스트라고 칭한다. IS는 공식적, 비공식적으로 기회가 있을 때마다 서구 사회의 어떤 목표물이든 공격하라고 부추기고,

IS가 공격을 감행할 전사들을 해외에 파견했다는 증거도 차고 넘친다.

이 책을 쓰는 현재, IS는 시리아와 이라크에서 수만 명이 목숨을 잃게 한 직접적인 책임이 있고, 터키와 서유럽에서 각각 200명을 살해했으며, 미국에서는 단 한 명도 살해하지 않았다.[1] 왜 이런 차이가 날까?

간단하다. 지리적 여건이 다르기 때문이다. IS가 점령한 영토는 내륙에 있는 사막이다. IS가 점령한 영토를 둘러싸고 있는 지형은 남쪽으로는 황량한 사막이고, 동쪽으로는 이라크, 북쪽으로는 터키, 서쪽으로는 시리아 내전의 여러 파벌들과 이스라엘이 있다. IS는 목숨을 걸고 싸우는 난투극에 폭넓게 가담하고 있다. IS의 야망이나 계획이 뭐든, 얼마나 분노해 있든 상관없이 IS는 자기들이 점령한 갈등 지역을 벗어나 멀리까지 소속원을 파견할 역량이 없다. 전략적으로 볼 때, IS는 갇혀 있다. IS가 성공을 거둔 지역은 대체로 IS의 점령지와 가까운 터키와 IS 소속원이 걸어서 도달 가능한 서유럽에 국한되어 있다.

그렇다고 해서 미국 본토에서 테러 공격이 성공하는 사례가 절대로 나오지 않는다는 뜻은 아니다. 종교, 호전성, 정신질환, 소셜미디어, 쉽게 구할 수 있는 무기 등과 관련된 문제에 대해 미국 국민들이 솔직하게 터놓고 대화를 해야 할 때가 아직 오지 않았다는 뜻도 아니다. 무질서가 심화되고 확산됨에 따라 전쟁과 문명의 붕괴가 확산되고, 동반구의 테러리즘은 놀라울 정도로 국지적으로 일어난다는 뜻이다. 미국이 보기에 혼돈은 머나먼 지구 반대편에서 발생할 뿐만 아니라 국지적인 군사적 우려들에 그치게 된다.

전통적으로 경쟁 관계인 나라들—예컨대 러시아, 이란 혹은 중국—에게는 훨씬 단순한 논리가 적용된다. 세 나라 모두 미국에 대해 지나치게 신경을 곤두세울지 모르지만, 세 나라 모두 자국이 있는 지역의 적과 싸우는 상황에서 미국하고까지 갈등을 일으키려 하지 않는다. 그렇게 되면

(그들이) 참변을 당하게 된다. 폴란드와 루마니아에 미리 배치된 미국 군사력이 러시아가 진군을 시작하기도 전에 러시아를 패배시키면 러시아의 몰락을 급격히 앞당기게 된다. 카타르에 주둔하는 미국 공군 전력은 이란이 사우디아라비아의 가와르 지역을 침략하려 하면 이를 사막에서 지연시킬 수 있다. 디에고가르시아, 다윈, 싱가포르에 기지를 둔 미국 군사 전력은 중국으로 향하는 유조선을 중국 해군의 손길이 닿지 않는 지역에서 가로챌 수 있다. 미국이 세계 체제로부터 이탈한다면 이 세 나라들은 성공할 가능성이 높아진다. 이 세 나라가 안 그래도 골치 아픈 전략적 여건을 더 복잡하게 만들 아무런 이유가 없다. 세 나라 모두 자국의 영토 가까이에서 처리해야 할 굵직한 일이 있다.

이렇게 세 나라가 미국을 건드리지 않기로 하고 미국이 불간섭주의를 전략적으로 선택하면, 장기적으로 볼 때 극적인 효과를 낳게 된다.

미국은 (직접적으로) 지구전, 페르시아 만 전쟁, 또는 유조선 전쟁에 개입하지 않음으로써 냉전 후 미국이 한 경험을 충분히 곱씹어볼 여유를 누리게 된다. 특히 이라크와 아프가니스탄 전쟁에서 얻은 교훈을 되새겨볼 여유를 누리게 된다. 앞으로 10년에서 30년에 걸쳐 미국 군대는 단순히 전투 경험을 축적하는 데 그치지 않고, 전투 경험을 기술과 전술에 통합해 발전시키게 된다. 기술적 측면에서는 드론 활용의 전 과정을 장기간 배치, 미세공격, 미세배치 등 세 부분에 집중해 전면적으로 개편하게 된다. 드론은 앞으로 새로운 분야에서 다양하게 응용된다. 며칠이 아니라 몇 주 동안 공중에 뜬 채로 고위도 정찰업무를 수행하고 자체적으로 장착된 무기를 이용하는 드론이 그 한 예다. 무기의 정밀도가 매우 높아서 특정 지역이나 차량이 아니라 특정 인물을 명중시키고도 부수적인 피해는 거의 발생하지 않는 헌터-킬러 드론도 있다. 휴대용 저장장치에 들어갈 정도로 크기가 작아서 군인과 첩보원들이 실시간으로 방벽 건너편에 누가 혹은 뭐가 있는지 정확히 알아내는 스텔스 드론도 있다.

이러한 기술은 어떤 전투공간에서도 다양하게 응용할 수 있지만, 이러한 기술이 다각적으로 가장 막강한 위력을 발휘할 수 있는 군사작전은 (현재로서는) 미국이 넌더리를 내는 보병을 집중적으로 배치하는 전투가 아니라 일반 대중의 눈에 띄지 않는, 막후에서 실행되는 보다 규모가 작고 보다 정밀한 작전이다.

이러한 군사적 수단들 가운데 가장 예리하고 다재다능한 게 특수작전군(Special Operations Forces, SOFs)이다. 해외 폭동진압, 정찰, 대테러 작전, 비정규전, 적진침투 작전, 수색 및 구조, 정보 및 심리 작전, 인질구조, 전통적인 방식의 범인추적 등 정밀하고 집중도 높은 작전을 수행하기 위해 꾸려진 특화된 팀들이다. 미국은 잘 알려진 네이비 실(Navy SEAL)과 아미 레인저스(Army Rangers)뿐만 아니라 비교적 잘 언급되지 않는 특수작전군(Special Operations Group)과 중앙정보국(CIA) 등 다양한 특수작전단을 운영하고 있다. 이러한 팀들은 하나같이 고도로 훈련되고, 탁월한 능력과 상대방에게 치명타를 입힐 역량을 지녔고, 절대로 무슨 일이 있어도 열 받게 만들면 안 되는 사람들이다. 미국의 해군과 공군처럼 세계 어느 지역이든 파견되어 작전을 수행할 정밀하고도 폭넓은 기량을 갖추었고, 쥐도 새도 모르게 세계 어디든지 파견되었다가 임무를 완수하고 하루 이틀 만에 귀환할 역량까지 갖춘 조직이 바로 특수작전군이다.

미국이 해외에서 군사행동을 하는 데 대한 미국 국민들의 지지가 점점 줄어들고 있는 시대에 특수작전군은 점점 미국 대통령이 쓸 만한 중요한 방편이 되고 있다. 제 2차 세계대전 이전부터 시작해서 그 어떤 시기보다도 오늘날 정규군을 해외에 파병할 가능성은 낮은데 특수작전군은 그 반대다. 세계 체제의 규범이 바뀌면서(또는 와해되면서) (비밀)임무를 수행할 운신의 폭을 최대화하기 위해 부시 정권과 오바마 정권은 특수작전군을 신속히 확대 개편했다. 2001년부터 2016년 사이의 기간 동안 특수작전군 전투 인력은 모두 합해서 4만 명에서 7만 명으로 증가했다. 특수작전군의 예산은 같은 기간 동안 다섯 배 증가했는데, 극비로 운영되는 조직들로서 공개된 예산만 해도 이 정도라는 뜻이다.

앞으로도 우리는 이 특수작전군이 작전을 수행하는 모습을 공개적으로 접하게 되지는 않겠지만, 그들이 완수한 임무가 어떤 결과를 낳는지는 흔히 보게 될 게 분명하다.

두 번째 수단은 그다지 다재다능하지는 않다. 하는 일이라고는 염탐하고 사람을 죽이는 일뿐이기 때문이다. 바로 드론이다. 무인비행기는 1980년대에 등장했지만 프레데터(Predator) 시제품—주로 정보 탐색용—이 최초로 등장한 때는 1995년 보스니아 내전 때다. 그런데 2001년에 누군가가 이 무인기에 대장갑차 헬파이어 미사일을 두어 개 장착해보았다. 그때 드론의 시대가 개막되었다. 무기화된 드론은 미국의 (준)군사 활동에서 종횡무진으로 활약하고 있다. 프레데터는 리퍼(Reaper)로 보완/대체되는 과정에 있다. 리퍼는 두 배 높은 고도에서 여덟 배 무거운 무기들을 장착할 수 있다. 그 다음 타자는 어벤저(Avenger)인데 항공모함에서 발진해 작전을 수행할 수 있는 스텔스 변형이다.

드론은 이미 미국 군대가 대테러 작전과 폭동진압 작전을 수행하는 방식을 완전히 뒤바꿔놓았다. 드넓은 지역을 폭탄이 있는지 샅샅이 점검해 안전을 확보하고 도심 지역에서 집집마다 수색을 할 필요 없이, 복합적인 신호와 드론, 요원들이 수집한 정보만 있으면 미군이 처하는 위험을 최소화하고 민간인에 대한 위험을 대폭 감소시키면서 위협적인 대상을 명중시키는 공중 무기가 탄생한다.

그러나—백악관의 관점에서 볼 때—드론이 지닌 가장 큰 장점은 특수작전군이 지닌 최대 장점과 어느 정도 비슷하다. 정규군을 파병하는 경우와 비교해볼 때 훨씬 대중의 눈에 띄지 않고 은밀하게 동일한 목적을 달성할 수 있다. 대통령은 지상군을 파병하지 않고도, 일반 국민에게 알리지 않고 국민의 이목을 끌지 않고도 외국 영토에서의 전쟁을 지휘할 수 있다. 잘하든 못하든 우리나라라며 무조건 옹호하는 냉혈한 전사의 좌파 유형인 오바마 대통령은 군대의 드론 프로그램 역량을 대폭 확대했을 뿐만 아니라 실제로 대폭적으로 사용했다. 조지 W. 부시 대통령은 50차례 드론 공격을 승인했고 300명의 적군을 제거했다. 버락 오바마는 그보다 10배 넘게 드론 공격을 승인했고 3,000명 이상을 죽였다.[2]

마지막 세 번째, 미국의 항공모함 역량은 사라지지 않는다. 미국 항공모함에게 이렇다 할 위협이 되는 무기체계 가운데 미국이 다루지 못하는 무기는 거의 없지만, 그런 무기체계를 소유하고 있는 나라들은 이를 미군이 아닌 다른 세력을 상대로 사용하는 데 훨씬 관심이 있다. 영국과 러시아는 정면대결하게 된다. 중국과 일본도 정면대결하게 된다. 그러면 이론상으로라도 미국의 월등한 해군력을 위협할 기술적 역량과 운신의 폭을 지닌 유일한 나라는 프랑스다.

1945년 이후로 미국이 세계를 지배하도록 해준 방편들은 앞으로도 계속 존재할 뿐만 아니라 기능이 향상되고 있다. 신형 포드급 항공모함—2021년에 첫 선박이 본격적으로 가동된다—은 더 많은 전투기를 탑재하고 더 신속하게 배치하고 더 오랜 시간 동안 더 많은 작전을 지속하면서도 15퍼센트 적은 인원이 필요하고 운영비용도 더 적다. 게다가 포드급은 모듈 식으로 설계되었기 때문에 신속한 전면개조와 신기술 장착이 가능하다. 예컨대, 포드급의 발전기는 이 선박의 전체를 풀가동할 때 필요한 전력의 두 배를 생산한다. 따라서 전력소모가 많은 기술—예컨대 공격용과 방어용 레이저[3]—을 이용할 만반의 준비를 갖출 때, 바로 장착해서 사용하면 된다. 항공모함의 역량은 지속적으로 확대되는 특수작전군과 항공모함에 배치할 목적으로 설계된 기능이 점점 향상되는 드론이 배치되면서 더욱더 향상되고 있다.

이 모두가 더해져서 미군은 훨씬 더 효과적으로 작전을 수행하게 된다. 특히 앞으로 일이십 년 동안 군사적, 전략적 입지가 약화될 가능성이 높은 잠재적인 미국의 적들을 상대할 때 효과적이다.

그뿐만이 아니라 미군은 2001년 이후로 미국이 싸워온 그런 종류의 전쟁을 염두에 두고 설계되지 않았다는 사실을 상기시켜준다. 미국은 해양국가다. 전략적으로 가장 타당한 군대는 해군이다. 미국의 전략적인 기조의 핵심은 항상 해양을 장악하고, 그 장악력을 이용해 세계의 사건들을 미국의 입맛에 맞게 만드는 것이었다. 브레튼우즈 체제 때문에 미국은 익숙한 영역인 해양에서 어느 정도 벗어나 있었다. 왜냐하면 브레튼우즈 체제 때문에 미국은 세계 문제들을 육상에서 적극적으로 관리해야 하는 책임을 떠맡아야 했기 때문이다. 이라크와 아프가니스탄 전쟁을 겪고 난 미국 군대는 이제 역사상 최고의 해군력을 세계 최고의 드론 공격 역량과 결합시키고 있다. 그 결과 등장하게 된 신형 전투에서 미국은 이미 탁월한 기량을 발휘하고 있다. 지구상 어느 지점이든 언제든 개입하고 바로 다음날 홀연히 사라지는 전투 말이다. 멀리 지평선 너머로 섬광이 번뜩이면 특수작전단이 공격을 감행하는 그런 작전은 한다. 대규모 침략과 점령은 사양한다. 앞으로 미국은 더 많은 군사 작전에 관여할 가능성이 매우 높지만, 규모와 범위가 훨씬 작은 작전이 될 것이다.

미군의 역량은 미군에 국한되지 않는다

브레튼우즈 체제는 일찍이 1990년대 초부터 서서히 무너지기 시작했다. 세계 머나먼 어두운 구석에서, 보통 제풀에 사그라지던 갈등이 폭발했다. 미국이 안보 때문에 이런 갈등을 원천 봉쇄해야 할 절실한 이유가 이제 없기 때문이다. 몇 가지 예를 들면 유고슬라비아 전쟁, 소말리아 내전, 르완다 대학살, 에티오피아 내전(그리고 내전이 낳은 갈등), 콩고 내전(아프리카 내전으로 확산됨) 등이 있다. 이러한 전쟁들로 인해 도합 적어도 500만 명이 목숨을 잃었다.

비극이라고? 물론이다. 그러나 이 모든 충돌에서 세계는 브레튼우즈 체제가 구축되기 전에는 보지 못했던 뭔가를 목격했다. 대규모 용병이다. 용병은 수세기 동안 세계 체제의 일부였지만 브레튼우즈 시대에 각국 정부들은 조직화된 군사행동을 엄격히 관리했다. 아니 어쩌면, 미국이 강제한 브레튼우즈 체제하에서 대규모 군대를 보유하는 나라의 수를 최소한으로 하는 것이 안보 부문에서 달성해야 할 목표였는지도 모른다. 그리고 대규모 군대를 보유한 나라라고 해도 그들은 사실상 미국의 명령을 받든가, 아니면 미국의 막강한 영향권 하에 있었다. 군대가 "민간 부문"으로 누출되는 사례는 흔하지 않았다. 용병은 보통 소규모 집단이거나 심지어는 단독으로 활동했다. 미국은 충돌 억제가 기본 방침이었기 때문에 애초에 용병이 개입할 전투 자체가 그다지 많지 않았다. 그러나 냉전 후 미국은 세계 도처에서 군사력과 세계 체제에 대한 장악력을 꾸준히 늦추어 왔다. 미국의 개입이 줄어들면서 용병은 다시 세계 체제로 흘러들어 왔을 뿐만 아니라 선호하는 일감을 찾게 되었다.

이 흐름이 봇물 터지게 한 세 가지 요인이 있다.

첫째, 소련이 붕괴되었다. 소련/러시아의 중앙 통치는 사회 곳곳에 정보원이 깊이 침투해서 감시하는 체제에 의존해왔다. 예산이 빠듯해지자 수많은 정보원들이 해고되었고, 이들은 점점 혼돈에 빠져드는 나라에서 제 갈 길을 찾아야 했다. 1990년대 초 소련이 붕괴된 후 러시아 정부는 중앙계획 경제를 자유시장 경제로 전환하려 했다. 국가 자산을 대대적으로 민영화하는 작업도 그 일환이었다. 소련 정보계 사람들은 일이 어떻게 돌아가고 알짜배기 자산이 어디에 있는지 가장 잘 알았기 때문에, 예전에 정보요원이었던 이들은 노상강도처럼 행동했다. 그 결과 연줄이 탄탄한 예전의 공무원들에게로 국가자산이 대거 넘어갔다. 정보요원은 음지에서 암약하므로 많은 정보요원들이 회색 시장과 암시장에서 활동했고, 활동 영역을 세계로 넓힌 이들도 꽤 있었다.

많은 이들이 곧 세계 전역에서 정부들과 범죄조직을 상대하게 되었다. 그리고 이러한 신흥 사업가들은 주먹을 쓸 사람이 필요할 때마다 구소련에 손을 뻗었다. 해고된 이들은 정보요원들뿐만이 아니다. 군대와 준군사 안보 조직도 모조리 인력을 감축했다. 예전의 스페츠나즈(Spetsnaz, 러시아 특수군)는 콜롬비아에서 콜롬비아무장혁명군(FARC) 편에서 활동했다. 예전에 러시아 국경을 수비하던 군대는 타지키스탄 내전에서 싸웠다. 해괴한 용병 사례도 있다. 러시아의 전투기 조종사였던 이들은 1998-2000년 에티오피아-에리트레아 전쟁에서 서로 반대편에 참전해 난투극을 벌였다. 세계적인 조직범죄 혐의를 가장 많이 받은 집단은 (내무부가 운영한) 특수목적경찰대(OMON)의 전직 대원들이었는데, 이들은 도덕적 판단을 관장하는 뇌 부위를 숟가락으로 파낸 무자비한 군대였다.

둘째, 아파르트헤이트 폐지 후 남아프리카는 안보 체계를 해체했다. 남아프리카 아파르트헤이트 정권은 국내의 대규모 흑인 인구를 통제하는 동시에 남아프리카 전역에서 (준)군사갈등에 맞서 싸우기 위해서 대규모 백인 군사력이 필요했다. 1994년 백인의 통치가 막을 내리고 넬슨 만델라가 대통령에 당선되면서 이러한 군사기구는 예산이 깎이고 해체되었다. 이 때문에 잘 훈련받고 전투 경험이 많으며 중무장한 무도덕한 백인 우월주의자들이 실업자가 되었다. 이들은 궁극의 용병으로 재빨리 변신해 자신들이 지닌 기술을 최고가를 부르는 이에게 팔았다.

셋째, 미군은 인력난을 겪으면서 하청을 줘야 할 상황에 놓이게 되었다. 냉전 후 인력감축으로 육군이 가장 큰 타격을 입었고, 이라크와 아프가니스탄을 점령하면서 미국 육군이 감당하지 못할 정도의 인력이 여러 지역에서 필요해졌다. 그 결과 전직 미군들을 활용하는 산업이 등장해 모자라는 인력을 지원했다. 시쳇말로 하청업자들이었다. 이라크 전쟁 때는 10만 명의 하청업자들이 이라크에 있었고, 아프가니스탄 전쟁 때는 미군의 족히 절반은 정규군이 아니었다.

무질서 시대의 가장 큰 특징은 말 그대로 질서가 없다는 점인데, 인구가 감소하는 시대에 군대를 나라 바깥에서 구해 와야 할 경우가 종종 생긴다. 안보 위험이 높아지는 시대에 기업들은 자사의 안전을 도모해야 할 필요가 있게 된다. 중남미와 동아시아 전역에서는 기업 활동을 하려면 특히 그런 도움이 필요하다. 독일, 일본, 우크라이나는 특히 자국 군인의 수를 늘려야 한다. 해상 전쟁이 일어나고 해적이 활개치는 시대에 민간 화물운송은 무장 호송을 받아야 한다. 특히 동남아시아와 아프리카 해안 지역이 위험하다. 대체로 세계가 비무장이었던 브레튼우즈 시대가 저물면 군대를 다시 처음부터 새로 구축해야 하는데, 이 절차를 신속하게 추진하는 데는 용병만 한 방법이 없다. 용병이 가장 절실하게 필요한 나라는 미국의 동맹국이라서 미군 장비가 많지만 그런 장비를 능숙하게 다룰 줄 모르는 나라들이다. 필리핀, 라트비아, 폴란드, 사우디아라비아가 그런 나라들이다.

이러한 하청업자/용병으로 차출될 인력풀은 대단히 방대하다. 이라크와 아프가니스탄에서 미군은 전투병력 100만 명에 군 지원인력 수십만 명(하청업체는 포함하지 않은 수치)이 필요했다. 이 두 전쟁은 이제 끝났다. 대규모 지상전이 없기 때문에 미 육군은 이미 수년 전에 인력을 감축하는 계획에 착수했다. 동원 해제로 인한 인력감축과 직원의 통상적인 이직 등으로 백만 대군과 지원인력은 대부분 군을 떠났지만, 이들이 군에서 갈고 닦은 기술을 하루아침에 잊어버릴 리 만무하다.

미국 경제는 세계 체제가 붕괴해도 크게 영향을 받지 않는다

2016년 세계 경제에서 가장 놀라운 점은 힘의 균형이 완전히 깨졌다는 점이다.

대륙 경제인 미국은 일상생활에서 자급자족하는 부분이 폭넓다. 미국은 경제에서 세계 무역이 차지하는 비중이 수출은 GDP의 8.25퍼센트, 수입은 GDP의 129퍼센트밖에 되지 않는다. 캐나다, 멕시코와의 교역을 제외하면 수출과 수입 비중은 둘다 3분의 1로 줄어든다. 나머지 비중에서 중국과의 쌍방교역이 가장 큰 비중을 차지하는데, 수입은 GDP의 2.8퍼센트, 수출은 GDP의 0.6퍼센트다. 중국의 수출의존 비중은 미국의 수출의존 비중의 네 배, 독일은 미국의 다섯 배에 달한다. 미국은 수출시장이 자국과 근접해 있지만 중국은 그렇지 않다는 점을 고려하지 않은 수치다.

이 기본적인 사실을 반드시 알아야 앞으로 펼쳐질 무질서 시대에 어떤 효과가 발생하는지 이해할 수 있는데, 이보다 더 중요한 네 가지 요인이 더 있다.

첫째는 인구구조다. 전 세계 200여 개국 가운데 부, 안보, 대대적인 소비 활동을 할 청년층 근로자 집단이 증가하는 인구구조, 이 세 가지를 갖춘 나라는 겨우 17개국뿐이다. 그리고 미국의 소비 시장은 이 17개국의 소비 시장을 모두 합한 것보다 크다. 이 17개국 가운데 네 번째로 큰 소비 시장인 멕시코는 이미 미국의 체제에 연결되어 있다.

나머지 나라들은 둘로 나뉜다. 절반은 자유롭고 청결하고 인구구조가 아직 훼손되지 않았고, 에너지 확보가 가능하며 안보도 튼튼한 나라들이다. 오스트레일리아, 뉴질랜드, 프랑스, 네덜란드, 인도네시아, 미얀마, 스위스, 터키, 아르헨티나, 인도[4] 등이 이에 속한다. 나머지는 기본적인 구조는 튼튼하지만 무질서 시대에 어느 정도는 주요 전쟁에 휘말릴 가능성이 높은 나라들이다. 영국, 덴마크, 스웨덴, 말레이시아, 필리핀, 베트남이 이에 속한다.

이게 다다.

나머지 나라들의 경우—위의 부류에 속하는 나라들도 어느 정도는 그렇긴 하지만—수출주도 경제 성장을 하려면 미국 소비 시장에 접근하는 방법밖에 없다. 브레튼우즈 체제가 해체되면 미국 소비 시장에 대한 접근은 더 이상 세계 체제의 근간을 이루는 요소가 아니다. 이제 각 나라마다 개별적으로 미국과 협상을 해야 하는데, 미국 정부는 자국민 우선주의, 보호주의, 무역과 세계주의에 반대하는 정서가 팽배해 있다. 앞으로 미국의 교역 상대국은 미국이 원하는 뭔가를 제시해야 한다. 그리고 셰일과 핵무기와 항공모함과 밀레니얼 세대 덕분에 미국은 이미 필요한 건 전부 수중에 있다.

둘째는 공급사슬이라는 첨예한 주제다.

브레튼우즈 체제 이전의 세계에서는 산업 공정의 거의 전 단계가 서로 군집해 있는 시설들에서 이루어졌다. 한 국가의 공급사슬을 외국이 훼방놓지 못하게 하기 위해서였다. 투입재들이 수입되면 지역 노동력은 이 투입재를 기본재, 중간재, 최종재로 만들었는데, 이 모든 작업이 같은 지역 내에서 이루어졌다. 오늘날 쓰는 용어로 이를 군집 제조(cluster manufacturing)라고 한다. 값싼 내부 운송 체제가 갖추어진 지역—특히 배가 다닐 수 있는 강—은 대단한 경쟁우위를 누렸다. 이런 지역들은 동일한 "군집" 내에서 훨씬 넓은 영토(그리고 더 많은 노동력과 투입재)를 이용했기 때문이다.

브레튼우즈는 세계의 혼돈 수위를 낮추고 세계적인 운송을 쉽고 값싸고 안전하게 만듦으로써 이러한 군집 제조 체제를 뒤엎어버렸다. 뭣 때문에 가까운 지역에서 전부 만들겠는가? 도시—또는 나라, 또는 대륙, 또는 지구—반대편에서 만들면 제조공정 가운데 몇 단계는 하기가 훨씬 수월한데 말이다. 따라서 군집 제조 체제는 잘게 쪼개어지고 공정 단계들이 전 세계로 흩어졌다. 가장 현대적인 제조 상품을 만들려면 수백 개의 단계를 거쳐야 하는데, 이러한 단계들이 십여 개 이상의 나라에서 분산되어 이루어진다. 예컨대, 아이폰의 22개 "주요" 부품들은 각각 서로 다른 시설에서 생산되는데, 하부 부품이나 다양한 조립공정을 고려하면 관련 시설의 수는 더 늘어난다. 구체제 하에서 지역적인 우위를 누렸던 곳들은—운항 가능한 강이 발달한 지역—쇠락했다. 미국의 철강 지대(Steel Belt)는 녹슨 지대(Rust Belt)로 변했다.

북유럽이나 페르시아 만이나 동아시아에서 유조선이나 화물선이 총격을 받는 순간 해상운송 비용은 치솟고 해상운송의 안정성은 추락한다. 현재 제조업의 관행은 돌연 처참한 종말을 맞게 된다.

그러나 세계는 여전히 제조 상품이 필요하다. 그런데 새로운 안보 환경에서 상품생산에 필요한 요소들을 갖춘 지역이 많지 않다는 게 문제다. 미래에 제조업으로 성공하려면 투입재와 생산시설과 소비 시장을 확보해야 할 뿐만 아니라 이들이 모두 동일한 지역에서 이루어져야 한다.

서유럽은 생산은 가능하지만 투입재가 없기 때문에 유럽 국가들은 신식민지 체제에 돌입해 아프리카로 눈을 돌리게 된다. 이게 가능하다고 해도 유럽의 인구는 급속도로 고령화되고 줄고 있어서 유럽 대륙에서 소비를 하는 데는 한계가 있는데, 이 소비 상한은 현재 유럽의 생산 역량보다 이미 한참 낮아졌다. 상품은 넘치고 이를 소비할 소비자는 부족하면 대대적인 경제 혼란, 대량 실업이 발생하고 디플레이션의 늪으로 서서히 빠져들어간다.

동남아시아의 전망은 좀 더 밝다. 인구가 젊고 지역에 (에너지) 자원이 많으며, 역사적으로 대규모 전쟁이 없었기 때문에 제조 상품의 생산과 소비가 이루어지는 새 중심축이 된다. 동남아시아가 자체적으로 조달하지 못하는 원자재(그리고 금융지식)는 뭐든 가까운 오스트레일리아와 뉴질랜드에서 들여오면 된다. 하지만 동남아시아는 아주 낮은 수준에서 시작해야 한다. 이 지역의 미래는 밝지만—너무 밝아서 다음 장을 이 지역에 할애해 집중적으로 다루었다—이 지역 대부분의 나라들은 우선 기본적인 산업화 과정을 거쳐야 대규모 제조업 중심지로 변모하게 된다.

세계 제조업의 상당 부분이 북미로 되돌아간다. 미국의 셰일 혁명으로 풍부한 에너지 공급이 가능하고, 월스트리트는 자본을 공급하고, 서반구 전체가 산업 투입재를 공급하고, 북미자유무역협정은 안보가 보장되는 환경에서 제조업 공급사슬 체계의 여러 단계가 이루어지도록 하고, 미국과 멕시코는 거대한 소비 시장을 제공한다. 미국이 풀어야 할 가장 큰 문제는 한때 전 세계에 흩어져 있었던 공급사슬을 북미 대륙으로 끌어와 일련의 군집 형태의 제조업 중추로 만드는 일이다. 유럽, 페르시아 만, 동아시아에서 앞으로 벌어질 일을 생각하면 이는 해결하기 만만한 문제가 아니다.

셋째는 화폐 문제다. 미국의 주식과 증권 시장은 나머지 세계 시장을 모두 합한 것보다 크다. 세계 체제의 와해가 현실이 되기 전에 이미 그렇다는 뜻이다. 2014년 무렵, 유럽의 금융위기는 호전되기는커녕 더 악화되고 있었고, 중국의 경제 체제는 25년 동안의 투자 과잉에서 헤어나오기 위해 개혁을 단행할 역량이 부족했다. 2015년에는 수년 동안 계속되어온 자본의 해외도피가 봇물 터지듯 급증했다. 돈을 해외로 유출하는 큰 이유는 정부의 손길이 미치지 못하도록 하기 위해서지만 계량화 가능한 데이터는 없다. 그러나 자본의 해외도피 사례들과 금액만으로도 유럽과 중국에서 각각 1조 달러의 4분의 3 정도가 미국으로 흘러들어갔다고 보기에 충분하다.

여기서 몇 가지 살펴볼 맥락이 있다.

- 유로존의 붕괴로 유럽의 화폐 체계는 다시 나라별로 나누어지게 된다. 이 사태가 몰고 올 파장은 생각보다 훨씬 광범위하다. 기업융자에서 국채, 신용카드 부채, 주택담보대출에 이르기까지 모든 거래가 유로로 이루어지고 있다. 새로 쓰이게 될 각 나라의 화폐가 유로와 비교해서 가치가 어느 정도나 되든 상관없이, 유로가 사라지고 바로 다음 날부터 각 나라마다 채택한 화폐들은 서로 가치가 비교 조정되기 시작한다. 다른 나라에서 진 빚이나 다른 나라에 보유하고 있는 예치금의 현재 가치도 변하게 되고 유럽은 어느 한쪽이 손해를 보게 된다. 부채를 유로로 보유하면, 약세인 나라의 주체들은 채무불이행을 선언하고 융자를 해준 은행들이 대대적인 손실을 보게 된다. 아니면 부채를 새 화폐로 바꿔 보유하는 경우, 해당 화폐의 가치가 하락하면 부채를 상환 받는 은행들은 대대적인 손실을 본다. 융자를 해준 나라들은 대부분 유럽의 중추적인 나라들이다. 독일이 가장 두드러지고, 프랑스, 오스트리아, 네덜란드, 벨기에도 그런 나라다. 이런 나라들의 은행들은 유럽 본토의 금융 부문에서 가장 안정적인 부분이다. 이와 같이 새로운 위험에 노출되면 대부분의 은행들은 파산하든가 국영화되든가 아니면 둘 다 겪게 된다. 유럽 기업들은 주로 은행 융자를 통해(미국의 경우 주식을 통해) 자금을 조성하기 때문에 이 사태만으로도 유럽 대륙 전역에 경기침체가 초래된다. 인

구구조, 에너지 부족, 러시아, 다 무시하자. 구체적인 문제들이 어떻든 상관없이 유럽 본토를 탈출하는 자본은 거의 재앙적인 수준으로 치솟게 된다.

- 중국 경제는 오래전부터 무너지기 시작했다. 부실한 융자란 채무자가 채권자에게 갚지 못하는 융자금을 말한다(전문용어로 부실대출, 또는 NPL, non-performing loan이라고 한다). 독자적으로 조사된 가장 정확한 추정치에 따르면, 2003년 중국 경제 체제에서 부실대출 총액은 2004년 GDP의 40퍼센트에 달했다. 1990년 일본의 경제 체제를 20년 동안 침체에 빠뜨렸던 수준보다 훨씬 높다. 2003년 피상적인 개혁을 단행한 후 중국은 문제를 해결했다고 선언했고 그 후 5년 동안 단 한 건의 부실대출도 해주지 않았다고 장담했다.[5] 그러더니 금융위기가 닥쳤고 중국 정부는 대출을 마구 남발했다. 2009년 이후로 중국의 융자금은 거의 세 배로 뛰었다. 세계 금융위기의 후폭풍 속에서 우선 중국이 수출하는 상품의 수요폭락으로 인한 피해를 상쇄하고, 중국 내륙의 경제 개발과 소비 계획이 실패로 돌아가자 경제 활동을 억지로 활성화하기 위해서였다. 중국의 경제 체제에서 총부채는 일본의 총부채를 초과했을 뿐만 아니라(아무도 이런 목표를 세우지는 않는다), 지난 10년 동안 세계에서 가장 빠른 속도로 증가했다. 중국이 반부패 정책의 일환으로 고위관료들을 공개적으로 처벌하자 일반인들은 겁이 나서 (구린 돈이든 정당하게 번 돈이든) 중국 밖으로 빼돌릴 엄두를 내지 못했다. 그런데 두려움은 체제가 공황상태에 빠졌다는 신호이므로 사람들이 정반대로 행동하도록 부추긴다.
- 미국 달러는 세계에서 단 하나 신뢰받는 자산 보유 방편이므로 자국에서 자기 돈을 빼내려는 사람들이 선택하는 목적지는 미국이다. 보통 한 나라의 의사결정 과정에 관여하는 고위직일수록 자기 돈을 미국으로 옮

기려고 할 가능성이 훨씬 높다. 이 사람들은 자국의 상황이 얼마나 절망적인지 잘 파악하고 있기 때문이다. (중국 공산당 간부들은 이 점에서 다른 사람들을 쉽게 제치고 1등을 차지한다.)

- 이제는 이론상으로라도 미국 달러에 도전할 화폐가 없다. 일본은 인구구조 변화로 인한 지속적인 경기침체를 완화하려고 환율 조작 정책을 실시한 지 수년째 접어들고 있으므로 기축통화 역할에 관심이 없다. 2006년 이후로 영국은 경제 규모에 비해서 훨씬 많은 돈을 찍어내 거의 미국과 맞먹을 정도이지만, 경제 규모는 미국의 8분의 1에 불과하다. 2009년 중국은 미국보다 더 많은 돈을 풀었다—당시에 중국 경제 규모는 미국 경제 규모의 절반에 지나지 않았다. 파운드도 위안도 미국 달러에 비하면 신뢰할 만한 자산 보유 방편이 아니다. 그 다음으로 규모가 큰 화폐는 캐나다 달러인데, 캐나다를 모욕하고 싶지는 않지만 캐나다 경제는 이미 도피처를 찾는 해외 자본을 받아들였고, 더 이상 받아들였다가는 캐나다 달러의 가치에서부터 밴쿠버에 있는 아파트까지 모든 것의 가격이 지속 불가능할 정도로 대폭 왜곡된다.

요컨대, 미국 달러의 역할은 가치를 저장하는 궁극적인 방편에서 앞으로 유일무이한 가치 저장 방편으로 바뀐다.

마지막 네 번째는 석유 문제다.

세계 석유 공급은 국영기업들이 생산하는 원유에 따라 결정된다. 이 기업들은 정치적, 전략적 요인을 고려해 생산 계획을 조정하고 갈등 지역을 통과해 수천 마일 멀리 있는 지역까지 원유를 운송해야 한다. 셰일 혁명 덕분에 미국에서는 수익을 추구하는 작은 기업들이 석유를 생산하는데, 이들은 탱크부대, 해상 교전, 다이너마이트를 몸에 두른 자살폭탄 테러범들로부터 자유로운 지역에서 송유관과 철도를 이용해 단거리 운송을 한다. 따라서 세계 석유 공급은 불안정하고 가격은 비싼 반면, 미국 석유 공급은 안전하고 비교적 저렴하다.

이는 북미 지역에 있는 미국의 이웃나라들과 연관해서 살펴보면 미국에게 에너지 자급자족 이상의 혜택을 안겨준다. 에너지 집약적인 산업은 모조리 경쟁우위 이상의 혜택을 누리게 된다. 세계 도처에서 일어나는 갈등으로부터 벗어나 있다는 입지 이상의 혜택을 누리게 된다. 전략적인 입장을 냉정하게 재평가할 여유 이상의 혜택을 누리게 된다.

미국에게 석유는 더 이상 취약점이 아니고 목표도 아니다. 석유는 이제 도구다.

심지어 무기 역할도 한다.

이 모든 상황을 고려하면 미래의 세계는 오늘날과 사뭇 다르게 보인다. 현재 작동하는 요인들을 총체적으로 살펴보자.

- 미국 해군은 미국이 세계로부터 고립시키려는 나라나 지역에 경쟁국이 접근하지 못하게(심지어 그 나라 안에서 경쟁자가 부상하지 못하도록) 할 수 있다.
- 미국은 특수작전단과 드론을 이용해 자국이 관여하고 싶은 어느 경쟁 지역이든 원하는 대로 틀을 짤 수 있다. 이는 군사 경쟁에 국한되지 않는다. 경제적, 정치적 경쟁 지역에도 해당된다.
- 미국이 세계 경제에 노출되는 정도는 제한적이고, 노출된다고 해도 전략적으로 노출되지 않는다. 어떤 차질이 생겨도—설사 미국이 야기한 차질이라고 해도— 미국은 영향을 받지 않는다.
- 미국의 소비 시장은 세계에서 유일하게 앞으로 성장할 대규모 시장이며, 수출 주도 성장을 하려는 나라는 어떤 나라든 미국 시장에 접근해야 한다.

- 미국은 대체로 세계 에너지 상황에 무관심한데, 미국이 세계 에너지 상황에 관심을 두게 되는 두 가지 요인이 발생하는 경우에는 얘기가 달라진다. 바로 미국 기업이 경제적으로 성장할 기회가 있거나 경쟁 상대를 전략적으로 방해할 필요가 있을 때다.
- 세계 해양, 세계 무역, 세계 에너지를 장악한 나라인 미국은 이제 더 이상 세계 안보에 관심이 없다.

이러한 변화 때문에 미국과 재래식 전쟁을 하는 나라는 십중팔구 패배한다. 미국이 다양한 무기 체계를 동원해 지구 반대편에 공격을 감행할 역량이 있어서라기보다, 또는 어떤 지역에든 몇 주 만에 대규모 군대를 파병할 역량이 있어서라기보다, 미국 해군이 적으로부터 수천 마일 떨어진 공해상 어디서든 에너지 운송을 방해할 수 있기 때문이다. 그 적이 에너지 수입국이든 수출국이든 상관없다. 미국은 전투에 관여하지 않고도 미국이 공격 대상으로 삼은 나라로부터 에너지나 수익을 박탈할 수 있다. 북미 에너지 체계는 사실상 독자적으로 작동하기 때문에 시장 불안이나 공급부족이 발생해도 미국은 거의 영향을 받지 않는다. 이로 인해 미국은 이렇다 할 보복이나 결과에 대해 두려워할 필요 없이 거의 어느 지역에든 간섭할 수 있다.

간단히 말해서 미국은 지구상에서 유일하게 세계적으로 힘을 행사하고 세계 어느 곳이든 도달할 수 있는 나라다. 그런데 그런 미국이 세계에 관심이 없는 나라로 변하고 있다.

전격적인 군사대결을 제외하면 모든 이슈에서 이런 요인들이 통합되어 한 나라의 외교 정책을 형성하게 된다. 군사대결만큼 겉으로 분명히 드러나지는 않지만 말이다.

1890년대는 미국이 남북전쟁 후 엄청난 비용과 시간을 들여 재건이라

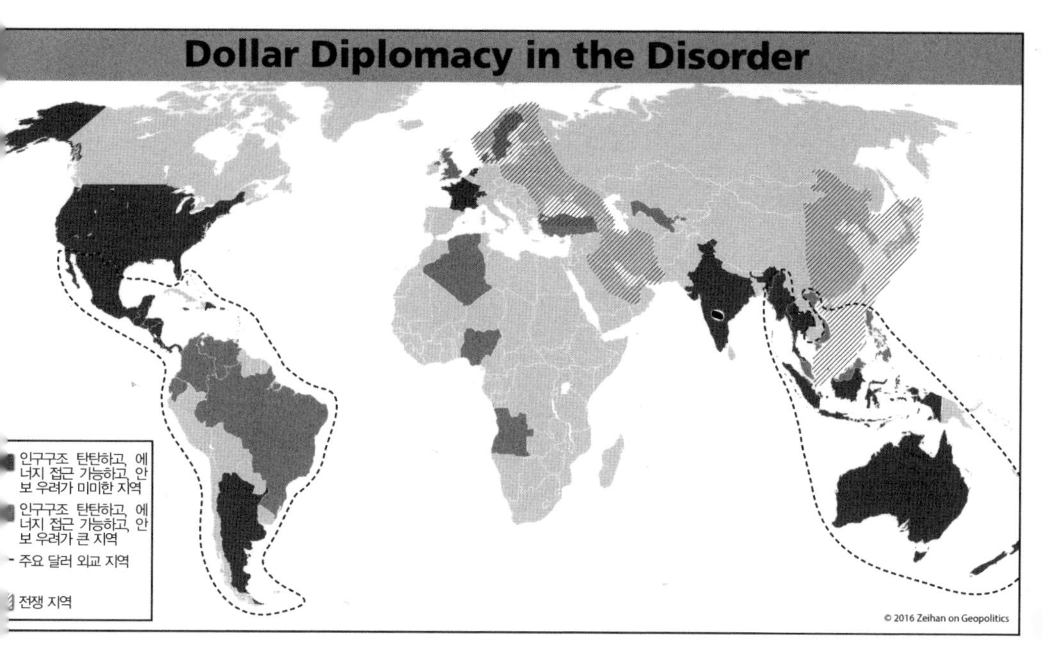

무질서 시대의 달러 외교

는 과업을 막 완수한 직후였다. 대륙을 가로지르는 철도가 작동하고 중서부로의 이주행렬이 잦아들면서 정착이 마무리되고, 남부 지역이 다시 경제에 기여하기 시작하면서, 미국은 여러 가지 다양한 사업에 쓸 여유자금이 엄청나게 축적되었다. 따라서 미국은 해군을 구축하고 탐험에 나섰다. 미국은 군사력과 군사력의 도달범위를 기업 이익과 결합하고 정부로부터 융자 지원을 받아 외국 경제에 침투했다.

국가, 기업, 군사, 금융이 혼연일체가 된 형태는 제 2차 세계대전 직전까지 존재했다. 역사학자들은 제국주의 전쟁, 세계대전, 경제적 풍요와 자신감이 넘치던 20년대, 대공황 등을 포함하는 어느 시기에 하나의 명칭을 붙이기 꺼리는데, 수단의 측면에서 가장 정확하게 묘사한 용어는 "달러 외교"다. 이는 태프트 정부(1909-1913)의 공식적인 외교 정책이었다.

경제력과 국력의 관점에서 보면 달러 외교는 대성공이었다. 미국은 찾아가는 나라마다 미국의 국익을 각인시켰다. 미국의 투자로 기간시설과 산업시설을 구축해 지역 노동력을 흡수했고, 미국뿐만 아니라 투자 대상국에서 소비할 상품도 만들어냈다. 마찬가지로 미국의 외교력과 민간 부문의 경제적 이해관계가 결합되면서 미국 상품은 미국이 낙점한 시장에 접근하는 특혜를 누렸다.

이와 같이 국력을 민간기업과 결합하는 방식은 그렇게 생소하지는 않다. 브레튼우즈 체제 이전에는 대부분의 나라들이 그런 식으로 했다(그리고 중국과 프랑스 같은 일부 브레튼우즈 체제 참가국들은 오늘날에도 여전히 그런 식으로 한다). 그렇다고 해서 미국이 이런 방식을 쓰기 쉽다는 뜻은 아니다—또 수많은 복잡한 문제가 발생하지 않는다는 뜻도 아니다.

민간의 이익과 정부의 이익이 얽히게 되면, 보통 아주 단순한 작전도 완전히 새로운 수단을 활용할 수 있다. 정부가 내리는 외교 지침에 따라 민간 기업이 메시지를 전달할 수 있다. 위협도 민간기업을 시켜 전달 가능하다. 민간 융자 제공자들은 자국 정부 부처의 입을 통해 외국의 채무자에게 빚을 갚으라고 할 수 있다. 군사역량은 국가의 보조기구일 뿐만 아니라 기업의 보조기구도 된다. 과거에 달러 외교를 할 때, 자국 기업이 외국에 진입하도록 하고 미국 국적이 아닌 경쟁사들의 진입을 막고, 필요하다면 주권국가의 정부에게 계약을 체결하라고 강요하려고 다른 나라 내정에 직접 간섭하는 데 미국의 군사력을 이용한 사례가 수십 건 있다.

다가올 무질서의 시대에 미국은 이러한 달러 외교가 펼쳐지는 새 시대를 맞게 된다. 다시 한 번 과거를 돌이켜보면, 어떤 분야에 미국이 관여하게 될지 충분히 가늠할 수 있다.

동남아시아에서의 달러 외교

Dollar Diplomacy in Southeast Asia

19세기 중반부터 동남아시아는—기껏해야—조역에 불과했다. 동남아시아에 어떤 나라가 속해 있느냐가 중요한 게 아니라 동남아시아가 어디에 위치해 있느냐가 중요했다.

세계 무역 체제가 등장한 이후로 동남아시아는 서구 세계와 동아시아 연안 지역 사이에 거쳐가는 지역 역할을 했다. 인도, 터키, 아랍 국가들, 포르투갈, 영국, 프랑스, 네덜란드, 일본, 미국 모두 이곳에 거점이 필요하다. 세계적인 제국들이 나타났다 사라지면서 전투가 벌어지고 점령당하는 지역이 나왔다. 이러저러한 주역이 등장해 교역로나 원자재를 다른 주역으로부터 빼앗으려 했다. 중국 도자기, 인도네시아 육두구, 말레이시아 원유를 두고 다투었다. 오늘날 이 지역에는 세계에서 가장 교통량이 많은 물길이 있다. 바로 말라카 해협이다. 그러나 말라카 해협을 드나드는 화물의 90퍼센트는 이 지역이 출발지도 목적지도 아니고 말라카 해협을 통과하는 길에 정박하지도 않는다.

앞으로 전부 뒤바뀌게 된다.

무질서가 심화되면서 이 지역을 통해 교역을 하거나 이 지역을 장악하기 위해 투쟁해온 세계 중심축인 국가들—주로 유럽, 동북아시아—은 와해된다. 지구전과 유조선 전쟁이라는 두 가지 위기를 맞으면서 두 지역 모두 자국 문제에 골몰하게 된다. 동남아시아는 지금까지 누려보지 못한 것을 누리게 된다. 바로 자국의 미래를 결정하는 데 조금이나마 발언권을 누리게 된다. 인구구조에서부터 에너지, 운송, 순전한 운에 이르기까지 여러 가지 요인들이 복합적으로 작용해서 이 지역의 미래는 과거 그 어느 때보다도 밝아 보인다.

동남아시아에서 대성공하기

동남아시아의 지형은 독특하다. 그리고 "독특하다"는 절대로 "바람직하다"와 동의어가 아니다.

이 지역 전체가 열대기후 지대라서 동남아시아에 있는 대부분의 섬들은 건기가 없다. 밀림이 무성하게 자라는 데는 안성맞춤—동남아 전역에서 단연 지배적인 생물군계—이지만, 그곳에 거주하는 사람에게는 그다지 좋을 게 없다. 열대기후 지대에 사는 이들은 끊임없이 질병에 시달린다. 또한 동남아시아에서는 서구인들이 "정상적인" 농업이라고 여기는 농사를 짓기가 어렵다. 밀, 옥수수, 호밀, 대두 같은 곡류가 높은 습도 때문에 여물지 못한다.

통일된 민족 정체성이나 강력하고 중앙집권적인 정부의 형성을 방해하는 지형과 기후가 이 지역에 만연해 있다. 밀림 때문에 아주 기본적인 이동도 매우 어렵다. 전 지역이 구릉이나 산악지대라서 가뜩이나 기간시설을 구축하기 힘든 환경을 완전히 악몽으로 만든다. 이러한 산악지대는 대부분 거의 해안까지 이어지므로, 해안 뒤편으로 도시, 기간시설, 산업기반을 쉽게 구축할 평평한 후배지(後背地)가 없다.

설상가상으로 이 지역 땅의 대략 3분의 1이 섬이다. 영국처럼 막강한 국가를 탄생시키는 평원 지형에 온대기후 섬이 아니라 험준하고 밀림에 파묻힌 군도가 무리지어 있다. 동남아시아의 섬들 가운데 전통적인 도시를 탄생시킬 만큼 평평한 땅인 지역은 딱 두 곳뿐이다. 첫 번째 지역은 인도네시아 자바 섬에 있는 자카르타인데, 예전에는 분리되어 있던 도시 중심지들이 한데 섞여 거대한 도시를 이루고 있다. 두 번째 지역은 필리핀 루손 섬에 있는 마닐라—팡가시난 경로인데, 이곳은 열대우림이 너무나도 빽빽하고 산악지대가 밀집해 있어서 세계화된 대부분의 도시들보다도 많은 다양한 민족들이 살고 수많은 언어가 쓰이는 용광로다. 그리고 이렇게 뻗어나간 도시가 섬 하나를 완전히 점한다고 해도, 필리핀과 인도네시아에는 사람이 거주하는 이러한 섬들이 1만여 개다.

동남아시아 본토의 지형은 조금 낫다. 끔찍한 상태를 가까스로 벗어났다는 뜻이다. 탁 트인 널찍한 평원이 없다. 그런 평원이 있어야 그 지역을 지배할 막강한 세력이 부상할 여건이 마련되지만, 곳곳에 인구가 밀집한 작은 도시들이 있고 이 도시들은 육로를 통해서 서로 교류하기가 불가능하다. 하노이, 호치민 시(예전의 사이공), 방콕, 양곤이 그런 지역들이다. 이곳의 열대기후 지대에는 어느 정도 건기가 있기는 하지만 중국 북부처럼 탁 트인 광활한 대평원이 아니다. 가느다란 반도 모양의 땅들을 아무렇게나 모아놓은 형태라서 정부의 통치비용이 많이 들고, 해안지역에서 갑자기 깎아지른 산악지대로 이어지는데, 해안의 대도시에서 시야에 들어오는 이 산악지대에 저항세력들이 자리잡고 있다. 태국은 적당한 크기의 평지가 있기는 하지만 내륙에 있는 고원이다. 그리고 고원지대 주민들의 이해는 도시 저지대 주민들의 이해와 상충된다. 여러 가지로 말레이시아는 최악의 조건을 갖추고 있다. 대부분의 인구는 말레이 반도 끝자락에 몰려서 살고 있는데, 영토의 가장 큰 부분은 보르네오 섬 북쪽 3분의 1을 차지하는 지역이다.

당연히 인류 역사상 막강한 국가가 이 지역에서 탄생한 적이 없다. 과거에 존재한 지역 세력—버마의 타운구에서부터 크메르 왕에 이르기까지—은 동남아시아는 물론이고 그 세력이 지배하는 핵심적인 영토에서 크게 벗어난 적도 없다.

지역 통합은 한결같이 어려웠다. 곳곳에 있는 서로 고립된 지역들은 독자적으로 통합할 역량이 되지 않았다. 국가들을 연결해주는 도로나 철도는 희박하고 밀림기후로 시설이 부식되기 쉬우며, 산악지대 때문에 적재

화물 중량이 제한되는 등 휘청거릴 정도로 엄청난 유지비용이 필요하다. 이 때문에 동남아시아 지역은 오래전부터 외부 세력들의 놀이터가 되어 왔다. 배로 이곳에 도달 가능한 이라면 누구든 이 지역에서 서로 분리되어 있는 해안 지역공동체를 정복하는 데 문제가 없었다. 외부 세력이 장악하려는 지역을 내륙으로 확장하려고 할 때에 가서야 저항에 부딪혔다. 최근 몇 세기 동안 중국은 하노이를, 네덜란드는 자카르타를, 영국은 양곤을, 미국은 마닐라를, 프랑스는 사이공을 점령했다—그러나 이 점령국들은 내륙 오지 깊숙이 밀고 들어가려고 하다가 호되게 당했다.

이 지역에서 유일하게 저주받지 않은 지형이 싱가포르다. 1800년대에 대영제국이 유럽-인도-아시아 교역의 중간 기착지로 쓰려고 구축한 싱가포르는 말라카 해협에서의 입지를 탁월하게 이용해 아주 작은 나라지만 물류, 제조업, 금융의 중심지가 되었고 1인당 소득은 세계 최고 선진국들의 1인당 소득과 어깨를 나란히 한다. 확실히 이 지역의 법칙이 적용되지 않는 예외다.

한마디로 말하자면 동남아시아의 지리적 여건은 성공여건과는 정반대이고, 세계가 폭발적으로 성장한 1845년부터 2015년까지의 기간 동안 이 지역은 조금도 혜택을 보지 못했다는 증거가 상당하다. 필리핀, 베트남, 미얀마는 어느 모로 보아도 가난한 나라들이다. 말레이시아와 태국은 중간 정도의 기술과 규모를 지닌 산업기반을 가까스로 구축했지만 지난 10여 년 동안 내정 불안으로 경제 발전과 인력 개발이 답보상태에 머물러 있다.[1]

그러나 여러 모로 이 지역의 지형적 약점들은 상당한 장점으로 바뀌게 된다.

이 점을 한 번 생각해보자. 세계 주요 지역들 가운데 유일하게 동남아시아 주요 국가들은 서로 전쟁을 치른 역사가 없다. 서로 접근하기가 쉽지 않기 때문이다. 밀림과 산악지대 때문에 도로와 철도를 건설하기 어려울 뿐만 아니라 군대가 이동하기도 어렵다. 6세기 전 크메르 왕국이 몰락한 이래로 태국과 베트남과 버마는 (세계적인 기준에서 볼 때) 서로 사소한 다툼 이상은 해보지 않았고, 말레이시아와 인도네시아는 서로 다른 행성에 살았다 싶을 정도로 접촉이 없었다. 유럽 국가들 간에, 동북아시아 국가들 간에 1200년부터 1945년 사이의 기간 동안 끔찍한 충돌이 벌어졌던 것과는 대조적이다.

과거의 경쟁 관계에 다시 불이 붙는 중상주의 시대에 접어들게 되면서 거의 모든 나라들이 서로에 대해 과거에 품었던 적개심을 되살리게 되지만, 동남아시아는 산업화 시대에 서로에 대해 적개심을 품었던 역사가 없거나, 또는 그러한 적개심을 행동으로 옮길 능력이 없다.

이 지역 지리적 여건의 단점은 이 지역을 부상시킬 몇 가지 독특함을 지녔다. 30년 전 동남아시아 인구는 대부분 열대 농업에 종사했다—생색나지 않는 일이 있다면, 열대 농업이 바로 그런 일이다. 온대기후의 농업에서는 자본과 기술을 투자하거나 소와 낫을 경운기와 탈곡기로 바꿔 부가가치 규모를 키울 기회가 있다. 효율성과 수확률이 높아지면 사업이 확장되고 수익이 늘어나고 사회적 계층의 상향이동이 가능하다. 그런 기회는 열대지방에는 그리 흔하지 않다. 파인애플 농사를 지으려면 하나하나 일일이 심고 가꾸고 수확하고 상자에 담아야 한다. 커피에서부터 파파야, 바나나, 고무, 차에 이르기까지 수많은 열대작물을 가꾸는 평범한 농부—평범한 노동자는 고사하고—는 자기 처지를 개선할 방법이 없다.

열대 농업에 종사하는 사람들은 물론 멍청하지 않다. 따라서 대부분 우리가 그들 처지였다면 했을 행동을 한다. 그 지역에서 탈출한다. 따라서 최근 수십 년에 걸쳐 동남아시아는 농촌 생활에서 도시 생활로 전환하는 가장 큰 변화를 겪었다. 이로 인해 도시에 이주한 이들은 자기가 지닌 기술력에 비해 보상이 적은 일자리도 마다하지 않았고 이들은 임금을 절약하려는 기업들을 유인했다.

그 결과 이 지역은 달러 외교에 안성맞춤인 지역이 되었다.

명백한 지역 안보의 필요성. 이 지역 일부 국가들은 정부의 통치력이 핵심적인 도시 지역 너머까지 미치지 못한다. 동남아시아 국가의 오지와 내륙은 저항세력에게 취약하다. 도시 지역에서 치안을 유지해주고 정부 인력은 내륙 지방을 평정하는 골치 아픈 일에 집중하도록 해주면 아마 환영받을지 모른다. 단, 도움을 주는 쪽과 받는 쪽 쌍방 간에 치안에 도움을 주고받을 뿐이지 치안을 유지할 권리를 양도하는 게 아니라는 점을 분명히 해야 한다. 전자신호 정보수집, 드론, 물질적 지원은 환영한다. 군대 투입은 아마 환영하지 않을지 모른다. 인도네시아와 필리핀은 이슬람주의자 무장 세력과 관련해서 특히 도움이 필요하다. 베트남과 미국이 동일한 호전세력에 맞서 싸우게 되면 상전벽해 했다고 생각할 이들도 있을 터이다.

온갖 투자자에게 기회의 땅. 동남아시아는 금융과 첨단기술 중심지인 싱가포르에서부터 자동차 산업의 말레이시아, 컴퓨터 산업의 태국, 중공업이 발달한 인도네시아, 농업이 발달한 필리핀까지 다양한 산업을 아우른다. 특히 배짱 두둑한(그리고 어쩌면 파렴치한) 투자자는 미얀마에 매력을 느낄지 모른다. 그 나라에서는 산업구축 초창기부터 관여할 수 있으니까. 군사정권은 1962년부터 2015년까지 미얀마를 세계로부터 일부러 고립시켰다. 이제 개방하기 시작했는데, 도로에서부터 철도, 학교, 전기, 항구까지 하나같이 부족하다. 미얀마가 지닌 장점이 있다면 동남아시아 지역에서 유일하게 배가 다닐 수 있는 이라와디 강이 있다는 점이다. 열대기후의 험준한 지형이지만 비교적 저렴한 운송비용으로 도달 가능한 지역이 보기보다는 넓으리라는 가능성을 제기해준다. 단점이라면, 미얀마의 전체 인구 가운데 3분의 1은 버마 민족이 아니라는 점이다. 그들은 바로 이 열대기후에 지형이 험준한 산악지대에 거주하고 있고, 이런 지역에는 무시 못할 저항이 수십 년 동안 계속되어 왔다. 미얀마가 요청할 가능성이 있는 "치안유지 지원" 활동은 미국 국무성이 통상적으로 승인할 만한 그런 종류의 지원이 아닐 가능성이 높다.

기술력 있는 노동력/낮은 임금. 내륙에서 열대작물을 재배하는 농사에서 벗어나려는 사람들이 많고, 이들은 자신이 보유한 기술에 비해 낮은 임금을 받고도 일할 의향이 있는 이들이므로 투자자들에게 매력적인 대상이다. 특히 호찌민 시 같은 도시 중심지와 농촌 지역이 적절히 섞여 있고, 세계 평균 교육 수준을 훌쩍 넘어서는 인구가 있는 베트남은 매력적인 투자처다. 말레이시아는 농민을 반 숙련기술을 지닌 산업 역군으로 변모시키는 데 탁월한 역량을 발휘했다. 인도네시아는 멕시코보다 훨씬 많은 조립공정을 해낸다. 미얀마의 국민들은 바닥에서부터 시작하기 때문에 노예나 다름없는 임금 수준 정도에도 일을 할 사람들이다.

노동력이 집중되어 있다는 명백한 장점. 해안 도시지역에 노동력이 집중되어 있으면 경제 개발 패턴 전체에 영향을 미친다. 중앙정부는 국토 전역에 공공서비스를 제공하지 않고 나라의 기간시설 구축과 교육 지원을 인구가 밀집한 도시 지역에 집중할 수 있기 때문이다. 주요 도시에 공장 하나만 지어놓으면 노동력이 알아서 몰려드는데, 인구가 계속 빠져나가는 10개의 작은 마을에 10개의 작은 시설을 만들 이유가 없다. 방콕에 있는 반도체 산업이 바로 이러한 전략이 얼마나 잘 먹히는지를 일목요연하게 보여준다. 베트남은 태국의 성공을 호찌민 시에서 재현하려 하고 있다.

자발적인 지역 기업 동업자들. 역내 기업들은 이와 같이 밀집해 있는 노동력을 일부 소화해낼 역량이 있음을 증명해왔다. 이 덕분에 대부분의 개발도상 지역의 수준을 훌쩍 넘는 지식과 기술력을 갖춘 기업들이 생겨났고, 이 기업들은 생산 비용을 줄이면서도 고품질의 상품을 만들어냈다. 그러나 이들은—개발도상 지역에서는 거의 유일하게—성공했다고 오만해지지 않았고, 필요할 때는 도움을 청하거나 추가 융자를 요청하기를 주저하거나 창피해하지 않았다. 태국과 말레이시아의 에너지 부문은 해외 수퍼메이저, 특히 미국의 수퍼메이저들과 잘 통합되어 있다. 베트남의 에너지 부문은 현재 러시아에 의존하고 있지만, 이 관계는 유조선 전쟁과 지구전이 터지기만 하면 완전히 와해된다. 동남아시아 전역에서 역외 기업들은 온갖 종류의 상품을 제조하면서 동남아시아 공급업체들을 이용한다. 특히 태국은 폭넓은 미국 제조업체들과 환상적인 관계를 유지하고 있고, 말레이시아는 세계에서 가장 뛰어난 지적재산권 보호 법규를 자랑한다.

명백한 금융 지원의 필요성. 싱가포르를 제외하고 동남아시아 국가의 화폐는 하나같이 다른 화폐와 교환할 수 없는 연화(軟貨)이고 자본 수입국이다. 세계 무역과 금융이 전쟁과 인구구조 역전으로 요동치게 되면, 자본 부족이 이 지역의 가장 치명적인 약점으로 부상한다. 미국의 많은 금융기관들은 베이징, 도쿄, 파리, 브라질리아, 이스탄불, 모스크바에 진출하기는 꺼릴지 모르지만, 싱가포르는 세계 금융의 동남아시아 중추로서 대부분의 주요 미국 은행들이 진출해 있다.

명백한 제조업 잠재력. 유조선 전쟁으로 동북아시아에 구축된 공급사슬이 해체되면서 세계 제조업체들은 대부분 이전해야 하는 상황에 처하게 되는데, 북미 다음으로 동남아시아가 가장 이득을 보는 지역이 될 가능성이 높다. 동남아시아는 이미 아시아 공급사슬 체계에 상당 부분 참여하고 있고—한국과 일본 기업들이 특히 이 지역에서 활발하게 활동한다—따라서 동남아시아는 동북아시아 국가들, 특히 중국이 포기하는 부문을 간단히 인수할 수 있다. 공급사슬을 다시 새로이 엮는 작업은 생각보다—동남아시아와 미국의 기업들에게—훨씬 이득이 된다. 동남아시아 도시들은 육로를 통해서는 효율적으로 교역을 하기가 힘들다. 같은 나라 안에 있는 도시들끼리도 말이다. 그러나 배로 물길을 통해서는 국경을 초월해 서로 쉽게 교역할 수 있다. 이 덕분에 역내 공급사슬이 형성된다. 필리핀, 인도네시아, 베트남, 미얀마의 아주 값싼 비숙련기술 노동력, 태국과 말레이시아의 중간 수준의 비용에 중간 수준의 숙련기술을 지닌 노동력, 그리고 싱가포르처럼 세계에서 가장 고도의 숙련기술 노동력을 이용한 공급사슬 말이다. 브레튼우즈 체제하에서는 유럽 통합이나 나라 전체가 거대한 제조업체인 중국의 규모의 경제의 그늘에 가려 동남아시아가 지닌 특징들이 주목을 받지 못했을지 모른다. 그러나 세계 무역 체제가 와해되어도 동남아시아는 세계 체제 없이도 역내 공급 체계를 구축할 역량이 있다. 동남아시아가 기존의 공급사슬보다 훨씬 짧은 새로운 공급사슬 체계에 북미 지역의 최종 소비자들로부터 물류 부문과 금융 부문에서 일정 부분 지원을 받아 이를 통합시키기만 하면 된다.

미국의 힘과 선호도에 부합하는 적정 수준의 역내 안보 유지. 역내 해상 공급사슬은 역내 해상 위협을 걱정할 필요는 없다. 이 역내 해상 공급사슬이 유조선 전쟁에 휘말릴 우려가 있다는 게 문제다. 동남아시아는 (미국의 특기인) 역내에서 안보를 유지할 해군력이 필요하다. 미국이 동남아시아 지역에 관여하기를 가장 바라는 역내 국가는 싱가포르일지 모른다. 싱가포르는 미국이 가장 매력적으로 여기는 역내 협력국이자 가장 역내 교역에 의존하는 나라다. 싱가포르는 아마도 지구상에서 가장 전략적으로 탁월한 지리적 여건을 지닌 나라다. 금융 부문에서 싱가포르가 차지하는 위상에 미국 기업가들이 지대한 관심을 보이고, 오지가 전혀 없으므로 미국이 안보를 유지하려면 육지에 발을 들여놓을 필요 없이 해군 자산만 이용하면 된다.

에너지 시장에의 노출도가 제한적. 동남아시아 전체가 거의 에너지 자급자족이 가능하다. 지역 전체가 수입하는 에너지는 3mbpd이고(한국이 수입하는 에너지만도 2.5mbpd다), 역내에서 생산되는 정유제품을 감안하면 순수입량은 절반으로 떨어진다. 유가 수준이 어떻든 이 지역의 에너지 생산 프로젝트에 해외 자본이 쏟아져 들어오게 된다. 브루나이는 이미 소규모 수출국이고, 말레이시아는 안보 상황이 걷잡을 수 없이 나빠지지만 않으면 곧 수출국이 될 가능성이 있다. 투자의 물결이 밀려오면 인도네시아, 미얀마, 베트남 순으로 생산도 급격히 늘어나게 된다. 새로 늘어난 생산물량은 물론 싱가포르, 태국, 말레이시아에 있는 정유시설로 흘러들어가고, 이 나라들은 정치적, 경제적, 안보적 이유로 이 가운데 일부를 먼저 따로 떼어놓고, 나머지는 동남아시아 지역에 유통시킨다. 북미 지역과 마찬가지로 이 지역도 멀리 떨어진 대륙에서 원유를 확보하려고 안달할 필요가 없다. 동남아시아는 절박한 처지에 놓인 동북아시아 국가들이 동남아시아의 생산시설을 접수하지 못하도록 예방책을 강구할 필요가 있다. 이러한 우려 때문에 동남아시아 국가들은 미국이 역내 경제 체제에 관여하도록 유도하기 위해서 미국이 솔깃할 만한 제안을 할 가능성이 높다.

역내 소비 성장의 기회. 동남아시아는 소비를 활성화하기 위해 외부의 힘을 빌릴 필요가 없다. 전 세계적으로 인구가 급속히 고령화하는 나라들과는 달리 동남아시아는 인구가 젊다. 특히 인구 규모가 9천 6백만에 달하는 베트남과 2억 3천만에 달하는 인도네시아가 그렇다. 동남아시아 해안 지역에 거주하는 인구가 중국 해안 지역에 거주하는 인구보다 많고, 역내 전체 인구 가운데 족히 절반이 30세 이하다. 따라서 미국산 상품을 살 정도의 경제력은 있지만 미국 시장에서 소비할 상품을 만들 제조업의 기반이 될 정도로 빈곤한, 현재 세계에서 몇 안 되는 지역에 손꼽힌다. 무질서 시대가 막이 오르면, 그런 지역은 동남아시아를 비롯해 딱 두 곳밖에 남지 않는다.[2]

최악의 시나리오마저도 낙관적. 미국이 유조선 전쟁에 휘말린다고 잠시 가정해보자. 미국은 최소한의 위험을 감수하고 최소한의 노력을 들여 한 달 만에 전쟁을 끝낸다. 미국이 동북아시아에서 지역 국가들과 엮일 필요가 없다. 미국으로서는 벵갈 만이나 아라비아 해에서—육지 기반의 지원을 받을 수 있는 범위를 벗어난 지역에서—적을 상대하는 게 훨씬 쉽다. 원정 가능한 해군이 없으면 유조선 호송이 불가능하다. 유조선 호송이 불가능하면 원유를 확보하지 못한다. 원유가 없는 참전국은 전쟁에서 진다.

달러 외교 정신으로 무장한 미국 기업가들과 관료들에게 동남아시아 지역이 더 매력 있게 보일 만한, 지역적 요인들이 몇 가지 더 있다.

투입재 확보의 복잡성 최소화. 동남아시아의 남동쪽으로 영미계 선진국인 오스트레일리아와 뉴질랜드가 있다. 오스트레일리아는 미국의 가장 강력한 동맹이라면, 뉴질랜드는 오스트레일리아와 미국에게 문화적으로 가장 가까운 사촌이다. 동남아시아 국가들의 산업기반이 심화되고 확장되면, 철강, 알루미늄, 시멘트, 목재 등이 더 많이 필요한데, 이 모든 원자재는 오스트레일리아와 뉴질랜드에서 구할 수 있다. 오스트레일리아는 동남아

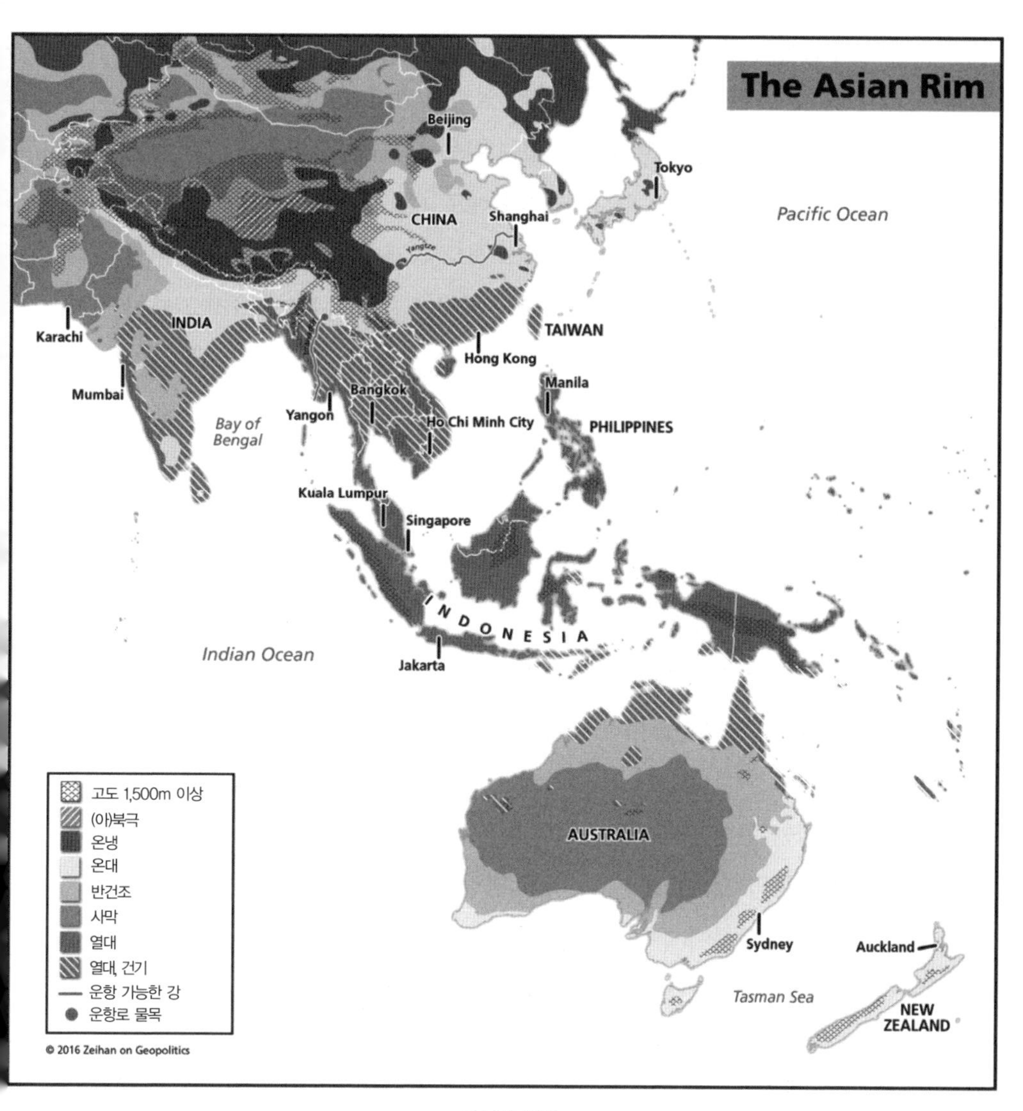

아시아 연안

시아의 에너지 부문에서 부족한 점을 보완한다. 오스트레일리아는 세계 최대의 무연탄 수출국이고 역청탄 주요 수출국이며, 세계 최대 액화천연가스 수출국의 자리도 넘보고 있다. 자국의 경제를 지탱하기 위해서는 과거의 제국을 되살려야 하는 유럽 국가들과는 달리, 동남아시아 국가들은 과거에 더불어 전쟁을 치른 적이 없는 이웃나라들을 상대로 교역만 하면 된다. 식량도 문제될 게 없다. 태국과 베트남은 세계에서 3위 안에 드는 쌀 수출국 지위에 종종 오른다.[3] 어느 정도 경제개혁이 이루어지면 미얀마는 분명히 세계 주요 농산물 수출국 지위를 되찾게 된다. 그리고 나머지 필요한 식량은 대부분—주로 밀, 옥수수, 소고기, 양고기, 과일, 유제품—오스트레일리아와 뉴질랜드에서 수입하면 된다.

확고한 역내 동맹국. 오스트레일리아가 가장 우려하는 안보 문제는 어떤 나라가 동남아시아를 장악하고 이를 발판으로 오스트레일리아를 대상으로 군사적 공격이나 경제적 공격을 가할 가능성이다. 제 2차 세계대전 당시에 그 악령은 일본이었고, 최근에 그 대상은 중국이 되었다. 유조선 전쟁에서 서로 맞붙을 두 나라 가운데 어느 쪽이 이기든 오스트레일리아에게는 이득이 되지 않는다. 오스트레일리아는 유조선 전쟁의 향방에 영향을 미치지는 못하지만, 동남아시아의 역량을 강화하는 데 힘을 보탤 능력은 있다. 특히 오스트레일리아와 친밀한 관계인 인도네시아, 싱가포르, 태국을 도와 동북아시아의 영향력에 맞서도록 하면 된다. 오스트레일리아는 또한 미국과 만날 때마다 동남아시아 문제를 거론하게 된다. 한 번도 빼놓지 않고 매번. 미국은 오스트레일리아가 그런다고 해서 절대로 성가셔하지 않는다. 창의적이고 역량 있는 동맹국이 이미 미국 편에 합류했고 기꺼이 목표를 향해 매진하겠다는 뜻이기 때문이다. 오스트레일리아는 미국의 달러 외교 대상이라기보다 미국이 달러 외교를 성사시키도록 옆에서 부추기고 돕는 역할을 하게 된다.

타협해야 할 절실한 필요성. 아마도 이 점이 가장 중요한지도 모른다. 동남아시아는 미국을 역내 안보에 관여하게 만들기 위해서라면 기꺼이 거래를 한다. 유조선 전쟁은 거의 동남아시아 한복판에서 일어나고, 해상 군사충돌은 남중국해와 말라카 해협에서 빈번하게 터질 가능성이 높다. 남중국해와 말라카 해협이 만나는 지점에 위치한 싱가포르는 발달된 경제체제를 유지하려면 세계 금융과 공급사슬이 반드시 있어야 한다. 필리핀과 베트남은 중국의 직접적인 공격 목표가 될 가능성이 높다. 중국은 (그리고 어쩌면 일본도) 말레이시아에서 가장 수익성이 높은 부문—해상 원유와 천연가스 생산시설—을 접수하려고 할 가능성이 높다. 태국은 수입품과 수입원유를 거의 모두 물길을 통해 들여오는데, 태국 해안에서 넓은 바다로 드나들려면 남중국해를 반드시 통과해야 한다. 중국의 송유관 경로는 미얀마 한복판을 관통하므로 미얀마는 유조선 전쟁의 모든 당사자들의 공격에 취약하다. 인도네시아는 이 전쟁에서 어느 정도 전략적으로 거리를 유지할 수 있지만, 이 전쟁에서 도움 없이 이익을 얻기에는 안보, 기술, 재정, 군사적 역량이 부족하다. 간단히 말해서, 동남아시아의 모든 국가들은 미국에게 도움을 요청할 가능성이 높다. 도움을 얻기 위해 기꺼이 양보를 할 의향이 있다는 뜻이다. 달러 외교를 강요할 필요가 없을 정도로 그 진가를 가장 크게 발휘한다.

머지않아 다른 나라들은 식량, 에너지, 안정성 같은 기본적인 요소들을 확보하기 위해 고군분투하다가 실패하게 된다. 유럽과 동북아시아 4개국은 필수적인 활동을 유지하기 위해 산업구조도 재편하게 된다. 동남아시아는 오히려 역사상 최대 규모의 산업화와 대대적인 제조업 혁명에 불을 지필 요인들을 갖추게 된다. 그리고 미국도 이에 동참하게 된다.

동남아시아 너머

아시아에서 미국의 상업적 침투를 동남아시아처럼 열렬히 반길 만한 지역은 없지만, 그렇다고 해서 다른 아시아 지역에서 괄목할 만한 결과가 나오지 않는다는 뜻은 아니다.

첫째, 인도에서 달러 외교가 어느 정도 성공을 거둘 가능성이 있다.

인도에 관한 진실은 인도에서든 미국에서든 알려진 것보다 훨씬 불편하다. 인도는 인구 과잉으로 세계에서 가장 규제가 심하고 과다하게 관료화된 체제다. 재산법—부동산이든 지적재산권이든—은 취약하다. 기간시설도 취약하다. 교육 수준도 취약하다. 정부도 취약하다. 전기 공급도 불안정하다. 물류체계도 취약하다. 건설 기준도 취약하다. 인도의 중앙정부, 지방정부, 지역정부 사이의 협력과 조율도 취약하다. 정부의 일관성도 결여되어 있다. 인도의 불편한 진실을 열거한 목록은 매우 길다.

자존심은 한술 더 뜬다.

미국은 자기 확신이 강한 나라로 잘 알려져 있다. 세계가 무너져도 미국은 계속 앞으로 나아가게 되는 미래에 이러한 정서가 바뀔 가능성은 없다. 그러나 인도도 자기 확신이 강하다는 문제가 있다. 인도는 자국을 세계 대국으로 손꼽는다. 이게 사실인지 여부에 대한 논의는 인도와 논쟁하고 싶은 사람들에게 맡기겠지만, 인도는 인도 내에서 발생하는 문제에 관한 한 타협하지 않기로 유명하다. 유조선 전쟁이나 페르시아 만 전쟁이 아무리 참혹해도 인도는 원유를 확보하게 된다. 브레튼우즈 체제의 붕괴로 인해 세계가 와해되어도 인도의 경제는 무역에 크게 의존하지 않기 때문에 큰 고통을 겪지 않는다. 경제적으로 불편할지는 모르겠지만 새로운 길을 모색해야 하고 그 새로운 길에는 인도가 미국 앞에 무릎을 꿇는 사태도 포함된다는 신념이 없다. 달러 외교는 그 목표가 대상 국가의 욕망에 정면으로 배치되지 않을 때 가장 효과를 발휘한다. 인도는 미국이 이 전략을 강력히 추진해도 될 만큼 절박하지가 않을 가능성이 높다.

그래도 달러 외교가 인도에서 어느 정도 진전을 볼 가능성이 있다. 두 가지 이유에서다. 첫째, 13억 인구 규모에서—교육 수준, 예지력, 기술력, 부 등등 어느 기준으로 보나—최상위인 집단은 여전히 거대하다. 인도에는 다른 모든 불편한 요소들을 상쇄하고도 남을 만한 시장이 존재한다. 그리고 바로 그 최상위층 사람들은 미국의 돈과 기술, 공급사슬, 시장에 접근하기를 바랄 가능성이 가장 높다. 그들은 대체로 미국의 참여를 바람직하게 여긴다.

둘째, 인도는 오래전부터 지나치게 관료화되어 왔기 때문에 제대로 된 정책이 제시되고 중앙, 지방, 지역 세 차원의 정부들이 일사분란하게 움직이면 억눌렸던 욕구가 분출하면서 기적이 일어날 수 있다. 세 차원의 정부들이 합심하면서 벵갈루르가 세계적인 기술 중심지가 되었고, 미국의 기술기업들은 이 기회를 놓칠 만한 바보가 아니었다. 달러 외교는 미국과 인도 모두에게 좋은 기회지만, 인도에서의 달러 외교는 다른 나라에 적용되는 달러 외교보다는 훨씬 대상이 구체적이고 기간도 짧을 것으로 보인다.

달러 외교가 결실을 거둘 비옥한 땅이 될지도 모르는 또 한 지역이 있다. 중국이다. 더 구체적으로 말하자면 중국 남부 연안에 있는 도시들이다. 상하이, 닝보, 원저우, 푸저우, 샤먼, 산터우, 선전, 홍콩, 광저우, 마카오, 잔장 등이다. 모두 건실한 경제와 높은 교육 수준을 자랑한다. 모두가 외국과 협력한 역사를 지니고 있다. 모두 해안 뒤쪽으로 후배지가 없고 산악지대이기 때문에 홀로서기가 불가능하다. 유조선 전쟁이 어떻게 마무리되든 상관없이 앞으로 이 도시들 모두가 자본, 식량, 에너지, 원자재, 최종 소비자, 안보가 절실히 필요하게 된다. 특히 안보는 이 도시들을 관할하던 옛 정부로부터 안보를 지켜야 한다는 점도 포함된다.

유조선 전쟁이 중국의 패배나 중국의 붕괴로 끝난다면, 이 도시들은 모두 똑같이 끔찍한 선택지에 직면하게 된다. 강력한 외국 후원자를 물색해 그 후원자의 마음에 들 만한 조건들을 어떻게든 꾸려내든가, 대량 아사 사태를 모면하기 위해서 인구의 절반 이상을 농촌으로 축출하든가 양단간의 결정을 내려야 한다.

미국식 달러 외교는 이 모든 요건을 충족시킨다. 미국은 일본이나 타이완과는 달리 과거에 대한 감정적인 앙금으로부터 자유로운 후원자로서 중국 남부 도시들이 필요한 전부를 일괄적으로 제공할 역량이 있다.

마지막 세 번째로 주목해야 할 지역은 달러 외교가 성공할 지역이 아니라 아시아의 다른 지역들을 이용하려는 미국의 정책을 점점 복잡하게 만들 나라다. 바로 일본이다.

유조선 전쟁에서 지든 이기든, 일본은 여전히 막강하고, 문화적 동질성을 지니고, 안보가 튼튼한 나라다. 원유, 디젤, 우라늄 광석, 석탄을 싣고 일본으로 향하는 미국 기업가들은 적극적으로 동업하려는 일본인들을 만날 수 있을지 모르지만, 그게 해당 지역에 경제적으로 깊숙이 침투해서 모든 결정을 미국 본부에서 내리는 방식은 아니다. 경제적 관점에서 보면, 유조선 전쟁 동안과 전쟁이 끝난 후의 일본은 지금보다 훨씬 외부세력에게 폐쇄적인 나라가 된다.

사실 일본과 미국의 관계에서 그보다 훨씬 큰 문제가 전개되려 하고 있다.

아시아에서 미국이 펼칠 달러 외교는 여러모로 1900년부터 1941년 사이에 미국이 실행했던 외교 정책과 경제 정책을 떠오르게 한다. 그 시기에 미국의 상업적 힘은 아시아 지역 곳곳에 깊숙이 침투했고, 이미 아시아에 이해관계를 구축해놓은 제국주의 세력들을 거리낌없이 몰아냈다.

급기야 미국은 지역 시장뿐만 아니라 지역 에너지 생산기지까지 지배하려는 일본의 오랜 야욕을 적극적으로—그리고 공개적으로—방해하는 지경에 이르렀다. 일본은 2016년 못지않게 1940년에도 수입 연료에 의존했다는 사실로 미루어볼 때, 일본이 결국 진주만에 있는 미국의 해군 자산을 공격했다는 게 놀랍지 않다.

그러나 이러한 비교를 너무 과잉 해석하지 말라. 그때와 지금은 다음과 같이 많은 차이가 있다.

- 오늘날 일본은 에너지를 동남아시아(또는 인도)가 아니라 페르시아 만에서 수입하고, 미국은 일본이 정말 짜증나게 도발을 하지 않는 한 일본의 유조선 호송을 방해할 어떤 짓도 할 가능성이 없다.
- 1990년 이후로 에너지 부문 외에 일본이 세계 경제에 의존하는 정도가 꾸준히 줄어들었다. 세계는 고사하고 지역 내 경제와 연관된 정도도 예전만큼 중요하지 않다. 일본이 세계 제조업 시장과 연결되어 여전히 가장 역동적인 활동을 하는 부분이 미국 내에 있는 제조시설이다. 일본이 미국의 군사 자산을 폭파시키면 미국 내 일본 기업이 노사 협상과 규제 협상을 할 때 아무 도움이 되지 않는다.
- 앞으로 일본은 중국 하나만 상대하기도 벅차다. 유조선 전쟁 중에도 그렇고, 전쟁이 끝난 후 중국에 무슨 일이 일어나든 그 일을 수습하려면 말이다. 압승을 거두든 참패를 당하든, 수십 년 동안 집중해야 할 프로젝트다. 코랄 해를 두고 미국과 난투극을 벌이면 아시아 본토에서 정작 해야 할 일을 못하게 된다.
- 그리고, 물론 일본은 제 2차 세계대전이 어떻게 진행되었는지, 특히 어떻게 종결되었는지 생생하게 기억하고 있다. 일본은 전략적으로 운신이 자유로운 미국과 엮이고 싶은 생각이 추호도 없다.

그러나 미국이 동남아시아로 진입하려 한다는 엄연한 사실은 변하지 않으며, 미국이 브레튼우즈 체제를 고수했다면 하지 않아도 되었을 처절한 전쟁을 일본이 치르고 있는 동안에 미국이 동남아시아에 진입하게 된다. 일본은 작지 않은 배신감을 느끼게 된다. 상하이 같은 지역이 미국의 품안에 안기면 더더욱 그러할지 모른다.

미국이 아시아의 질서를 유지할 책임을 방기한다면, 전쟁이 끝난 후 이 지역을 물려받을 나라는 일본이어야 한다고 믿는 이들이 일본의 정치 기득권층에 많다. 그들은 그냥 뒷짐 지고 앉아서 미국 정부와 기업들이 미국을 중심으로 한 대미국공영권(大美國共榮圈)을 주도하는 광경을 보고만 있지 않을지도 모른다. 유조선 전쟁의 일환으로 일본은 이미 타이완, 필리핀, 베트남, 말레이시아와 경제적, 군사적으로 밀접한 관계를 맺어두었을 것이기에, 일본의 배신감은 더더욱 강렬해질 뿐만 아니라, 그런 미국을 상대로 써먹을 아주 강력한 수단을 갖게 된다.

일본과의 전쟁은—유조선 전쟁에 국한해서든 그 전쟁에 뒤이은 시기든—필연적이지도 않고 가능성도 낮다. 그러나 동아시아는 어느 한 세력이 장악하기에는 서로 다른 이해관계를 지닌 너무나도 많은 나라 국민들이 사는 지역이다. 유조선 전쟁에서 누가 이기든, 아시아에서 앞으로 미국의 가장 큰 경쟁자는 더 이상 중국이 아니다.

13

중남미에서의 달러 외교

Dollar Diplomacy in Latin America

세상이 뒤죽박죽이 된 듯하고(실제로 그렇기도 하다), 그리고 한때 확고하게 유지되었던 미국의 근본적인 기조, 즉 중동 지역의 미군 주둔, 브레튼우즈 체제와 북대서양조약기구 유지와 같은 기조들이 폐기되는 듯하나(실제로 그렇다), 미국이 절대로 포기하지 않을 오래된 외교 정책이 하나 있다. 바로 먼로주의(Monroe Doctrine)다. 중남미 지역 그 어디에서도 동반구 국가가 활동하지 못하도록 하는 정책이다.

직관적으로 잘 이해가 가지 않는다. 러시아의 도발로 독일이 재무장하고, 페르시아 만이 시끄러워지고, 아시아에서 미사일이 날아다니는 상황이 미국으로서는 달갑지 않다면, 한 세기 넘게 대규모 유럽 제국이나 아시아 국가가 활개치고 다닌 적이 없는 지역에 대해 미국이 그토록 신경 쓰는 이유는 뭘까?

이게 다 운송 때문이다. 너도나도 중상주의를 추구하고, 정도의 차이만 있을 뿐 하나같이 경제적 자급자족을 부르짖는 세계에서 물길 보호는 국가 경제와 안보에 직결되는 중요한 문제다. 미국의 양대 경제구역—미시시피 광역과 미국 동부 연안—을 연결하는 물길은 플로리다 해협이다. 플로리다 해협은 멕시코 만, 카리브 해와 가깝기 때문에 미국은 이 두 해상지역을 철통같이 지켜야 한다. 그리하려면 미국의 힘으로 동원 가능한 모든 수단을 동원해야 한다. 멕시코, 쿠바, 중앙아메리카, 리워드 아일랜즈(Leeward Islands)뿐만 아니라 카리브 해 연안에 있는 남미 국가인 콜롬비아와 베네수엘라에 대해 가능한 수단을 총동원해야 한다. 동반구의 어느 강력한 세력이 앞서 길게 열거한, 미국이 중요하게 여기는 지역들을 위협할 수 있으려면 남미 어딘가에 발판을 마련해야 한다. 그게 유일한 방법이다. 따라서 미국은 남미 대륙 전체를 접근금지 구역으로 만드는 편이 훨씬 간단하다.

1823년으로 거슬러 올라가는 먼로주의는 간단하다. 동반구의 그 어떤 나라든 서반구에 군사력을 주둔하도록 허락하지 않으며, 그런 시도가 발생하지 않도록 미국은 선제조치를 취한다는 정책이다.

역사적으로 미국이 중남미 지역에 대한 배타적 접근 정책을 고수해왔고 북미자유무역협정 당사국들 간에 경제적으로, 에너지 수급으로 더욱 더 관계가 긴밀해지고 있으며, 미국 군대는 할 일이 없어 시간이 남아돌아가고, 이제 미국 뒷마당을 벗어나 다른 지역 일에 개입하지 않으려는 정서가 미국 내에 팽배해 있는 상황은, 미국이 중남미 전역에 깊이—그리고 강압적으로—침투할 완벽한 여건을 조성해준다.

지리적 여건은 무자비하다

여러 가지 중요한 면에서 중남미 대부분 지역의 지리적 여건은 동남아시아보다 훨씬 혹독하다.

남미 대륙의 밀림 지역—주로 아마존 유역—은 너무 덥고 너무 습하고 강우량이 엄청난 데다가 온갖 질병의 온상이라서 아주 원시적인 수준을 넘어서는 문명을 뒷받침한 적이 없다. 아마존은 엄밀하게 말해서 배가 다닐 수는 있지만, 강 유역이 너무 질퍽거려서 인구가 밀집해 농사를 짓고 광물을 캐기가 어렵다. 아마존 전역을 그냥 내버려둘 수도 없으니 쓸모없는 땅보다도 못하다. 아마존 유역은 다양한 무장세력과 범죄 집단의 소굴이다. 이 때문에 남미 국가의 정부들은 경제적 이득도 되지 않는 지역을 순찰하느라 가뜩이나 빠듯한 재원을 낭비하고 있다. 이와 같이 남미의 발목을 잡는 지리적 요인은 아마존 유역의 깊은 밀림 언저리에만 영향을 주는 데 그치지 않는다. 멕시코 남부에서부터 브라질 남부까지 전역이 열대기후다.

남미 대륙의 형태 때문에 이러한 문제가 증폭된다. 호리호리한 여러 개의 땅덩어리로 이루어진 동남아시아와는 달리 남미는 하나의 거대한 땅덩어리다. 이러한 땅 생김새의 차이 때문에 뭍에서 물에 접근할 수 있는 비율이 급격히 떨어진다. 동남아시아는 무수히 많은 섬들로 이루어져 있으므로 규모의 경제를 달성하기 매우 어렵지만, 이 지역에 사는 사람들은 거의 모두가 해상 운송의 극적인 효과를 활용할 수 있다. 동남아시아 인구의 5분의 4 이상이 해안에서 60마일 이내에 살고 있다. 중남미의 경우 그런 인구는 그 절반에 불과하다.

중남미의 또 다른 지형적 특성은 열대기후와 땅덩어리의 모양 두 가지 단점보다 상황을 더 악화시킨다. 중남미는 지형이 매우 험준하다. 미국-멕시코 국경에서 시작되는 시에라마드레스는 중앙아메리카의 코르딜레라스 산맥과 이어지고 파나마 운하 구역에서 잠시 숨을 고른 후 안데스 산맥이 등장해 남미의 끝자락까지 등뼈처럼 이어지면서, 지구상에서 단절되지 않고 이어지는 가장 긴 산맥을 형성한다.

남미의 인구 대부분은 질병이 창궐하는 열대 지대를 피해서 시원하고 건조한 고지대로 이주했다. 그 덕분에 질병 문제는 어느 정도 완화되지만—그리고 덜 습한 지역으로 이주함으로써 농사짓기도 어느 정도 수월해졌지만—지역 인구는 더욱 고립되게 된다. 남미의 도시는 대부분 내륙에 있다.

고지대로 이주하면 새로운 문제가 생긴다. 고지대에는 평원이 드물다. 있다고 해도 규모가 작다. 투입재와 생산물을 고지대까지 운반하느라 오르락내리락해야 하므로, 도로는 가파른 경사지를 올라가기 위해 갈지자로 건설해야 하며(따라서 건설비와 유지비가 많이 든다) 철도를 놓는다고 해도 화물을 많이 적재하기 어렵다. 한 산악지대에서 운영하는 기간시설이 자연스럽게 다른 산악지대로 이어지지 못하기 때문에 규모의 경제를 달

Global Cities by Elevation

	도시	국가	인구밀도 (제곱마일당 사람 수)	최저 고도 (피트)	최고 고도 (피트)
미국	뉴욕	미국	2826	해수면	410
	샌프란시스코	미국	1755	해수면	934
	로스앤젤레스	미국	2646	해수면	5074
	마이애미	미국	1096	해수면	30
	미네아폴리스	미국	544	687	980
	시카고	미국	1315	579	673
	덴버	미국	305	5130	5470
유럽	로마	이탈리아	5804	43	456
	파리	프랑스	55,533	114	486
	런던	영국	11,576	해수면	69
	베를린	독일	9847	92	400
	스톡홀름	스웨덴	803	해수면	174
	모스크바	러시아	10,240	495	837
	제네바	스위스	5048	1224	1300
아시아	서울	한국	42,115	69	282
	도쿄	일본	16,020	16	131
	베이징	중국	3411	100	130
	싱가포르	싱가포르	20,284	해수면	540
	네피도	미얀마	427	115	377
중남미	멕시코시티	멕시코	15,609	7380	12,890
	보고타	콜롬비아	11,212	8661	10,341
	부에노스아이레스	아르헨티나	37,593	해수면	82
	아순시온	파라과이	11,415	300	520
	리우데자네이루	브라질	7037	해수면	3349
	상파울루	브라질	6424	2392	3724
	라파스	페루	4842	11,942	13,000
	산티아고	칠레	20,900	1312	2969
	마나과	니카라과	6038	180	2297
	카라카스	베네수엘라	6969	2850	4600

고도별 세계 도시

성하기가 어렵다. 개발할 공간이 협소하고 개발 비용이 엄청나게 많이 들기 때문에 중남미 도시들은 인구밀도가 높고 지저분하다.

열대기후와 산악지대라는 양대 걸림돌이 중남미에 내린 저주다. 멕시코, 칠레, 페루는 국토의 대부분이 산악지대다. 베네수엘라, 벨리즈, 파나마는 대부분 밀림이다. 에콰도르, 콜롬비아, 브라질, 온두라스, 니카라과, 엘살바도르, 과테말라, 코스타리카는 산악지대이자 밀림이다.

중남미 어딜 가든 운송 문제를 해소하기 위해 인공적인 기간시설을 대대적으로 건설해야 한다. 이러한 기간시설은 평지에 건설해도 비용이 많이 드는데, 고지대에 건설하려면 오지인 데다가 경사지이기 때문에 보통 다섯 배 이상의 비용이 든다. 나라 전체를 인공적인 기간시설로 연결하는 데 돈을 쓰면 산업 기반이나 소비자 기반을 구축하는 데 쓸 돈은 그만큼 줄어들 뿐만 아니라, 한 도시 지역에 도로와 철도를 건설한다고 해도 산 너머에 있는 다른 도시 지역에는 아무런 도움이 되지 않는다.

중남미 대부분 지역은 광물과 목재도 풍부하지만, 화전농법으로 경작지로 변모시켜 작물과 가축을 대대적으로 키울 수 있는 지역은 더 많다. 그러나 이론상으로라도 이를 가능케 하려면 기간시설을 구축해야 하는데, 그 개발 비용이 세계에서 가장 많이 들고, 개발을 통해 얻는 이득이 비용을 넘어서지 못하는 경우가 태반이다. 이러한 비용/편익 불균형이 특히 심한 지역이 멕시코의 사막 북부, 멕시코의 밀림 남부, 콜롬비아의 태평양 연안, 콜롬비아의 동부 밀림, 베네수엘라 내륙, 볼리비아 고지대, 브라질 내륙, 그리고 중미의 거의 모든 지역이다.

이러한 운송 문제 때문에, 세계 어느 지역에서든 경제적으로 성공하려면 충족해야 하는 요건인 규모의 경제를 달성하기가 어렵다. 중남미가 역내 통합이 불가능하다면, 국경을 초월하는 통합도 당연히 불가능하다. 그 결과, 하나로 묶어 "지역"이라고 일컫기 불가능한 다음과 같은 지리적 특징들이 나타난다.

- 중앙아메리카는 일련의 고립된 도시국가들로 구성되어 있다. 쓸 만한 평원은 아주 드문드문해서 서로 통합 가능한 두 도시가 없다. 밀림 산악 지대가 도시와 도시 사이를 하나같이 가로막고 있다.
- 대부분의 멕시코 인들은 중앙 고원인 고지대로 이주해야만 했다. 시에라마드레 양대 산맥은 멕시코시티와 다른 도시 지역들의 연계를 방해할 뿐만 아니라 멕시코시티와 양쪽 해안 지역과의 연계, 그리고 해안 지역끼리의 연계도 방해한다. 범죄 집단의 소굴인 험준한 산악지대 사이사이에 인구가 밀집한 대도시들이 뿔뿔이 흩어져 있는 지형이 형성된다.
- 베네수엘라의 수도 카라카스는 해안에서 겨우 10마일 떨어져 있지만, 이 도시와 베네수엘라의 항구들 사이에는 가파른 산악지대가 놓여 있다. 날씨에 따라서 (그리고 산사태가 나거나 다리가 끊기면) 이 짧은 거리를 오가는 데 길게는 네 시간까지 걸린다. 베네수엘라는 브라질과 다른 대륙에 있다고 해도 무방하다. 아마존 밀림은 너무 질척거리고 울창해서 이 두 나라는 1,300마일 길이의 국경을 마주하고 있는데도 두 나라의 인구밀집 지역들을 연결하는 도로가 단 하나도 없다.
- 콜롬비아는 막달레나에 배가 다닐 수 있는 강이 있지만, 이 나라의 주요 도시들—보고타, 메델린, 칼리—은 강보다 고도가 반 마일 높은 지역에 있기 때문에 강이 지닌, 부를 창출하는 잠재력이나 도시 아래 있는 평지를 십분 활용하지 못한다. 운항 가능한 강도 있고 긴 해안선도 있지만 콜롬비아의 인구는 사실상 내륙에 발이 묶여 있다.
- 대부분의 칠레 인들은 안데스 산맥을 등지고 태평양에서 내륙 쪽에 위치한 한 개의 산기슭에 모여 산다. 밀림으로 뒤덮인 안데스 북쪽 지역과는 달리 아르헨티나-칠레의 안데스 산맥은 남반구에서 가장 높은 산맥

인 동시에 만년설을 이고 있을 만큼 남쪽에 가깝다. 겨울에 폭풍이 불면 칠레와 아르헨티나 사이를 잇는 모든 도로와 철도가 끊긴다.

- 길이가 2,100마일에 달하는 남미 태평양 연안은 메마른 사막이고, 이 사막은 산티아고와 리마(페루의 수도)를 밀림이나 산악지대 못지않게 분리해놓고 있다. 이 사막은 페루 안데스 산맥 고지대에 사는 페루인들과 리마를 분리해놓는다.
- 볼리비아는 크게 둘로 나뉜다. 비교적 저지대이고 비교적 비옥한 동부 초승달 모양의 지역인 메디알루나. 그리고 높게는 1만 피트에 이르는 대규모 고원지대인 알티플라노. 이렇게 높은 고도에서 유럽 후손인 유아들은 혈액에 산소가 충분히 공급되지 않아 높은 사망률을 보였다. 따라서 저지대에 거주하는 유럽인 후손인 농부와 농장주들과 고지대에 거주하는 가난한 원주민들 사이에 문화적으로, 민족적으로 분열되어 있고 빈부 격차도 크다.
- 브라질의 남쪽 절반은 거대한 고원에 자리잡고 있는데, 이 고원은 해안까지 이어진다. 브라질의 상업 수도 상파울로는 절벽과 절벽 사이에 자리잡고 있기 때문에 내륙으로 향하는 차량은 한 개 도로를 이용해야 한다. 따라서 하루 종일 교통체증이 발생하면서 경제 성장을 크게 저해한다. 또 브라질의 해안 도시들은 모두 절벽을 등지고 자리잡은 작은 땅덩어리에 집중되어 있다. 이는 숨막히는 장관을 연출하지만 오늘날까지도 해안 지역에는 주요 간선도로가 없다.
- 이웃에 도달하기란—그 이웃이 역외든, 역내든, 같은 나라 안에 있든—거의 불가능하다. 칠레, 에콰도르, 볼리비아, 베네수엘라, 콜롬비아, 코스타리카, 니카라과, 온두라스, 과테말라, 멕시코의 주요 인구밀집 지역은 하나같이 해양 접근성이 없다.

이와 같이 극도로 분열되어 있는 지형 때문에 온갖 부정적인 효과가 발생하는데, 세계 질서가 변하고 있는 추세를 감안하면 이러한 부정적인 효과는 모조리 앞으로 더 악화된다.

지리적 악조건의 정치

남미 국가들의 경제, 정치 체제는 미국 체제와 다르다. 미국에서 초기 정착민들은 애팔래치아 산맥 사이를 지나 오하이오, 미시시피, 테네시, 미주리 강 유역에 자리를 잡았다. 정착민들이 자리잡은 곳의 비옥한 농경지는 개간할 필요가 거의 없었고, 정착하고 얼마 지나지 않아 곡물을 생산하게 되었다. 개척민들은 몇 달만 일하면 자신이 먹고도 남을 만큼 곡물을 생산하게 되었다. 미시시피 광역 운송 체계의 저렴한 운송수단을 이용해 개척민들은 잉여생산 곡물을 세인트루이스, 뉴올리언스, 그리고 더 넓은 세상으로 공급했다. 미시시피 강을 따라 화물 저장소가 우후죽순 생겨 농부들이 곡물을 운송하고 포장하는 데 도움이 되었다.

이러한 저장소는 추가로 농부들에게 요긴한 서비스—대장간, 은행, 학교—를 제공하게 되었고, 결국 작은 마을이 생겼다. 지방에서 경제적 필요를 충족시키기 위한 활동이 지역개발로 이어졌고, 이는 세계적인 경제 현상이 되었다. 이 모두가 중앙정부가 계획하거나 세금을 투입하지 않고 이루어졌다. 이러한 작은 마을들이 성장하면서 노동력은 자연스럽게 특화되었고 고숙련기술 인력으로 발전하는 한편, 규모의 경제가 강을 따라 번성했다. 특히 강 물목과 기슭, 또는 두 개 이상의 강이 합류하는 지점에서 규모의 경제가 집중적으로 발생했다. 피츠버그, 미니애폴리스, 세인트루이스, 뉴올리언스 같은 도시들은 쉽게 모방 가능한 사례들로서 미국식 개발의 위력을 보여주었다.

이러한 유기적인 성장과 발전은 미국의 경제 체제뿐만 아니라 정치 체제의 뼈대가 되었다. 천혜의 통합된 운송망을 따라 형성된 작은 마을들 주변에 소농들이 자리를 잡으면서 할 수 있다는 자신감으로 무장한 개인주의가 꽃피었고, 이런 개인들로 구성된 공동체는 오늘날까지도 미국인의 정신 깊숙한 곳에 자리잡고 있다. 지방, 주, 연방정부가 각자 나름의 특권을 누린다는 개념, 개인이 미국 체제의 핵심이고 정부는 개인에 명령하는 존재가 아니라 개인과 나란히 협력하는 존재라는 개념, 정부와 국민 사이에 약간의 거리두기를 중시했던 정치적 위인들에 의해 가능해진 권력의 분립—이 모두가 애초에 건국의 아버지들이 구상한 개념들일지는 모르지만, 미국의 지리적 여건이 따라주지 않았다면 아마도 실현되지 못했을지 모른다.

이런 개념들은 중남미에서는 먹혀들지 않았다. 미국을 지배한 지리적 여건은 탁 트이고 가로지르기 쉬운 대평원이다. 중남미의 지리적 여건은 전혀 다르다. 강은 배가 다닐 수 없고, 그나마 있는 경작지라고 해도 미국 중서부 대평원처럼 큰 덩어리 땅이 아니기 때문에 개발하기가 힘들고 규모의 경제를 달성하기가 거의 불가능하다.[1] 산맥과 밀림이라는 혹독한 지형으로 서로 분리된 남미 여러 나라들은 초기에 스페인의 식민지로 개발이 시작되었는데, (매우) 가난했던 이 나라들의 경제 개발은 광물을 채굴해 스페인으로 운송한 다음, 스페인이 유럽에서 치르고 있던 전쟁에 물자로 공급하는 데 초점이 맞춰져 있었다. 지배계층이 된 정착민들은 애초부터 현금이 두둑한 이들이었다. 밀림에서 농장을 일구려면 시간과 자본과 엄청난 노동력이 필요하다. 물론 근근이 연명할 정도 이상으로 생산이 가능한 농장을 가꾸려면 보조시설도 구축하고 산악지대에 길도 내야 한다. 미국의 경우처럼 가난한 이가 부자가 되기는커녕 남미 대륙 대부분의 지역에서는 오직 부자—가난한 사람들을 부리는 사람들—만이 황야에서 쓸모 있는 것을 만들어냈다.

결과적으로 중남미는 세계적으로 가장 불평등한 국가들의 터전이 되었다. 많은 미국인들이 최상위 1퍼센트가 지닌 상대적인 부에 대해 우려를 표하지만, 경제적 불평등은 미국보다 중남미 전역에서 훨씬 심각하다. 자기들의 힘으로 나라를 일궜다고 생각하는(어느 정도 일리가 있다) 부유한 지주 계층과 늘 착취당해왔다고 생각하는(어느 정도 일리가 있다) 빈곤한 계층 간의 반목이 특히 만연하다. 이러한 부유한 계층을 스페인어로 헤페(jefe)라고 부른다. 경제적, 개인적, 정치적, 사회적으로 상사라는 뜻이다.[2]

중남미에는 경제 성장에 극심한 제약이 많다. 이 지역에서 선호하는 사업은—해외 기업이든 헤페가 운영하는 사업이든—열대작물 경작, 광산 채굴, 기본적인 제조업 등과 같은 저가치 산업들이 대부분이고, 인구밀집 지역들이 뿔뿔이 흩어져 있기 때문에 고등교육이나 노동 특화가 경제적으로 필요하지 않다(박사학위가 있어야 커피콩을 딸 수 있는 것도 아니고, 헤페가 박사학위 따도록 도와주지도 않는다).

이러한 숙련기술의 만성적인 부족은 사회계층의 상향 이동과 개인의 부의 축적을 제약하는 데 그치지 않는다. 중남미에서 어느 한 나라가 어느 정도 경제 성장을 이룰 때마다 숙련기술 인력이 반짝 떴다가 곧 고갈된다. 숙련기술 인력의 임금은 치솟고, 폭발적으로 물가가 상승하고, 경제는 다시 침체된다. 마찬가지로 원자재 붐이 이는 동안 온갖 광물과 곡물 수출로 경화를 벌어들이면 자국 화폐의 가치는 천정부지로 치솟는다. 이러한 화폐의 평가절상으로 제조업 같은 부가가치 산업의 경쟁력이 파괴된다. 중남미에서 이러한 경기부침을 감당할 역량이 있는 이들은 경기가 침체되기 전부터 애초에 해외 노동력이나 시장을 활용할 능력을 갖추고 있는 헤페뿐이다. 호시절이든 아니든, 경기가 팽창되든 침체되든, 무슨 일이 일어나든 이러한 빈부 간극은 더 깊어진다.

자본 부족에 사회적 계층화가 더해지면 정치적 분열도 극심해진다.

헤페는 자기가 관할하는 지역에서 일자리에서부터 서비스, 기간시설까지 자기가 전부 제공했기 때문에—그리고 그런 관할 지역은 자기의 돈과 노력과 예지가 아니었으면 애초에 존재하지도 않았으므로—자기 관할 지역 내에서 자기 마음대로 하는 게 당연하다고 생각한다. 반면 노동자 계층은 오늘날 중남미 지역에서 이룩된 것은 하나같이 자신들을 착취해서 이룩된 것이라고 생각한다. 미국인은 미국이 어떤 나라여야 하고 어떤 나라가 될 수 있는지에 대해 논쟁을 벌이지만, 중남미인들은 자기 나라가 누구 것인지를 두고 논쟁을 벌인다. 따라서 중남미 정치는 미국 정치보다 훨씬 노골적으로 응어리진 감정을 드러내고 인정사정없으며 승자독식의 정서가 강하다.[3]

미국에서 정치적으로 온건한 성향으로 간주되는 인물들—조지 W. 부시나 버락 오바마 같은 사람들—은 중남미에서는 찾아보기 힘들다. 중남미 정치계에는 인격말살(그리고 이따금 실제 암살도 일어난다)이 만연해 있다. 정권이 바뀔 때마다 국가 정책이 대대적으로 바뀌어 헌법 해석에서부터 집문서나 땅문서가 소유자임을 증명하는지에 이르기까지 모든 것에 영향을 미친다. 쿠데타(그리고 반쿠데타)가 흔히 일어난다. 군대는 어느 쪽으로든 힘이 너무 쏠리지 않게 하려고 자기가 일으킨 쿠데타를 뒤집는 경우도 흔하다(그렇게 되면 완전히 새로운 수위의 정세불안이 조성된다).

가장 우려스러운 점은 이러한 시련들이 앞으로 더 극심해진다는 점이다.

운항 가능한 강이 있는 나라는 경쟁에서 한 발 앞서서 출발하는 셈이다. 기본적인 운송 체계가 공짜로 주어지기 때문이다. 지형이 까다로운 나라들—중남미 나라들처럼—은 늘 따라잡느라 허덕인다. 다른 나라는

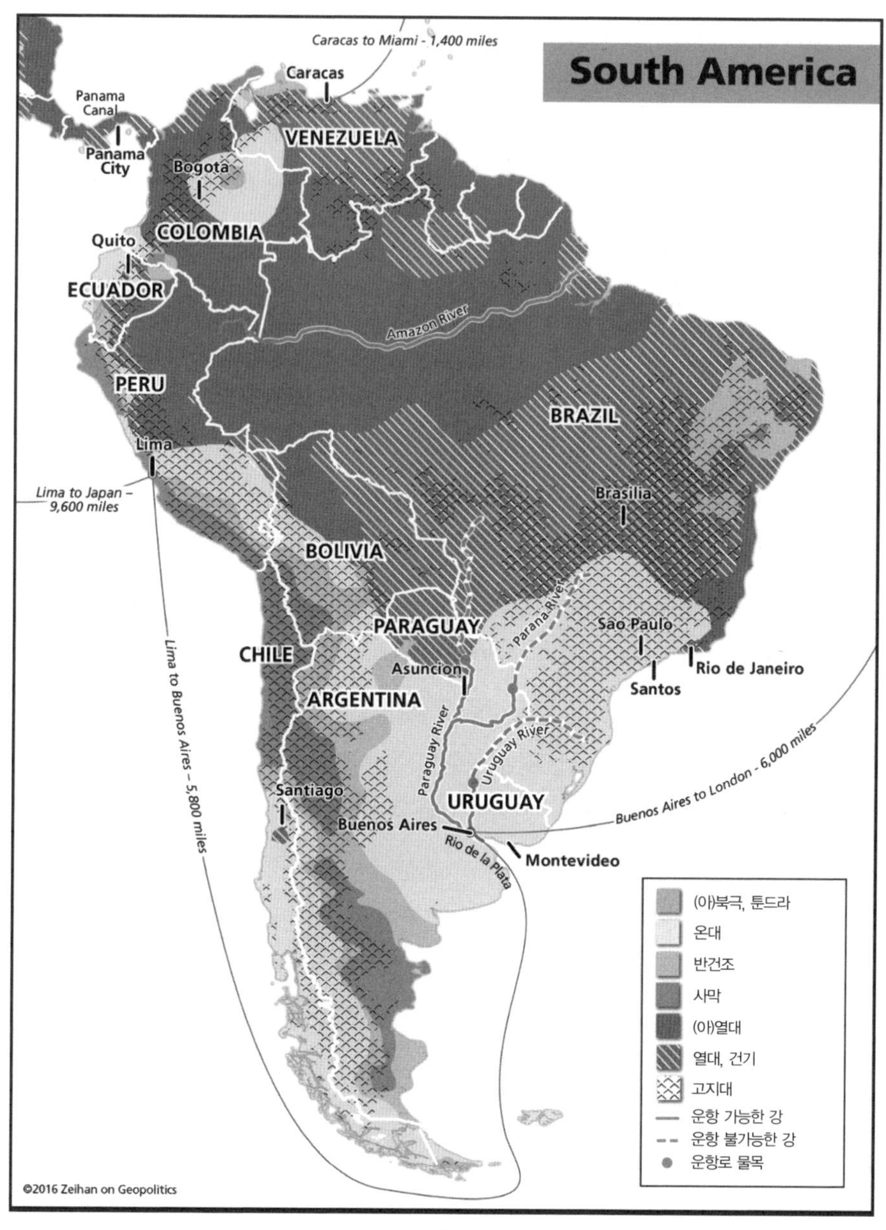
South America
Caracas to Miami - 1,400 miles
Caracas
Panama Canal
Panama City
VENEZUELA
Bogota
COLOMBIA
Quito
ECUADOR
Amazon River
PERU
BRAZIL
Lima
Lima to Japan – 9,600 miles
Brasilia
BOLIVIA
Parana River
PARAGUAY
Sao Paulo
CHILE
Asuncion
Rio de Janeiro
Santos
ARGENTINA
Paraguay River
Uruguay River
Lima to Buenos Aires – 5,800 miles
Buenos Aires to London - 6,000 miles
Santiago
URUGUAY
Buenos Aires
Rio de la Plata
Montevideo
(아)북극, 툰드라
온대
반건조
사막
(아)열대
열대, 건기
고지대
운항 가능한 강
운항 불가능한 강
운항로 물목
©2016 Zeihan on Geopolitics

남미

쉽게 얻는 기간시설을 귀한 자본을 들여 구축해야 하기 때문이다. 세계적으로 자본의 양은 줄어드는 추세다. 세계적으로 인구가 줄어들고 있기 때문이다. 2022년 무렵이면 선진국 베이비붐 세대는 대부분 은퇴하게 된다. 그때까지 완성되지 않는 기간시설은 자금을 조달하는 데 애를 먹게 된다.

중남미 지역의 경제구조는 안 그래도 점점 자본이 부족해지는 상황을 더욱 악화시킨다.

중남미는 통합된 체제를 구축하거나, 규모의 경제를 달성하거나 부를 축적하고 경제를 개발하기가 어렵기 때문에 특정한 개발 프로젝트를 선호하는 경향이 있다. 그들은 완성품과 관련된 일은 하지 않으려 한다. 숙련기술 노동력, 임금, 공급사슬 등을 고려해보면 세계 다른 어떤 지역도 중남미에 비해 경쟁우위를 점하기 때문이다. 숙련기술 노동력이 중남미에서 가장 풍부하다는 칠레와 아르헨티나에서조차도 노동생산성이 OECD 평균의 3분의 1에 못 미친다.

대부분의 투자자들은 중남미에서 중간재도 생산하려 하지 않는다. 중남미 상품은 품질 면에서 세계 표준에 못 미칠 뿐만 아니라 비용 면에서는 세계 표준 이상이 든다. 기간시설과 숙련기술 노동력이 부족하기 때문이다. 비용이 많이 들고, 부실하고, 분산되어 있는 역내 기간시설에 문제가 생기면 투자자의 세계 공급사슬에 차질이 생긴다. 에콰도르 중남부 바깥에 사는 이는 들어본 적도 없는 오지 산간 지역에 있는 통행로가 막혀버린다면 말이다. 따라서 중남미에 대한 투자는 거의 전적으로 서비스 부문에서 이루어지거나—충족되지 않은 수요가 엄청나게 존재하는 부문이다—수출해서 경화를 벌어들이는 목재, 대두, 철광석 같은 원자재 부문에서 이루어진다.

무질서 시대가 닥치면 중남미로 투자자들을 이끌었던 부문에서 생산하는 투입재를 대대적으로 수입하는 나라들이 급격히 줄고, 세계 체제가 붕괴되면서 이러한 투입재를 세계 각지로 실어나르던 운송업체의 운송 역량도 와해되고, 세계적으로 가용 자본도 줄어들게 된다. 이런 상황이 닥치면 여러 가지 이유로 여러 나라들이 어려움을 겪겠지만, 애초에 원자재를 생산해 소득을 창출하던 나라들이 가장 큰 타격을 입게 된다. 지리적으로 불리한 여건에서 헤어나오려고 발버둥치는 중남미 국가는 모조리 몇 배의 타격을 받게 된다.

마지막으로, 동남아시아와는 달리 남미는 희망이 없다. 남미, 특히 대륙 남부 절반은 오지 중의 오지다. 부에노스아이레스에서 런던까지의 거리는 거의 7,000마일이다. 산티아고에서 도쿄나 상하이까지는 11,000마일이다. 뾰족한 원뿔 모양의 대륙이라서 안데스 산맥을 우회하기가 매우 성가시다. 리마에서 상파울로까지는 비행기로 "겨우" 2,160마일이지만—뉴욕에서 피닉스까지의 거리—안데스 산맥과 아마존을 우회해 배로 화물을 운송하려면 6,000마일을 항해해야 한다. 남미에서 경제 개발이 일어나려면 누군가의 개발 붐에 편승하기보다는 남미 사람들 손으로 직접 해야 한다. 그리고 남미 대륙에는 개발을 촉진하는 지리적 여건이 거의 주어지지 않았기 때문에 동남아시아에서 구축되고 있는 거대한 역내 공급사슬 같은 것은 기대하기 어렵다.

세 가지 예외

그래도 중남미는 세계 대부분의 다른 지역보다는 전망이 밝다. 이 지역의 지리적 여건 때문에 기술이 낙후되고 빈곤이 만연하고 물가가 치솟고 온갖 종류의 불평등이 존재하고 가난에서 벗어날 기미가 보이지 않지만, 색다른 종류의 경제 개발이 일어나게 된다.

세 가지 예외적인 여건이 조성되기 때문이다.

첫째, 이 지역은 전쟁 걱정은 할 필요가 없다.

중남미 사람들과 도시 중심지와 나라들 간에 교류를 제한하는 바로 그 요인들은 중남미 각 나라의 군대들 간의 충돌도 제약한다. 중남미의 지형은 매우 험준하기 때문에 이 지역 나라는 이웃나라의 침략을 두려워할 필요가 없다. 러시아나 사우디아라비아처럼 안보에 불안을 느끼는 나라도 없고 이웃나라를 침략할 수단과 필요가 있는 일본 같은 나라도, 산업시설을 민수에서 군수물자 생산으로 전환할 역량을 갖춘 독일 같은 나라도 없다. 남미의 지형은 너무나도 험준해서 이렇다 할 군사력이 동원되거나 영토를 빼앗거나 빼앗기게 된 가장 최근의 두 차례 전쟁은 1879-1883년에 일어난 칠레, 볼리비아, 페루 간의 태평양 전쟁과 1864-1870년에 일어난 파라과이, 브라질, 아르헨티나, 우루과이 간의 3국 동맹 전쟁이다.

중남미 국가들도 경쟁하겠지만, 지리적인 악조건 때문에 그 경쟁은 경제보다는 정치적, 문화적 영역에 국한된다. 앞으로 30년 동안 이 지역에서 전쟁은 일어나지 않는다. 아주 소규모 전쟁조차도.

역내에서 전쟁이 발생하지 않는 이유와 비슷한 이유로 중남미는 역외 전쟁에 대해 걱정할 필요도 없다. 이 지역이 가진 것—산업재—은 대부분 훨씬 가까운 다른 지역에서 더 저렴한 가격에 구할 수 있다. 유럽은 필요한 것을 아프리카에서 조달하고, 미국은 캐나다에서 확보하며, 오스트레일리아는 안전하게 자국까지 도달할 수 있는 이라면 누구에게라도 도움의 손길을 내밀 역량이 있다. 역사적으로 세계는 이도 저도 안 될 때 마지막으로 남미로 눈길을 돌렸기 때문에 이 지역 경제는 호황과 불황을 번갈아가며 부침을 겪는 처지로 내몰렸지만, 한 가지 분명한 희망이 있다. 이 지역은 제국주의적 관점에서 볼 때 그리 구미가 당기는 지역이 아니다. 요즘 중남미에서 한 특정 지역에서 다른 특정 지역으로 굳이 이동하려는 게 아닌 한, 타이어를 갈거나 연료를 채우거나 화장실에 가려고 중남미에 들르는 이는 아무도 없다.

두 번째 예외는, 지리적인 관점에서 볼 때 중남미에서 나머지 지역과는 확연히 다른 한 지역이 있다는 점이다.

남미 대륙 남동쪽 해안을 따라 내려가다가 중간쯤에 다다르면 움푹 들어간 리오 델라 플라타라는 곳이 있다. 지구상에서 천혜의 운항 가능한 강들이 얽히고설켜서 만들어내는 물길 가운데 두 번째로 큰 통합된 강 체계의 한 어귀다. 단순히 저렴하고 안전한 운송 수단을 제공해주는 데 그치지 않고, 우연히도 세계에서 네 번째로 넓은 온대기후 경작지와 겹친다.

중남미 다른 지역에서 발견되는 특징 가운데 플라타 지역에서 발견되는 특징은 거의 없다. 기후는 온화하다. 열대기후 질병은 거의 전무하다. 지역 통합이 가능하고 비용이 적게 든다. 인간이 개발하는 데 장애가 되는 요소가 적다. 이 지역에 형성된 나라들은 전통적으로 중남미에서 가장 성공한 나라들이다. 가장 두드러지는 사례인 아르헨티나는 1920년에 세계에서 일곱 번째로 부유한 나라였다.

이 통계 수치를 끄집어내려면 1920년까지 거슬러 올라가야 한다는 사실은 타고난 지리적 여건이 성공을 보장하지는 않는다는 점을 시사한다. 스페인 제국이 붕괴된 후 수십 년 만에 네 나라가 플라타 지역을 공유하게 되었다. 아르헨티나, 파라과이, 우루과이, 브라질의 최남단 지역이다. 당시 파라과이는 명백히 군사적으로 월등한 나라였지만 나머지 세 나라를 평정하려는 시도가 수포로 돌아갔고, 이 나라 남성 인구의 90퍼센트 이상이 3국 동맹 전쟁(1864-1870)에서 사망했으며, 뒤이어 질병이 만연해 기근에 시달렸다. 인구구조적으로 파라과이는 1950년대에 성비 불균형에서 가까스로 회복했다. 하지만 경제는 결코 회복하지 못했다.

아르헨티나도 반면교사로 삼아야 할 사례다. 한때 세 나라 중 으뜸이었던 이 나라는 대중영합주의—민족주의 성향의 정부가 연달아 들어서면서 (도널드 트럼프와 버니 샌더스의 가장 극단적이고 부정적인 특징들을 합해놓았다고 보면 된다) 지리적 여건이 부여한 부를 계속 깎아먹더니 급기야 나라를 이렇게 통치하면 안 된다는 것을 보여주는 전형적인 사례가 되었다. 이러한 정부들 가운데 마지막 정부는 2015년에 가서야 정권을 잃었다. 플라타 지역이 무질서 시대에 승승장구하게 된다는 (또는 지리멸렬할 것이라는) 뜻이 아니다. 중남미 지역에서 유일하게 이 지역이 성공한 사회, 국가, 경제가 지닌 지리적 여건들을 갖추고 있다는 뜻이다.

마지막으로 중남미 지역을 주목하게 만드는 세 번째 예외적 요소는 중남미는 그 어떤 지역과도 교차하는 지리적 위치가 아니지만—절대적 조건과 상대적 조건 공히 입지가 개선될 가능성이 있는 강대국인—미국과 가깝다.

미국은 멕시코와 2,000마일에 달하는 국경을 접하고 있을 뿐만 아니라, 카리브 해는 멕시코 만 바로 옆이기 때문에 미국은 콜롬비아와 베네수엘라뿐만 아니라 중미 전역에 쉽게 접근할 수 있다. 뉴올리언스는 멕시코의 대표적인 대서양 연안 항구인 베라크루스로부터 겨우 850마일 떨어져 있다. 휴스턴과의 거리는 그 절반이다. 샌디에이고나 마이애미에서 산티아고나 리오까지 짧은 거리는 아니지만, 이 지역들은 미국과 시간대가 같을 뿐만 아니라 그 어느 지역보다도 미국 연안과 아주 가깝다.

이 세 가지 예외적인 요소들이 중남미 지역의 지리적 여건들과 복합적으로 작용해 중남미를 확실히 미국의 영향권 하에 놓이게 할 뿐만 아니라 달러 외교의 대상으로 안성맞춤인 지역으로 만든다.

미국은 중남미로부터 안보를 해치는 저항에 직면하지 않는다. 중남미는 내륙/고지대 중심으로 개발되었기 때문에 1879-1883년 태평양 전쟁

당시 볼리비아, 페루, 칠레가 보여준 예외적인 사례를 제외하고는 중남미 국가 가운데 원정은 고사하고 자체적으로 해안선의 안전을 도모할 해군을 구축할 역량이 있었던 나라가 하나도 없다. 1890년대에 미국이 상당한 해군력으로 부상했을 때, 미국은 즉시—거의 힘 안 들이고— 중남미 전체를 미국의 배타적 구역으로 만들고 유럽이 두 차례 세계대전에서 스스로 파멸하기도 전에 유럽을 남미에서 도려낼 수 있었다.

미국은 서반구 바깥에서 온 세력과의 경쟁에 직면하지 않는다. 유럽 제국이 여전히 중무장한 상태이고 미국의 해군이 3류 함대였을 때도 미국이 서반구를 배타적 영향권 하에 둘 수 있었다면, 앞으로 닥칠 무질서 시대에 서반구는 완전히 미국이 봉인했다고 봐도 무방하다. 지구상의 그 어떤 나라도 미국의 명백한 승인 없이 중남미에 접근하지 못한다.

미국이 중남미에 침투해도 역내 국가 내부에서 안보 문제는 발생하지 않는다. 플라타 지역을 제외하고 중남미에 있는 어떤 두 나라도 서로를 위협할 수 없다. 따라서 미국이 역내 어느 나라와 협력 관계를 맺더라도 군사행동이 결부되는 영토분쟁에 휘말릴 걱정은 할 필요가 없다.

중남미는 역내 안보 문제를 해소할 역량이 부족하므로 미국과 손을 잡아야 한다. 산악지대와 밀림 때문에 경제 개발이 쉽지 않고 중앙집권화한 정부의 힘이 지역까지 미치는 데 한계가 있듯이, 이러한 지리적 여건 때문에 빈곤이 만연하고 무법천지인 지역이 생긴다. 이로 인해 중남미 국가들은 중남미가 강하던 시절에 미국으로부터 안보 유지에 도움을 받으려고 했다. 미국은 콜롬비아무장혁명군(FARC)과 싸우는 콜롬비아에 무기를 판매했고, 특수군은 마약카르텔과 싸우는 멕시코 군대를 훈련시켰으며, 반정부 극좌테러조직인 빛나는 길(Shining Path)과 싸우는 페루에는 정보를 제공했다. 세계에 무질서가 점증하면서 세계 경제가 불안정해지면 중남미의 많은 나라들은 역내 안보에 대한 시름이 깊어지게 된다. 그리고 미국과 대화를 하는 방법이 해결책의 하나로 부상한다. 중남미는 극단적인 빈부 격차로 인해 범죄율이 높은데 이 때문에 중남미의 엘리트 계층은 미국을 끌어들이고 싶어 한다.

중남미 국가들은 합심해서 미국의 개입에 맞설 입장이 아니다. 플라타 지역을 제외하면 중남미에 있는 그 어떤 두 나라도 외부 세력에 맞설 이렇다 할 방어기제를 만드는 데 필요한 기간시설 연계나 경제적 연계를 맺지 못하고 있다. 그러니 미국처럼 막강한 힘과 다양한 선택지를 지닌 외부 세력에 맞서기란 언감생심이다. 중남미의 각 나라마다 미국과 양자 협상을 해야 하는데, 미국 쪽이 원하는 대로 수용하는 방법 외에는 협상에서 지렛대로 써먹을 만한 게 없다.

미국이 세계에서 유일한 시장이다. 유럽공동화폐와 중국의 위안화가 무너지고, 유럽과 중국의 경제가 성장을 멈추면 중남미가 생산하는 물건을 대량으로 구입할 시장은 미국밖에 없다. 동남아시아에서 수요가 늘어난다고 해도 이 수요는 생산과 운송 비용이 훨씬 저렴하고 동남아시아가 경제적으로 성공하도록 하는 데 국가안보의 이해관계가 걸려 있는 오스트레일리아가 충족시킬 가능성이 훨씬 크다.

미국 외의 다른 시장에 접근하려 해도 미국의 도움이 반드시 있어야 한다. 중남미 지역이 미국 외의 다른 시장에 접근하려면 상선의 안전을 보장할 역량을 지닌 해군력이 필요하다. 미국이 안전을 보장해주면 중남미 일부 국가들은 상품을 수출할 새로운 시장을 개척하게 될지도(또는 기존의 시장을 유지하게 될지도) 모른다.

중남미는 미국의 재정적 지원이 절실히 필요하다. 중남미 전 지역에 기간시설이 절실히 필요하고, 이 지역의 나라는 하나같이 저주받은 지리적 여건 때문에 자본을 창출하기가 어렵다. 치안 유지든, 인구밀집 지역들을 서로 연결하든, 항구를 건설하든, 농지를 개간하든, 경작지를 비옥하게 유지하든, 전기수도를 공급하든, 문명국가라면 갖추어야 할 여러 가지를 갖추려면 중남미는 도움이 필요하다—중남미는 이러한 필요를 충족시키는 데 필요한 자본이 늘 부족하다. 미국은 이미 세계 최고 금융국가이고, 나머지 나라들과의 격차는 앞으로 엄청나게 더 벌어지게 된다. 중남미 지역이 자본을 얻으려면 미국 말고는 손을 내밀 곳이 없다.

중남미는 미국 달러가 필요하다. 현재 중남미 국가들의 화폐는 하나같이 이미 연화(軟貨)이므로 유일한 가치 저장 수단인 달러를 확보하는 것 자체가 특전이다. 그러나 중남미 국가들이 하나같이 이념적으로 달러에 적대적이라고 해도(그런 나라들이 더러 있다.) 무질서의 시대에 중남미 국가들은 달러 확보 외에는 달리 선택의 여지가 없다. 첫째, 미국 달러는 세계적으로 통용되는 유일한 경화가 된다. 둘째, 모든 종류의 공산품과 농산물—옥수수, 대두, 보크사이트, 철광석, 구리, 석유, 천연가스, 말 그대로 모든 것—은 거의 전적으로 달러로 거래된다. 중남미 수출산업을 달러에 노출시킬 가능성을 높이면 화폐 위험을 줄여주고 중남미의 재정을 어느 정도—앞으로 명명백백히 세계에서 가장 안정적인 체제가 될—미국 금융 체제와 연결시켜준다.

미국은 그냥 재기하는 게 아니라 막강한 나라로 재기하게 된다.

중남미 에너지 산업의 빛과 그림자

중남미의 지형은 매우 험하고, 이 지역에서 자본을 공급하는 주요 원천인 역외 주체가 고갈되고 있기 때문에 가까운 장래에 엄청난 개발 붐이 일 전망은 없다. 중남미의 유일한 희망은 원자재 부문, 특히 공급량이 극심하게 부족할 원자재 부문이다. 그래서 바로 중남미의 석유 부문을 살펴봐야 한다. 중남미 국가들은 대부분 비중 있는 산유국들로서 이들이 수출하는 순 수출량은 모두 합해서 4.3mbpd다. 그리 많지 않다고 생각될지 모르지만—세계 수출량의 12퍼센트를 차지하므로 무시 못할 분량이다—중남미 산유국들은 앞으로 크게 두 가지 이점을 누리게 된다.

첫째, 중남미 국가들의 생산시설, 운송 단계, 수출 역량은 지구전, 페르시아 만 전쟁, 유조선 전쟁의 위협을 받지 않는다. 중남미 국가들은 수출 화물을 서유럽으로 무사히 운송할 수 있을 뿐만 아니라 북미 태평양 연안으로 운송한 다음 거기서 일본으로 보낼 수 있다. 중국이 훼방을 놓을 수 있는 영역을 우회해서 말이다.

둘째, 에너지 자급자족이 가능한 시장인 영미권과는 달리 중남미 국가들은 세계 석유 시장의 표준에 완전히 노출되어 있다. "표준"이란 공급 급감과 생산능력의 부족과 같은 현상을 말하다. 미국의 셰일 생산업자들은 세계 시장에 직접 판매하지 못하기 때문에 세계 시장의 고유가로 큰 횡재를 하지는 못하겠지만 중남미 수출국들은 횡재를 할 수 있다.

따라서 중남미의 모든 산유국의 에너지 부문에 대한 역외 세력(즉, 미국)의 관심이 폭발하게 된다. 2016년 말 현재 대부분의 역외 기업들(즉, 수퍼메이저들)은 거의 다 이 지역에서 철수했다. 자원 국영화 정서가 팽배한 데다가 변덕이 심하고 적대적인 계약 조건, 품질이 기준 이하인 매장 원유—경우에 따라 이 삼종 세트를 다 갖춘 사례도 있다—로 인해 대부분의 투자자들이 돌아섰다. 2015년 유가 하락은 중남미 지역 지도자들이 경제 침체를 된통 당해 허리띠를 꽉 졸라매야 하는 지경에 이르러야 하는 수 없이 협상 테이블로 다시 기어나온다는 정서를 굳혔다. 셰일 혁명 덕분에 세계 최대 석유 시장에 석유가 차고 넘치게 되면서 중남미에 대한 무관심은 더욱 깊어졌다.

그러나 유가가 배럴당 50달러일 때는 수퍼메이저들이 계약 조건을 읽는 시늉도 하지 않지만, 유가가 150달러가 되면 앞다퉈—계약 조건도 따지지 않고—계약서에 서명하게 된다. 중남미 산유국에 대해 모조리 투자자들이 처음에는 대대적이고 지속적인 관심을 보이고, 곧이어 대거 투자를 하게 된다. 유가가 150달러를 찍으면 모든 산유국이 역외 지역에 있는 나라에 원유를 판매해 배럴당 100달러의 순이익을 챙기게 된다. 이러한 횡재는 적어도 동반구에서 세 가지 주요 전쟁이 해결될 때까지, 그리고 세계적으로 생산 역량과 수요가 다시 한 번 평형 상태에 도달하게 될 때까지 계속 유지된다. 그리고 충격이 시작된 후 빨라야 5년 후에나 그런 평형 상태에 도달하게 된다. 현재 중남미의 수출량과 생산을 늘리기 위한 신규 투자가 전무하다는 가정을 할 때, 유가 폭등으로 인한 횡재가 발생하면 중남미 산유국 경제에 하루에 5억 달러를 보태게 된다. 만성적으로 자본 부족에 시달리고 역내에 사회적 병폐가 만연한 지역에 이 정도는 하늘에서 내린 만나 못지않다.

그러나 양지가 있으면 음지가 있기 마련이다. 이는 이 지역에 내재된 경제적 불평등으로 귀결된다. 중남미 지역에서 누가 에너지 부문을 틀어쥐고 있고, 따라서 세계 유가 급등으로 누가 이득을 볼까? 어느 계층이 에너지를 구매하고, 세계 유가가 인상되면 누가 손해를 볼까? 유가 급등으로 인해 횡재한 중남미의 경제적 불평등은 개선되기는커녕, 더 악화될 가능성이 높다.

통상 중남미 국가들은 경제적 불평등 해소라는 불가능을 가능케 하려고 에너지 보조금을 지급하는 방식을 택해왔다. 멕시코는 휘발유에, 아르헨티나는 전기와 천연가스에, 베네수엘라는 거의 뭐든지 보조금을 지급한다. 그런데 그 비용이 폭등하게 된다. 베네수엘라 국민이 세계 유가 폭등으로 인한 참화를 당하지 않으려면 하루에 1억 달러, GDP의 9퍼센트라는 막대한 비용이 든다. 비교하자면, 미국은 GDP의 3퍼센트를 군사비로 지출한다.

중남미의 산유국들은 하나같이 어려운 선택에 직면하게 된다. 수익을 극대화하기 위해 수출을 극대화하고 계층 간의 격차와 사회적 안정은 무시할 것이냐? 아니면 사회 안정을 위해 보조금 지급을 극대화하고 이 지역의 지리적 여건이 지닌 한계를 마침내 극복하는 데 필요한 동력을 제공할 전례 없는 투자 횡재의 기회를 포기할 것이냐?

"남미"가 앞으로 택해야 하는 단 하나의 길은 없다. 나라마다 그 나라의 체제를 구성하는 나름의 독특한 지리적, 정치적, 경제적 요인들을 종합적으로 고려해서 결정을 내려야 한다. 그리고 명심해야 한다. 그 요인들 가운데 하나는 이 지역에 다시 관심을 두게 될 미국이라는 사실을.

베네수엘라: 호시절은 가고…

중남미의 에너지 관련 문제를 논할 때는 최대 생산량과 최대 매장량을 자랑하는 나라부터 논해야 한다. 이 나라의 석유 생산량은 한때 아랍 석유 금수조치의 위력을 희석시킬 정도였고 중남미에서 생산 증가 역량이 가장 높았던 나라다. 바로 베네수엘라다.

베네수엘라는 확인된 석유 매장량이 3,000억 배럴에 달한다. 이 매장량은 아프리카 대륙 전체의 매장량보다 많을 뿐만 아니라 러시아나 사우디아라비아보다도 많다. 그런데 2006년 이후로 베네수엘라의 확인된 매장량은 세 배로 증가했지만, 석유 생산량은 700kbpd 이상 하락했다. 바로 이러한 이중성이 베네수엘라 석유 부문의 영욕을 고스란히 보여준다. 석유가 매장되어 있기는 하지만 매장된 석유를 채굴하기가 끔찍하게 어렵다.

석유 부문이 직면한 기술적 어려움은 한두 가지가 아니다. 베네수엘라의 원유는 대부분 점성이 강하고 황 함량이 높으며, 질감이 치약 같은 데다가 상당히 깊이 매장되어 있기 때문에 채굴하려면 고도의 기술이 필요하다.

그건 약과다. 지난 10년 동안 새로 발견된 매장지는 대부분—3,000억 배럴의 대부분에 해당—점성이 강하고 황 함유량이 매우 높은 오리노코강 타르 매장지에 있다. 오리노코에서 생산되는 원유는 실온에서 물렁물렁한 고체 형태이므로 송유관을 통해 운송하기 전에 등급을 "격상" 시켜야 한다. 원유의 등급을 격상시키는 시설은 기술적으로 매우 복잡하고 엄청나게 비용이 많이 들며, 베네수엘라 내륙 깊숙한 지역에 있는 원유생산 현장에 설치해야 한다. 이러한 타르의 등급을 격상시키는 대신 오리노코 원유를 경질/달콤한 원유와 섞어서 점성을 낮춘 다음 송유관으로—가까스로—운송하는 방법이 훨씬 싸고 쉽다. 혼합할 원유는 수입해서 내륙으로 운송한 다음, 현장에서 생산된 원유와 섞은 혼합물을 송유관으로 내보내면 최종 목적지인 해안 지역에 도착한다. 베네수엘라 석유 부문에서 배럴당 선행투자 비용은 보통 통상적인 에너지 생산 현장에서 요구되는 비용의 네 배 이상이다. 따라서 베네수엘라 국영 석유회사 페트롤레오스 데 베네수엘라(Petroleos de Venezuela)는 오래전부터 중남미 석유 부문의 통상적인 수준을 뛰어넘는 상당한 기술적 역량을 자랑해왔다.

적어도 지금까지는 그랬다.

2002년에는 쿠데타가 일어나지만 불발로 끝났고, 베네수엘라의 많은 기업들은 당시 대통령이었던 우고 차베스의 대중영합주의/사회주의 정책에 반발했다. 결정적으로 중요한 점은 페트롤레오스 데 베네수엘라에 근무하는 대부분의 고숙련 기술자들은 쿠데타를 모의한 세력의 편에 섰다는 사실이다.

쿠데타가 실패하면서 차베스에게 조금이라도 반감을 지닌 사람은 경영진이든, 탐사, 생산, 정제, 등급 격상, 회계, 인사, 카풀(car pool) 등등 분야를 막론하고 누구든 숙청을 당했고 이러한 대대적인 숙청은 10년 동안 계속되었다. 겨우 몇 년 만에 페트롤레오스 데 베네수엘라는 1900년대 전성기와 비교하면 껍데기만 남았다. 이 국영회사가 소유한 정유시설은 이제 심하게 손상되어서 고품질 정유제품을 안정적으로 대량 공급받으려는 나라라면 베네수엘라의 원유를 수입할 나라는 거의 사라졌다. 오리노코 석유생산 현장은 보조적인 일꾼은 넘쳐나고 엔지니어는 턱없이 부족한 조롱거리로 전락했다. 베네수엘라는 천연가스를 액체 형태로 수출하려는 계획을 대서양 앞바다에 있는 생산 현장과 더불어 포기했다. 2007년 외국인 소유분을 일부 국영화하기로 정치적인 결단을 내린 후 대부분의 외국 기업들은 투자를 철회했을 뿐만 아니라, 베네수엘라가 절실하게 필요한 기술전문성도 함께 갖고 베네수엘라를 떠나버렸다. 베네수엘라는 급격히 몰락한 나머지 서부 유전에 전기를 공급하기 위해서 역내 경쟁국인 콜롬비아로부터 천연가스를 수입해야 하는 지경에 이르기도 했다. 이 책을 쓰는 현재, 대부분의 국제선 여객기는 더 이상 베네수엘라로 운항하지 않는다. 경화로 지불받지 못하기 때문이다. 마라카이보 만—한때 세계 최고의 원유 생산지역으로 손꼽혔다—은 해적들이 득실거린다.[4]

그러나 세계 환경이 변하고 있고, 어쩌면 중요한 건 그뿐인지도 모른다. 원유가 공급과잉인 저렴한 유가 시대에 베네수엘라는 지도상에 표시할 가치도 없는 한물간 나라다. 그러나 동반구에 공급량이 태부족하게 되고 유가가 급등하면, 베네수엘라는 지구상의 모든 대형 에너지 기업이 앞다퉈 찾을 곳이다.

그러나 그런 변화는 하룻밤 사이에 일어나지 않는다. 차베스가 통치한 18년이 낳은 후유증은 극복하기 어렵다. 서구의 수퍼메이저들이 신규 투자를 한다고 해도 우선 석유 생산을 안정화하고 운송시설과 정유시설을 재건하는 데 집중하게 된다. 그러고 나서야 비로소 오리노코나 해상에 있는 신규 유전에 투자할 생각을 진득하니 하게 된다. 그리고 그러려면 시간이 걸린다. 베네수엘라의 원유 생산량을 차베스 집권 이전의 수준으로 회복시키려면 5년이면 충분하지만, 그 이상으로 신규 생산량을 늘리려면 새로 송유관을 건설하고 원유 등급을 격상시키는 시설을 건설하고 수출 역량을 늘이는 데 수백억 달러의 투자가 필요하다.

독소조항이 두 가지 있다.

첫째, 베네수엘라는 험한 지역이다. 친기업적이지 않은 차베스 정권의 태도를 말하는 게 아니다. 베네수엘라의 정치문화는 서반구에서 가장 폭력적이다. 도시 빈곤과 도시 갱단이 만연해 있다. 밀림에는 원주민이 거주한다. 순찰대는 자의적으로 법을 집행한다. 코카인 밀매가 횡행한다. 지역 정치세력들은 자체적으로 민병대를 두고 관리한다. 왕족은 자체적으로 사설군대를 관리한다. 차베스 정권에 대해 이렇다 저렇다 말도 많지만 원유—대량의 원유—를 곤경에 빠진 지역에 쏟아부었고 경제적, 사회적, 정치적으로 깊이 파인 골이 과도한 폭력으로 이어지지 않게 했다. 최근에 휘발유 가격이 60배로 치솟았는데도(저유가로 인해 예산상의 압박을 받은 데 대한 대응) 고급 제품은 여전히 겨우 갤런당 60센트에 팔린다.

가장 해소하기 어려운 문제는 차베스 정권이 수만 정—수십만 정일지도 모른다—의 기관총을 지지자들에게 배급했다는 점이다. 현 정부에 충성하는 세력은 정부로부터 지원이 끊기면 가만히 있지 않는다. 베네수엘라에서 에너지 보조금의 미래는 정치적, 경제적 문제일 뿐만 아니라 안보 문제이기도 하다.

둘째, 고객이 없다. 세계에서 베네수엘라가 원유라고 일컫는 물건을 받아들일 정유시설은 거의 없다. 그런 시설은 대부분 미국의 멕시코 만에 있고, 이 시설들은 모두 베네수엘라의 중질/시큼한 원유보다 셰일의 경질/달콤한 혼합유를 정제하는 시설로 개조되고 있다. 설상가상으로 오리노코 생산 현장에 투자가 활성화되어서 더 많은 원유가 생산될수록 베네수엘라의 원유 등급은 훨씬 더 떨어진다.

다음 세 가지 중의 하나가 발생한다. 첫째, 수입하는 측에서 정유시설을 대대적으로 개선해 베네수엘라의 걸쭉한 원유를 쓸 만한 상품으로 변모시킨다. 그럴 잠재력이 있는 고객은 별로 없다. 그런 고객이 있다고 해도 애초에 확보할 고객이 거의 없는 베네수엘라에게 상당히 할인된 가격을 요구할 수 있다. 가장 고객이 될 가능성이 큰 대상은 이미 일부 기간시설을 갖춘 지역이거나 이미 보유하고 있는 시설을 개조할 기술적 역량을 갖춘 지역인데, 이런 지역은 그리 많지 않다. 인도가 전자의 부류에 속하는 가장 유망한 고객이지만, 베네수엘라에서 인도까지는 초대형 유조선이 지구 반 바퀴를 돌아야 하는 거리다. 그러한 고객이 앞으로 다가올 세계에서 공급 경로의 안전을 확보하려면 인도나 베네수엘라보다 월등히 뛰어난 해군력을 지녀야 한다. 독일은 후자의 부류에 속하는 가장 유망한 고객이고, 독일과 페트롤레오스 데 베네수엘라는 차베스가 집권하기 전에 원유 수급 관계를 맺었었다. 그러나 북유럽 전쟁 지역으로 원유를 갖고 들어가는 행위는 매우 위험하다.

베네수엘라의 원유가 흘러들어갈 가능성이 있는 두 번째 경로는 베네수엘라의 걸쭉한 원유를 고급 원유와 섞는 국제적인 다단계 공급사슬이다. 예컨대, 베네수엘라의 원유를 알제리의 초경질유나 나이지리아산 보니 라이트(Bonny Light)유를 섞어서 기술력이 떨어지는 정유시설이 감당할 수 있는 중간급 혼합유로 만드는 방법이다. 이 두 방법 가운데 하나를 사용하면 베네수엘라는 단순함, 경제성, 양자 관계가 규범이 될 미래에 복잡하고 비싼 다국적 에너지 공급사슬의 일부가 된다. 이 공급사슬에서 어느 한 고리가 떨어져 나가거나 한 나라가 상황이 꼬이게 되면, 공급사슬 체계 전체가 와해되고 베네수엘라의 에너지 부문은 폐쇄된다. 대량의 원유를 며칠 이상 저장할 곳이 아무 데도 없기 때문이다. 잠재적인 협력자 가운데 가장 최선의 선택지는 이탈리아다. 이탈리아는 지구전이나 페르시아 만 전쟁에서 무슨 일이 일어나든 러시아, 페르시아 만, 리비아의 원유에 의존하는 처지에서 벗어나 수입선을 다변화하려고 혈안이 될 테니까.

세 번째 선택지도 있다. 미국과 손을 잡는 방법이다.

미국의 수퍼메이저 3사는 모두 베네수엘라 원유 매장지에 관해 상당한 경험을 축적했다. 3사 모두 미국의 멕시코 만에 베네수엘라 원유를 처리할 정유시설을 보유하고 있다. 3사 모두 베네수엘라에게 당한 적이 있지만, 3사 모두 고유가 환경이 되면 다시 베네수엘라에 뛰어들고 싶어서 근질근질해진다. 그리고 당연히 미국 해군은 3사가 정제한 상품을 연료에 굶주린 세계로 실어나를 유조선을 호송할 만반의 준비가 되어 있다.

그런데 문제가 두 가지 있다. 베네수엘라 정부는 미국을 끔찍하게 싫어하기 때문에 미국과의 협력 관계는 첫 번째 선택지도, 두 번째(또는 세 번째)[5] 선택지도 아니다. 둘째, 미국이 관심을 보일 가장 중요한 이유는 베네수엘라가 벌어들일 돈을 미국이 벌어들이게 되기 때문이다. 요컨대, 베네수엘라는 배럴당 70달러에 못 미치는 가격에 미국 시장에 원유를 팔고, 미국은 그 원유를 정제한 제품을 유가가 150달러인 세계 시장에 되파는 셈이다.

베네수엘라에게는 유감스럽게도 미국과 협력하는 방법밖에는 도리가 없다.

베네수엘라의 에너지 부문은 철저히 훼손되었기 때문에 막강한 외국의 세력이 수출을 관리하지 않는 한 번성하기 힘들다. 세계적으로 안전한 운송이 보장되지 않고 자본도 부족해지며 미국 외의 다른 선택지는 거의 실현 불가능하고, 미국은 운신의 폭이 아주 넓기 때문에 원하는 대로 할 수 있다. 오래전부터 베네수엘라는 원유 복합시설을 전면 개조하는 데 필요한 기술과 자본과 경험뿐만 아니라 세탁기에서 맥주, 밀, 화장지에 이르기까지 모든 것을 수입해왔다. 차베스가 20년 동안 경제를 말아먹으면서 석유 부문뿐만 아니라 다른 경제 부문도 하나같이 모조리 주저앉았다. 베네수엘라는 거의 모조리 처음부터 끝까지 완전히 뜯어고쳐야 한다. 베네수엘라의 안보 상황으로 인해 베네수엘라를 누가 뜯어고치든 그 주체는 자신을 잘 보호할 역량이 있어야 한다. 베네수엘라는 달러 외교가 얼마나 효과적인지를 보여주는 본보기가 된다.

미국의 수퍼메이저는 사실상 베네수엘라를 소유하지는 않지만, 에너지 판매를 통해 베네수엘라에 수입을 안겨줄 생산, 수출, 운송, 혼합, 정유, 유통, 소매 절차까지 전 과정을 관할하게 된다. 한 가지 문제는 베네수엘라 정부의 태도다. 베네수엘라는 불가피한 상황을 받아들이고 협조적인 자세로 최선의 거래를 타결하려고 애쓰든가, 끝까지 버티다가 횡재의 떡고물도 얻지 못할 위험에 처하게 된다.

브라질: 끔찍했던 시절은 가고…

브라질의 지리적 여건은 한마디로 한심스럽다. 리우데자네이루 같은 도시들은 절벽에 매달려 있는 마을들을 찍은 놀라운 사진과 해안 바깥으로 돌출한 고지대의 장관을 담은 사진으로 유명해졌다. 그러나 이런 절벽은 관광엽서에서는 멋지게 보일지 모르지만 오래전부터 브라질의 경제 발전을 방해해왔다. 인구밀집 지역을 관통하는 브라질 강들 가운데 단 하나도 배가 다닐 수 있는 강이 없다. 브라질 남부는 고원 위에 위치해 있지만, 고원이 바다 쪽이 아니라 내륙 쪽으로 경사져 있다. 강들은 해안과 반대 방향으로 흐르고(그리고 남쪽 아르헨티나로 흘러들어간다), 따라서 해안을 기반으로 한 수출용 기간시설은 절벽을 기어올라야 한다. 해안 지역의 인구 거주지는 아주 좁은 해안 지역에 바짝 매달려 있고, 대부분이 도쿄보다 인구밀도가 높지만 이를 뒷받침할 만한 선진 경제 체제는 없다.

농사짓기도 어렵다—열대 밀림을 개간하려면 비용과 노동력이 많이 들고, 농부들은 생산한 농산물을 시장에 내다 팔 저렴한 운송경로가 없다. 오직 부유한 포르투갈 정착민들만이 이 작은 해안 마을들을 쓸모 있는 뭔가로 변모시키는 데 필요한 재원 근처에라도 갈 수 있었다. 브라질의 고원 꼭대기까지 훌쩍 뛰어올라 내륙을 개발하고, 억지로 기간시설을 구축해 생산물을 다시 가파른 절벽을 따라 아래로 내려보낸 다음 넓은 세상으로 운송하는 데 필요한 재원을 마련하기란 언감생심이다. 자본은 엘리트 계층에 집중되어 있고, 임금은 늘 낮았고, 오늘날의 브라질도 경제적 기회가 이토록 천양지차인 환경이 만들어낸 모습 그대로이다. 따라서 브라질은 남미의 경제적 격차를 보여주는 전형적인 사례로 부상했고, 제 2차 세계대전 후 데이터 추적을 시작한 이래로 세계에서 가장 불평등한 경제대국 자리를 지켜왔다. 세계적인 관광휴양지 코파카바나 근처에 있으면 마치 관광엽서 속에 있는 기분이 들겠지만, 그밖에는 어딜 가든 카메라는 치우는 게 좋다.

브라질의 석유 부문도 그다지 나을 게 없다. 2000년대에 브라질은 남미와 아프리카가 분리되어 서로 다른 대륙이 되기 전에 형성된, 심해에 저장된 석유 매장지를 새로 발견했다. 암염층 바로 밑에 있는 이른바 하부 유전(pre-salt)은 소련 붕괴 이후로 세계에서 새로 발견된 석유 매장지 가운데 가장 규모가 큰 곳으로 손꼽힌다. 한때 2,000억 달러까지 투자 자금이 몰릴 것으로 기대되었다. 브라질은 자체적으로 자금을 조달하지 못하기 때문에 외국인들의 도움을 요청했다.

그러나 그 도움은 오지 않고 있다. 갑자기 많은 자원을 발견한 나라들 사이에서 흔히 나타나듯이, 정치인들은 돈이 생기기도 전에 그 돈을 써버리는 경우가 허다하다. 중남미 다른 나라와 마찬가지로 브라질에서도 좌우 정치적 구분은 여전히 건재하다. 게다가 곧 손에 부를 거머쥐게 될 것 같자 실제로 부를 손에 넣기도 전에 브라질 석유 부문의 심장부로 깊이 파고든 대대적인 부패 스캔들이 터졌다. 이른바 세차(Car Wash)라는 스캔들이다. 따라서 외국 기업들은 다른 지역의 매장지를 물색했고, 브라질 정치계는 석유 생산에서부터 외국 기업과의 계약에 이르기까지 석유산업 전체를 온통 주장과 반박, 소송과 탄핵 청문회의 소용돌이로 몰아넣었고 이는 브라질을 경제 침체에 빠뜨릴 게 분명했다. 앞으로 무질서 시대가 닥치기도 전에 브라질은 저렴한 해외 자본을 유치할 기회를 박탈당하는 셈이다.

브라질은 세 가지 희망적인 요소가 있다. 첫째, 대부분의 석유 생산지가 육지에 있기 때문에 생산과 운송의 모든 측면이 정치의 영향을 받는 베네수엘라와는 달리, 브라질에서는 석유가 해상에서 생산되기 때문에 뭍에서 정치적 혼란이 발생해도 끄떡없다.[6]

둘째, 브라질 정치 상황이 개선되고 있다. 이 책을 쓰는 현재, 세차 스캔들로 현직 대통령이 물러났지만, 그녀를 대신한 인물은 차기 대통령 선거에 출마할 생각이 없고 정치를 쇄신하고 화합을 이루어낼 토대를 마련하겠다고 말했다. 석유 산업과 관련해서 브라질의 우파와 좌파는 한두 가지 중요한 문제에 대해서는 의견을 같이한다. 석유 자급자족은 바람직하다. (우파는 이를 국가 안보와 경제적 자부심의 문제로 간주한다. 좌파는 국민에게 에너지 보조금을 지급하기 위한 전제 조건으로 본다.) 좌우 양 진영 모두 암염층 하부 유전을 개발하려면 해외 투자가 필요하고 수퍼메이저만이 그런 투자 자금을 제공할 수 있다고 공개적으로 인정한다. 브라질의 의회는 이미 석유 관련 법규—외국인은 이제 해상 유전을 직접 운영할 수 있다—를 정비해 외국인 투자자를 암염층 하부 유전으로 유치하려 하고 있다. 세계 유가가 폭등하면 폭넓은 개혁에 성공할 가능성도 상당히 있다.

셋째, 가장 중요한 요소인 브라질의 국영석유회사 페트로브라스(Petrobras)는 베네수엘라의 국영독점석유회사 페트롤레오스 데 베네수엘라처럼 망가지고 한물간 기업이 아니다. 페트로브라스는 세계에서 가장 기술적인 역량이 있는 국영석유회사일 뿐만 아니라 민간 기업을 모두 포함해도 가장 기술력이 뛰어난 석유회사로 손꼽힌다. 세차 스캔들이 터진 시기는 2014년 3월이었기 때문에 페트로브라스의 기술적 역량을 크게 손상시킬 만한 충분한 시간은 없었다. 게다가 페트로브라스는 텃세를 부리지 않고 수퍼메이저가 암염층 하부 유전 개발에 관여해야 한다고 가장 크게 목소리를 내고 있다.

달러 외교가 작동하게 만드는 모든 요소들—운송 물류, 안보, 기술과 금융 지원—은 브라질에서 충족 가능하다. 수퍼메이저의 기술적, 재정적 역량은 의심의 여지가 없다. 미국은 채굴하기 까다로운 석유를 채취하고 운반하고 정제하는 체계를 개발하는 실력이 최고다—암염층 하부 유전을 채굴하려면 고압력 고온의 환경에서 작업해야 하는데, 이러한 환경에서의 작업 계획을 세우려면 반드시 고려해야 할 사항이다. 미국은—개발 원조를 통해서—기간시설 구축과 고등교육 지원이 절실히 필요한 나라에게 이 두 가지를 제공하겠다고 함으로써 계약조건을 더 매력적으로 만든다. 미국은 세차 스캔들을 파헤치는 데도 도움을 줄 수 있다. 9·11 이후 대테러 활동의 일환으로 미국은 세계 최고의 해외송금 추적 시스템을 갖추고 있다.

그러나 브라질은 베네수엘라가 아니다. 브라질은 베네수엘라보다 기술적 역량이 훨씬 뛰어나고 정치적으로 성숙한 체제이고, 억지로 강요하거나 위협하는 외교 방식에 대해 강하게 반발하는 경향이 있을 뿐만 아니라, 달러 외교는 시각적 연출 효과가 덜하다는 점에 대해서도 상당히 거부감이 크다. 브라질 인구 대부분은 내륙에 살고, 그렇지 않은 경우는 인구밀도가 매우 높은 도심에 거주한다—어느 곳이든 신속한 군사적 공격은 씨알도 먹히지 않는다. 게다가 미국이 가장 관심을 보일 지역—암염층 하부 유전—은 해상에 있고, 이는 육지에 있는 처리, 정유, 수출 시설과 연결되어야 한다. 너무 여러 가지 여건에서 유동적인 요인이 너무나도 많기 때문에 브라질이 전적으로 동의하고 협조하지 않는 한 이 가운데 그 어떤 것도 달성하기 어렵다. 게다가 미국 수퍼메이저들이 페트로브라스가 자사보다 이런 일에 훨씬 능숙할지 모른다고 (마지못해서라도) 인정해야만 투자가 성사된다.

페트로브라스는 서반구에서 세 번째로 규모가 큰 석유 매장지 말고도 협상에서 제시할 카드가 있다. 이 지역의 국영 에너지회사들 가운데 기술, 물류, 법규, 재정적 역량을 갖추고 있고 자국 바깥에서 활동할 역량이 있는 기업은 페트로브라스밖에 없다. 페트로브라스는 이미 베네수엘라 해상 유전, 앙골라와 나이지리아의 심해 유전에도 손을 대고 있다.

페트로브라스는 이따금 권력에 굶주린 미국의 정서를 이용할 비장의 무기도 지니고 있다. 페트로브라스는 서반구에서 유일하게 10년에 못 미치는 짧은 기간에 정유시설을 구축할 역량을 갖춘, 미국 기업이 아닌 유일한 기업이다. 세계적으로 연료가 절실히 부족해지면 페트로브라스는 미국이 전략적으로 훨씬 막강한 역량을 갖추게 해줄 수 있다.

이 모두가 시작은 느리다. 세차 스캔들을 해결하려면 헌법을 개정하고 법규도 정비해야 하고, 암염층 하부 유전을 개발하려면 기술적인 장벽도 극복해야 하므로, 이렇다 할 수출 물량이 생산되려면 2020년은 되어야 한다. 그리고 수퍼메이저들은 세계 에너지 공급 체계의 대부분을 소유하고 운영할 게 분명하다. 그러나 페트로브라스를 수퍼메이저가 이용할 대상이라기보다 같은 수퍼메이저라고 생각하는 게 훨씬 정확하다.

아르헨티나: 미래의 희망

수십 년 동안 아르헨티나는 독특한 사례였다. 아르헨티나 인구 대부분이 사는 북부 지역은 세계에서 가장 비옥한 토양으로 손꼽힌다. 이 비옥한 땅에 파라나, 우루과이, 파라과이, 실버 (플라타) 강들 같은 운항 가능한 강들이 흐른다—이름하여 리우델라플라타(Rio de la Plata) 지역이다. 미국 중서부 지역의 남미 판인 셈이다. 장애물 없이 이어지는 광활하고 비옥한 땅에 서로 연결된 운항 가능한 물길이 얽히고설켜 있는 지역이다.

아르헨티나는 세계적인 강대국이 될 요건을 갖추었다. 그리고 한때 그런 지위를 누리기도 했다. 1920년만 해도 아르헨티나는 세계에서 가장 부유한 나라로 손꼽혔다. 그 이후로 정치, 특히 후안 도밍고 페론을 우상화하는 정치로 쇠락의 길을 걸어왔다. 그의 통치를 따르는 정치 이념이 확산되었고 대중영합주의와 사회주의와 파시즘이 뒤섞인 파멸적인 형태의 정치가 뿌리를 내렸다.

최근 들어서는 페론주의가 부활해 아르헨티나를 2003년부터 2015년까지 통치했고, 단도직입적으로 말해서, 나라 경제를 말아먹었다. 페론주의 정책들로 인해 아르헨티나는 세계 자본시장과 완전히 단절되었고 자기 입맛에 맞는 프로젝트에 돈을 쏟아붓느라 여러 연금 기금을 파탄냈으며, 다양한 농산물과 공산품의 주요 수출국 지위를 잃어버렸다. 요컨대,

아르헨티나는 남미 지역에서 본받아야 할 사례에서 제살 깎아먹는 반면 교사 사례로 전락했다. 2012년 아르헨티나는 아르헨티나 석유 부문을 관장하던 스페인계 회사 렙솔(Repsol)의 아르헨티나 지부를 국영화했다.

그럼에도 불구하고 아르헨티나의 국가주의적 접근 방식은 결과적으로 아르헨티나에게 아주 독특한 기회를 가져다주었다. 페론주의 정부는 대중의 지지를 얻으려고 전기료에 엄청난 보조금을 지급했다. 이러한 보조금 때문에 전기료는 천정부지로 치솟았지만, 전기료에 상한가를 책정해 놓았기 때문에 아무도 생산에 투자하려 하지 않았고, 따라서 정부는 세계 시장 가격을 지불하고 에너지를 수입해야 했다. 부분적으로 이 문제에 대처하기 위해 아르헨티나 정부는 최저 가격—67달러/boed—을 책정했고, 에너지 회사들은 이 가격에 국내에서 생산된 석유와 천연가스를 정부에 판매할 수 있었다. 결국 정부는 손해를 보면서 국민들에게 에너지를 공급하지만, 그러한 손해는 이제는 알려진 사실이기에 민간 기업들은 계약조건이 분명해진 상태에서 투자를 하게 되었다.

그 결과 석유와 천연가스 생산량이 늘었을 뿐만 아니라 셰일 채굴 활동도 활발해졌다. 아르헨티나의 셰일은 세계에서 지리적 여건이 채굴하기에 가장 좋은 매장지로 손꼽힌다. 층이 두텁고 넓고 석유탄소가 풍부하며, 기존의 석유와 천연가스 매장지와 기간시설이 있는 지역과 겹친다—게다가 셰일이 생산되는 거의 전 지역에는 공급할 담수가 충분하다. 이 책을 쓰는 현재, 캐나다와 미국을 제외하면 아르헨티나는 세계 어느 나라보다 셰일 석유를 많이 생산한다. 그것도 페론주의 정부 하에서.

그런데 이제 그 정부가 사라졌다. 2015년 11월 페론주의 정부는 선거에서 참패했고 그 후임은 강력한 반 페론주의자다. 그는 규제를 개혁하고 외국인 투자를 유치하려고 애쓰고 부채를 정리하는 등, 아르헨티나가 국가로서 기능하는 방식을 완전히 뜯어고치고 있다.

아르헨티나에 희망을 걸어볼 만한 이유가 있다. 아르헨티나의 지리적 여건은 축복받은 명당이라서 특별히 창의력을 발휘하거나 정도를 걷는 정책을 채택하지 않아도 밀, 대두, 옥수수, 돼지고기, 소고기, 천연가스, 석유 세계 시장에서 그 역할을 확대하는 데 긴 시간이 필요하지 않다—에너지 가격이 낮은 수준에 머무른다고 가정해도 말이다. 세계 유가가 150달러를 웃돌게 되면 오랜 전통을 자랑하는 아르헨티나의 제살 깎아먹기식 정책도 문제될 게 없다. 페론주의자들이 정권을 되찾는다고 해도 말이다.

아르헨티나가 나머지 세계와 지리적으로 동떨어져 있다는 점조차도 유리하게 작용한다. 남미 남쪽 끝에 위치한 아르헨티나는 대서양 연안이나 태평양 연안 양쪽 시장 모두에 진출할 유리한 위치를 점유하고 있다. 아르헨티나는 어떤 상품이든 판매하는 시점에 자국에게 가장 유리한 조건으로 거래할 고객, 가격, 안보 환경을 선택할 수 있다. 게다가 아르헨티나가 수출하는 원유는 모두 셰일 층에서 채굴한 원유이므로 경질/달콤한 혼합유가 보통 받는 프리미엄을 얻게 된다.

지역적으로 보면, 아르헨티나는 역내 주요 에너지 공급자로서의 역할을 재개하게 된다. 2002년 이전만 해도 아르헨티나는 남미 대륙에서 주요 천연가스 수출국이었다. 수출이 멈춘 까닭은 오로지 페론주의자들이 아르헨티나의 천연가스 생산 부문을 철저히 파괴했기 때문이다. 운송시설은 모두 그대로지만, 놀고 있거나 (훨씬 적은 양의) 볼리비아 천연가스를 운송하고 있다. 아르헨티나가 남미에서 꼭 필요한 나라가 되려면 셰일 혁명만 일어나면 되는데, 셰일 혁명은 이미 진행 중이다. 이는 모두에게 이득이다. 볼리비아만 빼고. 볼리비아는 아르헨티나가 자국보다 훨씬 낮은 비용으로 천연가스를 생산해 자국의 가장 큰 수출 소득원인 천연가스 산업을 파괴하는 모습을 지켜볼 도리밖에 없다.

농업, 제조업, 금융 부문이 팽창할 기회도 에너지 부문 못지않게 많다.

아르헨티나는 거의 모든 부문—산업기반, 전기수도, 도로, 철도, 항만시설 등은 2000년 이후로 거의 보수하지 않았다—을 전면적으로 개편해야 하지만 이는 자국의 노동력을 이용해 상당히 저렴한 비용으로 달성 가능하다. 다른 남미 국가들의 저주받은 지리적 여건과는 달리 유일하게 아르헨티나는 고도도 낮고 온대기후 지대에 있다.

그런데 한 가지 해결해야 할 문제가 있다. 아르헨티나는 자국의 경제 부문들을 재구성할 자금과 전문성을 갖추었을지는 모르지만 이 모든 부문들을 한꺼번에 동시에 재구성할 자금과 전문성은 없다. 이러한 잠재력과 명백한 단점을 간파한 미국은 아르헨티나의 전 부문에 걸쳐서 깊고 폭넓고 강력한 관심을 보이게 되고, 침략으로 보일 정도로 아르헨티나에 자금과 인력과 기술을 쏟아붓게 된다. 실책을 일삼는 정부가 통치하던 시련기에도 아르헨티나가 전망이 밝아 보였는데, 기업과 정부와 미국과 아르헨티나가 힘을 모으면 불꽃이 튀게 된다.

트리니다드토바고: 어딘가로 이어지는 다리

전통적으로 트리니다드토바고의 자산은 검은 석유가 아니라 기체인 천연가스다. 트리니다드토바고는 천연가스뿐만 아니라 천연가스로 생산 가능한 모든 제품에서 서반구에서 앞서가는 나라다. 대규모 액화천연가스 수출 기간시설을 자랑할 뿐만 아니라 세계 최대의 암모니아/메탄올 제조 수출 시설을 갖추고 있다. 천연가스와 천연가스 관련 제품들은 앞으로도 국내 에너지 부문의 기초를 이루게 되는데, 문제는 바로 거기 있다. 트리니다드토바고는 미국과 지리적으로 너무 가깝다. 미국은 셰일을 채굴하면서 폐기물로 나오는 천연가스를 주체하지 못할 지경이다. 그리고 트리니다드토바고의 천연가스는 해상의 오래된 매장지에서 나오기 때문에 미국이 발을 담그고 있는 그 어떤 지역 시장에서도 미국과 경쟁할 도리가 없다. 미국과 경쟁하면 트리니다드토바고의 천연가스 사업은 거의 모든 측면에서 참패하게 된다. 유일한 예외는 액화천연가스 시장으로서, 유럽과 동북아시아에서 수요가 엄청나게 많기 때문에 누구든 이 시장에서 한몫 챙길 수 있다.

다른 낙관적인 면도 있는데, 이는 트리니다드토바고가 그동안 고려하지 않은 문제다. 바로 베네수엘라와의 협력이다. 트리니다드토바고는 베네수엘라의 중질유를 처리하기에 적합한, 세계에서 손꼽히는 정유시설을 자랑한다. 게다가 베네수엘라의 해상 천연가스 유전은 대부분 트리니다드토바고의 유전과 지질이 비슷하고 베네수엘라가 건설하려는 시설보다 트리니다드토바고의 기존의 천연가스 처리시설과 훨씬 가깝다.

두 나라에게는 불가능을 가능케 할 절호의 기회다. 현재 베네수엘라 정부는 미국이라면 치를 떨고 특히 달러 외교라면 이를 간다. 트리니다드토바고는 미국이라면 쌍수를 들어 환영하고 달러 외교를 기꺼이 받아들이는데, 자국의 에너지 부문을 운영할 자본과 기술이 부족하기 때문이다. 베네수엘라는 생산 잠재력은 어마어마하지만, 원유를 처리하려면 큰 도움이 필요하다. 트리니다드토바고의 유전은 이미 성숙기를 지났지만, 처리시설은 여유가 있다. 베네수엘라는 자국이 생산한 에너지 상품을 시장에 내다 팔 가장 좋은 방법은 미국에게 힘든 일을 다 맡기는 방법임을 잘 알고 있는데, 트리니다드토바고의 시설을 이용하면 적어도 부분적으로는 미국을 따돌리고 수익을 일부 챙길 수 있다.

콜롬비아: 제대로 하기

콜롬비아가 투자를 유치하는 데 어려움을 겪는 이유는 다른 이웃나라들과는 다르다. 콜롬비아의 경제와 인구는 (배가 다닐 수 있는) 막달레나 강을 내려다보는 절벽 위에 위치한 이중 회랑 지대에 집중되어 있다. 그러나 이 회랑은 콜롬비아 땅의 10분의 1에도 못 미치고, 대부분은 험준한 지형과 밀림으로 이루어져 있다. 콜롬비아의 활기차고 세계도시적인 중부 지역은 오래전부터 경제와 정치의 중심지인 반면, 대체로 소외된 고지대 주민들은 수십 년 동안 노골적으로 기득권 세력에게 저항해왔다. 그 결과 (마약밀매 하는) 게릴라와 테러 집단이 난무하게 되었는데, 그중 백미(白眉)가 콜롬비아무장혁명군(FARC)이다.

콜롬비아의 에너지 매장지는 거의 모두 콜롬비아무장혁명군 영역 가까이에 있다.

이 때문에 콜롬비아는 뛰어나야 했다. 우선 무장 세력과 싸우는 데 뛰어나다. 설령 그 무장 세력이 대중의 지지를 누린다고 해도 말이다. 오지에서 작업하는 석유 채굴 작업자들을 보호하는 데 뛰어나다. 수십 년 동안 날마다 공격에 노출되어온 송유관을 수리하는 데 뛰어나다. 성숙기가 지난 유전에서 석유를 생산하는 데 뛰어나다. 외국 기업들이 치안에 대한 우려와 그저 그런 원유 품질과 별 볼 일 없는 매장량을 기꺼이 못 본 척하고 도장을 찍을 만한 계약 조건을 만들어내는 데 뛰어나다. 전체적으로 볼 때, 콜롬비아는—치안 지원, 물리적인 시설, 국내의 기술인력, 외국 기업과의 협력 면에서—중남미 어느 나라보다도 뛰어날 뿐만 아니라 세계 최고로 손꼽힌다.

지난 20년 동안 콜롬비아의 유권자들은 정치권으로 하여금 내전을 해결하는 데 발벗고 나서게 만들었다. 그 결과, 중도와 우파 정부들이 따로 떨어져 나와 구성한 연립정부는 재래식으로 전쟁에서 이기기 위해 군사비 지출을 급격히 늘리고, 미리 미국의 지원을 요청하고, 콜롬비아무장혁명군이 진지하게 협상에 임하게 만들었다. 이러한 연립정부는 콜롬비아에서의 사업 환경을 남미 대륙의 대부분의 나라들과는 정반대 방향으로 변화시켰다. 콜롬비아의 치안 우려가 어느 정도 불식되면서 훨씬 친기업적인 환경으로 변했다.

콜롬비아의 입지가 대폭 개선될 여건이 조성되었다. 2016년 콜롬비아무장혁명군은 진지하게 화해 절차에 돌입했다. 정부는 콜롬비아무장혁명군 일부는 사면해주고, 일부는 구속 수감하고 콜롬비아무장혁명군의 정치 담당 조직원들을 콜롬비아 사회에 통합시켰다. 사회적으로, 지역적으로, 정치적으로 아직 갈 길이 멀지만, 어려운 일은 이미 마무리되었다. 수십 년 동안 계속되어온 콜롬비아 내전은 거의 끝나간다. 남미 정치에서 폭력적인 정치 문화로 두드러졌던 콜롬비아가 이제는 사뭇 다른 면에서 두드러지는 나라가 되었다. 남미 대륙의 대부분 지역은 현재 저유가로 인한 금융위기로 고군분투하고 있지만, 콜롬비아는—조심스럽게—에너지 부문의 부활을 점치고 있다. 그리고 이제 근대 들어 유가가 최고로 폭등할 시대가 곧 다가온다.

콜롬비아의 에너지 부문이 앞으로 직면하게 될 가장 큰 난관은 석유 매장지가 너무 협소하다는 점이다. 콜롬비아의 매장지는 이웃 베네수엘라의 1퍼센트에 못 미치고 유전은 이미 성숙기를 지났다. 그러나 새로울 게 없는 사실이다. 폭력이 난무하고 저급 원유에 오래된 유전이라는 악조건에도 불구하고 2003년부터 2013년까지의 기간 동안 콜롬비아의 석유 생산량은 거의 두 배로 뛰었다. 국가에서 바람직한 정책을 추진하고, 에너지 부문을 제대로 경영하고, 건실한 국영석유회사(에코페트롤)가 있었기 때문이다. 게다가 세계 유가가 인상되면서, 지속 가능한 생산 최대치인

1mbpd 목표에 도달이 가능해 보인다.

역외 주체들과 새로운 관계를 수립하는 기준은 브라질, 베네수엘라, 에콰도르, 아르헨티나가 결정하겠지만 바로 그 역외 주체들은 이미 진행되고 있는 콜롬비아 프로젝트에 깊이 관여하고 있다는 점을 고려하면 그러한 목표를 달성할 가능성이 특히 높아 보인다. 이는 마치 미국이 달러 외교를 실천하기를 기다리지 않고 콜롬비아가 먼저 알아서 달러 외교를 실천에 옮긴 것과 같다. 국가 차원과 기업 차원의 관계는 우호적이고 양자간 자유무역 협정은 이미 갖춰져 있다. 전쟁이 마무리되면서 벌써 미국은 콜롬비아에 관한 모든 부문에 지대한 관심을 보이고 있다. 에너지 부문은 그 가운데 한 부문에 불과하다.

콜롬비아의 셰일 부문이 지닌 잠재력이나 새롭게 등장한 카리브 해의 해상 유전에서 이렇다 할 진전이 있다고 상정하지 않고도 그러한 전망이 나온다. 콜롬비아는 중남미의 사우디아라비아가 될 운명은 아닐지 모르지만, 중남미의 북해 정도는 된다. 전문성을 갖추고 안정적이며 역외 투자자들에게 우호적이고, 동반구의 에너지 위기를 해소하는 데 한몫을 할 나라가 될 운명 말이다.

페루: 사서 고생

콜롬비아의 이웃나라 페루는 비중 있는 산유국은 분명히 아니지만, 천연가스 산업은 중남미 대륙에서 지속적으로 성장하는 성공사례로 손꼽힌다. 현재 페루는 전력 수요의 절반을 천연가스로 생산하지만—최근까지만 해도 전기가 들어가지 않았던 광활한 내륙 지역에 전기를 공급하게 되었다—중남미에서 하나뿐인 액화천연가스 수출시설을 채울 만큼 여유분이 있다. 새로이 추진되는 카미세아(Camisea) 천연가스 프로젝트만으로도 페루가 대대적으로 개발을 추진하기에 충분했다. 특히 수도 리마를 중심으로 한 산업 성장을 촉진했다.

페루가 에너지 부문을 확장하는 데 가장 큰 걸림돌은 지리적 여건이다. 카미세아를 비롯해 페루의 에너지 매장지는 대부분 안데스 산맥의 엉뚱한 쪽에 위치하고 있기 때문에 기간시설에 툭하면 병목현상이 생긴다. 다행스럽게도 페루는 지도도 읽을 줄 알고 자국의 약점도 잘 알고 있으므로, 외국 기업들을 밀어내기보다 유인하는 규제 정책들을 채택했다. 페루는 동북아시아에 최고가를 받고 에너지를 판매한다는 목표 하에서 지속적으로 천연가스 부문을 확장할 계획이지만, 석유 수출이 전무하므로 고유가 환경에서 누릴 혜택은 제한적이다. 오히려 페루는 수출에서 이득 볼 게 없다. 3,100만 인구 모두 디젤 연료가 필요한데 페루는 국내 수요의 절반도 생산하지 못하고 있다.

페루는 미국의 달러 외교가 시혜와 간섭 사이를 아슬아슬하게 줄타기할 나라다. 페루가 경제 개발과 에너지 부문에서 궁극적으로 극복해야 할 난관은 미국과의 협력에서 이득을 보게 될, 해안에 거주하는 부유한 스페인 후손과 미국과의 협력에서 아무런 혜택도 얻지 못하는, 고지대에 거주하는—천연가스 유전을 장악하고 있는—원주민이 반반으로 나뉘어 있다는 점이다. 세계적인 고유가로 보조금 지급 비용이 치솟으면서 사회적 갈등은 악화일로를 걷게 되지만, 미국이 자본과 치안 역량, 페루의 고지대 지역에 간섭하는 외교적 역량을 발휘하면 벌어질 일에 비하면 아무것도 아니다.

에콰도르: 진입 금지!

에콰도르에서 달러 외교가 직면할 난관은 훨씬 고질적이다.

에콰도르는 남미에서 세 번째로 큰 석유 매장지를 보유하고 있지만—콜롬비아 매장지의 세 배다—에너지 부문은 콜롬비아의 총 생산량의 절반을 가까스로 생산하고 있다. 이러한 격차는 대체로 에콰도르 정부의 반미 태도 때문이다. 근래에 에콰도르는 미국에서 탈피하는 정책의 일환으로 미국 사업가들을 강제로 추방하고 중국 기업들을 받아들였다. 중국은 융자 조건을 이용해 자국이 에콰도르에 지불하는 가격을 깎았고, 공교롭게도 중국은 석유를 자국으로 운송하지 않고 미국 서부 해안으로 운송하고 차액을 챙겼다. 에콰도르는 이러한 반미 정서 때문에 그날그날의 시세에 따라서 실시간으로 배럴당 2-10달러를 손해볼 뿐만 아니라 생산과 운송 시설 운영권을 미국 기업보다 훨씬 역량이 떨어지는, 현재의 생산량도 유지할 역량이 없는 중국 기업에 넘겨버렸다. 게다가 에콰도르의 석유 운송시설이 점점 노쇠해가고 있으므로 에콰도르는 사실상 고리대금업자에게 발목을 잡힌 셈이다.

에콰도르 인구는 유럽/원주민 혼혈 후손이 다수를 이루고 있다. 이들은 대체로 현 정부를 지지하는 세력이다. 유가가 오르면 에콰도르는 새로 얻게 된 석유판매 소득을 점점 늘어나는 에너지 보조금으로 쓰게 된다.

달러 외교 없이는 그런 사태에 직면할 듯하다. 미국은 에콰도르가—석유에서부터 바나나에 이르기까지—잠재력을 허비하는 모습을 두고보기가 힘들다. 그리고 미국 기업들이 점점 막강한 수단을 지니게 되면 자기들의 이익을 달성하기 위해 에콰도르의 정계 심장부에 직접 압력을 행사하게 된다. 에콰도르는 외세의 개입이 성장과 혼돈을 동시에 야기하는 대표적인 사례가 된다. 과거에 미국이 미약하게나마 개입했을 때 쿠데타와

이에 맞서는 쿠데타가 연이어 발생하면서 집권 후 일 년을 넘긴 정권이 드물었다. 원한에 가득한 에콰도르가 미국의 힘을 절감할 수밖에 없는 상황에서 이러한 정세 불안은 가속화된다. 반면, 에콰도르의 이웃나라들은 미국이 개입하면서 훨씬 긍정적인 영향을 맛보게 된다.

카리브 해와 중앙아메리카: 강제 전환, 강제 통합

중앙아메리카 국가들과 쿠바는 전적으로 수입 에너지에 의존한다. 지난 10년 동안 대부분 베네수엘라의 페트로카리브(PetroCaribe) 프로그램에서 에너지를 수입했다. 차베스가 중미 전역에서 미국의 영향력을 약화하려고 실행한 프로그램이다. 페트로카리브는 약속했던 바를 어느 정도 달성하기는 했지만—중미의 몇몇 나라들도 가담했다— 대가를 톡톡히 치렀다. 하루에 240kbpd의 베네수엘라 석유와 정유제품이 시가보다 낮은 가격에 판매되고, 이마저도 저리 또는 무이자 융자로 지불이 연기된다. 차베스 정부 하에서 베네수엘라의 재정은 파탄났고 현재의 생산 수준을 유지할 역량도 무너지고 있다.

베네수엘라의 정권이 교체되면 페트로카리브의 와해는 거의 확실시 되고, 어처구니없는 융자 정책이 정지되면서 중미와 카리브 해는 궁지에 몰리게 되고 수입가격은 두 배 이상 폭등한다. 낙관적으로 보면 지불 능력이 있는 이는 구매하는 데 어려움을 겪지 않게 된다. 페트로카리브로부터 과거에 혜택을 누린 이들은 모두 미국 멕시코 만 연안의 수출시설 초입에 위치하고 있으므로 맨 앞줄—엄밀히 말하면 멕시코 다음인 두 번째다—에 서서 미국의 정유제품을 확보하게 된다. 위안이 안 될지 모르겠지만, 역내 판매가는 여전히 동반구에 있는—아니면 전쟁에 휘말린—구매자들이 지불하는 가격보다 저렴하다.

이보다 더 위안이 되지 않는 사태는 이 지역 전체를 산산조각 내기 위해 눈에 불을 켜고 지켜보는 눈길이 야기하게 된다. 모든 나라들이 미국의 영향권 내에 놓이게 된다. 미국의 관심의 눈길은 그 어느 곳보다도 쿠바에 집중적으로 쏠리게 된다. 중상주의적인 세계에서 미국의 수로와 그토록 가까운 나라치고 쿠바만큼 미국에 적대적인 태도를 오래 유지한 나라는 없다. 1959년 이래로 미국한테 적대적이었으니 말이다. 그러나 쿠바는 미국이 세계에서 철수하면 아프리카, 아시아, 유럽에서의 활동은 줄어들지만 카리브 해에서는 훨씬 활발하게 활동한다는 사실을 익히 알고 있다. 자국을 지원해줄 외부 세력이 없는 쿠바는 필연적으로 닥칠 경제적, 정치적 충격을 완화하기 위해 정상화 절차에 일찍 착수하기로 결정했다. 결국 쿠바는 미국이 깊이 개입하면 어떻게 되는지 정확히 알고 있다. 쿠바는 과거에 미국의 달러 외교와 관련 외교 정책들이 겨냥한 일차적 목표였기에 1898년부터 1934년까지 사실상 미국의 식민지나 다름없었다.

이게 쿠바에게 재앙일 리는 없다. 미국의 자금이 이미 쿠바로 쏟아져 들어와서 쿠바의 기간시설과 해안 관광지를 1950년대 전성기를 구가할 때의 모습으로 되돌리려고 하고 있다. 그 다음으로 쿠바의 설탕 생산을 극대화하고 미국산이 아닌 모든 수입식품을 미국산으로 대체하기 위해 농업 부문에 대한 투자가 쏟아져 들어온다. 마지막으로 쿠바를 북미 제조업 공급사슬에 공식적으로 통합시키는 작업이 진행된다. 쿠바가 자국이 사실상 미국의 식민지로 변모하게 되는 낌새를 알아차리게 되면, 에너지 상품이 할인된 가격에 판매되고 미국이 받쳐주는 쿠바는 바하마가 현재 차지하고 있는 관광산업 시장점유율을 거의 전부 차지하게 된다.

달러 외교의 또 다른 굵직한 목표물은 카리브 해의 재산 도피처다. 세계 도처에서 피난처를 찾아 몰려드는 자본이 향하는 목적지는 은행 거래의 투명성을 걱정할 이유가 별로 없다는 이점을 누린다. 유럽, 아시아, 남미를 탈출하는 돈은 딱히 미국이 과세하려고 애쓰는 돈이 아니다. 그러나 여건이 변하고 있다. 세계적으로 금융 체제의 붕괴가 빈번히 일어난다면 대량의 현금이 갈 곳을 찾아 헤매게 되는데, 미국은 그 돈이 모두 미국으로 오기를 원한다. 미국 정부는 월스트리트의 지원을 받아 해외에 있는 금융 중심지를 모조리 폐쇄하려 할 테고, 미국과 가장 가까운 곳을 가장 집중적으로 공격하게 된다. 파나마든, 브리티시 버진 군도든, 케이먼 군도든, 미국 근처에 있는 해외 금융 중심지는 이제 거의 수명이 다했다.

이와 같이 미국의 관심이 집중되는 해당 지역의 주민들로서는 그다지 나쁘지만은 않다. 미국은 단순히 자국의 이익을 극대화하기보다는, 과테말라에서 코스타리카에 이르기까지 달러 외교를 통해 그러한 나라들을 안정화하고 강화하려고 애쓰게 된다. 미국은 그 나라들이 강하기를 바라기 때문이다. 동북아시아 제조업 공급사슬이 전쟁과 고유가로 와해되면서 북미 공급사슬은 중미와 쿠바로 파고들어 동북아시아를 대체하게 된다. 비교적 저렴한 에너지 덕분에 사회 안정이 유지되는 한편 제조업 발달의 가능성으로 소득과 정부 수입이 늘어나게 된다. 이 모두가 중미 국가들이 마약밀매 집단에 맞서는 데 도움을 준다. 그 어느 나라도 도움 없이 독자적으로 하지는 못한다. 중미자유무역협정(CAFTA) 덕분에 이 지역의 거의 모든 나라들은 이미 미국과 무역 협정을 맺고 있다. 쿠바도 분명히 조만간 합류하게 된다.

완전히 손을 떼지는 않는 초강대국

미국이 올지 여부가 문제가 아니다. 관광객, 원조활동가, 소상공인, 기업전사 모두 중남미로 오고 있다. 중남미가 정말로 던져야 할 의문은 앞으로 일어날 일을 중남미가 감당할 수 있을지 여부다.

중남미 전역에 반미 정서가 만연한 까닭은 과거에 미국이 이 지역을 자기 놀이터 취급을 한 적이 있기 때문이다.

그 당시 동반구의 여러 세력들은 미국에 비해 분명히 입지가 약했지만, 그래도 여전히 떡고물을 챙기기는 했다. 프랑스와 영국은 제 2차 세계대전 직전까지도 서반구 전역에서 활개를 쳤다. 소련 KGB의 가장 규모가 큰 지부는 멕시코시티에 있었다. 스페인은 자국의 과거 식민지에서 일어나는 일들로부터 완전히 손을 떼지는 않았고, 따라서 20세기에 유사(類似) 제국주의가 다시 부활했음을 뜻하는 레콘키스타(Reconquista)로 불린다. 최근에는 중국이 현금 다발을 잔뜩 들고 와서 닥치는 대로 사들였다. 미국은 다른 나라들보다 월등하지만, 중남미는 적어도 부분적으로나마 여러 외세들을 서로 이간질할 수는 있다.

그런데 이번에는 사정이 다르다. 이번에는 중남미와 비교할 때 미국의 기술적, 경제적, 재정적 우위가 예전보다 훨씬 크다. 이번에는 동반구의 여러 나라들은 대부분 중남미에서 차려놓은 밥상에 끼어들 역량이 부족하다. 동반구 국가는 미국의 명백한 동의 없이는 중남미에 안심하고 발을 디딜 수도 없고, 모두가 자기 코가 석자인 상황에 처하게 된다. 그리고 이번에 중남미는 동반구가 안고 있는 문제들을 자국의 이익에 부합하도록 이용하려면 불편하겠지만 분명한 길이 있다. 바로 미국과 손을 잡는 방법이다.

바로 이 문제, 거의 오로지 이 문제에서만은 세계 초강대국이 손을 떼지 않을 가능성이 높다.

셰일이 펼치는 신세계

Shale New World

세계적으로 일어나고 있는 대대적인 변화는 이미 돌아올 수 없는 강을 건넜다.

미국 정치는 대중영합주의 방향으로 완전히 선회했다. 단지 2016년 11월 도널드 트럼프가 대통령에 당선되어서 뿐만이 아니라 민주당을 지배하는 세력 또한 보호주의로 돌아섰다. 미국은 세계 질서 유지에 흥미를 잃었다. 이제 남은 문제는 미국이 과연 의도적으로 세계에서 손을 뗄지, 아니면 어쩌다 보니 손을 떼게 될지 여부다.

노령화는 거스르지도 멈추지도 못 한다. 베이비붐 세대는 이제 은퇴를 향한 행진을 시작한 지 10여 년째 접어들었고, 앞으로 10년이면 이 세대에 속한 거의 모두가 경제 체제에 기여하기보다 혜택을 받는 입장이 된다. 유럽과 일본의 금융위기에서부터 브라질의 경기침체에 이르기까지 하나같이 훨씬 폭넓고 심각한 자본부족 현상이 장기적으로 지속될 징후다.

셰일은 이미 위기를 넘긴 지 오래다. 손익분기 가격은 이제 세계적으로 경쟁력을 갖추었을 뿐만 아니라 계속 급격하게 하락하고 있다. 2019년 무렵이면 셰일은 비용 면에서 대부분의 페르시아 만 석유 프로젝트와 겨루어볼 만하게 된다.

셰일은 미국이 세계에서 손을 떼는 시발점이 아니다—베를린 장벽이 무너지는 날이 시발점이었다. 미국 정부가 무질서로 인한 혼돈과 역기능이 자국의 이익을 지나치게 해친다고 판단할 때까지는 미국은 세계로 돌아오지 않는다. 그러나 셰일은 미국이 에너지 의존—미국이 넓은 세계에 개입하도록 만드는 가장 확고하고 국익 추구적인 측면—에서 벗어나게 만듦으로써 세계 질서의 붕괴를 가속화하고 확고하게 만든다.

한편 서반구가 이제 빛을 발할 때가 온다. 식량과 에너지 순 수출 지역인 서반구는 동반구를 강타할 탈문명적인 추세들과 씨름하지 않아도 된다. 앞으로 닥칠 세계의 주요 갈등에는—심지어 사소한 갈등에도—관심조차 두지 않게 된다. 그리고 세계 여러 지역들 가운데 거의 유일하게 베이비붐 세대가 은퇴해도 자본에 굶주리지 않을 지역이 될지도 모른다.

다 좋은데—사실이기도 하고—그건 중요한 게 아니다. 서반구가 나머지 지역들과 다른 점은 균형의 문제다.

동반구는 권력 중심지가 하나둘이 아니다. (다섯 개 강대국의 근거지인) 북유럽평원, 스웨덴의 스케인, 유라시아 초원, 북중국평원, 갠지스 강 유역, 영국, 포 유역, 파노니안 평원, 마르마라 해, 메소포타미아, 페르시아 고원, 페르가나 계곡, 쓰촨 유역, 인더스 강 유역, 사이암, 세토 인랜드 해, 나일 강 하류. 끝없이 이어진다. 이 못지않게 중요한 점은 이들 거의 모두가 서로 접촉하기(다시 말해, 싸우기) 쉽다는 점이다. 그 결과 이러저러한 세력의 흥망성쇠로 점철된 역사가 수천 년 동안 이어져 왔다. 동반구 전체를 장악하기는 고사하고 이 지역 전체에 영향력을 행사할 단일한 세력이 나오기는 불가능하다.

반면, 서반구에는 주요 국가가 성장할 만한 명당자리가 몇 군데뿐이다. 미시시피 강 광역지대, 워싱턴과 오리건의 컬럼비아 강 유역, 캘리포니아의 센트럴 밸리, 미국 남동부의 피드몬트, 캐나다의 해밀턴 반도, 리우델라플라타 지역 등이다. 이들 가운데 첫 번째 지역은 다른 모든 지역을 합한 것보다 훨씬 위력이 있고, 첫 번째부터 네 번째 지역까지는 동일한 정치권 하에 있으며, 그 정치권은 다섯 번째 지역과 친밀한 동맹을 맺고 있다. 미국이 서반구를 지배하는 전략은 가능할 뿐만 아니라 저절로 달성된다. 미국이 서반구에서 누리는 우월적 지위는 공식적인 정부 정책 없이도 달성될 정도다.

그동안 세계가 당연시 여기던 안전을 무질서가 파괴하면서 동반구는 위험한 곳으로 변한다. 미국 정부가 넓은 세계를 안정시키려는 노력을 기울이지 않고, 미국의 민간 부문은 보다 안전한 지역에서 활동하기를 선호하면서 미국은 크게 혼돈에 빠지지 않은 소수 지역들에 집중적으로 발자취를 남기게 된다. 동남아시아는 전망이 밝아 보인다. 중남미의 전망은 더 밝다. 나머지 지역은 어디든 각자도생이라는 표현을 떠올리게 한다.

나머지 지역은 어디든 세계 초강대국이라는 존재의 부재(不在)를 통해 그 영향력을 절감하게 된다.

부록 I 셰일과 기후변화의 변모

내가 제시한 인구구조와 에너지 분석에서 눈치챘겠지만, 내가 하는 일은 데이터가 토대다. 그러나 세계 체제는 대부분—제조업 추세에 대한 예측부터 난민 패턴, 국가 기밀을 추정하는 일에 이르기까지—확인 가능한 데이터가 충분하지 않다. 세상은 엉망진창이다. 따라서 사례들을 모아 패턴을 규명하고, 그러고 나서—바라건대—이러한 사례들을 내가 모을 수 있는 데이터와 통합해서 더 완성도 높은 큰 그림을 그려낸다.

기후변화라는 주제와 관련해서 늘 짜증스러운 점은 사례와 데이터 사이뿐만 아니라 데이터 자체 내에도 주관적 판단이 너무 많이 개입되어 있다는 점이다. 그리고 내 경험상 그런 주관적 판단은 대부분의 사람들이 생각지도 않던 부분에서 발견된다.

첫째, 기후변화의 기본적인 주장부터 살펴보자. 대기 중에 열기를 가두는 데 뛰어난 기체들이 있다. 열기를 가두는 기체 가운데 가장 흔한 게 이산화탄소인데, 현대 사회와 산업화 이전의 시대를 구분하는 거의 모든 것의 부산물이 바로 이산화탄소다. 열기를 가두는 과정은 온실효과라고 일컫는데, 이는 아주 바람직한 현상이다. 이산화탄소를 비롯해 온실가스(GHGs)가 없다면 지구는 거대한 얼음덩어리일지 모른다. 온실가스가 충분하지 않아도 탈, 너무 많아도 탈이라는 게 환경보호주의자들의 걱정거리다. 세계의 온실가스 수위가 높아지면, 지구가 너무 더워져서 경작 가능한 지역이 불모지로 변하고, 바람의 패턴이 바뀌고, 초대형 폭풍이 발생하고, 빙하가 녹고, 해수면이 상승한다.

자, 여기서 내 개인적 정치 성향은 빼고 얘기하겠다. 기후와 관련해 뭔가 심상치 않은 일이 일어나고 있는 것만은 분명하다. 나는 열혈 하이킹 팬이고 하이킹 좀 한다는 사람들을 만나보면 하나같이 하이킹 시즌이 점점 길어지고 만년설과 빙하 면적이 줄어들고 있다고 얘기한다. 내가 겪은 이야기는 주로 뉴질랜드와 뉴멕시코에 대한 이야기인데, 이 두 지역은 지명에 "뉴"가 붙는다는 것 빼고는 지형과 기후 면에서 공통점이 전혀 없다.

나는 산업계와 지리적으로 서로 다른 지역에 사는 사람들과 폭넓게 자주 의견을 나누기 때문에 위도가 낮은 지역에서도 변화가 일어나고 있다는 사실을 알 만한 위치에 있는 사람들의 견해도 알고 있다. 2006년부터 2015년 사이의 기간 동안 플로리다 주에서 홍수와 관련된 보험 보상비가 크게 증가했다. 허리케인이 그다지 활발하게 활동하지도 않았는데 말이다. 미국의 서부 전역이 점점 더워지고 건조해지면서 산불이 더 자주 발생하고 딱정벌레의 활동도 활발해졌다. 캐나다의 초원지대에 거주하는 농부들은 옥수수를 재배하기 시작했다. 옥수수는 생장기가 길 뿐만 아니라 열기와 습도를 좋아하는 작물이다. 옥수수가 좋아하는 기후 특징들은 내 고향인 아이오와 주의 전형적인 특징들이다. 내 고향에서는 주 전체가 거대한 옥수수 재배기 같이 느껴질 때가 있지만, 높은 위도에 여름이 짧은, 캐나다의 서스캐처원은 그렇지 않다.

내가 접촉한 기상학자는 하나같이 제트기류가 바뀌면서 기상이변이 일어난다고 일장연설을 한다. 예컨대, 2016년에 불어닥친 허리케인 매튜는 그 어떤 폭풍우보다도 노스캐롤라이나 주 파예트빌에 많은 비를 뿌렸을 뿐만 아니라 1800년대에 강우량을 기록하기 시작한 이후로 넉 달을 제외하고 전 기간 동안 이 도시에 하루 동안 뿌려진 비의 양도 가장 많았다. 뭔가 분명히 변하고 있기는 하다.

내가 내린 지정학적 전망을 환경과 접목해보면, 미래가 매우 암울하다. 전쟁이 확산되고, 공급사슬이 끊어지고, 문명화된 삶을 지탱해주는 기본적인 투입재들을 확보하느라 나라마다 고군분투하는 상황이 되면, 세계 거의 모든 지역이 절대적인 에너지 부족에 직면하게 된다. 무질서 시대에 세계 인구의 3분의 2 이상을 통치하는 여러 나라 정부들은 엄혹한 선택에 직면하게 된다. 석탄(석유나 천연가스와는 달리 세계 거의 어느 지역에서도 구할 수 있는 연료)을 태워 전력을 생산하고 온실가스를 감내하느냐, 아니면 전력 사용을 완전히 포기하고 탈문명화의 위험을 감수하느냐 선택의 기로에 놓이게 된다.

그게 첫 번째 문제다. 두 번째 문제는 우리는 여전히 기후변화가 어떻게 작동하는지 제대로 파악하지 못하고 있다는 점이다. 확보 가능한 가장 훌륭한 데이터조차도 항상 사례들과 일치하지는 않는다.

다음 페이지에 나오는 그래프를 한 번 보자. 세로축은 대기 중 이산화탄소 밀도가 두 배가 되면 세계 기온이 얼마나 증가하는지 보여준다(과학계에서는 대체로 2060년이면 그 지점에 도달하게 된다고 보고 있다). 가로축은 기후변화를 연구해온 과학 연구 자료들의 추이를 보여준다. 그래프에 찍힌 점은 해당 연구 자료가 발표된 해에 나온 최고의 예측치를 나타낸다.

기후변화를 측정하는 과학이 정교해짐에 따라, 예측을 하는 이들은 전체적인 기온 상승분 예측치를 낮춰왔다. 그런데 그래프에서 어둡게 칠한 부분이 통계적으로 무의미해지는 게 요점이 아니라, 무엇 때문에 기후가 변하는지에 대해 우리가 이해하는 정도가 일직선으로 진전되지 않는다는 점이다. 기후변화에 관한 정부 간 패널(Intergovernmental Panel on Climate Change)—2015년 파리 기후변화협약 협상을 주관했고, 세계적으로 정책과 실행을 조율하는 기구—조차도 한 해에 세계 평균 해수면 상승치를 겨우 3.2mm라고 본다. 이 예측치가 맞는다면 2100년에 세계 해

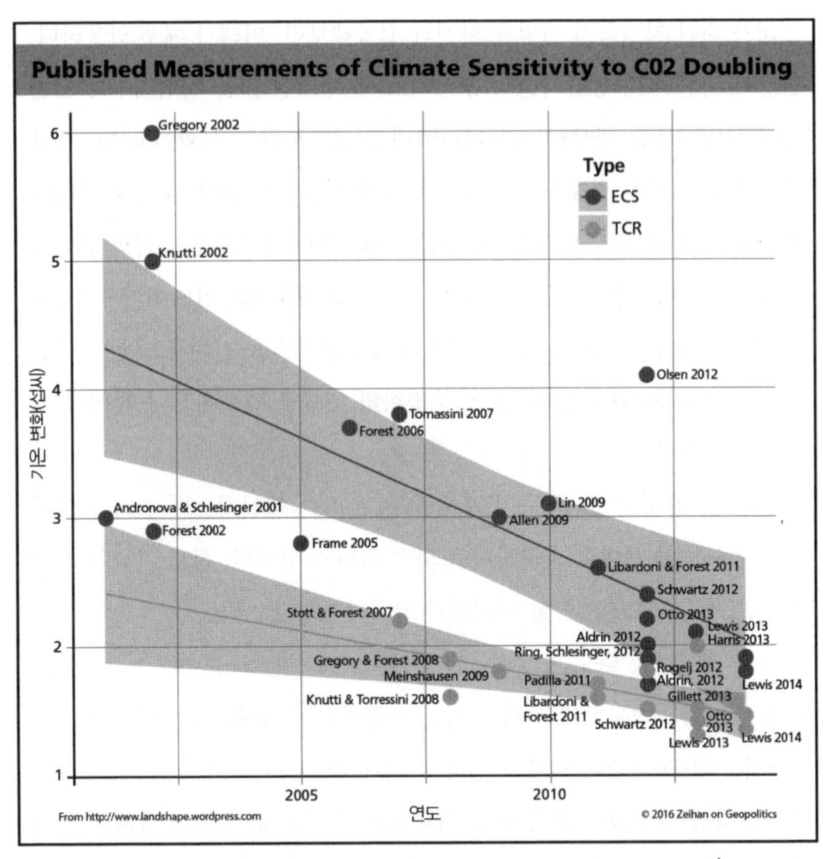

이산화탄소가 두 배로 증가하는 데 따른 기후 민감도 측정치 발표 자료[1]

수면은 지금보다 겨우 1피트 높아진다. 통계적으로 유의미한 수치인가? 그렇긴 하다. 하지만 딱히 재앙적인 수준은 아니다. 게다가 이미 발생하고 있는, 더 빈번해진 마이애미 홍수 같은 사례와는 아귀가 맞지 않는다.

나는 정치적 견해 차이 때문에 감정적으로 격해지는 주제에 대해 질문을 받으면 눈에 띄게 불편해한다. 그런데 기후변화도 예외가 아니다. 나는 설명하기를 좋아하지, 논쟁하기를 좋아하지는 않는다. 기후변화라는 주제는 기후변화를 믿는 이들과 부정하는 이들 양쪽 모두에게 격한 반응을 불러일으키고, 최종적인 분석 결과는 아직 나오지 않았다는 입장을 취하는 나 같은 사람은 양쪽 모두로부터 외면을 당한다. 기후변화를 믿는 이들은 내가 기후변화를 부정한다고 생각한다. 기후변화를 부정하는 이들은 내가 기후변화에 관한 한 기껏해야 회의론자라고 생각한다. 나는 내가 그 어느 쪽도 아니라고 생각한다.

나는 기후변화에 관한 한 헷갈리는 쪽이다.

분명히 변화가 일어나고 있기는 하고, 지난 2세기 동안 등장한 가장 큰 변인은 인간의 존재이므로 인류가 아마도 책임이 있기는 하다고 본다. 그러나 그렇다고 해서 우리가 지금 얻는 데이터를 바탕으로 기후변화의 속도나 결과를 온전히 파악하거나, 우리가 추측을 바탕으로 얻은 결과를 미연에 방지하기 위해서 어떤 조치를 취해야 하는지 알 수 있다는 뜻은 아니다. 가장 열혈 기후변화 전도사인 과학자들조차도 생물권(biosphere)이 어떻게 탄소를 이동시키고 저장하고 배출하는지에 대한 인간의 이해는 불완전하다고 솔직히 인정한다. 그리고 전력과 같이 인류 문명의 기둥인 물질을 생산하는 이들을 설득해서 화석연료를 연소시켜 전력을 생산하는 체제를 포기하고 경험상 안정적이지도 않고 감당할 만한 수준의 가격도 아닌 대체 에너지 체제를 채택하라고 설득하기란 거의 불가능하다.

기후변화에 관한 구체적인 사실들이 매우 중요한데, 우리는 아직 그러한 구체적인 사실들을 확보할 정도로 이해하는 단계에 도달하지 못했다.

그렇다면 우리는 어떻게 해야 할까? 제조업, 전기수도가스, 농업, 금융, 경제계획 등에 종사하는 내 친구들이 말하기를, 어떤 문제에 대한 우리의 이해가 불완전할 때는 위험을 완화하는 게 최선의 방책이다. 탄소 배출이 변화를 일으키는데, 그 방식을 우리가 이해하지 못한다면, 그리고 부정적인 결과가 초래할 가능성이 조금이라도 있다면, 예방적인 조치를 취하는 게 경제적으로도, 도덕적으로도 바람직하다.

그러나 이 분석을 순전히 환경문제에만 국한시킬 필요는 없다. 셰일 덕에 점점 골치 아픈 문제가 늘어나는 세계로부터 북미 지역이 이탈하는 데 도움이 된다고 해도, 셰일이 영원토록 우리에게 석유를 공급해주지는 않는다. 셰일도 유한한 자원이다. 친환경 에너지에는 국가안보 요소가 결부되어 있다. 그리고 셰일이 정말로 고갈되지 않는 자원이고, 기후변화라는 게 어처구니없는 주장이라고 해도, 에너지 투입재를 다변화하는 방법 그 자체만으로도 위험을 완화하게 된다.

지금 우리가 쓸 수 있는 기술들을 살펴보고 가장 신속하게 탄소 배출을 줄이는 기술이 어떤 기술인지 알아보자. 일단 그 기술이 뭔지 파악하면 그게 우리가 택하고자 하는 길인지에 대해 생각해볼 수 있다.

친환경 에너지의 빛과 그림자

여기서 세 번째 문제가 등장한다. 현재의 친환경 기술로는 안 된다. 에너지 수요 패턴과 친환경 기술이 언제 어떻게 얼마나 에너지를 생산할 수 있는지 사이에 심각한 불일치가 존재한다. 결국 공급, 수요, 에너지 밀도, 안정성 등과 같은 개념들 간의 균형으로 귀결된다.

인간이 배출하는 탄소는 대부분 두 가지 경로에서 비롯된다. 석유 중심의 운송 연료와 전력 생산을 위한 화석연료 연소다. 인류가 이같이 해온 이유가 있다. 이 연료는 안정적으로 확보하기가 비교적 쉬울 뿐만 아니라 사용자가 누구든지 그 사용 시기를 결정할 수 있다. 연료를 다루기가 쉽기 때문이다. 생산을 필요에 따라 늘리고 줄일 수 있다. 무엇보다도 저장하기가 쉽다. 휘발유, 디젤, 프로판은 탱크에 거의 무한정 저장해놓을 수 있다.

석탄은 말 그대로 땅바닥에 수북이 쌓아놓아도 된다. 친환경 기술은 그렇지 않다. 친환경 기술의 응용을 제약하는 요인들이 매우 많다.

- **위도.** 북위 42도 이상인 지역—시카고 바로 위(또는 남위 42도 이하)—은 계절에 따라 일조량 차이가 크고 일 년의 절반은 태양광 에너지 생산에 부적합하다. 피닉스나 산티아고에서는 태양광 에너지가 더할 나위 없이 적합하지만, 스톡홀름이나 토론토에서 태양광 이용은 멍청한 짓이다.
- **기후.** 아프리카의 기니 만이나 중국 남부는 태양광 에너지 생산에 적합한 지역인 듯하지만—이 지역들은 북위 42도 근처에도 가지 않는다—습도가 매우 높은 때가 종종 있어서 툭하면 안개나 구름이 해를 가리기 때문에 세계에서 태양복사 비율이 가장 낮은 지역에 손꼽힌다.
- **간헐성.** 일조량이 많은 지역이라고 해도, 구름, 안개, 먼지 때문에 태양광으로 전기를 생산하는 능력이 시시때때로 바뀐다. 역내 발전량이 부족할 때마다 과부하가 발생하고 전기 분배 체계 전체에 순차적인 등화관제를 실시해야 한다. 전기 공급이 과잉인 지역도 생기고 부족한 지역도 생기기 때문이다. 친환경 기술로 전력을 생산하는 체계로 인해 발생하는 전기 과잉공급과 부족 사태에 대처하도록 미국의 송전망을 보완하려면 족히 7,500억 달러가 든다. 그나마도 어디선가에서 유입될 전력이 충분하다고 가정한 수치다. 보다 광범위한 지역에 전력공급의 차질이 생겼을 때—예컨대, 도시 전체가 구름에 덮였을 때—전력을 계속 공급하려면 또 다른, 보다 전통적인 자원을 이용해 전력을 생산해야 한다. 그리고 물론 인류 역사를 통틀어 태양은 단 한 번도 밤에 떠 있었던 적이 없다. 따라서 만사가 형통해도 평균적으로 하루의 절반 동안은 예비로 전력을 생산할 시설이 필요하다.
- **공급/수요 불일치.** 하루 중 전력 수요가 가장 많은 시간은 오후 4시부터 오

후 9시 사이지만, 태양광 공급이 절정인 시간은 오전 10시부터 오후 2시 사이이다. 이러한 불일치 때문에 태양광 발전시설이 수요를 감당할 수 있다고 해도, 필요한 시간에 전력을 생산하지 못하면 전기 공급 당국은 탄소를 연소시켜 전력을 생산하는 시설을 가동해야 한다. 석탄을 연소시켜 전력을 생산하는 시설을 가동하거나 작동을 중단하는 데 24시간 이상 걸리기 때문에 친환경 기술을 광범위한 지역에 설치한다고 해도 줄어드는 온실가스 순 배출량은 미미하다.

- **전략적 경쟁.** 지구상에서 태양광 발전에 최적의 장소는 사하라 사막, 아라비아 사막, 그리고 페르시아 고원지대다. 풍력 발전에 최적의 장소는 시베리아다. 모두가 석유가 에너지의 왕인 지역이다.
- **밀도.** 태양광 패널은 공간을 엄청나게 잡아먹는다. 특히 적도와 가깝지 않으면 공간이 더 많이 필요하다. 패널이 기울게 하고 서로 떨어지게 설치해서 비스듬히 내려오는 햇빛을 포착해야 하기 때문이다. 피닉스 지역에서 천연가스를 연소하는 시설에서 150MW를 생산하려면 땅이 17에이커밖에 필요하지 않다. 태양광 패널과 패널 사이의 공간과 기울기 등을 고려하며 태양광 시설에서 위와 똑같은 양의 전기를 생산하려면 거의 5,000에이커의 땅이 필요하다. 그것도 미국에서 태양광 발전 잠재력이 가장 큰 도시에서 말이다.
- **전송.** 풍력이 훨씬 안정적인 에너지원인 곳(아이오와 서부, 북해, 텍사스 서부)이나 태양복사가 안정적으로 높은 곳(미국대평원, 티베트, 오스트레일리아 중부사막)이 분명히 있다. 그러나 그런 지역은 드물다. 지구 표면의 10-20퍼센트 정도만이 풍력이나 태양광 발전에 이상적이다. 문제는 이런 지역은 놀라울 정도로 인구밀도가 낮다는 점이다. 이러한 친환경 전력을 도시로 전송하려면 상당한 기간시설과 시설 관리가 필요하기 때문에 전송 비용이 전통적인 탄소 기반 연료보다 보통 세 배가 든다.

독일은 현재의 미흡한 친환경 기술을 서둘러 보급하면 어떤 한계에 부딪히게 되는지를 보여주는 좋은 본보기다. 독일의 에네르기벤데(Energiewende) 프로그램은 2050년까지 독일을 탄소 기반 연료에서 완전히 졸업시키도록 설계된 정책이고, 이 프로그램의 일환으로 독일은 발전 용량이 40기가와트에 달하는 태양광 패널을 설치했다. 이론적으로는 통상적인 전기 수요를 거의 모두 충족시키기에 충분한 용량이었다. 그러나 독일은 지리적으로 높은 위도에 위치해 있고, 구름이 걷히는 때가 거의 없으며, 해가 나는 때가 거의 없다. 이 많은 태양광 패널이 생산하는 전기는 독일 총수요의 6퍼센트에 불과하다. 독일은 원자력 발전 시설을 대중이 우려한다는 이유로 폐쇄하고 있고, 지정학적 이유로 천연가스 연소 발전소를 줄이고 있다. 그러면 풍력 발전(장소 선정에 대한 우려 때문에 더 이상 개발할 지역이 동났다), 그리고 석탄 연소 방법밖에 남지 않는다.

태양광 발전은 독일에서는 대체로 불가능하므로 석탄과 갈탄(축축하고 질이 낮으며 독일에서 생산되는 석탄으로서 그 어떤 연료보다 높은 탄소 족적을 남긴다)이 현재 독일 전기 총수요의 42퍼센트를 생산하고 있다. 석탄/갈탄 연소 발전소를 가동하거나/가동 중지하려면 오래 걸리기 때문에 이 발전소들은 어쩌다 독일 전역에 깔린 태양광 패널이 가동되는 날에도 계속 연료를 태워야 한다. 그 결과 독일은 태양광 발전으로 탄소 배출량을 거의 줄이지 못했다. 2007-2009년 경기 침체가 없었다면, 에네르기벤데 프로그램 때문에 오히려 탄소배출량은 증가했을 것이다.

그러니 화석연료가 세계 에너지 패턴에서 상당한 비율을 차지하는 게 당연하다. 인간이 사용하는 온갖 형태의 에너지 가운데 족히 86퍼센트는 친환경 에너지가 아니다. 태양광은 세계 주요 에너지 총량의 0.4퍼센트를 차지한다. 적어도 이러한 문제들 가운데 일부는 배터리 기술을 대대적으로 응용하면 완화될 수 있다. 친환경 기술로 생산되는 전기를 저장할 수

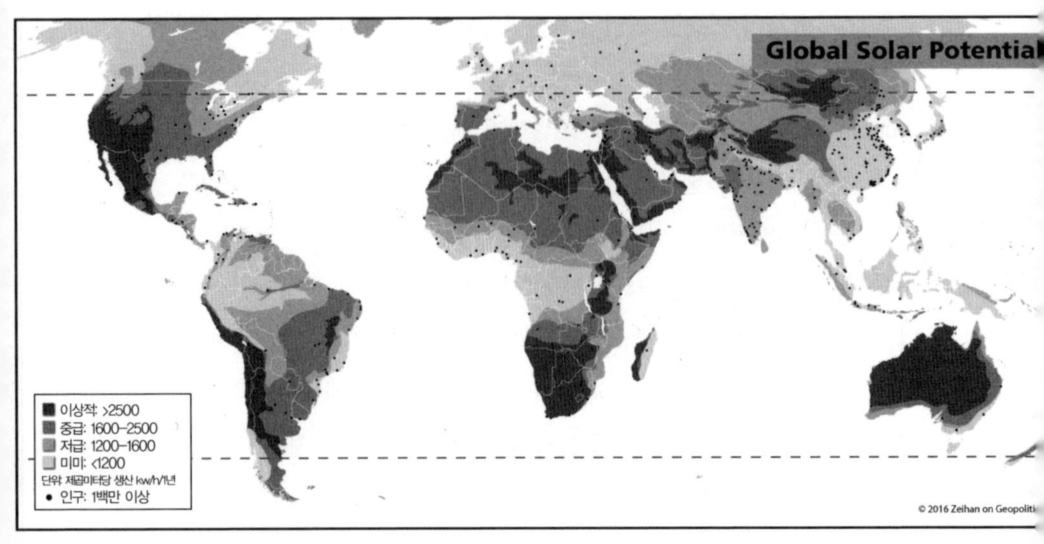

세계 태양광 발전 잠재력 분포

있다면—특히 수요지점과 가까운 곳에 저장할 수 있다면—언제 햇빛이 나는지 여부는 다소 덜 중요해진다. 안정적이고 에너지—밀도가 높은 배터리 체계는 자동차와 트럭에 사용할 가능성도 높여준다—탄소 비중이 높은 운송연료의 수요를 잠식해 들어간다.

유감스럽게도 현재 배터리는 그 나름의 문제를 안고 있다. 오늘날 지배적인 배터리 체계는 리듐이 기반이다. 광상에 함유량이 매우 적어서 채취하려면 노천굴을 엄청나게 크게 파고 노동력, 전력, 물이 엄청나게 많이 드는 대대적인 처리시설을 갖추어야 생산 가능한 광물이다. 그런 시설이 늘어나고 있지만, 얼마나 큰 규모가 필요한지 이해하는 사람은 거의 없다. 미국에서 전기 공급망에 "겨우" 세 시간어치의 전력을 저장하는 데 필요한 배터리를—미국의 총 탄소 배출량을 10퍼센트 줄이는 절차의 일환으로 달성해야 하는 목표—만들려면 현재 전 세계 리듐 생산량의 10년 치

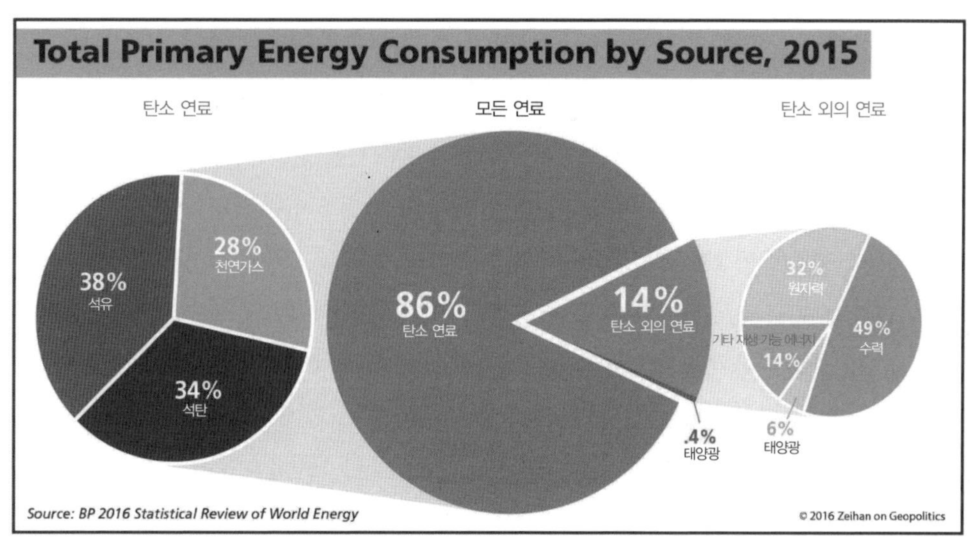

에너지원별 주요 에너지 총 소비량, 2015년

가 몽땅 필요하다. 배터리를 만들려면 엄청난 채광이 필요하다.

에너지 밀도 문제가 끊임없이 제기된다. 전기차를 표준 전압 240V로 충전하려면 10시간이 걸린다. 테슬라 초강력 충전기도 한 시간은 걸린다. 설상가상으로 에너지 밀도 문제는 축적되는 경향이 있다. 5kW 가정용 태양광 시스템—현재 교외 주택에 설치 가능한 최대 용량—으로 표준 전기 자동차를 충전하려면 정오의 태양 밝기로 16시간이 걸린다. 그리고 자동차를 충전하는 동안에는 다른 용도로 전기를 쓸 수 없다. 집에서 말이다.

배터리는 본질적으로 일부러 일으키는 화학반응이고, 화학반응은 기온이 낮을수록 더 느리게 진행된다는 불편한 진실이 있다. 빙점 이하의 온도에서 배터리의 효과적인 저장 용량은 실온에서의 배터리의 저장 용량의 절반에 못 미친다. 그 멋진 테슬라 자동차는 북부 지방의 겨울 날씨에서는 평상시의 절반 거리밖에 못 간다.

바람아 불어라

얼핏 보면 풍력은 태양광과 똑같은 수많은 난관에 직면한 듯하다. 전송에는 비용이 엄청나게 들고 바람이 항상 부는 것도 아니므로 풍력은 탄소연료를 이용한 발전과 병행해야 한다. 친환경 기술이 하루 24시간 전력을 생산하지 못하는 한 그 용도는 제한적이다. 전 세계적으로 풍력발전에 적합할 만큼 바람이 형성되는 지역은 손에 꼽을 정도이고, 대부분의 지역에서 풍력발전의 상한치는 총 전력 생산의 몇 퍼센트밖에 차지하지 못한다.

더 높게 만들지 않는 한, 대부분의 1세대 풍력발전 탑은 높이가 겨우 수십 피트밖에 되지 않는다. 차세대 풍력발전 탑은 330-370피트로 훨씬 높다. 그 정도 높이에서는, 바람의 흐름이 안정적이어서 제한적이나마 기본 용량은 생산 가능할 뿐만 아니라(따라서 탄소발전 체계의 가동을 완전히 중지할 수 있다), 그런 바람의 흐름은 어디든지 있기 때문에 오늘날 미국의 대여섯 개 주에서나 가능한 풍력발전이 50개 주 전체에서 상당한 양의 전기를 생산할 수 있다.

여기에는 두 가지 장애물이 있다. 첫째, 건축공학이다. 미식축구 구장 길이보다 높은 구조물은 짓기가—또는 관리하기가— 쉽지 않다. 둘째, 현재까지 풍력발전의 가장 큰 장애물은 지역사회 운동가들이다. 이들은 전망을 훼손하는 거대한 탑이 들어서는 데 반대한다. 차세대 풍력발전 탑은 10마일 바깥에서도 보인다.

이는 친환경 산업계에서 잘 알려진 문제들인데, 이러한 문제들을 해결하려고 투자자들이 나서고 있다. 그러나 그렇다고 해서 해결하기 쉽다거나 문제를 해결할 길이 분명히 보인다는 뜻은 아니다.

한 가지 예. 2016년 말, 한국의 거대기업 삼성은 스마트폰 신제품 노트7을 출시하면서 에너지 밀도가 훨씬 높은 개선된 리듐 배터리를 장착했다고 발표했다. 그런데 한두 주 만에 불길에 휩싸인(또는 폭발한) 노트7이 속출했고 미국 연방항공청은 여객기 내에 노트7 반입을 금지했다. 현재까지도 친환경 기술을 십분 활용하게끔 해주는 배터리 매개 물질이 무엇인지 알지 못한다. 그게 리듐이 아니라는 사실만 알 뿐이다.

희망을 완전히 버려야 할까?

그래도 여전히 온실가스를 줄이고 싶은가? 나는 그렇다. 풍력과 태양광이 더 널리 쓰이게 되기를 기다리는 사이에, 또 배터리가 리듐 말고 다른 매개 물질을 이용할 날이 오기를 기다리는 사이에, 투입하는 연료 구성을 탄소 밀도가 적은 무엇인가로 바꾸는 게 요령이다. 전기 공급망을 지속가능하고 기술적으로 타당한 방식으로 친환경화해야 발전 부문에서 직접 탄소배출을 줄이는 동시에 전기자동차 사용을 확산시키는 길을 마련하는 셈이 된다.

이 점에 관한 한 다행스럽게도 큰 진전이 이루어지고 있다.

3장에서 다룬 내용을 기억하는가? 미국에서 천연가스는 셰일 유전에서 많이 나오는 폐기물이라는 점 말이다. 그리고 천연가스가 미국에서 사용하는 연료 구성에서 석탄을 대체하고 있다는 점도. 바로 그 천연가스는 석탄보다 훨씬 탄소 밀도가 낮아서 탄소 배출량이 44퍼센트 적다. 천연가스가 석탄을 일부 대체하면서, 연료와 연료를 맞바꾸는 방식을 바탕으로 계산하면, 이미 발전 부문에서 탄소 배출이 6퍼센트 줄었다.

그게 다가 아니다. 실제로는 연료와 연료를 직접 맞교환하는 게 아니기 때문이다. 복합발전(Combined Cycle, CC)이라고 하는 다소 생소한 형태의 발전시설이 있다. 복합발전소는 투입재를 연소시켜서 직접 전력을 생산하는 데 그치지 않고, 배출가스를 재활용해 잔열을 채취한 다음 2차로 전력을 생산한다. 천연가스와 복합발전을 함께 이용하면 석탄에서 천연가스로의 전환을 통해 감축되는 온실가스는 44퍼센트가 아니라 60퍼센트나 된다. 지난 10년 동안 미국에 건설된 천연가스 연소 발전소는 거의 모두 복합발전소이므로 이러한 연료전환은 전력비용의 순 증가분 없이 발전 부문의 온실가스 배출량을 9퍼센트 줄이는 효과가 있다. 반면 2005년 이후로 4,000억 달러를 들여 건설한 친환경 기술로 발전하는 시설의 경우, 탄소배출량 감소분은 풍력은 6퍼센트, 태양광은 1퍼센트에 그쳤다.

기후변화를 막으려는 열혈 전사들에게는 천연가스 같은 탄소기반 연료 사용이 용납하기 어렵다. 훨씬 탄소밀도가 높은 연료인 석탄을 대체한다고 해도 말이다. 그러나 여기서조차도 희망이 있다. 복합발전소의 가동수명은 겨우 30년이다. 이러한 새로운 복합발전 시설이 가동수명을 다하는 시점인 2040년에 도달했을 때 친환경 기술이 마침내 쓰일 단계에 이르렀기를 바란다.

너무 이상적인 얘기인가? 아니다. 그러나 맥락상으로 살펴보면 그다지 나쁘지만도 않다.

첫째는 순 탄소(net carbon) 문제다. 에너지 저장, 에너지 밀도, 간헐성 주기 등의 문제를 해결할 때까지 미국이 탄소 연료에서 친환경 연료로 전환 가능한 최대 절대치는 총 전력 수요의 20퍼센트 정도다. 그러려면 아직 전성기를 맞지 않은 기술을 이용해 수조 달러를 들여 시설을 확충해야 한다는 얘기다. 탄소를 천연가스로 대체하면 순 비용을 하나도 들이지 않고 같은 양의 탄소 배출을 줄일 수 있다. 더 쉬운 방법임에 틀림없다.

둘째는 운송 문제다. 시판되는 30여 가지 전기자동차 모델이 틈새시장에서 같은 크기의 자동차, 경량급 트럭, SUV 등 경쟁 차종들을 모두 퇴출시키는 데 성공했다고 가정하자. 그래도 석유 수요를 20퍼센트밖에 줄이지 못한다. 석유 수요의 5분의 1은 더 큰 SUV와 트럭에서 비롯된다. 20퍼센트는 더 중형급 운송수단에서 비롯된다. 세미트레일러, 건설과 농경장비, 선박, 비행기, 기차 등이다.

앞서 언급한 경량 트럭/소형 SUV/중형 자동차를 제외한 모든 유형에서는 대체 가능한 전기자동차 모델이 없다. 전력 저장만의 문제가 아니라 필요한 동력의 문제이기도 하다. 현재 전기자동차는 대형 자동차를 장시간 동안 밀고 당기고 움직이게 할 동력이 부족하다. 날마다 충전하기 위해 항구에 진입해야 하는 화물선을 누가 사겠는가. 배터리는 운송수단이 운송 가능하려면 충족시켜야 하는 중량/지속시간 비율로 계속 동력을 제공할 수 없다. 반면, 기본적인 내연기관—기본적인 연료탱크와 더불어—의 성능을 높이는 작업은 상당히 간단하다. 100퍼센트 전기자동차로 전환한다고 해도 석유가 없는 삶이라는 목적지까지 5분의 1밖에 다가가지 못한다.

탄소의 관점에서 보면 순 이득도 아닐지 모른다. 전기자동차는 그럴듯하게 들리지만 세 번째 문제가 있다. 무엇이 자동차에 전기를 공급하지? 집에 태양광 패널이 있어도 날마다 자동차를 몰고 출퇴근하면 전기자동차의 연료는—청정에너지인 태양광이 아니라— 표준 전력망에서 공급받아야 한다(물론 밤에 차고에 주차해놓은 차는 태양광 발전으로 생산된 전기로 충전되지 않는다). 전기차로 전환한다고 해도 최종 소비자인 여러분에서 전기공급자로 오염물질 배출 시점이 바뀔 뿐이다. 여러분이 지구상의 대부분의 사람들과 마찬가지로 석탄을 주원료로써 전기를 생산한다면 탄소 족적을 증가시킨 셈이다. 탄소를 태우면 휘발유보다 훨씬 이산화탄소를 많이 배출한다.

여러분이 정말 환경을 보호하기 위해 전기자동차를 사야겠다면 여러분이 거주하는 지역에서 발전용 연료로 뭘 쓰는지 알아보기 바란다. 지붕에 설치한 태양광 패널은 무용지물일지도 모르니까. 석탄 대신 셰일 가스로 전력을 공급하는 지역에서 전기자동차를 몬다면 석유 수요를 줄일 뿐만 아니라 탄소 배출도 20퍼센트 줄이게 된다.

수학을 좋아하는 사람이라면 아마 내가 석유 시장을 언급하면서, 20퍼센트를 세 번밖에 거론하지 않았다는 사실을 눈치챘을지 모른다. 나머지 40퍼센트 석유 수요는 뭘까? 셰일이 도움이 되는 네 번째 방법이다. 바로 화학물질이다. 폐기물로 나오는 셰일 천연가스가 화학제품을 제조하는 데 쓰이는 석유를 대체하고 있다. 배출량에는 변동이 없다. 최종 상품은 화학적으로 동일하지만 애초에 석유 수요를 점차 줄이기는 한다. 어쩌면 완전히 전기자동차로 전환함으로써 석유 수요를 줄이는 시점에 이르게 될지도 모른다.

마지막으로, 지리적 여건이 있다. 세계 지도를 한 번 보자. 친환경 기술에 1조 달러 남짓 투자하는 다른 주요 선진국들과 비교해볼 때 미국의 지리적 여건이 어떤지 살펴보자. 미국은 적도에 가장 가까운 세계 초강대국이므로 태양광 발전의 잠재력이 가장 크다. 인류가 태양광 패널과 배터리 성능을 개선할 때마다, 셰일 다음 단계로 진전할 가능성이 보일 때마다, 그런 변화는 미국에서 먼저 일어나게 된다.

10여 년에 걸쳐 탄소배출을 줄이는 게 목적이라면, 대부분의 지역에서 해결책은 태양광도 풍력도 전기자동차도 아니다. 석탄을 천연가스로 대체하고 LED 조명과 문이 정면에 달린 세탁기와 스마트 온도조절기와 하이브리드 자동차를 이용해 효율성을 높이는 게 낫다. 효율적인 해결책이 꼭 근사해 보일 필요는 없다.

부록 II 그밖에 셰일 관련 우려 사항

셰일과 관련해서 그밖에 다른 우려 사항은 어떤 게 있을까? 지역사회의 단체와 환경단체들은 오래전부터 셰일 부문의 확산을 막기 위해서 우려 사항을 줄줄이 나열해왔다. 정당한 우려도 있고, 별로 그렇지 않은 우려도 있고, 전혀 우려할 필요도 없는 것도 있다. 이러한 우려 사항과 셰일 산업계의 현주소와 정부의 대응을 가장 중요한 사항부터 순서대로 소개한다.

메탄 누출: 천연가스는 이산화탄소보다 훨씬 온실가스 밀도가 높기 때문에 메탄이 송유관에서 누출되면 발전 부문에서 석탄을 대체해 온실가스를 감축시킨 노력은 도로 아미타불이 될지도 모른다. 그러한 노력이 수포로 돌아가는 분기점이 누출 3퍼센트다. 2012년 미국 정부가 발표한 총 누출비율은 1.5퍼센트였다. 이 수치를 더 낮추기 위해서 정보와 민간 부문이 함께 노력하고 있다. 정부는 이를 온실가스 문제로 제대로 인식하고 있고, 최근 캐나다와 미국은 외교적 협정을 맺고 두 나라의 거대한 송유관망 전역에 걸쳐서 메탄 누출을 최소화하려 한다.

민간 부문에게 메탄 누출은 직접 피부에 와 닿는 문제다. 팔아야 할 천연가스가 누출되면 그만큼 소득이 줄어드는 셈이니까. 1퍼센트만 누출되어도 그 양이 0.7Bcf/d에 달하는데, 도매가로 한 해에 5억 달러어치다. 메탄 누출을 상당히 줄일 방법이 두 가지 있다. 유정의 완성도를 높여서 누출을 원천적으로 봉쇄하고 송유관망을 감시 관리하는 방법을 개선해 누출을 제대로 탐지해내면 된다.

지진: 파쇄공법은 액체를 억지로 고체에 주입해 고체를 깨부수는 작업이다. 이 작업은 그 정의상 지진 활동이다. 시쳇말로 파쇄공법은 지진을 야기한다는 뜻이 된다. 그러나 파쇄 작업에서 나오는 힘은 미미하고, 대형 쇠망치를 휘두를 때 나오는 에너지 양보다도 적으며, 그나마도 단단한 암석에서 1마일 떨어진 곳에서 발생한다. 파쇄작업 때문에 지진이 발생한 적은 세계적으로 단 한 건뿐인데, 그나마도 영국에서 어떤 멍청이가 단층선을 파쇄해서 일어났다.

그렇다고 해서 지진활동과 셰일 부문이 전혀 무관하다는 뜻은 아니다. 단지 그 연관성은 파쇄공법 때문이 아니라는 뜻이다. 그 연관성은 물 처리와 관련 있다. 파쇄 과정에서 쓴 물은 더 이상 재활용할 수 없으므로 버려야 한다. 연간 수천 개의 유정이 파쇄되므로 수십억 갤런의 물이 쓰이는 셈이다(미국 골프장에서 사용하는 물 양의 3분의 1 정도). 그 물을 그냥 강에다가 버릴 수는 없고, 따라서 아무도 관심 없는 그 어떤 물질과도 섞일 염려가 없도록 지하 2마일 이상의 깊이에 특별히 설계된 우물에 물을 주입한다.

문제는 파쇄 과정에서 쓰인 적은 양의 물은 대부분 도로 뽑아내지만(따라서 미세천공기법을 제외하고는 전체적인 지질에는 아무런 변화가 없다), 폐처리 우물에는 그 수천 배에 달하는 물이 주입된 채 버려진다는 사실이다. 이로 인해 국지적으로 지질이 왜곡되고 이는 경미한 지진을 일으킨다.[1] 이게 셰일 산업이 야기하는 가장 직접적인 환경 영향이고, 그래서 투자자들이 더 적은 물을 사용하는 방법을 알아내고, 불필요한 파쇄 과정을 없애고, 폐기 처분할 물의 양을 최대한 줄이기 위해 가능한 한 물을 재활용하고, 지표면에서도 감지될 만한 지진을 일으키지 않을 만한 지질학적 특성을 지닌 곳에 안전하게 물을 처리하도록 지질을 규명하는 방법을 알아내려고 노력하고 있다.

물 이용: 셰일 매장지는 대부분 건조한 지역에 있기 때문에 파쇄 작업에 필요한 지표수 접근권을 두고 농부, 도시계획자, 지역 규제당국 간에 갈등이 발생한다. 공교롭게도 셰일 작업자들은 지표수 이용을 꺼린다. 지표수는 온갖 박테리아와 조류(藻類)로 오염되어 있고 이 물을 정화하려면 복잡한 처치가 필요하다. 물을 유정 현장까지 운송하는 데 드는 엄청난 비용은 말할 것도 없다. 셰일 산업계는 이미 사용한 파쇄액을 재활용하거나 식수용 지하수보다 훨씬 깊은 곳에 있는 지하수를 사용하는 방법을 혼용하는 편을 선호한다. 대부분의 지역에는 2,000피트 넘는 지하에 담해수층이 있다. 이 물은 a) 박테리아나 조류가 없으므로 처치 비용이 적게 들고, b) 작업 현장에서 구할 수 있으므로 운송비용이 들지 않고, c) 이미 소금기가 있으므로 투입재 비용이 줄고, d) 작업자들은 어차피 시추를 해야 하므로 작업하는 과정에서 물을 얻을 수 있다. 맥동공법으로 기술과 작업방법이 변하고, 물탱크를 사용하게 되고, 전통적인 석유 생산에서 셰일 생산으로 대폭적으로 바뀌면서 사용되던 물의 양—석유 1배럴당 사용하는 물의 양—이 지난 10년 동안 85퍼센트 이상 줄었다. 게다가 에너지 부문에서 생산 과정 전체와 운송과 소비를 통틀어 사용되는 물의 총량을 생각해보면, 셰일 천연가스는 가장 물을 적게 쓰는 연료원으로서 석탄과 원자력에 필요한 물의 10분의 1, 에탄올 생산에 필요한 물의 100분의 1밖에 들지 않는다.

파쇄공법으로 자연경관이 헐벗고 소음이 심하다: 2012년, 집약적으로 채취한 셰일 유전에서 시추 작업을 하는 데 사용된 토지는 5퍼센트에 못 미쳤다.

일단 작업이 끝나면, 작업 현장에는 킹사이즈 침대보다 그리 크지 않은 플러그와 파이프밖에 남지 않는다. 그러나 작업대 시추가 단일 유정 시추를 대체하면서 원유 1배럴 생산할 때 지표에 남는 족적은 꾸준히 줄어들었다. 2008년과 비교해볼 때 동일한 면적의 토지에서 시추 현장의 수는 4분의 1에 못 미친다. 게다가 물 사용량이 줄어들면서 트럭 사용도 4분의 3 이상 줄었고 따라서 지역 도로에 주는 부담이 크게 해소되고 이에 따라 교통량, 교통과 관련한 소음, 시추 현장에 트럭을 주차할 공간의 필요성도 크게 줄었다. 작업대 수는 줄었어도 작업대당 생산되는 석유량이 늘어나면서 채집시설에 쓰이는 파이프도 수는 줄고 직경은 더 굵어졌으며, 트럭으로 운송하는 데 쓸 석유를 채집하느라 확보해야 하는 도로 통행권 수도 줄었다. 전체적으로 볼 때 작업하면서 남기는 족적은 2007년에 비해 2016년에는 현저히 줄었다.

독성: 유정을 파쇄하는 데 쓰는 액체가 독성이 있다는 우려가 있다. 유정에 따라, 유정보다 정도는 덜하지만 유전에 따라서도, 파쇄액에 투입되는 물질의 비율은 다르지만, 보통 파쇄액은 90퍼센트는 물, 9.5퍼센트는 비활성 모래다. 나머지 0.5퍼센트는 가정집 부엌에서 흔히 발견되는 물질로서(즉, 정부가 독극물로 분류하지 않는 물질들이다), 가장 흔한 첨가제가 염화나트륨(식용 소금)이다. 셰일 산업계는 파쇄액 구성비를 바꿔 완전히 독성을 없애서 아예 문제 자체가 제기되지 않도록 노력하고 있다. 2013년 이후로 화학물질 제조사의 간부들 사이에서는 화학물질 혼합물을 마시는 장면을 찍는 일이 유행처럼 번졌다.[2]

식수 오염: 셰일 유정을 시추할 때는 대부분 석유가 풍부하게 매장된 층까지 깊이 파들어가는 과정에서 식수 층을 통과하게 되므로 파쇄액이나

추출한 천연가스가 누출돼 식수 층으로 흘러들어갈까 봐 우려한다. 그러나 그런 일은 절대로 발생하지 않는다. 식수 층은 보통 지표면에서 400피트 내에 있고 대부분의 파쇄 구역은 수직으로 1마일 이상 내려가 침투 불가능한 암석층 밑에 있기 때문이다(셰일 암석은 산산이 부서지지 않는 한 아무것도 통과시키지 않는다는 사실을 기억하라). 오염될 가능성이 있는 유일한 경로는 유정 갱도 자체다. 유정은 석유/가스(그리고 파쇄액)가 모조리 파이프로 흘러들어오도록 설계되었다(그게 바로 석유와 천연가스를 추출하는 방법이다). 굳이 누출된다면 파이프를 통해서가 아니라 유정 갱도로 올라오는 미량의 천연가스일지 모른다. 작업자들은 만에 하나 이러한 누출이 일어나지 않도록 하기 위해 식수 층에서 100피트 이내에 있는 파이프를 콘크리트로 감싼다. 오바마 정부의 환경보호국이 식수 오염에 관해 발표한 보고서에 따르면, 누출이 발생한 사례들이 있지만, 미국에서 수백만 건의 파쇄작업이 별일없이 이루어지고 있는 데 비교하면 그런 사건은 통계적으로 무의미하다. 요컨대, 그 보고서는 오래전부터 셰일 산업계가 해온, 셰일은 물 공급에 위협이 되지 않는다는 주장을 환경보호청이 마지못해 승인한 셈이다. 따라서 환경보호청은 경미한 지침—거의 모두가 이미 2년 넘게 셰일 산업계가 실천해온 바람직한 관행의 일환—을 내린 것 외에는 추가로 어떤 조치를 취하라고 요구하지 않았다.[3]

좌파가 셰일 부문을 폐쇄하려고 마음먹었다면 오바마 정부 하에서 그렇게 됐을 것이다. 그런데 오바마 정부는 채굴 가능한 곳이면 어디서든 천연가스 채굴을 (은밀히) 권장했고, 이는 셰일이 발견되는 지역이면 어디서든 호재가 되었다. 오바마 정부는 키스톤(Keystone)같이 송유관을 통해 다른 나라에서 석유를 수입하는 데는 반대했지만, 송유관을 통해 천연가스를 멕시코와 캐나다로 수출하는 일은 쌍수를 들어 (호들갑 떨지 않고 조용히) 환영했다.

부록 III 석유와 천연가스 관련 자료

조사로 얻은 에너지 자료에 대해 몇 가지 짚고 넘어가자. 유감스럽게도 세계 에너지 자료의 모든 측면들을 보여주는 표준화된 하나의 출처는 없다. 다음 표들은 한 나라의 에너지 부문을 가장 잘 나타낸다고 보는 자료를 이용해 구축했지만, 상황상 어쩔 수 없이 서로 다른 여러 가지 출처에서 나온 자료들을 이용했기 때문에 늘 일치하지는 않는다. 가능한 한 자료의 일관성을 유지하려고 했다. 특히 생산, 소비, 매장량과 관련한 통계는 2016년 세계 에너지 BP 통계 편람 자료에 크게 의존했고, 교역 자료는 각 국가가 자체적으로 보고하는 체계인 세계 석유자료 종합통계(Joint Oil Data Initiative, JODI)를 집중적으로 인용했다. 따라서 다음 표들에 담긴 자료는 기술적으로 권위를 지녔다기보다 대략적인 수치라고 봐야 한다—대부분의 자료 수치를 10만 배럴 단위로 올림한 이유도 그 때문이다. 원유 수치에는 천연가스액체(Natural Gas Liquids, NGLs)도 포함된다.

Approximate Global Crude Oil and Product Data

지역	국가	원유와 NGL 생산량	원유와 NGL 수출량	원유와 NGL 수입량	정유제품 생산량	정유제품 수출량	정유제품 수입량	총소비량	비축량 (10억 배럴)
대러시아	아제르바이잔	800	700	–	100	–	–	100	7.0
	벨로루시	–	–	–	–	–	–	100	0.2
	러시아	1,100	5,100	100	6,400	3,100	–	3,100	102.4
	우크라이나	–	–	–	–	–	200	200	0.4
중앙아시아	카자흐스탄	1,700	1,300	–	400	100	–	300	30.0
	투르크메니스탄	300	–	–	200	–	–	100	0.6
	우즈베키스탄	100	–	–	–	–	–	100	0.6
중유럽	체코	–	–	100	200	100	100	200	–
	폴란드	–	–	500	600	200	100	500	0.1
	슬로바키아	–	–	100	100	100	–	100	–
북유럽	**노르웨이**	1,900	1,200	–	400	400	100	200	8.0
	스웨던	–	–	400	500	300	200	300	n/a
	영국	1,000	700	1,000	1,300	500	700	1,600	2.8
서유럽	오스트리아	–	–	200	200	100	100	300	–
	벨기에	–	100	700	700	500	500	700	n/a
	프랑스	–	–	1,200	1,300	400	900	1,600	0.1
	독일	–	–	1,800	2,200	500	800	2,300	0.1
	이탈리아	100	–	1,400	1,600	600	300	1,300	0.6
	네덜란드	–	–	1,300	1,300	2,300	1,900	800	0.1
	포르투갈	–	–	300	300	100	100	200	n/a
	스페인	–	100	1,400	1,300	400	300	1,200	0.2
	스위스	–	–	100	100	–	200	200	–
북아프리카	알제리	1,600	600	–	600	600	100	400	12.2
	리비아	400	200	–	100	–	100	200	48.4
사하라 이남 아프리카	앙골라	1,800	1,700	–	100	–	100	100	12.7
	적도기니	300	200	–	–	–	–	–	1.1
	나이지리아	2,400	2,200	–	–	–	400	400	37.1
	남아프리카	–	–	400	500	100	200	600	<0.1
동지중해	이집트	700	200	100	500	–	400	800	0.3
	그리스	–	–	500	600	300	100	300	<0.1
	이스라엘	–	–	300	300	100	100	200	<0.1
	요르단	–	–	100	100	–	100	100	–
	터키	–	–	500	600	200	500	800	0.3
페르시아 만	**이란**	3,900	1,100	–	1,800	500	100	1,900	157.8
	이라크	4,000	3,000	–	400	–	100	700	143.1
	쿠웨이트	3,100	2,000	–	1,000	700	–	500	101.5

1일 1,000배럴, 매장량만 10억 배럴. **진한 글씨**로 표시한 나라들은 갈등과 위기가 에너지 공급에 직접적으로 영향을 미치게 될 나라들을 뜻함.

세계 원유와 정유제품 관련 대략적인 자료

Approximate Global Crude Oil and Product Data

		원유와 NGL			정유제품				
지역	국가	생산량	수출량	수입량	생산량	수출량	수입량	총소비량	비축량 (10억 배럴)
페르시아만	오만	1,000	800	–	200	–	–	200	5.3
	카타르	700	500	–	600	500	–	300	25.7
	사우디아라비아	12,000	7,200	–	2,500	1,200	600	3,900	266.6
	UAE	3,900	2,400	–	800	1,000	100	900	97.8
	예멘	–	–	–	–	–	–	100	3.0
동남아시아	오스트레일리아	400	200	300	500	–	500	1,000	4.0
	브루나이	100	100	–	–	–	–	–	1.1
	인도네시아	800	300	400	1,000	100	500	1,600	3.6
	말레이시아	700	400	200	700	500	600	800	3.6
	미얀마	–	–	–	–	–	100	100	–
	파푸아뉴기니	–	–	–	–	–	–	–	0.2
	싱가포르	–	–	900	1,000	1,900	2,600	1,300	–
	태국	500	–	900	1,300	300	100	1,300	0.4
	베트남	400	100	–	100	–	100	400	4.4
남아시아	인도	900	–	3,900	4,900	1,200	500	4,200	5.7
	파키스탄	100	–	100	300	–	200	500	0.4
동북아시아	중국	4,300	100	6,700	11,100	800	1,500	12,000	18.5
	일본	–	–	3,400	3,500	400	1,100	4,200	<0.1
	한국	–	–	2,800	3,000	1,300	800	2,600	n/a
	타이완	–	–	800	900	300	400	1,000	<0.1
북미	캐나다	4,400	3,200	700	1,900	600	600	2,300	172.2
	멕시코	2,600	1,200	–	1,300	200	800	1,900	10.8
	트리니다드토바고	100	–	100	100	100	–	–	0.7
	미국	12,700	500	7,400	18,200	4,100	2,100	19,400	55.0
남미	아르헨티나	600	–	–	700	–	100	700	2.4
	볼리비아	100	–	–	–	100	–	100	0.2
	브라질	2,500	700	300	2,100	100	600	3,200	13.0
	칠레	–	–	200	200	–	100	400	0.2
	콜롬비아	1,000	700	–	300	100	100	300	2.3
	에콰도르	500	400	–	100	–	100	300	8.0
	페루	100	–	100	300	100	100	200	1.4
	베네수엘라	2,600	2,000	–	1,200	600	200	700	300.9

n/a – 자료 없음.
출처: JODI, BP Statistical Review 2016, OPEC, EIA, UNCOMTRADE, IEA Headline Global Energy Data, 여러 나라의 통계청 자료, 추정치.

세계 원유와 정유제품 관련 대략적인 자료

Approximate Global Natural Gas Data

지역	국가	천연가스				천연가스 중 LNG		비축량 (TCF)
		생산량	수출량	수입량	소비량	수출량	수입량	
대러시아	아제르바이잔	1.9	0.8	–	1.1	–	–	41
	벨로루시	–	–	1.8	1.8	–	–	–
	러시아	61.6	19.2	0.9	43.2	1.4	–	1,140
	우크라이나	1.8	–	1.6	3.0	–	–	21
중앙아시아	카자흐스탄	1.2	1.1	0.7	0.8	–	–	33
	투르크메니스탄	7.0	3.7	–	3.3	–	–	617
	우즈베키스탄	5.6	0.7	–	4.9	–	–	38
중유럽	체코	–	2.7	3.5	0.8	–	–	–
	폴란드	0.6	2.8	3.9	1.8	–	–	3
	슬로바키아	–	4.2	4.6	0.4	–	–	1
북유럽	노르웨이	11.7	11.0	–	0.6	0.5	–	66
	스웨던	–	–	0.1	0.1	–	–	–
	영국	4.0	1.4	4.4	7.0	–	1.4	7
서유럽	오스트리아	0.1	3.7	4.3	0.8	–	–	–
	벨기에	–	2.4	4.0	1.6	0.1	0.4	–
	프랑스	–	0.5	4.3	3.8	–	0.5	–
	독일	0.8	6.7	13.7	7.9	–	–	1
	이탈리아	0.7	–	5.9	6.5	–	0.6	2
	네덜란드	5.3	4.9	3.6	3.9	–	0.2	24
	포르투갈	–	–	0.5	0.5	–	0.2	–
	스페인	–	0.5	3.1	2.7	0.1	1.3	–
	스위스	–	1.0	1.3	0.3	–	–	–
북아프리카	알제리	8.3	4.0	–	3.6	1.5	–	159
	리비아	1.5	0.6	–	0.4	–	–	53
사하라 이남 아프리카	앙골라	–	–	–	–	–	–	11
	적도기니	0.6	0.5	–	0.2	0.5	–	1
	나이지리아	4.8	2.7	–	1.8	2.7	–	180
	남아프리카	0.1	0.4	4.0	0.5	–	–	–
동지중해	이집트	4.3	–	–	4.6	–	0.3	65
	그리스	–	–	2.5	0.3	–	0.1	–
	이스라엘	0.8	–	–	0.8	–	–	6
	요르단	–	–	0.2	0.2	–	0.2	–
	터키	–	0.1	4.7	4.6	–	0.7	–
페르시아 만	이란	22.1	0.8	0.9	18.5	–	–	1,201
	이라크	2.3	–	–	0.7	–	–	130
	쿠웨이트	1.6	–	–	1.9	–	0.4	63

1일 10억 세제곱 피트, 매장량만 1조 세제곱 피트. **진한 글씨**로 표시한 나라들은 갈등과 위기가 에너지 공급에 직접 영향을 미치게 될 나라들을 뜻함.

세계 천연가스 관련 대략적인 자료

Approximate Global Natural Gas Data

지역	국가	천연가스				천연가스 중 LNG		비축량 (TCF)
		생산량	수출량	수입량	소비량	수출량	수입량	
페르시아 만	오만	3.4	1.0	–	2.5	1.0	–	24
	카타르	17.6	12.2	–	4.4	10.3	–	866
	사우디아라비아	10.3	–	–	10.3	–	–	294
	UAE	5.4	0.7	2.6	6.7	0.8	–	215
	예멘	0.3	0.2	–	0.1	0.2	–	9
동남아시아	오스트레일리아	5.1	3.3	0.7	2.5	3.3	–	123
	브루나이	1.2	0.8	–	0.4	0.8	–	10
	인도네시아	7.3	2.8	–	4.5	2.1	0.1	100
	말레이시아	6.1	3.3	0.9	3.8	3.3	0.2	41
	미얀마	1.9	1.3	–	0.3	–	–	19
	파푸아뉴기니	–	–	–	–	0.9	–	5
	싱가포르	–	–	1.2	1.2	–	0.3	–
	태국	3.8	–	1.3	4.9	–	0.3	8
	베트남	1.0	–	–	1.0	–	–	22
남아시아	인도	3.2	–	1.7	4.8	–	1.7	53
	파키스탄	4.1	–	0.1	4.2	–	0.1	19
동북아시아	중국	12.9	–	2.9	15.8	–	2.5	136
	일본	0.4	–	11.9	12.3	–	11.9	1
	한국	–	–	4.2	4.2	–	4.2	–
	타이완	–	–	1.8	1.8	–	1.8	–
북미	캐나다	15.9	7.6	1.9	9.9	–	0.1	70
	멕시코	4.4	–	1.9	6.4	–	0.6	11
	트리니다드토바고	4.0	1.9	–	2.1	1.6	–	12
	미국	74.2	4.9	7.4	75.3	0.1	0.3	369
남미	아르헨티나	3.5	–	0.6	4.6	–	0.6	12
	볼리비아	2.0	1.6	–	0.4	–	–	10
	브라질	2.2	–	1.6	4.0	–	0.7	15
	칠레	0.1	–	0.3	0.4	–	0.3	1
	콜롬비아	1.1	–	–	1.0	–	–	5
	에콰도르	–	–	–	0.1	–	–	–
	페루	1.3	0.5	–	0.8	0.5	–	15
	베네수엘라	2.5	–	–	3.3	–	–	198

n/a – 자료 없음.
출처: JODI, BP Statistical Review 2016, OPEC, EIA, UNCOMTRADE, IEA Headline Global Energy Data, 여러 나라의 통계청 자료, 추정치.

세계 천연가스 관련 대략적인 자료

| 감사의 말 |

자, 이제 목청 높여 고맙다고 외칠 차례다.

『셰일 혁명과 미국 없는 세계』를 쓰느라 셀 수 없을 만큼 많은 분들이 지닌 지식과 기술을 활용했다. 일일이 열거하려 다가는 많은 분들을 빠뜨리게 된다. 그렇긴 하나 입에 침이 마르도록 찬사를 퍼붓지 않으면 직무유기가 될 만한 몇 분을 거론해야겠다. 특별한 순서는 없다.

- 우선 텍사스 대학교의 경제 지질학부에 감사드린다. 미국 학계에서 셰일을 단순히 지질학적인 현상으로서가 아니라 개발의 관점에서도 연구하는 아주 드문 기구로 손꼽힌다.
- 3장은 서던 컴퍼니(Southern Company) 직원들이 아니었다면 불가능했을지 모른다. 미국 전력 체계를 속속들이 내게 참을성 있게 설명해주셨다.
- 미국 에너지부의 에너지정보국(EIA)에 몸담았던 분이라면 누구에게든 경의를 표한다. 에너지정보국은 미국과 세계의 에너지 관련 정보원으로서는 최고다. 내가 분석가로 일하기 시작한 이후로 늘 에너지정보국의 기술과 지식과 예지력과 자료에 의존해왔다. 미국 연방정부에서 그 어느 부서보다도 탁월한 능력에 비해서 제대로 인정받지 못하는 분들이 일하는 곳이다.

- 캐리 래딜랙은 셰일 산업 전반에 걸쳐 등장하는 셰일의 구조와 혁신적 기술의 세세한 부분들에 대한 정보로 내가 이 책을 쓰는 데 도움을 주었다. 캐리는 듀라-바(Dura-Bar)에 근무하는데, 특수금속을 제조하는 이 업체가 생산하는 상품들은 셰일 산업뿐만 아니라 미국 산업 전반에 걸쳐 사용된다. 자신의 지식을 나와 나눠준 캐리와 며칠 동안 셰일 전문지식을 내게 전수해준 듀라-바에게 감사드린다.
- 데이비드 니클린과 말린 다우니의 전문지식이 아니었다면 에너지와 관련된 내 일은 거의 불가능했을지도 모른다. 두 분 다 미국 에너지 부문에 수십 년 종사하면서 얻은 예지력뿐만 아니라, 수십 년 동안 축적한 인맥을 거리낌없이 나와 나누어주었다. 감동스러울 따름이다.
- 인턴 친구들: 트레비스 캐디, 테일러 핸드, 캐스린 윌리스. 세 사람 모두 나를 도와 에너지 시장의 도달 범위, 깊이, 넓이를 속속들이 탐색했고 이 책이 다루는 광범위한 내용을 기술할 수 있었다. 새 직장에서 승승장구하기를 바란다.
- 이 책에서 글씨가 아닌 부분은 모조리 세븐서틴 크리에이티브(SevenThirteen Creative)의 애덤 스미스의 솜씨다. 애덤은 이루 헤아리기 힘들 만큼 많은 정보를 취합해서 힘들이지 않고 그래픽으로 축약한다. 이 책에 수록된 그래픽이 다 그의 작품이다. 이 책의 표지는 누가 그렸냐고? 그것도 애덤이 그렸다.
- 우리 모두 브린 디볼트 브라운에게 정말 감사하다. 십여 년 만에 나와 다시 만나 내 책을 편집해주기로 승낙했다.
- 우리 모두 로리 슬론후트 맥대니얼에게 큰 빚을 졌다. 그녀는 이 책 원고 최종판에서 엉뚱한 단어, 틀린 부분, 어설픈 구두점 등을 모조리 잡아냈다.
- 『셰일 혁명과 미국 없는 세계』의 판형과 지면 배치를 담당한 주인공

은 다름 아닌 스콧 J. 도티다. 그는 숨막힐 듯하다고밖에는 달리 묘사하기 힘든 빠른 속도로 작업을 해주었다.

마지막으로, 그러나 앞의 분들 못지않게 소중한 우리 직원들에게 감사하다.

멜리사 테일러는 내가 하는 일의 조사 쪽 일을 지휘한 지 2년이 되었다. 그녀는 흠잡을 데 없이 일을 해내고, 내가 틀렸을 때는 조금도 주저하지 않고 솔직하게 얘기한다. 자존심 상하지 않느냐고? 물론이다. 그것 말고는 만사에 도움이 되느냐고? 물론이다.

분석 작업과 정보유통을 담당하는 마이클 나예비-오스코이는 페르시아 만 전쟁과 지구전이 어떻게 전개될지 풀어내고 이 책을 내는 프로젝트 전체를 총괄하는 데 큰 공을 세웠다. 마이클이 아니었다면 『셰일 혁명과 미국 없는 세계』는 2256년이나 가서야 출판되었을지도 모른다.

13년째 내 동업자인 웨인 워터스도 있다. 그는 날마다 내가 제정신을 잃지 않도록 해줄 뿐만 아니라 우리 조직의 재무를 돌보는 두 가지 일을 하고 있다.

마지막으로 수전 코플랜드에게 감사하다. 그녀는 절대로 없어서는 안 될 행정 담당자이고 지구상에 존재했던 조직의 살림꾼 가운데 가장 무자비하게 알뜰한 살림꾼임에 틀림이 없다.

01 제 1차 셰일 혁명

1. 기술 분야에 일가견이 있는 사람이라면 석유 대체재를 이용해 이런 물건들 대부분을 만들 수는 있다. 그러나 비용이 엄청나게 많이 든다. 석유가 문명에 혁혁한 기여를 한 점을 한 가지 꼽으라면 17세기에는 왕가에서나 누렸을 호사를 보통사람도 누리게 되었다는 점이다. 요즘 소득불평등이 불만이라고? 여러분이 소유한 물건들 가운데 90퍼센트를 지금 여러분이 있는 자리에서 엎어지면 코 닿을 곳에 사는 1퍼센트의 인구만 누리는 세상을 상상해보라.
2. 부록 I에서는 셰일 기술과 친환경 기술이 만나는 부문을 다룬다.
3. 파쇄액(frack fluid)은 보통 물 90퍼센트, 모래 9.5퍼센트, "기타" 물질들이 0.5퍼센트로 구성되어 있다. "기타" 물질에 대해서는 부록 II에서 다루도록 하겠다.
4. 보통 물에 섞인 모래는 갱도로부터 50–100피트 이상은 통과하지 못한다—파쇄로 암석에 생기는 금은 아주 자잘하다—잘해야 한 50피트 더 진출하겠지만 그 지점에서 수소와 결합하면서 더 앞으로 나아가지 못한다.
5. 이거 상표등록 마쳤으므로 건들지 말 것.
6. "비용"의 뜻을 규정하기는 참으로 어렵다. 이 책에서는 따로 언급하지 않는 한 "전 주기 손익분기 비용(full-cycle breakeven cost)"를 일컫는다. 이는 매장량 예측과 전망, 채굴허가에서부터 채집, 운송, 로열티와 납세에 이르기까지 전방에서부터 후방까지의 모든 과정을 아우르는 비용이다.

02 제 2차 셰일 혁명

1. 사우디아라비아의 유가전쟁에 대한 전체적인 논리와 세부 사항은 7장에서 다루겠다.
2. 이 표는 해당 매장지에 있는 모든 유정들에서 생산된 탄화수소 생산량의 평균치라는 점을 유념하기 바란다. 2015년에 이러한 신기술이 사용 가능해지기 전에 완성된 10만 개의 셰일 유정과 셰일 혁명이 일어나기 몇십 년 전에 완성된

대략 100만 개에 달하는 셰일이 아닌 유정이 포함되어 있다. (점선은 석유보다 천연가스 생산으로 더 잘 알려진 셰일 매장지를 뜻한다.)

3. 물론 사용료를 받는다.
4. 지진 이외의 원인에 의한 지각의 미약한 진동—옮긴이 주.
5. 석유 생산은 결국 가격에 달렸다. 따라서 확실한 생산량 수치를 제시하기가 어렵다. 특히 아직 초보적인 단계에 있는 기술들을 거론하는 경우에는 최종적 비용은 미지수다. 그런데 대략 계산을 해보면 이러한 기술 개선으로 미국의 석유 생산량은 6mbpd 증가하는데, 이는 미국이 석유 수입국 지위에서 벗어나기에 충분한 양이다.
6. 셰일 층에서 실제로 천연가스가 고갈된다고 해도 멕시코 만은 쪼들릴 때 털어서 쓸, 일종의 에너지 돼지저금통으로서 존재하게 된다.

03 제 3차 셰일 혁명

1. 미국에서는 은행에 계좌를 만들면 예금주의 이름이 인쇄되고 금액을 쓰는 공란이 있는 수표책을 발행해주는데, 미국인들은 매달 공과금 고지서를 받으면 이 수표책에서 낱장을 뜯어 고지서에 쓰인 금액을 적어 넣고 우편으로 보내는 방법으로 공과금을 낸다—옮긴이 주.
2. 들르고 싶은 만큼 들러도 좋다. 하지만 이곳으로 이사 오지는 마라.
3. 보통 우리 집 추수감사절 만찬에는 우리 가족과 처가댁 식구들이 함께하기 때문에 칠면조 크기가 20파운드 정도는 되어야 한다. 여기다가 나선모양으로 저민 파인애플-메이플 햄, 칠면조 속을 채울 콘브레드 블루치즈와 야생버섯, 치포틀 스위트 포테이토, 두 번 구운 리코타 감자, 노릇하게 구운 뿌리채소들, 파미잔 크루아상, 구운 시나몬-아가베 피칸, 버번-초콜릿 피칸 파이, 크랜베리-에그녹 치즈케이크, 해마다 바뀌는 몇 가지를 더하면 표준온도와 압력에서 천연가스가 거의 400세제곱 피트가 필요하다. 1세제곱 피트에는 액체 7.5갤런을 담을 수 있다. 따라서 추수감사절 음식 장만에 필요한 천연가스 부피는 휘발유 3,000갤런의 부피에 맞먹는다. 평균적인 미국 승용차가 휘발유 1갤런에 37마일 약간 못 미치는 거리를 달리므로, 3,000갤런이면 자동차로 11만 마일을 달릴 수 있다. 로스앤젤레스에서 뉴욕 시까지가 편도로 2,770마일이므로 롱비치와 맨해튼 사이를 왕복으로 스무 차례 오갈 수 있다.
4. 파티에 쓰는 풍선의 경우 보통 기껏해야 압력이 세 배라는 점과 비교해보라.

5. 다시 말하지만, 셰일 산업에는 "전형적"이라는 것은 존재하지 않는다는 사실을 명심하라. 유티카와 바넷은 대개 "건성" 매장지이지만 일부 상당히 "습성"인 부분도 있다. 또한 2장에서 언급한 것과 같은 기술들이 끊임없이 진화하기 때문에 경제성이 있는 유전의 정의는 움직이는 목표물처럼 계속 변한다.
6. 가용 석유량을 계산하기는 훨씬 간단하다. 대부분의 셰일 석유회사들은 잔여 매장량을 25년에서 30년 사이로 본다. 이와 같이 빠듯하게 잡는 이유가 있다. 한 회사가 잔여 매장량이 30년치 이상이라고 하면 경쟁사들은 이 회사가 생산량을 늘린다고 믿는다. 요컨대, 매장량이 30년 이상이라고 주장하면 자사가 기업 인수 대상이라고 자진해서 확인해주는 셈이 된다. 따라서—공식적으로는—미국이 "겨우" 30년분의 셰일 석유 공급량을 보유하고 있지만, 실제 수치는 그보다 분명히 높다. 얼마나 높은지는 아무도 모른다.
7. 여기에는 텍사스, 루이지애나, 앨라배마가 관리하는 구역뿐만 아니라 연방정부가 관리하는 해상 구역도 포함된다.
8. 아주 사소한 예외가 중국이다. 맥주와 비버(beaver) 하면 사람들이 캐나다를 떠올리듯이 보조금과 "세계 최대"라는 문구는 중국과 동의어나 마찬가지다. 그러나 정부보조금을 없애면 중국의 화학제품은 미국뿐만 아니라 세계 평균 가격보다도 훨씬 더 비싸다.
9. 에너지 정치와 멕시코 및 캐나다 문제가 만나는 지점에 관한 정보, 멕시코와 캐나다의 미래가 궁금하다면 『21세기 미국의 패권과 지정학』의 12장과 13장을 참조하기 바란다.
10. 내가 그냥 셰일 산업이 잘되라고 응원하는 사람이라는 생각을 할지 몰라서 하는 말인데, 대부분의 에너지 산업 협회들은 창출되는 일자리 수가 400만에서 600만 개 사이로 보고 있는데, 〈타임(Time)〉 지는 1,000만 개가 훨씬 사실에 가까운 수치라고 주장했다.

04 미국적인, 너무나도 미국적인 에너지

1. 호상 셰일이 오히려 평균적인 해양 셰일보다 석유 밀도가 훨씬 높다는 사실을 보여주는 증거가 많이 있다.
2. 흥미롭고 따끈따끈한 정보: 연방정부는 온라인으로 시추 신청하는 절차를 마련하고 있는데, 이를 통해 허가가 나오기까지 걸리는 시간이…기대하시라…겨우 115일로 줄어들 것이라고 기대하고 있다.

3. 유정당 평균 개발비용이 어떻게 바뀌었는지, 내가 제일 좋아하는 미국 정부 부서인 에너지부의 에너지정보국 자료를 통해 살펴보자.
   바켄: 2014년 710만 달러, 2015년 590만 달러
   이글포드: 2014년 760만 달러, 2015년 650만 달러
   마셀러스: 2014년 660만 달러, 2015년 610만 달러
   미들랜드(퍼미언): 2014년 770만 달러, 2015년 720만 달러
   델라웨어(퍼미언): 2014년 660만 달러, 2015년 520만 달러
   자질구레한 내용까지 자세히 담은 보고서 전문은 다음 사이트를 참조하시라.
   https://www.eia.gov/analysis/studies/drilling/pdf/upstream.pdf
4. 여느 수치와 마찬가지로 이 수치도 상당히 유동적이다. 저유가로 기업합병 붐이 일었다. 따라서 엄밀히 말하면 셰일 기업이 수백 개가 있지만 대부분의 시추 작업은 50개 주요 기업이 한다.
5. 2015년 통계다. 연방준비제도의 자료를 인용했다.
6. 서브프라임(subprime)과 자산담보증권(asset-backed securities) 사태가 가장 최근에 발생한 부정적인 사례다.
7. 사하라 사막에는 대수층(帶水層, 지하수를 함유한 다공질 삼투성 지층)이 상당히 폭넓게 분포되어 있어서 수백만 제곱 마일에 달하는 방대한 사막 하면 우리가 보통 생각하는 그런 정도로 물이 귀하지는 않을지도 모르지만, 이 두 나라의 4,700만 인구에게 공급할 물도 필요하다.
8. 2015년 미국의 셰일 가스 산업은 대략 45bcf/d를 생산하고 있었다.
9. 루브르 박물관에서 파쇄 작업하는 광경이 상상이 가는가?
10. 적어도 프랑스 의회가 사실상 파쇄 기술을 금지하기 전까지는 그랬다.

05 구세계의 종언(終焉)

1. 미국 전역의 운항 가능한 수로에 설치된 수문과 댐을 몽땅 완전히 교체하는 데 드는 총비용은 2,250억 달러로 추산된다. 미국은 주와 주를 연결하는 도로망을 유지하는 데 10년에 4,500억 달러를 쓴다.
2. 멕시코의 판초 비야(Pancho Villa)가 텍사스를 공격했던 사건은 침략이 아니다.
3. 한 번은 전쟁에서, 한 번은 받아야 할 기한이 지난 부채를 받기 위해서.
4. 물론 충분한 액수를 저축하지는 못하고 있지만, 이 문제는 다른 이들이 지겹도

록 다른 문제이니 여기서는 다루지 않겠다.
5. 이 단어는 최대한 포괄적인 의미에서 썼다.
6. 이 나라들의 인구를 다 합해봐야 미국 인구의 10분의 1이 채 되지 않는다.
7. 납세자도 거덜났다.
8. 두 나라의 수출물량은 합해서 0.4mbpd에 불과하다.
9. 엄밀히 말하면 이라크의 석유 산업은 국영이 아니다. 미국이 이라크 헌법에 민간 기업 규정을 집어넣었기 때문이다. 그러나 기능상으로 보면 이라크의 석유 담당 부서가 이라크 남부의 에너지 산업 전체를 관장하고, 이라크 북부에 있는 쿠르드 족은 그들의 관할 구역 내에 있는 에너지 산업을 관장한다.
10. 2015년도에 이러한 추세에 약간 변화가 일었다. 유가폭락으로 물불을 가리지 않고 셰일을 생산하던 추세가 주춤하면서 북미 경질/달콤한 원유 과잉생산이 어느 정도 완화되었다. 그러자 미국 정유 업체들은 다시 고품질 원유를 해외, 특히 알제리와 나이지리아에서 들여오기 시작했다. 그러나 미국 정유 업체들은 셰일 원유를 처리하기 위해서 꾸준히 시설을 개조하고 있으므로, 가능성이 희박하긴 하나 유가가 다시는 오르지 않는다고 해도 이러한 원유 수입은 일시적인 현상에 불과하다.
11. 이렇게 얘기하면 기분이 좀 풀릴지 모르겠지만, 자국민 우선주의에 발을 담그고 있는 나라는 미국뿐만이 아니다. 일본은 헌법을 수정해서 군사공격을 더 용이하게 하려고 하고 있다. 중국은 새로운 마오쩌둥에게 왕관을 씌워주려고 하고 있다. 영국은 유럽연합에서 탈퇴했다. 터키 대통령의 통치 형태는 도널드 트럼프는 저리가라일 정도이고, 폴란드 정부는 교황 인노첸시오 3세와 미국 힙합가수 카니예 웨스트의 아주 나쁜 점만 모아놓은 듯한 특성을 보인다.

06 지구전: 유럽-러시아

1. 이반의 음주는 내 노동 윤리에 대한 명백하고 현존하는 위협이었기 때문에 그때부터 나는 프랑스 학생과 어울려 다니기 시작했다.
2. 그 예외적인 도시가 마하치칼라(Makhachkala)다. 위험할 만큼 난잡한 지역인 다게스탄(Dagestan) 공화국의 수도다.
3. 다게스탄 인 자체도 전형적인 민족 집단이라기보다는 어쩌다 보니 같은 지역에 살게 된 여러 민족들(서로 못 잡아먹어서 안달이다)이 섞여 있다.
4. 엄밀히 말하면 러시아는 밑에서부터 다섯 번째다. 그러나 이러한 전염병에 대

해 러시아 정부는 검사를 중단하라는 조치를 내렸다. 따라서 실제로 "데이터"에 나타난 것보다 상황이 훨씬 심각하다고 해도 무방하다.

5. 노르웨이는 유럽연합 회원국이 아니고, 스웨덴과 핀란드는 북대서양조약기구 회원국이 아니다.
6. 영국은 초대형 항공모함 두 척을 개발하고 있는데, 각각 2017년과 2020년에 본격적으로 활동하게 된다.
7. 그 이상이 될지도 모른다. 이는 폴란드와 독일로 들어가는 러시아의 석유와 천연가스 송유관의 총용량이기 때문이다. 러시아는 수출 송유관망에 여분의 수용 능력을 충분히 보유하고 있고, 유가에서 정치상황에 이르기까지 모든 것을 고려해 공급경로와 이용률을 바꾼다. 통상적으로 송유관은 수용능력의 절반 수준에서 가동하지만, 스칸디나비아 전장에 이미 불이 붙은 상황에서 러시아는 틀림없이 가동률을 훨씬 높여야 할 필요가 있다.
8. 이에 대해서는 8-10장에서 더 자세히 다루겠다.
9. "정도"라고 한 이유가 있다. 러시아 중앙정부가 선전선동을 할 때마다 국가통계위원회가 발표하는 통계수치가 200만 명 정도 늘어난다. 공식적으로는 2016년 러시아 연방의 인구는 1억 4천 6백만이다.
10. 폭이 10마일에 달하는 키르히 해협을 가로지르는 거대한 다리가 건설되고 있지만—러시아는 2019년이면 이 다리가 가동되리라고 보고 있다— 터키가 그 다리에 구멍 하나만 뚫어도 그 다리는 무용지물이 된다.
11. 유가가 배럴당 50달러, 천연가스 가격이 1,000세제곱 피트당 10달러에 책정되었다고 가정하면, 원유판매에서 2억 5천만 달러, 천연가스 판매에서 1억 달러가 되는 셈이다. 이 통계에는 발트해를 관통하는 송유관을 경유하는 모든 에너지뿐만 아니라 터키의 수요와 터키의 수출경로에 의존하는 수출물량도 포함된다.
12. 신형 헤일로(Halo) 컨트롤러보다는 구식 수퍼 마리오(Super Mario) 컨트롤러에 가깝다.
13. 개봉박두, 『세계적 초강대국: 프랑스의 흥망과 재기(The International Superpower: The Rise, Fall and Return of France)』
14. 덧붙이자면, 바로 이 때문에 러시아는 한 번도 석유수출국기구와 협력해 석유 생산을 자제하는 정책을 실행한 적이 없다. (이따금 러시아는 생산량을 줄이겠다고 약속하지만, 그 약속을 실제로 지킨 적은 없다.) 석유수출국기구 회

원국들의 경우 생산량을 줄이거나 늘리기는 그다지 복잡한 일이 아니다. 일부 시설 가동을 중단하면 그만이다. 그러나 러시아의 경우에는 가동을 중단한 시설을 재가동하고 석유를 생산하려면 몇 년은 걸린다.

07 페르시아 만 전쟁: 이란-사우디아라비아

1. 사우디아라비아가 만시지탄이기는 하나 사막에서 작물재배를 포기하면서 식량 수입 비율이 증가하고 있다. 밀 재배에 드는 관개시설 비용이 부셸당 10달러에 달한 적도 있었다(보통 밀은 세계 시장에서 부셸당 5달러에서 10달러 사이에서 팔린다).
2. 공정을 기하자면, 할당량을 속이는 나라는 이란뿐만이 아니다. 사우디아라비아의 결정을 따르는 나라는 쿠웨이트와 아랍에미리트연합뿐이다. 그러나 석유수출국기구 회원국 가운데 두 번째로 생산량이 많은 나라인 이란은 생산량으로 따지면 다른 모든 회원국들보다 훨씬 결정을 위반하는 강도가 높은 것은 사실이다.
3. 미국이 이러한 힘의 균형을 일부러 다시 확립했는지 여부는 뜨거운 논쟁의 대상이다.
4. 2016년 3월 현재 사우디아라비아가 보유하고 있는 미국의 단기국채(T-bill)는 1,170억 달러어치였다. 하루 평균 5,000억 달러어치의 미국 국채가 거래되므로 시장도 미국 정부 못지않게 사우디아라비아의 협박에 대해 별일 아니라는 듯 무덤덤한 반응을 보였다.
5. 말 그대로 하나의 텐트 아래 모였다.
6. 흥미로운 사실 하나: 오늘날 사우디아라비아는 이러한 환경에 상당히 적응해서 이제는 스냅챗(SnapChat)과 인스타그램(Instagram)과 같은 플랫폼을 세계에서 가장 활발히 이용하는 이들로 손꼽힌다. 이러한 플랫폼들이 사우디아라비아에서 틴더(Tinder)와 그라인더(Grinder)를 대신한다. 이 두 가지 플랫폼이 뭔지 모르는 분들은 여러분의 (대학생 연령이나 그보다 나이가 많은) 자녀들에게 물어보기 바란다. 그런데 묻기 전에 독한 술 한 잔 마시고 마음 단단히 먹어야 한다.
7. 이러한 문제에 직면한 나라는 사우디아라비아뿐만이 아니다. 중동 지역에서 활개치는 폭력적인 비국가 행위자들은 국경이 확실하게 그어지지 않고 힘이 약한 국가들이 항상 존재해온 지역에서 폭력을 행사해온 유구하고 화려한 역

사를 자랑한다.

8. 사우디아라비아가 독점 국영석유회사인 아람코를 일부 민영화해서 조성하겠다고 한 2조 달러 기금도 포함되지 않았다. 이는 시가총액 기준으로 세계 4대 기업인 애플, 알파벳/구글, 마이크로소프트, 아마존닷컴의 시장가치를 모두 합한 것보다 높은 액수다. 사우디아라비아가 안고 있는 문제는 한두 가지가 아니지만, 돈이 쪼들리는 문제는 없다.

9. 사우디아라비아가 유가전쟁에서 겨냥하는 두 번째 과녁은 러시아다. 대공포 기술을 이란에 팔든, 레바논에서 전투 세력을 지원하든, 시리아나 이라크에 탱크를 판매하든, 러시아/소련은 자국의 전략적 영향력을 이용해 중동 지역에서 미국을 골치 아프게 만들려고 말썽을 일으켰다. 미국의 관심을 러시아/소련의 변방 지역에서 다른 곳으로 돌리기 위해서였다. 사우디아라비아는 이러한 러시아의 개입에 말없이 분노했고 기회가 있을 때마다 되갚았다. 경제적으로 복수하는 방법으로는 1980년대 중반에 레이건 대통령이 뒷받침해준 유가전쟁뿐만 아니라 2014년에 시작된 유가전쟁과 같은 유가전쟁이 있다. 물리력을 동원한 방법으로는 1980년대에 무자헤딘을 지원한 사례나, 1990년대에 체첸 전쟁에서 저항세력을 지원한 사례가 있다. 최근에는 사우디아라비아가 중국, 스웨덴, 폴란드 정유시설에 할인된 가격으로 원유를 공급해온 사례가 있다. 보통 러시아 원유만 사용하는 이 시설들을 공략해 러시아가 점유하고 있는 시장을 빼앗고 소득을 올리지 못하도록 하려는 것이다. 한 가지는 분명하다. 러시아가 사우디아라비아의 꿀단지에 자꾸만 손가락을 담그는 한 이러한 '눈에는 눈, 이에는 이' 행동은 중동—그리고 러시아—의 지정학에서 사라지지 않는다.

10. 이러한 통계수치들은 IMF, 세계은행, 미국 국무성, 그리고 이러한 수치들을 알만한 다른 기구들로부터 취합했다. 이러한 통계수치들은 어림짐작이라 매우 유동적이고 일반회계원칙(GAAP)에 전혀 부합하지 않는다.

11. 이런 상황을 만드는 나라는 사우디아라비아뿐만이 아니다. 사우디아라비아가 가장 많은 자금을 지원하고 가장 많은 사람들을 모집하고 가장 많은 무기를 제공하고 전략적 지침을 내리지만, 알카에다와 IS에게 전달될 현금은 사실 쿠웨이트를 통해 전달되며, 전투원 1인당 지원하는 액수로 치면 아랍에미리트연합이 아마 가장 높은 금액을 지원할지 모른다.

12. IS는 전쟁 초기에 시리아의 유전을 대부분 점령했고, 원유를 암시장에 내다팔아 자금을 마련했다. 그러나 미국 국무성은 경제학자 몇 명을 영입해 IS의 석유

공급사슬을 겨냥하는 전략을 입안했다. 이 때문에 석유유통이 급격히 줄어들었고 IS는 자금과 연료 부족에 시달렸다.

13. 2016년 중반에 IS는 팔루자와 라마디로부터 축출되었다. 그리고 이 책을 쓰는 현재, 이라크 정부는 모술을 해방시키기 위해 장기전을 치르고 있다.
14. 이 동맹에는 용병회사 블랙워터(Blackwater)도 가담했다.
15. 이라크는 이란의 위성국가나 마찬가지이므로 이란이 일부러 이라크의 석유자산을 겨냥할 가능성은 낮다. 그러나 해상에서 실수는 항상 일어나기 마련이고, 따라서 이라크 유조선도 이란의 타격으로부터 완전히 자유롭지는 않다.
16. 사막에서 난민이 발생하면 돕기가 어렵다. 갈 곳이 마땅치 않기 때문이다. 이라크, 시리아, 요르단에서 공공서비스가 붕괴되면, 사우디아라비아로 이동하는 길은 사막이 가로막고 있고 이스라엘로 가는 길은 이스라엘방위군과 지뢰밭이 가로막고 있으므로, 이란, 터키, 유럽만이 난민이 갈 수 있는 목적지가 된다.

08 유조선 전쟁: 중국-일본

1. 일본 여성 한 명당 자녀 수는 겨우 1.4명이다.
2. 경기침체에도 불구하고 여전히 세계에서 세 번째로 경제규모가 큰 나라다.
3. 사회적 지위에 극도로 민감한 일본에서 이는 사회적으로 따돌림당하는 큰 이유가 된다.
4. 정치적인 이유 때문에 일본은 이즈모급 항공모함을 "구축함"이라고 일컫는다. 그러나 갑판의 길이가 248미터에 달하는 이즈모급 항공모함은 미국의 초대형 항공모함을 빼고는 그 어떤 군함보다도 크다. (미국 니미츠급 항공모함의 길이는 333미터다.) 일본은 현재 이즈모급 항공모함 한 대가 활동 중이고 또 한 대가 해상 시범운영 중이다.
5. 일본 전역에 깔린 천연가스 송유관 총길이가 3,000마일밖에 되지 않는다(미국 유타 주나 위스콘신 주에 깔린 송유관 길이만도 이보다 길다).
6. 오늘날에도 원전시설은 대부분 가동이 중지된 상태다. 2016년 10월 현재, 일본이 원자력으로 생산하는 전기는 1퍼센트가 채 되지 않는다.
7. 석유 650kbpd와 천연가스 2bcf/d.
8. 사할린은 본래 일본 영토였다. 따라서 일본은 사할린은 어쨌든 일본으로 귀속되어야 한다고 생각하는 데 거리낌이 없다.
9. 처음으로 공산당이 부상한 1927년부터 국민당이 패배한 1949년까지 갈등이

지속된 전 기간을 망라하는, 상당히 박하게 잡은 추정치다.

10. 다른 아시아 국가들도 중국을 견제하는 일본을 환영할지 모르지만, 많은 나라들이 아직 제 2차 세계대전 당시의 일본을 기억하기 때문에 일본의 회귀를 약간 우려가 섞인 시선으로 바라본다.
11. 이 기간은 프랑스로부터의 해방 전쟁뿐만 아니라 그 뒤를 이은 내전과 미국의 개입을 아우른다.
12. 베트남은 미국을 상대한 방식 그대로 중국을 상대했고 대체로 똑같은 결과가 발생했다.
13. 생산량은 666kbpd이고 수요는 814kbpd이다.
14. 말레이시아 사람들은 이들을 "아시아의 유대인"이라고 일컫는다. 유대인이라는 단어가 지니는 모든 함의를 내포해서 말이다.
15. 권위주의적인 일당 체제도 기여했다.
16. 또는 캐나다 토론토에서 믿는 이슬람 유형보다도 온화하다.
17. 여러 번 다시 보게 된다.
18. 알았다, 인정한다. 특히 뇌물을 받기 위해서라는 걸.
19. 창의적인 이름 짓는 데 젬병인 이는 백인만이 아니라는 증거. 펀자브(Punjab)는 페르시아어로 다섯(panj) 강(ab)이라는 뜻이다.
20. 이 부분을 읽은 독자들이 기분이 묘한 만큼이나 이런 말을 하는 나도 기분이 묘하다. 분명히 말하건대 이 "안정"이란 파키스탄 영해를 통과하는 해양 에너지 화물만을 일컫는다. 호전성과 테러리즘의 관점에서 볼 때 파키스탄은 미래에도 여전히 엉망진창일 것이다.
21. 일본을 비판하는 이들은 "교역"보다 심한 용어를 선호한다.

09 어부지리를 얻는 16개 나라들

1. 이란이 2016년 경제제재에서 벗어나 경제가 회복되면서 생산량이 회복되지만 않았다면 이란도 이 목록에 이름을 올렸을지 모른다. 평상시 같았으면 캐나다 생산량도 하락했겠지만 10여 년 동안 추진해오던 수많은 미개발 프로젝트가 2016-2017년에 완성된다. 그렇게 되면 빨라도 2017년 말에 가서야 지속적으로 앨버타에서의 생산량이 하락한다는 뜻이다—이는 물론 과잉생산이 더 심화되고 미래의 투자는 연기된다는 뜻이다.
2. 정부 대변인이 적도기니 국영 텔레비전에 출연해 다음과 같이 말했다: "대통

령은 누구든 죽이겠다고 결심할 수 있다. 책임질 필요도 없고 지옥에 떨어지지 도 않는다. 대통령은 신과 항상 접촉하고 있고 대통령에게 힘을 주는 주체가 바로 신 자신이기 때문이다."

3. 적도기니는 스페인의 식민지였고, 가봉은 프랑스 제국에 속했었다.
4. 콩고 (브라자빌) 약칭으로서 이웃의 보다 큰 콩고 (킨샤사)와 구분하기 위해서 이와 같이 불린다.
5. 즉, 수출을 완전히 중지하라는 뜻이다.

10 수퍼메이저(supermajor)의 세상

1. 마지막 수퍼메이저는 이탈리아의 ENI인데 이 기업은 오래전부터 사실상 이탈리아 국가의 지주회사였다. 1990년대에 합병 광풍이 불 때 굳이 회사 이름을 바꾸지 않았다.
2. 2016년 말 현재, 일부 수퍼메이저들이 미국에서 셰일 매장지를 사들이기 시작했다. 셰일에 유리한 방향으로 시장이 바뀐다는 사실을 감지하고 어느 정도 방향전환을 꾀하고 있는 듯하다. 그러나 이게 본격적인 셰일 개발의 신호탄이라고 해도 수퍼메이저가 미국 에너지 시장에서 중심적인 역할을 한 과거에 누렸던 지위를 셰일 부문에서 비슷하게라도 누리려면 족히 10년은 걸린다.
3. 송유관이 노쇠했다는 점도 도움이 되지 않는다.
4. 아제르바이잔으로부터 0.50mbpd, 카자흐스탄에서 0.67mbpd를 수입했다.
5. 미국의 로버트 게이츠 전 국방장관은 2014년에 한 인터뷰에서, 미국의 기술 기밀을 사이버 상으로 위협하는 두 번째로 위험한 국가로 주저 없이 프랑스를 지목했다.
6. 당시 ENI 최고경영자인 엔리코 마테이가 당대의 세계적인 주요 석유회사를 일컫는 데 쓴 용어. 앵글로-페르시안 오일 컴퍼니(Anglo Persian Oil Company), 걸프 오일(Gulf Oil), 로열 더치/셸(Royal Dutch/Shell), 소칼(SoCal), 에소(Esso), 소코니(Socony), 텍사코(Texaco) 등을 말한다.
7. 기술적인 문제 때문이 아니라 반 유럽 정서 때문에 진입하기가 어렵다. 따라서 이탈리아 인들은 이탈리아식의 오찬에 몇 번 초대를 해서 알제리 인들을 구워삶고 난 뒤 그 다음 주에 작업에 들어간다.
8. 이 세 단어를 한 문장에 집어넣으니 어질어질하다.
9. 2017년 말, 리비아에 있는 IS 소속 집단은 이 지역에서 가장 막강한 집단이다.

11 미국의 가용수단

1. 이 수치가 훨씬 높아야 할 듯싶지만, 자신이 IS 이념을 표방한다고 주장하나 시리아 전쟁 지역과 아무런 연관이 없는 이들이 아니라 IS 소속원으로 증명된 이들이 야기한 죽음만을 고려했다. 예컨대, 2015년 12월 샌버나디노에서 발생한 학살 사건의 범인들이 시리아나 이라크와 관련 있다는 증거는 전혀 없다(범인 가운데 한 명은 IS가 결성되기 전에 파키스탄에서 급진적인 성향을 띠게 된 것으로 보이며, 그 이후 미국에서 살았고 단 한 번도 시리아에 발을 들여놓거나 IS 출신의 그 어느 누구와도 접촉한 적이 없다). 마찬가지로 2016년 6월 올랜도에서 발생한 학살사건에서도 범인은 IS뿐만 아니라 IS에 맞서는 전투에 참여한 군사집단들에게도 충성을 맹세했다. 그리고 IS로부터 영감을 받아 공격을 감행한 이들을 몽땅 포함해도 유럽에서 발생한 사망자 수는 미국에서 발생한 사망자 수보다 네 배 이상 많다.
2. 오바마의 전략에 대해 어떻게 생각하든 당신 자유지만, 사람 죽이는 데 거리낌이 없다는 사실만은 분명하다.
3. 그렇다! 레이저다!
4. 엄밀히 말해서 중미 지역 국가들이 모두 이 부류에 속하지만, 규모가 너무 작아서 다 합해도 통계가 가까스로 잡힌다.
5. 얼굴색 하나 변하지 않고 말이다.

12 동남아시아에서의 달러 외교

1. 캄보디아와 라오스는 너무나도 개발이 저조하고 가난하고 부패해서 언급할 가치조차 없다. 그래서 이 각주로 대신한다.
2. 스포일러 경고: 나머지 한 지역은 다음 장에 등장한다.
3. 보통 인도가 3대 쌀 수출국 명단에 합류한다.

13 중남미에서의 달러 외교

1. 이 법칙에 해당되지 않는 예외가 하나 있다. 남미 대륙 남쪽 끝에 있는 한 지역이다. 이 지역에 대해서는 잠시 후 살펴보겠다.
2. 브라질에서 이에 상응하는 포르투갈 단어는 카우딜로(caudilho)다.
3. 사회 역사학자들은 경제적 불평등, 헤페 경제, 원자재 중심의 경제 체제로 점철된 중남미 개발 모델이 미국의 남부 개발 모델과 흡사하다는 점을 주목하게

될 것이다.

4. 배에 거주하면서 해안 마을을 습격해 강탈하고 납치와 강간을 일삼는 사람들 말이다. 해적들.
5. 여든네 번째 선택지도 아니다.
6. 아니면 적어도 기술적 차질이나 치안 문제로부터 자유롭다. 정치적 혼란은 툭하면 일어난다.

부록 I: 셰일과 기후변화의 변모

1. ECS와 TCR은 이산화탄소 수위를 바탕으로 세계 기온 변화를 예측하는, 서로 다른 두 가지 통계 기법. 통계분석을 심층적으로 파고들고 싶은 분은 아래 사이트를 참고할 것. https://www.gfdl.noaa.gov/transient-and-equilibrium-climate-sensitivity

부록 II: 그밖에 셰일 관련 우려 사항

1. 엄밀히 말해서, 이 점은 아직 결론이 나지 않았지만, 이 책을 쓰는 현재 텍사스와 오클라호마에서 연구한 과학자들의 의견은 상관 관계에서 인과 관계 쪽으로 수렴되고 있다.
2. 유튜브에서 동영상을 찾아보시라. 재밌다.
3. 보고서 전문은 다음 사이트에 있다. https://www.epa.gov/hfstudy/hydraulic-fracturing-water-cycle. 사람들이 수돗물에 불을 붙이는 모습을 보여주는 동영상이 있는데, 그런 지역은 모두 1세기 전 석유와 천연가스를 먼저 생산했던 지역들이다. 1세기 분량의 신문을 자료로 보관하고 있는 환경보호청은 이러한 메탄 오염은 셰일 혁명과 파쇄 작업이 시작되기 몇십 년 전으로 거슬러 올라간다고 본다.